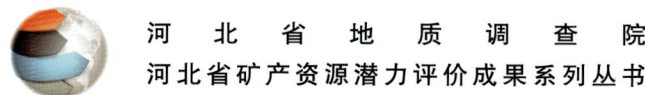

河北省地质调查院
河北省矿产资源潜力评价成果系列丛书

河北省重要矿产资源预测研究

HEBEISHENG ZHONGYAO KUANGCHAN ZIYUAN YUCE YANJIU

宋立军　贾正海　马奎羽　李彦华
温延星　王　婧　邓素贞　　　　　著

图书在版编目(CIP)数据

河北省重要矿产资源预测研究/宋立军等著. —武汉：中国地质大学出版社，2015.10
（河北省矿产资源潜力评价成果系列丛书）

ISBN 978-7-5625-3713-7

Ⅰ.①河…
Ⅱ.①宋…
Ⅲ.①矿产资源-资源预测-研究-河北省
Ⅳ.①F426.1

中国版本图书馆 CIP 数据核字(2015)第 252228 号

河北省重要矿产资源预测研究	宋立军 贾正海 马奎羽 李彦华 著
	温延星 王 婧 邓素贞

责任编辑：舒立霞	选题策划：毕克成	责任校对：代莹
出版发行：中国地质大学出版社（武汉市洪山区鲁磨路388号）		邮政编码：430074
电　　话：(027)67883511	传　　真：67883580	E-mail：cbb@cug.edu.cn
经　　销：全国新华书店		http://www.cugp.cug.edu.cn
开本：880mm×1230mm 1/16		字数：626 千字　印张：19.75
版次：2015 年 10 月第 1 版		印次：2015 年 10 月第 1 次印刷
印刷：武汉市籍缘印刷厂		印数：1—1000 册
ISBN 978-7-5625-3713-7		定价：298.00 元

如有印装质量问题请与印刷厂联系调换

总 序

按照全国统一部署和要求,2007—2013 年,河北省完成了 20 种矿产的资源潜力评价工作,提交了 30 份成果报告、1003 张图件、2615 个数据库。该项目河北省财政和中央财政分别投入资金 2950 万元和 1930 万元人民币,省内组织了 7 个地勘单位,先后 278 人参与调查研究工作。为了向社会展示这一重大调查项目的概貌,特从 30 份成果报告中选择"成矿地质背景、成矿规律、重力、磁法、化探、遥感、自然重砂、矿产预测、信息集成"9 个专题,以"河北省矿产资源潜力评价成果系列丛书"的形式公开出版,便于全社会资源共享。

该套丛书的编写经过了单矿种研究、多矿种综合研究、深化提高 3 个阶段。2007—2012 年 6 月为单矿种研究阶段:各专题同时对一个矿种的矿床展开多视角的编图与研究,提取成矿信息,建立成矿模式和综合信息预测模型、预测资源潜力,并从各专业优势出发研究区域成矿特征。该阶段各专题研究成果,以章、节的形式分散于煤炭、铁、铜、铝、铅锌、锰、镍、钨、金、银、铬、钼、磷、硫、萤石、菱镁矿、重晶石、石灰岩、碎云母 19 份单矿种(组)潜力评价成果报告中。2012 年 7 月—2013 年 6 月为多矿种综合研究阶段:各专题主要是将分散于单矿种成果报告中各自的研究成果进行汇总,并从专业的角度进一步研究全省区域成矿规律,形成了各有侧重的 9 个专题研究报告,构成了本套丛书的初稿。2013 年 7 月—2014 年 7 月为深化提高阶段:先是在 2013 年底之前为了编写总体成果报告,各专题均进行了不同程度的深化研究;然后是与出版社签订出版协议之后,各专题成员对原报告章、节及内容进行了较大幅度的修改与完善。

这套丛书属于"原生态"成果,其看点是一个"新"字。各专题对新中国成立以来形成的地质资料进行了收集整理,从新的角度,用新的方法,全方位地对成矿地质作用进行研究,得出了新认识。比如:地质背景专题以 1:5 万地质资料为基础,系统编制全省 1:25 万幅建造构造图,进而编制全省 1:50 万沉积岩、火山岩、侵入岩、变质岩、大型构造 5 个专题底图,从单个地质体的属性分析,到岩石系列的归纳组合,再到地质建造与地质构造环境的综合判断,最后编制出带有地壳演化属性的全省大地构造相图,与传统的大地构造单元划分相比有明显的"创新"。

同样,成矿规律专题以新编制大地构造相图为基础,综合各学者关于地球发展演化的认识,确定了河北省的三大构造域、五种地质构造环境的构造格架,进而建立了河北省经历了三大成矿域、五种成矿构造环境下的区域成矿谱系,并将全省重要矿产的类型矿床准确地放进区域成矿谱系中,这在河北省的成矿规律研究历史中尚属首次。

再比如,化探资料应用研究专题,以 1:20 万化探资料为基础,编制了全省 39 个元素地球化学图,并用衬值法编制了全省 39 个元素的异常图,圈出了高背景、低背景中的相对高异常,细化了传统地球化学研究方法,提升了化探信息的灵敏度。同样,重力、磁法、遥感、自然重砂资料应用研究,也都有各自的创新点,矿产预测和信息集成更是首次进行。

该套丛书存在的主要问题是各专题使用的地质构造单元、成矿带名称不统一。由于各专题汇总研究是同时进行的,成矿地质背景和成矿规律专题研究的新进展是最后完成的,因此,没有硬性要求各专题统一使用新构造单元、新成矿区带划分方案,只要求各专题突出自己的专业特点和创新点,尽量向社会提交可读的内容。另外,编制这套丛书的人员均是在地质一线从事具体工作的技术人员,在理论水平、学术研究水平及表达能力方面均存在一定差距,尽管经过了多次修改与完善,可能仍存在不少错误与遗漏,欢迎各位读者提出修改意见和建议。

本套丛书的编写贯穿于全国矿产资源潜力评价项目实施的全过程,对参与项目推动及管理、组织和实施的各级行政领导,对指导项目进行的全国所有专家学者、省内监理评审专家,在此表示感谢!对参与本套丛书编写的所有技术人员,尤其是各专题负责人表示感谢!河北省地质调查院裴晓东等院领导一直关心和支持本套丛书的出版,在此一并表示感谢!

2015 年 4 月 30 日

前　言

《河北省重要矿产资源预测研究》一书是"河北省矿产资源潜力评价成果系列丛书"中的一个专题。该书的完成主要依托于河北省矿产资源潜力评价中的矿产资源预测研究专题。该专题贯穿于潜力评价工作的全过程，分为单矿种资源预测研究、综合研究和深化提高3个阶段。

在单矿种研究阶段，对20个矿种的110个典型矿床进行了预测要素图编制及预测要素表总结，并归纳出相应矿种区域预测模型。以本省Ⅳ级成矿带为单元进行区域预测模型归类。

在综合研究阶段，以成矿系列理论为指导，对Ⅳ级成矿带内19个矿种最小预测区进行归并，划分综合预测区144处，并对每处综合预测区成矿地质条件、资源潜力进行论述。

本书以河北省Ⅳ级成矿带为单元进行论述。

全书在编排上，尽量考虑让读者读得快，便于跳跃着读。第一章概述了本专题的基本内容。每个章节开始大都有个概述，通过概述，可大致了解该章节的内容。第二章全面总结了预测成果。第三章至第十章为Ⅳ级成矿带预测成果。

本书充分使用了矿产预测专题的研究成果。河北省第三地质大队李森文等人完成了河北锰矿预测；石家庄综合地质大队王琴廷等人完成了河北磷矿、碎云母矿、石灰岩矿矿产预测研究；河北煤田勘查院张新生等人完成了河北煤田预测研究，其他矿种均由河北省地质调查院宋立军、贾正海等人完成。

作为河北省矿产资源潜力评价专题研究成果，本书初稿经过了省内赵明合、邵振图、陈华山、王振鹏、赵荣生等专家初审，并经过了全国项目办陈毓川院士、王登红、肖克炎、娄德波、熊先孝、梅友松、朱明玉、徐志刚、盛继福等专家评审，专家们提出了大量的修改意见和建议。在此一并表示感谢！

著　者
2014年6月

目 录

第一章 概述 ……………………………………………………………………………………… (1)
  第一节 项目背景 ………………………………………………………………………………… (1)
    一、省级情况 …………………………………………………………………………………… (1)
    二、专题基本情况 ……………………………………………………………………………… (2)
    三、工作思路 …………………………………………………………………………………… (3)
    四、技术路线 …………………………………………………………………………………… (3)
    五、工作内容 …………………………………………………………………………………… (3)
    六、数据质量评述 ……………………………………………………………………………… (10)
  第二节 矿产预测研究历史及现状 ……………………………………………………………… (11)
  第三节 预测成果研究工作思路和方法 ………………………………………………………… (12)
    一、成果汇总原则 ……………………………………………………………………………… (12)
    二、综合研究的思路和方法 …………………………………………………………………… (12)

第二章 矿产预测成果 ………………………………………………………………………… (14)
  第一节 矿产预测类型谱系 ……………………………………………………………………… (14)
  第二节 预测成果统计分析 ……………………………………………………………………… (19)
    一、黑色金属 …………………………………………………………………………………… (19)
    二、贵金属 ……………………………………………………………………………………… (21)
    三、有色金属 …………………………………………………………………………………… (22)
    四、化工原料非金属矿产预测区成果 ………………………………………………………… (24)
    五、冶金辅助原料矿产预测区成果 …………………………………………………………… (26)

第三章 康保-棋盘山成矿区预测成果 ………………………………………………………… (28)
  第一节 区域地质背景 …………………………………………………………………………… (28)
  第二节 区域矿产特征 …………………………………………………………………………… (28)
  第三节 区域地、物、化、遥、重砂特征及推断解释成果 ……………………………………… (29)
    一、区域重力特征 ……………………………………………………………………………… (29)
    二、区域航磁特征 ……………………………………………………………………………… (30)
    三、区域地球化学特征 ………………………………………………………………………… (30)
    四、区域自然重砂特征 ………………………………………………………………………… (32)
    五、区域遥感特征 ……………………………………………………………………………… (33)
  第四节 重要矿种预测评价模型 ………………………………………………………………… (36)
    一、小扣花营式次火山热液型银矿床预测评价模型 ………………………………………… (36)
    二、柳扒店式萤石矿床预测评价模型 ………………………………………………………… (40)
  第五节 综合预测区特征 ………………………………………………………………………… (43)
  第六节 综合预测区部署建议 …………………………………………………………………… (44)

第四章 张北-围场成矿区预测成果 …………………………………………………………… (45)
  第一节 区域地质背景 …………………………………………………………………………… (45)

一、康保陆棚(Pt_1) ……………………………………………………………………………………（45）
　　二、冀北陆缘古弧盆系(Pt_1^1) …………………………………………………………………………（45）
　第二节　区域矿产特征 ……………………………………………………………………………………（46）
　第三节　区域地、物、化、遥、重砂特征及推断解释成果 …………………………………………………（47）
　　一、区域重力特征 …………………………………………………………………………………………（47）
　　二、区域航磁特征 …………………………………………………………………………………………（48）
　　三、区域地球化学特征 ……………………………………………………………………………………（49）
　　四、区域自然重砂特征 ……………………………………………………………………………………（52）
　　五、区域遥感特征 …………………………………………………………………………………………（53）
　第四节　重要矿种预测评价模型 …………………………………………………………………………（57）
　　一、热液型硫铁矿床预测评价模型 ………………………………………………………………………（57）
　　二、斑岩型钼矿床预测评价模型 …………………………………………………………………………（61）
　　三、次火山-岩浆热液型铅锌银矿预测评价模型 ………………………………………………………（63）
　　四、岩浆热液型铅锌金银矿预测评价模型 ………………………………………………………………（72）
　　五、热液型钨矿预测评价模型 ……………………………………………………………………………（75）
　　六、热液充填型普通萤石矿预测评价模型 ………………………………………………………………（77）
　第五节　综合预测区特征 …………………………………………………………………………………（82）
　第六节　综合预测区部署建议 ……………………………………………………………………………（89）
　　一、万胜永—四岔口一带萤石矿部署区 …………………………………………………………………（89）
　　二、兰闫一带铅锌多金属矿部署区 ………………………………………………………………………（90）
　　三、蔡家营一带铅锌银矿部署区 …………………………………………………………………………（90）
　　四、郭家屯—步古沟一带铅锌多金属矿部署区 …………………………………………………………（90）
　　五、三道川一带部署区 ……………………………………………………………………………………（90）
　　六、丰宁—白草一带部署区 ………………………………………………………………………………（91）

第五章　张家口-承德成矿区预测成果 ………………………………………………………………………（92）
　第一节　区域地质背景 ……………………………………………………………………………………（92）
　第二节　区域矿产特征 ……………………………………………………………………………………（93）
　第三节　区域地、物、化、遥、重砂特征及推断解释成果 …………………………………………………（95）
　　一、区域重力特征 …………………………………………………………………………………………（95）
　　二、区域航磁特征 …………………………………………………………………………………………（97）
　　三、区域地球化学特征 ……………………………………………………………………………………（99）
　　四、区域自然重砂特征 ……………………………………………………………………………………（101）
　　五、区域遥感特征 …………………………………………………………………………………………（101）
　第四节　重要矿种预测评价模型 …………………………………………………………………………（105）
　　一、高寺台式铬铁矿床预测评价模型 ……………………………………………………………………（105）
　　二、岩浆热液型金矿床预测评价模型 ……………………………………………………………………（108）
　　三、峪耳崖式金矿床预测评价模型 ………………………………………………………………………（111）
　　四、矾山式超基岩型磷矿床预测评价模型 ………………………………………………………………（114）
　　五、招兵沟式变质岩型磷矿床预测评价模型 ……………………………………………………………（117）
　　六、荞麦川式海相沉积型硫铁矿预测评价模型 …………………………………………………………（119）
　　七、高板河式海相沉积型硫铁矿、铅锌矿预测评价模型 ………………………………………………（122）
　　八、相广式次火山热液型锰矿预测评价模型 ……………………………………………………………（124）
　　九、秦家峪式沉积型锰矿预测评价模型 …………………………………………………………………（127）

十、贾家营式斑岩型钼矿预测评价模型 ……………………………………………………… (130)
　　十一、寿王坟式矽卡-斑岩型铜钼铁矿预测评价模型 ……………………………………… (134)
　　十二、小寺沟式矽卡-斑岩型铜钼铁矿预测评价模型 ……………………………………… (137)
　　十三、镰巴岭式热液型铅锌矿预测评价模型 ……………………………………………… (140)
　　十四、南赵庄式矽卡-热液型铅锌矿预测评价模型 ………………………………………… (143)
　　十五、轿顶山式斑岩型铅锌矿预测评价模型 ……………………………………………… (145)
　　十六、宣龙式沉积型铁矿预测评价模型 …………………………………………………… (148)
　　十七、涞源式接触交代型铁矿预测评价模型 ……………………………………………… (151)
　　十八、大庙式岩浆岩型钒钛磁铁矿预测评价模型 ………………………………………… (154)
　　十九、木吉村式斑岩型-矽卡岩型铜钼矿预测评价模型 …………………………………… (157)
　　二十、沙麦村式热液型钨矿预测评价模型 ………………………………………………… (160)
　　二十一、莫古峪式接触交代型铜钼矿预测评价模型 ……………………………………… (163)
　　二十二、双洞子式热液交代型普通萤石矿预测评价模型 ………………………………… (166)
　　二十三、九里山式沉积型灰岩矿预测评价模型 …………………………………………… (168)
　第五节　综合预测区特征 ……………………………………………………………………… (169)
　第六节　综合预测区部署建议 ………………………………………………………………… (181)
　　一、隆化小营一带部署区 …………………………………………………………………… (181)
　　二、姑子沟—登上一带部署区 ……………………………………………………………… (182)
　　三、宣化一带部署区 ………………………………………………………………………… (182)
　　四、寿王坟一带部署区 ……………………………………………………………………… (182)

第六章　遵化-山海关成矿区预测成果 …………………………………………………………… (183)
　第一节　区域地质背景 ………………………………………………………………………… (183)
　第二节　区域矿产特征 ………………………………………………………………………… (184)
　第三节　区域地、物、化、遥、重砂特征及推断解释成果 ………………………………… (186)
　　一、区域重力特征 …………………………………………………………………………… (186)
　　二、区域航磁特征 …………………………………………………………………………… (187)
　　三、区域地球化学特征 ……………………………………………………………………… (189)
　　四、区域自然重砂特征 ……………………………………………………………………… (191)
　　五、区域遥感特征 …………………………………………………………………………… (191)
　第四节　重要矿种预测评价模型 ……………………………………………………………… (193)
　　一、金厂峪式金矿床预测评价模型 ………………………………………………………… (193)
　　二、鞍山式沉积变质型铁矿预测评价模型 ………………………………………………… (197)
　　三、柳扒店式热液充填型普通萤石矿预测评价模型 ……………………………………… (200)
　　四、李家庄式热液型重晶石矿预测评价模型 ……………………………………………… (202)
　第五节　综合预测区特征 ……………………………………………………………………… (206)
　第六节　综合预测区部署建议 ………………………………………………………………… (215)
　　一、遵化一带部署区 ………………………………………………………………………… (215)
　　二、峪耳崖—郭仗子一带部署区 …………………………………………………………… (215)
　　三、桦尖-双山子部署区 …………………………………………………………………… (215)
　　四、迁安水厂部署区 ………………………………………………………………………… (215)
　　五、夏官营部署区 …………………………………………………………………………… (216)
　　六、滦南部署区 ……………………………………………………………………………… (216)

第七章 涞源-阜平成矿区预测成果 ……(217)
第一节 区域地质背景 ……(217)
第二节 区域矿产特征 ……(218)
第三节 区域地、物、化、遥、重砂特征及推断解释成果 ……(219)
一、区域重力特征 ……(219)
二、区域航磁特征 ……(220)
三、区域地球化学特征 ……(220)
四、区域自然重砂特征 ……(222)
五、区域遥感特征 ……(222)
第四节 重要矿种预测评价模型 ……(224)
一、大石峪式岩浆热液型金矿床预测评价模型 ……(225)
二、石湖式岩浆热液-构造蚀变岩型金矿床预测评价模型 ……(227)
三、杏树台式沉积变质型硫铁矿预测评价模型 ……(230)
四、斑岩型钼矿预测评价模型 ……(233)
五、热液型银矿预测评价模型 ……(237)
六、山门口式沉积变质型碎白云母矿预测评价模型 ……(239)
第五节 综合预测区特征 ……(241)
第六节 综合预测区部署建议 ……(244)
一、涞源一带部署区 ……(244)
二、石湖一带部署区 ……(245)

第八章 邯郸-邢台成矿区预测成果 ……(246)
第一节 区域地质背景 ……(246)
第二节 区域矿产特征 ……(248)
第三节 区域地、物、化、遥、重砂特征及推断解释成果 ……(249)
一、区域重力特征 ……(249)
二、区域航磁特征 ……(250)
三、区域地球化学特征 ……(250)
四、区域自然重砂特征 ……(252)
五、区域遥感特征 ……(253)
第四节 重要矿种预测评价模型 ……(255)
一、大河式沉积变质型菱镁矿预测评价模型 ……(255)
二、杏树台式钴镍矿硫铁矿预测评价模型 ……(257)
三、邯邢式铁矿预测评价模型 ……(260)
四、阳泉式沉积型硫铁矿预测评价模型 ……(263)
五、沉积型灰岩矿预测评价模型 ……(266)
第五节 综合预测区特征 ……(266)
第六节 综合预测区部署建议 ……(270)
一、将军幕一带部署区 ……(271)
二、西石门-磁山部署区 ……(271)

第九章 河北平原成矿区预测成果 ……(272)
第一节 区域地质背景 ……(272)
第二节 区域矿产特征 ……(272)

第三节　区域地、物、化、遥特征及推断解释成果 …………………………………………（272）
　　　　一、航磁异常特征 …………………………………………………………………………（272）
　　　　二、重力异常特征 …………………………………………………………………………（273）
　　　　三、区域地球化学特征 ……………………………………………………………………（273）
　　　　四、区域遥感特征 …………………………………………………………………………（273）
　　第四节　重要矿种预测评价模型 ………………………………………………………………（274）
第十章　河北省煤炭预测成果 ………………………………………………………………………（277）
　　第一节　煤炭资源概况 …………………………………………………………………………（277）
　　　　一、煤炭资源储量地理分布 ………………………………………………………………（277）
　　　　二、煤炭资源储量地质特征 ………………………………………………………………（277）
　　　　三、全省已利用煤炭资源储量状况 ………………………………………………………（277）
　　第二节　煤炭资源预测概况 ……………………………………………………………………（283）
　　　　一、预测方法 ………………………………………………………………………………（283）
　　　　二、预测等级划分原则 ……………………………………………………………………（283）
　　　　三、预测要素 ………………………………………………………………………………（284）
　　　　四、潜在资源量估算 ………………………………………………………………………（284）
　　　　五、河北省预测区情况 ……………………………………………………………………（285）
　　第三节　本次潜力评价成果与第三次煤田预测成果比较 ……………………………………（286）
　　　　一、第三次煤田预测成果分析 ……………………………………………………………（286）
　　　　二、两次预测成果比较 ……………………………………………………………………（288）
　　　　三、本次资源潜力评价新增预测区 ………………………………………………………（290）
第十一章　结　论 ……………………………………………………………………………………（291）
　　　　一、主要预测成果 …………………………………………………………………………（291）
　　　　二、存在问题 ………………………………………………………………………………（293）
　　　　三、结束语 …………………………………………………………………………………（294）
主要参考文献 …………………………………………………………………………………………（295）

第一章　概　述

本章主要介绍了省级矿产资源潜力评价项目来源及河北省矿产资源潜力矿产预测专题的基本情况,详述了专题目标任务以及组织实施情况。

第一节　项目背景

为了全面贯彻落实《国务院关于加强地质工作的决定》中提出的"积极开展矿产远景调查和综合研究,科学评估区域矿产资源潜力,为科学部署矿产资源勘查提供依据"的要求和精神,国土资源部以"资〔2006〕039—01号"文下达了"全国矿产资源潜力评价"项目,全面部署了全国矿产资源潜力评价工作。

"全国矿产资源潜力评价"项目性质为国土资源大调查综合研究项目,由中国地质调查局承担,并设立"全国矿产资源潜力评价项目办公室"。项目参加单位由全国15个相关地质研究、行业单位、院校,以及31个省市(自治区)地质调查院共同组成。

一、省级情况

河北省矿产资源潜力评价工作,由河北省国土资源厅直接领导,统一安排和部署全省矿产资源潜力评价工作,成立了省级矿产资源潜力评价办公室,结合河北省实际情况进一步明确了评价矿种范围,确定了省级项目承担单位和项目参加单位。

省级项目名称:河北省矿产资源潜力评价
所属计划项目:全国矿产资源潜力评价
实施单位:中国地质调查局
归口管理部室:资源评价部
工作性质:资源评价
承担单位:河北省地质调查院
参加单位:河北省煤田地质勘查院、河北省区域地质矿产调查研究所、河北省地球物理勘查院、河北省遥感中心、河北省石家庄综合地质大队、河北省第三地质大队
工作起止时间:2007—2013年
总体目标任务:根据全国矿产资源潜力评价总体要求,结合河北省实际情况,全面开展本省重要矿产资源潜力预测评价,在现有工作程度的基础上基本摸清省内重要矿产资源"家底",为本省矿产资源保障能力和勘查部署决策提供依据,为全国矿产资源潜力评价提供基础资料。

(1)在现有地质工作程度的基础上,全面总结河北省基础地质调查和矿产勘查工作成果及资料,充分应用现代矿产资源预测评价理论方法和GIS评价技术,开展河北省煤炭、铁、铜、铝、铅、锌、锰、钨、锡、金、银、铬、钼、磷、硫、萤石、菱镁矿、重晶石、石灰岩、碎云母20个矿种资源潜力预测评价,估算其资源潜力及其空间分布,为研究制定国家和河北省矿产资源战略与国民经济中长期规划提供科学依据。

(2)以成矿地质理论为指导,深入开展河北省范围内的区域成矿规律研究;充分利用地质、物探、化探、遥感和矿产勘查等综合成矿信息,圈出成矿远景区和找矿靶区,逐个评价其成矿远景区资源潜力,并进行分类排序;编制河北省成矿规律与预测图,为科学合理地规划和部署矿产勘查工作提供依据。

(3) 建立并不断完善河北省重要矿产资源潜力预测相关数据库,特别是成矿远景区的地学空间数据库,为今后开展矿产勘查的规划部署研究奠定坚实的信息基础。

二、专题基本情况

根据省级矿产资源潜力评价总体设计要求,河北省矿产资源潜力评价项目共设立9个子专题的研究项目,包括成矿地质背景专题、成矿规律专题、矿产预测专题、化探资料应用专题、重力资料应用专题、磁法资料应用专题、重砂资料应用专题、遥感资料应用专题、综合信息集成专题。

本专题是河北省矿产资源潜力评价9个子专题之一。

专题名称:河北省矿产资源潜力预测专题

专题性质:资源潜力预测

承担单位:河北省地质调查院

工作起止时间:2007—2013年

该专题的总体目标任务如下。

1. 总体目标任务

根据全国矿产资源潜力评价总体要求,结合河北省实际情况,全面开展本省重要矿产资源潜力预测评价,在现有工作程度的基础上基本摸清省内重要矿产资源"家底",为本省矿产资源保障能力和勘查部署决策提供依据,为全国矿产资源潜力评价提供基础资料。

(1) 在现有地质工作程度的基础上,全面总结河北省基础地质调查和矿产勘查工作成果及资料,充分应用现代矿产资源预测评价理论方法和GIS评价技术,开展煤炭、铁、铜、铝、铅、锌、锰、镍、钨、金、银、铬、钼、磷、硫、萤石、菱镁矿、重晶石、石灰岩、碎云母20个矿种资源潜力预测评价,估算其资源潜力及其空间分布,为研究制定国家和河北省矿产资源战略与国民经济中长期规划提供科学依据。

(2) 以成矿地质理论为指导,深入开展河北省范围内的区域成矿规律研究;充分利用地质、物探、化探、遥感和矿产勘查等综合成矿信息,圈出成矿远景区和找矿靶区,逐个评价其成矿远景区资源潜力,并进行分类排序;编制成矿规律与预测图,为科学合理地规划和部署矿产勘查工作提供依据。

(3) 建立并不断完善河北省重要矿产资源潜力预测相关数据库,特别是成矿远景区的地学空间数据库,为今后开展矿产勘查的规划部署研究奠定扎实的信息基础。

2. 具体工作目标

(1) 收集省内不同历史时期、不同工作阶段、不同类别地、物、化、遥、基础资料和矿产勘查资料。以区域成矿理论为指导,在综合研究各类资料的基础上,开展河北省区域成矿地质构造环境研究。根据不同矿种提取相关信息,编制各类综合图件,总结各种控矿地质因素与各类矿产的关系,研究区域成矿地质背景和成矿规律,全面提升河北省战略性矿产资源成矿规律研究程度。

(2) 以矿床成矿系列理论为指导,划分和厘定四级、五级成矿区带,划分不同级序矿床成矿系列,研究典型矿床成矿要素和区域成矿作用,建立20个矿种不同级序矿床成矿系列模型和成矿区带区域成矿模式,建立河北省区域成矿谱系和区域成矿体系。

(3) 完成河北省地质工作程度数据库、1:20万地质图数据库、1:50万地质图数据库、矿产地数据库、区域航磁数据库、区域重力数据库、区域地球化学数据库、区域自然重砂数据库、区域遥感数据库整理与维护工作。建立并不断完善能够满足国家和河北省动态资源评价工作需要的数据库及固体矿产区域评价系统。

(4) 研究典型矿床预测要素和区域预测要素,建立20个矿种不同矿床类型预测模型和区域预测模型。应用成矿系列缺位理论和GIS技术,利用1:5万、1:25万数据资料,在四级、五级成矿区带内对河北省20个矿种开展矿床定位预测,估算矿床数和资源量,并编制相关专题图件和报告。

(5) 提出河北省矿产勘查近期与中长期部署建议及工作方案。对河北省今后 20 年重要矿产资源探明趋势、开发产能增长趋势及资源开发基地战略布局开展预测。

(6) 编制河北省重要矿产资源潜力预测评价工作报告和重要矿产资源潜力预测评价图集。

3. 汇总目的任务

在资料性汇总的基础上，经综合研究，完成：①河北省重要矿种和区域成矿规律、矿产预测成果报告；②全省成矿规律综合研究和综合预测成果图(1:50 万)及数据库；③全省工作部署建议图(1:50 万)及数据库。

三、工作思路

全国矿产资源潜力评价研究工作是一次重要的国情调查，对初步摸清全国和各省区资源"家底"，制定国家和地方经济社会发展规划具有十分重要的意义。这项工作的总体思路是以科学发展观为指导，以提高我国重要矿产资源对经济社会发展的保障能力为目标，充分开发应用已有的地质矿产调查、勘查等多元资料与科研成果，以先进的成矿理论为指导，以规范而有效的资源评价方法、技术和各类基础数据作为支撑，以中国地质调查局各单位已开展的资源评价工作为基础。采取政府部门指导，中国地质调查局组织实施，专家主导，产学研相结合的工作方式，全面、准确、客观地评价我国重要成矿区带内的矿产资源潜力及空间布局。河北省矿产预测课题的工作思路是在全国矿产资源潜力评价研究工作总体思路的指导下，结合河北省 20 种矿产实际情况，按照突出优势和重点矿种及主要矿床类型，兼顾一般矿种和次要类型的原则，开展全区的矿产预测工作。具体如下：

(1) 充分吸取已有的地质与成矿理论(大陆成矿动力学理论、现代成矿学理论、成矿系列理论等)，将其应用于河北省区域成矿规律的研究中，以辩证的发展观指导研究工作。

(2) 充分利用已有的地质调查、矿产勘查工作及科学研究成果，尤其是要充分利用"十五"以来大调查，矿产评价专项，省地勘基金，中央专项项目办开展的 1:25 万、1:5 万地质调查，矿产勘查，科研成果以及国家项目办取得的科研成果。

(3) 充分发挥长期工作在矿产调查、勘查与研究领域的河北省地质矿产勘查开发局吕士英、杨景云、王凤俊等老专家的引领作用，同时发挥河北省地质调查院、石家庄综合地质大队、河北省区域地质研究所、河北省地球物理调查院中青年专家的作用，搞好老、中、青结合，体现勘查、科研、教育单位专家的结合。

(4) 研究工作以河北省地质矿产勘查开发局及所属地质调查院为中心，在河北省国土资源厅的宏观领导下，加强与有色地勘局、煤炭、建材、化工行业办在资料共享、信息交流、技术支持等方面的密切联系和相互协作。

四、技术路线

在全国和河北省矿产资源潜力预测评价工作总体技术路线的框架下，全面利用地质构造、综合信息、成矿规律研究工作成果。根据单一矿种的某一矿床类型的典型矿床及区域成矿规律研究成果，建立区域成矿模型；应用已知矿床的区域成矿模型，全面解析区域地质构造，主要控矿因素，物探、化探、遥感、自然重砂等综合信息及矿化特征，确定预测要素，建立预测模型，对未知区进行类比预测，圈定预测区、预测矿床数、估算资源量，编制河北省单矿种和综合矿产预测成果图、勘查工作部署建议图、未来开发基地预测图，建立各类预测图件数据库，达到基本摸清河北省重要矿产资源"家底"的目的。

五、工作内容

成矿规律研究工作是矿产预测的主要工作内容，也是不可分割的组成部分，互为因果。成矿规律研究工作就是将地质构造、矿产勘查、矿山开采等资料,以及物化探、遥感所显示的地质找矿信息,运用科学的方法有机地联系起来。总结矿产的时间、空间、物质组分和形成规律,并据此预测未发现的新矿产地的空间分布、矿种、规模、数量。

按照全国项目办的要求,河北省矿产预测工作主要涉及煤炭、铁、金、铜、银、铝、铅、锌、锰、镍、钨、铬、钼、磷、硫、萤石、菱镁矿、重晶石、石灰岩、碎云母 20 个矿种(碎云母、灰岩矿为省内自增),其中煤炭由河北省煤田地质局承担。

本次矿产预测涉及煤炭、铁、铜、铝土矿、铅、锌、锰、镍、钨、金、铬、钼、银、磷、硫、萤石、菱镁矿、重晶石等 20 个矿种 125 个预测工作区,其中煤炭 52 个预测工作区,其他金属非金属 73 个预测工作区(图 1-1、图 1-2、图 1-3)。预测工作区中有铁矿 6 个,铝土矿 3 个,铜矿 2 个,铅锌矿 4 个,金矿 5 个,钨矿 3 个,磷矿 4 个,锰矿 4 个,铬铁矿 2 个,银矿 10 个,镍矿 1 个,钼矿 5 个,硫铁矿 7 个,萤石矿 5 个,重晶石矿 2 个,菱镁矿 1 个,碎云母矿 1 个,灰岩矿 8 个。涉及典型矿床 110 个。见表 1-1。

河北省矿产预测主要开展了 4 个方面的工作:一是建立预测模型;二是圈定预测区;三是预测区优选排序;四是估算不同预测矿种的资源量。

(一)建立矿产资源潜力评价综合信息预测模型

根据预测评价矿种成矿系列模型和矿床模型,结合综合编图成果,建立相应的评价综合信息模型,为成矿有利地段和远景区优选提供模型。

(二)圈定预测区

主要采用综合地质信息模式类比法,根据不同类型的已知矿床的找矿信息总结找矿模式,通过类比圈定预测区。

(1)按照不同矿种,或者同一矿种不同矿化类型,通过成矿规律研究并根据主要控矿因素确定类比的方法。例如:沉积矿产,基性岩类矿产,有色金属矿产中斑岩型、矽卡岩型等,其类比方法及类比的主要因素都是不同的。

(2)空间位置的确定首先以地质构造精细分区划分预测单元,在同一地质构造区块中以地质信息为基础,以化探信息为先导(铁矿及其他具有磁性矿物的矿床类型以物探为先导),综合分析物探、自然重砂、遥感等信息,圈定预测区。

(三)预测区的优选及分级排序分类

预测区优选排序的方法选择应遵循以下原则:

(1)河北省地域广阔,成矿地质条件复杂,地质工作程度差别较大,因此预测区优选方法不适宜采用一刀切,可以根据不同地区的实际情况有针对性地选择适用的方法。如找矿信息量优选模型法、地质背景衬度法、主观优选法、数据驱动与知识驱动相结合的综合方法等。

(2)无论选择何种方法,必须坚持以地质成矿规律研究为主导,数学计算是必需的,但是应当服务于服从于地质成矿规律,必须充分发挥地质学家的知识作用。

(3)目前各种数学方法,其基本原理都涉及数理统计。因此方法的选择在考虑地质成矿规律基本要素以外,一般情况下还要考虑矿产勘查工作程度,可分为工作程度较高地区和工作程度较低地区两类。

(4)预测区的分类:按照成矿条件的有利程度,预测依据是否充分,矿化强度、成矿信息浓缩程度、资源潜力大小、自然地理条件等因素,通过优选划分出 A、B、C 三个类别。

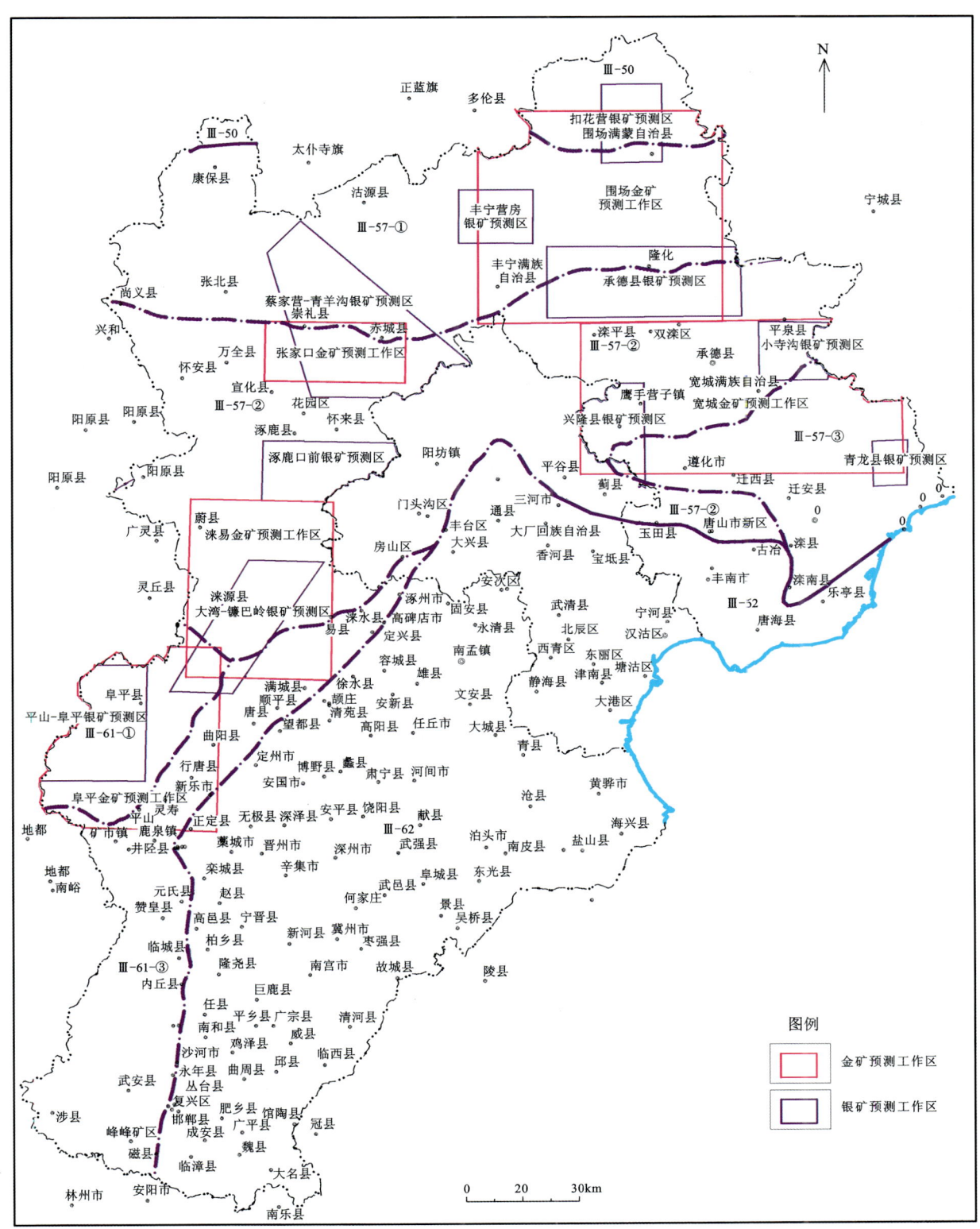

图 1-1　河北省贵金属矿产预测工作区分布图

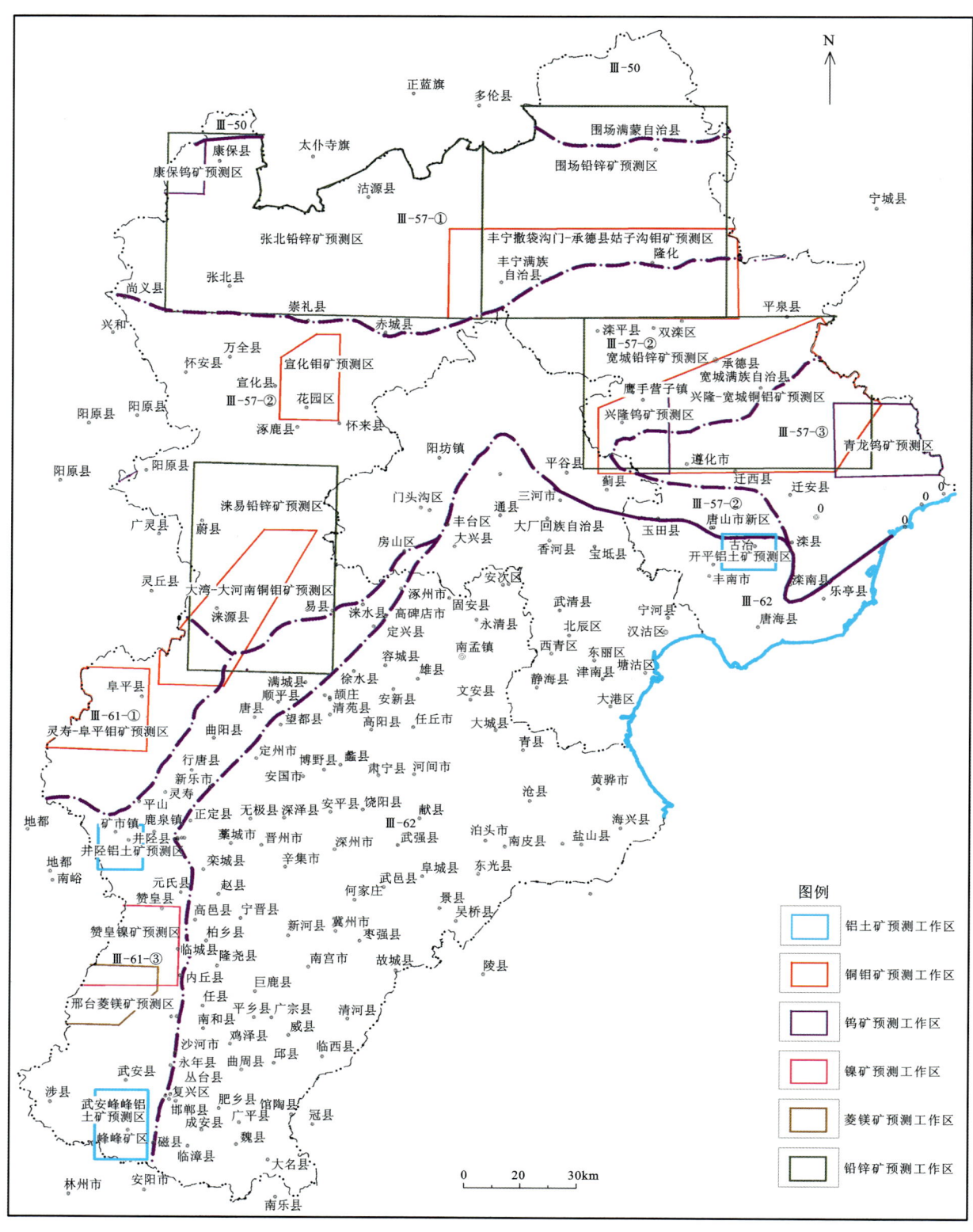

图 1-2　河北省有色金属矿产预测工作区分布图

图 1-3 河北省黑色金属矿产预测工作区分布图

表 1-1 河北省重要矿产资源潜力评价典型矿床与预测工作区统计表

成矿带编号	典型矿床	预测工作区	备注
Ⅲ-50	1.银:围场满汉土银矿、围场小扣花营银矿	河北省围场扣花营式银矿预测工作区	隆化-围场萤石预测工作区跨Ⅲ-50和Ⅲ-57-①两个成矿区带
	2.萤石:广发永萤石矿	河北省隆化-围场柳扒店式萤石矿预测工作区	
	3.围场满汉土锰银矿	河北省围场相广式锰矿预测工作区	
Ⅲ-57-①	1.硫铁矿:石头囫囵黄铁矿	河北省张北-赤城石头囫囵式硫铁矿预测工作区	丰宁撒岱沟门-承德县姑子沟钼矿预测工作区跨Ⅲ-57-①和Ⅲ-57-②两个成矿区带；崇礼-赤城磷矿预测工作区跨Ⅲ-57-①和Ⅲ-57-②两个成矿区带
	2.钼:撒岱沟门钼矿	河北省丰宁-承德撒岱沟门式钼矿预测工作区	
	3.铅锌:蔡家营铅锌矿、牛圈铅锌银矿、姑子沟铅锌矿、青羊沟铅锌矿	河北省张北蔡家营式铅锌矿预测工作区	
		河北省围场姑子沟式铅锌矿预测工作区	
		河北省蔡家营-青羊沟蔡家营式银矿预测工作区	
		河北省丰宁营房牛圈式铅锌银矿预测工作区	
	4.钨:炭头山钨矿	河北省康保白石头洼式钨矿预测工作区	
	5.银:蔡家营银矿、丰宁牛圈银矿、承德姑子沟银矿	河北省丰宁营房牛圈式银矿预测工作区	
		河北省蔡家营-青羊沟蔡家营式银矿预测工作区	
		河北省承德县姑子沟式银矿预测工作区	
	6.萤石:黄花洼萤石矿、长沟门萤石矿、万胜永萤石矿	河北省康保孔督沟式萤石矿预测工作区	
		河北省张北-赤城柳扒店式萤石矿预测工作区	
		河北省丰宁柳扒店式萤石矿预测工作区	
	7.万全寺(银)金矿	河北省围场大营子式金矿预测工作区	
		河北省崇礼-赤城岩浆岩型磷矿预测工作区	
Ⅲ-57-②	1.铬铁:高寺台铬铁矿	河北省承德县高寺台式铬铁矿预测工作区	宽城金矿预测工作区跨Ⅲ-57-②和Ⅲ-57-③两个成矿区带；兴隆-宽城铜钼矿预测工作区跨Ⅲ-57-②和Ⅲ-57-③两个成矿区带；兴隆钨矿预测工作区跨Ⅲ-57-②和Ⅲ-57-③两个成矿区带；宽城铅锌矿预测工作区跨Ⅲ-57-②和Ⅲ-57-③两个成矿区带
	2.金:大营子金矿、东坪金矿、小营盘金矿、孔各庄金矿、口前银金矿	河北省宽城金厂峪式金矿预测工作区	
		河北省宽城峪耳崖式、长城式金矿预测工作区	
		河北省张家口金矿预测工作区	
		河北省涞易县孔各庄式金矿预测工作区	
		河北省涞易大石峪式金矿预测工作区	
	3.磷:矾山磷矿、招兵沟磷矿、罗锅子沟磷矿、马营磷矿	河北省阳原-涿鹿岩浆岩型磷矿预测工作区	
		河北省丰宁-平泉岩浆岩型磷矿预测工作区	
	4.硫铁矿:荞麦川黄铁矿、高板河铅锌黄铁矿	河北省蔚县-涿鹿荞麦川式硫铁矿预测工作区	
		河北省兴隆-宽城高板河式硫铁矿预测工作区	
		河北省兴隆-宽城莫古峪式硫铁矿预测工作区	
	5.锰:蔡庄子锰矿、相广锰矿	河北省赤城秦家峪式锰矿预测工作区	
		河北省阳原-涿鹿相广式锰矿预测工作区	
	6.钼:贾家营钼矿、大湾钼矿、小寺沟钼矿、莫古峪钼矿	河北省宣化大湾式钼矿预测工作区	
		河北省大湾-大河南大湾式钼矿预测工作区	
		河北省兴隆-宽城小寺沟式钼矿预测工作区	

续表 1-1

成矿带编号	典型矿床	预测工作区	备注
Ⅲ-57-②	7.铅锌：镰巴岭铅锌矿、南赵庄铅锌矿、轿顶山铅锌矿、高板河铅锌矿	河北省遵化宽城高板河式铅锌矿预测工作区	易县灰岩矿预测工作区跨Ⅲ-57-②和Ⅲ-61-③两个成矿区带；冀东铁矿跨Ⅲ-57-②、Ⅲ-57-③和Ⅲ-62三个成矿区带
		河北省涞易铅锌矿预测工作区	
		河北省遵化宽城轿顶山式铅锌矿预测工作区	
	8.铁：大岭堡铁矿、庞家堡铁矿、支家庄铁矿、于城铁矿、黑山铁矿、周台子铁矿	河北省张宣宣龙式铁矿预测工作区	
		河北省承德大庙式铁矿预测工作区	
		河北省涞易涞源式铁矿预测工作区	
		河北省冀东沉积变质型铁矿预测工作区	
	9.铜：浮图峪铜矿、小寺沟铜矿、寿王坟铜矿	河北省涞易铜矿预测工作区	
		河北省遵化宽城铜矿预测工作区	
	10.钨：大苇塘钨矿	河北省兴隆沙麦式钨矿预测工作区	
	11.银：涿鹿口前银矿、大湾镰巴岭银矿、平泉毛家沟银矿、兴隆洞子沟银矿	河北省涿鹿口前蔡家营式银矿预测工作区	
		河北省大湾-镰巴岭镰巴岭式银矿预测工作区	
		河北省小寺沟毛家沟式银矿预测工作区	
		河北省兴隆洞子沟式银矿预测工作区	
	12.萤石：平泉郝家楼萤石矿、平泉杨树岭萤石矿	河北省兴隆-平泉柳扒店式、双洞子沟式萤石矿预测工作区	
Ⅲ-57-③	1.铬铁：毛家厂铬铁矿	河北省遵化毛家厂式铬铁矿预测工作区	
	2.金：金厂峪金矿、青河沿金矿、峪耳崖金矿	河北省宽城峪耳崖式、长城式金矿预测工作区	
	3.磷：大庙沟磷矿	河北省宽城-迁西岩浆岩型磷矿预测工作区	
	4.锰：秦家峪锰矿	河北省兴隆-宽城秦家峪式锰矿预测工作区	
	5.铁：石人沟铁矿、豆子沟铁矿、水厂铁矿、柞栏杖子铁矿、司家营铁矿	河北省冀东沉积变质型铁矿预测工作区	
	6.银：丁家河银矿	河北省青龙丁家河式银矿预测工作区	
	7.萤石：木柞峪萤石矿	河北省抚宁柳扒店式萤石矿预测工作区	
	8.重晶石：抚宁河潮营重晶石矿	河北省抚宁李家庄式重晶石矿预测工作区	
		河北省青龙沙麦式钨矿预测工作区	
Ⅲ-61-①	1.金：大石峪金矿、石湖金矿	河北省阜平石湖式金矿预测工作区	
	2.硫铁：大川黄铁矿	河北省阜平杏树台式硫铁矿预测工作区	
		河北省灵寿-阜平秋树林式钼矿预测工作区	
	3.钼：秋树林钼矿	河北省阜平独山城式铁矿预测工作区	
	4.铁：独山城铁矿、僧贯铁矿、下口铁矿	河北省涞易涞源式铁矿预测工作区	
	5.银：阜平秋卜洞银矿	河北省平山-阜平秋卜洞式银矿预测工作区	

续表 1-1

成矿带编号	典型矿床	预测工作区	备注
Ⅲ-61-③	1. 菱镁：大河菱镁矿	河北省邢台大河式菱镁矿预测工作区	
	2. 铝土矿：南关铝土矿、和村铝土矿	河北省武安峰峰和村式铝土矿预测工作区	
		河北省井陉南关式铝土矿预测工作区	
	3. 镍：杏树台镍矿	河北省赞皇杏树台式镍矿区预测工作区	
	4. 重晶石：李家庄重晶石矿	河北省邢台李家庄式重晶石矿预测工作区	
	5. 铁：三白涧铁矿、西石门铁矿、符山铁矿	河北省邯邢邯邢式铁矿预测工作区	
	6. 硫铁：绵河滩硫铁矿、内丘杏树台硫铁矿、王村黄铁矿、台口硫铁矿	河北省沙河-涉县台口式硫铁矿预测工作区	
		河北省内丘-临城杏树台式硫铁矿预测工作区	
		河北省井陉阳泉式硫铁矿预测工作区	
Ⅲ-62	1. 铝土矿：赵各庄铝土矿	河北省开平赵各庄式铝土矿预测工作区	

（四）预测资源量

(1)估算矿种要求预测资源量的估算深度：按全国矿产资源潜力评价项目的统一规定即分 500m、1000m、2000m 三个深度估算。对全省铁、锰、铜、镍、铅锌、铬、钨、钼、金、银、菱镁矿、铝、磷、硫、萤石、重晶石等 20 个矿种全面开展矿产预测工作。

(2)预测资源量方法选择原则：以全国 19 矿种（煤炭除外）（组）统一规定的矿床值概率分布法、地球化学块体估值法、体积估计法、矿床模型综合地质信息定量预测法 4 种定量预测方法为基本方法。

(3)预测资源量分类分级：预测资源量根据可信度一般分为可能的(334_1)、推测的(334_2)、估计的(334_3)3 级。

六、数据质量评述

河北省项目于 2007 年开始启动，至 2013 年结束，前后历时 7 年。在项目的实施过程中我们严格按照全国项目办下发的全国矿产资源潜力评价技术总要求、数据模型和矿产预测技术要求以及省级成矿规律矿产预测成果汇总技术要求开展工作，同时按照专题组、课题组、项目组 3 级分别对成矿规律和矿产预测系列图件进行了质量检查，填写了质量检查卡片。分阶段依次提交的铁铜等 20 个矿种（其中碎云母矿、灰岩矿为省级评审）的单矿种成果报告、各类图件、数据库分别通过了全国项目办和矿产预测汇总专业组组织的各阶段评审验收。针对各个阶段不同专家提出的修改和补充意见，河北省矿产预测课题组又做了大量的修改、补充和完善工作，修改后的成果资料经过全国矿产预测汇总专业组的复核，同意通过，并给予优良级评价（铁矿 91 分、铝土矿 82 分、锰矿 90 分、铬矿 92 分、铜矿 92 分、铅锌矿 90 分、镍矿 90 分、钨矿 86 分、钼矿 90 分、金矿 90 分、银矿 91 分、磷矿 88 分、硫矿 85 分、菱镁矿 85 分、萤石 86 分、重晶石 87 分、煤矿 92 分）。

河北省矿产资源潜力评价项目提交的铁铜等 19 个单矿种成果报告（铅锌提交 1 个报告）中，评审验收专家委员会认为：河北省项目在充分分析全区基础地质与铁铜等 20 个矿种地质勘查、开发和研究成果资料的基础上，圈定了 19 个单矿种 V 级成矿远景区，确定全省各单矿种预测类型，并划分了相应的矿床式；圈定了 135 个预测工作区；开展了 19 个单矿种典型矿床成矿要素研究，总结了 19 个单矿种（煤炭自成体系不涉及）控矿地质因素及特征，编制了典型矿床成矿要素图、成矿模式图。

在分析重力、磁测、化探、重砂、遥感等资料的基础上，总结了典型矿床的地、物、化特征，编制了典型矿床预测要素图和预测模型图等,为资源潜力预测奠定了很好的基础,根据19个单矿种的预测方法类型,编制了各预测工作区的建造构造专题底图,在综合利用区域重力、磁法、化探等资料的基础上,编制了预测工作区的区域预测要素图和预测模型图。

在上述基础上,开展了19个单矿种最小预测区圈定和资源量定量估算,共圈定了1225个最小预测区,并根据资源潜力和找矿前景,划分优选为A类437处,B类299处,C类489处。预测类型和最小预测区划分合理,优选分级依据充分。

采用地质体积法初步估算2000m以浅预测资源量:铝土矿$1.036×10^8$t,铁$210.4×10^8$t,铜$132.20×10^4$t,铅$763.43×10^3$t,锌$4461.82×10^3$t,金481.38t,钨4509.84t,磷$30.65×10^3$t,锰$1.2895×10^8$t,铬$1890.43×10^3$t,银11 494.27t,镍4103.37t,钼$145.26×10^4$t,硫$2.50781×10^8$t,萤石$157.69×10^4$t,重晶石$714.5×10^3$t,菱镁矿$62 207.09×10^3$t,碎云母$93 172.8×10^3$t,灰岩矿$7628.24×10^8$t,煤炭$426.74×10^8$t,并按深度、精度、可利用性等进行了划分。预测资源量可信度较高。在20个单矿种预测评价的基础上,对河北省20个单矿种进行了勘查部署研究,编制完成了部署建议图和未来开发基地预测建议图,编写了说明书。勘查工作部署划分了重点与一般工作区,部署建议具体,可操作性强。

第二节 矿产预测研究历史及现状

我国在1979—1985年间的第一轮预测,其成果用于编制矿产勘查的中长期规划和提出了开展新一轮普查的全国性宏观部署;时隔7年,1992—1995年间开展了第二轮预测,其成果用于编制"矿产勘查跨世纪工程",部署了全国的地质找矿工作,获得的成果有目共睹。河北省按照全国的一、二轮区划要求全面系统地进行了省内的一、二轮区划工作。

1979—1982年一轮区划选择了铁、锰、钒、钛、铂、铜、铅、锌、钼、金、硫、磷12个矿种。其中黑色金属及有关矿产圈出126个找矿远景区,有色金属及有关矿产圈出92个找矿远景区,金矿圈出50个找矿远景区,对全省成矿作用、控矿地质条件、矿产分布规律进行了初步总结。根据1:20万区域矿产资料、一轮区划和矿产勘查成果,于1988年编制出版的《河北省北京市天津市区域矿产总结》,全面总结了82个矿种,3619处矿床、矿(化)点地质资料,成矿主元素化探资料,研究了各矿种区域成矿规律,圈定了预测区,初次对全省的成矿系列进行了大致划分。这两项成果对在省内开展矿产勘查起到了重要的指导作用。

1986—1991年间选择煤、铁、金、铅、锌、银、铜、磷、石灰岩等矿种开展了资源总量预测。河北省煤炭资源调查汇总报告研究了不同地质历史时期聚煤规律,圈定预测区78个,共预测资源量$419.3×10^8$t,其中E级$141×10^8$t;铁矿圈出了243个预测靶区,按沉积变质铁矿、大庙式铁矿、接触交代-热液铁矿、沉积铁矿分别进行了资源总量预测,预测资源量为$100.7×10^8$t、$3.8×10^8$t、$12.2×10^8$t、$22.2×10^8$t;金矿圈出55个预测靶区,预测资源量为896.4t;铅锌银矿圈出209个预测靶区,预测资源量分别为$963×10^4$t、$1295×10^4$t、8600t;铜矿圈出15个预测靶区,预测资源量为$30×10^4$t;石灰岩圈出41个预测靶区,预测资源量为$2472×10^8$t;磷矿圈出68个预测靶区。

1992—1994年二轮区划选择了铜、铅、锌、银、金5个矿种,预测资源量分别为铅锌$2500×10^4$t、铜$113×10^4$t、金1361t、银11 300t。资源总量预测和二轮区划工作为河北省矿产勘查跨世纪工程部署,发现一批新的矿床及找矿突破起到了重要作用。

河北省国土资源厅安排的全省三轮区划选择了煤、铁、铜、铅、锌、银、金、磷、石灰岩等11个矿种,研究了成矿地质条件和成矿规律,划分出金成矿远景区15个,找矿靶区88处,预测金资源量为1016t;银成矿远景区15个,找矿靶区55处,预测银资源量为15 547t;铜成矿远景区10个,找矿靶区33处,预测铜资源量为$203×10^4$t;铅锌成矿远景区14个,找矿靶区39处,预测铅锌资源量为$564×10^4$t;铁成矿远景区13个,找矿靶区188处,预测铁资源量为$66×10^8$t;煤成矿远景区75个,预测煤炭资源量为297×

10^8 t;水泥灰岩成矿远景区24个,预测水泥灰岩资源量为195 016×10^4 t。

第三节 预测成果研究工作思路和方法

一、成果汇总原则

以全国矿产预测汇总组制定的省级矿产预测成果汇总方案为指导,全面收集整理河北省已完成的20个矿种的单矿种成果报告、各类图件和数据库,为矿产预测综合研究奠定基础。

开展矿产预测类型、预测工作区、最小预测区、Ⅱ级预测区、综合预测区以及查明资源量、预测资源量等的统计汇总工作,建立四级成矿区带的预测模型,编制综合预测成果图和工作部署建议图等综合图件,起草成果汇总报告提纲,分工撰写成果报告,按时提交《河北省重要矿种矿产预测成果报告》和综合研究图件及相应数据库。成果汇总技术流程见图1-4。

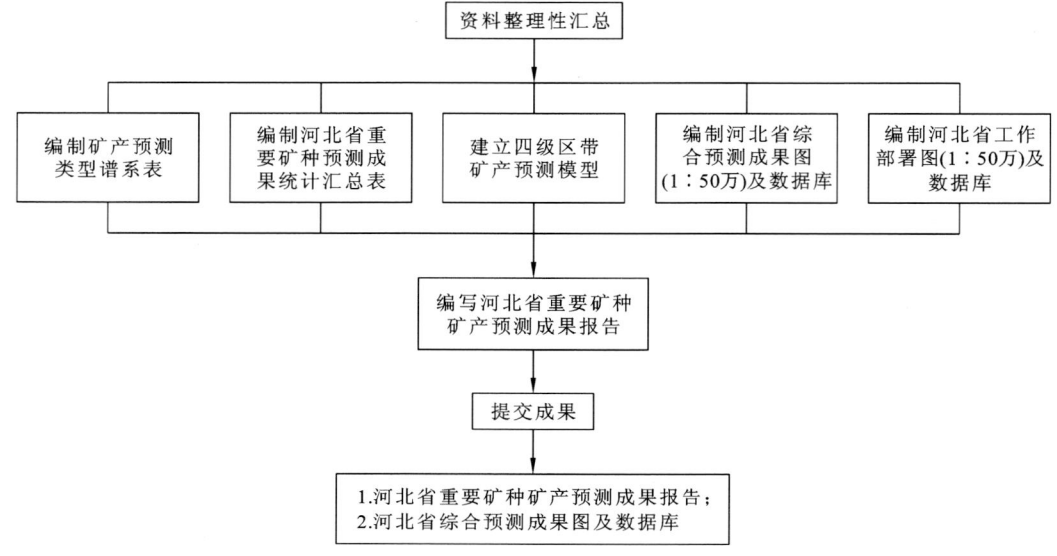

图1-4 成果汇总技术流程图

二、综合研究的思路和方法

成果汇总的步骤按照全国项目办2011年12月下发的"省级区域成矿规律、矿产预测成果汇总方案"对矿产预测成果汇总的技术要求开展河北省矿产预测成果汇总工作。矿产预测成果汇总的总体目标任务是在资料性汇总的基础上,经综合研究,完成河北省重要矿种矿产预测成果报告,编制综合预测成果图和工作部署建议图(1∶50万)及数据库。

矿产预测成果汇总的工作方法:以河北省四级成矿区带为纲,汇总本区带各矿种的预测成果,编制成果汇总报告、图件及数据库(表1-2)。成果汇总按照资料整理、综合研究两个大的步骤进行,其中2012年12月以前主要开展了20个矿种的资料整理型汇总工作,包括典型矿床和预测工作区系列图件、数据库、文字报告、各类附表等。提交的各个单矿种矿产预测成果资料经过了全国项目办组织的阶段性成果验收,并根据专家意见进行了全面修改,修改后的文字报告、图件、数据库等资料通过了全国项目办矿产预测汇总组和化工矿产汇总组的全国项目办组织的阶段性成果验收,并根据专家意见进行了全面修改复核验收。

2013年1—6月着重开展了综合研究型汇总工作,主要内容有:编制河北省矿产预测类型谱系表;

建立重要矿种各个四级成矿区带矿产预测模型(包括典型矿床预测模型和区域预测模型);编制河北省综合预测成果图和工作部署建议图(1:50万);建立河北省综合预测成果数据库和工作部署建议数据库;开展20个矿种预测成果统计汇总工作,编制预测区、资源量系列统计汇总表,起草成果汇总报告编写提纲。

表 1-2 河北省四级成矿带按下表以简称代替

四级成矿区带编号	四级成矿区带名称	简称
Ⅲ-50	突泉-翁牛特 Pb-Zn-Ag-Fe-Sn-REE 成矿带	康保-棋盘山成矿区
Ⅲ-57-①	内蒙隆起东段 Fe-Au-Ag-Pb-Zn-Mo-U-磷-膨润土成矿亚带	张北-围场成矿区
Ⅲ-57-②	燕辽(坳陷、拉张)Cu-Mo-Pb-Zn-Ag-Au-Fe-Mn-煤成矿亚带	张家口-承德成矿区
Ⅲ-57-③	马兰峪-绥中(次级隆起)Fe-Au-Pb-Zn 成矿亚带	遵化-山海关成矿区
Ⅲ-61-①	恒山-五台山 Fe-金红石成矿亚带	涞源-阜平成矿区
Ⅲ-61-②	吕梁 Fe-铝土矿-石膏-煤-煤层气成矿亚带	阳原成矿区
Ⅲ-61-③	太行 Fe-Mn-铝土矿-石膏-煤-煤层气成矿亚带	邯郸-邢台成矿区
Ⅲ-62	华北(断坳/盆地)石油天然气成矿区	河北平原成矿区

第二章 矿产预测成果

本章全面总结了河北省20个重要矿种资源潜力预测成果,并划分了矿产预测类型谱系。

第一节 矿产预测类型谱系

自2007年全国矿产资源潜力评价项目开展以来,河北省共完成20个矿种(组)110个典型矿床、73个预测工作区的相关成矿规律研究与系列编图工作。根据全国矿产资源潜力评价技术要求《重要矿产和区域成矿规律研究技术要求》《重要矿产预测类型划分方案》,对河北省重要矿种的预测类型进行了厘定,河北省19个矿种(组)预测类型共31个,矿床式共39个。见表2-1、表2-2。

表2-1 河北省19个矿种矿产预测类型划分表

矿种	矿产预测类型	矿床式	典型矿床	预测方法类型
铁矿	沉积变质型	水厂式	迁安水厂铁矿	变质型
		司家营式	司家营铁矿	变质型
	岩浆型	大庙式	承德大庙铁矿	侵入岩体型
	沉积型	宣龙式	庞家堡铁矿	沉积型
	接触交代热液型	邯邢式	沙河武安铁矿	侵入岩体型
铬铁矿	岩浆型(非蛇绿岩型)	高寺台式	高寺台铬铁矿	侵入岩体型
		毛家厂式	毛家厂铬铁矿	侵入岩体型
铜矿	斑岩型	小寺沟式	小寺沟铜钼矿	侵入岩体型
	矽卡岩型	寿王坟式	寿王坟铜钼矿	侵入岩体型
铅锌矿	矽卡岩型	大湾式	大湾锌钼矿	侵入岩体型
	沉积型	高板河式	高板河铅锌矿	沉积型
	岩浆热液型	镰巴岭式	镰巴岭铅锌矿	侵入岩体型
铝土矿	沉积型	和村式	和村铝土矿	沉积型
金矿	花岗-绿岩型	金厂峪式	金石峪金矿	复合内生型
	变质碎屑岩中热液型	大营子式	丰宁大营子金矿	复合内生型
	岩浆热液型	峪耳崖式	峪耳崖金矿	侵入岩体型
银矿	热液型(脉)	牛圈式	丰宁牛圈子银矿	侵入岩体型
	陆相火山次火山热液型	姑子沟式	承德姑子沟银矿	侵入岩体型
钨矿	石英脉型	白石头洼式	炭头山钨矿	复合内生型
镍矿	基性-超基性铜镍硫化物型	杏树台式	杏树台镍矿	侵入岩体型
钼矿	斑岩型	撒岱沟门式	撒岱沟门钼矿	侵入岩体型
	矽卡岩型	大湾式	大湾锌钼矿	侵入岩体型

续表 2-1

矿种	矿产预测类型	矿床式	典型矿床	预测方法类型
菱镁矿	沉积变质型	大河式	大河菱镁矿	变质型
锰矿	热液型	满汉土式	满汉土锰银矿	侵入岩体型
	沉积型	秦家峪式	秦家峪锰矿	沉积型
萤石矿	岩浆热液型	孔督沟式	黄花洼萤石矿	侵入岩体型
		双洞子式	双洞子萤石矿	侵入岩体型
		柳扒店式	广发永萤石矿	侵入岩体型
硫（黄铁矿）	沉积型	高板河式	高板河黄铁矿	沉积型
		煤系阳泉式	绵河滩黄铁矿	沉积型
	沉积变质型	杏树台式	杏树台黄铁矿	变质型
	次火山热液型	石头圐圙式	石头圐圙黄铁矿	侵入岩体型
	矽卡岩型	莫古峪式	莫古峪黄铁矿	侵入岩体型
磷矿	岩浆型	矾山式	矾山磷矿	侵入岩体型
	沉积变质型	招兵沟式	招兵沟磷矿	变质型
重晶石矿	热液型	李家庄式	李家庄重晶石矿	侵入岩体型
碎云母矿	沉积变质型	山门口式	山门口碎云母矿	变质型
灰岩矿	沉积型	双洞子式	双洞子水泥灰岩矿	沉积型

表 2-2　河北省矿产预测类型谱系表

编号	省份	省级矿产预测类型	成矿时代	所属成矿区带	主要预测要素	全国评价模型	矿种	分类
1	河北省	相广式次火山热液型锰矿	白垩纪	Ⅲ-57-②	沉积建造、侵入岩体、化探异常	与次火山中热液型银铅锌矿	锰矿	黑色金属
		秦家峪式海相沉积型锰矿	长城纪	Ⅲ-57-③	沉积建造、化探异常、岩相古地理、重砂异常	沉积型锰矿		
		鞍山式沉积变质型铁矿	中太古代	Ⅲ-57-③	变质建造、磁异常	沉积变质型铁硫矿	铁矿	
		大庙式岩浆型钒钛磁铁矿	长城纪	Ⅲ-57-②	岩浆岩建造、磁异常	基性岩浆岩铁铬（铜镍银）矿		
		宣龙式海相沉积型铁矿	长城纪	Ⅲ-57-②	沉积建造、岩相古地理	沉积型铁矿		
		涞源式矽卡岩型铁矿	白垩纪	Ⅲ-57-②	沉积建造、侵入岩体、磁异常	矽卡岩型铜钼铁硫（金银）矿		
		独山城式沉积变质型铁矿	新太古代	Ⅲ-57-②	变质建造、磁异常	沉积变质型铁硫矿		
		下口式沉积变质型铁矿	中太古代	Ⅲ-61-①	变质建造、磁异常	沉积变质型铁硫矿		
		邯邢式矽卡岩型铁矿	白垩纪	Ⅲ-61-③	沉积建造、侵入岩体、磁异常	矽卡岩型铁铜硫（钼金银）矿		
		高寺台式岩浆型铬铁矿	长城纪	Ⅲ-57-②	基性岩体、航磁异常、化探异常	与超基性岩有关的侵入岩体型铬、镍矿	铬铁矿	
		毛家厂式岩浆型铬铁矿	中太古代	Ⅲ-57-③	基性岩体、航磁异常、化探异常	与超基性岩有关的侵入岩体型铬、镍矿		

续表 2-2

编号	省份	省级矿产预测类型	成矿时代	所属成矿区带	主要预测要素	全国评价模型	矿种	分类
1	河北省	大营子式花岗绿岩型金矿	二叠纪	Ⅲ-57-②	变质建造、侵入岩体、化探异常	花岗-绿岩建造型金矿	金矿	贵金属
		蔡家营式热液型银金矿、岩浆热液型铅锌矿	白垩纪	Ⅲ-57-①	沉积建造、侵入岩体、化探异常	与中酸性岩浆热液有关的银铅锌交代矿	银金矿	
							铅锌矿	有色金属
		镰巴岭式热液型银金矿、铅锌矿	白垩纪	Ⅲ-57-②	沉积建造、侵入岩体、化探异常	与中酸性岩浆热液有关的银铅锌交代矿	银金矿	贵金属
							钼、铅锌矿	
		小营盘式变质改造型金矿	二叠纪	Ⅲ-57-②	变质建造、侵入岩体、化探异常	绿岩建造型金矿		
		孔各庄式岩浆热液型金矿	白垩纪	Ⅲ-57-②	沉积建造、侵入岩体、化探异常	与侵入岩有关的热液型金矿		
		大石峪式花岗岩型金矿	白垩纪	Ⅲ-57-②	变质建造、侵入岩体、化探异常	与侵入岩有关的热液型金矿		
		金厂峪式变质改造型金矿	白垩纪	Ⅲ-57-③	变质建造、侵入岩体、化探异常	绿岩建造型金矿	金矿	有色金属
		峪耳崖式花岗岩型金矿	白垩纪	Ⅲ-57-③	沉积建造、侵入岩体、化探异常	与侵入岩有关的热液型金矿		
		长城式变质改造型金矿	长城纪	Ⅲ-57-③	沉积建造、构造破碎带、化探异常	与侵入岩有关的热液型金矿		
		石湖式变质改造型金矿	侏罗纪	Ⅲ-61-①	变质建造、侵入杂岩体、化探异常	绿岩建造型金矿		
		小扣花营式热液型银矿、铅锌矿	白垩纪	Ⅲ-57-①	沉积建造、侵入岩体、化探异常	次火山中热液型银铅锌矿	银矿	贵金属
							铅锌矿	有色金属
		牛圈式热液型银矿、铅锌矿	二叠纪	Ⅲ-57-①	变质建造、侵入岩体、化探异常	与中酸性岩浆热液有关的银铅锌交代矿	银矿	贵金属
							铅锌矿	有色金属
		姑子沟式热液型银矿、铅锌矿	白垩纪	Ⅲ-57-①	变质建造、沉积建造、侵入岩体、化探异常	与中酸性岩浆热液有关的银铅锌交代矿	银矿	贵金属
							铅锌矿	有色金属
		洞子沟式热液型银矿	白垩纪	Ⅲ-57-②	沉积建造、侵入岩体、化探异常	与中酸性岩浆热液有关的银铅锌交代矿	银矿	贵金属
		毛家沟式热液型银矿、铅锌矿	白垩纪	Ⅲ-57-②	沉积建造、侵入岩体、化探异常	与中酸性、酸性浅成或超浅成侵入岩有关的斑岩型铜钼金银矿	铅锌矿	有色金属

续表 2-2

编号	省份	省级矿产预测类型	成矿时代	所属成矿区带	主要预测要素	全国评价模型	矿种	分类
1	河北省	丁家河式热液型银矿	白垩纪	Ⅲ-57-③	变质建造、侵入岩体、化探异常	与中酸性岩浆热液有关的银铅锌交代矿	银矿	贵金属
		秋卜洞式热液型银矿	白垩纪	Ⅲ-61-①	变质建造、化探异常、侵入岩体	与中酸性岩浆热液有关的银铅锌交代矿		
		寿王坟式矽卡岩型铜矿	白垩纪	Ⅲ-57-②	沉积建造、侵入岩体、化探异常	矽卡岩型铜钼铁硫（金银）矿	铜矿	有色金属
		小寺沟式斑岩型铜矿、斑岩型-矽卡岩型钼矿	白垩纪	Ⅲ-57-②	沉积建造、侵入岩体、化探异常	与中酸性、酸性浅成或超浅成侵入岩有关的斑岩型铜钼金银矿	铜、钼矿	
		木吉村式斑岩型-矽卡岩型铜矿	白垩纪	Ⅲ-57-②	沉积建造、侵入岩体、化探异常	矽卡岩型铜钼铁硫（金银）矿	铜矿	
		撒岱沟门式斑岩型钼矿	三叠纪	Ⅲ-57-①	变质建造、航磁异常、化探异常、重砂异常	斑岩型钼矿	钼矿	
		大湾式斑岩型铅锌矿、斑岩型-矽卡岩型钼矿	白垩纪	Ⅲ-57-②	沉积建造、侵入岩体、航磁异常、重力异常、化探异常	矽卡岩型铜钼铁硫（金银）矿	铅锌矿、钼矿	
		秋树林式斑岩型钼矿	白垩纪	Ⅲ-61-①	变质建造、侵入岩体、航磁异常、重力异常、化探异常	斑岩型钼矿	钼矿	
		大河式沉积变质型菱镁矿	新太古代	Ⅲ-61-③	变质建造、化探异常	沉积变质型菱镁矿	菱镁矿	
		高板河式沉积型铅锌矿	长城纪	Ⅲ-57-②	沉积建造、岩相古地理、化探异常	层控铅锌银碳酸岩型（MVT）	铅锌矿	
		轿顶山式斑岩型铅锌矿	白垩纪	Ⅲ-57-③	沉积建造、侵入岩体、化探异常	与中酸性岩浆热液有关的银铅锌交代矿		
		沙麦式石英脉型钨矿	白垩纪	Ⅲ-57-③	变质建造、侵入岩体、化探异常	与花岗岩体有关的大脉、细脉带、网脉（浸染）型锡（钼）矿床	钨矿	有色金属
		白石头洼式石英脉型钨矿	二叠纪	Ⅲ-57-①	变质建造、侵入岩体、化探异常	与花岗岩体有关的大脉、细脉带、网脉（浸染）型锡（钼）矿床		

续表 2-2

编号	省份	省级矿产预测类型	成矿时代	所属成矿区带	主要预测要素	全国评价模型	矿种	分类
1	河北省	南关式古风化壳型铝土矿	石炭纪	Ⅲ-61-③	沉积建造、岩相古地理	沉积一水硬铝石型铝土矿	铝土矿	有色金属
		和村式古风化壳型铝土矿	石炭纪	Ⅲ-61-③	沉积建造、岩相古地理	沉积一水硬铝石型铝土矿		
		赵各庄式古风化壳型铝土矿	石炭纪	Ⅲ-62	沉积建造、岩相古地理	沉积一水硬铝石型铝土矿		
		孔督沟式热液充填型普通萤石矿	二叠纪	Ⅲ-50	侵入岩体、化探异常	岩浆热液充填型萤石矿	萤石矿	冶金辅料
		柳扒店式热液充填型普通萤石矿	白垩纪	Ⅲ-57-①	沉积建造、侵入岩体、化探异常	岩浆热液充填型萤石矿		
		双洞子式热液交代型普通萤石矿	白垩纪	Ⅲ-57-②	沉积建造、侵入岩体、化探异常	岩浆热液充填型萤石矿		
		石头囵囵式火山-次火山热液型硫铁矿	侏罗纪—白垩纪	Ⅲ-57-①	变质建造、燕山期中酸性侵入岩分布、化探异常	与中酸性岩浆热液有关的银铅锌交代矿	硫铁矿	非金属
		高板河式海相沉积型硫铁矿	长城纪	Ⅲ-57-②	沉积建造、化探异常、岩相古地理、重砂异常	黄铁矿沉积型硫矿		
		荞麦川式海相沉积型硫铁矿	青白口纪	Ⅲ-57-②	沉积建造、化探异常、岩相古地理、重砂异常	黄铁矿沉积型硫矿		
		阳泉式沉积型硫铁矿	石炭纪	Ⅲ-61-③	沉积建造、岩相古地理、重砂异常	黄铁矿沉积型硫矿		
		杏树台式沉积变质型硫铁矿、镍矿	太古宙	Ⅲ-61-③	变质建造、航磁异常、重砂异常	沉积变质型铁硫矿、镍矿	镍矿	有色金属
		台口式矽卡岩型硫铁矿	石炭纪	Ⅲ-61-③	沉积建造、侵入岩体分布、航磁异常、重砂异常	热液型黄铁矿	硫铁矿	非金属
		莫古峪式矽卡岩型伴生硫矿	侏罗纪—白垩纪	Ⅲ-57-②	沉积建造、燕山期中酸性侵入岩体分布、化探异常	矽卡岩型铜钼铁硫（金银）矿	锌钼铜	有色金属
							硫矿	
		招兵沟式岩浆型磷矿	新太古代	Ⅲ-57-①	侵入杂岩体、航磁异常、化探异常	岩浆型磷矿	磷矿	非金属

续表 2-2

编号	省份	省级矿产预测类型	成矿时代	所属成矿区带	主要预测要素	全国评价模型	矿种	分类
2	河北省	马营式岩浆型磷矿	长城纪	Ⅲ-57-②	变质建造、侵入杂岩体、航磁异常、化探异常	岩浆型磷矿	磷矿	其他
		钒山式岩浆型磷矿	三叠纪	Ⅲ-57-②	侵入杂岩体、航磁异常、化探异常	岩浆型磷矿		其他
		大庙沟式岩浆型磷矿	二叠纪	Ⅲ-57-③	侵入杂岩体、航磁异常、化探异常	岩浆型磷矿		
		李家庄式低温热液型重晶石矿	白垩纪	Ⅲ-61-③	变质建造、侵入岩体、化探异常	与岩浆热液有关的脉状热液型重晶石	重晶石	其他

第二节 预测成果统计分析

对河北省不同预测类型工作区内的地、物、化、遥等各类综合信息进行了分析，在 MRAS、MapGIS 系统的支持下，结合地质异常理论，采用综合信息网格单元法、综合信息地质单元法及单项信息法圈定铁铜（不含煤）等 19 个矿种 1225 个最小预测区，其中 A 类 437 处，B 类 299 处，C 类 489 处。并采用证据要素法、特征分析法、要素类比趋同法对预测区进行了优选和排序。按四级成矿带对 19 种矿产最小预测区进行统计，并对其分布情况进行分析。

在单矿种最小预测区的基础上，根据其所处的构造位置、成矿特征及集中分布区，重新圈定重要矿种综合预测区，并依据其预测矿种、成矿类型、是否有已知成型矿床及预测资源量，对综合预测区级别进行划分，圈定综合预测区 140 个，其中 A 类 45 个、B 类 56 个、C 类 39 个。

19 种预测成果统计分析如下。

一、黑色金属

河北省矿产资源潜力评价黑色金属主要包括铁矿、锰矿、铬铁矿 3 种矿产，简述如下。

（一）铁矿预测区成果

河北省铁矿资源潜力评价共划定铁矿预测工作区 6 个，圈定最小预测区 337 个，其中 A 类 168 个、B 类 101 个、C 类 68 个。各预测区类型统计结果如表 2-3 所示。

表 2-3 河北省铁矿预测工作区不同预测类型最小预测区统计表

序号	预测工作区名称	预测类型	A 类预测区数（个）	B 类预测区数（个）	C 类预测区数（个）	合计（个）
1	冀东预测工作区	沉积变质型	112	60	52	224
2	阜平预测工作区	沉积变质型	8	6	0	14
3	承德预测工作区	岩浆岩型	8	1	4	13
4	张宣预测工作区	沉积型	11	3	2	16
5	涞易预测工作区	矽卡岩型	15	17	1	33
6	邯邢预测工作区	矽卡岩型	14	14	9	37
	合计		168	101	68	337

按预测类型统计,沉积变质型最小预测区占全省69%,矽卡岩型最小预测区占全省22%,沉积型最小预测区占全省5%,岩浆岩型最小预测区占全省4%(图2-1)。

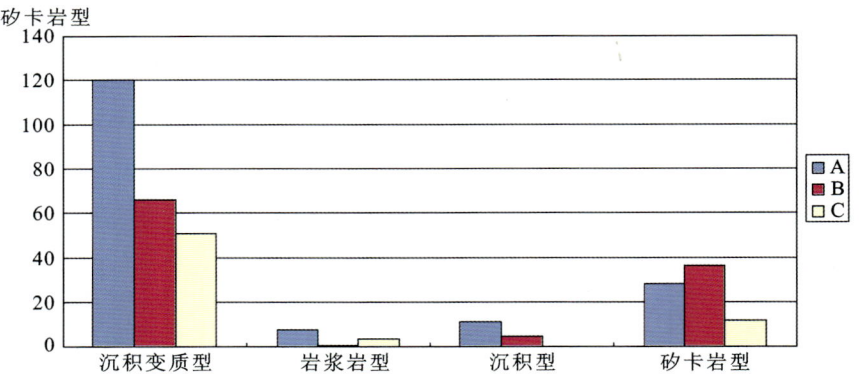

图 2-1　河北省铁矿最小预测区分布特征图

从其成矿区分布来看,河北省铁矿主要分布在遵化-山海关成矿区、邯邢成矿区。在圈定的最小预测区基础上,对在同一成矿远景区内,不同类型具有相同成矿地质背景的最小预测区进行合并。在以上原则上,圈定铁矿二级预测区93个。

（二）锰矿预测区成果

河北省锰矿资源潜力评价共划定锰矿预测工作区4个,圈定最小预测区31个,其中A类9个、B类4个、C类18个。各预测区类型统计结果如表2-4所示。

表 2-4　河北省锰矿预测工作区最小预测区类别划分统计表

序号	预测工作区名称	预测类型	A类预测区数（个）	B类预测区数（个）	C类预测区数（个）	合计(个)
1	阳原-涿鹿预测工作区	陆相次火山热液型	3	2	3	8
2	赤城预测工作区	海相沉积型	1	0	3	4
3	围场预测工作区	陆相次火山热液型	1	2	9	12
4	兴隆-宽城预测工作区	海相沉积型	4	0	3	7
	合计		9	4	18	31

在圈定的最小预测区基础上,对在同一成矿远景区内,不同类型具有相同成矿地质背景的最小预测区进行合并。在以上原则上,圈定锰矿二级预测区27个。

（三）铬铁矿预测区成果

河北省铬铁矿资源潜力评价共划定铬铁矿预测工作区2个,圈定最小预测区8个,其中A类4个、B类2个、C类2个。各预测区类型统计结果如表2-5所示。

表 2-5　河北省铬铁矿预测工作区最小预测区类别划分统计表

序号	预测工作区名称	预测类型	A类预测区数（个）	B类预测区数（个）	C类预测区数（个）	合计(个)
1	承德县预测工作区	岩浆岩型	2	1	1	4
2	遵化预测工作区		2	1	1	4
	合计		4	2	2	8

河北省铬铁矿主要分布在张家口-承德成矿区内,在圈定的最小预测区基础上,对在同一成矿远景区内,不同类型具有相同成矿地质背景的最小预测区进行合并。在以上原则上,圈定铬铁矿二级预测区7个。

二、贵金属

(一)金矿预测区成果

河北省金矿资源潜力评价共划定金矿预测工作区5个,圈定最小预测区114个,其中A类24个、B类48个、C类42个。各预测区类型统计结果如表2-6所示。

表2-6 河北省金矿预测工作区最小预测区类别划分统计表

序号	预测工作区名称	预测类型	A类预测区数（个）	B类预测区数（个）	C类预测区数（个）	合计（个）
1	遵化宽城预测工作区	花岗-绿岩型、岩浆热液型	7	16	11	34
2	阜平预测工作区	花岗-绿岩型	4	11	6	21
3	涞易预测工作区	岩浆热液型	5	13	13	31
4	张家口预测工作区	花岗-绿岩型、岩浆热液型	5	4	3	12
5	围场预测工作区	花岗-绿岩型	3	4	9	16
	合计		24	48	42	114

河北省金矿主要分布在遵化-山海关成矿区、张家口-承德成矿区。在圈定的最小预测区基础上,对在同一成矿远景区内,不同类型具有相同成矿地质背景的最小预测区进行合并。在以上原则上,圈定金矿二级预测区53个。

(二)银矿预测区成果

河北省银矿资源潜力评价共划定银矿预测工作区10个,圈定最小预测区86个,其中A类30个、B类13个、C类43个。各预测区类型统计结果如表2-7所示。

表2-7 河北省银矿预测工作区最小预测区类别划分统计表

序号	预测工作区名称	预测类型	A类预测区数（个）	B类预测区数（个）	C类预测区数（个）	合计（个）
1	平山-阜平预测工作区	热液脉型	3	0	4	7
2	大湾-镰巴岭预测工作区	热液脉型	7	4	1	12
3	涿鹿口前预测工作区	热液脉型	1	1	9	11
4	蔡家营-青羊沟预测工作区	热液脉型	4	5	9	18
5	丰宁营房预测工作区	热液脉型	2	0	4	6
6	围场小扣花营预测工作区	热液脉型	1	0	3	4
7	承德县预测工作区	热液脉型	8	1	2	11
8	小寺沟预测工作区	热液脉型	2	2	1	5
9	青龙预测工作区	热液脉型	1	0	3	4
10	兴隆预测工作区	热液脉型	1	0	7	8
	合计		30	13	43	86

河北省银矿主要分布在张北-围场成矿区、张家口-承德成矿区、涞易成矿区。在圈定的最小预测区基础上,对在同一成矿远景区内,不同类型具有相同成矿地质背景的最小预测区进行合并。在以上原则上,圈定银矿二级预测区61个。

三、有色金属

(一)铜矿预测区成果

河北省铜矿资源潜力评价共划定铜矿预测工作区2个,圈定最小预测区43个,其中A类6个、B类6个、C类31个。各预测区类型统计结果如表2-8所示。

表2-8 河北省铜矿预测工作区最小预测区类别划分统计表

序号	预测工作区名称	预测类型	A类预测区数(个)	B类预测区数(个)	C类预测区数(个)	合计(个)
1	遵化宽城区	矽卡岩型斑岩型	3	3	17	23
2	涞易区	矽卡岩型斑岩型	3	3	14	20
	合计		6	6	31	43

河北省铜矿主要分布在张家口-承德成矿区、涞易成矿区。在圈定的最小预测区基础上,对在同一成矿远景区内,不同类型具有相同成矿地质背景的最小预测区进行合并。在以上原则上,圈定铜矿二级预测区43个。

(二)铅锌矿预测区成果

河北省铅锌矿资源潜力评价共划定铅锌矿预测工作区4个,圈定最小预测区66个,其中A类16个、B类10个、C类40个。各预测区类型统计结果如表2-9所示。

表2-9 河北省铅锌矿预测工作区最小预测区类别划分统计表

序号	预测工作区名称	预测类型	A类预测区数(个)	B类预测区数(个)	C类预测区数(个)	合计(个)
1	遵化宽城预测工作区	沉积岩型、岩浆热液型、矽卡岩型(斑岩型)	5	6	8	19
2	涞易预测工作区	岩浆热液型、矽卡岩型	2	1	10	13
3	张北预测工作区	岩浆热液型	5	1	11	17
4	围场预测工作区	岩浆热液型	4	2	11	17
	合计		16	10	40	66

河北省铅锌矿主要分布在遵化-山海关成矿区、张北-围场成矿区、涞易成矿区。在圈定的最小预测区基础上,对在同一成矿远景区内,不同类型具有相同成矿地质背景的最小预测区进行合并。在以上原则上,圈定铅锌矿二级预测区43个。

(三)钼矿预测区成果

河北省钼矿资源潜力评价共划定钼矿预测工作区5个,圈定最小预测区64个,其中A类22个、B类24个、C类18个。各预测区类型统计结果如表2-10所示。

表 2-10 河北省钼矿预测工作区最小预测区类别划分统计表

序号	预测工作区名称	预测类型	A类预测区数（个）	B类预测区数（个）	C类预测区数（个）	合计（个）
1	灵寿-阜平预测工作区	斑岩型	2	1	0	3
2	大湾-大河南预测工作区	斑岩型、矽卡岩型	6	3	3	12
3	宣化预测工作区	斑岩型	1	4	1	6
4	丰宁-承德预测工作区	斑岩型	4	9	8	21
5	兴隆-宽城预测工作区	斑岩型	9	7	6	22
	合计		22	24	18	64

河北省钼矿主要分布在张家口-承德成矿区、阜平成矿区。在圈定的最小预测区基础上，对在同一成矿远景区内，不同类型具有相同成矿地质背景的最小预测区进行合并。在以上原则上，圈定钼矿二级预测区39个。

（四）镍矿预测区成果

河北省镍矿资源潜力评价共划定镍矿预测工作区1个，圈定最小预测区5个，其中A类1个、B类0个、C类4个。各预测区类型统计结果如表2-11所示。

表 2-11 河北省镍矿预测工作区最小预测区类别划分统计表

序号	预测工作区名称	预测类型	A类预测区数（个）	B类预测区数（个）	C类预测区数（个）	合计（个）
1	赞皇预测工作区	变质型	1	0	4	5

在圈定的最小预测区基础上，对在同一成矿远景区内，不同类型具有相同成矿地质背景的最小预测区进行合并。在以上原则上，圈定镍矿二级预测区3个。

（五）钨矿预测区成果

河北省钨矿资源潜力评价共划定钨矿预测工作区3个，圈定最小预测区22个，其中A类7个、B类8个、C类7个。各预测区类型统计结果如表2-12所示。

表 2-12 河北省钨矿预测工作区最小预测区类别划分统计表

序号	预测工作区名称	预测类型	A类预测区数（个）	B类预测区数（个）	C类预测区数（个）	合计（个）
1	康保白石头洼式钨矿预测工作区	热液型	2	2	1	5
2	兴隆钨矿预测工作区	热液型	2	4	3	9
3	青龙沙麦式钨矿预测工作区	热液型	3	2	3	8
	合计		7	8	7	22

河北省钨矿主要分布在张家口-承德成矿区、张北-围场成矿区。在圈定的最小预测区基础上，对在同一成矿远景区内，不同类型具有相同成矿地质背景的最小预测区进行合并。在以上原则上，圈定钨矿二级预测区12个。

（六）铝土矿预测区成果

河北省铝土矿资源潜力评价共划定铝土矿预测工作区3个,圈定最小预测区20个,其中A类5个、B类5个、C类10个。各预测区类型统计结果如表2-13所示。

表2-13 河北省铝土矿预测工作区最小预测区类别划分统计表

序号	预测工作区名称	预测类型	A类预测区数(个)	B类预测区数(个)	C类预测区数(个)	合计(个)
1	开平预测工作区	古风化壳沉积型	1	0	0	1
2	井陉预测工作区	古风化壳沉积型	2	1	1	4
3	峰峰武安预测工作区	古风化壳沉积型	2	4	9	15
	合计		5	5	10	20

河北省铝土矿主要分布在唐山地区、邯郸地区。在圈定的最小预测区基础上,对在同一成矿远景区内,不同类型具有相同成矿地质背景的最小预测区进行合并。在以上原则上,圈定铝土矿二级预测区8个。

四、化工原料非金属矿产预测区成果

（一）磷矿预测区成果

河北省磷矿资源潜力评价共划定磷矿预测工作区4个,圈定最小预测区46个,其中A类16个、B类7个、C类23个。各预测区类型统计结果如表2-14所示。

表2-14 河北省磷矿预测工作区最小预测区类别划分统计表

序号	预测工作区名称	预测类型	A类预测区数(个)	B类预测区数(个)	C类预测区数(个)	合计(个)
1	崇礼-赤城预测工作区	招兵沟式变质侵入岩型、大庙沟式侵入岩型	1	0	2	3
2	丰宁-平泉预测工作区	马营式侵入岩型、大庙沟式侵入岩型、招兵沟式变质侵入岩型	2	0	2	4
3	阳原-涿鹿预测工作区	矾山式侵入岩型	12	5	15	32
4	迁西-宽城预测工作区	大庙沟式侵入岩型	1	2	4	7
	合计		16	7	23	46

河北省磷矿主要分布在承德地区、张家口地区。在圈定的最小预测区基础上,对在同一成矿远景区内,不同类型具有相同成矿地质背景的最小预测区进行合并。在以上原则上,圈定磷矿二级预测区16个。

（二）硫铁矿预测区成果

河北省硫铁矿资源潜力评价共划定硫铁矿预测工作区4个,圈定最小预测区59个,其中A类18个、B类15个、C类26个。各预测区类型统计结果如表2-15所示。

表 2-15　河北省硫铁矿预测工作区最小预测区类别划分统计表

序号	预测工作区名称	预测类型	A类预测区数（个）	B类预测区数（个）	C类预测区数（个）	合计（个）
1	沙河-涉县硫铁矿预测工作区	矽卡岩型	5	2	4	11
2	内丘-临城硫铁矿预测工作区	沉积变质型	1	1	4	6
3	井陉硫铁矿预测工作区	沉积型	2	0	1	3
4	蔚县柏树-涿鹿硫铁矿预测工作区	沉积型	2	1	1	4
5	兴隆-宽城硫铁矿预测工作区	沉积型	6	5	8	19
6	阜平硫铁矿预测工作区	沉积变质型	1	4	4	9
7	张北-赤城硫铁矿预测工作区	次火山热液型	1	2	4	7
	合计		18	15	26	59

河北省硫铁矿主要分布在张北-围场成矿区、张家口-承德成矿区、涞易-阜平成矿区。在圈定的最小预测区基础上，对在同一成矿远景区内，不同类型具有相同成矿地质背景的最小预测区进行合并。在以上原则上，圈定硫铁矿二级预测区47个。

（三）重晶石矿预测区成果

河北省重晶石矿资源潜力评价共划定重晶石矿预测工作区2个，圈定最小预测区13个，其中A类5个、B类4个、C类4个。各预测区类型统计结果如表2-16所示。

表 2-16　河北省重晶石矿预测工作区最小预测区类别划分统计表

序号	预测工作区名称	预测类型	A类预测区数(个)	B类预测区数(个)	C类预测区数(个)	合计(个)
1	邢台预测工作区	热液型	4	1	3	8
2	抚宁预测工作区	热液型	1	3	1	5
	合计		5	4	4	13

河北省重晶石矿分布较少，主要分布在秦皇岛地区和邢台地区。在圈定的最小预测区基础上，对在同一成矿远景区内，不同类型具有相同成矿地质背景的最小预测区进行合并。在以上原则上，圈定重晶石矿二级预测区7个。

（四）碎云母矿预测区成果

河北省碎云母资源潜力评价共划定碎云母预测工作区1个，圈定最小预测区8个，其中A类3个、B类1个、C类4个。各预测区类型统计结果如表2-17所示。

表 2-17　河北省碎云母矿预测工作区最小预测区类别划分统计表

序号	预测工作区名称	预测类型	A类预测区数(个)	B类预测区数(个)	C类预测区数(个)	合计(个)
1	平山-曲阳预测工作区	沉积变质型	3	1	4	8

在圈定的最小预测区基础上，对在同一成矿远景区内，不同类型具有相同成矿地质背景的最小预测区进行合并。在以上原则上，圈定碎云母矿二级预测区2个。

(五) 灰岩矿预测区成果

河北省灰岩矿资源潜力评价共划定灰岩矿预测工作区8个,圈定最小预测区191个,其中A类46个、B类18个、C类127个。各预测区类型统计结果如表2-18所示。

表2-18 河北省灰岩矿预测工作区最小预测区类别划分统计表

序号	预测工作区名称	预测类型	A类预测区数(个)	B类预测区数(个)	C类预测区数(个)	合计(个)
1	兴隆-平泉预测工作区	沉积型	4	3	7	14
2	抚宁预测工作区	沉积型	4	2	5	11
3	开平-滦县预测工作区	沉积型	12	1	8	21
4	蔚县-涞源预测工作区	沉积型	3	4	22	29
5	易县预测工作区	沉积型	6	3	17	26
6	曲阳-顺平预测工作区	沉积型	4	0	10	14
7	井陉预测工作区	沉积型	5	1	17	23
8	武安-涉县预测工作区	沉积型	8	4	41	53
	合计		46	18	127	191

河北省灰岩矿分布广泛。在圈定的最小预测区基础上,对在同一成矿远景区内,不同类型具有相同成矿地质背景的最小预测区进行合并。在以上原则上,圈定灰岩矿二级预测区15个。

五、冶金辅助原料矿产预测区成果

(一) 萤石矿预测区成果

河北省萤石矿资源潜力评价共划定萤石矿预测工作区6个,圈定最小预测区117个,其中A类56个、B类21个、C类40个。各预测区类型统计结果如表2-19所示。

表2-19 河北省萤石矿预测工作区最小预测区类别划分统计表

序号	预测工作区名称	预测类型	A类预测区数(个)	B类预测区数(个)	C类预测区数(个)	合计(个)
1	康保预测工作区	热液型	2	4	4	10
2	张北-赤城预测工作区	热液型	8	6	14	28
3	丰宁预测工作区	热液型	3	3	3	9
4	隆化-围场预测工作区	热液型	30	4	12	46
5	兴隆-平泉预测工作区	热液型	11	2	4	17
6	抚宁预测工作区	热液型	2	2	3	7
	合计		56	21	40	117

河北省萤石矿分布在张家口地区和承德地区。在圈定的最小预测区基础上,对在同一成矿远景区内,不同类型具有相同成矿地质背景的最小预测区进行合并。在以上原则上,圈定萤石矿二级预测区81个。

(二) 菱镁矿预测区成果

河北省菱镁矿资源潜力评价共划定菱镁矿预测工作区1个，圈定最小预测区6个，其中A类1个、B类2个、C类3个。各预测区类型统计结果如表2-20所示。

表 2-20　河北省菱镁矿预测工作区最小预测区类别划分统计表

序号	预测工作区名称	预测类型	A类预测区数(个)	B类预测区数(个)	C类预测区数(个)	合计(个)
1	邢台预测工作区	沉积变质型	1	2	3	6

河北省菱镁矿主要分布在邢台地区。在圈定的最小预测区基础上，对在同一成矿远景区内，不同类型具有相同成矿地质背景的最小预测区进行合并。在以上原则上，圈定菱镁矿二级预测区3个。

第三章 康保-棋盘山成矿区预测成果

本章以河北省康保-棋盘山Ⅳ级成矿带为单元,综合分析区域成矿地质背景、物化探、重砂、遥感特征,总结出成矿带内各矿种预测模型表及预测模型图,圈定本成矿带综合预测区。

第一节 区域地质背景

本成矿带位于河北北部边缘康保-围场断裂以北地区,属兴蒙造山系,主要为一套海相沉积,厚度较大,并夹有火山熔岩、火山碎屑岩,且有泥盆纪、二叠纪侵入岩侵入,其中二叠纪侵入岩较发育,在康保-围场断裂以南也有分布。二叠纪末的海西运动,使兴蒙造山系回返为陆,从中生代开始与南侧陆块区连为一体,共同经历了叠加造山过程。之上为中生代火山-沉积岩覆盖,并有同期花岗岩侵入。

地层仅包含照阳河-围场古岛弧亚相,由三面井滨浅海灰岩-碎屑岩、额里图滨浅海碎屑岩-陆相火山岩、于家北沟海陆交互碎屑岩-灰岩组成。该套地层受断裂作用影响,支离破碎,均遭受不同程度的蚀变与轻微变质。火山岩赋存层位主要为早二叠世额里图组,主要岩石类型为中性岩类——安山岩、粗安岩、英安岩及相应成分的火山碎屑岩,形成于海相或海陆交互相的岛弧环境。

泥盆纪侵入岩包括满德堂碰撞侵入杂岩,主要分布于围场兴巨德一带。主要有闪长岩、斜长花岗岩、二长花岗岩等,岩石呈灰白色、浅肉红色、深灰色和灰黑色等。组成矿物为石英、钾长石、斜长石、角闪石或黑云母等。中细粒结构,偶见似斑状结构。钙碱性系列,岩石成因类型属壳幔混合型,为 G_2 组合,俯冲造山内带环境。

二叠纪侵入岩主要分布于康保满德堂、五百顷一带,在崇礼石窑子、赤城马营、丰宁上黄旗、华吉营一带也有分布。划分为满德堂同碰撞高钾二长花岗岩-(斑状)正长花岗岩组合(P_2)和五百顷同碰撞高钾(斑状)花岗闪长岩-二长花岗岩组合(P_1)。前者由二长花岗岩→正长花岗岩演化。岩石呈浅肉红色、灰色、灰黄色。由早而晚组成矿物石英、钾长石(微斜长石、条纹长石)渐增,斜长石(更长石)、暗色矿物(黑云母)减少,结构上具有由中细粒→粗中粒→斑状的变化规律。岩石化学参数值:属钙碱性系列;固结指数较低;分异程度高,铝弱过饱和,为 G_1G_2 组合,俯冲造山内带环境。

后者主要分布于康保五百顷一带。自早而晚由(斑状)花岗闪长岩→二长花岗岩变化。岩石呈灰色、浅灰色,组成矿物为石英、钾长石、斜长石、黑云母、角闪石,中粒结构和斑状结构,钙碱性系列,成因类型属壳幔混合型。为 $T_1T_2G_2$ 组合,俯冲造山外带环境。

中生代自中侏罗世晚期开始强烈活动,由于结晶基底的刚性较强,故以断裂变形为主。新生的主构造线为北北东—北东向和北西向。基底和新生构造线的交叉与活动,产生了若干大小不等的晚侏罗世—早白垩世断凹及其间的断凸,并伴有强烈的火山喷发和岩浆岩侵入。火山岩以白垩纪义县组、大北沟组为主,仅在东部光顶山一带有少量下花园组和南大岭组分布。

第二节 区域矿产特征

本成矿带主要矿产为普通萤石矿、银矿,见图 3-1,其中普通萤石矿主要以火山-次火山热液充填型为主,矿脉产于晚侏罗世—早白垩世的火山岩系中,成矿时代为燕山期。查明储量萤石 2798.02×10^3 t,

有12处矿产地,其中,中型2个,小型8个,矿点2个。

普通萤石矿主要分布于隆化—围场地区,矿体围岩为中生代白垩系张家口组火山岩。矿体成矿一般与中生代早白垩世火山活动有关,产于几个主要断裂构造带的次级构造带中,并严格受构造控制。围岩蚀变最强烈的表现为硅化,其次为黄铁矿化、绢云母化、高岭土化、碳酸盐化及叶蜡石化等。蚀变带常环绕矿体分布。矿体成矿作用与蚀变休戚相关,矿体厚度一般与硅化蚀变带宽度成正比。矿化类型为热液充填型。

银矿仅有两处,为中型矿床,查明储量407.78t。银矿成矿作用与区域壳源岩浆喷发侵入活动相关,成矿为燕山晚期,即本类型矿床与燕山晚期花岗斑岩、石英正长斑岩-多斑闪长岩有关,主要成矿元素为银、铅、锌等。内生期成矿温度为110~340℃,属于中低温。

矿化体产出形式主要为热液脉型,矿化具有垂直分带性,自上而下为Ag、Mn(氧化矿石)—Ag、Pb、Zn(银矿石)—Pb、Zn(铅锌矿石)。

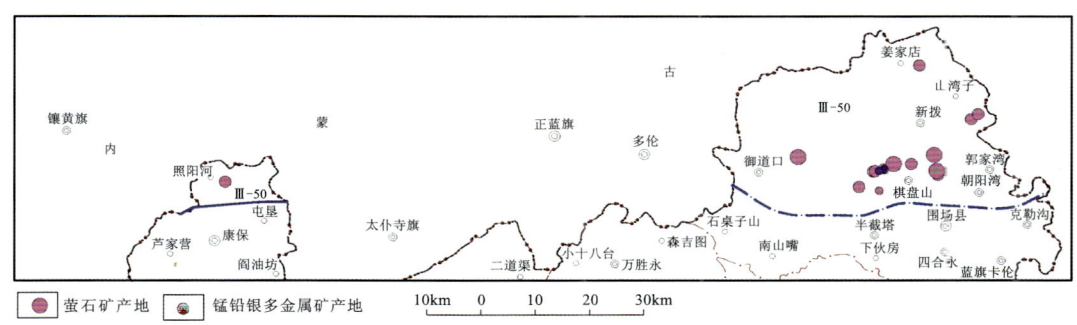

图3-1 康保-棋盘山成矿带矿产地图

第三节 区域地、物、化、遥、重砂特征及推断解释成果

一、区域重力特征

该成矿带主体位于内蒙古自治区境内,在河北省分布于康保、围场附近,区内布格重力异常以梯级带为主,南高北低,布格重力异常值自$-90\times10^{-5}\,m/s^2$至$-160\times10^{-5}\,m/s^2$。异常总体呈东西向、北东东向,与康保-围场深断裂走向一致;至东部梯级带向北东方向扭曲,是乌龙沟-上黄旗北北东向深断裂影响的结果,见图3-2。剩余重力异常靠近康保-围场断裂多呈近东西走向,远离则为北东向、北西向,重力异常以重力低为主,见图3-3。

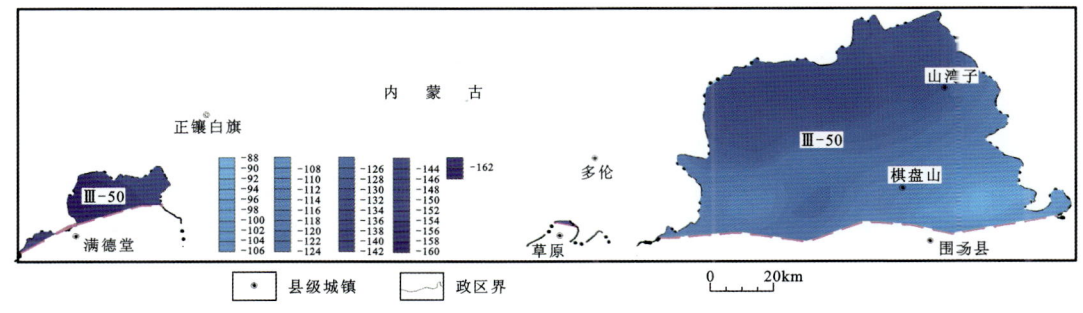

图3-2 布格重力异常图

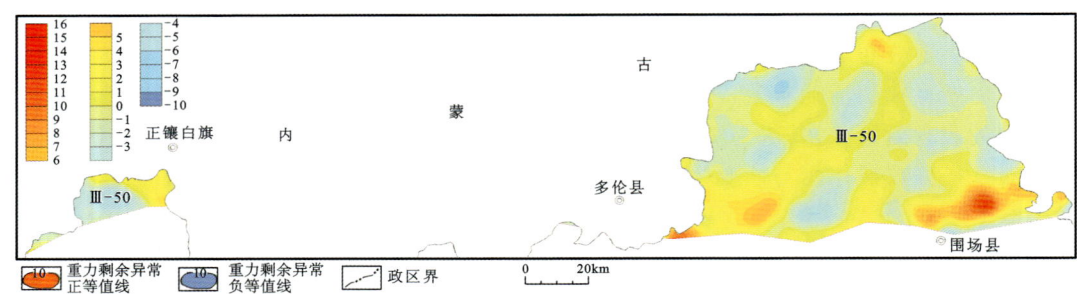

图 3-3　布格重力剩余异常图

二、区域航磁特征

该成矿带主体位于内蒙古自治区境内,在河北省分布于康保、围场附近,磁异常总体以负异常为主,正异常主要分布在围场北部附近。区内异常幅值不大,自-200nT至600nT。康保-围场东西向深断裂附近异常轴向为北北东、北东方向,向北远离深断裂轴向为北西和近南北向。异常轴向的这种变化,是康保-围场深断裂与乌龙沟-上黄旗北北东向深断裂共同作用的结果。

区内东部围场附近正磁异常主要由中酸性火山岩引起,包括中生代安山岩、新生代玄武岩。玄武岩引起的磁异常最高值达600nT,主要分布在围场西北部;安山岩引起的磁异常主要分布在围场北部,最高值达500nT。正磁异常多为窄闭状,梯度变化明显。负磁异常主要由酸性火山岩引起,岩性为张家口组流纹岩等,磁异常强度为-100~200nT,梯度较小,呈平缓面状异常。本区火山机构多呈负磁异常,如哈里哈火山机构,小扣花营银矿产于该火山机构的边部,负磁异常边部指示矿床有利成矿部位。

本区西侧康保附近正磁异常由安山岩引起,呈宽缓的面状异常,幅值较低为150nT,轴向北北东。负磁异常主要由花岗岩侵入体引起,异常平缓,最低值-80nT(图3-4)。

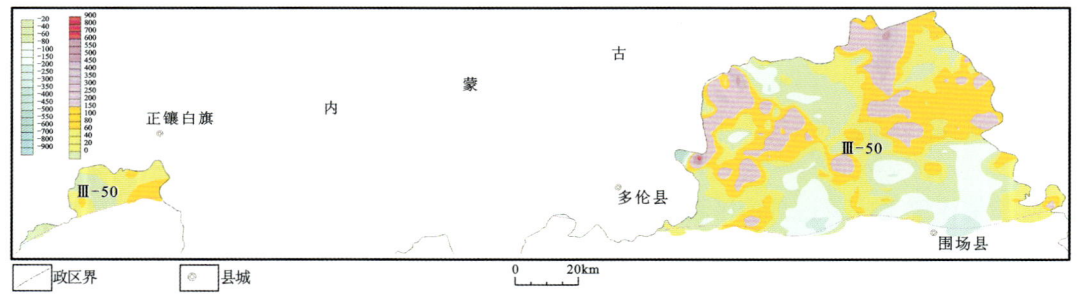

图 3-4　磁异常等值线图

三、区域地球化学特征

本成矿带主体位于内蒙古自治区境内,河北省部分在地球化学上属康保-棋盘山区,相当于天山-内蒙造山系,位于康保-围场深大断裂以北,在红旗营子群、化德群变质基底上,有二叠纪、侏罗纪、白垩纪花岗岩侵入,白垩纪大北沟组、九佛堂组及第三纪(古近纪+新近纪)汉诺坝组基性火山-沉积岩覆盖。以中生代燕山期成矿作用为主,主要矿产有银、铅、锌、金、铜。在地球化学图上,以元素含量高低迅速过渡为特征,典型矿床有围场小扣花营-满汉土锰银矿。

岩石地球化学研究表明,红旗营子群的 Ag、Pb、Zn、Mo 等为超量聚集元素。

该区地层变异系数排序为:化德岩群 Sn 1.714,As 1.136,Bi 1.058,Cu 1.052,B 1.051;红旗营子群 Ag 6.715,As 3.482,Au 3.0743,Sb 2.183,Pb 1.622,Bi 1.616,Cd 1.454,W 1.276。侵入岩变异系

数为:樱桃沟门超单元(P_2YTW)1.956,Bi 1.546,Sn 1.263,Ag 1.213,P 1.162,V 1.133,Ni 1.035, Mn 1.021,MgO 1.009;郭家屯超单元(P_1GJ) Pb 3.356,Ag 3.167,F 2.785,Mo 1.877,Bi 1.509, Sb 1.490,Cd 1.330,W 1.258,反映了各自单元的重要成矿元素组合。

全区元素含量变异系数从大到小排列为:Ag、F、Hg、Sb、Ni、W、Bi、Mo等,反映成矿元素以银、氟(萤石)、汞为主(表3-1)。

表 3-1 成矿带区域地球化学参数统计表（$n=1658$）

参数	Ag	Au	Bi	Cr	Cu	F	Hg	Mn
max	12.5	11.2	250	578	259	50 000	1682	7069
min	0.019	0.18	0.50	0.20	1.50	45	4.5	0.10
Xp	0.077	0.65	7.86	50.3	18.0	798	30.3	696
Xm	0.060	0.54	6.10	35.6	14.3	560	18.0	650
Sx	0.31	0.55	9.32	46.1	14.7	2395	79.8	453
Cv	4.026	0.837	1.19	0.916	0.817	3.001	2.633	0.651

参数	Mo	Ni	Pb	Sb	Sn	W	Zn	
max	27.2	1085	109	20.2	19.7	46.9	484	
min	0.09	0.15	7.0	0.02	0.10	0.04	6.3	
Xp	0.94	24.8	21.4	0.56	1.89	1.30	70.4	
Xm	0.78	15.1	20.8	0.38	1.60	1.10	70.9	
Sx	1.053	36.4	7.34	0.87	1.47	1.61	35.7	
Cv	1.124	1.468	0.343	1.566	0.782	1.238	0.508	

注:max.最大值;min.最小值;Xp.平均值;Xm.中位数;Sx.标准差;Cv.变异系数(下同)。

Au、Hg含量单位为$\times 10^{-9}$,其余元素为$\times 10^{-6}$。

区内圈定以银(铅锌)为主的地球化学综合异常 4 处,元素组合为 Ag、Pb、Zn、Ba、Mn、Cd、Sb,主要分布于围场满汉土—小扣花营、康保照阳河、围场老窝铺和围场龙头山,异常主要与火山岩及燕山期侵入岩关系密切,北东与北西向断裂交会部位成矿潜力大。圈定了围场小扣花营锰-银矿预测工作区,找矿方向为热液脉型锰银矿。

区内主要异常有(图3-5~图3-9):

(1) 1301-乙围场姜家店 AgPbZnCd 综合异常。

(2) 1302 乙-围场哈里哈(扣花营) AgPbZnCd 综合异常。

(3) 1303-乙康保照阳河 AgPbZnCd 综合异常。

(4) 1304-乙围场老窝铺 AgPbZnCd 综合异常。

(5) 1305-乙围场龙头山 AgPbZnCd 综合异常。

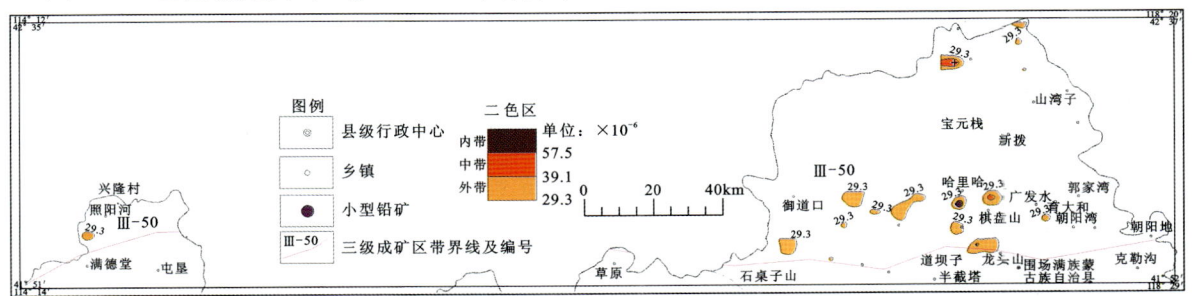

图 3-5 铅化学元素异常图

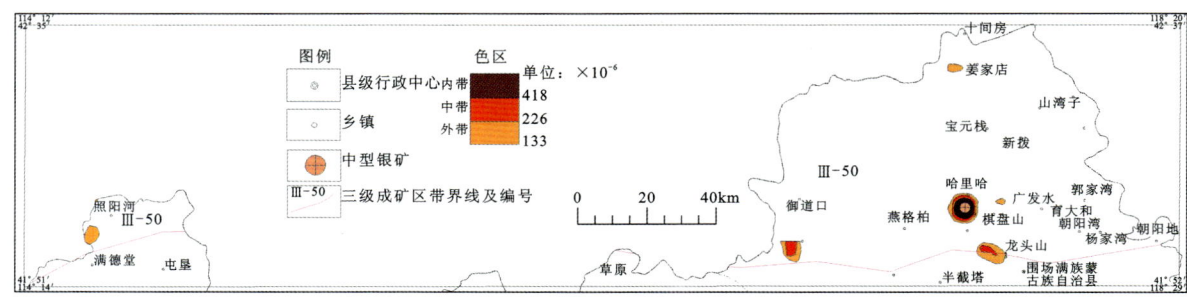

图 3-6 银化学元素异常图

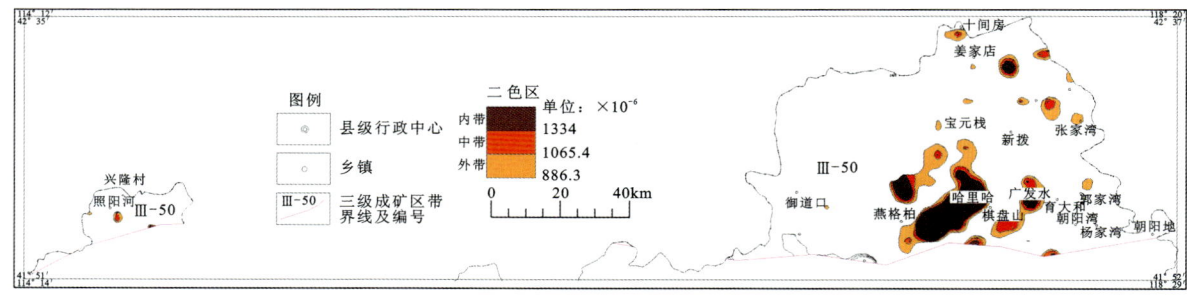

图 3-7 氟化学元素异常图

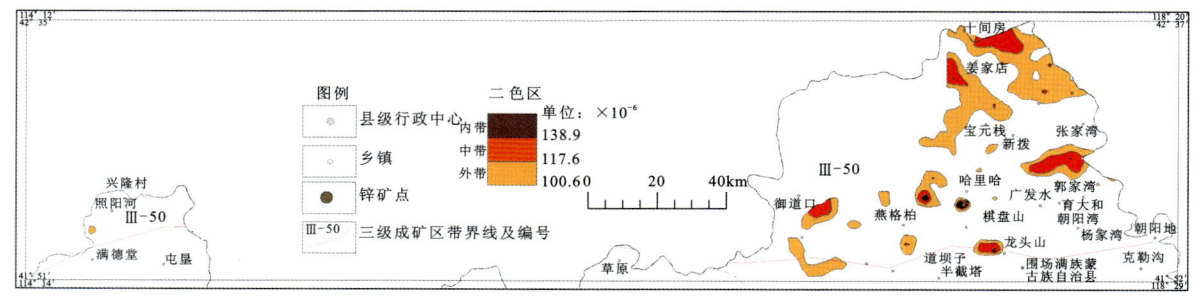

图 3-8 锌化学元素异常图

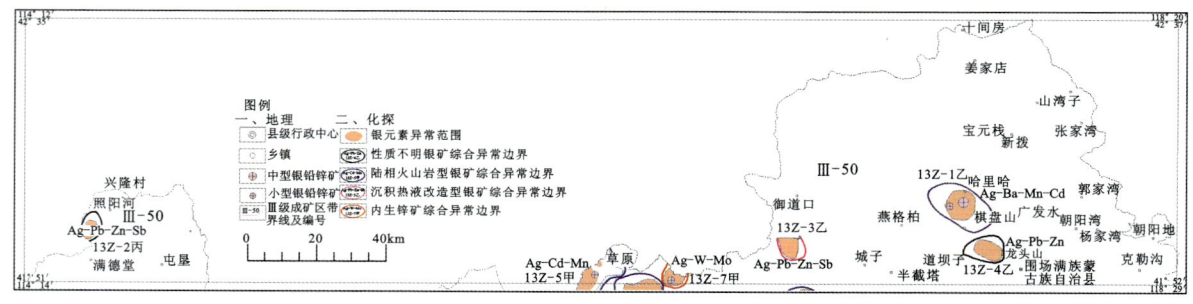

图 3-9 综合异常图

四、区域自然重砂特征

本区自然重砂异常与预测矿种直接有关的矿物有铬铁矿、黄铁矿、金、磷、锰、铅、锡石、银、萤石等。

其中,银、铅、锰矿物多围绕火山机构及其环状、放射状断裂出现,尤其在小扣花营银铅矿周边,银、铅、锰矿物异常集中出现,根据水系追溯,都可以找到相应的矿化。特别值得注意的是与银、铅矿物伴生的锰矿物,在棋盘山火山盆地中主要火山机构周边均有出现,可视为进一步找寻与火山热液相关的热液充填型银、铅的有用线索。

萤石矿物异常主要出现在露头较好的萤石、矿点周围,明显表现出其生成与火山断裂构造和热液充填活动的密切关系。

较多出现的铬铁矿,主要受新生代汉诺坝玄武岩的出露控制。金矿物异常出现在成矿带东端南侧的大光顶子、朝阳湾一带,明显与元古宙岩体、韧性剪切带和已知金矿化有关。

铬铁矿异常12个,为3级异常,均为基性岩或超基性岩中副矿物引起,无找矿意义。黄铁矿异常2个,为3级异常,无找矿指示意义。

金矿异常7个,见图3-10,其中1级2个,2级3个,3级3个。1级异常由矿化引起,2级异常推测为含矿低温热液引起。

磷矿异常2个,为3级异常,由基性火山岩和酸性岩体副矿物引起。

锰矿物异常2个,分布在火山地层中,由含锰热液沿裂隙充填引起。

铅矿物异常5个,其中1级1个,2级1个,3级3个。1级异常区位于扣花营火山机构,主要可见侏罗纪—白垩纪流纹岩、流纹质熔结凝灰岩、粗安岩、粗安质凝灰岩等火山岩,有燕山晚期花岗斑岩、石英正长斑岩小岩株出露,火山机构放射性断裂发育。铅异常矿物为铅族、白铅矿、自然铅等,与已知锰银矿有关。2级异常位于棋盘山破火山内环断裂带上,出露晚侏罗世流纹质熔结凝灰岩、石英粗安质凝灰岩、砂砾岩,可见白垩纪花岗斑岩侵入。北东向弧形断裂贯穿全区控制异常分布。3级异常无找矿指示意义。

银矿异常1个,为1级,异常区位于扣花营火山机构,主要可见侏罗纪—白垩纪流纹岩、流纹质熔结凝灰岩、粗安岩、粗安质凝灰岩等火山岩,有燕山晚期花岗斑岩、石英正长斑岩小岩株出露,火山机构放射性断裂发育。银异常主要矿物为自然银,与已知锰银矿有关。

萤石矿物异常6个,其中1级1个,2级2个,3级3个。1级异常区出露晚侏罗世流纹质熔结凝灰岩、早白垩世安山岩及燕山晚期潜安山岩。异常受北东向断裂控制,可见萤石矿化。2级异常区主要出露晚侏罗世—早白垩世张家口组流纹质熔结凝灰岩、潜粗面安山岩。可见燕山晚期浅成中酸性侵入体。有已知萤石矿点。3级异常区大面积出露晚侏罗世—早白垩世张家口组火山岩。有燕山晚期浅成中酸性岩体侵入,有一定的萤石成矿条件。

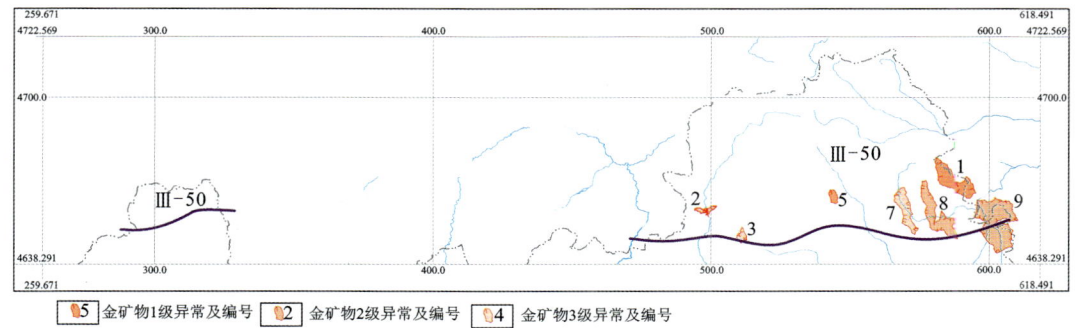

图3-10 金矿物异常分布图

五、区域遥感特征

(一)遥感影像特征

成矿带分东、西两个成矿区(图3-11),西区位于康保县照阳河一带,色调灰黄,植被不发育,高原丘陵地貌,山低坡缓,冲沟发育,山脉纹理较为清晰。主要出露白垩纪张家口组酸性火山岩、二叠纪三面井组地层及晚二叠世花岗岩类侵入岩,新生代地层发育,前新生代岩层可解性较差。东区位于围场县牌楼、朝阳地以北的御道口、棋盘山等地,大致以御道口附近北东向长脖子梁坝缘为界,构成东、西两个不同的影像单元。西单元为坝上高原地貌,紫色夹杂白色、绿色色调,植被不发育,地势起伏小,冲沟、水系不发育,具有沙丘、沙链等影纹结构。影像东单元山高坡陡,地势起伏大,冲沟发育,山脉纹理清晰,多为树枝状水系。色调呈绿色、砖红色,植被多发育在山梁、山坡地带,故色调多为绿色,沟谷地带植被稀少,色调多为砖红色。出露第三纪汉诺坝玄武岩,白垩纪张家口组、易县组、大北沟组火山岩-碎屑岩,新太古代红旗营子群黑云斜长变粒岩夹大理岩及斜长角闪岩地层及中元古代、中生代花岗岩类侵入岩等。该区岩石可解性较差,不同岩类的岩石解译标志不明显。

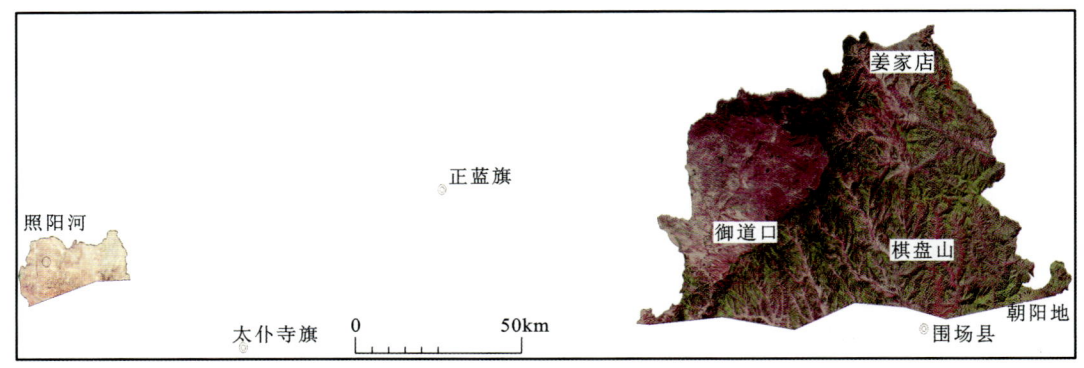

图 3-11 康保-棋盘山成矿区带影像单元遥感影像图

(二) 遥感地质特征

1. 断裂构造

区内断裂主要发育东西、北东、北西、北西西向 4 组,主要断裂为东西向康保-围场断裂 F_1,次要断裂为长脖梁断裂 F_2(图 3-12)。

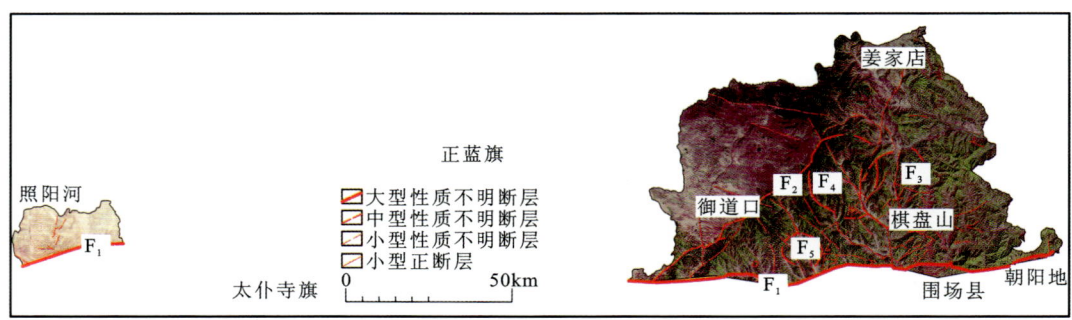

图 3-12 康保-棋盘山成矿区带断裂构造解译图

康保-围场断裂解译标志明显,影像清晰,断层两侧地貌、色调、影纹都有明显差异。康保-围场断裂为华北陆块区与天山-兴蒙造山系两个一级构造单元分界断裂,位于成矿带南侧。照阳河成矿区发育一组北北东向断裂带和一组北西向断裂,为小型断裂。北北东向断裂带分布在中部二郝记沟、西五福堂一带,由多条北东向断层组成。

御道口、棋盘山成矿区主要以北东、北西向断裂为主,坝上高原与棋盘山山地两地貌单元以长波梁断裂为界,断裂走向北东。坝上高原断裂不发育,数量少,以东西、北西向断层为主;坝下山区断裂发育,形成有北东、北西和东西向 3 组断裂。主要断裂为东西向康保-围场断裂,为成矿区南缘边界断裂。本区中生代火山岩发育,形成多处火山机构,特点是火山机构边缘为弧形断裂,主要的火山机构有棋盘山火山机构 F_3、小母子沟火山机构 F_4 和西梁火山机构 F_5 三处。

2. 环形构造

本区环形构造较为发育,主要有火山口、火山机构环形构造、中生代花岗岩类环形构造和古生代花岗岩类环形构造 4 类(图 3-13)。

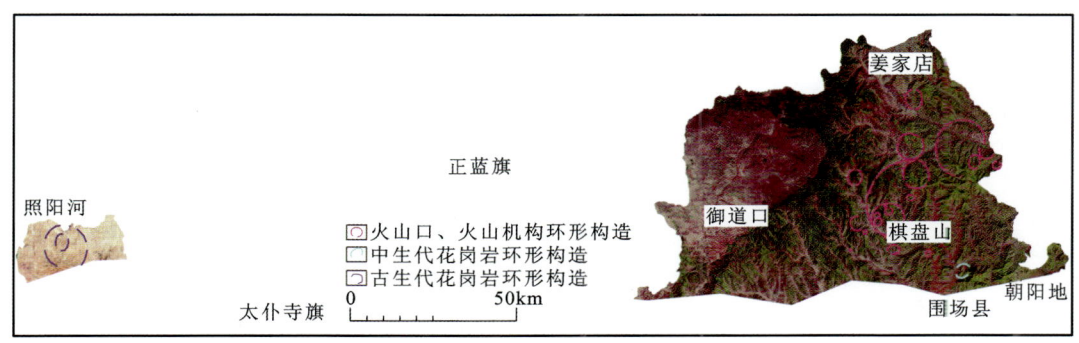

图 3-13 康保-棋盘山成矿区带环形构造解译图

火山口、火山机构环形构造较为发育,主要分布在东区棋盘山一带,分布集中,围岩为白垩纪张家口组、易县组,岩性主要为中、酸性火山岩等,如哈里哈火山机构环形构造。与火山岩环形构造有关的矿产有锌、银、萤石等矿产,主要矿产地有小扣花营银矿、满汉土银矿、三义号萤石矿等。

3. 羟基异常

羟基异常呈离散态分布在康保县北部照阳河和围场北部姜家店、朝阳地等地(图 3-14),异常强度不大,分布不连续,形成多个异常浓集中心。异常围岩较复杂,有二叠纪花岗岩类侵入岩、中生代浅成侵入岩及白垩纪张家口组酸性火山岩、二叠纪三面井组变质安山岩、大北沟组火山-碎屑岩等。异常主要分布在二叠纪粗粒正长花岗岩、白垩纪张家口组酸性火山岩等岩石出露范围。异常与岩性有关,由岩石蚀变引起。

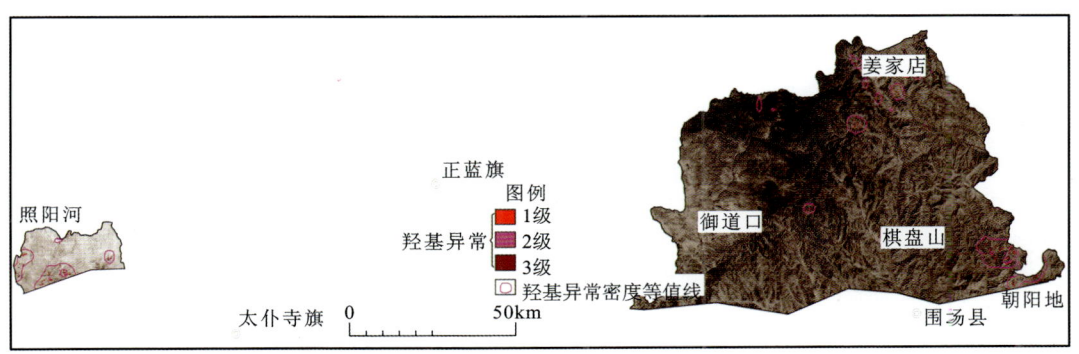

图 3-14 康保-棋盘山成矿区羟基异常图

4. 铁染异常

铁染异常呈离散态分布在康保县北部照阳河和围场棋盘山等地(图 3-15),离散态分布,局部集中,形成照阳河、苏计沟、二龙泉、周家湾子、上月亮湾子、宝元栈等异常浓集中心。异常围岩为二叠纪侵入岩、中生代浅成侵入岩及白垩纪张家口组火山岩、大北沟组火山-碎屑岩、二叠纪三面井组变质安山岩等,异常分布范围主要在白垩纪张家口组、大北沟组火山-碎屑岩等岩石中。异常与岩性有关,由岩石蚀变引起。

对于地质解译而言,使用遥感影像解译出的地质内容有限。北东向大断裂带能够看出线性影像特征。一些环形火山构造在影像上能识别出来,能够指示进一步开展工作的宏观方向。该成矿带中裸露地表上分布的羟基和铁染异常与矿化点套合较好,具有较高的可信度。

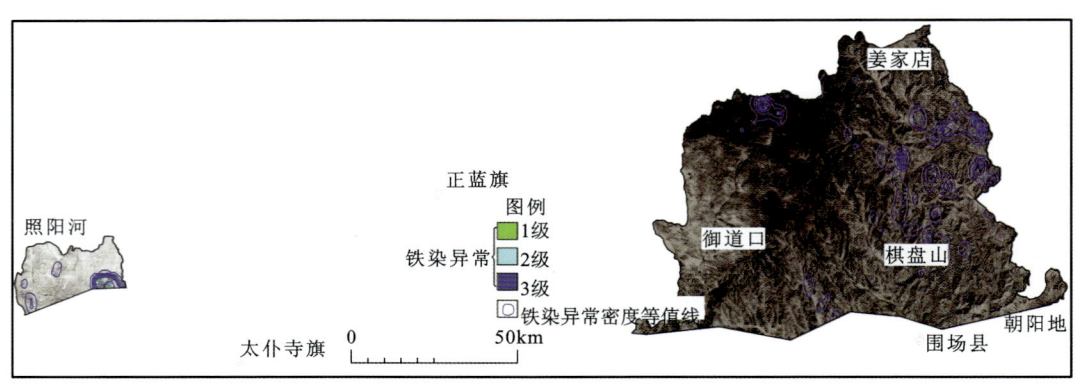

图 3-15　康保-棋盘山成矿区铁染异常图

第四节　重要矿种预测评价模型

该成矿带参与本次预测的矿种有银矿、萤石矿 2 个矿种,预测类型为陆相火山岩型银矿和火山热液充填型萤石 2 种,涉及 2 个预测工作区。其中典型矿床为扣花营和满汉土银矿、广发永萤石矿。预测亚类型为小扣花营式、柳扒店式,简述如下。

一、小扣花营式次火山热液型银矿床预测评价模型

(一) 典型矿床预测模型

小扣花营式次火山热液型银矿床预测模型见表 3-2 及图 3-16。

表 3-2　小扣花营式次火山热液型银矿床预测模型表

预测要素		描述内容	预测要素分类
特征描述		火山-次火山热液型银矿床	
地质环境	成矿区带(全国)	二级:Ⅱ-14 华北(陆块)成矿省	必要
	成矿区带(大区)	三级:Ⅲ-57 华北陆块北缘东段 Fe-Cu-Mo-Pb-Zn-Ag-Mn-U-磷-煤-膨润土成矿带	必要
	成矿区带(本省)	四级:Ⅲ-57-① 内蒙隆起东段 Fe-Au-Ag-Pb-Zn-Mo-U-磷-膨润土成矿亚带	必要
	大地构造(Ⅱ级)	D_1 冀北-燕辽-太行岩浆弧大相	必要
	大地构造(Ⅲ级)	D_1^1 冀北俯冲-碰撞火山岩相(J_1N^1)	必要
	大地构造(Ⅳ级)	D_1^{1-5} 大北沟-义县火山-沉积断陷盆地(K_1)	必要
	赋矿地层	晚侏罗世张家口组和早白垩世大北沟组中酸性火山碎屑岩	必要
	成矿岩体	燕山旋回第四期花斑岩和闪长玢岩	必要
	控矿构造	上黄旗-乌龙沟深断裂的北延部分	必要
	成矿时代	燕山期	必要
	成矿环境	内蒙-海西晚期褶皱带棋盘山凹陷	必要

续表 3-2

预测要素		描述内容	预测要素分类
矿床特征	矿体形态	呈脉状、透镜状	次要
	矿体产状	矿体走向320°～340°，倾向北东，倾角55°～85°	次要
	矿体规模	共有14个矿体，主要矿体有3个。Ⅰ号矿体长300m，平均厚度1.58m，呈"S"状延伸；Ⅱ号矿体长280m，厚度变化为0.80～5.61m，平均2.28m，延深275m，呈上陡下缓"S"状延伸；Ⅲ号矿体长550m，厚度变化为0.50～8.58m，平均1.91m，延深380m，呈"S"状延伸	必要
	矿石矿物成分	原生矿物53种，其中银金矿物15种，其他金属矿物24种，脉石矿物14种。主要金属矿物有菱锰矿、硬锰矿、软锰矿、方铅矿和闪锌矿、自然银、辉银矿、含银黝铜矿、银金矿、螺状硫银矿等，脉石矿物主要为石英、重晶石和萤石等	重要
	矿床有益组分	Ag、Pb、Zn、Cu、Au、Mn、Mo	重要
	组分赋存状态	以锰银矿物形式存在	次要
	矿石结构	氧化锰银矿石主要由硬锰矿组成显微细晶结构和由软锰矿组成针状-放射状结构，还见到在丝状、树枝状自然银表面上由毛发状铁矾类矿物组成的毛发状结构。矿石构造有蜂窝状和环带状构造。硫化物银矿石结构主要为显微半自形晶粒结构、包体结构、镶边结构、显微文象结构和固溶体分离结构等	次要
	矿石构造	以浸染状、细脉浸染状为主	次要
	蚀变特征	主要为硅化、菱锰矿化，次为水云母化、重晶石化、萤石化、绿泥石化、绿帘石化及高岭土化	重要
	控矿条件	导矿构造为棋盘山破火山的内、外环和区域性北西向断裂及其与火山穹丘、火山塌陷构造的交会部位；储矿构造为北西—北西西向次级断裂带	重要
	成矿期次划分	矿床成矿分热液期和表生期。热液期又可分为5个矿化阶段。银和铅锌矿主要在热液期铅锌银硫化物阶段形成，在表生期银矿又进一步次生富集	必要
	成矿流体类型	成矿物质硫为火山喷溢携带而来；成矿热液来自地表雨水和火山气液水，以大气降水为主	重要
地球化学特征	1:20万水系沉积物	明显富集Ag、Ba、Cd、F、Li、Mn、Mo、P、Sr、Th、U、Ti、Zn、Na_2O，其富集系数均大于1.2。异常剖析图中具Ag、Pb、Zn、Cd、Mn、Ba、Mo、Sb、Li元素异常，多数元素具三级分带，异常形态以近圆形为主，浓集中心与矿床套合较好	重要
	1:5万水系沉积物	Pb、Zn、Ag、Mn、Ba、Cu、Mo、Sn等主要成矿元素及伴生元素的最大值均很高，主成矿元素Pb、Zn、Ag的变化系数超过1，是成矿信息的反映。地球化学异常剖析图显示，异常由Ag、Pb、Zn、Mn元素的单点或点群异常所组成。大部分Ag、Pb、Zn、Mn元素异常分布于已知矿带上，走向与主矿带相同，为已知矿带的反映。其次分布于已知矿带之间或延伸方向上。其余异常则与地表岩石及土壤中金属含量不均匀有关	重要
地球物理特征	磁异常	位于航磁异常梯度带上，异常值为0～－50nT，航磁化极异常等值线值为40～100nT	次要
	重力异常	布格重力异常负值区内，异常值为－150毫伽，剩余重力异常值为0毫伽	次要
遥感		羟基、铁染异常与矿床套合较好	次要
自然重砂异常		银矿矿物重砂1级异常，锰矿矿物重砂2级异常	重要

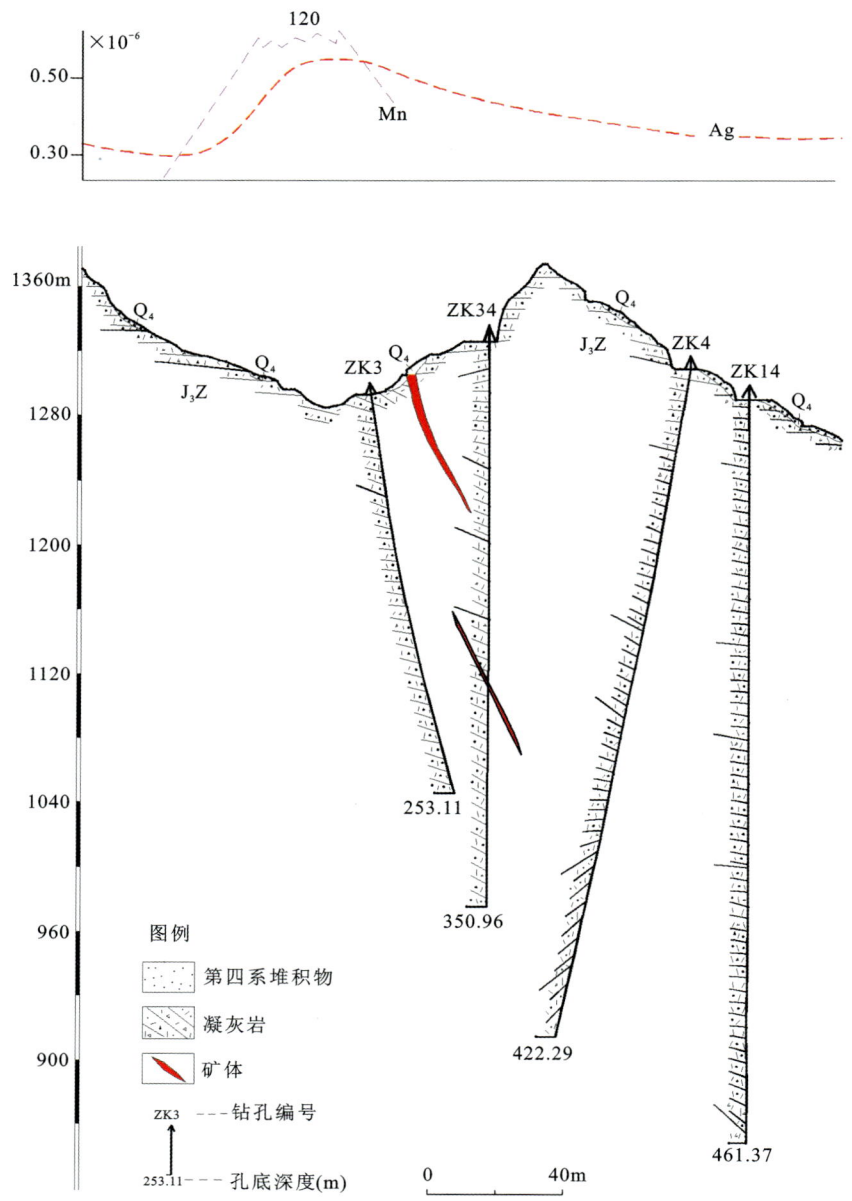

图 3-16 围场县满汉土-小扣花营式次火山热液型银矿床预测模型图

(二) 区域预测模型

小扣花营式次火山热液型银矿区域预测要素见表 3-3 和图 3-17。

表 3-3 小扣花营式次火山热液型银矿区域预测模型表

区域预测要素		描述内容	要素分类
特征描述		小扣花营式热液型铅锌银矿床	
区域成矿地质环境	大地构造单元	D_1^{1-5} 大北沟-义县火山-沉积断陷盆地(K_1)	必要
	主要控矿构造	上黄旗-乌龙沟深断裂北延部分	必要
	主要赋矿地层	晚侏罗世张家口组和早白垩世大北沟组中酸性火山碎屑岩	必要

续表 3-3

区域预测要素		描述内容	要素分类
区域成矿地质环境	成矿时代	中生代燕山晚期	必要
	控矿侵入岩建造	燕山晚期中酸性次火山岩、花斑岩、石英正长斑岩-多斑闪长玢岩类	必要
	区域成矿类型及成矿期	燕山晚期中酸性次火山岩有关锰银矿点	必要
	成矿带	四级：Ⅲ-57-① 内蒙隆起东段 Fe-Au-Ag-Pb-Zn-Mo-U-磷-膨润土成矿亚带	必要
区域成矿地质特征	控矿侵入岩	次火山岩、花斑岩、石英正长斑岩	重要
	控矿构造	受古火山机构及其外围裂隙中控制	次要
	矿石建造	主要金属矿物有菱锰矿、硬锰矿、软锰矿、方铅矿和闪锌矿、自然银、辉银矿、含银黝铜矿、银金矿、螺状硫银矿等，脉石矿物主要为石英、重晶石和萤石等	重要
	围岩蚀变	主要为硅化、菱锰矿化，次为水云母化、重晶石化、萤石化、绿泥石化、绿帘石化及高岭土化	重要
	矿床式	小扣花营式	重要
区域地球化学特征	1:20万水系沉积物	明显富集 Ag、Ba、Cd、F、Li、Mn、Mo、P、Sr、Th、U、Ti、Zn、Na_2O，其富集系数均大于1.2。异常剖析图中具 Ag、Pb、Zn、Cd、Mn、Ba、Mo、Sb、Li 元素异常，多数元素具三级分带，异常形态以近圆形为主，浓集中心与矿床套合较好	重要
	1:5万水系沉积物	Pb、Zn、Ag、Mn、Ba、Cu、Mo、Sn 等主要成矿元素及伴生元素的最大值均很高，主成矿元素 Pb、Zn、Ag 的变化系数超过1	重要
区域地球物理特征	磁异常	位于航磁异常梯度带上，异常值为0～－50nT，航磁化极异常等值线值为40～100nT	次要
	重力异常	布格重力异常负值区内，异常值为－150毫伽，剩余重力异常值为0毫伽	次要
遥感		羟基、铁染异常与矿床套合较好	次要
自然重砂异常		银矿矿物重砂1级异常，锰矿矿物重砂2级异常	重要

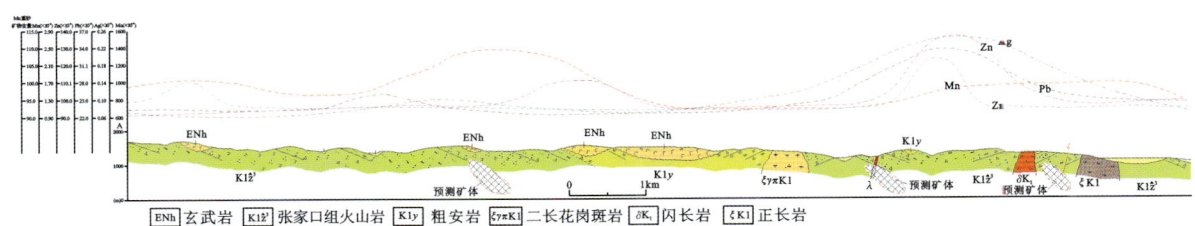

图 3-17 小扣花营式次火山热液型银矿区域预测模型图

二、柳扒店式萤石矿床预测评价模型

（一）典型矿床预测模型

柳扒店式萤石矿床预测模型见表 3-4 和图 3-18。

表 3-4　柳扒店式萤石矿典型矿床预测模型表

预测要素		描述内容	预测要素分类
特征描述		柳扒店式热液充填型普通萤石矿	
地质环境	成矿围岩	中生代白垩纪张家口组二段	必要
	成矿岩体	粗粒似斑状花岗岩体	必要
	岩石类型	粗粒似斑状花岗岩	必要
		火山凝灰岩	必要
	控矿构造	三组主干断裂	必要
	成矿时代	燕山期	必要
	成矿环境	张家口火山旋回的火山-潜火山活动	必要
矿床特征	矿体形态	脉状。全区仅一条矿脉	重要
	矿石组分	萤石、石英、方解石、绢云母	次要
	矿石结构	他形—半自形粒状结构、自形—半自形粒状结构、角砾状结构	次要
	矿石构造	以块状构造为主，皮壳状构造、梳状构造少见	重要
	蚀变特征	矿体围岩蚀变主要有绿泥石化、高岭土化、绢云母化、碳酸盐化、硅化和萤石矿化	重要
	控矿条件	北北西向张剪性平移断层	重要
	成矿期次划分	分为两个期次。早期普通萤石矿呈浅绿色，致密块状，条带状构造。晚期普通萤石矿为紫色、黄色，呈梳状、细脉状	重要
	成矿流体类型及特征	成矿流体主要为火山热液	重要
地球化学特征	1:5万水系沉积物测量	F 元素异常具三级浓度分带，异常值为 $843.9\times10^{-6}\sim1848.4\times10^{-6}$，异常与矿床吻合较好	重要
地球物理特征	磁异常	航磁异常负值区，异常值为 $-50\sim-150\mathrm{nT}$，反映火山盆地边缘部分	次要
	重力异常	布格重力异常负值区，异常值为 -96 毫伽，剩余重力异常为梯度带，异常值为 $0\sim-5$ 毫伽	次要
遥感	无羟基、铁染异常		次要
自然重砂异常	萤石矿重砂 3 级异常		重要

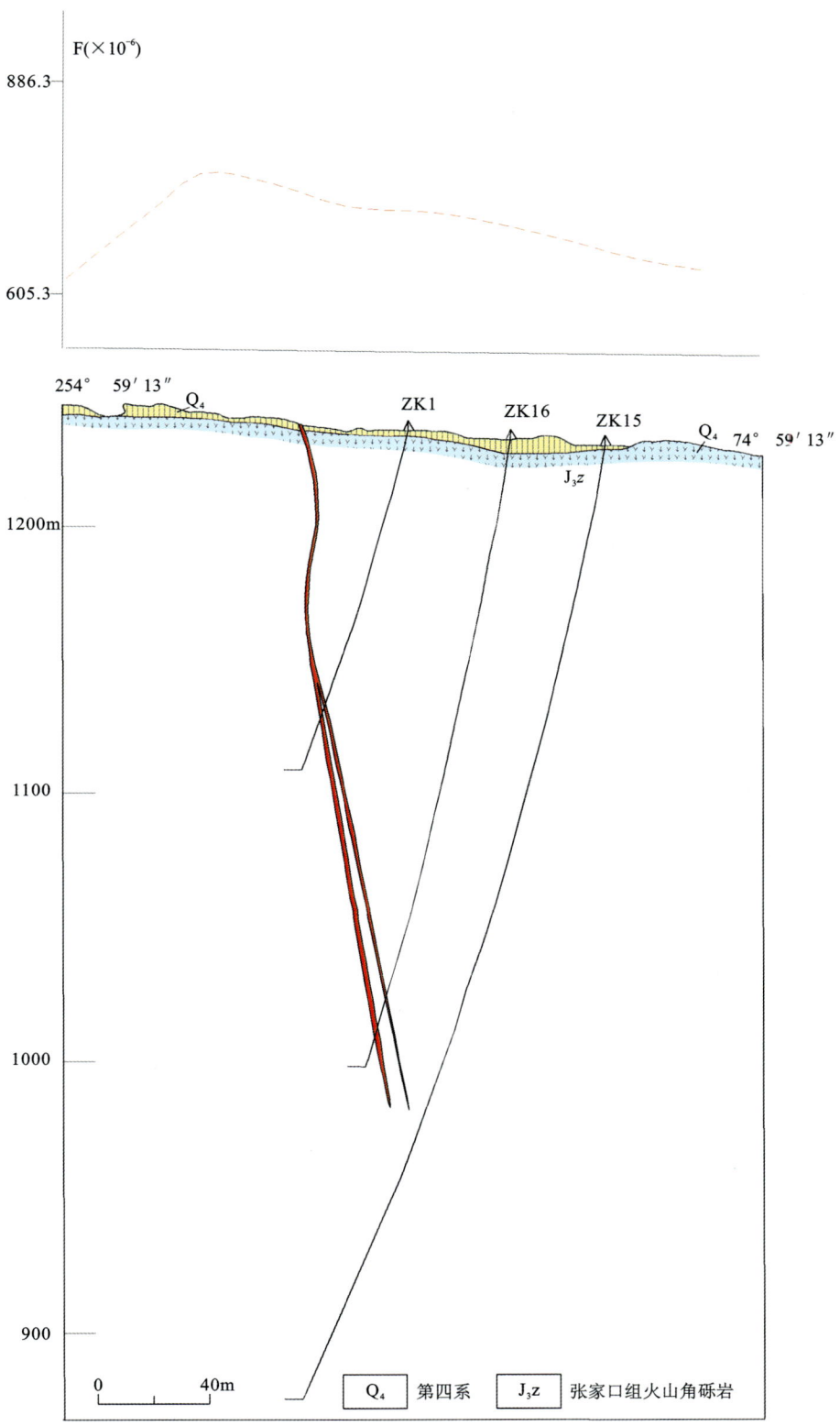

图 3-18 萤石矿床预测模型图

（二）区域预测模型

萤石矿区域预测模型见表 3-5 和图 3-19。

表 3-5　萤石矿区域预测模型表

区域预测要素		描述内容	要素分类
特征描述		柳扒店式热液充填型普通萤石矿	
区域成矿地质环境	大地构造单元	D_1^{1-6} 张家口火山盆地（K_1）	必要
	主要赋矿地层	早白垩世张家口组火山岩	必要
	成矿时代	燕山期	必要
	控矿侵入岩建造	白垩纪中酸性次火山岩	必要
	区域成矿类型及成矿期	与侏罗纪—白垩纪火山活动有关萤石点	必要
	成矿带	四级：Ⅲ-57-① 内蒙隆起东段 Fe-Au-Ag-Pb-Zn-Mo-U-磷-膨润土成矿亚带	必要
区域成矿地质特征	控矿侵入岩	燕山期酸性侵入似斑状花岗岩体	重要
	控矿构造	康保-围场-赤峰断裂带、尚义-丰宁-隆化断裂带、乌龙沟-上黄旗断裂带、黑山嘴-张三营-银镇断裂带、北西向伊逊河断裂带及次级断裂	次要
	矿石建造	萤石、石英、方解石、绢云母	重要
	围岩蚀变	绿泥石化、高岭土化、绢云母化、碳酸盐化、硅化和萤石矿化	重要
	矿床式	柳扒店式	重要
区域地球化学特征	1:5万水系沉积物	F 元素异常具三级浓度分带，异常值为 $(843.9 \sim 1848.4) \times 10^{-6}$，异常与矿床吻合较好	重要
区域地球物理特征	磁异常	航磁异常负值区，异常值为 $-50 \sim -150$ nT，反映火山盆地边缘部分	次要
	重力异常	布格重力异常负值区，异常值为 -96 毫伽，剩余重力异常为梯度带，异常值为 $0 \sim -5$ 毫伽	次要
遥感		无羟基、铁染异常	次要
自然重砂异常		萤石矿重砂 3 级异常	重要

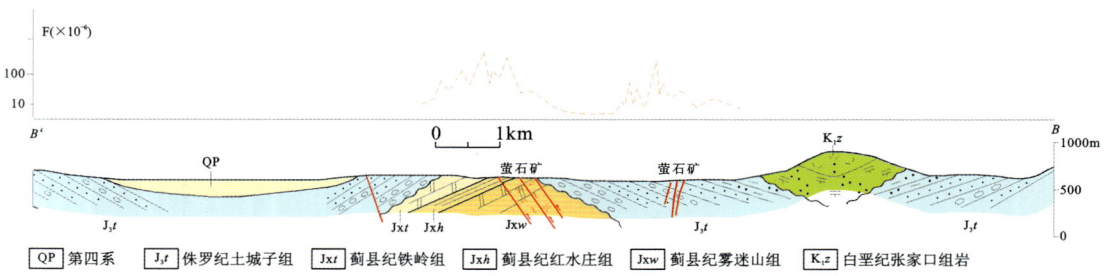

图 3-19　萤石矿区域预测模型图

第五节 综合预测区特征

康保-棋盘山成矿区依据成矿地质条件、物化探条件、最小预测靶区共划分为6个综合预测区,见图3-20,其中A类1个,B类2个,C类2个,综合预测区的成矿地质特征详述如下。

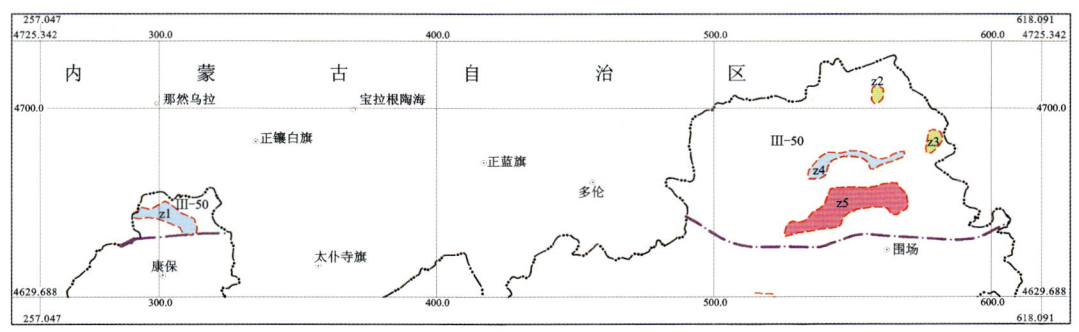

图 3-20 综合预测区分布图

1. 国才综合预测区 Z1

该预测区面积 124.93 km^2,为 C 类预测区,区内有 1 个萤石矿床,主要预测矿种为萤石矿。位于地球化学综合异常 Ag3-乙内,预测区内 1∶20 万航磁异常为正异常,重力异常为负值区,其值范围为 -162 伽~-154 伽(1 伽=10^{-5} m/s^2)。炭头山-黄花洼花岗岩体就是萤石矿的成矿母岩,也是其成矿围岩。矿床受康保-围场深断裂及其次生断裂控制。据上述条件定为 C 类异常。

区内查明萤石矿资源量:62 890×10^3 t。

预测萤石矿资源量:500m 以浅为 158 309.79×10^3 t,1000m 以浅为 158 309.79×10^3 t,2000m 以浅为 158 309.79×10^3 t。

2. 杨树沟村-隆源综合预测区 Z2

该预测区面积 22.35 km^2,为 B 类预测区,区内有 1 处萤石矿床,主要预测矿种为萤石矿。位于地球化学综合异常区 Pb1-乙伴生 Ag-Zn-Cu 内及 1301-丁铁钴铬镍钒钛磷综合异常内,1∶20 万航磁正异常,成矿围岩为早白垩世张家口组火山岩,成矿岩体为燕山期酸性侵入似斑状花岗岩体,康保-围场-赤峰断裂带为成矿热液的运移提供了通道,为成矿物质富集提供了场所,是重要的成矿条件。

区内查明萤石矿资源量:64 130×10^3 t。

区内预测萤石矿资源量:500m 以浅为 126 227.7734×10^3 t,1000m 以浅为 126 227.7734×10^3 t,2000m 以浅为 126 227.7734×10^3 t。

3. 张家湾乡-同强综合预测区 Z3

该预测区面积 37.38 km^2,为 B 类预测区,区内有 2 个萤石矿床,主要预测矿种为萤石矿,1∶20 万航磁为正异常,重力异常值为负值区,其值范围为 -118 伽~-114 伽,成矿围岩为早白垩世张家口组火山岩,成矿岩体为燕山期酸性侵入似斑状花岗岩体,康保-围场-赤峰断裂带为成矿热液的运移提供了通道,为成矿物质富集提供了场所,是重要的成矿条件。

区内查明萤石矿资源量:186 900×10^3 t。

区内预测萤石资源量:500m 以浅为 166 920.2344×10^3 t,1000m 以浅为 136 920.2344×10^3 t,2000m 以浅为 136 952.2344×10^3 t。

4. 宝元栈南综合预测区 Z4

该预测区面积 119.74km²，为 C 类预测区，主要预测矿种为锰矿，1∶20 万航磁为正异常，重力异常为负值区，其值范围为－126 伽～－120 伽，成矿围岩为早白垩世张家口组、大北沟组、义县组中酸性火山岩建造，成矿岩体为白垩纪早期的中酸性潜火山岩建造流纹斑岩、石英脉等，预测区位于内蒙—海西晚期褶皱带棋盘山凹陷，受早白垩世晚期叠加于北西向区域断裂构造之上的火山断裂构造控制。

区内预测资源量：500m 以浅为 195.71×10^3t，1000m 以浅为 195.71×10^3t，2000m 以浅为 195.71×10^3t。

5. 广发永-满汉土综合预测区 Z5

该预测区面积 378.82km²，为 A 类预测区，区内有 1 个银矿床，2 个锰矿点、8 个萤石矿点，主要预测矿种为锰矿、萤石、银矿、铅锌矿。位于银元素综合异常区 Ag2-甲伴生 Pb-Zn 内，金矿物重砂异常 Au05、Au07 区内，1∶20 万航磁正异常，重力异常为负值区，其值范围为－122 伽～－98 伽，成矿围岩为古太古界双山子群变质岩系，中元古界长城系碎石条带白云岩，早白垩世张家口组、大北沟组、义县组中酸性火山岩建造，成矿岩体为燕山晚期火山-次火山岩和燕山期酸性侵入似斑状花岗岩体，预测区位于内蒙—海西晚期褶皱带棋盘山火山活动区带，受早白垩世晚期叠加于北西向区域断裂构造之上的火山断裂构造控制。

区内查明资源量：银矿 407.78t，萤石 $1\ 737\ 660\times10^3$t。

区内预测资源量：500m 以浅银矿为 287.0661t，铅锌矿为 10 141.89t，锰矿为 831.6×10^3t，萤石为 $911\ 234.54\times10^3$t；1000m 以浅银矿为 287.0661t，铅锌矿为 10 141.89t，锰矿为 1051.63×10^3t，萤石为 $911\ 234.54\times10^3$t；2000m 以浅银矿为 287.0661t，铅锌矿为 10 141.89t，锰矿为 1051.63×10^3t，萤石为 $911\ 234.54\times10^3$t。

第六节 综合预测区部署建议

按照河北省地质勘查"358"项目的统一规划、统一部署、分片实施、整装勘查的要求，以河北省矿产资源潜力评价为基本部署依据，结合已有勘查成果，以综合预测区为单元，实施区域展开，重点突破，强化物探、化探、遥感等多方法组合，并加强带钻查证异常和矿点检查的力度，以发现新的更多的重要线索、重要矿点或可供进一步工作的矿产地，确定新的重要矿集区。康保-棋盘山成矿带主要矿产以萤石矿为主，次火山岩型银矿次之，综合分析该带成矿条件及最小预测区分布，确定 1 个工作部署区，详述如下。

棋盘山一带萤石、银矿部署区 J1

主攻矿床类型：热液型萤石矿、火山次火山热液型银矿。

部署区地质条件：内蒙—海西晚期褶皱带棋盘山凹陷中，出露地层为白垩纪火山岩。火山丘、中央火山塌陷与北西向区域断裂三者交会部位。岩体以亚碱性—酸性岩为主，是银多金属矿成矿岩体。银、铅、锌化探异常浓度分带明显，有三级萤石、银、铅重砂异常。

部署区工作程度：该区内有扣花营和满汉土银矿、广华永萤石矿区，局部地区进行过普查与勘探。

找矿工作部署建议：1∶5 万水系沉积物扫面 400km²，重点地段进行电法扫面 400km²，硐探 1200m。

预期成果：中型银矿 1 处，小型萤石矿 2 处。

第四章 张北-围场成矿区预测成果

本章以河北省张北-围场Ⅳ级成矿带为单元,综合分析区域成矿地质背景、物化探、重砂、遥感特征,总结出成矿带内各矿种预测模型表及预测模型图,圈定本成矿带综合预测区。

第一节 区域地质背景

本成矿带北界为康保-围场断裂带,南界西段为尚义-赤城断裂带,东段为丰宁-隆化断裂带,向东向西均延出省外。包括康保陆棚和冀北陆缘古弧盆系两个Ⅲ级构造单元(前人称内蒙地轴)。后期叠加不同时代的侵入体,古生代再造现象明显,中生代火山岩广布之上。

一、康保陆棚(Pt_1)

康保陆棚仅有康保滨浅海一个Ⅳ级构造单元,系指内蒙古化德、河北康保一带的滨海-浅海。北界为康保-围场断裂带,南界与红旗营子岩群断层接触。总体上为一套滨海-浅海相沉积,称化德群,以变质粗砂岩、砂砾岩、板岩、石英岩、片岩、千枚岩为主,夹钙硅酸盐及不稳定大理岩。包括6个沉积旋回,构成两大旋回。第一大旋回由毛忽庆组-头道沟组-朝阳河组构成,沉积环境由河流、潮间—潮下、开阔海—潮下低能、潮间中低能演化,水体由浅—深—浅,沉积物粒度略显由粗—细—粗,其中头道沟组为该大旋回中最大海侵期沉积。第二大旋回则由北流图组-戈家营组-三夏天组构成,该大旋回较第一大旋回碳酸盐岩增多,沉积环境由潮间中低能—潮下、开阔海—潮间中、低能变化,水体由浅—深—浅,沉积物粒度变化极为明显,总体显示由粗—细—粗,其中戈家营组为该大旋回中最大海侵期沉积。归并为2个岩石构造组合:下部头道沟变质砂砾岩-石英岩-板(千枚)岩-大理岩组合(Pt_1^2),上部戈家营石英岩-变粒岩-片岩-大理岩组合(Pt_1^2)。

在砂岩或泥质岩中普遍出现铁铝榴石,应为高绿片岩相区域变质作用的产物,对应于铁铝榴石变质带。

化德群的形成时代,根据1:5万区调最新成果,在侵入化德岩群的古元古代变质花岗岩类侵入岩内,先后获得了两件单颗粒锆石U-Pb一致线(2064±102)Ma和(2153±34)Ma年龄数据,表明化德群的形成时代属于古元古代。

二、冀北陆缘古弧盆系(Pt_1^1)

冀北陆缘古弧盆系北界为康保-围场断裂带,南界西段为尚义-平泉断裂带,东段为丰宁-隆化断裂带,向东向西延出省外。由变质的古元古代变质表壳岩和变质深成(侵入)岩组成。包括蹬上-间油房古边缘岛弧(Pt_1^1)、卢家营非造山侵入杂岩(Pt_2)、海流图非造山侵入杂岩(Pt_2)和驿马图后碰撞变质侵入杂岩(Pt_1^2)。

冀北陆缘古弧盆系是一个广阔的大陆边缘活动带,沉积了红旗营子岩群中性火山岩-沉积碎屑岩-碳酸盐岩,伴有TTG和二长-正长花岗质片麻岩侵入。自古元古代末基底形成以来,成为古陆块北缘的一个近东西向轴状隆起带,长期处于正性裸露状态,阻隔了中—新元古代和古生代南、北两侧海水的沟通。基底构造线呈东西向,与隆起带方向一致。

红旗营子岩群以含石墨、石榴石黑云斜长变粒岩为主,夹黑云角闪斜长变粒岩、角闪斜长变粒岩、浅粒岩、片麻岩及大理岩等。划分为东井子二长浅粒岩-石墨变粒岩-大理岩组合(Pt_1^1)和太平庄变粒岩夹斜长角闪岩-磁铁石英岩组合(Pt_1^1)。含石墨、矽线石,石墨形成工业矿床。太平庄岩组原岩为一套中、基性火山岩-砂岩,泥质岩-碳酸盐岩组合,反映了岛弧及大陆边缘弧侧剧烈动荡的构造环境。东井子岩组原岩为富铝黏土岩-砂岩及粉砂岩-碳酸盐岩组合。与太平庄岩组相比,火山活动微弱,沉积岩中黏土质成分显著增多,反映了一种相对稳定的浅海陆棚环境。

一些学者推断目前的红旗营子岩群变质表壳岩的碎屑源区包含了晚古生代的地质体,红旗营子岩群不是古元古代的岩石建造,而是一套晚古生代—早中生代的变质杂岩。

晚期有张家口片麻岩套侵入,主要岩石类型有闪长质片麻岩、二长花岗质片麻岩、奥长花岗质片麻岩和正长花岗质片麻岩等,其与红旗营子岩群界线不仅截然,有时可见有明显的侵入关系。划分为蹬上TTG组合(Pt_1^1),其成因类型属同熔型,形成于造山环境。

古元古代晚期的驿马图碰撞变质侵入岩在河北省北部广泛分布,主要分布于丰宁-隆化断裂以北。侵入红旗营子岩群、化德群。主要岩石类型有辉长岩、闪长岩、石英闪长岩、石英二长岩、花岗闪长岩、二长花岗岩、正长花岗岩、巨斑状二长花岗岩等,上述岩石均遭受变形变质作用改造,具弱片麻状构造和变余结构,划分为驿马图碰撞钾质侵入岩组合(Pt_1^2)和南关碰撞斑状(石榴)花岗岩组合(Pt_1^2)。钙碱性,具有壳幔混合型特征,主要形成于挤压构造背景。

康保卢家营—孟家营一带及张北海流图一带,零星分布有中元古代沙厂环斑花岗岩-斑状花岗岩组合。岩石肉红色、浅肉红色。组成矿物主要为钾长石、斜长石、石英,及少量角闪石、黑云母等。结构为巨斑结构、环斑结构、似斑状结构。岩石化学参数值:里特曼指数(σ)为1.79~2.55,为钙碱性系列;固结指数(SI)较低(平均值为1.87~2.03);分异指数(DI)平均值为85.59~89.77,岩浆分异程度较好,成因类型总体属壳幔混合型,形成于拉张构造环境。

中侏罗世晚期开始强烈活动,火山沉积岩覆盖全区。由于结晶基底的刚性较强,故以断裂变形为主。新生的主构造线为北北东—北东向和北西向。进入早白垩世,库拉-太平洋板块向中朝板块俯冲,我国东部地区发生了强烈的造山运动(燕山运动主期),产生了以北东、北北东向为主的一系列不同方向断裂构造,形成了北北东向大型火山构造洼地、断陷盆地。火山-盆地沉积以断陷盆地类型为主,为白垩纪新生盆地,如张家口火山盆地、大北沟-义县火山-沉积断陷盆地、九佛堂-青石砬坳陷盆地,只有围场北部康保-围场断裂以北的新拨盆地,有侏罗纪地层出露。

伴随张家口期和义县期火山活动,有强烈的中酸性和偏碱性岩浆岩侵入,形成了围场同造山侵入杂岩和窟窿山后造山侵入杂岩。

张家口期火山岩系直接覆盖在古老基底或晚古生代花岗岩之上,火山岩呈大面积出露,火山喷发强度非常大,以强裂喷发的火山灰流相为主,间夹少量溢流相、爆发相。主要岩石类型为流纹岩、粗面岩及火山碎屑岩,少量石英粗面岩、粗安岩。虽然各盆地岩相、岩性变化较大,但总体属于富钾钙碱性系列,同造山流纹岩-粗面(安)岩-流纹质凝灰岩岩石构造组合。

义县期以丰宁四岔口-赤城为界,以西火山岩仅零星可见,以沉积岩为主,以东则以火山岩为主,火山岩与沉积岩指状交互。火山岩主要岩石类型为溢流相粗安岩、安山岩,爆发相粗安质、粗面质火山碎屑岩,属于富钾钙碱性系列,同造山粗安岩-安山岩-粗安(面)质凝灰岩岩石构造组合。

进入古近纪—新近纪,除形成一些小的陆相盆地外,以汉诺坝期大规模的基性火山喷发为主要特征。

该构造单元是河北省重要的银、多金属成矿区。

第二节　区域矿产特征

本成矿带主要矿产为普通萤石矿、银铅锌多金属矿、钼矿、金矿、铁矿等,见图4-1。

沉积变质型铁矿,查明储量1054×10^3t,矿床1个,为小型。

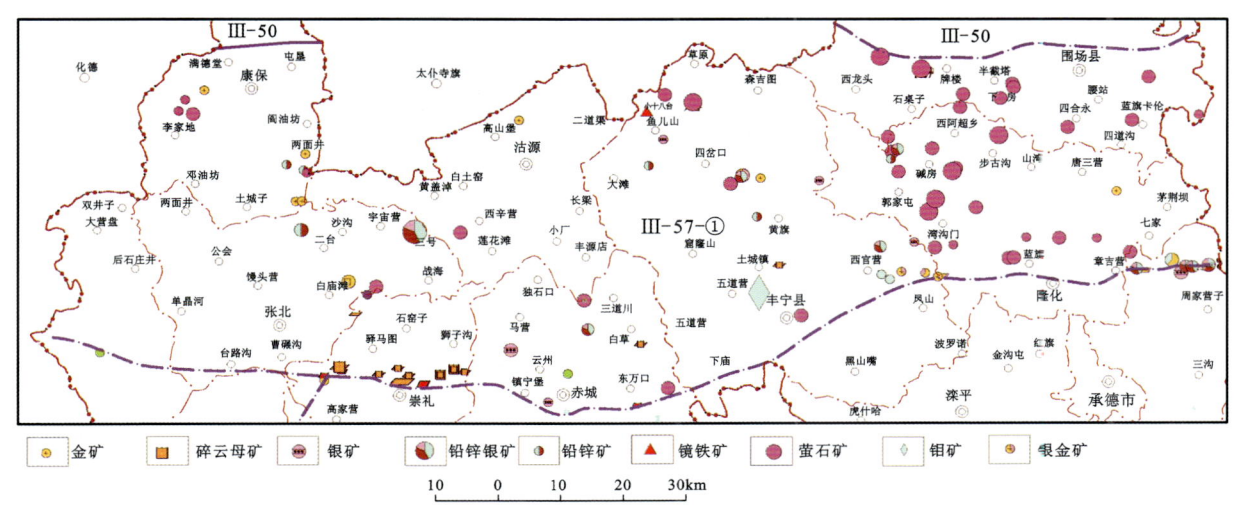

图 4-1 张北-围场成矿带矿产地分布图

热液型铅锌矿,查明铅储量 181 804t,锌储量 250 325t。矿床及矿点 9 个,其中中型 1 个,小型 1 个,矿点 7 个。陆相火山热液型铅锌矿,查明铅储量 72 698t,锌储量 1 821 375t。矿床 3 个,其中大型 1 个,小型 2 个。

热液脉型银矿,查明储量 683.34t。矿床及矿点 9 个,其中小型 4 个,矿点 5 个。

热液充填型萤石矿,查明储量 $6336.91×10^3$ t。矿床及矿点 52 个,其中中型 11 个,小型 34 个,矿点 7 个。

斑岩型钼矿,查明储量 271 972.76t。矿床 1 个,为大型。热液脉型钼矿,查明储量 1014.80t。矿床 2 个,均为矿点。

本成矿带内铅锌、银、金、萤石矿产的成矿作用大部分与以张家口火山旋回为代表的燕山期岩浆侵入-火山喷发活动有关,岩浆热液、火山-次火山热液侵入原岩层,形成了一系列热液充填型-热液脉型-热液交代型矿床。热液充填型矿床以丰宁万胜永普通萤石矿为代表,为燕山晚期火山热液侵入中生代侏罗纪—白垩纪火山岩中成矿;热液脉型和热液交代型矿床一般为铅锌、银(金)伴生的多金属矿,为岩浆及火山-次火山热液侵入太古宙变质岩及中生代侏罗纪—白垩纪火山岩成矿,如张北县蔡家营铅锌银矿、丰宁牛圈—营房铅锌银金矿等。

本成矿带内钼矿床成矿同印支期壳源花岗岩相关,属于与印支期壳源岩浆岩类有关的钼矿床成矿系列。成矿规律受燕辽岩浆岩亚带上黄旗岩浆岩带岩浆活动规律制约。钼矿主要控岩构造为上黄旗-棋盘山北东向断裂和丰宁(潮河)南北向大断裂。矿化类型属于斑岩型,成矿时代为印支期。

第三节 区域地、物、化、遥、重砂特征及推断解释成果

一、区域重力特征

该区位于康保-围场深断裂和尚义-平泉、丰宁-隆化断裂之间,乌龙沟-上黄旗断裂将本区分为东西两部分。西部布格重力异常为 3 个东西向排列的近圆状重力低,异常值自 $-148×10^{-5}$ m/s² 至 $-152×10^{-5}$ m/s²,异常呈面状。东部布格重力异常西高东低,异常值自 $-92×10^{-5}$ m/s² 至 $-114×10^{-5}$ m/s²。位于东西两部分之间的是一北东向梯级带,异常值东高西低,自 $-100×10^{-5}$ m/s² 至 $-122×10^{-5}$ m/s²,梯度变化较大(图 4-2)。区内剩余重力异常以重力低为主,异常幅值一般为 $4×10^{-5}$ m/s² 至 $7×10^{-5}$ m/s²(图 4-3)。

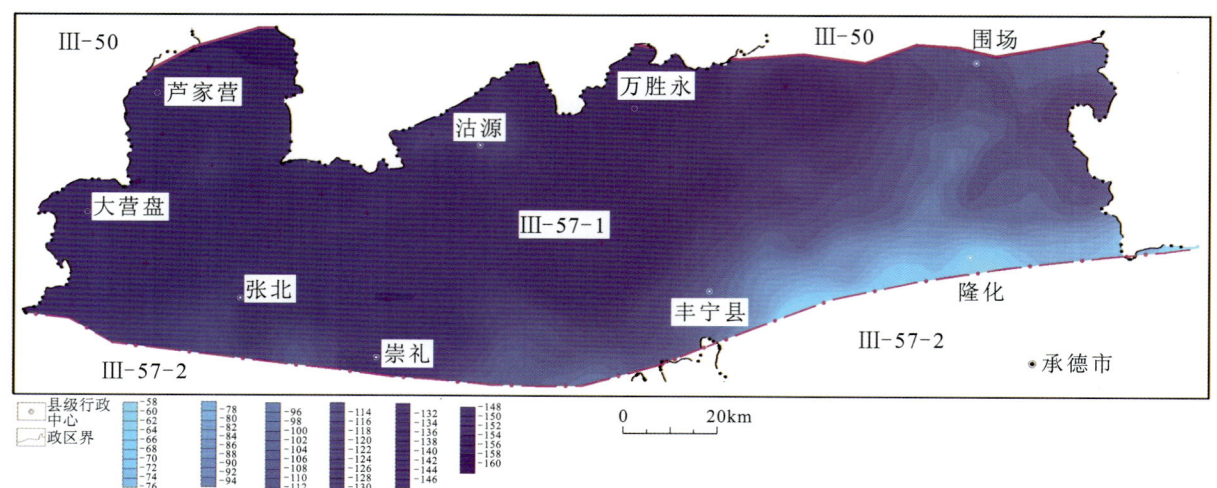

图 4-2 布格重力异常图

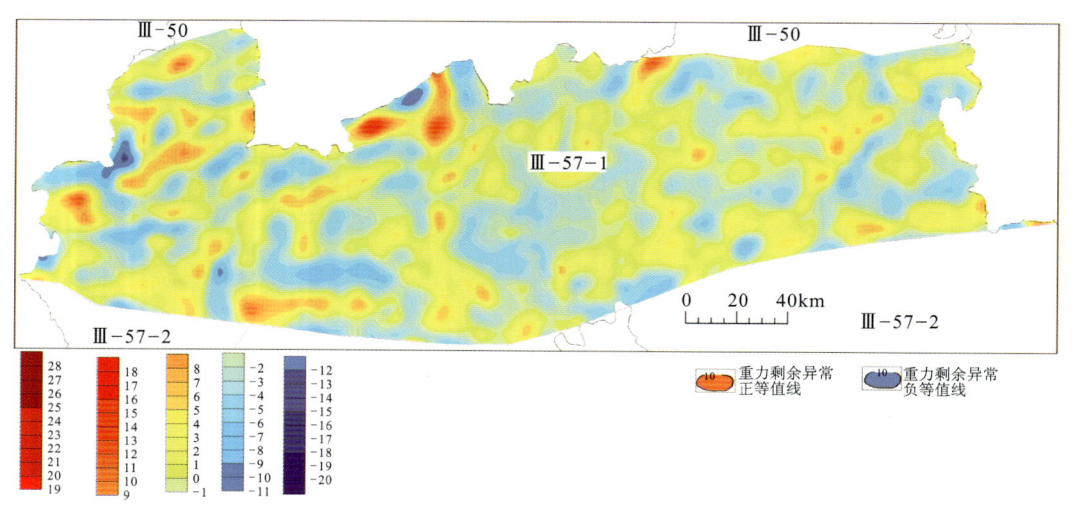

图 4-3 剩余重力异常图

受张北-沽源、乌龙沟-上黄旗断裂的影响,剩余重力异常轴向在东、西两侧以北东向最为明显。区内中部受南、北两侧东西向断裂影响,剩余重力异常异常轴向以东西向较为明显。本区剩余重力低异常多反映中生代火山盆地,如百草-东猴顶火山盆地、战海-西辛营-独石口火山盆地、白庙滩-西狮子沟火山盆地、大苏计火山沉积盆地等;该类异常一般面积较大,呈面状,异常幅值自$-5×10^{-5}$ m/s^2 至$-8×10^{-5}$ m/s^2;此外在乌龙沟-上黄旗断裂附近重力低常和酸性岩侵入体有关。区内剩余重力高异常多与结晶基底隆起有关,如张纪镇-两面井太古宙变质岩基底隆起、三号太古宙变质岩基底隆起、高山堡-沽源-敖包山太古宙变质岩基底隆起、磴上太古宙变质岩基底隆起;该类异常轴向多为北东或近东西向,异常多呈线状,梯度大,幅值高,自 $6×10^{-5}$ m/s^2 至 $15×10^{-5}$ m/s^2。在布格重力异常图上,重力梯级带多与断层有关,如乌龙沟-上黄旗深断裂、大西沟-后瓦夭沟断裂等。

二、区域航磁特征

该区夹于康保-围场深断裂和尚义-平泉、丰宁-隆化断裂之间,航磁异常轴向以东西向为主,靠近乌龙沟-上黄旗断裂异常轴向为北东向。区内异常呈线状或面状,磁场强度-500~1500nT,梯度变化中等至较强。

区内玄武岩、玄武安山岩、安山岩及中酸性侵入体等多引起正磁异常,此类异常呈面状,强度较低、梯度较缓。酸性岩引起的磁异常为低缓异常,或正或负,与其成因有关。幔源型酸性岩多引起正磁异常,硅铝壳重熔型多引起负磁异常。区内较低缓的负磁异常多由中生代流纹岩等引起。在负磁异常区,常有火山机构产出,其磁异常强度一般较低,多在－350～－500nT之间,异常多为圆形,反映火山口的位置。如大光顶山中心式火山构造,张三营中心式火山构造等。本区磁异常梯度带多与断裂有关,如乌龙沟-上黄旗"Y"字形断裂主要与磁异常梯度带有关(图4-4)。

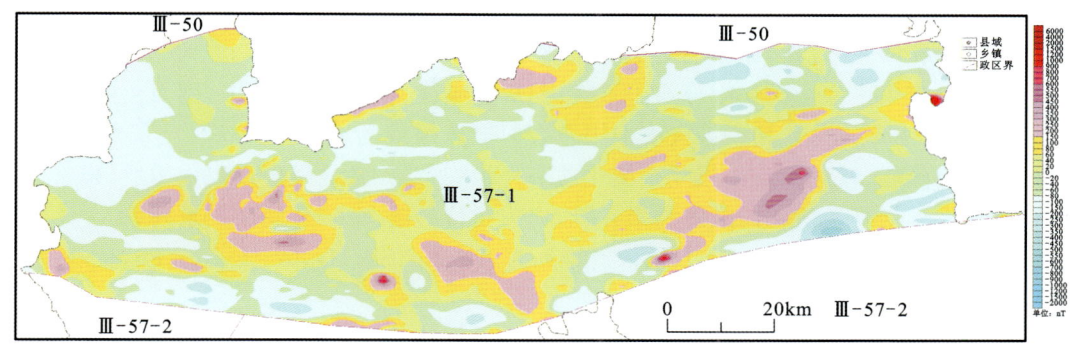

图4-4 航磁异常图

三、区域地球化学特征

该区北界为尚义-赤城-隆化断裂,东、南界大致在抚宁—滦县—塘沽—衡水—永年一线,相当于燕山台褶带Ⅱ级构造单元的大部分(不含冀东)。克拉通基底在构造应力场的作用下,发生断裂,形成北东向的裂谷,发展为燕辽坳拉槽(燕辽裂陷海)。坳陷最强烈地段位于蓟县—宽城一带。其底界不整合在太古宙及古元古代变质岩之上,顶界被寒武纪地层覆盖。由一套未变质的板内海相、潟湖相富镁碳酸岩和少量碎屑岩、黏土岩组成,出露良好,分布广泛,发育齐全,蓟县—宽城一带厚度近万米。经历了陆地—裂谷—海洋—陆地的演化过程。中新元古代为夭折裂谷期,早古生代为陆表海,晚古生代为海陆交互环境,早—中三叠世为坳陷盆地。在裂谷的演化期间,伴随有不同时期的岩浆侵入,中生代构造岩浆岩带贯穿中部。

自太古宙以来,燕山地区发育四大成矿期,即太古宙—古元古代、中元古代早期、海西期—印支期和燕山期。太古宙—古元古代形成矿源层、矿点、矿化点为主,矿源层如冀东迁西群、遵化群、朱杖子群、冀北红旗营子群、单塔子群,矿化元素主要富集在斜长角闪岩中;中元古代早期主要形成层状铅锌矿、火山热液型铜矿点及砾岩型金矿点;海西期—印支期主要形成斑岩型钼矿及蚀变岩型金矿,如撒岱沟门钼矿、后沟金矿等;燕山期形成区内75%以上的多金属矿床,类型繁多,强度大,与岩浆侵入、火山喷发活动有成因联系,如峪耳崖、小营盘、东坪、寿王坟、小寺沟等大中型金银矿、铜钼及铅锌银矿。

多金属矿化具有明显的成区、成带集中分布特点。区内发育3条一级纬向成矿带:围场-赤峰-敖汉旗金银铜矿带、张家口-丰宁-隆化-凌源金银铅锌铜矿带、密云-兴隆-青龙-绥中金铜铅锌钼矿带;发育4条一级北东向成矿带:金厂沟梁-凌源-迁西金铜铅锌矿带、撰山子-承德-兴隆金银铜矿带、围场-丰宁-涞源金银铅锌钼矿带及张家口-涿鹿金铅锌矿带。矿带之间呈等距性分布;纬向矿带与北东向矿带的交会部位,形成多金属矿化集中区域矿节,如青龙金矿节、马兰峪金矿节、张家口金矿节、围场金银矿节、隆化-承德金银铅锌矿节、丰宁金矿节等;多金属矿床大多分布于这些矿节中。矿脉、矿体多呈北东—北北东向、北西向分布,部分呈东西向及南北向。斑岩型矿床多分布于矿节中心部位。

冀西北地区是华北地台北缘重要的成矿集中区,以张家口-宣化幔枝构造为中心的矿集区已发现和勘探了小营盘金矿、东坪金矿等多处大型矿床,几十处中小型金、银多金属矿床和上百处金、银多金属矿矿点,并显示出幔枝构造核部主要为金矿分布区,其外围以银铅锌矿床为主的有序空间展布,被形象地称为"金三角银多金属镶边"。

根据银、金多金属矿床的成因特点,二者往往是同源产物。两个成矿元素类似的地球化学性质可导致在相同构造系统或空间中沉淀富集,形成空间组合分布的银、金多金属成矿区。在构造条件、地球化学地球物理条件作用下,相互之间的差异性又会导致各自的分异,形成单独的矿床和空间上的分带性。

两个成矿元素在成矿作用过程中既统一又矛盾的双重性,表现为银的化学活性比金强,其富集范围比金广,在水平上表现为内金外银,在垂向上则为下金上银。

冀西北巨大的穹隆构造基本上受北侧康保-赤城北西向韧性剪切变形变质带、西侧的尚义-怀安-涿鹿北西向深大断裂以及东侧的大河南-赤城北东向深大断裂所围限,中部被尚义-赤城-隆化韧性剪切变形变质带所分割。在崇礼、宣化、赤城三县交界的地带是著名的"金三角"区,东坪、小营盘、后沟、黄土梁、韩家沟、水晶屯等大中型金矿集中分布于该区;而周边康保、赤城、涿鹿一带,则为兰闾、蔡家营、青羊沟、彭家沟、万全寺(上碌碡湾)、相广等大中型银多金属矿床组成的成矿带。这种空间组合规律既是该区区域性深部地幔隆起、幔壳相互作用复杂演化的一种最终产物,又是成矿过程中构造、岩浆、热流体交代蚀变与矿化三大系列复杂演化的最终结果,从而成为独特的银、金多金属成矿系列。

由表4-1可知,全区元素含量变异系数依次排列为Au、Ag、Sb、Hg、W、Bi、Mo、Pb,反映主要成矿元素及伴生前缘和尾晕元素。

Au均值2.486×10^{-9},变异系数30.35,变化范围$0.10\times10^{-9}\sim6863\times10^{-9}$。低背景和负异常$0.289\times10^{-9}\sim0.695\times10^{-9}$,背景值$0.695\times10^{-9}\sim7.012\times10^{-9}$,高背景$7.012\times10^{-9}\sim37.892\times10^{-9}$,正异常$37.892\times10^{-9}\sim319.905\times10^{-9}$。崇礼水晶屯-赤城黄土梁异常集中区,与小营盘、东坪等大中型金矿床相对应,其次分布于丰宁马圈子—石人沟,兴隆—宽城一带为高背景-异常区,顺平神南-涞水柏林城和怀安西部为高背景区,其余主要为背景-负异常区。

表 4-1 成矿带区域地球化学统计参数($n=8556$)

参数	Ag	Au	Bi	Cr	Cu	F	Hg	Mn
max	26.9	6863	16	1124	1000	32 800	6010	24 747
min	0.003	0.10	0.01	4.90	1.90	100	3.00	49.8
Xp	0.102	2.486	0.191	53.6	23.8	620	26.7	707
Xm	0.066	0.70	0.155	45.5	21.0	580	20.0	653
Sx	0.459	75.4	0.378	35.7	21.6	436	100	491
Cv	4.497	30.34	1.977	0.667	0.908	0.705	3.763	0.694
参数	Mo	Ni	Pb	Sb	Sn	W	Zn	
max	101	302	1550	196	27.6	279	5518	
min	0.06	1.30	2.40	0.008	0.527	0.20	3.60	
Xp	0.929	20.6	23.1	0.491	1.791	1.436	73.1	
Xm	0.70	18.7	21.0	0.432	1.68	1.29	68.9	
Sx	1.616	10.0	31.1	2.204	1.054	3.589	74.6	
Cv	1.739	0.489	1.348	4.490	0.589	2.499	1.020	

注:Au、Hg含量单位为$\times10^{-9}$,其余元素为$\times10^{-6}$。

Ag均值102×10^{-9},变异系数4.497,变化范围$3.2\times10^{-9}\sim26.9\times10^{-9}$,低背景和负异常$42\times10^{-9}\sim61.7\times10^{-9}$,背景值$61.7\times10^{-9}\sim101.2\times10^{-9}$,高背景和正异常$101.2\times10^{-9}\sim805.3\times10^{-9}$。异常北东向带状分布于唐县大石峪—怀来县城,北西向带状分布于高家营—庞家堡一带,在赤城炮梁、样田,平泉下五道河、小寺沟、下营房等亦有零星异常分布,与相广、万全寺、五道河子等已知银矿相对应,兴隆—宽城一带为高背景-异常区,其余为背景-负异常区。

Cu均值23.8×10^{-6},变异系数0.909,低背景和负异常$6.1\times10^{-6}\sim15\times10^{-6}$,背景值$15\times10^{-6}\sim29.4\times10^{-6}$,高背景和正异常$29.4\times10^{-6}\sim48.9\times10^{-6}$,异常北东向带状分布于唐县大石峪—涿鹿蟒石口,呈"U"字形展布于崇礼—四台嘴—赵川—龙关—炮梁一带,丰宁黑山嘴—马营、兴隆寿王坟—平泉小寺沟,宽城峪耳崖—苇子沟一带,其余区域为背景-负异常区。浮图峪—木吉村、小寺沟、寿王坟等铜矿(点)均产于异常区内。

Pb 均值 23.1×10^{-6},变异系数 1.348,变化范围 $2.40\times10^{-6}\sim1550\times10^{-6}$,高背景和正异常 $29.4\times10^{-6}\sim87.4\times10^{-6}$。异常北东向带状分布于唐县大石峪—怀来县城,镰巴岭、南赵庄等铅锌矿均产于铅异常区内,其次分布于中部高家营、四台嘴、龙关、炮梁一带,在高板河、五道河子、小寺沟、韩杖子、毛家沟等铅锌铜矿(点)有异常显示,其余区域为背景-负异常区。

Zn 均值 73.1×10^{-6},变异系数 1.0197,低背景和负异常 $18.8\times10^{-6}\sim65.3\times10^{-6}$,背景值 $65.3\times10^{-6}\sim81.2\times10^{-6}$,高背景和正异常 $81.2\times10^{-6}\sim116.6\times10^{-6}$,与铅元素分布特征相似。

Mo 均值 0.929×10^{-6},变异系数 1.739,低背景和负异常 $0.3\times10^{-6}\sim0.66\times10^{-6}$,背景值 $0.66\times10^{-6}\sim1.13\times10^{-6}$,高背景和正异常 $1.13\times10^{-6}\sim3.65\times10^{-6}$。异常北东向带状分布于唐县大石峪—涿鹿蟒石口、涿鹿口前—九亩地,其次在丰宁、兴隆、平泉等地有高背景-异常分布,负异常主要分布于本成矿带的北界东段,在小寺沟、蘑菇峪、大湾等钼矿区有异常显示。

综合异常主要呈北东向分布于涞源王安镇-大河南岩体附近,其次近南北向分布于涿鹿卧佛寺-张家口东坪-小营盘金矿区,赤城样田-东卯、丰宁马营-黑山嘴、五道河、小寺沟、沙陀子、高寺台、马兰峪复背斜北翼的兴隆-平泉郭杖子。主成矿元素为 Au、Ag、Cu、Pb、Zn、Mo、Mn、Cr、Ni、W、Sn,伴生元素为 As、B、Bi、Cd、Co、Hg、U、Sb、F 等。

圈定张家口金矿预测工作区、赤城县锰矿预测工作区、宣化钼矿预测工作区、阳原-涿鹿锰矿预测工作区、涿鹿口前银矿预测工作区、涞易铅锌矿预测工作区、大湾-大河南铜钼矿预测工作区、大湾-镰巴岭银矿预测工作区、承德县铬铁矿预测工作区、遵化-宽城金铅锌矿预测工作区、小寺沟银矿预测工作区、兴隆-宽城铜钼矿预测工作区、兴隆县银矿预测工作区、兴隆县钨矿预测工作区、兴隆-宽城锰矿预测工作区。

围场地区矿产以铅锌银矿为主,为以多金属为主的预测区。

金元素均值 1.01×10^{-9},变异系数 3.5881,低背景和负异常 $0.31\times10^{-9}\sim0.52\times10^{-9}$,背景值 $0.52\times10^{-9}\sim0.98\times10^{-9}$,高背景和正异常 $0.98\times10^{-9}\sim12.53\times10^{-9}$,其中正异常多分布于中南部地区,面积较小、零星分散。在丰宁北头营—滦平旧屯及隆化荒地—磴上一带异常面积较大、强度较高。

银元素均值 108.1×10^{-9},变异系数 6.5665,低背景和负异常 $27.5\times10^{-9}\sim60.4\times10^{-9}$,背景值 $60.4\times10^{-9}\sim98.1\times10^{-9}$,高背景和正异常 $98.1\times10^{-9}\sim1618.4\times10^{-9}$,主要分布在丰宁牛圈-黄旗、隆化三道营-老伙房、磴上一带。

铜元素均值 17.1×10^{-6},变异系数 0.6228,变化范围 $4.70\times10^{-6}\sim48.2\times10^{-6}$。高背景和正异常 $25.5\times10^{-6}\sim48.2\times10^{-6}$,主要分布在东南部的丰宁长阁、朱首营、团榆树、滦平红旗镇至隆化磴上一带。

铅元素均值 23.5×10^{-6},变异系数 1.5724,变化范围 $1.50\times10^{-6}\sim133.8\times10^{-6}$。高背景和正异常 $26.7\times10^{-6}\sim133.8\times10^{-6}$,主要分布在中北部地区。

锌元素均值 68.1×10^{-6},变异系数 0.5218,变化范围 $22.5\times10^{-6}\sim167.3\times10^{-6}$。高背景和正异常分布在丰宁石人梁-老窝铺、围场道坝子-隆化三道营及隆化磴上-丰宁南关 3 个北东向带状区域。

钼元素均值 0.8677×10^{-6},变异系数 2.1884,变化范围 $0.22\times10^{-6}\sim4.50\times10^{-6}$。高背景和正异常 $1.16\times10^{-6}\sim4.50\times10^{-6}$ 分布零星,大致呈东西、北东和北西 3 组方向展布。

变异系数排序 Ag 6.5665,Au 3.5881,Mo 2.1884,Bi 1.9602,Pb 1.5724,Sb 0.8497,As 0.6762,Cu 0.6228,Zn 0.5218。

全区共圈定综合异常 22 处,见图 4-5。

(1) 围场老窝铺-哈里哈 AS1-甲 Pb-Zn-Ag-Cu-Mo-Au。

(2) 围场育太和南 AS2-丙 Pb-Mo-Zn。

(3) 围场龙头山 AS3-乙 Ag-Pb-Zn-Au。

(4) 围场清泉 AS4-乙 Cu-Mo-Zn。

(5) 围场南山嘴 AS5-乙 Ag-Pb-Zn-Mo-Au。

(6) 围场半截塔-西阿超 AS6-乙 Zn-Mo-Ag-Cu-Pb。

(7) 围场四合永 AS7-乙 Ag-Pb-Mo-Au-Cu。

(8) 丰宁北韭菜梁 AS8-乙 Ag-Pb-Zn-Mo。
(9) 隆化碱房 AS9-甲 Pb-Zn-Ag-Au-Mo-Cu。
(10) 隆化茅荆坝 AS10-乙 Ag-Pb-Zn-Cu。
(11) 丰宁北窝铺 AS11-乙 Ag-Pb-Zn-Mo-Au。
(12) 丰宁韩家窝铺-黄旗 AS12-甲 Ag-Pb-Zn-Au-Mo-Cu。
(13) 丰宁樱桃沟门 AS13-甲 Pb-Zn-Ag-Mo。
(14) 隆化步古沟-白虎沟 AS14-乙 Pb-Zn-Ag-Mo-Au。
(15) 隆化韩麻营-承德磴上 AS15-甲 Au-Ag-Cu-Pb-Zn-Mo。
(16) 丰宁南关-王营-太平庄 AS16-甲 Au-Pb-Zn-Mo,Au-Ag-Pb-Zn-Mo。
(17) 隆化超梁沟 AS17-甲 Ag-Pb-Zn。
(18) 丰宁波罗诺 AS18-甲 Cu-Au-Mo-Zn-Ag。
(19) 平泉岔沟 AS19-甲 Au-Cu-Mo-Zn。
(20) 丰宁黑山嘴 AS20-甲 Au-Ag-Cu-Pb-Zn-Mo。
(21) 丰宁波罗诺南 AS21-甲 Au-Ag-Cu-Zn-Pb。
(22) 承德梁家（大松树沟-双峰寺）AS22-甲 Au-Cu-Ag-Mo。

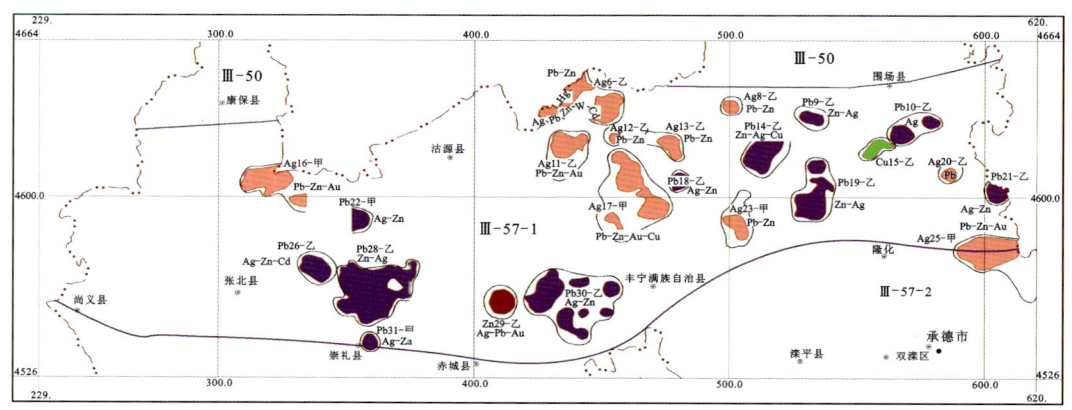

图 4-5　地球化学综合异常

四、区域自然重砂特征

本成矿区与预测矿种直接有关的矿物有铬铁矿、黄铁矿、金、磷、锰、钼、铅、铜、锡石、银、重晶石、萤石等。

其中，金矿物集中分布于太古宙变质岩石出露且后期受热液活动影响强烈的区域（张家口、崇礼、赤城等地）；铅、锌、银矿物主要出现在与火山机构相关联的断裂构造和大型构造岩浆带（乌龙沟-上黄旗构造岩浆带北段分支）及已知矿床附近，形成具有一定找矿意义的矿物异常。黄铁矿作为金矿物的伴生矿物，在金矿物异常区亦有较多的出现；锰矿物除与元古宙海相沉积碳酸盐岩地层出露有关以外，局部呈现出与铅、锌、银矿物的相关关系。

区内金自然重砂异常 37 处，见图 4-6，其中 1 级异常 5 处，与金矿床或矿化点吻合，2 级异常 15 个，3 级异常 17 个。对本区金矿有指导意义。

区内锰银组合异常 14 处，见图 4-7，其中 1 级异常 9 处，2 级异常 5 处。有一定的指导意义。

区内铅锌铜银组合异常 13 处，见图 4-8，其中 1 级异常 3 处，2 级异常 10 处。有一定的指导意义。

该区重砂矿物的分布主要受区内变质岩石、岩浆火山活动（尤其中生代以来）影响控制。其中，铅锌、银、锰、金、萤石矿物对已知矿床、矿化点有较好的响应，可以作为寻找相应矿产资源的重要提示。锡石、铬铁矿、磷等矿物的出现，多为岩浆活动形成的各类岩石的副矿物所致。

重砂矿物是本区与火山活动有关的热液充填矿床找矿线索。

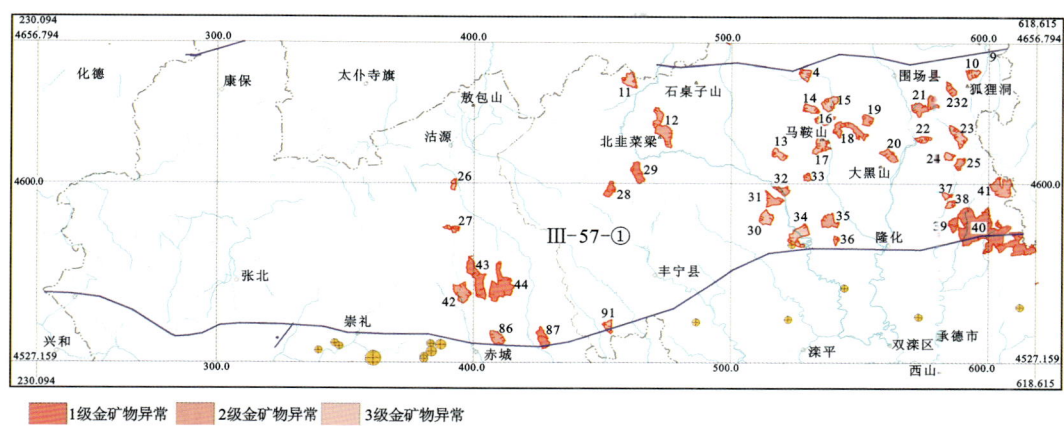

图 4-6 金自然重砂异常图

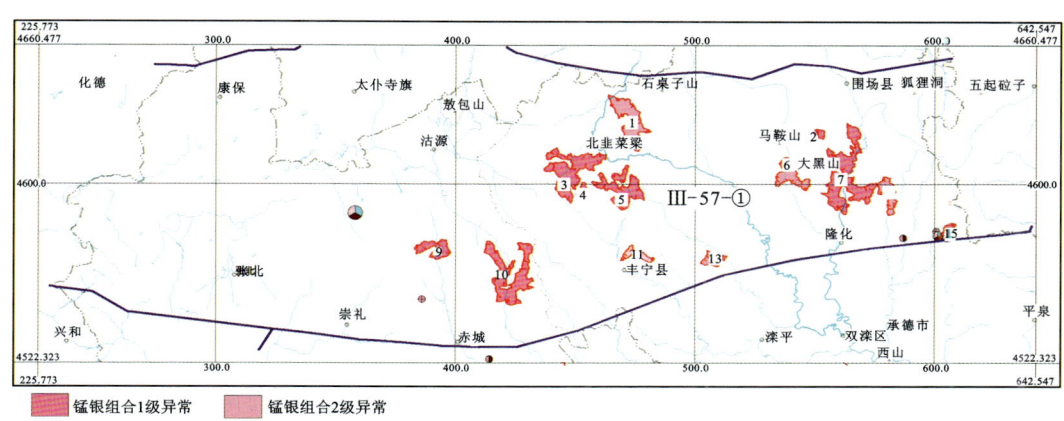

图 4-7 锰银组合重砂异常图

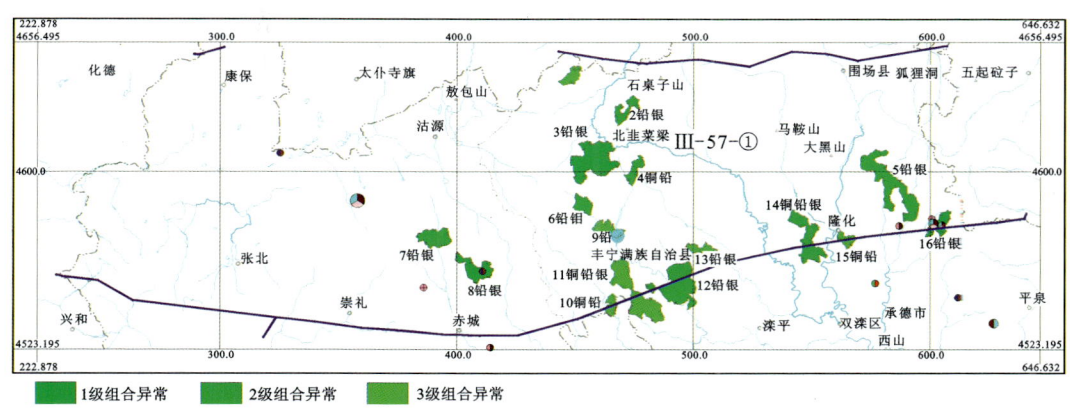

图 4-8 铅锌铜银组合重砂异常图

五、区域遥感特征

(一) 地质概况

该区北以康保-围场深断裂为界,南以尚义-赤城、丰宁-隆化深断裂为界,北邻康保-棋盘山成矿带,南邻张家口-承德和阳原成矿带。构造单元属冀北陆缘古弧盆系、燕辽夭折裂谷、冀北俯冲-碰撞火山岩相、燕辽俯冲碰撞岩浆岩相、多伦-西老府古岛弧 5 个三级构造单元。发育东西向康保-围场、尚义-赤城、丰宁-隆化深断裂，北北东向的乌龙沟-上黄旗深断裂，张北-沽源火山喷发带等。与成矿作用有关的侵入岩和火山岩，主要受北北东向构造、北北东向与东西向构造的交会部位的断陷盆地控制，是铅、锌、银、金、钼、铜矿产的集中区。

（二）遥感影像特征

该区具有 3 个遥感影像特征区：坝上高原影像特征区、冀西北山地影像特征区和冀北山地影像特征区（图 4-9）。

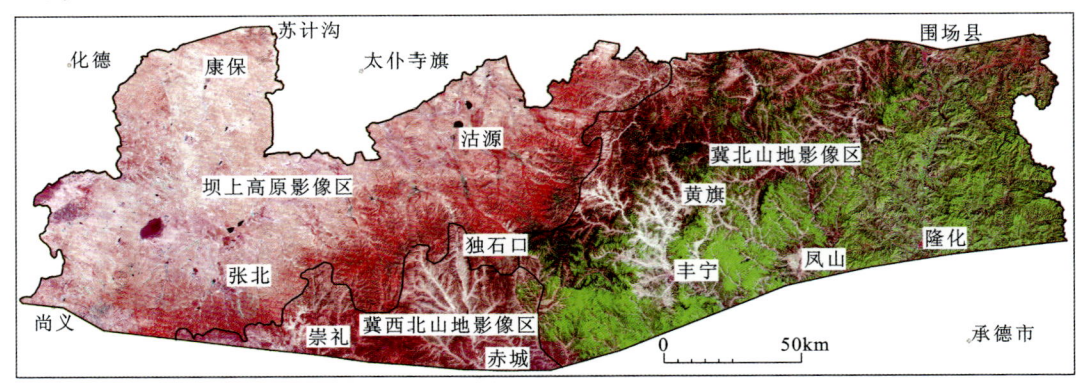

图 4-9 张北-围场成矿区影像特征图

坝上高原影像特征区：位于张北、康保、沽源一带，呈现坝上高原丘陵地貌特征。浅紫色，色调浅，较为均匀，有许多湖淖镶嵌其中，水系不发育，植被稀少，影纹较为平滑。表现为地势起伏小，山低坡缓，但坝缘地带地形起伏较大。构造上处于内蒙地轴，第三纪时期因玄武岩大量喷发，形成高原地貌。主要出露第三纪汉诺坝玄武岩、白垩纪张家口组、易县组中酸性火山岩、新太古代红旗营子群黑云斜长变粒岩夹大理岩、斜长角闪岩地层及古元古代变质花岗岩、古生代花岗岩、中生代花岗岩类侵入岩，中生代花岗岩类侵入岩出露较少。该区新生代和中生代地层可解性较好，其他岩石类型可解性较差。

冀北山地影像特征区：构造上属于内蒙地轴分布区，处于长期上升状态的较稳定的基底地块。色调以绿色为主，不均匀，植被发育，影纹较为粗糙。具有树枝状水系-格状水系。山地峰脊谷峪纵横，凹凸起伏，山高谷深，普遍有阴影。构造以北东东和东西向为主。由于燕山运动的作用，形成大量燕山期侵入岩和中生代断陷盆地。出露中生代火山-碎屑岩、新太古代红旗营子群及古元古代变质花岗岩、古生代花岗岩、中生代花岗岩类侵入岩等。中生代火山-碎屑岩地层主要为白垩纪张家口组、易县组、大北沟组、九佛堂组，分布在丰宁-隆化断裂以北地区。新太古代红旗营子群出露较少，主要分布在丰宁-隆化断裂带附近及其以南地区。因本区植被发育，虽中生代火山-碎屑岩类和太古宙变质岩类岩石具有一定可解性，但分界线不好界定。

冀西北山地影像特征区：色调以紫色为主，不均匀，植被不发育，水系发育，呈树枝状水系，地貌上呈现冲蚀漏斗状特征。本区主要出露太古宙崇礼群、红旗营子群变质岩、古元古代变质花岗岩、中元古代花岗岩和古生代花岗岩类侵入岩，其次为白垩纪张家口组酸性火山岩、南天门组砂砾岩。不同岩类影像标志不同，具有一定可解性，但前中生代变质岩和花岗岩类岩石可解性不好，岩性解译较为困难。

（三）遥感地质特征

1. 断裂构造

主要构造方向为东西、北北东、北东向，次要构造方向为北西向。主要断裂为康保-围场断裂 F_1、尚义-赤城断裂 F_2、丰宁-隆化断裂 F_4、上黄旗断裂带 F_3，次要断裂为郭家屯断裂 F_5、赵家窝铺断裂 F_6（图 4-10）。

东西向断裂主要为康保-围场断裂和丰宁-隆化断裂，构成该成矿带北、南两侧边界断裂。北北东向

第四章 张北-围场成矿区预测成果

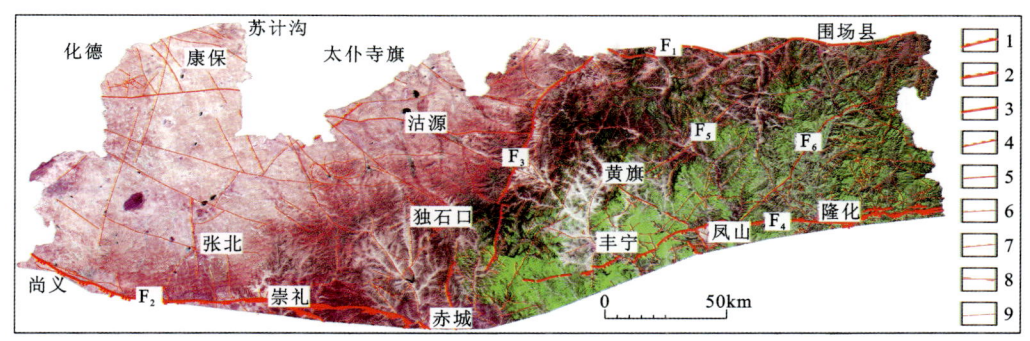

图 4-10 张北-围场成矿区断裂构造图

1.大型正断层;2.大型逆断层;3.大型性质不明断层;4.中型逆断层;5.中型性质不明断层;6.小型正断层;
7.小型逆断层;8.小型平移断层;9.小型性质不明断层

断裂为重要的一组断裂构造,主要断裂为乌龙沟-上黄旗断裂,分布在成矿带中部丰宁县窟窿山一带,由多条北北东断裂组成断裂带,宽约 15km;从区域分析,断层东盘北移,具左行性质;该断裂带是乌龙沟-上黄旗断裂的北延部分,沿断裂带发育多个燕山期花岗岩体,呈串珠状分布,构成上黄旗构造岩浆带,为一条重要的控岩、控矿构造。北东向断裂,性质以压扭性为主,断层线较为平直,或为波状,影像标志清晰,一般为窄沟,或为地质分界线;断层切割东西断裂,或被北西断裂切割或错移;发育两条较大的断裂构造:郭家屯断裂和赵家窝铺断裂。北西向断裂较发育,影像标志清晰,由哑口、宽沟构成较清晰线型影像,断层性质为张性、张扭性。

2. 环形构造

三大类型环形构造:侵入岩类环形构造、火山机构类环形构造和成因不明环形构造。侵入岩类环形构造包括中生代花岗岩类环形构造、古生代花岗岩类环形构造、隐伏岩体环形构造、浅成、超浅成次火山岩环形构造等类型;火山机构类环形构造包括火山口、火山机构或通道环形构造等;成因不明环形构造只此一类(图 4-11)。

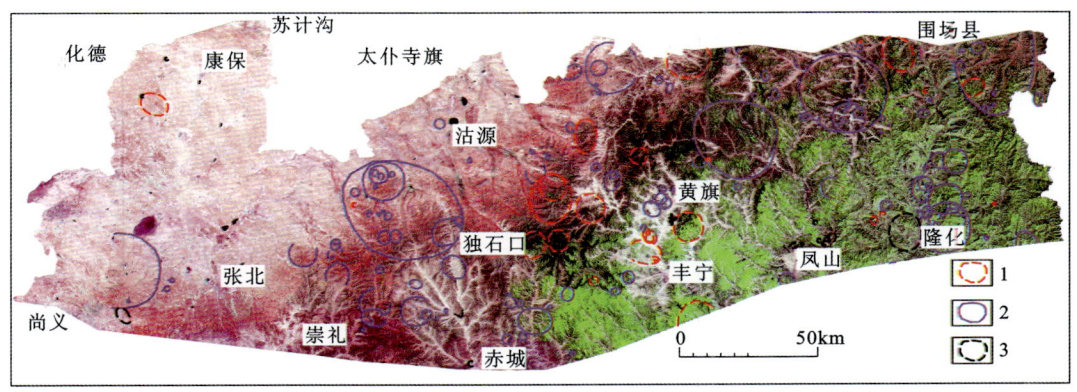

图 4-11 张北-围场成矿区环形构造图

1.侵入岩类环形构造;2.火山口、火山机构或通道环形构造;3.成因不明环形构造

侵入岩类环形构造主要分布在丰宁上黄旗、土城镇一带,构成北北东向环形构造带,其分布与上黄旗构造岩浆带基本吻合。此外,在丰宁滦河沿、围场、隆化八达营、康保处长地也有零星分布。环形构造形成时代主要为中生代,只有一处时代为古生代,古生代环形构造位于康保县西南处长地附近,有关的矿产为钨矿。与中生代侵入岩类环形构造有关的矿产主要为银、钼、铅锌矿等。

火山机构类环形构造广泛分布在张北、赤城独石口、丰宁黄旗、隆化碱房、张三营及围场银镇一带,中、新生代火山岩形成,但主要为中生代火山岩形成。新生代火山机构类环形构造仅见于张北坝上一带,数量少。火山机构类环形构造围岩主要为白垩系张家口组酸性火山岩,其次为白垩系易县组安山岩,新生代火山岩不多。与中生代火山机构类环形构造有关的矿产主要为铅、锌、银、萤石矿等。

成因不明环形构造分布在康保县卢家营、尚义县套里庄、赤城、丰宁平顶山、凤山、隆化旧屯等地,多为中型,个别为大型,环形构造影像清晰,标志明显。成因不明环形构造围岩有古元古代化德群、古元古代变质花岗岩、变质石英二长岩、变质石英闪长岩、石榴石变质花岗岩、变质斑状二长花岗岩等,尚未发现与成因不明环形构造直接有关的矿产。

3. 羟基异常

羟基异常呈离散态分布在康保、赤城、丰宁、隆化、围场等地,空间上构成独石口和丰宁两个羟基异常带(图4-12)。独石口羟基异常带位于云州、独石口、四岔口一线,受上黄旗构造岩浆带控制,异常呈北东向带状分布,密度大,分布集中。围岩主要为白垩系张家口组酸性火山岩、易县组安山岩等火山岩和石英二长斑岩、花岗斑岩侵入岩等,次为古元古代变质斜长花岗岩、变质二长花岗岩、变质斑状二长花岗岩;中元古代二长花岗岩,二叠纪二长花岗岩,新太古代红旗营子群黑云斜长变粒岩夹斜长角闪岩、磁铁石英岩等。丰宁羟基异常带分布于丰宁—凤山一带,近东西向分布,异常密度低,分布分散,不集中,围岩主要为花岗质岩石,包括中侏罗世二长花岗岩、斑状二长花岗岩、三叠纪二长花岗岩,古元古代变质斑状二长花岗岩、变质石榴二长花岗岩、变质二长花岗岩等,次为白垩纪九佛堂组砂岩、页岩,新太古代红旗营子群黑云斜长变粒岩、黑云角闪斜长变粒岩、斜长角闪岩、大理岩等。异常与岩性有关,由岩石蚀变引起。

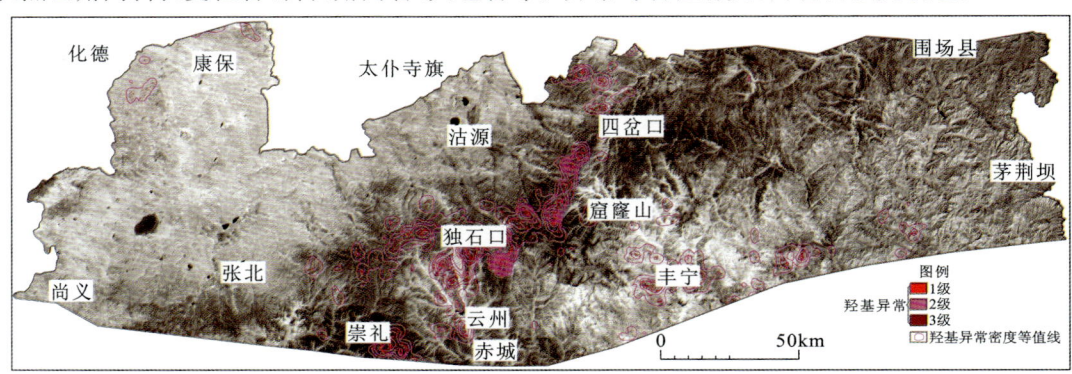

图4-12 张北-围场成矿区羟基异常图

4. 铁染异常

铁染异常呈离散态分布在康保、赤城、丰宁、隆化、围场等地,主要集中在丰宁黄旗、隆化庙子沟一带,形成多个异常浓集中心(图4-13)。围岩以白垩纪张家口组、易县组中酸性火山岩及石英正长斑岩、碱长花岗斑岩为主,次为侏罗纪斑状石英二长岩。异常与岩性有关,由岩石蚀变引起。

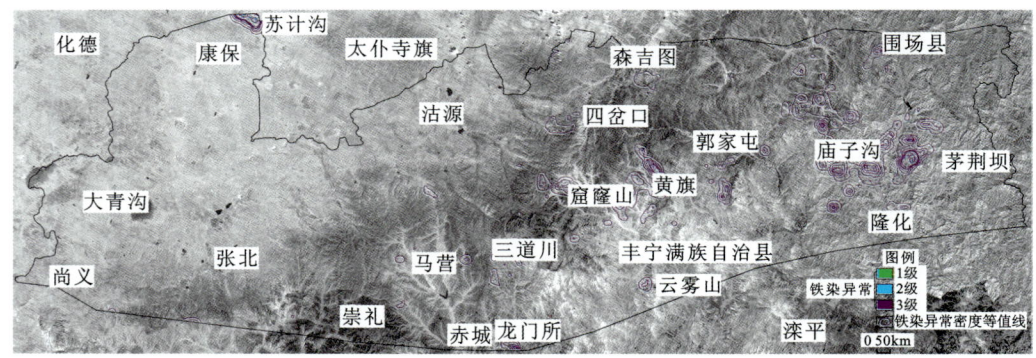

图4-13 张北-围场成矿带铁染异常图

该成矿带内羟基、铁染异常与北东向和近东西向断裂带吻合较好,可信度较高,对区域预测工作有一定的指导意义。

第四节 重要矿种预测评价模型

该成矿带参与本次预测矿种为银矿、硫铁矿、钼矿、铅锌矿、钨矿、普通萤石矿7个矿种,预测类型为岩浆热液型、斑岩型、火山热液型3个类型。涉及5个预测工作区。其中典型矿床为:石头囵囵黄铁矿、撒岱沟门钼矿、蔡家营铅锌银矿、牛圈铅锌银金矿、姑子沟铅锌银矿、青羊沟铅锌银矿、炭头山钨矿、赤城万全寺银(金)矿、黄花洼萤石矿、长沟门萤石矿、万胜永萤石矿,预测亚类型为石头囵囵式、撒岱沟门式、蔡家营式、牛圈式、柳扒店式。简要叙述如下。

一、热液型硫铁矿床预测评价模型

(一)典型矿床预测模型

石头囵囵式典型矿床预测模型见表4-2及图4-14。

表4-2 石头囵囵硫铁矿典型矿床预测模型表

预测要素		描述内容	预测要素分类
特征描述		中低温热液交代-充填矿床	
地质环境	成矿围岩	青白口系红旗营子群老变质岩	必要
	成矿岩体	花岗闪长斑岩体、钠长斑岩体	必要
	岩石类型	片麻岩、大理岩	必要
		花岗闪长斑岩、钠长斑岩	必要
	控矿构造	中朝准地台燕山台褶带宣龙复式背斜龙关穹褶束与下花园凹褶束接合部的南部	必要
	成矿时代	燕山期	必要
	成矿环境	陆壳岩浆活动带	必要
	成矿区带	二级:Ⅱ-14 华北(陆块)成矿省 三级:Ⅲ-57 华北陆块北缘东段 Fe-Cu-Mo-Pb-Zn-Ag-Mn-U-磷-煤-膨润土成矿带 四级:Ⅲ-57-① 内蒙隆起东段 Fe-Au-Ag-Pb-Zn-Mo-U-磷-膨润土成矿亚带	重要
矿床特征	矿体形态	矿体基本沿片麻岩层理分布、上下重叠形成了多层矿体,形态多呈透镜体扁豆体或似层状产出	重要
	矿床组分	主要金属矿物为磁黄铁矿、黄铁矿、闪锌矿、黄铜矿、方铅矿。脉石矿物有石榴石、透辉石、绿帘石、绿泥石、方解石、石英等	次要
	矿石结构	多呈粒状集合体分布,矿物呈他形及半自形晶体	重要
	矿石构造	稠密浸染状、稀疏浸染状、网脉浸染状	重要
	蚀变特征	围岩强烈钠化、角岩化等	重要
	控矿条件	矿区内构造简单,基本上为一单斜构造,地层走向 310°~330°,倾向北东,倾角 15°~25°	重要
地球化学特征	1:20万水系沉积物	水系沉积物1:20万铅、锌化探异常	重要
	1:5万水系沉积物	铅、锌化探异常	重要

续表 4-2

预测要素		描述内容	预测要素分类
地球物理特征	磁异常	航磁 1:20 万磁负异常	次要
	电法异常	1:1 万激电异常显著	重要
	重力异常	分布于重力梯度带上	次要
遥感		羟基、铁染异常,解译区域构造	次要
自然重砂异常		铅锌矿重砂 1 级异常,黄铁矿矿物异常	重要

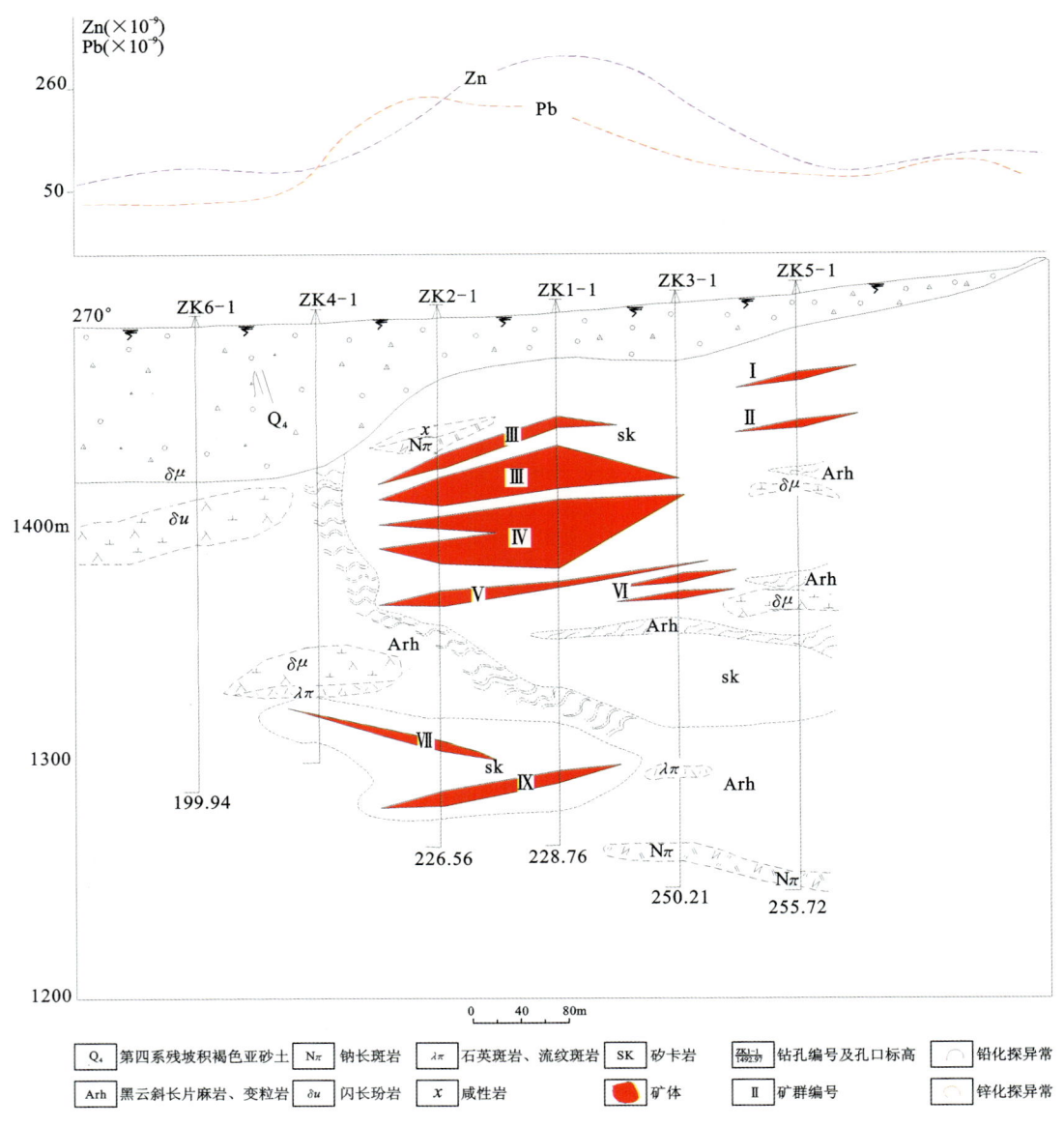

图 4-14 张北县石头囫囵硫铁矿典型矿床预测模型图

（二）区域预测模型

石头囫囵式硫铁矿区域预测模型见表 4-3 及图 4-15。

表 4-3 石头囫囵式硫铁矿区域预测模型表

区域预测要素		描述内容	要素分类
	特征描述	石头囫囵式火山-次火山热液矿床	
区域成矿地质环境	大地构造单元	宣龙复式背斜龙关穹褶束与下花园穹褶束结合部的南部	必要
	主要控矿构造	陆壳岩浆活动带	必要
	主要赋矿地层	新太古代红旗营子群变质岩	必要
	成矿时代	燕山期	必要
	控矿侵入岩建造	花岗闪长斑岩-钠长斑岩建造	必要
	区域成矿类型及成矿期	燕山期火山-次火山建造有关的硫铁矿点	必要
	成矿带	陆内岩浆活动带	必要
区域成矿地质特征	控矿侵入岩	燕山期侵入中酸性岩体	重要
	控矿构造	区内四组主要构造断裂	次要
	矿石建造	磁黄铁矿、黄铁矿、黄铜矿、闪锌矿、方铅矿矿石建造	重要
	围岩蚀变	围岩蚀变较强，主要为绿泥石化、绿帘石化、绢云母化等	重要
	矿床式	石头囫囵式	重要
区域地球化学特征	1:20万水系沉积物	铅锌异常	重要
	1:5万水系沉积物	铅锌银异常	重要
区域地球物理特征	磁异常	航磁1:20万磁负异常	次要
	重力异常	重力梯度带上	重要
遥感		羟基、铁染异常，解译区域构造	次要
自然重砂异常		铅锌矿重砂1级异常，黄铁矿矿物异常	重要

图 4-15 石头囫囵式硫铁矿区域预测模型图

二、斑岩型钼矿床预测评价模型

（一）斑岩型钼矿典型矿床预测模型

撒岱沟门式典型矿床预测模型见表4-4及图4-16。

表4-4 撒岱沟门钼矿典型矿床预测模型表

预测要素		描述内容	预测要素分类
特征描述		斑岩型钼矿床	
地质环境	成矿围岩	新太古界单塔子群姜营子组	必要
	成矿岩体	撒岱沟门二长花岗岩	必要
	岩石类型	围岩：斑状混合岩和变斑状混合岩化片麻岩	必要
		岩体：二长花岗岩。岩体冷凝结晶后有花岗闪长岩、石英斑岩、花岗细晶岩、花岗斑岩及闪长玢岩脉侵入	必要
	控矿构造	矿区控岩构造为东西向，形成时期为前印支期	必要
	成矿时代	印支期	必要
	成矿环境	上黄旗岩浆岩带	必要
矿床特征	矿体形态	主矿体呈一弧顶向北的马蹄形	重要
	矿床组分	钼、铜、锡、铼，含量很低，利用价值不大	次要
	矿石结构	花岗结构、不等粒结构（斜长石、钾长石粒度不等）、溶蚀结构（黄铁矿被脉石溶蚀呈港湾状）、交代结构（赤铁矿交代磁铁矿）及半自形晶粒结构	重要
	矿石构造	细脉状及星散浸染状	重要
	蚀变特征	矿区内围岩蚀变发育，以微斜长石化及石英-白云母化为主，次有绢云母化、碳酸盐化、萤石化、黄铁矿化等	重要
	控矿条件	控矿构造主要是成矿期节理和叠加其上的碎裂岩带，其次是岩体与混合岩化片麻岩之间的接触带	重要
地球化学特征	1:20万水系沉积物	明显富集Ba、La、Mo、Nb、Sr、Th、K_2O、Na_2O，富集系数大于1.1。异常剖析图元素组合为Mo、Th、Ti、Y、La、Nb。主成矿元素Mo的异常范围大，浓集特征明显，与矿床的空间对应关系好。其他伴生元素主要是与花岗岩有关的元素组合，异常多分布于矿床的西南部，与河流的流向相一致，反映了水系沉积物异常的分布迁移特点	重要
	1:5万水系沉积物	异常元素组合为Mo、Cu、Zn、V、P、Pb。除Pb外，其他元素异常浓集特征明显，空间套合好，并与已知矿床相对应。Pb在矿床上有弱异常显示	重要
地球物理特征	磁异常	负磁异常、正负磁异常梯度带（-20～20nT）	次要
	重力异常	重力梯级带上	重要
遥感		羟基、铁染异常，解译区域构造	次要
自然重砂异常		辉钼矿重砂1级异常，铜矿物异常	重要

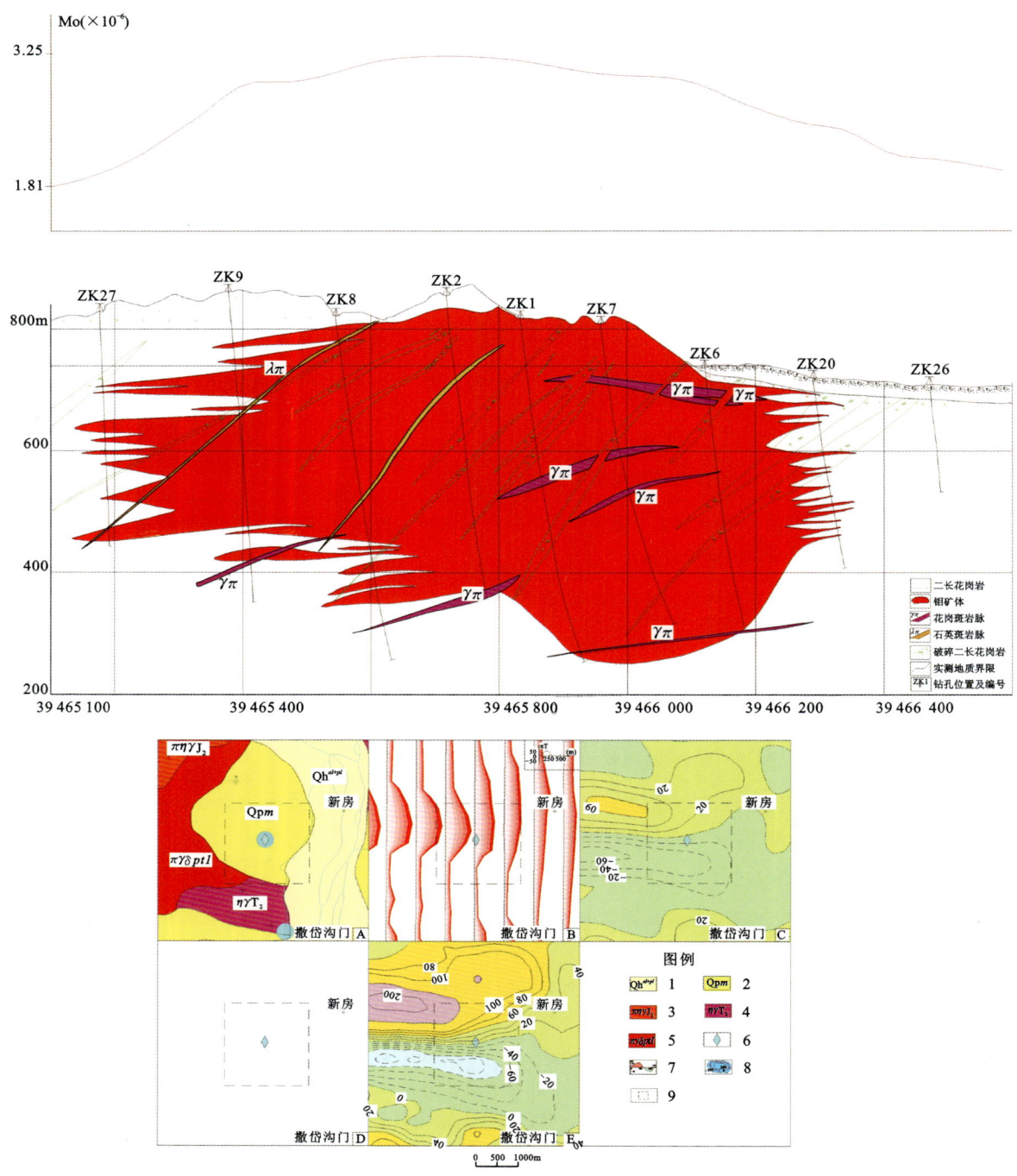

图 4-16 斑岩型钼矿典型矿床预测模型图

A. 地质矿产图,比例尺 1:5 万;B. 航磁 ΔT 剖面平面图,航磁比例尺 1:5 万,纵坐标:1cm=250nT;C. 航磁 ΔT 化极垂向一阶导数等值线平面图,航磁比例尺 1:5 万,等值线单位:nT/km;D. 航磁推断地质构造图,比例尺 1:5 万;E. 航磁 ΔT 化极等值线平面图,航磁比例尺 1:5 万,等值线单位:nT;1. 第四系冲洪积;2. 第四系马兰组;3. 侏罗纪斑状二长花岗岩;4. 三叠纪二长花岗岩;5. 古元古代变质斑状花岗闪长岩;6. 典型矿床所在位置;7. 航磁 ΔT 平剖图;8. 航磁 ΔT 等值线;9. 典型矿床所在位置范围

(二) 区域预测模型

撒岱沟门式钼矿区域预测模型见表 4-5 及图 4-17。

表 4-5　斑岩型钼矿区域预测要素表

区域预测要素		描述内容	要素分类
特征描述		撒岱沟门式斑岩型钼矿	
区域成矿地质环境	主要控矿构造	区域性深大断裂带:上黄旗-棋盘山北东向断裂和丰宁(潮河)南北向大断裂	必要
	主要赋矿地层	新太古代变质岩系、古元古代变质侵入岩	必要
	成矿时代	印支期	必要
	控矿侵入岩建造	印支期壳源花岗岩类:斑状二长花岗岩、斑状石英二长岩、斑状碱性花岗岩等	必要
	成矿环境	陆壳深断裂岩浆活动带	必要
	成矿带	兴安-太行南段成矿带棋盘山-上黄旗成矿区	必要
区域成矿地质特征	控矿侵入岩	印支期壳源花岗岩体	重要
	控矿构造	控矿构造主要是成矿期节理和叠加其上的碎裂岩带,其次是岩体与混合岩化片麻岩之间的接触带	次要
	矿石建造	金属矿物有辉钼矿、黄铁矿、磁铁矿、赤铁矿、褐铁矿、黄铜矿及微量闪锌矿、钛铁矿、斑铜矿等。脉石矿物主要有石英、钾长石、斜长石及少量黑云母、白云母、碳酸盐、萤石等。副矿物有锆石、磷灰石、金红石、独居石、榍石等	重要
	围岩蚀变	围岩蚀变发育,以微斜长石化及石英-白云母化为主,次有绢云母化、碳酸盐化、萤石化、黄铁矿化等	重要
	矿床式	撒岱沟门式	重要
区域地球化学特征	1:20万水系沉积物	1:20万水系沉积物显示钼异常、铅锌异常	重要
	1:5万水系沉积物	Cu、Mo元素地球化学异常,明显富集 Ba、La、Mo、Nb、Sr、Th、K_2O、Na_2O,富集系数大于1.1。异常剖析图元素组合为 Mo、Th、Ti、Y、La、Nb。主成矿元素 Mo 的异常范围大,浓集特征明显,与矿床的空间对应关系好	重要
区域地球物理特征	磁异常	磁异常梯度带在$-20\sim20nT$之间;用航磁异常推断的隐伏岩体	次要
	重力异常	用重力异常推断的隐伏岩体、重力梯度带	重要
遥感		羟基、铁染异常,解译区域构造	次要
自然重砂异常		钼矿物自然重砂异常、铅矿物自然重砂异常	重要

三、次火山-岩浆热液型铅锌银矿预测评价模型

(一)姑子沟式热液型铅锌银典型矿床预测模型

姑子沟式热液型铅锌银型矿床预测模型见表 4-6 及图 4-18。

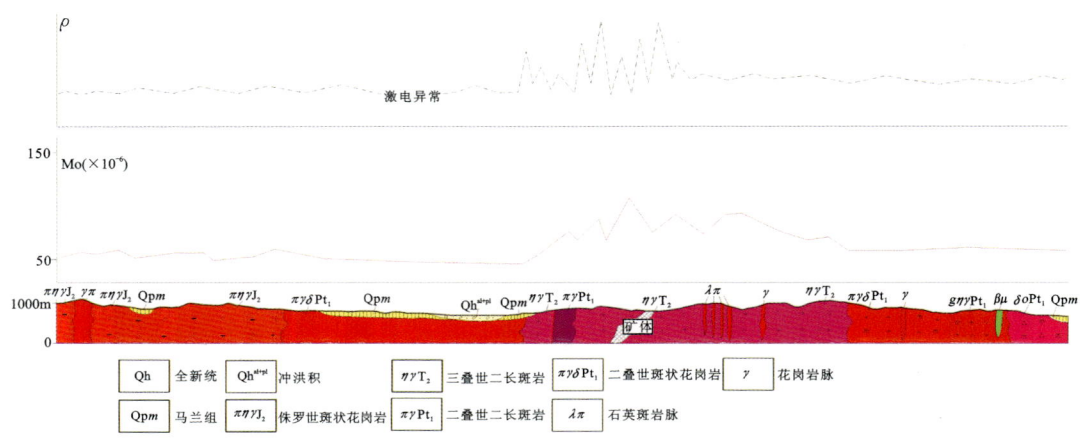

图 4-17 斑岩型钼矿区域预测模型图

表 4-6 承德县姑子沟铅锌矿典型矿床预测模型表

预测要素		描述内容	预测要素分类
特征描述		次火山-岩浆热液型银铅锌矿	
地质环境	成矿围岩	太古宇单塔子群凤凰嘴	必要
	成矿岩体	燕山晚期石英斑岩	必要
	岩石类型	地层:斜长角闪岩	必要
		岩体:石英斑岩、次火山岩	必要
	控矿构造	丰宁-隆化-烟筒山东西向深断裂	必要
	成矿时代	中生代燕山晚期	必要
	成矿环境	陆壳深断裂岩浆活动带	必要
矿床特征	矿体形态	矿体呈脉状,有膨胀狭缩、分支复合等现象	重要
	矿床组分	方铅矿、闪锌矿、黄铁矿、黄铜矿、毒砂、磁铁矿、自然银、深红银矿,石英、白云石、方解石、云母、长石、叶蜡石	次要
	矿石结构	显微他形粒状结构、交代结构	重要
	矿石构造	稠密浸染状构造、条带状构造、角粒状构造	重要
	蚀变特征	硅化、绢云母化、绿泥石化、绿帘石化、黄铁矿化	重要
	控矿条件	燕山晚期石英斑岩,火山机构	重要
地球化学特征	1:5万水系沉积物岩石测量特征	岩石测量:区内各种岩矿石成矿元素含量普遍高于背景值,其中 Pb、Zn 衬值为 1～4,角闪斜长变粒岩 Pb、Zn 衬值最高,可达 20 以上。成矿元素平均含量自区域岩石、矿区岩石到矿体围岩逐渐增大。矿石中成矿元素(Pb、Zn、Au、Ag)衬值变化范围为 58～965。 矿石中成矿元素 Pb、Zn 及伴生元素 Ag、Cd 含量较高,衬度在 58～965 之间;微量元素 As、Sb、Bi、Hg 也具有较高衬度(41～598),唯独 I 接近 1。按矿石中衬值大小排序:Ag—As—Bi—Pb—Sb—Zn—Cd—Hg—Mn—Cu—Mo,大致显示出成矿物质供应水平及原生晕清晰程度。矿石中聚类谱系,当相关系数为 0.4 时,17 种元素可分为 5 组,其中前三组 As、Sb、Pb、Ag;B、Hg、I、Zn、Cd;Cu、Co、Ni 包含了全部成矿成晕元素。根据钻孔资料,As、Sb、B、I、Hg 为矿上晕,Pb、Zn、In、Cd、Ag 为近矿指示元素,而 Cu、Bi、Co 为矿下晕。 异常走向东西,由 Au、Ag、Cu、Pb、Zn、Cd、Mo、W、Bi、Mn、As、Sb、Nb、Be、U 等组成。Ag、Pb、Zn、Au 主要成矿元素规模较大,其中 Pb、Ag 异常面积、规模、衬度居平泉幅之首,伴生元素为 Cd、Mn、Sb 等,Au、Ag、Pb、Zn、Cd、Mn、Sb 具强内带和内带,成矿元素和伴生元素异常浓集中心与已知矿床吻合	重要

续表 4-6

预测要素		描述内容	预测要素分类
地球物理特征	磁异常	1:5万航磁特征与1:20万航磁特征基本相同,矿床处在负磁场中。依据化极后磁场的强弱变化,推断南部航磁强度较高区域可能是中酸性岩体的反映,西北部过渡磁场区为太古宙变质岩地层,中部及北东部负磁场区为火山岩地层	重要
	重力异常	1:20万布格重力异常图上,矿床位于北东向重力梯级带向南突出转折形成的缓变部位,剩余重力异常图上,矿床处在重力高背景场中。1:20万航磁 ΔT 三种图上,矿床均处于低缓负磁背景场中。矿床以北的重力高反映了太古宙变质岩基底隆起,其中的相对正磁性块体可能是酸性岩浆岩带的反映,矿床西南的重力低、磁力高与火山盆地相对应,东南的重力缓变、弱磁场区为酸性岩体出露区	重要
遥感		羟基、铁染异常与矿床套合较差,解译区域构造仅对区域地质情况起指导作用	次要
自然重砂异常		铅锌银矿重砂2级异常,浓度分带明显	重要

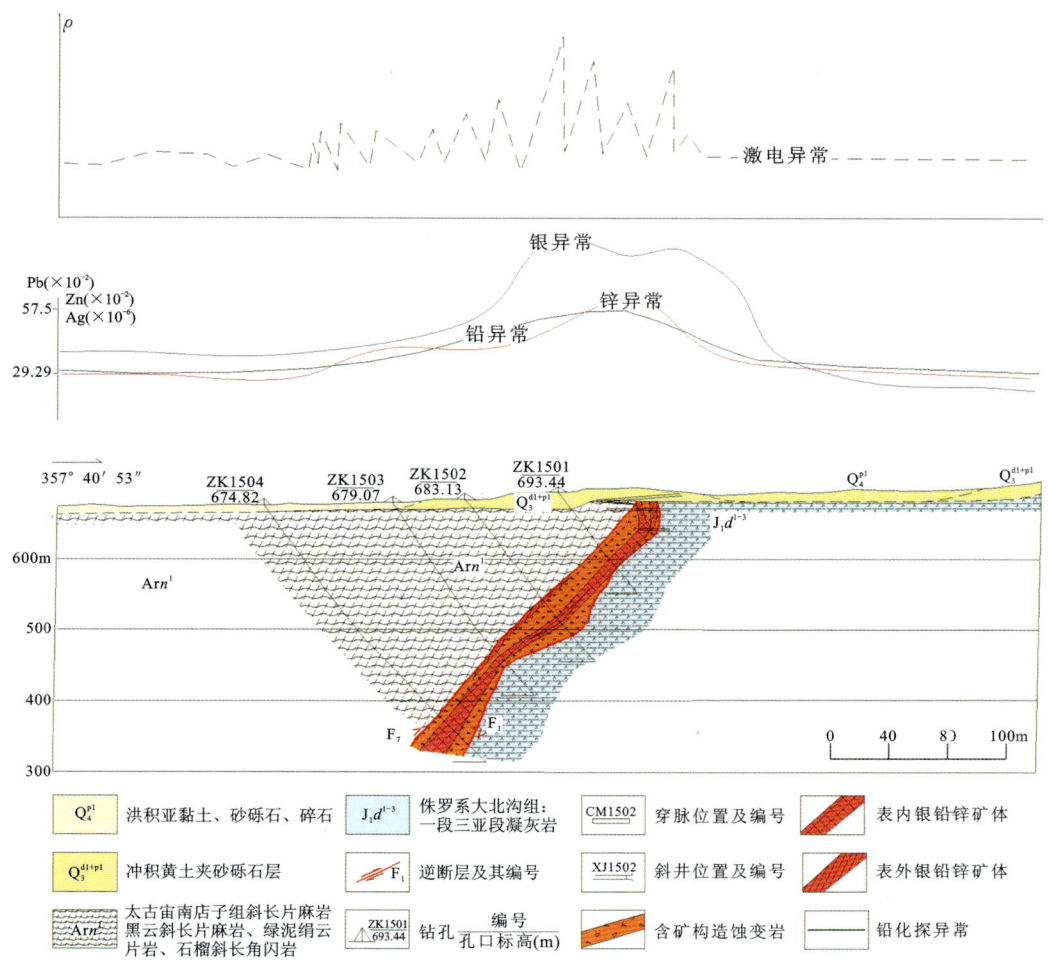

图 4-18 姑子沟式铅锌银矿预测模型图

（二）区域预测模型

姑子沟式铅锌银矿区域预测模型见表 4-7 及图 4-19。

表 4-7 姑子沟式铅锌矿区域预测模型表

区域预测要素		描述内容	要素分类
特征描述		姑子沟式热液脉型铅锌矿床	
区域成矿地质环境	大地构造单元	内蒙台背斜与燕山台褶带间的构造岩浆岩带	必要
	主要控矿构造	受区域东西向、北东向深断裂控制	必要
	主要赋矿地层	长城系高于庄组蚀变硅质白云岩	必要
	成矿时代	中生代燕山晚期	必要
	控矿侵入岩建造	燕山期浅成-超浅成侵入体，岩石类型为粗安岩-花岗斑岩-石英斑岩-闪长玢岩-次粗面流纹斑岩组合	必要
	区域成矿类型及成矿期	与燕山期次火山-沉积建造有关的铅锌银矿点	必要
	成矿带	四级：Ⅲ-57-① 内蒙隆起东段 Fe-Au-Ag-Pb-Zn-Mo-U-磷-膨润土成矿亚带	必要
区域成矿地质特征	控矿侵入岩	沿东西向深断裂带分布的燕山期浅成-超浅成侵入体	重要
	控矿构造	温家沟-东山东西向深断裂下盘的继承性断裂	次要
	矿石建造	浸染状构造、团块状构造、角砾状构造	重要
	围岩蚀变	黄铁绢英岩化、硅化、碳酸盐化、青磐岩化等	重要
	矿床式	姑子沟式	重要
区域地球化学特征	1:20万水系沉积物	水系沉积物：异常元素组合为 Ag、As、Bi、Cd、Pb、Sb、W、Zn 等。Pb 异常面积达 87.6km^2，异常平均值为 181.1×10^{-6}；Zn 异常面积达 66.8km^2，异常平均值为 353.7×10^{-6}；Ag 异常面积为 52.1km^2，异常平均值为 0.462×10^{-6}。多数异常具较好的三级浓度分带	重要
	1:5万水系沉积物	由 Au、Ag、Cu、Pb、Zn、Cd、Mo、W、Bi、Mn、As、Sb、Nb、Be、U 等组成。Ag、Pb、Zn、Au 主要成矿元素规模较大，其中 Pb、Ag 异常面积、规模、衬度居平泉幅之首，伴生元素为 Cd、Mn、Sb 等，Au、Ag、Pb、Zn、Cd、Mn、Sb 具强内带和内带，成矿元素和伴生元素异常浓集中心与已知矿床吻合	重要
区域地球物理特征	磁异常	航磁异常梯度带（-20～20nT）；磁法推断侵入岩体	重要
	重力异常	重力异常梯度带：100～200 毫伽	次要
遥感		羟基、铁染异常，解译区域构造	次要
自然重砂异常		银、铅、锌组合矿物重砂异常	重要

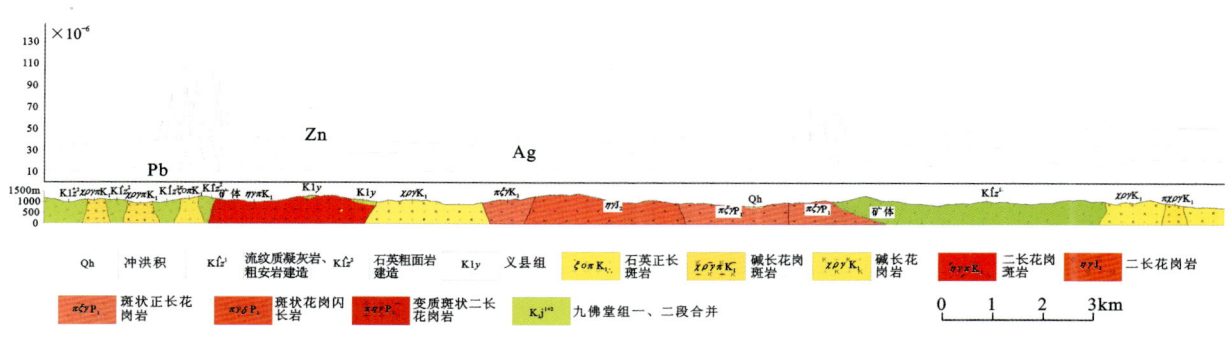

图 4-19　姑子沟式铅锌银矿区域预测模型图

（三）蔡家营式热液铅锌银矿典型矿床预测模型见表 4-8 及图 4-20。

表 4-8　蔡家营铅锌银矿典型矿床预测模型表

预测要素		描述内容	预测要素分类
	特征描述	热液脉型铅锌银矿	
地质环境	成矿围岩	新太古代红旗营子群	必要
	成矿岩体	燕山期酸性-超酸性次火山岩	必要
	岩石类型	地层:矽线石斜长变粒岩、黑云斜长变粒岩、黑云角闪斜长变粒岩、绿泥石化角闪斜长变粒岩	必要
		岩体:燕山期花岗斑岩及其派生的岩枝——石英斑岩	必要
	控矿构造	康保-围场、尚义-平泉两条东西向深断裂间一系列北东东、北西和近南北向断裂	必要
	成矿时代	燕山期	必要
	成矿环境	陆壳深断裂岩浆活动带	必要
矿床特征	矿体形态	以脉状为主,但形态非常复杂,常出现分支、复合、膨胀、收缩、尖灭、再现的现象	重要
	矿床组分	矿石成分比较复杂,主要金属矿物有铁闪锌矿、含铁闪锌矿、闪锌矿、方铅矿、黄铁矿、毒砂、黄铜矿、磁黄铁矿、褐铁矿、蓝铜矿、赤铁矿、磁铁矿、自然金、自然银、银金矿、辉铋铅矿等	次要
	矿石结构	矿石结构构造比较复杂。常见的结构有自形结构、填隙结构、乳滴状结构、骸晶结构、交代残余或溶蚀结构、树枝状结构和压碎结构	重要
	矿石构造	以脉状、块状和稠密-稀疏浸染状为主	重要
	蚀变特征	矿床的近矿交代蚀变岩有绿泥石青磐岩建造、碳酸盐蚀变岩建造和绢云母-石英蚀变岩建造。围岩蚀变种类主要有绿泥石化、阳起石化、绿帘石化、绢云母化、碳酸盐化、硅化	重要
	控矿条件	燕山期酸性-超酸性次火山岩侵入活动,区域变质	必要

续表 4-8

预测要素		描述内容	预测要素分类
地球化学特征	岩石测量	区内各种岩矿石成矿元素含量普遍高于背景值,其中 Pb、Zn 衬值为 1~4,角闪斜长变粒岩 Pb、Zn 衬值最高,可达 20 以上。成矿元素平均含量自区域岩石、矿区岩石到矿体围岩逐渐增大。矿石中成矿元素(Pb、Zn、Au、Ag)衬值变化范围为 58~965。不同矿体矿石中微量元素含量存在明显差别,与地质研究结果相符合,可判断矿石类型。矿石中成矿元素 Pb、Zn 及伴生元素 Ag、Cd 含量较高,衬度在 58~965 之间;微量元素 As、Sb、Bi、Hg 也具有较高衬度(41~598),唯独 I 接近 1。按矿石中衬值大小排序:Ag—As—Bi—Pb—Sb—Zn—Cd—Hg—Mn—Cu—Mo,大致显示出成矿物质供应水平及原生晕清晰程度。矿石中聚类谱系,当相关系数为 0.4 时,17 种元素可分为 5 组,其中前三组 As、Sb、Pb、Ag;B、Hg、I、Zn、Cd;Cu、Co、Ni 包含了全部成矿成晕元素。根据钻孔资料,As、Sb、B、I、Hg 为矿上晕,Pb、Zn、In、Cd、Ag 为近矿指示元素,而 Cu、Bi、Co 为矿下晕	重要
	1:5万水系沉积物	异常元素组合为 Ag、As、Bi、Cd、Pb、Sb、W、Zn 等。Pb 异常面积达 87.6km²,异常平均值为 181.1×10^{-6},Zn 异常面积达 66.8km²,异常平均值为 353.7×10^{-6};Ag 异常面积为 52.1km²,异常平均值为 0.462×10^{-6}。多数异常具较好的三级浓度分带	重要
地球物理特征	磁异常	1:5万航磁 ΔT 剖面平面图、航磁 ΔT 化极等值线平面图和化极垂向一阶导数等值线平面图上,矿床处在正磁异常中。推断航磁强度较高的区域可能是中酸性岩体的反映,过渡磁场区为太古宙变质岩地层,最低磁场区为火山岩地层。1:2万地磁 ΔZ 与 1:5万航磁 ΔT 特征基本相同,地磁场较强的区域推断为中酸性岩体的反映,稍高的过渡区为太古宙变质岩区,最低磁场区为火山岩地层	次要
	重力异常	1:20万布格重力异常图上,矿床位于北东向重力梯级带突变转折形成的相对重力高部位,剩余重力异常图上,矿床处在局部重力高异常带与重力低异常过渡带的重力高背景一侧。推断中部大范围的重力高值带为太古宙变质岩基底隆起的反映,北西及南东的重力低对应的为火山盆地。1:20万航磁 ΔT 三种图上,矿床均处于低缓正磁异常中心或正负磁场交界处。推断航磁 ΔT 化极等值线平面图上出现的 3 处相对高值磁异常应该是中酸性岩体的反映	次要
遥感		羟基、铁染异常与矿床套合较差,解译区域构造可作为参考	次要
自然重砂异常		铅锌银矿重砂 1 级异常,异常具三级分带	重要

第四章 张北-围场成矿区预测成果

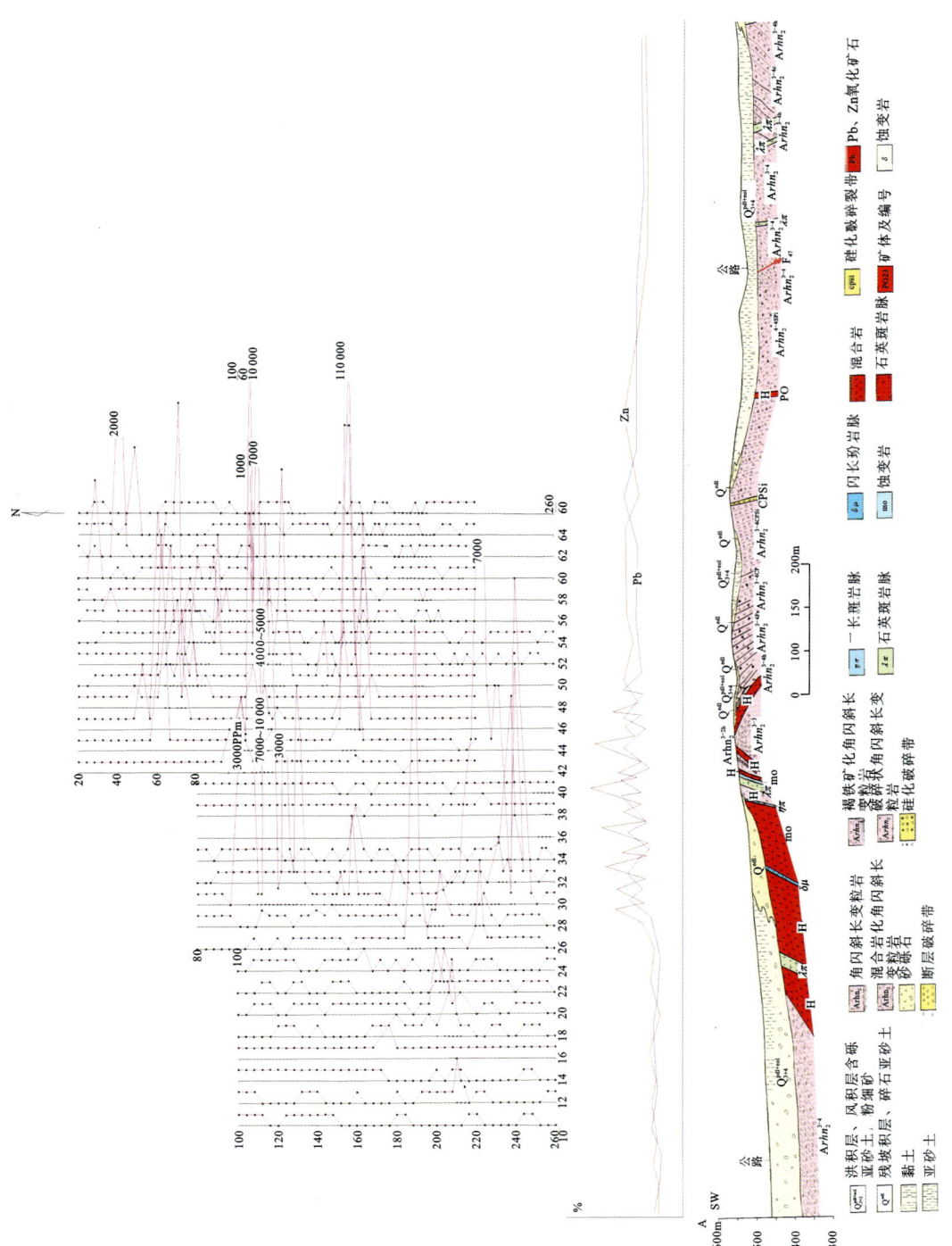

图 4-20 蔡家营铅锌银矿典型矿床预测模型图

(四) 区域预测模型

蔡家营式铅锌银矿区域预测模型见表 4-9 及图 4-21。

表 4-9 蔡家营式铅锌银矿区域预测模型表

区域预测要素		描述内容	要素分类
特征描述		蔡家营热液脉型铅锌银矿	
区域成矿地质环境	大地构造单元	D_1^{2-8}张家口火山盆地(K_1)	必要
	主要控矿构造	沽源-张北火山喷发区之隆坳过渡带	必要
	主要赋矿地层	太古宙红旗营子群变粒岩类、上侏罗统张家口组火山岩	必要
	成矿时代	燕山期	必要
	控矿侵入岩建造	中酸性次火山岩、花岗岩、石英斑岩建造	必要
	区域成矿类型及成矿期	燕山期与中酸性次火山岩、花岗岩、石英斑岩建造有关的铅锌银矿点	必要
	成矿带	四级：Ⅲ-57-① 内蒙隆起东段 Fe-Au-Ag-Pb-Zn-Mo-U-磷-膨润土成矿亚带	必要
区域成矿地质特征	控矿侵入岩	燕山期酸性-中酸性次火山岩、花岗岩、石英斑岩、闪长岩、闪长玢岩等	重要
	控矿构造	崇礼-沽源断块隆起与坳陷的过渡带,受古火山构造外围的断裂系统控制	次要
	矿石建造	黄铁矿-磁黄铁矿-方铅矿-闪锌矿-黄铜矿矿石建造	重要
	围岩蚀变	绢云母化、硅化、绿泥石化	重要
	矿床式	蔡家营式	重要
区域地球化学特征	1:5万水系沉积物	异常元素组合为 Ag、As、Bi、Cd、Pb、Sb、W、Zn 等。Pb 异常面积达 87.6km²,异常平均值为 $181.1×10^{-6}$;Zn 异常面积达 66.8km²,异常平均值为 $353.7×10^{-6}$;Ag 异常面积达 52.1 km²,异常平均值为 $0.462×10^{-6}$。多数异常具较好的三级浓度分带	重要
区域地球物理特征	磁异常	1:5万航磁及 1:2万地磁特征基本相同,即磁场较强的区域推断为中酸性岩体的反映,平缓的正背景场区为太古宙变质岩的反映	次要
	重力异常	1:20万的重力高、航磁平缓正背景为太古宙变质岩基底隆起的反映,在其上出现的多处相对高值磁异常应该是中酸性岩体所致	重要
遥感		羟基、铁染异常不明显,区域构造解译仅作为参考	次要
自然重砂异常		银、铅、黄铁矿、黄铜矿重砂 2 级异常,异常具二级分带	重要

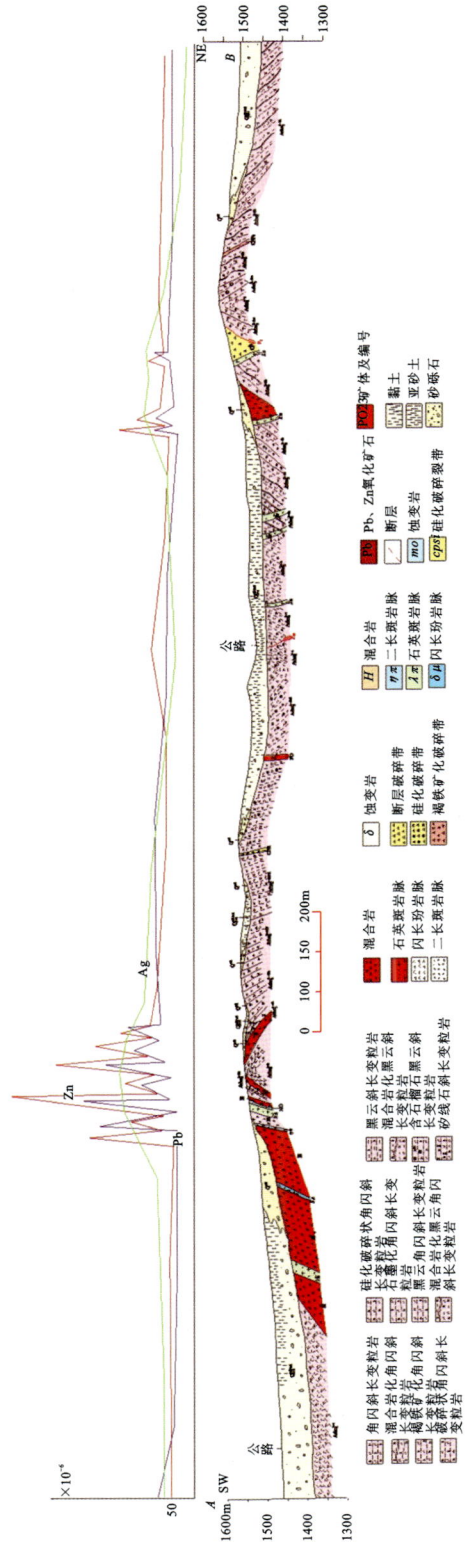

图 4-21 蔡家营式铅锌银矿区域预测模型图

四、岩浆热液型铅锌金银矿预测评价模型

(一) 牛圈式热液型铅锌银矿典型矿床预测模型

牛圈式铅锌银金矿典型矿床预测模型见表 4-10 及图 4-22。

表 4-10 牛圈式铅锌银金矿矿床预测模型表

预测要素		描述内容	预测要素分类
	特征描述	与重熔岩浆有关的浅成中低温热液裂隙充填型矿床	
地质环境	成矿围岩	太古宙单塔子群变质岩系和中生代晚侏罗世—早白垩世火山岩系	必要
	成矿岩体	燕山旋回岩浆岩主要为第三期	必要
	岩石类型	地层:单塔子群主要岩性为黑云角闪斜长片麻岩、斜长角闪岩、斜长浅粒岩、混合岩及斑状混合岩等。中生界主要岩性为流纹质晶屑凝灰岩、凝灰岩、凝灰角砾岩、砂砾岩、安山质角砾岩及页岩、砂岩、砾岩等	必要
		岩体:主要为细粒花岗岩,隐爆贯入角砾岩	必要
	控矿构造	上黄旗-乌龙沟深断裂及其次一级断裂	必要
	成矿时代	燕山期	必要
	成矿环境	陆壳深断裂岩浆活动带	必要
矿床特征	矿体形态	主矿体平面形态呈"S"形,剖面上呈反"S"形脉状	重要
	矿石组分	矿石矿物成分比较复杂,以黄铁矿、白铁矿、方铅矿、闪锌矿、黄铜矿为主	次要
	矿石结构	有交代结构、包含结构、固溶体分离结构、粒状结构及碎裂结构	重要
	矿石构造	主要有角砾状、角砾网脉状、浸染状、细脉状及环带状、蜂窝状、团块状等	重要
	蚀变特征	围岩蚀变沿老虎坝-牛圈断裂破碎带发育,范围较大,长千余米,宽 100~300m。蚀变类型有硅化、高岭土化、绿泥石化、碳酸盐化、蒙脱石化、铁白云岩化及重晶石化等。各种蚀变类型有明显分带性,但在时间和空间上相互叠加或穿切,反映热液活动的多期性	重要
	控矿条件	矿体赋存于沿 F_1 断裂破碎带贯入的隐爆角砾岩体及其上或下盘的蚀变碎裂花岗岩中。断裂构造直接控制隐爆角砾岩体产状、形态和空间分布,角砾岩体又进一步控制银金矿体的产出形态	重要
地球化学特征	1:5万水系沉积物	水系沉积物:异常由 Pb、Ag、Au、Cd、Sb、Mo、Zn、Cu、Hg、Be、As、Ti、B、Cr 元素组成,其中 Ag、Au、Pb 异常规模大、强度高、梯度分带明显。 土壤测量:Ag、Au、Cu、Pb、Zn 等元素异常呈带状,与激电异常吻合,并与矿体对应较好	重要
地球物理特征	磁异常	1:20万航磁 ΔT 三种图上,矿床均处于低缓负磁背景场中。矿床区及其周围大面积出露的主要为不同期次的中酸性岩体,零星分布的太古宙变质岩地层和边缘的白垩纪火山岩。结合地质、重磁资料综合分析认为:重磁场特征不是地表地质现象的直接反映,推断西部的重力高、磁力低是太古宙变质岩基底隆起的反映,东部的重力低、相对高值磁场区与出露的中酸性岩体相吻合	次要
	重力异常	1:20万布格重力异常图上,矿床位于北东向重力梯级带突变转折形成的相对重力高部位,剩余重力异常图上,矿床处在局部重力高异常与重力低异常过渡带的重力高背景一侧。 1:20万重力场对寻找该类型铅锌银矿有间接指示作用,重力高为成矿地层——太古宙单塔子群变质岩系的反映,重力降低为成矿岩体和成矿地层——侏罗纪火山岩地层的反映;1:20万、1:5万航磁及1:2万地磁均无作用	次要
遥感		提取羟基、铁染异常与矿床吻合较差,解译区域线性构造、环形构造具一定指示作用	次要
自然重砂异常		铅锌银金矿重砂异常,具三级分带	重要

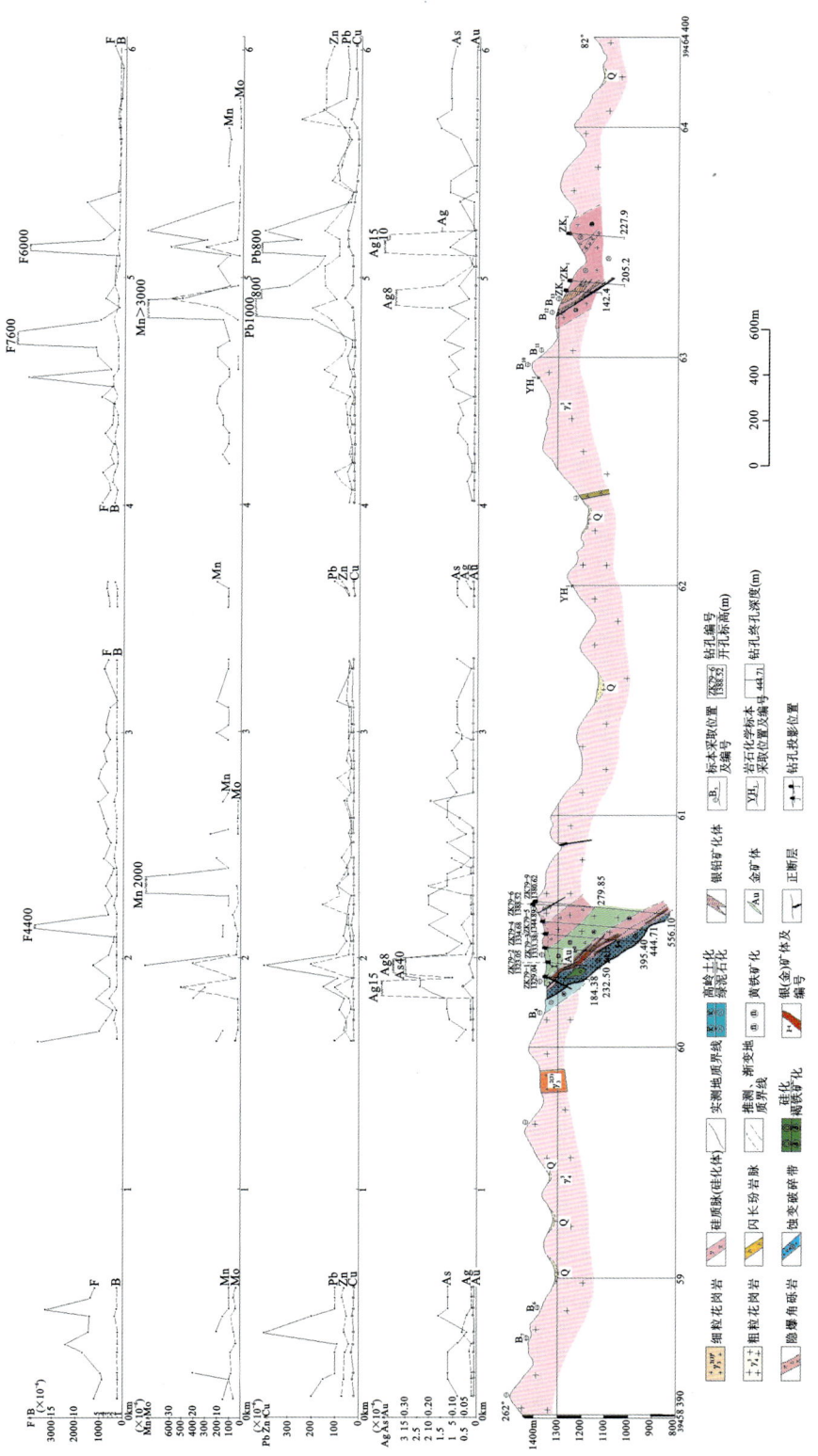

图 4-22 牛圈-营房式铅锌银金矿预测模型图

（二）区域预测模型

牛圈式铅锌银金矿区域预测模型见表 4-11 及图 4-23。

表 4-11　牛圈式铅锌银金矿区域预测模型表

区域预测要素		描述内容	要素分类
特征描述		牛圈式热液脉型铅锌银金矿	
区域成矿地质环境	大地构造单元	D_1^{1-2} 窟隆山后造山侵入杂岩(K_1^1)	必要
	主要控矿构造	上黄旗-乌龙沟深断裂及其次一级断裂	必要
	主要赋矿地层	海西期壳源花岗岩、新太古代红旗营子岩群变质岩系	必要
	成矿时代	中生代燕山晚期	必要
	控矿侵入岩建造	燕山晚壳源期酸性花岗岩建造	必要
	区域成矿类型及成矿期	与燕山晚壳源期酸性花岗岩有关的铅锌银多金属矿点	必要
	成矿带	四级：Ⅲ-57-① 内蒙隆起东段 Fe-Au-Ag-Pb-Zn-Mo-U-磷-膨润土成矿亚带	必要
区域成矿地质特征	控矿侵入岩	酸性花岗岩体	重要
	控矿构造	上受上黄旗构造岩浆岩带控制，即乌龙沟-上黄旗深断裂带的次级裂隙控制	次要
	矿石组分	以黄铁矿、白铁矿、方铅矿、闪锌矿、黄铜矿为主	重要
	围岩蚀变	硅化、高岭土化、绿泥石化、碳酸盐化、蒙脱石化、铁白云岩化及重晶石化等，各种蚀变类型有明显分带性	重要
	矿床式	牛圈式	重要
区域地球化学特征	1:5万水系沉积物	水系沉积物：异常由 Pb、Ag、Au、Cd、Sb、Mo、Zn、Cu、Hg、Be、As、Ti、B、Cr 元素组成，其中 Ag、Au、Pb 异常规模大、强度高、梯度分带明显	重要
区域地球物理特征	磁异常	1:5万航磁及 1:2万地磁均无作用	次要
	重力异常	1:20万重力场对寻找该类型铅锌银金矿有间接指示作用，重力高为成矿地层——太古宙单塔子群变质岩系的反映，重力降低为成矿岩体和成矿地层——侏罗纪火山岩地层的反映	重要
遥感		羟基、铁染异常，解译区域构造仅为参考	次要
自然重砂异常		铅、锌、银、金、铜矿重砂异常，具分带性	重要

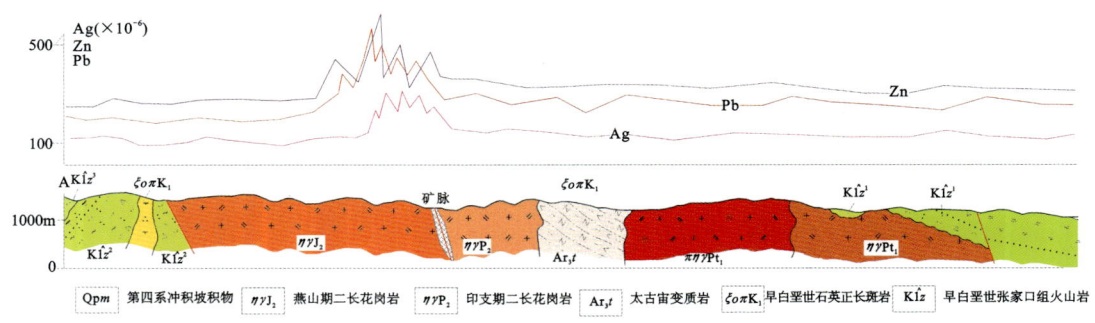

图 4-23　牛圈式铅锌银金矿区域预测模型图

五、热液型钨矿预测评价模型

（一）白石头洼式钨矿典型矿床预测模型

炭头山钨矿典型矿床预测模型见表 4-12 及图 4-24。

表 4-12　炭头山钨矿典型矿床预测模型表

预测要素		描述内容	预测要素分类
特征描述		高温热液含钨石英脉型矿床	
地质环境	成矿围岩	华德群变质岩系，以磁铁石英岩为主	必要
	成矿岩体	海西期石英二长岩、石英二长斑岩体	必要
	岩石类型	磁铁石英岩	必要
		石英二长岩、石英二长斑岩	必要
	控矿构造	康保-围场深断裂次级构造	必要
	成矿时代	海西期	必要
	成矿环境	内蒙台背斜与燕山台褶带过渡地带的康保褶皱束	必要
矿床特征	矿体形态	脉状、透镜体状，局部具分支复合现象	重要
	矿石组分	金属矿物：以黑钨矿、硬锰矿、褐铁矿为主，其次有黄铁矿、方铅矿、闪锌矿、孔雀石、铜蓝、钨华等；脉石矿物：以石英为主，其次为绢云母、白云母、萤石、电气石	次要
	矿石结构	黑钨矿在石英脉中以板状、板柱状、浸染状为主，其次为蜂窝状、细脉少见	重要
	矿石构造	石英脉呈灰白色致密块状，有较多的犬牙状石英小晶洞，在局部地段石英呈松软、粉末状、压碎状等现象出现	重要
	蚀变特征	矽化、云英岩化、高岭土化、褐铁矿化、锰矿化	重要
	控矿条件	北东向断裂	重要
地球化学特征	1∶20 万水系沉积物	钨、锡、钼、镉、铅、铜组合异常与矿床吻合	重要
	1∶5 万水系沉积物	钨、锡、钼、镉、铅组合异常与矿床吻合，其中钨、锡、钼组合异常重叠性较好	重要
地球物理特征	磁异常	航磁负异常区内，异常值−20nT。化极等值线值为 0	次要
	重力异常	布格重力负异常区，异常值在−136～−156 毫伽之间	重要
遥感		提取羟基、铁染异常与矿床套合较差，解译区域构造仅为参考	次要
自然重砂异常		黑钨矿重砂异常	重要

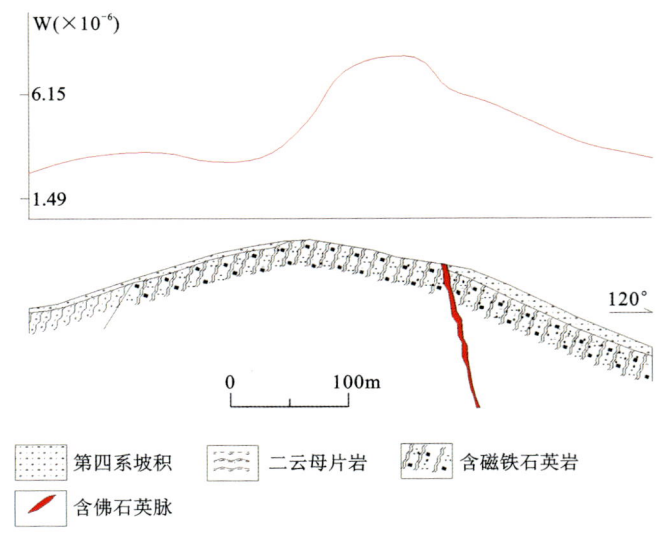

图 4-24 炭头山钨矿典型矿床预测模型图

(二) 区域预测模型

白石头洼式钨矿区域预测模型见表 4-13 及图 4-25。

表 4-13 白石头洼式钨矿区域预测模型表

区域预测要素		描述内容	要素分类
特征描述		白石头洼式石英脉型钨矿	
区域成矿地质环境	大地构造单元	华北地台北缘中段成矿带康保隆起区	必要
	主要控矿构造	康保-围场深大断裂带的西段	必要
	主要赋矿地层	中元古代三夏天组变质岩系中的磁铁石英岩	必要
	成矿时代	晚古生代海西期晚期	必要
	控矿侵入岩建造	晚古生代二叠纪侵入岩	必要
	区域成矿类型及成矿期	晚古生代海西期晚期有关钨矿点	必要
	成矿带	四级:Ⅲ-57-① 内蒙隆起东段 Fe-Au-Ag-Pb-Zn-Mo-U-磷-膨润土成矿亚带	必要
区域成矿地质特征	控矿侵入岩	二叠纪侵入岩体	重要
	控矿构造	张性、张扭性断裂、裂隙	次要
	矿石建造	花岗闪长岩-正长花岗岩组合:正长花岗岩、斑状正长花岗岩、二长花岗岩、斑状碱长花岗岩 4 个建造	重要
	围岩蚀变	硅化(石英化)、云英岩化、高岭土化、褐铁矿化、锰矿化	重要
	矿床式	白石头洼式	重要
区域地球化学特征	1:20 万水系沉积物	钨、锡、钼、镉、铅、铜组合异常与矿床吻合	重要
	1:5 万水系沉积物	钨、锡、钼、镉、铅组合异常与矿床吻合,其中钨、锡、钼组合异常重叠性较好	重要

续表 4-13

区域预测要素		描述内容	要素分类
区域地球物理特征	磁异常	航磁负异常区内,异常值－20nT。化极等值线值为 0	次要
	重力异常	布格重力负异常区,异常值在－136～－156毫伽之间	重要
遥感		提取羟基、铁染异常与矿床套合较差,解译区域构造仅为参考	次要
自然重砂异常		黑钨矿重砂 1 级异常,方铅矿重砂异常,辉钼矿重砂异常	重要

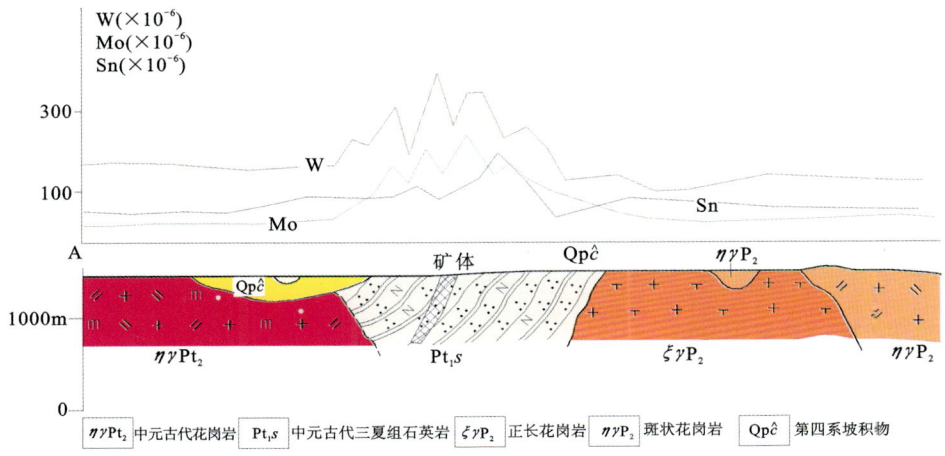

图 4-25　白石头洼式钨矿区域预测模型图

六、热液充填型普通萤石矿预测评价模型

（一）孔督沟式热液充填型普通萤石矿典型矿床预测模型

康保黄花洼普通萤石矿典型矿床预测模型见表 4-14 及图 4-26。

表 4-14　康保黄花洼普通萤石矿典型矿床预测模型表

预测要素		描述内容	预测要素分类
	特征描述	孔督沟式热液充填型普通萤石矿	
地质环境	成矿围岩	粗粒似斑状花岗岩	必要
	成矿岩体	炭头山-黄花洼花岗岩体	必要
	岩石类型	粗粒似斑状花岗岩	必要
	控矿构造	3 组主要断裂构造及次生构造	必要
	成矿时代	海西期	必要
	成矿环境	海西期酸性岩浆侵入	必要

续表 4-14

预测要素		描述内容	预测要素分类
矿床特征	矿体形态	脉状。全区仅一条矿脉	重要
	矿床组分	萤石、石英、黄铁矿、玉髓、蛋白石、铅锌矿	次要
	矿石结构	他形—半自形粒状结构	重要
	矿石构造	脉状、细脉状、块状、条带状及复杂条带状	重要
	蚀变特征	高岭土化、褐铁矿化、绿泥石化、硅化、绢云母化	重要
	控矿条件		重要
地球化学特征	1:20万水系沉积物	氟元素异常面积大，与本区深断裂方向一致。三级浓度分带明显，异常值在 $356 \times 10^{-6} \sim 877 \times 10^{-6}$ 之间	重要
	1:5万水系沉积物	氟元素异常，具三级浓度分带明显，与矿点、矿化点吻合较好，异常值在 $356 \times 10^{-6} \sim 877 \times 10^{-6}$ 之间	重要
地球物理特征	磁异常	航磁具负异常区，对岩体有指示作用，对矿床无效	次要
	重力异常	布格重力负异常区，异常值在 $-128 \sim -142$ 毫伽之间	次要
遥感		无羟基、铁染异常，解译区域构造仅供参考	次要
自然重砂异常		萤石矿重砂异常，黄铁矿重砂异常	重要

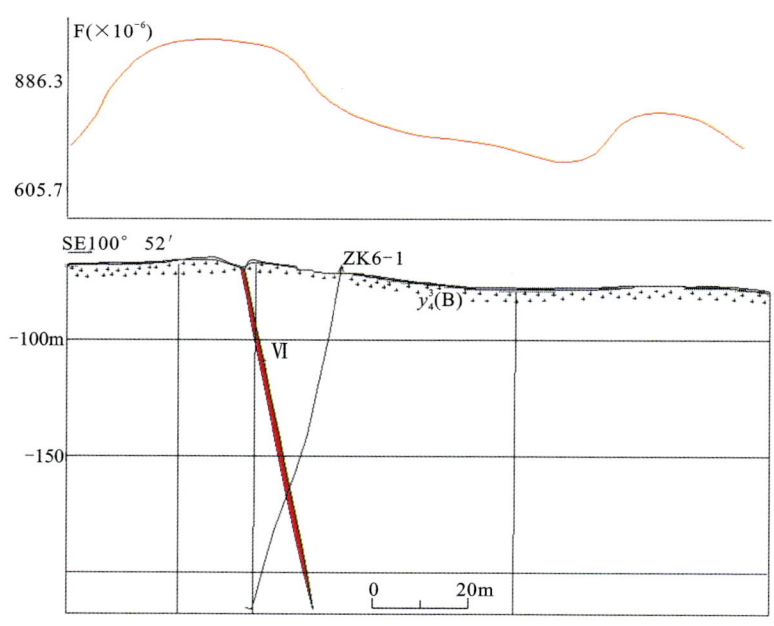

图 4-26 康保黄花洼普通萤石矿典型矿床预测模型图

（二）区域预测模型

孔督沟式热液充填型普通萤石矿区域预测模型见表 4-15 及图 4-27。

表 4-15 孔督沟式热液充填型普通萤石矿区域预测模型表

区域预测要素		描述内容	要素分类
特征描述		孔督沟式热液充填型普通萤石矿	
区域成矿地质环境	大地构造单元	Ⅱ$_1^{1-1}$康保陆棚碎屑岩（Pt$_1$）	必要
	主要控矿构造	深大断裂次级构造及次生构造	必要
	主要赋矿围岩	斑状花岗岩	必要
	成矿时代	海西期	必要
	控矿侵入岩建造	二叠纪二长、正长花岗岩类建造	必要
	区域成矿类型及成矿期	与二叠纪花岗岩类有关的萤石矿点	必要
	成矿带	Ⅲ-50-1 康保棋盘山 Ag-Pb-Zn-Cu-萤石成矿带	必要
区域成矿地质特征	控矿侵入岩	二叠纪花岗岩体	重要
	控矿构造	深大断裂次级构造及次生构造	次要
	矿石构造	脉状、细脉状、块状、条带状及复杂条带状	重要
	围岩蚀变	高岭土化、褐铁矿化、绿泥石化、硅化、绢云母化	重要
	矿床式	孔督沟式	重要
区域地球化学特征	1:20 万水系沉积物	氟元素异常面积大，与本区深断裂方向一致。三级浓度分带明显，异常值在 $356\times10^{-6}\sim877\times10^{-6}$ 之间	重要
	1:5万水系沉积物	氟元素异常，具三级浓度分带明显，与矿点、矿化点吻合较好，异常值在 $356\times10^{-6}\sim877\times10^{-6}$ 之间	重要
区域地球物理特征	磁异常	航磁具负异常区，对岩体有指示作用，对矿床无效	次要
	重力异常	重力异常梯度带上。反映岩体分布	次要
遥感		羟基、铁染异常及解译区域构造仅为参考	次要
自然重砂异常		萤石矿重砂异常，黄铁矿重砂异常	重要

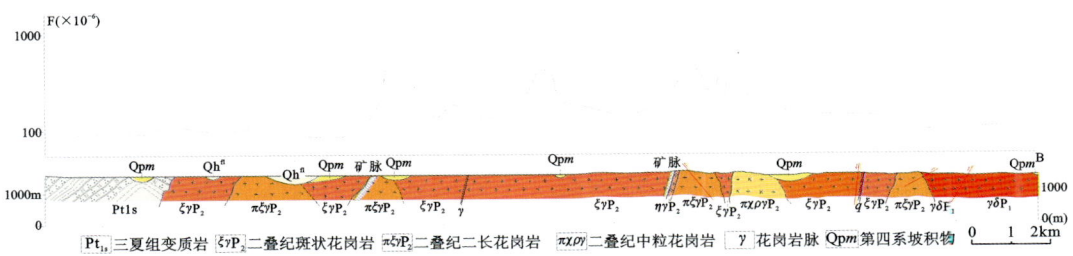

图 4-27 孔督沟式热液充填型普通萤石矿区域预测模型图

(三)柳扒店式热液充填型普通萤石矿典型矿床预测模型

万胜永开源普通萤石矿典型矿床预测模型见表 4-16 及图 4-28。

表 4-16 万胜永开源普通萤石矿典型矿床预测模型表

预测要素		描述内容	预测要素分类
特征描述		柳扒店式热液充填型普通萤石矿	
地质环境	成矿围岩	中生界白垩系张家口组火山岩	必要
	成矿岩体	燕山期酸性侵入岩	必要
	岩石类型	流纹质晶屑凝灰岩	必要
	控矿构造	近东西向张性断裂	必要
	成矿时代	燕山期	必要
	成矿环境	张家口火山旋回的火山-潜火山活动	必要
矿床特征	矿体形态	脉状	重要
	矿石组分	萤石、石英、长石、燧石、方解石	次要
	矿石结构	他形—半自形粒状结构、嵌晶结构	重要
	矿石构造	块状构造	重要
	蚀变特征	矿体围岩蚀变不强,主要有高岭土化、硅化、绿泥石化、碳酸盐化	重要
	控矿条件	近东西向张性断裂	重要
地球化学特征	1:20 万水系沉积物	氟元素异常面积较大。三级浓度分带明显,异常值在 $687\times10^{-6}\sim989\times10^{-6}$ 之间	重要
	1:5 万水系沉积物	氟元素异常三级浓度分带明显,异常值在 $687\times10^{-6}\sim989\times10^{-6}$ 之间,与矿点矿化点吻合	重要
地球物理特征	磁异常	航磁具负异常区,对岩体有指示作用,对矿床无效	次要
	重力异常	重力异常梯度带上。反映岩体分布	重要
遥感		羟基、铁染异常,解译区域构造仅供参考,无指示作用	次要
自然重砂异常		萤石矿自然重砂 1 级异常,分级明显	重要

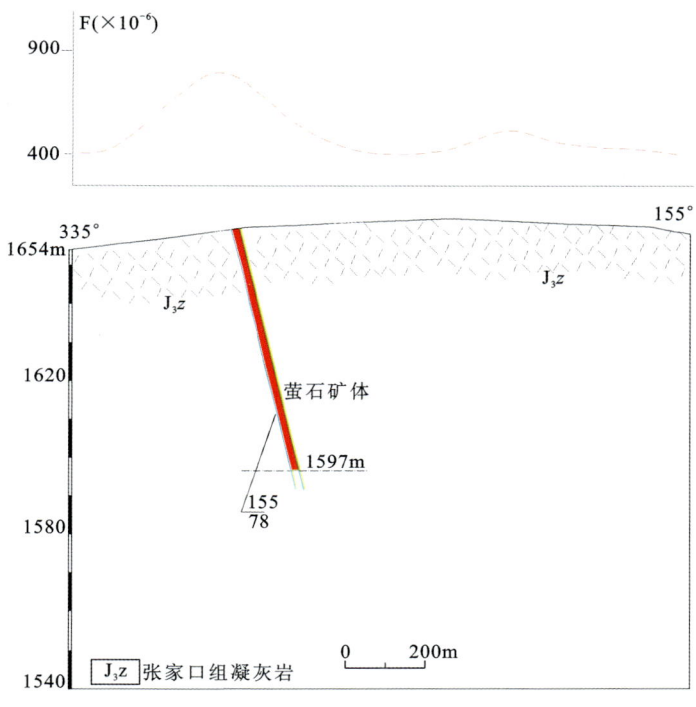

图 4-28　万胜永开源普通萤石矿典型矿床预测模型图

(四) 区域预测模型

柳扒店式热液充填型普通萤石矿区域预测模型见表 4-17 及图 4-29。

表 4-17　柳扒店式热液充填型普通萤石矿区域预测模型表

区域预测要素		描述内容	要素分类
特征描述		柳扒店式热液充填型普通萤石矿	
区域成矿地质环境	大地构造单元	D_1^{1-6} 张家口火山盆地(K_1)	必要
	主要控矿构造	尚义-赤城断裂带、上黄旗-乌龙沟断裂带及其次级断裂	必要
	主要赋矿地层	早白垩世张家口组流纹质火山熔岩-凝灰角砾岩	必要
	成矿时代	燕山期	必要
	控矿侵入岩建造	张家口火山旋回火山-潜火山岩体及燕山期侵入岩	必要
	区域成矿类型及成矿期	与燕山期火山岩-次火山及侵入岩有关的萤石矿点	必要
	成矿带	四级：Ⅲ-57-① 内蒙隆起东段 Fe-Au-Ag-Pb-Zn-Mo-U-磷-膨润土成矿亚带	必要
区域成矿地质特征	控矿侵入岩	张家口火山旋回火山-潜火山岩体	重要
	控矿构造	火山机构及区域次级断裂	次要
	矿石建造	石英-长石-萤石	重要
	围岩蚀变	轻微硅化、碳酸盐化、绿泥石化	重要
	矿床式	柳扒店式	重要

续表 4-17

区域预测要素		描述内容	要素分类
区域地球化学特征	1:20万水系沉积物	氟元素异常面积较大。三级浓度分带明显,异常值在 $687\times10^{-6}\sim989\times10^{-6}$ 之间	重要
	1:5万水系沉积物	氟元素异常三级浓度分带明显,异常值在 $687\times10^{-6}\sim989\times10^{-6}$ 之间,与矿点矿化点吻合	重要
区域地球物理特征	磁异常	航磁具负异常区,对岩体有指示作用,对矿床无效	次要
	重力异常	重力异常梯度带上。反映岩体分布	重要
遥感		羟基、铁染异常,解译区域构造仅供参考,无指示作用	次要
自然重砂异常		萤石矿自然重砂1级异常,分级明显	重要

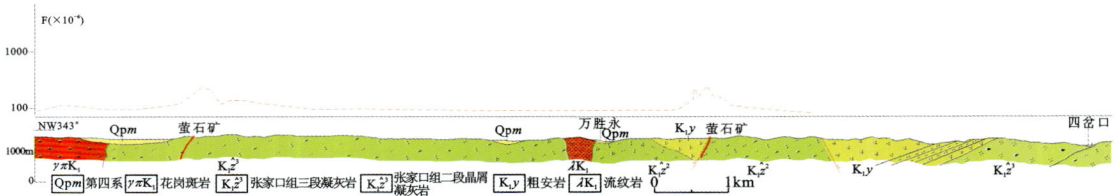

图 4-29　柳扒店式热液充填型普通萤石矿区域预测模型图

第五节　综合预测区特征

张北-围场成矿区依据成矿地质条件、物化探条件、最小预测靶区共划分25个综合预测区,见图4-30,其中A类5个,B类11个,C类9个,综合预测区的成矿地质特征详述如下。

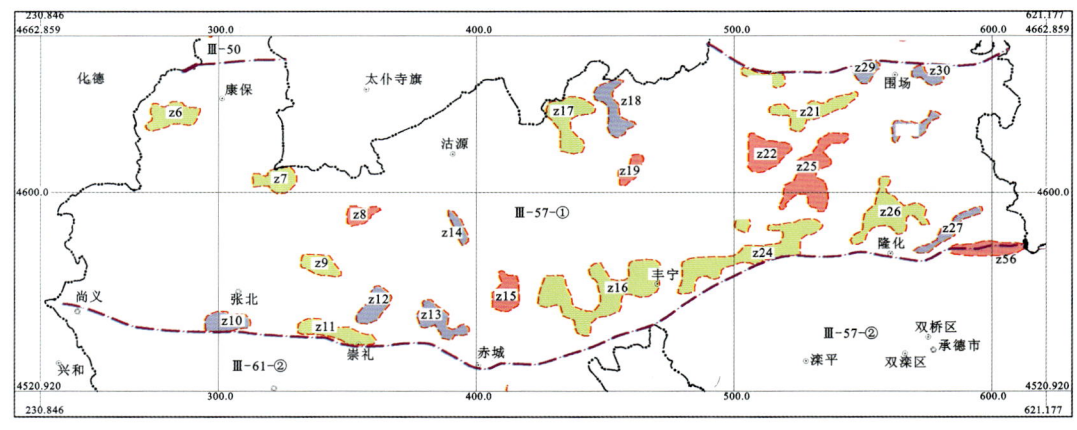

图 4-30　张北-围场成矿区综合预测区分布图

1. 黄花洼综合预测区 Z6

预测区面积 157.90 km², 为 B 类预测区, 区内有 2 个钨矿点、1 个萤石矿点, 主要预测矿种为钨矿和萤石矿。位于地球化学综合异常 Pb7-乙伴生 Ag 区内; 1:20 万航磁正异常, 重力异常为负值区, 其值为 -148 伽~136 伽。钨矿的成矿围岩为三夏天组变质岩系中的磁铁石英岩, 成矿岩体为晚古生代二叠纪侵入岩; 炭头山-黄花洼花岗岩体就是萤石矿的成矿母岩也是其成矿围岩。预测区位于华北地台北缘中段成矿带康保隆起成矿区, 受康保-围场深断裂西段及其次生断裂控制。

区内查明资源量: 钨矿 31.39 t, 萤石矿 124 830×10³ t。

区内预测资源量: 500 m 以浅钨矿 100.96 t, 萤石矿 147 995.72×10³ t; 1000 m 以浅钨矿 100.96 t, 萤石 147 995.72×10³ t; 2000 m 以浅钨矿 100.96 t, 萤石矿 147 995.72×10³ t。

2. 兰闫综合预测区 Z7

预测区面积 123.90 km², 为 B 类预测区, 内有 1 个钨矿点, 主要预测矿种为铅锌矿。位于地球化学综合异常区 Ag16-甲伴生 Pb-Zn-Au 内, 1:20 万航磁正异常, 重力异常为负值区, 其值为 -138 伽~-130 伽。成矿围岩为太古宙红旗营子群变粒岩类、晚侏罗世张家口组火山岩, 成矿岩体为燕山期酸性-中酸性次火山岩、花岗岩、石英斑岩, 预测区位于崇礼-沽源断块隆起与坳陷的过渡带, 受古火山构造外围的断裂系统控制。

区内查明资源量: 铅锌矿 19 693 t。

区内预测资源量: 500 m 以浅 1779.96 t。

3. 蔡家营综合预测区 Z8

预测区面积 69.63 km², 为 A 类预测区, 区内有 1 个铅锌矿床, 主要预测矿种为铅锌矿、银矿和萤石矿。位于地球化学综合异常区 Pb22-甲伴生 Ag-Zn 内, 1:20 万航磁正异常, 重力异常为负值区, 其值为 -134 伽~-130 伽。成矿围岩为太古宙红旗营子群变粒岩类、晚侏罗世张家口组火山岩, 成矿岩体为燕山期酸性-中酸性次火山岩、花岗岩、石英斑岩和张家口火山旋回潜火山岩体及早白垩世浅成超浅成侵入岩, 该综合预测区位于崇礼-沽源断块隆起与坳陷的过渡带, 受古火山构造外围的断裂系统及尚义-赤城断裂带、上黄旗-乌龙沟断裂带及其次级断裂控制。

区内查明资源量: 铅锌矿 6652 t, 银矿 858.18 t。

区内预测资源量: 500 m 以浅银矿 225.84 t, 萤石矿 20 425.46×10³ t; 1000 m 以浅铅锌矿 259.08 t, 银矿 451.67 t, 萤石矿 20 425.46×10³ t; 2000 m 以浅铅锌矿 4922.48 t, 银矿 858.18 t, 萤石矿 20 425.46×10³ t。

4. 小坝沟-小麻尼综合预测区 Z9

预测区面积 99.91 km², 为 B 类预测区, 区内有 1 个硫铁矿点、1 个萤石矿床, 主要预测矿种为硫铁矿、萤石矿、铅锌矿、银矿。位于 1:20 万航磁正异常区内, 重力异常为负值区, 其值为 -142 伽~-138 伽。成矿围岩为太古宙红旗营子群变粒岩类、晚侏罗世张家口组火山岩, 成矿岩体为燕山期酸性-中酸性次火山岩、花岗岩、石英斑岩和张家口火山旋回潜火山岩体及早白垩世浅成超浅成侵入岩, 该综合预测区位于崇礼-沽源断块隆起与坳陷的过渡带, 受古火山构造外围的断裂系统及尚义-赤城断裂带、上黄旗-乌龙沟断裂带及其次级断裂控制。

区内查明资源量: 硫铁矿 1790.60×10³ t, 萤石矿 89 200×10³ t。

区内预测资源量: 500 m 以浅硫铁矿 1182.39×10³ t, 萤石矿 535 181.58×10³ t, 铅锌矿 1422.82 t, 银矿 96.90 t; 1000 m 以浅硫铁矿 1182.39×10³ t, 萤石矿 535 181.58×10³ t, 铅锌矿 1422.32 t, 银矿 96.90 t; 2000 m 以浅硫铁矿 1182.39×10³ t, 萤石矿 535 181.58×10³ t, 铅锌矿 1422.82 t, 银矿 96.90 t。

5. 台路沟综合预测区 Z10

预测区面积 111.20 km², 为 C 类预测区, 主要预测矿种为铅锌矿, 位于 1311-丁铁钴铬镍钒钛磷综合异常内;位于1:20万航磁正异常区内,重力异常为负值区,其值为-128伽～-116伽。成矿围岩为太古宙红旗营子群变粒岩类、晚侏罗世张家口组火山岩,成矿岩体为燕山期酸性-中酸性次火山岩、花岗岩、石英斑岩,预测区位于崇礼-沽源断块隆起与坳陷的过渡带,受古火山构造外围的断裂系统控制。

区内预测铅锌矿资源量:500m以浅968.81t,1000m以浅968.81t,2000m以浅968.81t。

6. 南天门-摆擦村综合预测区 Z11

预测区面积$154.68km^2$,为B类预测区,区内有5个磷矿床、1个铁矿点,主要预测矿种有磷矿、银矿。位于地球化学综合异常区Pb31-甲伴生Ag-Zn内、1312-乙铁钴铬镍钒钛磷综合异常内,1:20万航磁正异常,重力异常为负值区,其值为-134伽～-114伽。磷矿主要和基性侵入杂岩有关,含矿岩体受东西向大庙-娘娘庙深大断裂控制;该地区银矿成矿围岩为新太古代红旗营子群变质岩系、中生代晚侏罗世火山岩系,成矿岩体为燕山晚期火山-次火山岩:花岗斑岩、石英斑岩、流纹斑岩,受丰宁-隆化深断裂及其次一级配套构造控制。

区内查明资源量:磷矿$15\,972\times10^3$t。

区内预测资源量:500m以浅磷矿$31\,620.94\times10^3$t,银矿45.00t;1000m以浅磷矿$56\,430.74\times10^3$t,银矿45.00t;2000m以浅磷矿$56\,430.74\times10^3$t,银矿45.00t。

7. 狮子沟综合预测区 Z12

预测区面积$118.02km^2$,为C类预测区,主要预测矿种为铅锌矿、银矿、萤石矿。位于地球化学综合异常区Pb28-乙伴生Zn-Ag内,1:20万航磁正异常,重力异常为负值区,其值为-152伽～-136伽。成矿围岩为太古宙红旗营子群变粒岩类、晚侏罗世张家口组火山岩,成矿岩体为燕山期酸性-中酸性次火山岩、花岗岩、石英斑岩和张家口火山旋回潜火山岩体及早白垩世浅成超浅成侵入岩,该综合预测区位于崇礼-沽源断块隆起与坳陷的过渡带,受古火山构造外围的断裂系统控制。

区内预测资源量:500m以浅铅锌矿1572.18t,银矿239.14t,萤石矿$293\,958.07\times10^3$t;1000m以浅铅锌矿1572.18t,银矿239.14t,萤石矿$293\,958.07\times10^3$t;2000m以浅铅锌矿1572.18t,银矿239.14t,萤石矿$293\,958.07\times10^3$t。

8. 彭家沟综合预测区 Z13

预测区面积$141.54km^2$,为C类预测区,区内有1个银矿点,主要预测矿种为银矿、硫铁矿、铅锌矿和萤石矿。位于1:20万航磁正异常区内,重力异常为负值区,其值为-140伽～-110伽。成矿围岩为太古宙红旗营子群变粒岩类、晚侏罗世张家口组火山岩,成矿岩体为燕山期酸性-中酸性次火山岩、花岗岩、石英斑岩和张家口火山旋回潜火山岩体及早白垩世浅成超浅成侵入岩,该综合预测区位于崇礼-沽源断块隆起与坳陷的过渡带,受古火山构造外围的断裂系统及尚义-赤城断裂带、上黄旗-乌龙沟断裂带及其次级断裂控制。

区内查明资源量:银矿135.63t。

区内预测资源量:500m以浅银矿342.68t,硫铁矿1417.48×10^3t,铅锌矿1714.28t,萤石矿$151\,786.84\times10^3$t;1000m以浅银矿342.68t,硫铁矿1417.48×10^3t,铅锌矿1714.28t,萤石矿$151\,786.84\times10^3$t;2000m以浅银矿342.68t,硫铁矿1417.48×10^3t,铅锌矿1714.28t,萤石矿$151\,786.84\times10^3$t。

9. 石人山东综合预测区 Z14

预测区面积$141.54km^2$,为C类预测区,主要预测矿种为萤石矿。位于重砂异常Au27区内,1:20万航磁正异常,重力异常为负值区,其值为-138伽～-132伽。成矿围岩为早白垩世张家口组流纹质火山熔岩-凝灰角砾岩,中元古代斑状二长花岗岩,成矿岩体为张家口火山旋回潜火山岩体及早白垩世浅成超浅成侵入岩,综合预测区位于集宁弧后盆地和迁西陆核交界,受尚义-赤城断裂带、上黄旗-乌龙沟断裂带及其次级断裂控制。

区内预测资源量:500m以浅1 268 121.90×10³t,1000m以浅1 268 121.90×10³t,2000m以浅1 268 121.90×10³t。

10. 青羊沟综合预测区 Z15

预测区面积125.27km²,为A类预测区,区内有1个铅锌银矿点、1个萤石矿点,主要预测矿种为银矿、萤石矿、硫铁矿、铅锌矿。位于地球化学综合异常区 Zn29-乙伴生 Ag-Pb-Au 内,铅银重砂异常区(8Pb-Ag、Au44、Mn-Ag10),1:20万航磁正异常,重力异常为负值区,其值为−142伽～−116伽。成矿围岩为太古宙红旗营子群变粒岩类、晚侏罗世张家口组火山岩,成矿岩体为燕山期酸性-中酸性次火山岩、花岗岩、石英斑岩和张家口火山旋回潜火山岩体及早白垩世浅成超浅成侵入岩,该综合预测区位于崇礼-沽源断块隆起与坳陷的过渡带,受古火山构造外围的断裂系统及尚义-赤城断裂带、上黄旗-乌龙沟断裂带及其次级断裂控制。

区内查明资源量:银矿171.67t,萤石矿30.26×10³t,铅锌矿54 270t。

区内预测资源量:500m以浅银矿657.93t,萤石矿138 853.73×10³t,硫铁矿143.57×10³t;1000m以浅银矿802.67t,萤石矿138 853.73×10³t,硫铁矿146.5728t,铅锌矿27 757.80t;2000m以浅银矿802.67t,萤石矿138 853.73×10³t,硫铁矿146.5728,铅锌矿43 416t。

11. 撒岱沟门综合预测区 Z16

预测区面积125.27km²,为B类预测区,区内有1个钼矿床,主要预测矿种为钼矿、铅锌矿和萤石矿。位于地球化学综合异常区 Pb30-乙伴生 Ag-Zn 内,银铅钼重砂异常区(9Pb-Ag、11Cu-Pb-Ag、Mn-Ag10、Mn-Ag11),1:20万航磁正异常,重力异常为负值区,其值为−146伽～−104伽。该区主要成矿地层为新太古代变质岩系、古元古代变质侵入岩和早白垩世张家口组流纹质火山熔岩-凝灰角砾岩,萤石矿主要和张家口火山旋回潜火山岩体及早白垩世浅成超浅成侵入岩有关;铅锌矿主要和燕山期酸性—中酸性次火山岩、花岗岩、石英斑岩关系密切;而钼矿的成矿岩体为印支期壳源花岗岩类:斑状二长花岗岩、斑状石英二长岩、斑状碱性花岗岩等。该区位于兴安-太行南段成矿带棋盘山-上黄旗成矿区,受区域性深大断裂带——上黄旗-棋盘山北东向断裂和丰宁(潮河)南北向大断裂及其次级构造控制。

区内查明资源量:钼矿271 972.75t。

区内预测资源量:500m以浅钼矿192 308.71t,铅锌矿15 716.64t,萤石矿52 304.96×10³t;1000m以浅钼矿192 308.71t,铅锌矿15 716.64t,萤石矿52 304.96×10³t;2000m以浅钼矿192 308.71t,铅锌矿15 716.64t,萤石矿52 304.96×10³t。

12. 大道沟门综合预测区 Z17

预测区面积221.55km²,为B类预测区,区内有3个萤石矿床,主要预测矿种为萤石矿。位于地球化学综合异常区 Ag11-乙伴生 Pb-Zn-Cu 内,1:20万航磁正异常,重力异常为负值区,其值为−142伽～−132伽。该区的成矿围岩为中古生代早白垩世张家口组火山岩,成矿岩体为早白垩世潜流纹岩,位于集宁弧后盆地,受上黄旗-乌龙沟断裂带及其次级北东向正断层构造控制。

区内查明资源量:萤石矿375 990×10³t。

区内预测资源量:500m以浅萤石矿209 370.01×10³t,1000m以浅209 370.01×10³t,2000m以浅209 370.01×10³t。

13. 万胜永东综合预测区 Z18

预测区面积147.57km²,为C类预测区,主要预测矿种为萤石矿和铅锌矿。位于地球化学综合异常区 Ag12-乙伴生 Pb-Zn 内、1309-丁铁钴铬镍钒钛磷综合异常内、铅钼重砂异常1Pb-Ag异常区内,1:20万航磁正异常,重力异常为负值区,其值为−140伽～−132伽。该区主要成矿围岩为太古宙红旗营子群变粒岩类、白垩纪张家口组火山岩,成矿岩体为燕山期酸性—中酸性次火山岩、花岗岩、石英斑岩和早白垩世潜流纹岩,受古火山构造外围的断裂系统和一些北东向正断层构造控制。

区内预测资源量:500m 以浅萤石矿 101 822.76×10³t,铅锌矿 2010.26t;1000m 以浅萤石矿 101 822.76×10³t,铅锌矿 2010.26t;2000m 以浅萤石矿 101 822.76×10³t,铅锌矿 2010.26t。

14. 营房综合预测区 Z19

预测区面积 65.64km²,为 A 类预测区,区内有金矿、铅锌矿和萤石矿点各 1 个,主要预测矿种为银矿、萤石矿和铅锌矿。位于地球化学综合异常区 Ag17-甲伴生 Pb-Zn-Au-Cu 内,铅金重砂异常区内(3Pb-Ag、Au29、Mn-Ag3),1:20 万航磁正异常,重力异常为负值区,其值为 -130 伽~-128 伽。该区成矿地层主要为新太古代双山子群变质岩系、中元古代长城纪碎石条带白云岩、中生代白垩纪张家口组和大北沟组火山岩地层,成矿岩体为燕山晚期火山-次火山岩和晚壳源期酸性花岗岩类,位于内蒙台背斜与燕山台褶带间的上黄旗火山-岩浆岩区,受上黄旗-乌龙沟深断裂及其次一级断裂和丰宁-隆化深断裂及其次一级配套构造控制。

区内查明资源量:银矿 1063.88t,萤石矿 22 920×10³t。

区内预测资源量:500m 以浅银矿 313.81t,铅锌矿 9270.60t,萤石矿 42 747.84×10³t;1000m 以浅银矿 313.81t,铅锌矿 9270.60t,萤石矿 42 747.84×10³t;2000m 以浅银矿 313.81t,铅锌矿 9270.60t,萤石矿 42 747.84×10³t。

15. 围场三银综合预测区 Z20

预测区面积 66.05km²,为 B 类预测区,区内有萤石矿床 2 个,主要预测矿种为萤石矿。位于重砂分析异常区 Au03 内,1:20 万航磁正异常,重力异常为负值区,其值为 -124 伽~-116 伽。成矿岩体为燕山期酸性侵入似斑状花岗岩体,康保-围场-赤峰断裂带为成矿热液的运移提供了通道,为成矿物质富集提供了场所,是重要的成矿条件。

区内查明资源量:萤石矿 249 480×10³t。

区内预测资源量:500m 以浅萤石矿 79 327.62×10³t,1000m 以浅萤石矿 79 327.62×10³t,2000m 以浅萤石矿 79 327.62×10³t。

16. 硅子沟-北沟综合预测区 Z21

预测区面积 181.78km²,为 B 类预测区,区内有萤石矿床 5 个,主要预测矿种为萤石矿和铅锌矿。位于地球化学综合异常区 Pb9-乙伴生 Zn-Ag 内、1306-丁铁钴铬镍钒钛磷综合异常、1308-丁铁钴铬镍钒钛磷综合异常,金重砂异常区(Au14、Au15)内,1:20 万航磁正异常,重力异常为负值区,其值为 -130 伽~-110 伽。成矿围岩为新太古代双山子群变质岩系,中元古代长城系碎石条带白云岩,早白垩世张家口组、大北沟组、义县组中酸性火山岩建造,成矿岩体为燕山晚期火山-次火山岩和燕山期酸性侵入似斑状花岗岩体,预测区位于内蒙—海西晚期褶皱带棋盘山火山活动区带,受早白垩世晚期叠加于北西向区域断裂构造之上的火山断裂构造控制。

区内查明资源量:萤石矿 386 750×10³t。

区内预测资源量:500m 以浅萤石矿 619 525.13×10³t,铅锌矿 11 637.86t;1000m 以浅萤石矿 619 525.13×10³t,铅锌矿 11 637.86t;2000m 以浅萤石矿 619 525.13×10³t,铅锌矿 11 637.86t。

17. 小东沟-郭家屯综合预测区 Z22

预测区面积 179.11km²,为 A 类预测区,区内有 5 个萤石矿点和 2 个铅锌矿点,主要预测矿种为铅锌矿和萤石矿。位于地球化学综合异常区 Pb14-乙伴生 Zn-Ag-Cu 内,金矿重砂异常区 Au13,1:20 万航磁正异常,重力异常为负值区,其值为 -128 伽~-112 伽。成矿围岩为新太古代双山子群变质岩系,中元古代长城纪碎石条带白云岩,早白垩世张家口组、大北沟组、义县组中酸性火山岩建造,成矿岩体为燕山晚期火山-次火山岩和燕山期酸性侵入似斑状花岗岩体,预测区位于内蒙—海西晚期褶皱带棋盘山火山活动区带,受早白垩世晚期叠加于北西向区域断裂构造之上的火山断裂构造控制。

区内查明资源量:铅锌矿11 538t,萤石矿241 460×10³t。

区内预测资源量:500m以浅铅锌矿363 367.65t,萤石矿786 487.88×10³t;1000m以浅铅锌矿63 367.65t,萤石矿786 487.88×10³t;2000m以浅铅锌矿63 367.65t,萤石矿786 487.88×10³t。

18. 王家窝铺综合预测区 Z23

预测区面积32.50km²,为B类预测区,区内有1个铅锌银矿点,主要预测矿种为银矿、铅锌矿和钼矿。位于地球化学综合异常区Ag23-甲伴生Pb-Zn内,1:20万航磁正异常,重力异常为负值区,其值为-110伽~-102伽。成矿主要围岩为新太古代双山子群等变质岩系、中元古代长城纪碎石条带白云岩、白垩纪大北沟组凝灰岩,成矿岩体为燕山晚期火山-次火山岩:花岗斑岩、石英斑岩、流纹斑岩和印支期壳源花岗岩类——斑状二长花岗岩、斑状石英二长岩、斑状碱性花岗岩等,该区位于内蒙台背斜与燕山台褶带间的构造岩浆岩带,受丰宁-隆化深断裂及其次一级配套构造、上黄旗-棋盘山北东向断裂和丰宁(潮河)南北向大断裂控制。

区内查明资源量:银矿37t,铅锌矿8822t。

区内预测资源量:500m以浅银矿13.17t,铅锌矿14 050.89t,钼矿27 092.04t;100Cm以浅银矿13.17t,铅锌矿14 050.89t,钼矿27 092.04t;2000m以浅银矿13.17t,铅锌矿14 050.89t,钼矿27 092.04t。

19. 富源-北苏武庙综合预测区 Z24

预测区面积442.58km²,为B类预测区,区内有银矿点2个、金矿床3个、钼矿点2个、萤石矿点3个。主要预测矿种有银矿、金矿、钼矿和萤石矿。区内有萤石矿点5个,主要预测矿种为萤石矿和铅锌矿。位于地球化学综合异常区Au24-甲伴生Ag-Pb-Zn内,重砂分析有3个异常区(Au30、Au34、Mn-Ag6),1:20万航磁正异常,重力异常为负值区,其值为-100伽~-80伽。成矿围岩为新太古代双山子群等变质岩系、中元古代长城纪碎石条带白云岩、白垩纪张家口组和大北沟组火山岩,银矿的成矿岩体为燕山晚期火山-次火山岩:花岗斑岩、石英斑岩、流纹斑岩;金矿的成矿岩体为五台期变闪长岩、海西晚期季栅子花岗岩岩体;而钼矿的成矿岩体为印支期壳源花岗岩类;萤石的成矿岩体为燕山期酸性侵入似斑状花岗岩体。该区位于内蒙台背斜与燕山台褶带间的构造岩浆岩带,受深大断裂的次级断裂破碎带控制。

区内查明资源量:银矿24.45t,金矿1743kg,钼矿1014.8t,萤石矿113 720×10³t。

区内预测资源量:500m以浅银矿168.78t,钼矿35 924.26t,萤石矿111 116.43×10³t;1000m以浅银矿16.78t,金矿5483.78kg,钼矿59 275.03t,萤石矿1 111 162.43×10³t;2000m以浅银矿16.78t,金矿5483.78kg,钼矿59 275.03t,萤石矿1 111 162.43×10³t。

20. 安宝-兴东综合预测区 Z25

预测区面积316.46km²,为A类预测区,区内有萤石矿床6个、铅锌矿点1个、银矿点1个,主要预测矿种有萤石矿、铅锌矿、金矿。位于地球化学综合异常区Pb19-乙伴生Zn-Ag内,重砂分析有6个异常区(Au31、Au32、Au33、Au17、Au18、Mn-Ag6),1:20万航磁正异常,重力异常为负值区,其值为-112伽~-98伽。成矿围岩为新太古代双山子群变质岩系,中元古代长城纪碎石条带白云岩,早白垩世张家口组、大北沟组、义县组中酸性火山岩建造,铅锌矿的成矿岩体为燕山晚期火山-次火山岩;萤石的成矿岩体为燕山期酸性侵入似斑状花岗岩体;金矿的成矿岩体为五台期变闪长岩、海西晚期季栅子花岗岩岩体。预测区位于内蒙台背斜与燕山台褶带间的构造岩浆岩带,受深大断裂的次级断裂破碎带控制。

区内查明资源量:萤石矿1 154 330×10³t。

区内预测资源量:500m以浅铅锌矿52 242.14t,萤石矿737 637.76×10³t;1000m以浅铅锌矿52 242.14t,金矿210.87kg,萤石矿737 637.76×10³t;2000m以浅铅锌矿52 242.14t,金矿210.87kg,萤石矿737 637.76×10³t。

21. 树国-大东沟综合预测区 Z26

预测区面积 287.04 km²，为 B 类预测区，区内有萤石矿点 5 个，主要预测矿种为萤石矿、金矿和铅锌矿。区内重砂分析有 1 个异常区 Mn-Ag7，1:20 万航磁正异常，重力异常为负值区，其值为 −104 伽～ −78 伽。成矿围岩为新太古代双山子群变质岩系、中元古代长城纪碎石条带白云岩，早白垩世张家口组、大北沟组、义县组中酸性火山岩建造，铅锌矿的成矿岩体为燕山晚期火山-次火山岩；萤石的成矿岩体为燕山期酸性侵入似斑状花岗岩体；金矿的成矿岩体为五台期变闪长岩、海西晚期季栅子花岗岩岩体。预测区位于内蒙台背斜与燕山台褶带间的构造岩浆岩带，受深大断裂的次级断裂破碎带控制。

区内查明资源量：萤石矿 190 670×10³ t。

区内预测资源量：500m 以浅萤石矿 1 151 628.44×10³ t，铅锌矿 5986t；1000m 以浅萤石 1 151 628.44×10³ t，金矿 807.78kg，铅锌矿 5986t；2000m 以浅萤石矿 1 151 628.44×10³ t，金矿 807.78kg，铅锌矿 5986t。

22. 钢源综合预测区 Z27

预测区面积 97.40 km²，为 C 类预测区，区内有铅锌矿点 2 个、萤石矿点 1 个，主要预测矿种有银矿、金矿、钼矿和萤石矿。位于地球化学综合异常区 Pb26-乙伴生 Ag-Zn-Cd 内，铅锌重砂异常有两级分带、金重砂异常区（5Pb-Ag、Au39、Au40），1:20 万航磁正异常，重力异常为负值区，其值为 −102 伽～ −66 伽。成矿围岩为新太古代双山子群等变质岩系、中元古代长城纪碎石条带白云岩、白垩纪张家口组和大北沟组火山岩，银矿的成矿岩体为燕山晚期火山-次火山岩：花岗斑岩、石英斑岩、流纹斑岩；金的成矿岩体为五台期变闪长岩、海西晚期季栅子花岗岩岩体；而钼矿的成矿岩体为印支期壳源花岗岩类；萤石的成矿岩体为燕山期酸性侵入似斑状花岗岩体。该区位于内蒙台背斜与燕山台褶带间的构造岩浆岩带，受深大断裂的次级断裂破碎带控制。

区内查明资源量：萤石矿 178 390×10³ t。

区内预测资源量：500m 以浅银矿 19.09t，钼矿 15 231.05t，萤石矿 405 801.03×10³ t；1000m 以浅银矿 19.09t，金矿 1378.29kg，钼矿 15 231.05t，萤石矿 405 801.03×10³ t；2000m 以浅银矿 19.09t，金矿 1378.29kg，钼矿 15231.05t，萤石矿 405 801.03×10³ t。

23. 银镇松发综合预测区 Z28

预测区面积 94.00 km²，为 C 类预测区，区内有 1 个萤石矿点，主要预测矿种为萤石矿和铅锌矿。位于地球化学两个综合异常区（Pb10-乙伴生 Ag 和 Cu15-乙）内，重砂分析有两个异常区（Au21、Mn-Ag7），1:20 万航磁正异常，重力异常为负值区，其值为 −104 伽～ −94 伽。成矿围岩为新太古代双山子群变质岩系，中元古代长城纪碎石条带白云岩，早白垩世张家口组、大北沟组、义县组中酸性火山岩建造，成矿岩体为燕山晚期火山-次火山岩和燕山期酸性侵入似斑状花岗岩体，预测区位于内蒙—海西晚期褶皱带棋盘山火山活动区带，受早白垩世晚期叠加于北西向区域断裂构造之上的火山断裂构造控制。

区内查明资源量：萤石矿 78 670×10³ t。

区内预测资源量：500m 以浅萤石矿 183 841.05×10³ t，铅锌矿 16 236.67t；1000m 以浅萤石矿 183 841.05×10³ t，铅锌矿 16 236.67t；2000m 以浅萤石矿 183 841.05×10³ t，铅锌矿 16 236.67t。

24. 龙头山西综合预测区 Z29

预测区面积 63.08 km²，为 C 类预测区，主要预测矿种有银矿、铅锌矿、锰矿和萤石矿。位于地球化学综合异常区 Ag5-乙伴生 Pb-Zn 内，重砂分析有一个异常区 Au06，1:20 万航磁正异常，重力异常为负值区，其值为 −110 伽～ −104 伽。成矿围岩为新太古代双山子群变质岩系，中元古代长城系碎石条带白云岩，早白垩世张家口组、大北沟组、义县组中酸性火山岩建造，成矿岩体为燕山晚期火山-次火山岩和燕山期酸性侵入似斑状花岗岩-石英正长斑岩-多斑闪长玢岩类，预测区位于内蒙—海西晚期褶皱带棋盘山火山活动区带，受上黄旗-乌龙沟深断裂北延部分及火山断裂构造控制。

区内预测资源量:500m 以浅银矿 88.14t,铅锌矿 15 538.58t,锰矿 48.79t,萤石矿 120 031.56×10³t;1000m 以浅银矿 88.14t,铅锌矿 15 538.58t,锰矿 48.79t,萤石矿 120 031.56×10³t;2000m 以浅银矿 88.14t,铅锌矿 15 538.58t,锰矿 48.79t,萤石矿 120 031.56×10³t。

25. 清泉综合预测区 Z30

预测区面积 54.80km²,为 C 类预测区,主要预测矿种为铅锌矿和萤石矿。重砂分析有一个异常区 Au07,1:20 万航磁正异常,重力异常为负值区,其值为 -104 伽 ~ -98 伽。成矿围岩为新太古代双山子群变质岩系,中元古代长城系碎石条带白云岩,早白垩世张家口组、大北沟组、义县组中酸性火山岩建造,成矿岩体为燕山晚期火山-次火山岩和燕山期酸性侵入似斑状花岗岩体,预测区位于内蒙—海西晚期褶皱带棋盘山火山活动区带,受早白垩世晚期叠加于北西向区域断裂构造之上的火山断裂构造控制。

区内预测资源量:500 以浅铅锌矿 37 089.42t,萤石矿 57 113.72×10³t;1000m 以浅铅锌矿 37 089.42t,萤石矿 57 113.72×10³t;2000m 以浅铅锌矿 37 089.42t,萤石矿 57 113.72×10³t。

第六节 综合预测区部署建议

根据《省级区域成矿规律、矿产预测成果汇总方案》要求,河北省多矿种综合预测区的划分,是将预测工作区为单元的最小预测区打破界线,形成以Ⅳ级成矿区带为单元的多矿种综合预测区,通过类比优选,划分出该区带的多矿种综合预测区。

1. 划分原则

综合预测区的划分基于对各类最小预测靶区、综合异常出现的位置、区域地质环境及区域地球化学环境的综合分析进行划分。具体划分原则及结果如下:

(1) 处在同一Ⅳ级地质构造单元内,具相似成矿地质条件的各最小预测靶区、各综合异常、已知矿床、矿化点,划归同一综合预测区。

(2) 明显受区域性断裂构造控制的各类异常,具相似或同族的成矿元素,并呈带状、断续带状规律性分布的各综合异常,划归同一综合预测区。

2. 综合预测区级别划分

在本次矿产资源潜力评价和区域成矿规律研究的基础上,根据成矿地质条件与典型矿床模式类比、成矿系列分析以及综合找矿信息等多方面的考虑,对于具体圈定的远景预测区,可以根据上述原则并按照找矿前景的有利度划分为 3 类,即 A、B、C 类远景预测区。

A 类——成矿地质条件十分有利(有燕山期中酸性花岗岩存在),有大中型矿床,各种化探异常存在并且套合好,浓集中心异常高且面积大,物探异常存在并有重砂异常,异常级别为 3 级以上。

B 类——成矿地质条件有利,有矿产地存在及各种化探异常存在,浓集中心存在且面积较大,物探异常存在并有重砂异常。

C 类——具有成矿地质条件,有可能发现矿点,有化探异常存在,浓集中心不明显,存在重力异常。

一、万胜永—四岔口一带萤石矿部署区

主攻矿床类型:热液型萤石矿。

部署区地质条件:内蒙地轴-沽源陷断束中,上黄旗-乌龙沟断裂带斜贯全区,地层为白垩纪火山岩。侵入岩体以酸性岩为主。金、铅、锌、银化探异常浓度分带明显。

部署区工作程度：局部地区进行过普查与勘探。

找矿工作部署建议：1∶5万水系沉积物扫面400km², 重点地段进行电法扫面100km²。

预期成果：中型银矿1处, 小型萤石矿2处。

二、兰闰一带铅锌多金属矿部署区

主攻矿床类型：热液型铅锌银矿。

部署区地质条件：区内成矿受次级断裂控制, 地层为太古宙变质岩, 岩性为黑云变粒岩、浅粒岩。银、铅、锌异常浓度分带明显。

部署区工作程度：工作程度较低, 兰闰矿区进行过普查与勘探。

找矿工作部署建议：1∶5万水系沉积物扫面400km², 重点地段进行槽硐探、钻探2000m。

预期成果：锌 38×10^4 t, 铅 0.18×10^4 t。

三、蔡家营一带铅锌银矿部署区

主攻矿床类型：热液型铅锌银矿。

部署区地质条件：区内次生断裂、火山及次火山侵位发育。地层为太古宙变质岩, 岩性以变粒岩为主。侵入岩体为燕山期基性—酸性岩及酸性次火山岩。铅、锌、银化探异常浓度分带明显。该区深度潜力较大。

部署区工作程度：工作程度较高, 蔡家营矿区已详查。

找矿工作部署建议：硐探1000m, 钻探4000m。

预期成果：大型铅锌银多金属矿1处。

四、郭家屯—步古沟一带铅锌多金属矿部署区

主攻矿床类型：热液型萤石矿、热液型铅锌矿。

部署区地质条件：区内火山活动强烈, 次生断裂及次火山侵位发育。地层基底为太古宙变质岩, 盖层以白垩纪火山岩为主。侵入岩体以燕山期酸性岩及次火山岩为主。金、铅、锌化探异常浓度分带明显。

部署区工作程度：工作程度一般, 部分地区进行过普查工作。

找矿工作部署建议：1∶5万水系沉积物扫面600km², 重点地段进行槽探5000m³、硐探5000m。

预期成果：中型萤石矿3处, 小型萤石矿7处, 小型铅锌矿1处。

五、三道川一带部署区

主攻矿床类型：热液型铅锌矿。

部署区地质条件：区内次生断裂、火山及次火山侵位发育。地层为太古宙变质岩, 岩性为黑云斜长片麻岩、片麻岩及混合片麻岩。侵入岩体为燕山期基性—酸性岩及酸性次火山岩。铅、锌、银化探异常浓度分带明显。

部署区工作程度：工作程度一般, 部分地区进行过普查工作。

找矿工作部署建议：1∶5万水系沉积物扫面500km², 重点地段进行硐探3000m、钻探3000m。

预期成果：中型铅锌矿1处。

六、丰宁—白草一带部署区

主攻矿床类型：斑岩型钼矿、热液型萤石矿。

部署区地质条件：内蒙台背斜围场拱断束西南端，岩浆及火山活动强烈。基底地层为太古宙红旗营子群变质岩，盖层以中生代火山岩为主。侵入岩体以印支期和燕山晚期为主，钼矿成矿同印支期岩浆活动有关，萤石矿则与燕山期相关。钼、铅、金化探异常浓度分带明显。

部署区工作程度：撒岱沟门地区进行过详查工作，区内其余大部分地区工作程度较低。

找矿工作部署建议：1:5万水系沉积物扫面 500km^2，重点地段进行电法扫面 300km^2、硐探 1000m。

预期成果：大型钼矿 1 处，小型萤石矿 2 处。

第五章　张家口-承德成矿区预测成果

本章以河北省张家口-承德Ⅳ级成矿带为单元,综合分析区域成矿地质背景、物化探、重砂、遥感特征,总结出成矿带内各矿种预测模型表及预测模型图,圈定本成矿带综合预测区。

第一节　区域地质背景

本成矿带北界为尚义-赤城-隆化断裂,东、南界大致在抚宁—滦县—塘沽—衡水—永年一线。克拉通基底在构造应力场的作用下,发生断裂,形成北东向的裂谷,发展为燕辽坳拉槽(燕辽裂陷海)。坳陷最强烈地段位于蓟县—宽城一带。其底界不整合在太古宙及古元古代变质岩之上,顶界被寒武纪地层覆盖。由一套未变质的板内海相、潟湖相富镁碳酸岩和少量碎屑岩、黏土岩组成,含微体古生物和叠层石,出露良好,分布广泛,发育齐全,蓟县—宽城一带厚度近万米。经历了陆地—裂谷—海洋—陆地的演化过程。中新元古代为夭折裂谷期,早古生代为陆表海,晚古生代为海陆交互环境,早—中三叠世为坳陷盆地。在裂谷的演化期间,伴随有不同时期的岩浆侵入,中生代构造岩浆岩带贯穿中部。

长城纪伊始,地壳沉降,接受海侵,揭开了盖层发展阶段的序幕。首先形成底砾岩,不连续地分布在整个区内。其上由石英砂岩类→页岩类夹赤铁矿层→白云岩类→石英砂岩、白云岩夹粗玄质火山岩层→白云岩类变化,构成了长城纪的岩石地层面貌。

蓟县纪是经过短暂的滦县上升之后,地壳复又沉降,接受沉积,由下而上岩类排序为泥质白云岩类→硅质条带(结核)白云岩类→页岩类→白云岩类,它们横向分布稳定,叠置在一起,构成了蓟县纪阶段的岩石地层面貌。

青白口纪初始,地壳缓慢下降,形成青白口碎屑盐岩-碳酸盐岩盆地,接受沉积,自下至上发育了细砂岩-页岩→石英砂岩-泥质粉砂岩→泥晶灰岩夹页岩的组合,为青白口纪阶段的岩石面貌。

昌平期开始海水由东向西侵入本区,沉积了属局限海相的碎屑岩-碳酸盐岩建造。承德—张家口一线以北为东西向高地,以南全部变为陆表海,沉积中心在秦皇岛、唐山一带,沉积了一套潟湖-浅海相的钙泥质岩-碳酸盐岩建造,超覆在不同的层位之上。

奥陶纪,是中国地史上最大的海侵期,沉积中心在北京—承德一带。仍以阜平—保定—沧州一线分界,以北为局限海-潮间潟湖相碳酸盐岩建造;以南为潮间潟湖相镁质碳酸盐岩夹膏盐建造。

中石炭世本溪早期,海水从太子河流域向西南侵入到唐山地区,形成古生代以来,华北地区第二次大海侵。

初始沉积铝土、铁质岩系,随后沉积砂岩夹紫红色页岩和煤层,宽城北部发育有海相灰岩,呈透镜状产出,形成海、陆交互相的地层结构。中晚石炭世太原早期到早二叠世,海侵范围扩大,分布在辽西、冀东和太行山东麓,盆地中心在唐山、石家庄、太原等广大地区,形成一套海陆交互相含煤碎屑岩-碳酸盐岩建造。晚二叠世,本区完全脱离海洋环境,进入陆相河、湖沉积,发育一套灰色粉砂质页岩-黄绿色(含砾)石英砂岩-页岩-含砾粗砂岩,夹煤层。是河北省最重要的成煤期。

早二叠世后,本区结束了海侵历史,全为陆相红色碎屑岩建造,古气候干旱炎热,在以发育河流相为主的红色碎屑岩建造的同时,植物繁盛,形成了 *Cladophlebis-Pleuromeia* 植物组合。二马营期末,由于印支运动第Ⅰ期的造山作用,区内地形反差加剧,为形成磨拉石建造奠定了地貌基础,结束了漫长的盖层发展史,开始了板内造山新历程。

中元古代早期,伴随华北克拉通裂解,大规模基性岩、中酸性岩浆侵入,形成非造山深成岩。主要沿尚义-赤城、丰宁-隆化、大庙-娘娘庙断裂带东西向分布,形成韩麻营非造山二长岩-正长岩组合、下方营非造山闪长岩-花岗闪长岩组合、红石砬非造山角闪石岩-角闪辉石岩组合、大庙非造山斜长岩组合,与铁、钒、钛、磷、铬、铂、钯和金矿化有关。另外在密云沙厂、康保赤城、康保等地,有环斑花岗岩、斑状花岗岩出露。

海西旋回侵入岩活动,构成冀北陆缘构造岩浆岩带的丰宁-娘娘庙构造岩浆岩亚带和张北-宽城构造岩浆岩亚带,形成北头营碰撞高钾闪长岩-花岗闪长岩-斑状花岗岩组合、樱桃沟门碰撞高钾二长花岗岩-正长花岗岩组合、大石柱子碰撞高钾石英闪长岩-二长花岗岩组合、孤山子碰撞辉石-辉石闪长岩组合。近东西向成带分布,但分布零星。

印支构造旋回岩浆活动较为强烈,主要分布于平泉娘娘庙、丰宁、怀柔喇叭沟门等地,包括喇叭沟门后造山石英闪长岩-斑状二长花岗岩组合、娘娘庙-丰宁后造山石英二长岩-二长花岗岩组合,岩石总体为钙碱性系列,铝过饱和型,岩浆分异程度较高,成因类型总体属壳幔混合型。

中生代晚三叠世华北板块的构造强烈活动期,侵入岩和火山岩广泛分布。北东东向或近东西向较大型掀斜或单断、地堑型内陆盆地(洼地)发育,基本继承了早中三叠世构造格局。

在印支运动之后,地壳处于松弛状态,侵入了都山、盘山非造山侵入岩,洼地充填物为杏石口组河流相碎屑岩。

早侏罗世门头沟群形成时期是一个火山作用活动较弱的时期,在南大岭晚期才有中基性火山岩喷发。地层断续分布于百花山-妙峰山和滦平-承德火山-沉积洼地的边缘。另外,在下花园、丰宁石人沟的火山-沉积洼地内亦有出露。侵入活动较弱,形成王坪石-肖营子前造山侵入岩组合。

中侏罗世在各中生代洼地中喷发的酸性物质呈夹层或夹正常沉积层,构成九龙山组。之后,中性岩浆的喷发,形成了髻髻山组。这次火山喷发在本区火山构造中多可见到,堆积了以喷溢相、爆发相为主的大量火山岩及潜火山岩。岩浆侵入活动较强,舍龙城-燕子窝同造山侵入岩亚相,分布于本区和冀北俯冲-碰撞火山岩带。晚侏罗世在断陷或坳陷盆地中堆积了土城子组巨厚的类磨拉石建造。

早白垩世强烈的造山运动(燕山运动主期),产生了以北东、北北东向为主的一系列不同方向断裂构造,同时部分的古断裂也开始复活。受这些断裂控制,形成了规模不等的断陷盆地。这些盆地叠覆于侏罗纪盆地之上,多为北东、北北东向。其总的特点是:①早白垩世张家口期火山构造洼地,多分布于侏罗纪火山-沉积洼地的西侧或中部,而且规模小、分布零星。②后者叠加在前者之上,以 25°~40° 相交。③不同程度地改造了侏罗纪形成的洼地展布方向。

这个时期侵入活动相当强烈,形成了著名的王安镇、大河南、大海陀等岩体。构成大河南构造岩浆岩亚带、军都山构造岩浆岩亚带。也是河北省重要的 Cu-Mo-Au 成矿期。

第二节 区域矿产特征

本成矿带主要矿产为铁矿、金矿、铜钼矿、铅锌银多金属矿、硫铁矿、磷矿、萤石矿,见图 5-1。

沉积变质型铁矿,查明储量 43 540×10³t,矿床及矿点 27 个,其中中型矿床 1 个,小型 3 个,其余为矿点;海相沉积型铁矿,查明储量 421 181×10³t,矿床及矿点 29 个,其中中型 9 个,小型 5 个,其余为矿点;矽卡岩型铁矿,查明储量 83 961×10³t,矿床及矿点 17 个,其中中型 2 个,小型 6 个,其余为矿点;岩浆型铁矿,查明储量 235 966×10³t,矿床及矿点 9 个,其中中型 5 个,小型 2 个,矿点 2 个。

变质脉型金矿,查明储量 141 273kg,矿床及矿点 17 个,其中大型 2 个,中型 3 个,小型 8 个,矿点 4 个;热液型金矿,查明储量 61 150kg,矿床及矿点 88 个,其中中型 3 个,小型 14 个,矿点 71 个。

斑岩型铜矿,查明储量 141 716t,仅 1 个矿床,为中型;热液型铜矿,查明储量 7655t,矿床及矿点 6 个,其中小型 1 个,矿点 5 个;矽卡岩型铜矿,查明储量 254 784t,矿床及矿点 18 个,其中中型 1 个,小型 7 个,矿点 10 个。

斑岩型钼矿,查明储量 362 648t,大中小型矿床各 1 个;热液脉型钼矿,查明储量 5084t,小型矿床及矿点各 1 个;矽卡岩型钼矿,查明储量 50 385t,矿床及矿点 5 个,其中中型 1 个,小型 2 个,矿点 2 个。

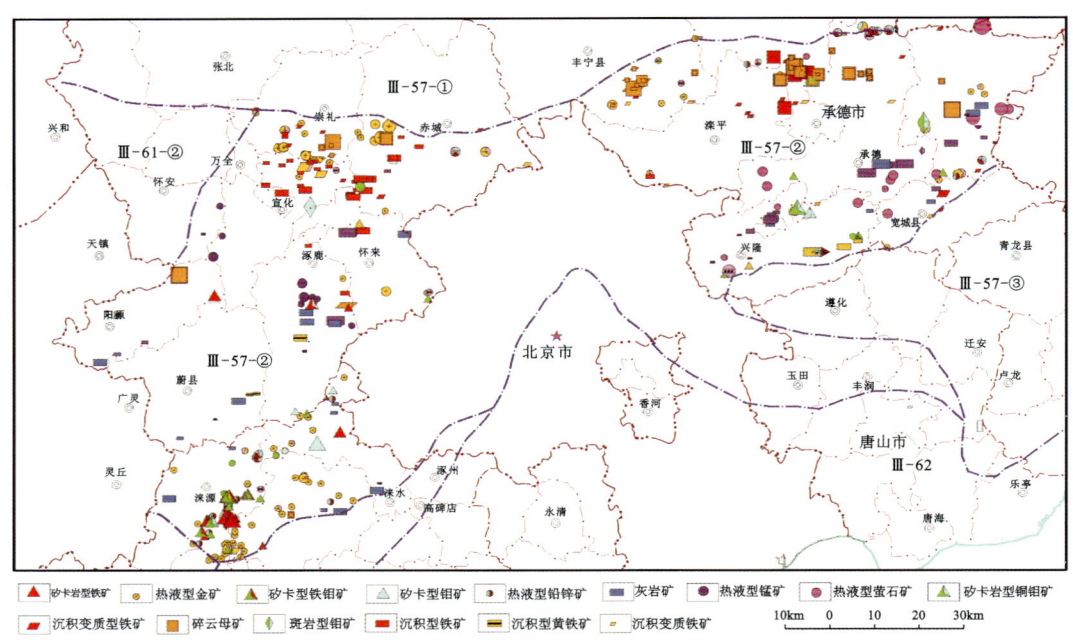

图 5-1 张家口-承德成矿区矿产分布图

沉积型铅锌矿,查明储量铅 23 500t,锌 771 949t,仅 1 个,为大型矿床;斑岩型铅锌矿,查明储量铅 80 238t,锌 104 541t,仅 1 个,为中型矿床;热液脉型铅锌矿,查明储量铅 82 736t,锌 187 048t,矿床及矿点 12 个,其中中型 1 个,小型 2 个,矿点 9 个;陆相火山岩型铅锌矿,查明储量铅 18 888t,锌 33 162t,矿床 2 个,均为小型;矽卡岩型铅锌矿,查明储量铅 17 042t,锌 214 788t,矿床及矿化点 5 个,其中中型矿床 1 个,小型 2 个,矿点 2 个。

陆相火山-潜火山岩型银矿,查明储量 9.1t,仅 1 个,为矿点;热液脉型银矿,查明储量 256.1t,矿床及矿点 11 个,其中小型矿床 1 个,矿点 10 个;热液型银矿,查明储量 19.52t,共 4 个,均为矿点。

沉积型硫铁矿,查明储量 33 521×10^3t,矿床及矿点 6 个,其中中型 3 个,小型 1 个,矿点 2 个;热液脉型硫铁矿,查明储量 512×10^3t,小型矿床及矿点各 1 个,矽卡岩型伴生硫矿点 1 个。

岩浆型磷矿,查明储量 63 296.7×10^3t,矿床及矿点 33 个,其中超大型矿床 1 个,大型 3 个,中型 8 个,矿点 21 个。沉积变质型磷矿仅矿点 1 个。

热液充填型萤石矿,查明储量 3033×10^3t,矿床及矿点 14 个,其中大型矿床 1 个,中型 2 个,小型 9 个,矿点 2 个。

本成矿带内矿产地密集区明显分为 4 处,即大庙超基性岩浆岩型铁磷矿密集区、兴隆-平泉铜钼萤石矿密集区、张家口金铁矿密集区及涞源铅锌铜钼金银多金属矿密集区。

大庙超基性岩浆岩型铁磷矿密集区:区内成矿作用主要同黑山-头沟基性—超基性杂岩体有关,杂岩体侵入太古宙变质岩中,冷却形成岩浆分异型铁磷矿床。

兴隆-平泉多金属矿密集区:区内成矿作用同燕山期岩浆-火山活动有关。金、铜、钼矿赋矿地层主要为遵化岩群-朱杖子群变质岩系、长城纪—蓟县纪碎屑岩-碳酸盐岩地层。与金、铜、钼成矿有关的岩浆岩主要为壳幔源型岩体,主要或最终成矿时代为燕山早期。这种混源型花岗岩的演化规律大体是:早期阶段以花岗岩-花岗闪长岩为主,到晚期阶段以花岗岩-偏碱性花岗岩为主;早期阶段以中深-浅成侵入岩为主,晚期阶段则以浅—超浅成为主。区内金、铜、钼矿成矿是两组具有不同地质成矿作用和不同成矿元素组合的矿化与矿床,形成时间上有一定的演化规律。从总体上均与中酸性岩有关,从矿化组合上看,铜铅锌矿床类型以 Mo、Cu、Fe、Pb、Zn、(Au)矿化与矿床为主;金矿类型则以金-多金属矿化为主。萤石矿主要赋矿地层为中生代白垩纪火山岩,与成矿有关的岩浆岩主要为火山及次火山岩浆侵入,成矿类型以热液充填为主,成矿时代为燕山晚期。

张家口金铁矿密集区：金矿成矿作用与海西期碱性二长杂岩-中酸性岩和印支期—燕山期中酸性花岗岩有关。区内成岩、成矿作用强烈，具有区域性大面积分布特点。控制区内金矿床的区域构造主要为丰宁-隆化、大庙-娘娘庙、尚义-平泉 3 条深大断裂及其次一级配套构造部分。与成矿有关的岩体均作东西向展布。与金矿床有关的岩浆岩主要有海西期的壳源碱性二长杂岩体及中酸性花岗岩、花岗闪长岩、二长花岗岩，岩体产状以岩基和岩株为主。矿床的成矿物质来源复杂，其直接来源为海西期碱性杂岩体-中酸性岩体以及后来的和印支期—燕山期中酸性花岗岩类，遵化岩群（桑干群）和红旗营子群（双山子群）中的部分赋金层位可能是本区矿床的潜在矿源层。

区内铁矿为著名的"宣龙式"铁矿，主要为赋存于古宣龙盆地内的海相沉积型赤铁矿。其赋矿层位为中元古代长城纪串岭沟组砂页岩地层。

涞源铅锌铜钼多金属矿密集区：本区矿床主要分布于涞源杂岩体周围，赋矿围岩为太古宙阜平群变质岩系、中元古代碳酸岩系。成矿与燕山期浅成脉岩及隐伏小岩体有关，主要成矿元素为铅、锌、铜及银、金等。矿化以热液型为主，主要产于岩体附近或隐伏岩体上部，受区域性深大断裂及其次级构造控制，矿化以多期多阶段、成矿物质多来源（深源为主）为特点。主要成矿元素为钼、锌、银、镉、碲及铁、铅、金等，成矿演化趋势为 Te、Mo、Zn、Cd、Te→Mo、Zn、Ag、Cd、Te(Au)→Pb、Zn、Ag、Au、Cd、Te。矿化产出形式与木吉村式相似，由斑岩体到围岩，多呈现斑岩型-矽卡岩型-热液脉型矿床的三位一体组合：斑岩中的细脉浸染型钼矿，以大湾、三义庄、贾家营矿床为代表；斑岩体外接触带附近的矽卡岩型铁、钼、锌、银、（镉）、（碲）矿床，以大湾、三义庄等矿床为代表；远离接触带及破碎裂隙带的银、铅、锌、（金）矿床，以大湾矿床为代表。

第三节 区域地、物、化、遥、重砂特征及推断解释成果

一、区域重力特征

本区布格重力异常可分为两个区域，一是太行山北段地区，二是冀东地区。受乌龙沟-上黄旗断裂影响，太行山北段地区重力异常轴向为北北东向，北侧靠近尚义-赤城断裂轴向变为近东西向。上述两断裂附近为北北东向和近东西向梯级带，远离断裂异常以面状为主，布格重力异常值自东向西逐渐降低，异常值自 $4\times10^{-5}\,m/s^2$ 至 $-140\times10^{-5}\,m/s^2$。冀东地区布格重力异常轴向主要为近东西向，和区内丰宁-隆化断裂及密云-喜峰口断裂走向一致。布格重力异常特征是两东西向断裂上为梯级带，其他区域为面状异常。区内异常值总体南高北低，自 $22\times10^{-5}\,m/s^2$ 至 $-138\times10^{-5}\,m/s^2$（图 5-2）。

区内剩余重力异常特征总体与布格重力异常相似，其轴向在太行山北段地区以北东向为主，在冀东地区以近东西向为主，但有北东向异常分布。剩余重力异常以线状异常为主，正负相间排列，幅值自 $-16\times10^{-5}\,m/s^2$ 至 $16\times10^{-5}\,m/s^2$。

本区剩余重力高异常主要与太古宙变质岩和基性-超基性岩浆岩侵入体有关；重力低异常主要与不同时代的中酸性、酸性岩有关。区内主要岩体有王安镇岩体、大河南岩体、大海陀岩体、水泉沟岩体和南猴顶岩体等，这些岩体与成矿关系密切，其重力异常特征分述如下。

（1）王安镇岩体：位于涞源县王安镇，为一酸性杂岩体，围岩为阜平群及长城纪、蓟县纪地层，上覆有零星侏罗纪地层。岩体主要为一重力低异常，异常范围、形状与岩体大致吻合，有两个异常中心，幅值分别为 $-24\times10^{-5}\,m/s^2$ 和 $-20\times10^{-5}\,m/s^2$。从重力异常幅值分析，北侧底面埋深要大于南侧，异常的梯度是东陡西缓，显示岩体向西倾伏。重力正演模拟计算表明，岩体有两个侵入中心，南端中心底面埋深达 8km，北端达 9km。两端岩体中间呈连续状，底面埋深变浅，最深为 4km。岩体侵入中心偏向西侧，并略向西倾伏。

（2）大河南岩体：位于北京、张家口、保定交界处，地表由东西两个岩体组成，为一燕山期酸性杂岩

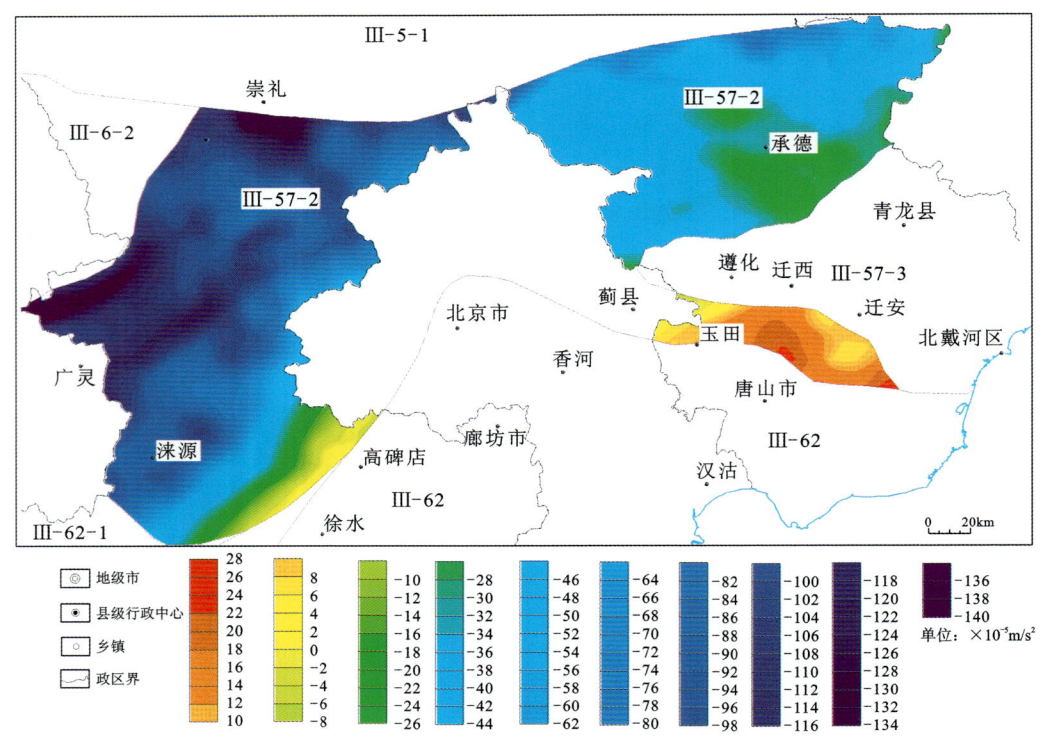

图 5-2 布格重力异常图

体,岩体围岩主要为侏罗系、长城系、蓟县系等,另有少量太古宙及古生代地层。航磁异常图上,岩体处为一重力低异常,异常将两岩体包络在一起,最低值为$-16\times10^{-5}\text{m/s}^2$。垂直异常走向方向上,其梯度变化为东大西小,显示岩体向北西西倾。在平行走向方向上,异常中心也为异常的几何中心,反映走向方向上岩体无明显的倾伏。根据横切岩体的重力剖面正演模拟计算,岩体主体部分自东侧起在 5～18km 之间,宽 13km,最大埋深为 4.4km;18km 至 29km 之间岩体呈厚层状,最厚近 2km,岩体主体部分向西倾伏。

(3) 大海陀岩体:位于怀来县城东北大海陀,岩性为花岗岩,岩体南北部围岩为太古宙迁西群、中新元古代长城系,北侧主要为侏罗纪地层。岩体东南侧为官厅水库。剩余重力低异常呈不规则状,无明显走向,长近 40km,宽 10～30km。地表出露岩体仅为异常的东半部,异常中心位于岩体的边部,最低值$-12\times10^{-5}\text{m/s}^2$。异常中心部位幅值变化较平缓,周边变化较大。东、西边缘部位均有面积较小的花岗岩、正长斑岩出露,推测异常区侏罗纪地层下有隐伏的花岗岩体存在,并与大海陀岩体相连。垂向二次导数为负异常,其零值线圈定范围和剩余异常相比较,向西北方向偏移。根据重力正演模拟计算,岩体的主体部位,最大埋深约 4km。向西北方向侏罗纪地层覆盖区,广泛分布着花岗岩隐伏岩体,岩体从异常中心向西北方向延伸约 15km 直至重力低异常的边缘部位。岩体呈中间厚大、周边较薄的飞碟状。

(4) 水泉沟岩体:位于赤城县东坪一带,岩体北侧岩性为碱性正长岩,南侧地表出露一小的花岗岩体。两岩体的围岩均为太古宙迁西群变质岩,在两岩体周围及碱性正长岩上分布有众多的金矿,是河北省金矿主要成矿集中区之一。从重力剩余异常图上看,两岩体分布在同一个重力低异常内,其幅值为$-22\times10^{-5}\text{m/s}^2$。异常走向与岩体平行,宽度大于两岩体的出露范围,推断两岩体向下规模较大,呈隐伏状,分布范围较广。重力垂向二次导数为一负异常,其零值线将两岩体圈在一起,北侧碱性岩体有两个导数异常中心,呈带状与岩体吻合;南侧花岗岩有一个导数异常中心,也与岩体吻合,从导数异常中心规模来看,花岗岩规模较小。根据重力正演模拟计算,碱性正长岩与花岗岩在深部均呈膨大状,并连为一体,剖面上花岗岩的规模略小于碱性正长岩,两岩体埋深约 4km。综上不难看出,本区太古宙迁西群地层内广泛分布着岩浆岩侵入体,为金矿的活化富集提供了丰富的热源,是本区金得以集中成矿的重要条件。

(5) 南猴顶岩体:岩体位于丰宁与北京市怀柔交界处,为一酸性杂岩体,其围岩为太古宙单塔子群、双山子群、侏罗纪火山岩等。剩余重力异常为一重力低，异常形态范围与岩体吻合，最低值为$-16\times10^{-5}\mathrm{m/s^2}$。异常区内幅值变化较平缓，范围为$-10\times10^{-5}\sim-6\times10^{-5}\mathrm{m/s^2}$。异常梯度东大西小。垂向二次导数为一负异常，零值线范围比岩体出露范围略大，其中北侧与西南侧超出岩体范围，推测其下有隐伏岩体。根据重力正演模拟计算结果，在垂直岩体方向上，岩体随深度的增加逐渐缩小尖灭，最大埋深4.2km。在平行岩体的剖面上，南、北两侧均有隐伏状岩体存在，隐伏岩体向两侧延伸约10km，剖面上岩体的最大埋深也为4.2km。值得注意的是，岩体东侧太古宙闪长岩(δ_1)与金矿关系密切，是该区金矿的主要物质来源，而花岗岩为成矿提供热源。通过正演计算太古宙闪长岩在南北剖面两侧均有较大面积的隐伏，且离花岗岩最近，具有较好的成矿地质条件，对隐伏闪长岩的成矿应引起重视。

二、区域航磁特征

本区航磁异常可分为两个区域，一是太行山北段地区，二是冀东地区。受乌龙沟-上黄旗断裂影响，太行山北段地区航磁异常轴向为北北东向，北侧靠近尚义-赤城断裂轴向变为近东西向，异常以面状为主，航磁正负异常面积大体相当，异常幅值自-400nT至1000nT。冀东地区航磁异常为北东东向，同样北侧靠近丰宁-隆化断裂轴向变为近东西向，异常线状为主，航磁负异常面积明显大于正异常面积，异常幅值自-400nT至1200nT(图5-3)。

本区正磁异常主要由中酸性、酸性岩浆岩侵入体及太古宙变质岩引起，负磁异常主要与中新元古代及中生代地层有关。

区内主要岩体有王安镇岩体、大河南岩体、大海陀岩体、水泉沟岩体和南猴顶岩体等，这些岩体与成矿关系密切，其磁异常特征分述如下。

（1）王安镇岩体：位于涞源县王安镇，为一酸性杂岩体，围岩为阜平群及长城纪、蓟县纪地层，上覆有零星侏罗纪地层。岩体主要为一正磁异常，磁异常走向与岩体平行，但形状范围与岩体不完全吻合，最高值为700nT。在北侧岩体中心部位出现一负磁异常，幅值为-100nT。重力正演模拟计算表明，岩体有两个侵入中心，南端中心底面埋深达8km，北端达9km。两端岩体中间呈连续状，底面埋深变浅，最深为4km。岩体侵入中心偏向西侧，并略向西倾伏。

（2）大河南岩体：位于北京、张家口、保定交界处，地表由东西两个岩组成，为一燕山期酸性杂岩体，岩体围岩主要为侏罗系、长城系、蓟县系等，另有少量太古宙及古生代地层。航磁异常图上，岩体处为一正磁异常，异常形态与岩体相似，面积比岩体大，磁异常高值带大体沿东西岩体间呈北北东向分布，最高值800nT。根据横切岩体的重力剖面正演模拟计算，岩体主体部分自东侧起在5~18km之间，宽13km，最大埋深为4.4km；18km至29km之间岩体呈厚层状，最厚近2km，岩体主体部分向西倾伏。

（3）大海陀岩体：位于怀来县城东北大海陀，岩性为花岗岩，岩体南北部围岩为太古宙迁西群、中新元古代长城系，北侧主要为侏罗纪地层。岩体东南侧为官厅水库。航磁异常图上，岩体部位为一正磁异常，最高值为5000nT。异常西北部梯度变化平缓，其他方向梯度变化较大。根据重力正演模拟计算，岩体的主体部位，最大埋深约4km。西北方向侏罗纪地层覆盖区，广泛分布着花岗岩隐伏岩体，岩体从异常中心向西北方向延伸约15km直至重力低异常的边缘部位。岩体呈中间厚大、周边较薄的飞碟状。

（4）水泉沟岩体：位于赤城县东坪一带，岩体北侧岩性为碱性正长岩，南侧地表出露一小的花岗岩体。两岩体的围岩均为太古宙迁西群变质岩，在两岩体周围及碱性正长岩上分布有众多的金矿，是河北省金矿主要成矿集中区之一。航磁图上，碱性正长岩处正磁异常，最高值700nT。花岗岩与一负磁异常吻合，最低值-300nT。两正、负磁异常相互平行，呈带状，走向北西西。从磁异常分布状况来看，反映两岩体呈带状，相互平行，碱性正长岩规模大于花岗岩。根据重力正演模拟计算，碱性正长岩与花岗岩在深部均呈膨大状，并连为一体，剖面上花岗岩的规模略小于碱性正长岩，两岩体埋深约4km。综上不难看出，本区太古宙迁西群地层内广泛分布着岩浆岩侵入体，为金矿的活化富集提供了丰富的热源，是本区金得以集中成矿的重要条件。

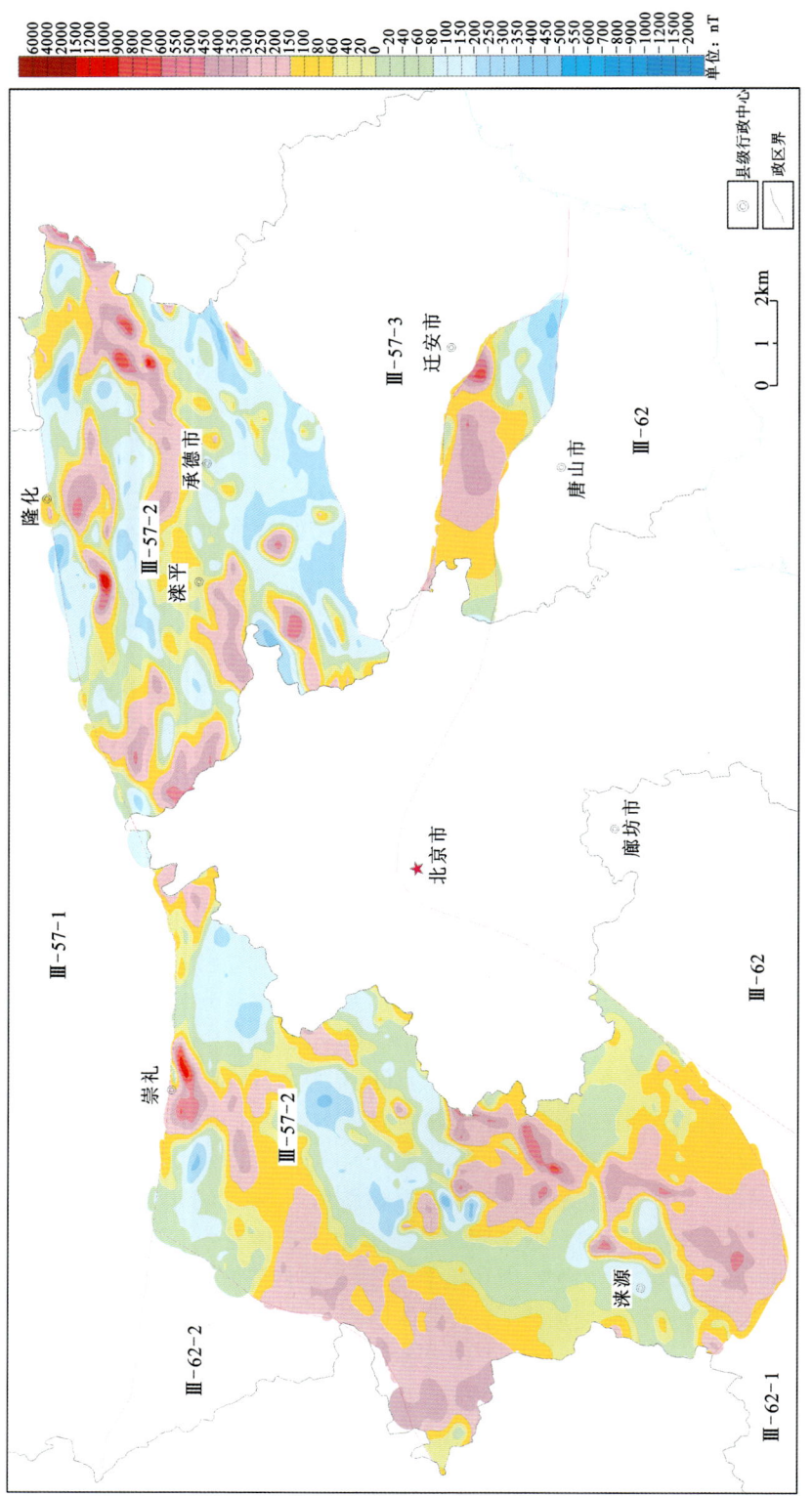

图 5-3 航磁等值线图

(5) 南猴顶岩体:岩体位于丰宁与北京市怀柔交界处,为一酸性杂岩体,其围岩为太古宙单塔子群、双山子群、侏罗纪火山岩等。岩体范围内磁场以正异常为主,岩体北侧局部有负磁异常,磁异常值范围为-350~+250nT。异常形态、范围与岩体不吻合,负磁异常上延至5km后消失。根据重力正演模拟计算结果,在垂直岩体方向上,岩体随深度的增加逐渐缩小尖灭,最大埋深4.2km。在平行岩体的剖面上,南、北两侧均有隐伏状岩体存在,隐伏岩体向两侧延伸约10km,剖面上岩体的最大埋深也为4.2km。值得注意的是,岩体东侧太古宙闪长岩(δ_1)与金矿关系密切,是该区金矿的主要物质来源,而花岗岩为成矿提供热源。通过正演计算,太古宙闪长岩在南北剖面两侧均有较大面积的隐伏,且离花岗岩最近,具有较好的成矿地质条件,对隐伏闪长岩的成矿应引起重视。

三、区域地球化学特征

该区对应于冀东金矿床密集区,是我国重要的金矿密集区和黄金生产基地。区内金矿床主要有3类,绿岩带型金矿床(迁西金厂峪)、中生代花岗岩侵入体内外接触带型金矿床(宽城峪耳崖)和中新元古代层控型金矿床(军屯、唐杖子金矿、洞子沟银铜金矿床)。近年来发现的青龙三拨子钼矿有望成为大型规模,其前景良好。在空间上,金银矿化、铅锌铜矿化、铜钼矿化、金铜矿化、铅锌银矿化常紧密伴生。

地球化学分区为Ⅲ兴隆-秦皇岛区,相当于迁西阜平岩浆弧北部(燕山台褶带),北以尚义-丰宁-隆化断裂为界,南以燕山南麓为界。以迁西群、遵化群、滦县群、双山子群和朱杖子群中-深变质岩为核心,向四周发育中—新元古代沉积盖层,并有燕山期花岗岩侵入。总体上以富集Ca、Mg、Fe、V、Ti、Cr、Ni、Co、Mn、Ba、Cu、Au、Ag、Cd为特征,可进一步划分为Ⅲ-2延庆亚区(军都山岩浆岩带)、Ⅲ-3承德亚区(承德拱断束)、Ⅲ-4遵化亚区(马兰峪复式背斜)和Ⅲ-5山海关亚区(安子岭岩浆岩带)。该区以铁、金、铜、钒钛、磷、石灰岩、白云岩为已知优势矿种(图5-4)。

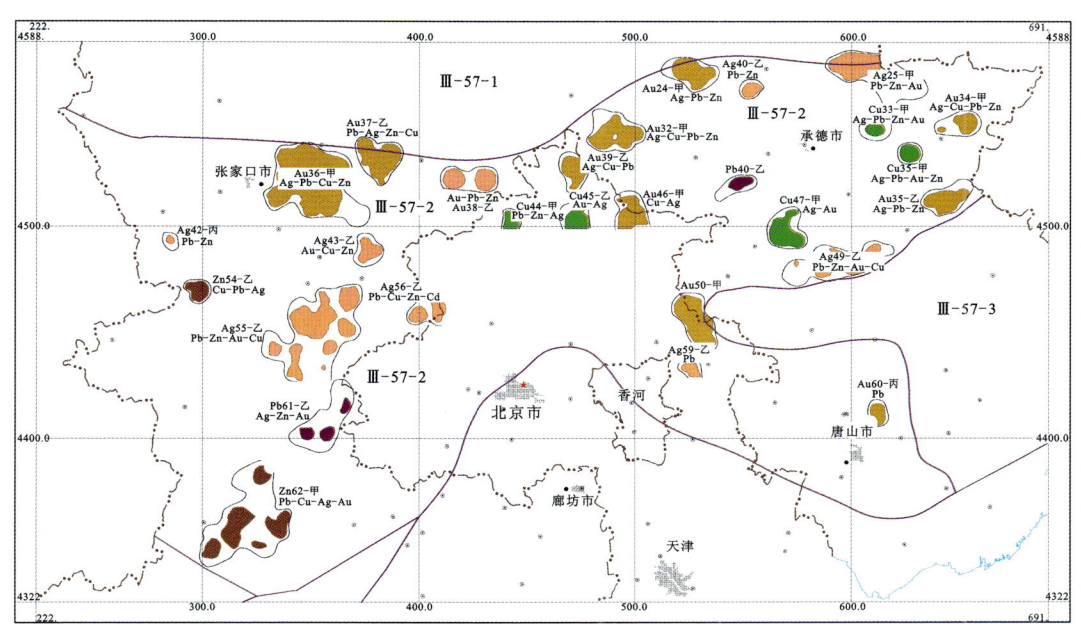

图5-4 地球化学综合异常图

矿源层主要为太古宙—古元古代中深变质岩,其中金、银、铜、铅、锌、钼等元素含量较高,为成矿作用提供了部分物质来源,表现为矿石混合铅属古老异常铅;部分矿床矿石硫同位素呈多峰分布特点,与矿源层硫同位素统计分布特征相似;多数金矿成矿热液中的氢、氧同位素样品点落入变质水分布区。冀东金矿大多分布于斜长角闪岩中,二者空间上密切伴生。

该区矿产以金、铜、铅锌矿为主,为以金为主的预测区。全区元素含量变异系数依次排列为Au、Hg、Bi、Ag、Pb、W、Mo,反映主要成矿元素及伴生前缘和尾晕元素(表5-1)。

表 5-1　Ⅲ-57-③区域地球化学统计参数表

参数	Ag	Au	Bi	Cr	Cu	F	Hg	Mn
max	3.50	1550	32.8	627	171	7825	4380	6512
min	0.0016	0.10	0.02	1.04	3.0	100	6.0	126
Xp	0.0955	5.49	0.222	85.1	32.9	624	39.7	713
Xm	0.07	1.10	0.16	61.6	29.0	585	24.0	660
Sx	0.168	41.1	0.719	59.9	15.8	276	137	364
Cv	1.759	7.493	3.232	0.704	0.479	0.443	3.442	0.511
参数	Mo	Ni	Pb	Sb	Sn	W	Zn	
max	18.8	146	1577	4.27	27.9	95	485	
min	0.07	3.75	3.0	0.11	0.24	0.10	8.0	
Xp	0.645	30.5	23.3	0.44	2.01	1.56	83.6	
Xm	0.50	24.0	20.0	0.39	1.89	1.40	78.0	
Sx	0.724	17.4	35.5	0.23	1.42	2.18	35.1	
Cv	1.123	0.569	1.526	0.522	0.706	1.399	0.420	

含量单位：Au、Hg 为 $\times 10^{-9}$，其余元素为 $\times 10^{-6}$。

Au 均值 5.49×10^{-9}，变异系数 7.493，变化范围为 $0.10\times10^{-9}\sim1550\times10^{-9}$。低背景和负异常为 $0.13\times10^{-9}\sim1.24\times10^{-9}$；高背景和正异常为 $9.97\times10^{-9}\sim799.24\times10^{-9}$，异常分布于兴隆陡子峪—迁西金厂峪—青龙三星口一带，该区金矿密布，大中型金矿有马兰峪、金厂峪、牛心山、三家等，东南部为背景-负异常区。

Ag 均值 95.5×10^{-9}，变异系数 1.759。高背景和正异常为 $171.1\times10^{-9}\sim3596.9\times10^{-9}$，异常主要分布在挂兰峪—铧尖—娄杖子、肖营子、三星口—安子岭一带，其余为背景-负异常区。

Cu 均值 32.9×10^{-6}，变异系数 0.4798。低背景和负异常为 $10.5\times10^{-6}\sim30.8\times10^{-6}$，高背景和正异常为 $51.5\times10^{-6}\sim327.1\times10^{-6}$，主要分布在马兰峪复背斜核部的变质岩出露区，其次为安子岭地区，发现多个铜矿（矿点），其余为背景-负异常区。

Pb 均值 23.3×10^{-6}，变异系数 1.5255。低背景和负异常多与东南部变质岩分布相关，西北部火山-沉积岩区多为背景分布，燕山期花岗岩和多金属矿床上多为高背景和正异常。

Zn 均值 83.6×10^{-6}，变异系数 0.4203。低背景和负异常为 $36.9\times10^{-6}\sim81.8\times10^{-6}$，高背景和正异常为 $111.2\times10^{-6}\sim1368.5\times10^{-6}$，异常主要分布在茅山、挂兰峪、汉儿庄—铧尖—八道河、凉水河、太平寨、东荒峪一带。

Mo 均值 0.645×10^{-6}，变异系数 1.1231。低背景和负异常为 $0.15\times10^{-6}\sim0.76\times10^{-6}$，分布在东南部变质岩出露区；高背景和正异常为 $1.29\times10^{-6}\sim45.5\times10^{-6}$，主要分布在西北部。

综合异常主要分布于兴隆陡子峪—迁西金厂峪—青龙三星口一带，其次为青龙老岭—驻操营。主成矿元素为 Au、Ag、Cu、Pb、Zn、Mo、Mn、W、Cr、Ni、Sn 等，伴生元素为 As、B、Bi、Cd、Co、Hg、U、Sb、F 等。

全区共圈定综合异常 10 处：①万全膳房堡 AS1-乙 Cu-Pb-Zn-Mo；②崇礼小夹道沟（三道沟）AS2-甲 Pb-Zn-Ag-Mo；③赤城葵花村 AS3 甲 Mo-Pb-Au-Zn-Ag；④崇礼下双台 AS4-甲 Au-Cu-Ag-Pb；⑤崇礼后中山 AS5-甲 Au-Ag-Pb-Mo；⑥崇礼黄土梁-金家庄 AS6-甲 Au-Pb-Ag-Zn-Cu-Mo；⑦崇礼东坪-宣化小营盘 AS7-甲 Au-Mo-Cu-Pb-Ag-Zn；⑧崇礼龙关 AS8-乙 Pb-Zn；⑨赤城梁家沟 As9-甲 Zn-Pb-Ag-Au-Mo-Cu；⑩宣化东望山 As10-乙 Au-Cu-Ag。

四、区域自然重砂特征

该成矿区金自然重砂异常分布集中,共圈出自然金单异常 106 个,见图 5-5,其中 26 个 1 级异常,41 个 2 级异常,39 个 3 级异常;主要分布在冀东地区北部及冀西北地区,金矿物集中分布于太古宙变质岩石出露且后期受热液活动影响强烈的金成矿区域(承德、宽城等地)。

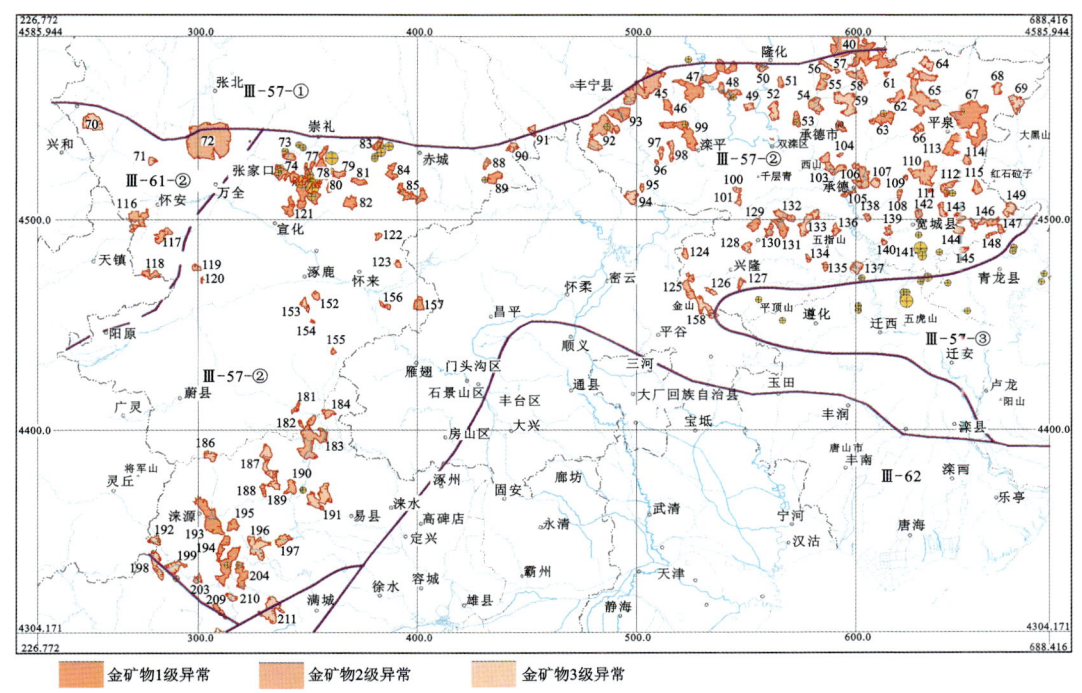

图 5-5　金自然重砂异常图

铜、铅、锌、银矿物主要出现在海西期、燕山期构造岩浆活动所形成的岩体及其周边的碳酸盐岩地区,与斑岩型-矽卡岩型-热液型铅锌银多金属矿的形成有关。尤其乌龙沟-上黄旗构造岩浆带南段的大河南、王安镇、司各庄岩体周边多金属矿产地更为显著。

张家口-承德成矿亚带重砂矿物的分布主要受区内变质岩石、岩浆火山活动(尤其中生代以来)所产生的矿化影响控制。其中,铜、钼、铅锌、银、锰、金矿物对已知矿床、矿化点有较好的响应,可以作为寻找相应矿产资源的重要提示(图 5-6、图 5-7)。锡石、铬铁矿、磷等矿物的出现,多为岩浆活动形成的各类岩石的副矿物所致。

重砂矿物可以提供本区斑岩型-矽卡岩型-热液型铅锌银多金属矿的重要线索。

五、区域遥感特征

该区北界为尚义-赤城-隆化深断裂,南界位于涞源—固安—昌黎一线。出露中新元古代、古生代及中、新生代地层;岩浆活动频繁,火山活动强烈,主要发生在中生代。成矿作用受 3 条东西向深断裂控制,形成了丰宁-隆化、大庙-娘娘庙、尚义-赤城-平泉 3 个成矿带。古火山构造主要有寿王坟、滦河西、燕河营火山和柳江裂隙式火山构造。以小营盘式金矿、东坪式金矿、大营式金矿、大庙式铁矿、寿王坟-小寺沟铜钼矿、高板河式-轿顶山式铅锌矿、木吉村斑岩型铜钼矿、大湾斑岩型锌钼矿、镰巴岭铅锌矿、开滦式煤矿等为特征。

该成矿带线性构造特征如下。

方向:近东西、北北东 2 组。次要构造方向:北东、北西和南北 3 组。主要断裂:尚义-平泉断裂、丰

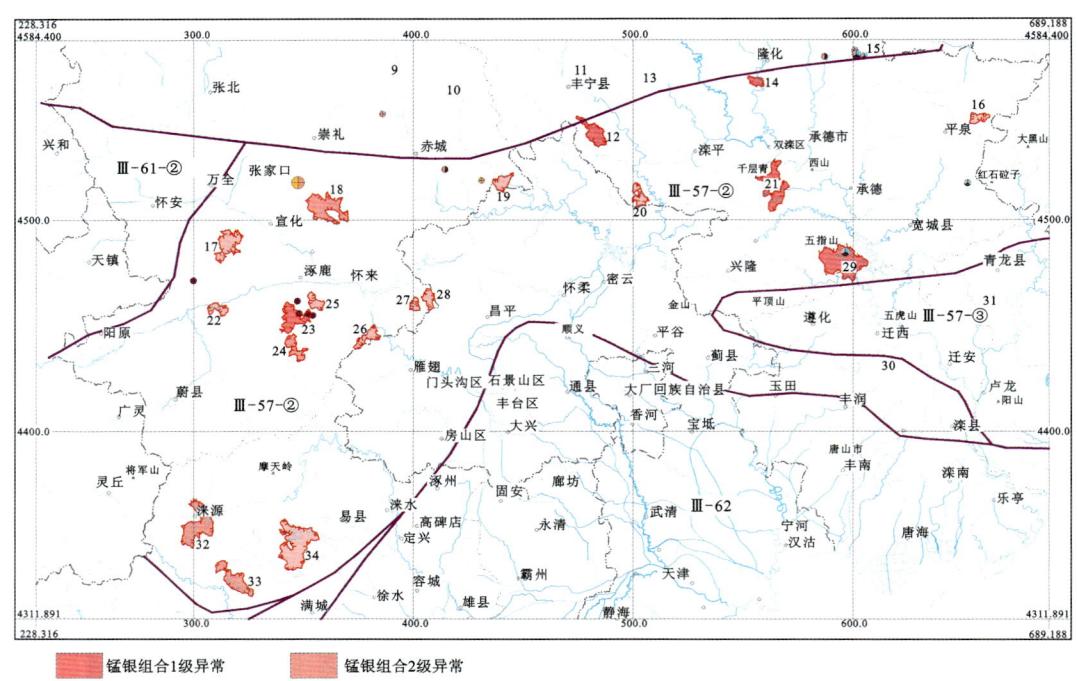

图 5-6　锰、银自然重砂异常图

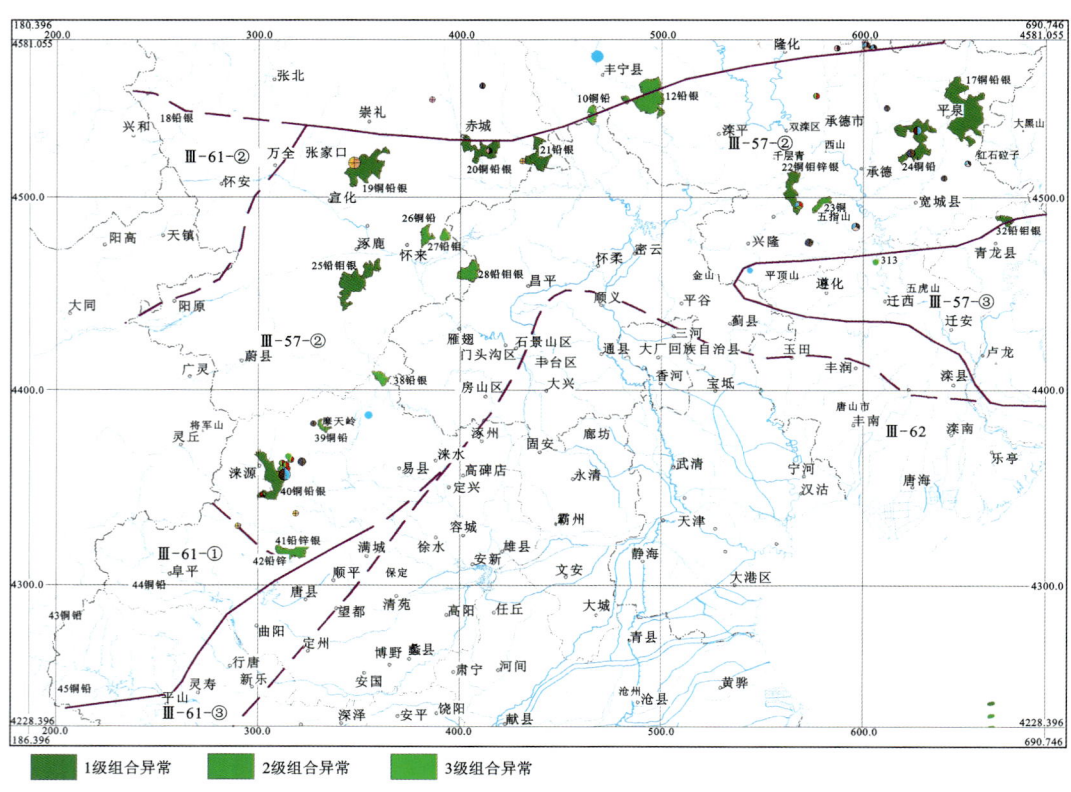

图 5-7　铅锌、银、铜组合异常图

宁-隆化断裂、大庙断裂、下板城断裂、兴隆断裂、青龙断裂、太行山断裂带。次要断裂：张家口断裂、宣化断裂、松枝口断裂、蔚-广南缘断裂、洋河断裂、蔚县-延庆盆地北缘断裂、阳原-怀来盆地北缘断裂等。

从影像图中解译出 32 个环形构造，其中有 16 个环形构造与矿化关系密切。

（1）下花园环形构造：巨型复合环，由 3 个大小不同的环形构造组成；影像清晰，圆-椭圆形，环形山

第五章　张家口-承德成矿区预测成果

脊,环内相对低洼,组成岩石:侏罗纪正长斑岩、二长花岗岩、闪长岩类侵入岩及侏罗纪火山-碎屑岩、长城纪-蓟县纪白云岩、桑干变质岩等,铅锌钼矿化。

(2) 山神庙环形构造:中型,单环,椭圆,轴向北东东,影像清晰,环形沟。围岩长城纪高于庄组白云岩、杨庄组泥质白云岩,环边缘有萤石的矿化

(3) 宣化环形构造:巨型复合环,椭圆,轴向北北东,环形构造南缘为洋河水系,西北缘张北坝缘,东北缘赤城县独石口坝缘,东南缘则是怀涿盆地北缘断裂和大海陀花岗岩形成,环缘山高沟深,环内地势相对低洼。环中间被尚义断裂横切,环内岩层出露复杂,主要为太古宇红旗营子黑云斜长变粒岩、大理岩及斜长角闪岩,太古宇崇礼岩群透辉斜长角闪岩、黑云变粒岩、长城纪—蓟县纪白云岩、侏罗纪—白垩纪火山碎屑岩,以及元古宇变质花岗岩,二叠纪、侏罗纪花岗岩等。推测存在隐伏岩体,形成于晚侏罗世。矿化丰富,主要有金、银、铜、铁等矿化类型。

(4) 大荆寺环形构造:出露于蔚县与涿鹿县交界处吉家庄。巨型,近圆形,环形构造清晰,环北为山地地貌,环南为盆地地貌。环形构造处于蔚广盆地东北缘,东侧接怀涿盆地,围岩侏罗纪火山-碎屑岩系及长城纪白云岩,蔚县下油涧发现热液型锰矿。

(5) 山旺庄环形构造:位于宣化县山旺庄附近,环形构造清晰,环缘沟谷或色带,环内山地。环的围岩为长城纪高于庄组白云岩,环中心断层将环形构造分为东西两部分,断裂交汇部分有锰的矿化。

(6) 黑山寺环形构造:位于宣化县黑山寺西,环形构造清晰,环缘沟谷,环内山地,正地形,具放射状水系。环的围岩蓟县纪雾迷山组白云岩,环中心为中生代花岗斑岩,与蓟县纪白云岩侵入接触,有锰的矿化

(7) 大田洼环形构造:位于蔚县大田洼附近,出露地层为太古宙片麻岩,长城纪、蓟县纪白云岩及少量侏罗-白垩纪火山岩,第三纪汉诺坝玄武岩等地层,北部有零星的超基性岩和花岗斑岩小岩株出露。大型椭圆,轴向东西,发育弧形断裂,环缘为角岩化形成环形尖棱状山脊。主要矿化为阳原县三义庄铁锌矿。

(8) 梁格庄环形构造:分布在易县梁格庄,中型单环,椭圆,轴向北西,环缘沟谷,环内地势相对较高,围岩蓟县-青白口纪白云岩、白云质灰岩、砂砾岩等,形成于侏罗纪,环形构造与矿有关,主要矿产为铅锌矿。

(9) 玉皇坨环形构造:出露于易县、涞源、顺平、满城四县交界处的玉皇坨一带,大型单环,椭圆形,轴向北西西,环缘为山脊,角岩化蚀变,色调较深,围岩主要为长城纪—蓟县纪白云岩,北侧出露太古宙阜平变质杂岩。发现金银矿化,值得关注。

(10) 矾山环形构造:位于涿鹿县矾山,大型单环,椭圆,轴向东西,环形影像清晰,环缘为环形山脊,环内低洼,地貌上形成洼地。环形构造坐落于偏碱性超基性岩体上,围岩主要是蓟县纪雾迷山组白云岩、白云质灰岩。主要矿产为磷矿、铁矿。

(11) 西陵环形构造:岩性为中元古代透辉岩、角闪石岩,中型单环,椭圆,轴向北北西,南侧弧形山脊,北侧弧形河流。环内出露蓟县纪白云岩、页岩夹薄层石英砂岩,超基性岩侵入其中,矿产有磷、铁、铂。

(12) 银坊环形构造:岩性为中元古代透辉岩、角闪石岩,中型单环,圆形,环缘为弧形陡崖,环内出露高于庄白云质灰岩,超基性岩侵入其中,矿产有磷、铁、铂。

(13) 井儿洼环形构造:位于赤城县西南,田家窑西井儿洼西,侏罗纪火山机构形成的环形构造,小型单环,椭圆,轴向南北,环形影像清晰,圆形山包,具放射状水系。围岩为中侏罗世髫髻山组中基性火山熔岩等,具备成矿地质条件,环形构造北缘有铅锌矿化。

(14) 坊口环形构造:位于怀来县东花园镇东南,坊口村附近,环形构造,环形沟形成,环内山地,正凸起。环内出露侏罗纪髫髻山组中性火山岩等,环西南出露长城纪、蓟县纪白云岩及中生代花岗岩等,环内发现银矿化

(15) 大营子环形构造:位于承德县城西大营子村附近,中型,单环,圆型,影像清晰,环形沟。出露侏罗纪张家口组流纹质火山碎屑岩、流纹岩、粗安岩、粗面岩及潜安山岩等,火山机构型环形构造,环缘

萤石矿化。

（16）小营盘环形构造：大型单环，近圆形，环形沟谷。影像清晰，环形构造明显，环缘为河谷地貌。环形构造中间被北西向张家口断裂切割，一分为二，断裂北部山地、南侧为南部盆地。环内出露太古宙片麻岩、变粒岩、角闪岩等。环的北部发育一系列向北凸起的弧形构造，具鱼鳞状形态。弧形构造受北西向构造控制，走向北西，与区域构造一致，该环具有较好的成矿条件，金矿产地，环内几乎囊括了所有金矿产地，环外金矿寥寥无几。

该成矿带羟基异常（图5-8）主要分布在崇礼县西坪、宣化毛家湾、易县西陵、丰宁满族自治县石人沟、隆化县、平泉、承德、玉田县等地，形成多个异常中心。

该成矿带铁染异常（图5-9）主要分布在涞源、赤城、滦平、兴隆县、宽城县、平泉县等地，形成多个异常中心。

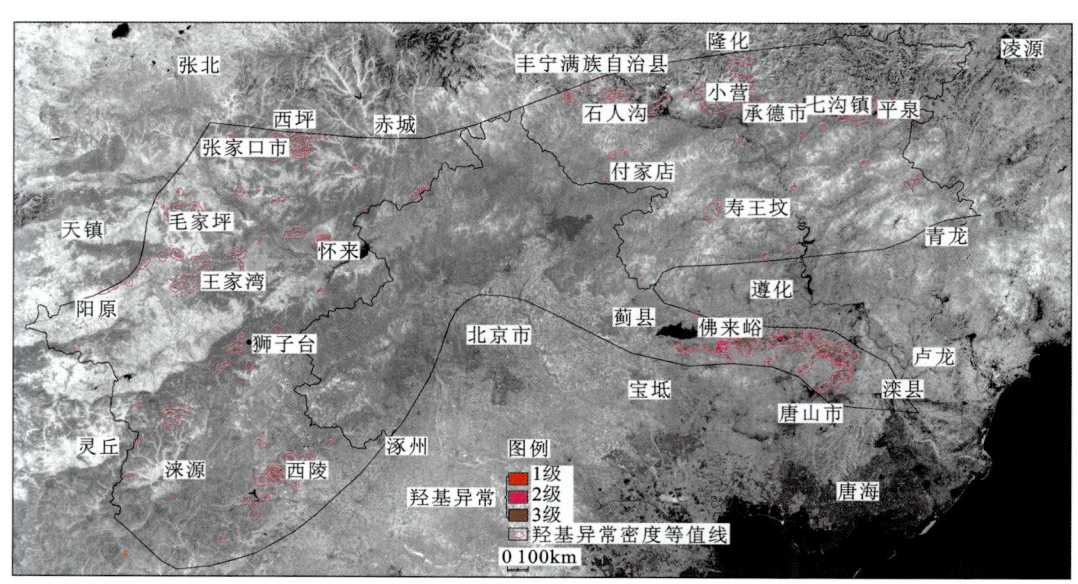

图5-8　张家口-承德成矿带羟基异常图

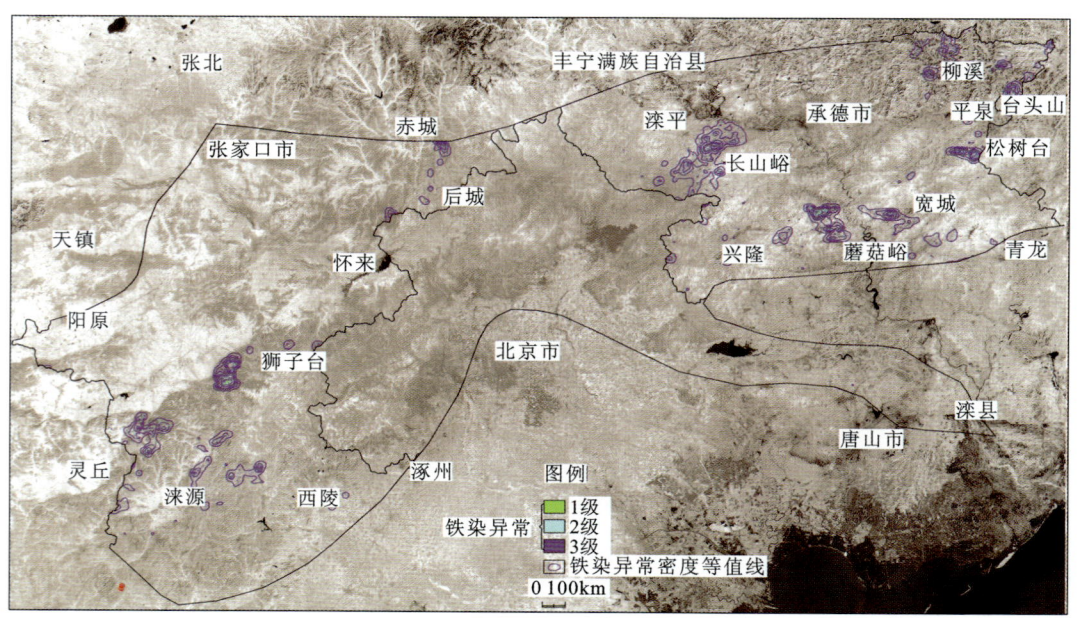

图5-9　张家口-承德成矿带铁染异常图

该成矿带遥感解译构造与铁染异常羟基异常没有明显的套合性,与矿产地套合情况也不理想。该成矿带内铁染与羟基异常可信度较低。

第四节 重要矿种预测评价模型

该成矿带参与预测的矿种为金矿、银矿、磷矿、硫铁矿、钼矿、铅锌矿、铜矿、萤石矿、铬铁矿、锰矿、钨矿等12个矿种。预测类型为斑岩型金矿、沉积变质型磷矿、沉积型硫铁矿、沉积型锰矿、斑岩-矽卡岩型铜钼矿、热液型铅锌矿、沉积型铁矿、岩浆岩型铁矿、沉积变质型铁矿、火山热液型萤石矿,预测亚类为东坪式金矿、马营式磷矿、高板河式铅锌黄铁矿、大岭堡式铁矿。涉及预测工作区27个。

简要叙述如下。

一、高寺台式铬铁矿床预测评价模型

（一）典型矿床预测模型

承德高寺台式铬铁矿典型矿床预测模型见表 5-2 及图 5-10。

表 5-2 承德高寺台式铬铁矿典型矿床预测模型表

预测要素		描述内容	预测要素分类
特征描述		高寺台式岩浆型铬铁矿床	
地质环境	成矿围岩	高寺台超基性岩体	必要
	成矿岩体	高寺台超基性岩体	必要
	岩石类型	自中心向外依次为纯橄榄岩相、辉橄岩相、透辉岩相和角闪岩相。纯橄榄岩相为主体,铬矿化强烈	必要
	控矿构造	大庙-娘娘庙深断裂的次级断裂、构造破碎带和岩体原生、次生裂隙构造	必要
	成矿时代	海西期	必要
	成矿环境	内蒙台背斜与燕山台褶带过渡地带的大庙隆起区	必要
矿床特征	矿体形态	扁豆状、透镜状、脉状和似脉状	重要
	矿石组分	以铬铁矿、铬尖晶石为主,另有少量磁铁矿、钛磁铁矿	次要
	矿石结构	自形中粗粒结构、自形不等粒结构、自形—半自形不等粒结构、他形结构、交代结构、压碎结构	重要
	矿石构造	致密块状、浸染状、同生角砾状、网环状、斑点浸染状、浸染条带构造	重要
	蚀变特征	岩石普通遭受强烈蛇纹石化,其次为碳酸盐化、绿泥石化和滑石化	重要
	控矿条件	矿带的分布严格受岩体内两组剪切配套断裂构造带控制,矿床或矿体则主要出现在配套断裂的次一级断裂内	重要
地球化学特征	1:20万水系沉积物	组合异常为 Cr-Ni-Co-V,异常面积大,呈东西向分布,与岩体分布一致	重要
	1:5万水系沉积物	Cr-Ni-Co-V 组合异常与矿床吻合,具三级浓度分带	重要

续表 5-2

预测要素		描述内容	预测要素分类
地球物理特征	磁异常	1∶10万航磁 ΔT 场反映为有规律的东西向特别尖锐的异常,强度为1800nT左右。1∶5万航磁异常叠加在正磁场背景上,范围较大、形态有椭圆状、透镜状或不规则状,走向近东西向或北东向为主,强度很大,ΔT 极大值达2850nT以上,梯度陡,西北部伴生明显的负值,极小值−450nT。地磁 ΔZ 异常是由数十个小异常组成的庞大异常群,异常群整体为北西向展布,单个异常走向则多为东西向。异常群的东南段,单个异常强度高,一般为5000~7000nT,极大值达万余纳特,高值异常大致排列成北东方向,西北段强度较东南段为低,一般为1000~3000nT,极大值达5000nT左右。地磁形成的局部磁异常或异常群则是钒钛磁铁矿体的反映,磁测资料对矿体有直接的指示作用	重要
	重力异常	1∶20万布格重力异常图上,矿床位于梯级带转折形成的局部升高重力场中,呈舌状向北西突出,剩余重力异常图上,矿床处在局部重力高的边部,推断重力场抬升及形成的局部重力高异常是规模巨大基性杂岩体的反映。1∶20万的重力高是成矿岩体的反映,其间接找矿作用	次要
遥感		羟基、铁染异常与矿床吻合,具有指导意义。解译环形构造对确定岩体有指示意义	次要
自然重砂异常		铬铁矿重砂1级异常,磁铁矿物异常、黄铁矿重砂异常	重要

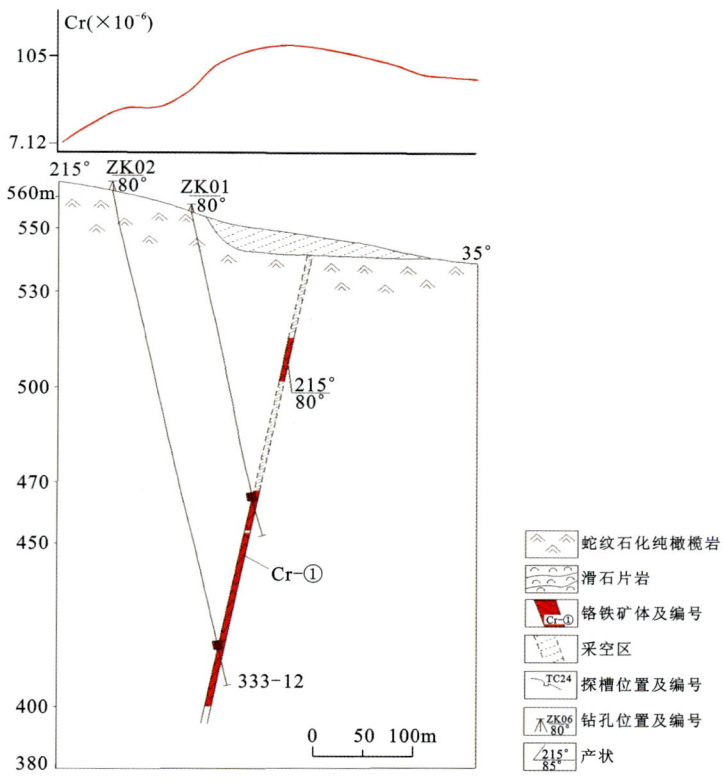

图 5-10　高寺台式铬铁矿预测模型图

(二)区域预测模型

高寺台式铬铁矿区域预测模型见表 5-3 及图 5-11。

表 5-3　高寺台式铬铁矿区域预测模型表

区域预测要素		描述内容	要素分类
特征描述		高寺台式铬铁矿	
区域成矿地质环境	大地构造单元	燕山台褶带	必要
	主要控矿构造	大庙-娘娘庙深断裂的次级断裂	必要
	主要赋矿围岩	海西期超基性岩	必要
	成矿时代	海西期	必要
	控矿侵入岩建造	纯橄榄岩、辉石橄榄岩、橄榄岩、透辉岩、角闪石岩、蛇纹岩	必要
	区域成矿类型及成矿期	与海西期超基性岩有关铬铁矿、磁铁矿床、矿点	必要
	成矿带	四级：Ⅲ-57-② 燕辽（坳陷、拉张）Cu-Mo-Pb-Zn-Ag-Au-Fe-Mn-煤成矿亚带	必要
区域成矿地质特征	控矿侵入岩	海西期超基性岩体	重要
	控矿构造	大庙-娘娘庙深断裂的次级断裂、构造破碎带和岩体原生、次生裂隙构造	次要
	矿石建造	铬铁矿——磁铁矿	重要
	围岩蚀变	岩石普遍遭受强烈蛇纹石化，其次为碳酸盐化、绿泥石化和滑石化	重要
	矿床式	高寺台式	重要
区域地球化学特征	1:20 万水系沉积物	组合异常为 Cr-Ni-Co-V，异常面积大，呈东西向分布，与岩体分布一致	重要
	1:5 万水系沉积物	Cr-Ni-Co-V 组合异常与矿床吻合，具三级浓度分带	重要
区域地球物理特征	磁异常	1:10 万航磁 ΔT 场反映为有规律的东西向特别尖锐的异常，强度为 1800nT 左右。1:5 万航磁异常叠加在正磁场背景上，范围较大、形态有椭圆状、透镜状或不规则状，走向近东西向或北东向为主，强度很大，ΔT 极大值达 2850nT 以上，梯度陡，西北部伴生明显的负值，极小值为－450nT。地磁 ΔZ 异常是由数十个小异常组成的庞大异常群，异常群整体为北西向展布，单个异常走向则多为东西向。异常群的东南段，单个异常强度高，一般为 5000～7000nT，极大值达万余纳特，高值异常大致排列成北东方向，西北段强度较东南段为低，一般为 1000～3000nT，极大值达 5000nT 左右。航磁、地磁形成的局部磁异常或异常群则是钒钛磁铁矿体的反映，磁测资料对矿体有直接的指示作用	重要
	重力异常	1:20 万布格重力异常图上，矿床位于梯级带转折形成的局部升高重力场中，呈舌状向北西突出，剩余重力异常图上，矿床处在局部重力高的边部，推断重力场抬升及形成的局部重力高异常是规模巨大基性杂岩体的反映。1:20 万的重力高是成矿岩体的反映，具间接找矿作用	次要
遥感		羟基、铁染异常与矿床吻合，具有指导意义。解译环形构造对确定岩体有指示意义	次要
自然重砂异常		铬铁矿重砂 1 级异常，磁铁矿物异常、黄铁矿重砂异常	重要

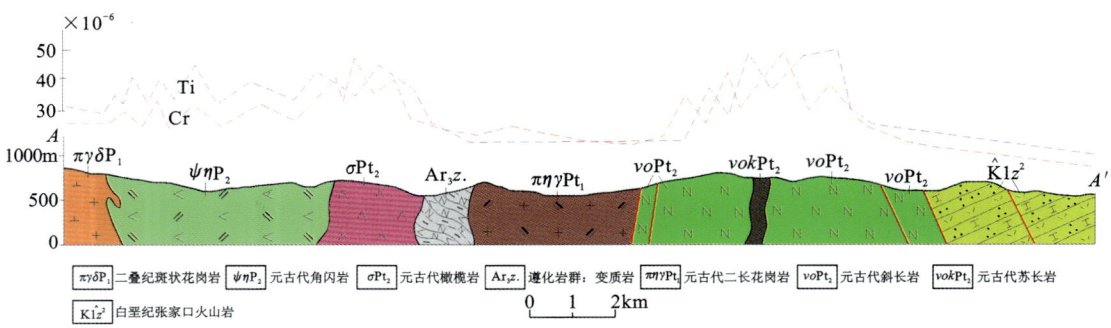

图 5-11 高寺台式铬铁矿区域预测模型图

二、岩浆热液型金矿床预测评价模型

（一）典型矿床预测模型

东坪式岩浆热液型金矿典型矿床预测模型见表 5-4 及图 5-12。

表 5-4 东坪式岩浆热液型金矿典型矿床预测模型表

预测要素		描述内容	预测要素分类
	特征描述	重熔交代岩浆热液型	
地质环境	成矿围岩	桑干群涧沟河组变质岩	必要
	成矿岩体	二长岩、石英二长岩、霓辉二长岩杂岩体	必要
	岩石类型	地层：桑干群涧沟河组变质岩以暗色变粒岩为主。岩性有角闪透辉变粒岩、角闪斜长变粒岩、片麻岩、斜长角闪岩及少量磁铁石英岩和麻粒岩	必要
		岩体：主要由二长岩、石英二长岩、霓辉二长岩组成，其次还有正长岩、石榴二长岩、钾长伟晶岩等	必要
	控矿构造	中山沟-水泉沟北西向隐伏断裂，它控制着矿床的分布，其次级断裂为容矿断裂	必要
	成矿时代	海西晚期	必要
	成矿环境	陆壳深断裂岩浆活动带	必要
矿床特征	矿体形态	矿体呈似层状，局部有分支现象，矿体形态浅部多为单脉矿体。深部多为羽状矿体	重要
	矿石组分	矿床浅部金属矿物组合复杂、种类较多，主要有金属硫化物、碲化物、铁的氧化物、自然金、碲金矿；深部金属矿物组成简单，以黄铁矿为主，次为自然金和铁的氧化物	次要
	矿石结构	自形—半自形粒状结构、交代结构、包含结构、乳滴结构、骸晶结构等	重要
	矿石构造	脉状、网脉状、浸染状、条带状、角砾状等	重要
	蚀变特征	钾长石化、硅化、绢云母化、碳酸盐化、重晶石化、高岭土化及绿帘石化、褐铁矿化等。矿床的形成与前三者关系密切	重要
	控矿条件	深断裂带两侧的张扭构造裂隙	重要
	成矿流体类型及特征	矿体的硫同位素组成 $\delta^{34}S$ 值变化范围为 $-16.30‰ \sim -5.5‰$，平均值为 $-8.9‰$，极差明显，与老地层接近。其硫源主要为变质岩地层经硫改造分馏而来	

续表 5-4

预测要素		描述内容	预测要素分类
地球化学特征	1:20 万水系沉积物	Au、Pb、Ag、W、Mo、Bi 组合异常,其中金元素异常浓集中心明显,具三级分带	重要
	1:5 万水系沉积物	Au 是主要的成矿元素又是直接指示元素,伴生元素以 Pb、Ag、W、Mo、Bi 为主,Au 与伴生元素异常构成同心式分布,其 NAP 值排序为:Au—Pb—Bi—Hg—Mo—Sn—Ag—W	重要
地球物理特征	磁异常	1:20 万航磁 ΔT 剖面平面图、航磁 ΔT 化极等值线平面图上,矿床均处于低缓正磁背景场中,化极垂向一阶导数等值线平面图则为圈出的负磁场区。西部的负磁场可能与水泉沟碱性杂岩体有关,正磁场背景和正磁异常是片麻岩地层或中酸性侵入体的反映。 1:5 万航磁 ΔT 剖面平面图、航磁 ΔT 化极等值线平面图上,矿床均处在较高的正磁背景场中,化极垂向一阶导数等值线平面图上则为圈出的低缓负磁场区。推断南部出现的局部高值磁异常由超基性侵入岩体引起,东北部的正磁异常为隐伏的中性侵入岩体的反映,较高的正磁场背景对应的为片麻岩地层	重要
	重力异常	1:20 万布格重力异常图上,矿床处在重力梯级带发生弯转扭曲形成的重力低值带的边部,剩余重力异常图上,矿床位于重力低与重力高的过渡带中,推断西北部重力高异常为水泉沟碱性正长岩体的反映,东南角重力低为火山沉积盆地,中部北东走向的相对重力高为太古宙变质岩系	次要
遥感		羟基、铁染异常与矿床吻合较差,解译区域构造仅为参考	次要
自然重砂异常		金矿自然重砂 1 级异常,黄铁矿物自然重砂异常	重要

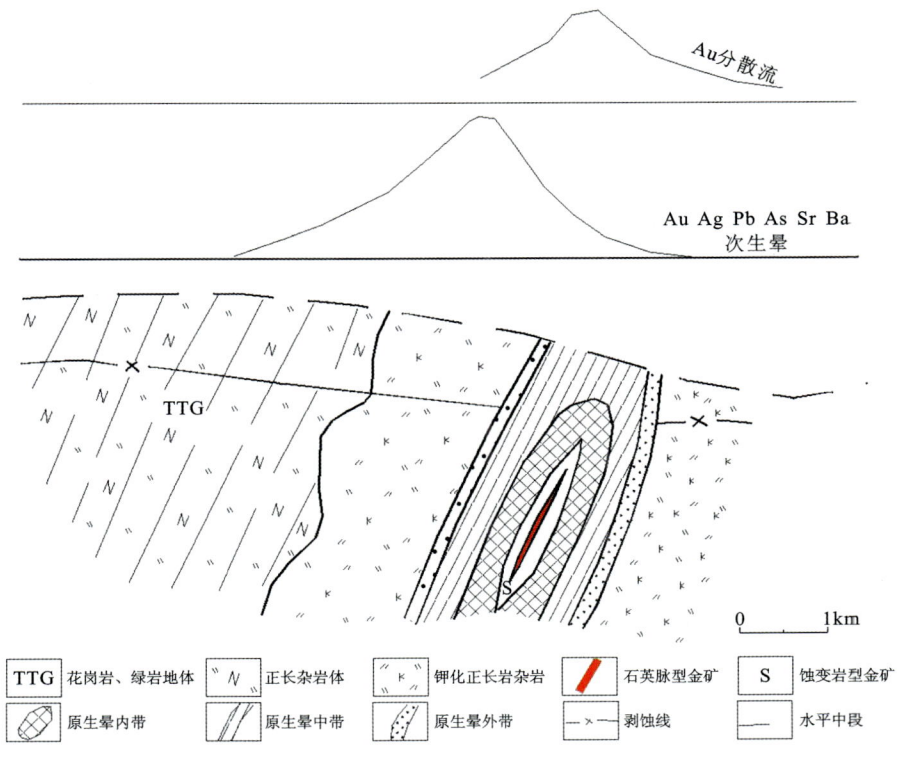

图 5-12 东坪式岩浆热液型金矿预测模型图

（二）区域预测模型

东坪式金矿区域预测模型见表 5-5 及图 5-13。

表 5-5　东坪式金矿区域预测模型表

区域预测要素		描述内容	要素分类
特征描述		岩浆热液型金矿	
区域成矿地质环境	大地构造单元	$Ⅱ_1^{2-3}$ 驿马图后碰撞变质侵入岩杂岩(Pt_1^2)	必要
	主要控矿构造	尚义-赤城深断裂及其次级断裂构造	必要
	主要赋矿地层	太古宇桑干岩群、崇礼岩群、红旗营子群变质岩系	必要
	成矿时代	海西期	必要
	控矿侵入岩建造	西期壳源水泉沟-大南山碱性二长杂岩建造	必要
	区域成矿类型及成矿期	与海西期杂岩体有关的热液型金矿	必要
	成矿带	四级：Ⅲ-57-② 燕辽（坳陷、拉张）Cu-Mo-Pb-Zn-Ag-Au-Fe-Mn-煤成矿亚带	必要
区域成矿地质特征	控矿侵入岩	水泉沟-大南山碱性二长杂岩体	重要
	矿石建造	黄铁矿-方铅矿-黄铜矿-闪锌矿-钼铅矿-镜铁矿-碲铅矿-自然金-银金矿-碲金矿等	重要
	围岩蚀变	钾长石化、硅化、绢云母化、碳酸盐化、绿泥石化	重要
	矿床式	东坪式	重要
区域地球化学特征	1:20万水系沉积物	Au、Pb、Ag、W、Mo、Bi 组合异常，其中金元素异常浓集中心明显，具三级分带	重要
	1:5万水系沉积物	Au 是主要的成矿元素又是直接指示元素，伴生元素以 Pb、Ag、W、Mo、Bi 为主，Au 与伴生元素异常构成同心式分布，其 NAP 值排序为：Au—Pb—Bi—Hg—Mo—Sn—Ag—W	重要
区域地球物理特征	磁异常	1:20万航磁 ΔT 剖面平面图、航磁 ΔT 化极等值线平面图上，矿床均处于低缓正磁背景场中，化极垂向一阶导数等值线平面图则为圈出的负磁场区。西部的负磁场可能与水泉沟碱性杂岩体有关，正磁场背景和正磁异常是片麻岩地层或中酸性侵入体的反映。1:5万航磁 ΔT 剖面平面图、航磁 ΔT 化极等值线平面图上，矿床均处在较高的正磁背景场中，化极垂向一阶导数等值线平面图上则为圈出的低缓负磁场区。推断南部出现的局部高值磁异常由超基性侵入岩体引起，东北部的正磁异常为隐伏的中性侵入岩体的反映，较高的正磁场背景对应的为片麻岩地层	重要
	重力异常	1:20万布格重力异常图上，矿床处在重力梯级带发生弯转扭曲形成的重力低值带的边部，剩余重力异常图上，矿床位于重力低与重力高的过渡带中，推断西北部重力高异常为水泉沟碱性正长岩体的反映，东南角重力低为火山沉积盆地，中部北东走向的相对重力高为太古宙变质岩系	次要
遥感		羟基、铁染异常与矿床吻合较差，解译区域构造仅为参考	次要
自然重砂异常		金矿自然重砂1级异常，黄铁矿物自然重砂异常	重要

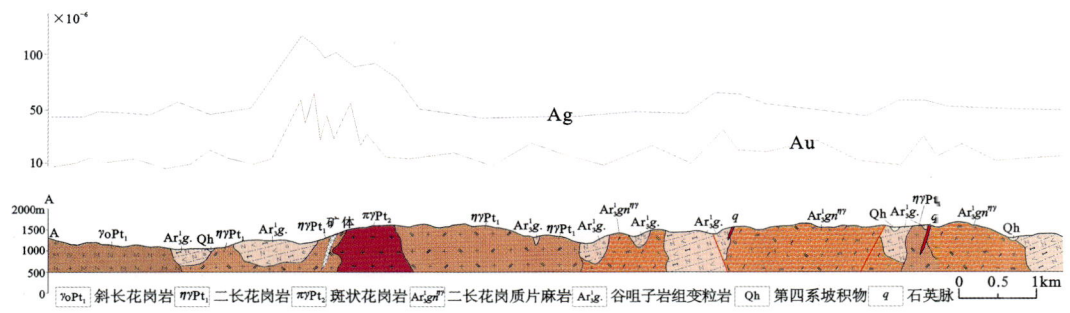

图 5-13　东坪式岩浆热液型金矿区域预测模型图

三、峪耳崖式金矿床预测评价模型

（一）典型矿床预测模型

峪耳崖式岩浆热液型金矿典型矿床预测模型见表 5-6 及图 5-14。

表 5-6　宽城县峪耳崖金矿典型矿床预测模型表

预测要素		描述内容	预测要素分类
特征描述		中温岩浆热液型金矿	
地质环境	成矿围岩	长城系高于庄组	必要
	成矿岩体	中生代燕山期峪耳崖花岗岩体	必要
	岩石类型	地层：下部以泥质白云岩、燧石白云岩为主，夹白云质砂岩、白云质粉砂岩，中部为含锰白云岩、含锰粉砂质白云岩、细晶白云岩和泥晶白云质灰岩；上部为泥质白云岩、灰质白云岩及沥青质白云岩，至顶部有较多的燧石粗粒白云质灰岩	必要
		岩体：花岗岩体	必要
	控矿构造	喜峰口-下板城构造岩浆活动带	必要
	成矿时代	燕山期	必要
	成矿环境	陆壳深断裂岩浆活动带	必要
矿床特征	矿体形态	脉状、扁豆状、长透镜状	重要
	矿石组分	金属矿物主要有黄铁矿、黄铜矿、方铅矿、磁黄铁矿、闪锌矿、黝铜矿、方黄铜矿、辉钼矿以及银金矿、碲金矿、辉银矿、自然金等。脉石矿物主要为石英，其次是斜长石、钾长石、绢云母、方解石等	次要
	矿石结构	晶粒结构、碎裂-压碎结构为主，其次是包含结构、交代结构、填隙结构等	重要
	矿石构造	细脉状、致密块状、斑杂状、条带状构造	重要
	蚀变特征	规模很小，仅沿断裂或裂隙发育，未形成大范围的蚀变带。花岗岩蚀变类型有黄铁矿化、硅化、绢云母化，与成矿关系密切，其次是高岭土化、碳酸盐化、绿泥石化等。沉积岩蚀变类型有大理石化、矽卡岩化、硅化，偶尔有黄铁矿化	重要
	控矿条件	数条北东东—北东向区域性大断裂	重要
	成矿期次划分	矿床的成矿作用划分为 6 个阶段（其中二、三、四、五为主要成矿阶段）：石英—黄铁矿阶段，石英—磁黄铁矿、黄铁矿阶段，中粗粒黄铁矿阶段，细粉末状黄铁矿阶段，多金属硫化物阶段，方解石—黄铁矿阶段	重要
	成矿流体类型及特征	$\delta^{34}S$ 平均为 1.6‰，与陨石硫基本一致，反映热液深部来源的特点	重要

续表 5-6

预测要素		描述内容	预测要素分类
地球化学特征	1∶20万水系沉积物	Au、Bi 为主，具有四级浓度分带，Mo、W、Pb 元素具三级分带	重要
	1∶5万水系沉积物	化探异常以 Au、Bi 为主，具有四级浓度分带；其次为 Mo、W、Pb；具有三级浓度分带；Sn、Cu、Hg、Cd 具有二级浓度分带；U、Zn、Y 规模较小，仅具一级分带。各异常浓集中心基本一致，且与已知矿床对应较好	重要
地球物理特征	磁异常	1∶20万航磁 ΔT 三种图上，矿床均处于北东走向的正磁异常带上。1∶5万航磁与 1∶20万航磁图反映结果基本一致，矿床均处于正磁场中，磁场强度变化较大，主要反映了太古宙变质岩系地层中岩石磁性的差异	次要
	重力异常	1∶20万布格重力异常图上，矿床位于重力场发生扭曲多变的交汇部位，剩余重力异常图上，矿床处在重力高与重力低的弯曲变化过渡带上。推断西南角重力低异常由隐伏的酸性岩体引起。1∶20万航磁 ΔT 三种图上，矿床均处于北东走向的正磁异常带上，正磁异常带与出露的太古宙变质岩系地层吻合，结合地质、重力场综合分析；推断西北角的重力高、磁力低是中新元古代碳酸盐岩地层的反映，东南角重力高、磁力高为超基性岩体所致，重力低背景区、磁场正负过渡低缓区为中新元古代碎屑岩地层分布区，重力高背景区、北东走向带状负磁场区为中新元古代碳酸盐岩地层分布区	次要
遥感		羟基、铁染异常与矿床吻合度一般，解译区域构造仅作为参考	次要
自然重砂异常		金矿、铋矿自然重砂 1 级异常，黑钨矿、辉钼矿、方铅矿自然重砂 2 级异常	重要

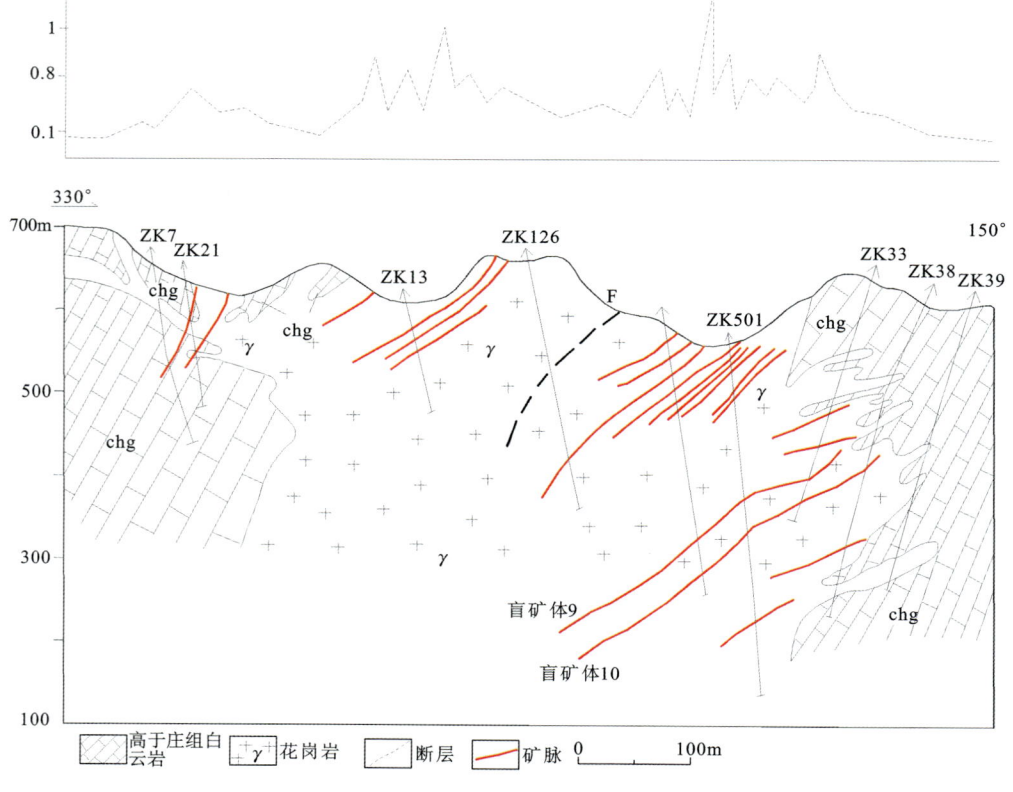

图 5-14 峪耳崖式岩浆热液型金矿预测模型图

（二）区域预测模型

峪耳崖式岩浆热液型金矿区域预测模型见表 5-7 及图 5-15。

表 5-7　峪耳崖式岩浆热液型金矿区域预测模型表

区域预测要素		描述内容	要素分类
特征描述		岩浆热液型金矿床	
区域成矿地质环境	大地构造单元	长州沟夭折谷	必要
	主要控矿构造	东西向构造体系与北东、北北东向构造体系的交汇部位	必要
	主要成矿地层	中元古界长城纪地层	必要
	成矿时代	燕山期	必要
	控矿侵入岩建造	中生代燕山旋回中酸性岩体：花岗岩、二长花岗岩、闪长岩、花岗闪长岩	必要
	区域成矿类型及成矿期	与燕山期中酸性岩有关的金矿	必要
	成矿带	四级：Ⅲ-57-② 燕辽（坳陷、拉张）Cu-Mo-Pb-Zn-Ag-Au-Fe-Mn-煤成矿亚带	必要
区域成矿地质特征	控矿侵入岩	燕山旋回中酸性岩体	重要
	控矿构造	喜峰口-下板城构造岩浆活动带	次要
	矿石组分	黄铁矿、黄铜矿、方铅矿、闪锌矿、辉铜矿、磁黄铁矿等，脉石矿物为石英、长石、绢云母、绿泥石等	重要
	围岩蚀变	规模很小，仅沿断裂或裂隙发育，未形成大范围的蚀变带。花岗岩蚀变类型有黄铁矿化、硅化、绢云母化，与成矿关系密切，其次是高岭土化、碳酸盐化、绿泥石化等。沉积岩蚀变类型有大理石化、矽卡岩化、硅化，偶尔有黄铁矿化	重要
	矿床式	峪耳崖式	重要
区域地球化学特征	1:20 万水系沉积物	Au、Bi 为主，具有四级浓度分带，Mo、W、Pb 元素具三级分带	重要
	1:5 万水系沉积物	化探异常以 Au、Bi 为主，具有四级浓度分带；其次为 Mo、W、Pb，具有三级浓度分带；Sn、Cu、Hg、Cd 具有二级浓度分带；U、Zn、Y 规模较小，仅具一级分带。各异常浓集中心基本一致，且与已知矿床对应较好	重要
区域地球物理特征	磁异常	1:5 万航磁研究区为较高的正磁场背景，磁场强度变化较大，稍高的磁场区为太古宙变质岩系地层区，较弱的磁场区与碳酸盐岩地层区吻合	重要
	重力异常	1:20 万东南角的重力高、磁力高为超基性岩体的反映，其他的重力相对高、磁力低为中新元古界碳酸盐岩的反映，重力低推断为酸性侵入体所致，航磁中部出现的北东走向正磁异常带，与出露的太古宙变质岩系地层吻合	次要
遥感		羟基、铁染异常与矿床吻合度一般，解译区域构造仅作为参考	次要
自然重砂异常		金矿、铋矿自然重砂 1 级异常，黑钨矿、辉钼矿、方铅矿自然重砂 2 级异常	重要

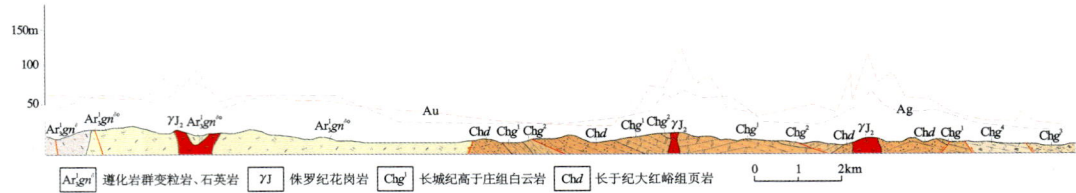

图 5-15 峪耳崖式岩浆热液型金矿区域预测模型图

四、矾山式超基岩型磷矿床预测评价模型

(一)典型矿床预测模型

矾山式超基岩型磷矿典型矿床预测模型见表 5-8 及图 5-16。

表 5-8 矾山式超基岩型磷矿典型矿床预测模型表

预测要素		描述内容	预测要素分类
特征描述		偏碱性超基性岩浆岩型磷矿	
地质环境	成矿围岩	长城—蓟县纪巨厚层白云岩,形成平缓的褶曲,赋矿岩体侵入于次级小向斜中	必要
	成矿岩体	偏碱性超基性-碱性杂岩	必要
	岩石组合	辉石岩、黑云母辉石岩、正长辉石岩、含石榴辉石正长岩、正长岩	必要
	岩体相带	岩体由外向内为榴辉正长岩带、辉石岩及黑云母辉石岩带、磷灰石岩及磁铁磷灰石岩带、辉石正长岩带	必要
	控矿构造	含矿岩体位于上黄旗-乌龙沟深断裂西侧,东西向矾山-南口-兴隆-喜峰口深断裂与矾山背斜轴部之交汇部	必要
	成矿时代	晚古生代华力西期	必要
	成矿岩相	辉石岩、黑云母辉石岩、正长辉石岩	必要
矿床特征	矿体形态	矿体呈半圆弧形,似层状多层产出	重要
	矿石组分	磷灰石、磁铁矿、矾钛磁铁矿、透辉石、黑云母、正长石、钛石榴石	次要
	矿石结构	自形—半自形粒状结构、镶嵌粒状结构和包含结构	重要
	矿石构造	块状、片状、间杂状、云斑状构造	重要
	蚀变特征	黝帘石化、绢云母化、高岭石化、碳酸盐化	重要
地球化学特征	1:5万水系沉积物	矿体被第四系覆盖较厚,化探应无异常,磷异常可能是开采造成	次要
地球物理特征	磁异常	1:5万航磁呈北东—南西向延伸的椭圆形异常,最大值为 1700nT	次要
	重力异常	1:20万重力负异常区	次要
遥感		解译环形构造,对隐伏岩体有指示作用	次要
自然重砂异常		磁铁矿自然重砂1级异常,钛铁矿物自然重砂异常	重要

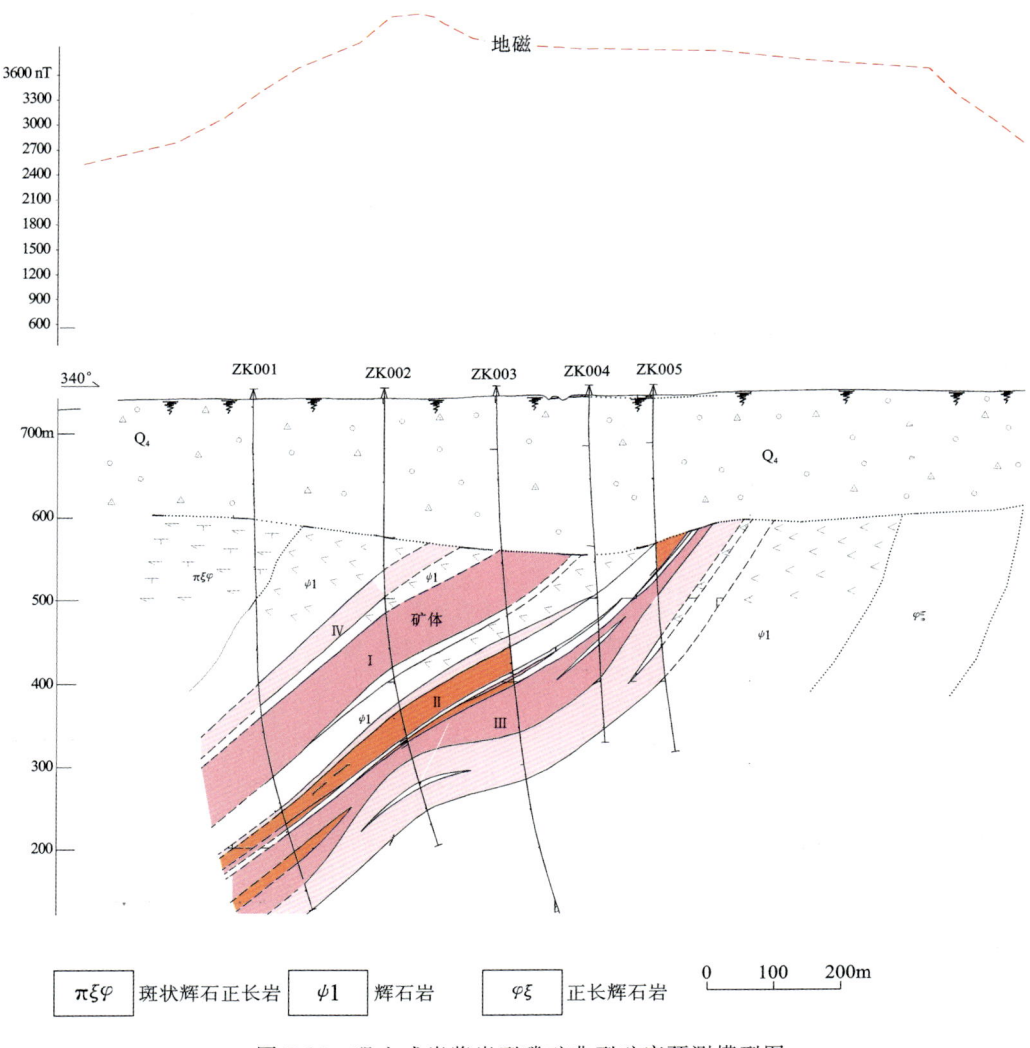

图 5-16 矾山式岩浆岩型磷矿典型矿床预测模型图

(二)区域预测模型

矾山式超基岩型磷矿区域预测模型见表 5-9 及图 5-17。

表 5-9 矾山式超基岩型磷矿区域预测模型表

区域预测要素		描述内容	要素分类
特征描述		偏碱性超基性岩浆岩型磷矿	
区域成矿地质环境	大地构造单元	Ⅱ$_1^{11-10}$ 蓟县夭折裂谷(Pt_2^{1-2})华北陆块,迁西-阜平岩浆弧	必要
	主要控矿构造	上黄旗-乌龙沟深断裂	必要
	主要赋矿地层	长城-蓟县纪巨厚层白云岩,形成平缓的褶曲,赋矿岩体侵入于次级小向斜中	必要
	成矿时代	晚古生代华力西期	必要
	控矿侵入岩建造	辉石岩、黑云母辉石岩、正长辉石岩	必要
	区域成矿类型及成矿期	华力西期偏碱性超基性岩浆岩有关的磷铁矿点	必要
	成矿带	四级:Ⅲ-57-② 燕辽(坳陷、拉张)Cu-Mo-Pb-Zn-Ag-Au-Fe-Mn-煤成矿亚带	必要

续表 5-9

区域预测要素		描述内容	要素分类
区域成矿地质特征	控矿侵入岩	偏碱性超基性-碱性杂岩	重要
	控矿构造	含矿岩体位于上黄旗-乌龙沟深断裂西侧,东西向矾山-南口-兴隆-喜峰口深断裂与矾山背斜轴部之交汇部	次要
	岩体建造	岩体由外向内为榴辉正长岩带、辉石岩及黑云母辉石岩带、磷灰石岩及磁铁磷灰石岩带、辉石正长岩带	重要
	围岩蚀变	黝帘石化、绢云母化、高岭石化、碳酸盐化	重要
	矿床式	矾山式	重要
区域地球化学特征	1:5万水系沉积物	矿被第四系覆盖较厚,化探应无异常,磷异常可能是开采造成	重要
区域地球物理特征	磁异常	1:5万航磁呈北东-南西向延伸的椭圆形异常,最大值为1700nT 1:1万地磁呈半环状椭圆形,与矿体吻合好,最大值为3600nT	重要
	重力异常	1:20万重力负异常区	次要
遥感		隐伏岩体的环状构造明显	次要
自然重砂异常		磁铁矿自然重砂1级异常,钛铁矿物自然重砂异常	重要

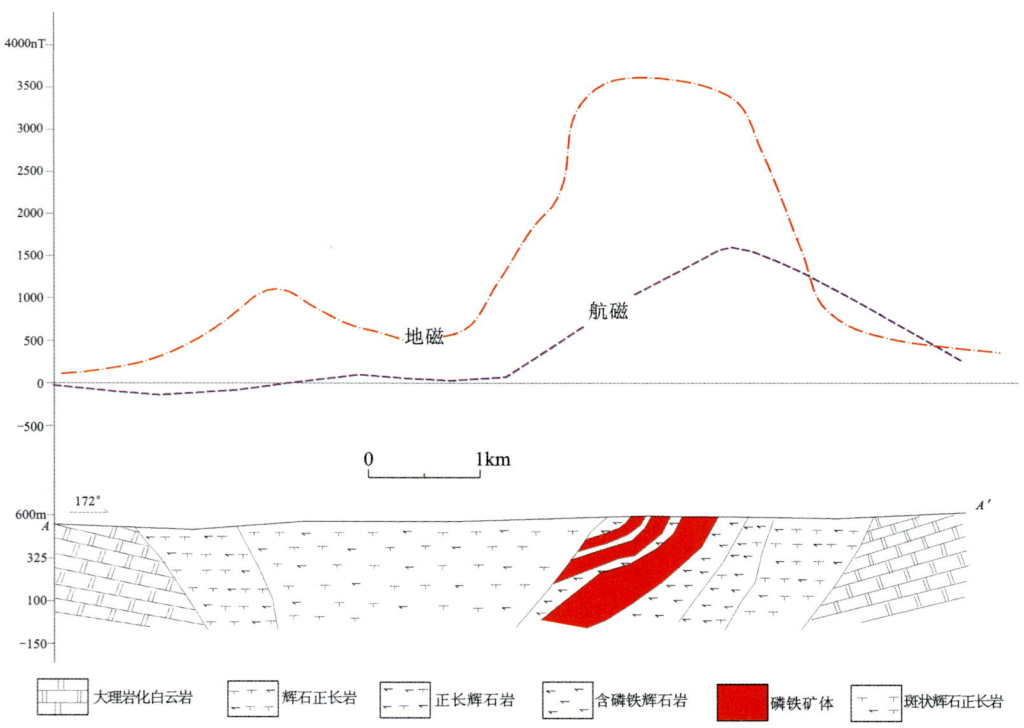

图 5-17 矾山式超基岩型磷矿区域预测模型图

五、招兵沟式变质岩型磷矿床预测评价模型

（一）典型矿床预测模型

招兵沟式变质岩型磷矿典型矿床预测模型见表 5-10 及图 5-18。

表 5-10　招兵沟式变质岩型磷矿典型矿床预测模型表

预测要素		描述内容	预测要素分类
	特征描述	变质岩浆岩型	
地质环境	成矿围岩	矿层赋存于红旗营子群（单塔子群）变质地层中，矿层与地层产状基本一致	必要
	成矿岩体	变质基性-超基性侵入岩	必要
	岩石类型	黑云角闪斜长片麻岩、黑云斜长角闪片麻岩夹含磷钛磁铁矿角闪岩、角闪磷灰石矿及细粒钛磁铁磷灰石矿	必要
	构造背景	矿区位于华北陆块北缘军都山岩浆岩带中部，含矿岩体受尚义-赤城-蓬化、大庙-娘娘庙深大断裂控制	必要
	成矿时代	新太古代晚期	必要
矿床特征	矿体形态	似层状、透镜状	重要
	矿石组分	磷灰石、磁铁矿、钒钛磁铁矿、角闪石、斜长石和紫苏辉石，磷灰石含量与角闪石、黑云母含量成正比	次要
	矿石结构	花岗变晶结构	重要
	矿石构造	片麻状构造、条带状构造等	重要
	赋矿岩石	含磷黑云角闪斜长片麻岩，磷灰石钛磁铁矿角闪岩	重要
地球化学特征	1:5万水系沉积物	1:20 万磷、氟、钛、钒化探异常与矿吻合较好，磷高异常大于 3000×10^{-5}，氟高异常大于 1000×10^{-6}	重要
地球物理特征	磁异常	1:20 万航磁 ΔT 三种图上，矿床均处于圈闭的低缓磁异常中。中部的重力高、磁力高是黑山嘴基性-超基性岩体的反映，西北部的重力低与出露的酸性岩体吻合，东侧的相对重力低值区为中生代火山岩分布区，重力高的背景场反映的是太古宙变质岩地层。1:5万航磁 ΔT 三种图上，矿床均处在东西向较强磁异常带中，中部的较强磁异常带是铁磷矿带的反映，南北两侧的相对降低磁场区为基性-超基性侵入岩体的反映。由勘探剖面图可见：在铁磷矿体上方磁场只有逐渐升高趋势，但并无明显强磁异常出现，这是由于受地形影响所致。1:5万航磁对寻找该类型铁磷矿具有直接的指示作用，磁场高背景区为赋矿地层——太古宙变质岩系的反映，局部近东向展布的磁异常带为磷铁矿带的反映	重要
	重力异常	1:20 万布格重力异常图上，矿床位于北东向重力梯级带突发膨胀的渐变部位，剩余重力异常图上，矿床处在北北东向重力高的边部	次要
遥感		羟基、铁染异常与矿床吻合较差。无指示作用	次要
自然重砂异常		矿重砂1级异常，矿物异常	重要

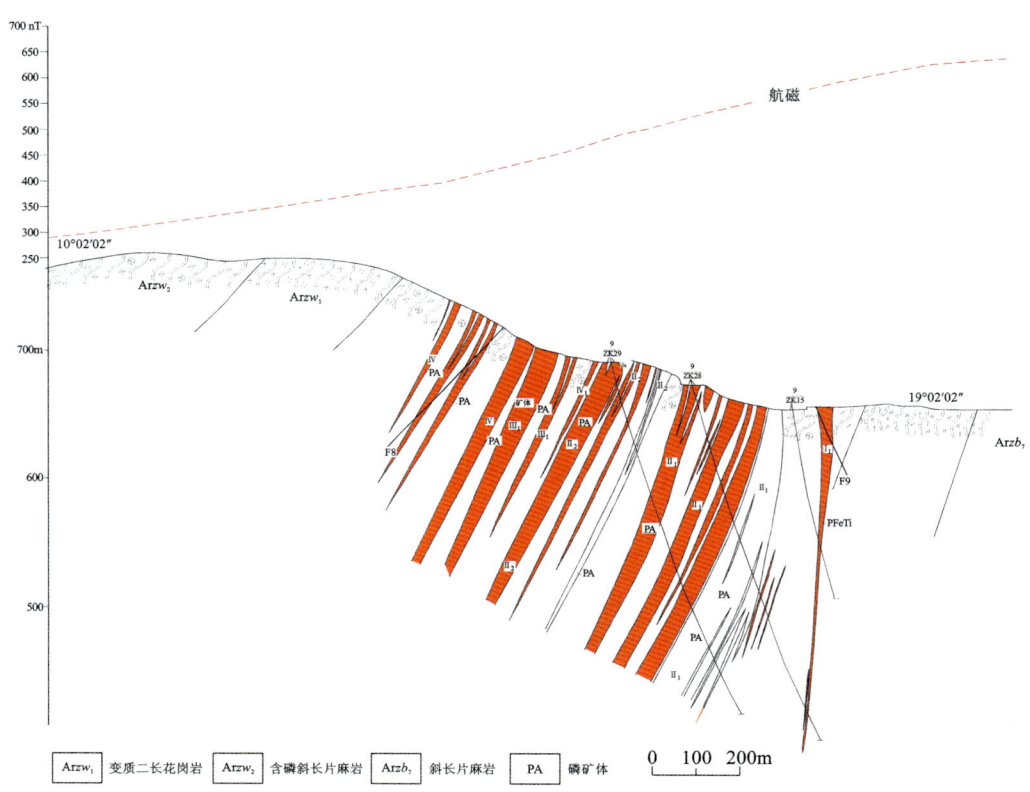

图 5-18　招兵沟式变质岩型磷矿典型矿床预测模型图

（二）区域预测模型

招兵沟式变质岩型磷矿区域预测模型见表 5-11 及图 5-19。

表 5-11　招兵沟式变质岩型磷矿区域预测模型表

区域预测要素		描述内容	要素分类
特征描述		变质岩浆岩型磷矿	
区域成矿地质环境	大地构造单元	II_1^{2-3} 驿马图后碰撞变质侵入岩杂岩（Pt_1^2）	必要
	主要控矿构造	华北陆块北缘军都山岩浆岩带中部，含矿岩体受尚义-赤城-隆化、大庙-娘娘庙深大断裂控制	必要
	主要赋矿地层	矿层赋存于红旗营子群（单塔子群）变质地层中，矿层与地层产状基本一致	必要
	成矿时代	新太古代晚期	必要
	区域成矿类型及成矿期	与新太古代变质岩浆岩有关磷矿点	必要
区域成矿地质特征	赋矿岩	含磷黑云角闪斜长片麻岩，磷灰石钛磁铁矿角闪岩	重要
	控矿构造	含矿岩体受尚义-赤城-隆化、大庙-娘娘庙深大断裂控制	次要
	矿石建造	含磷黑云角闪斜长片麻岩，磷灰石钛磁铁矿角闪岩	重要
	围岩蚀变	绿帘石化	重要
	矿床式	招兵沟式	重要

续表 5-11

区域预测要素		描述内容	要素分类
区域地球化学特征	1:5万水系沉积物	具磷、钒、钴组合异常,异常强度不高,为低缓异常	重要
区域地球物理特征	磁异常	1:20万航磁 ΔT 三种图上,矿床均处于圈闭的低缓磁异常中。中部的重力高、磁力高是黑山嘴基性-超基性岩体的反映,西北部的重力低与出露的酸性岩体吻合,东侧的相对重力低值区为中生代火山岩分布区,重力高的背景场反映的是太古宙变质岩地层。 1:5万航磁研究区以稍高的正磁场为背景,矿床均处在东西向较强磁异常带中,推断较强磁异常带是铁磷矿带的反映,南北两侧的相对降低磁场区为基性-超基性侵入岩体的反映。1:5万航磁异常呈近东西向椭圆形,最大值为 1000nT	次要
	重力异常	1:20万布格重力异常图上,矿床位于北东向重力梯级带突发膨胀的渐变部位,剩余重力异常图上,矿床处在北北东向重力高的边部	重要
遥感		解译构造及异常仅为参考,对该类矿床无指示意义	次要
自然重砂异常		磁铁矿自然重砂异常,磷灰岩矿物异常	重要

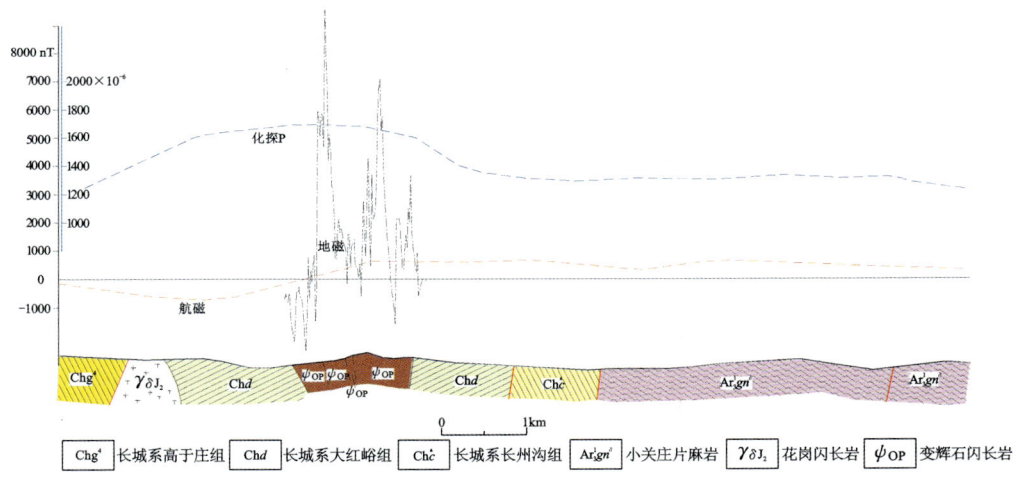

图 5-19 招兵沟式变质岩型磷矿区域预测模型图

六、荞麦川式海相沉积型硫铁矿预测评价模型

(一)典型矿床预测模型

荞麦川式海相沉积型硫铁矿典型矿床预测模型见表 5-12 及图 5-20。

表 5-12　荞麦川式海相沉积型硫铁矿典型矿床预测模型表

预测要素		描述内容	预测要素分类
特征描述		滨海-浅海相沉积型矿床	
地质环境	成矿围岩	青白口系下马岭组	必要
	岩石类型	地层：青白口系下马岭组页岩、砾岩	必要
	控矿构造	荞麦川向斜是马家庙背斜东翼之次一级构造	必要
	成矿时代	新元古代青白口纪下马岭期	必要
	成矿环境	浅滨海还原环境	必要
矿床特征	矿体形态	矿体呈层状、似层状产出	重要
	矿石组分	黄铁矿	次要
	矿石结构	自形—半自形结构	重要
	矿石构造	角砾状构造、浸染状构造、块状构造	重要
	蚀变特征	近矿围岩无蚀变	重要
	控矿条件	黄铁矿赋存于蓟县系铁岭组侵蚀面之上、下马岭组底部含矿带中	重要
地球化学特征	1:5万水系沉积物	有硫、钴、金、锰等化学元素异常	重要
地球物理特征	磁异常	1:20万航磁 ΔT 化极等值线平面图上，矿床均处于低缓正磁场上，反映碳酸盐岩地层。1:5万航磁 ΔT 三种图上，矿床处在正磁异常的边部，正磁异常由隐伏中酸性岩浆岩体引起，与矿床的关系有待研究	重要
	重力异常	1:20万布格重力异常图上，矿床位于一重力负场的边部。剩余重力异常图上，矿床位于北西向重力高的边缘，两者均反映中新元古代碳酸盐岩地层的特征，说明矿床形成受此地层控制	次要
遥感		无羟基、铁染异常显示，解译区域构造仅为参考	次要
自然重砂异常		黄铁矿重砂异常广泛发育	重要

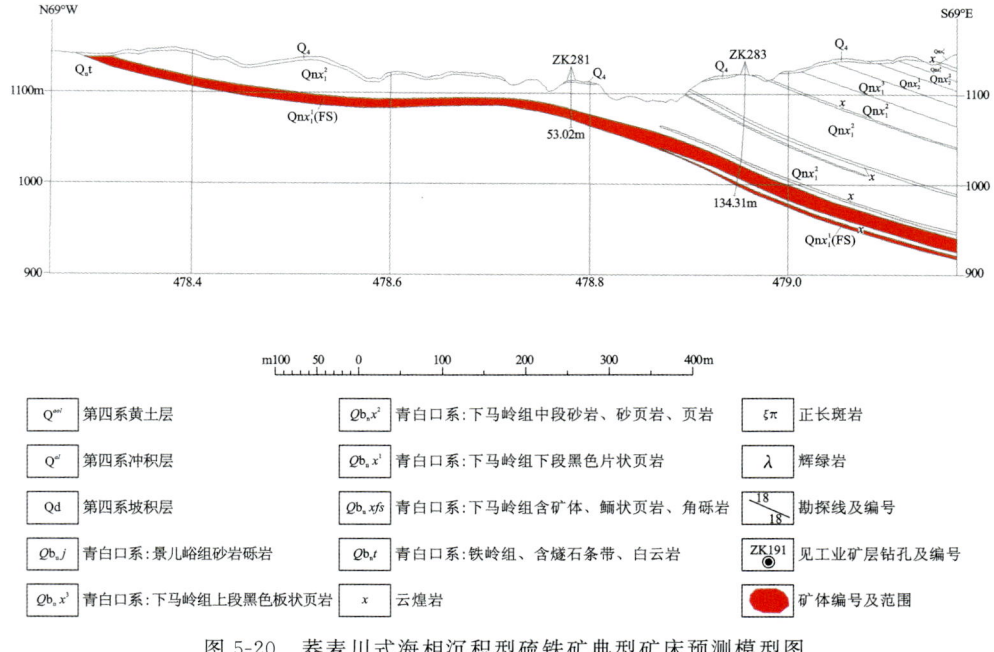

图 5-20　荞麦川式海相沉积型硫铁矿典型矿床预测模型图

（二）区域预测模型

荞麦川式海相沉积型硫铁矿区域预测模型见表 5-13 及图 5-21。

表 5-13　荞麦川式海相沉积型硫铁矿区域预测模型表

区域预测要素		描述内容	要素分类
	特征描述	荞麦川式海相沉积型矿床	
区域成矿地质环境	大地构造单元	$\mathrm{II}_1^{11\text{-}10}$ 蓟县夭折裂谷（$Pt_2^{1\text{-}2}$）	必要
	成矿位置	五台-太行岩浆弧及燕山裂谷交界部位	必要
	主要赋矿地层	青白口系下马岭组页岩—粉砂岩	必要
	成矿时代	青白口纪	必要
	区域成矿类型及成矿期	与青白口系下马岭组有关沉积型矿产	必要
	成矿环境	浅滨海还原环境	必要
区域成矿地质特征	岩相古地理	古沉积盆地	
	控矿条件	封闭的海底凹陷盆地	次要
	矿石组合	黄铁矿	重要
	围岩蚀变	无近矿围岩蚀变	重要
	矿床式	荞麦川式	重要
区域地球化学特征	1:20 万水系沉积物	无异常	重要
	1:5 万水系沉积物	硫元素异常	重要
区域地球物理特征	磁异常	低缓正磁异常	次要
	重力异常	负重力场，剩余重力高	次要
遥感		羟基、铁染无异常	次要
自然重砂异常		黄铁矿重砂 1 级异常	重要

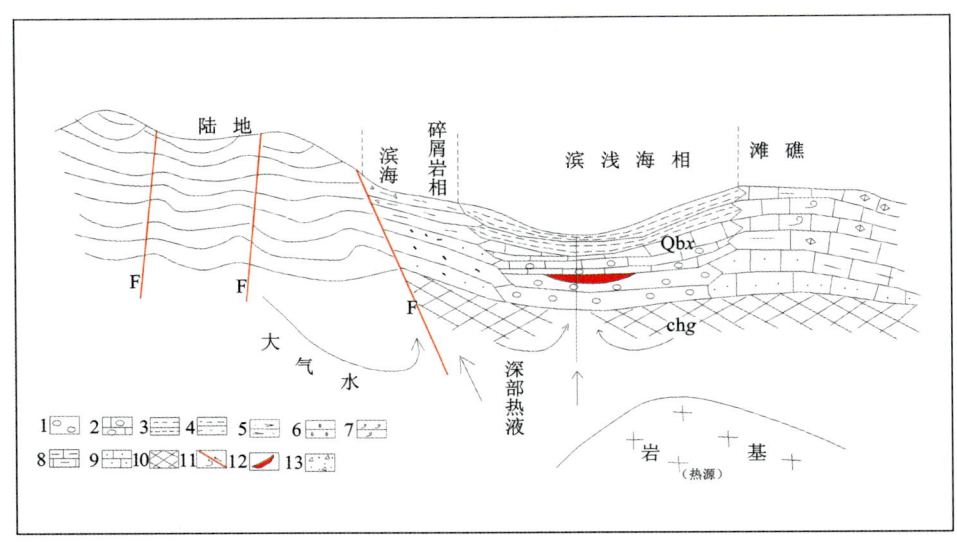

图 5-21 荞麦川式海相沉积型硫铁矿区域预测模型示意图

1.角砾岩；2.含砾泥灰岩；3.鲕状页岩；4.砂岩、细砂岩；5.含砾砂岩；6.礁灰岩；7.生物灰岩；8.泥质灰岩；
9.灰岩；10.高于庄组白云岩；11.同生断层及热液流动方向；12.硫铁矿体；13.同生角砾岩

七、高板河式海相沉积型硫铁矿、铅锌矿预测评价模型

（一）典型矿床预测模型

高板河式海相沉积型硫铁矿、铅锌矿典型矿床预测模型见表 5-14 及图 5-22。

表 5-14 高板河式海相沉积型硫铁矿、铅锌矿典型矿床预测模型表

预测要素		描述内容	预测要素分类
特征描述		海相沉积的黄铁矿、铅锌矿矿床	
地质环境	成矿地层	长城系高于庄组含锰白云岩	必要
	岩石类型	高于庄组含锰白云岩	必要
	控矿条件	封闭的海底凹陷盆地	必要
	成矿时代	长城纪	必要
	成矿环境	燕山台褶带北部马兰峪大背斜的北翼	必要
矿床特征	矿体形态	矿体呈层状、似层状产出	重要
	矿石组分	金属矿物主要为黄铁矿、闪锌矿、方铅矿，脉石矿物以白云石为主，次为方解石	次要
	矿石结构	胶状结构、隐晶状结构、自形—他形晶粒状结构、微莓球状结构、放射状、球粒状结构、花岗状变晶结构及变胶状结构、交代结构等	重要
	矿石构造	层纹状、条带状、致密块状、肾状、角砾状、斑状、团斑状、浸染状、脉状、网脉状等	重要
	蚀变特征	无近矿围岩蚀变	重要
地球化学特征	1:5万水系沉积物	区内 Pb、Zn、Cd 出现强内带，Mo、As、Hg、Sb、Mn、B 为中外带异常，且主要成矿元素 Pb、Zn、Cd 异常形态及分布范围极为一致，W、Mo、As 异常与主要成矿元素也有较好的套合关系	重要

续表 5-14

预测要素		描述内容	预测要素分类
地球物理特征	磁异常	1:20 万航磁 ΔT 三种图上,矿床均处于低缓正或负磁场交界处。推断东西向的重力低值带是中新元古代海相沉积盆地的反映,其中的局部重力高对应的为中酸性岩体;南侧的重力高与太古宙变质岩地层吻合,南部边缘的重力低、磁力高为燕山期花岗岩的反映。1:5 万航磁 ΔT 剖面平面图、化极等值线平面图和化极垂向一阶导数等值线平面图上,矿床均处在低缓负磁背景场中。推断大范围负磁场区为中新元古界地层的反映,北东部相对升高磁场区为中酸性岩体的反映	次要
	重力异常	1:20 万布格重力异常图上,矿床位于近东西向重力低值区的边部,剩余重力异常图上,矿床处在东西走向的重力低异常带中	次要
遥感		羟基、铁染异常无显示,解译区域构造仅为参考	次要
自然重砂异常		方铅矿重砂 1 级异常,黄铁矿自然重砂异常	重要

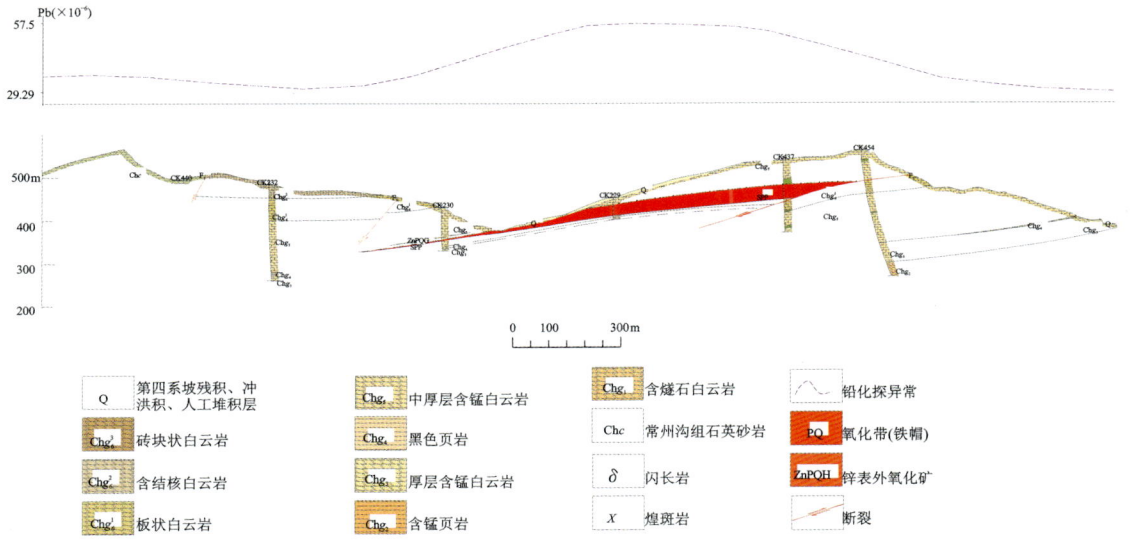

图 5-22 高板河式海相沉积型硫铁矿、铅锌矿典型矿床预测模型图

(二) 区域预测模型

高板河式海相沉积型硫铁矿、铅锌矿区域预测模型见表 5-15 及图 5-23。

表 5-15 高板河式海相沉积型硫铁矿、铅锌矿区域预测模型表

区域预测要素		描述内容	要素分类
	特征描述	高板河式 Sedex 型铅锌硫铁矿床	
区域成矿地质环境	大地构造单元	兴隆坳陷	必要
	控矿条件	封闭的海底凹陷盆地	必要
	主要赋矿地层	长城系高于庄组碳酸盐岩	必要
	成矿时代	中元古代	必要
	成矿环境	燕山台褶带北部马兰峪大背斜的北翼-兴隆凹陷	必要
	区域成矿类型及成矿期	与中元古界高于庄组沉积地层有关沉积矿产	必要

续表 5-15

区域预测要素		描述内容	要素分类
区域成矿地质特征	岩相古地理	受古地理环境控制,潟湖相沉积环境	重要
	地化背景	铅锌高背景区,与有机质含量正相关	次要
	矿石建造	粉砂岩-砂质白云岩-硫铁矿、铅锌矿-白云岩	重要
	围岩蚀变	无围岩蚀变	重要
	矿床式	高板河式	重要
区域地球化学特征	1:5万水系沉积物	区内 Pb、Zn、Cd 出现强内带,Mo、As、Hg、Sb、Mn、B 为中外带异常,且主要成矿元素 Pb、Zn、Cd 异常形态及分布范围极为一致,W、Mo、As 异常与主要成矿元素也有较好的套合关系	重要
区域地球物理特征	磁异常	1:20万航磁 ΔT 三种图上,矿床均处于低缓正或负磁场交界处。推断东西向的重力低值带是中新元古代海相沉积盆地的反映,其中的局部磁力高对应的为中酸性岩体;南侧的重力高与太古宙变质岩地层吻合,南部边缘的重力低、磁力高为燕山期花岗岩的反映。1:5万航磁 ΔT 剖面平面图、化极等值线平面图和化极垂向一阶导数等值线平面图上,矿床均处在低缓负磁背景场中。推断大范围负磁场区为中新元古界地层的反映,北东部相对升高磁场区为中酸性岩体的反映	次要
	重力异常	1:20万布格重力异常图上,矿床位于近东西向重力低值区的边部,剩余重力异常图上,矿床处在东西走向的重力低异常带中	次要
遥感		无羟基、铁染异常显示,无指示作用	次要
自然重砂异常		方铅矿自然重砂 1 级异常,黄铁矿物异常	重要

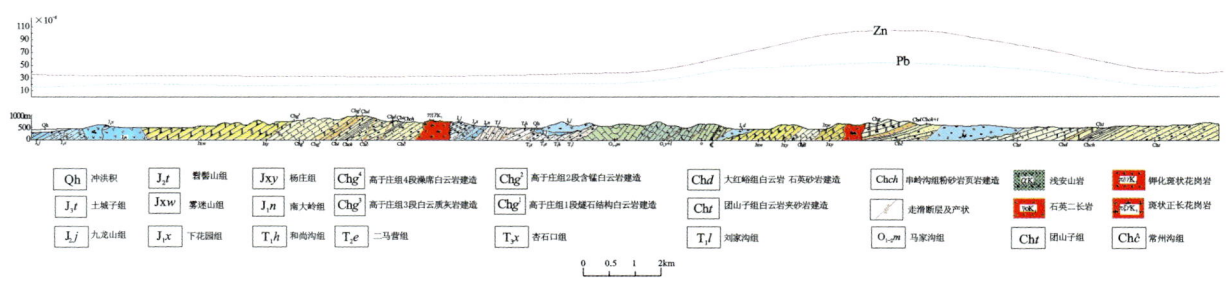

图 5-23 高板河式海相沉积型硫铁矿铅锌矿区域预测模型图

八、相广式次火山热液型锰矿预测评价模型

（一）典型矿床预测模型

相广式次火山热液型锰矿典型矿床预测模型见表 5-16 及图 5-24。

表 5-16　相广式次火山热液型锰矿典型矿床预测模型表

预测要素		描述内容	预测要素分类
特征描述		次火山热液锰矿	
地质环境	成矿围岩	侏罗系张家口组三段、后城组	必要
	成矿岩体	中生代燕山期花岗斑岩	必要
	岩石类型	地层：张家口组三段分两个岩层，一岩层下部为灰紫色含砾熔结凝灰岩；上部为灰紫色、浅红色玻屑熔结凝灰岩；二岩层下部为浅粉色、灰紫色含砾熔结凝灰岩；上部为灰、灰白灰紫色玻屑熔结凝灰岩	必要
		岩体：花岗斑岩岩床	必要
	控矿构造	紫荆关-上黄旗北北东向构造岩浆岩带	必要
	成矿时代	燕山期	必要
	成矿环境	陆壳深断裂岩浆活动带	必要
矿床特征	矿体形态	脉状，沿走向及倾向具分支复合、尖灭再现、侧现等特点	重要
	矿石组分	金属矿物主要为：硬锰矿、铅硬锰矿、软锰矿、溴角银矿、氯溴银矿、溴银矿、辉银矿、自然银、碘银矿、银金矿等。脉石矿物主要为石英、长石、绢云母、高岭土、蛇纹石等	次要
	矿石结构	他形粒状、胶状、纤维状、叶片状等结构	重要
	矿石构造	脉状、网脉状、块状、角砾状等构造	重要
	蚀变特征	成矿早期出现沿裂隙带两侧的热液蚀变，严格受构造控制，具线型蚀变特征。主要有硅化、高岭土化、锰矿化、褐铁矿化、黄钾铁矾化、绢云母化等。成矿晚期主要有锰矿化、褐铁矿化及碳酸盐化等	重要
	控矿条件	多条北东向及北北东向的大型断裂构造	重要
地球化学特征	1:20万水系沉积物	银元素异常具三级浓度分带。Mn、Ag、Bi、Pb、Sb组合异常，面积较大，套合较好	重要
	1:5万水系沉积物	Mn、Ag、Bi、Pb、Sb等元素套合较好，与矿床的空间对应较一致	重要
地球物理特征	磁异常	在1:5万航磁 ΔT 图上，矿床范围内以大面积低缓平静的负磁场为主，北区域性负磁场是太古界基底的反映。结合地质、重力场综合分析：大面积的负磁场与北北东向展布的重力负异常是中生界火山碎屑岩和中新元古界碳酸盐岩地层的反映，而两侧正的剩余异常则反映了中新元古代地层的出露区。在1:5万航磁 ΔT 图上，矿床处于低缓的负磁场之中，磁场强度变化不大，主要反映了相广中生代断陷盆地的特征	次要
	重力异常	在1:5万布格重力异常和重力剩余异常图上，矿床处于重力梯度变化带上，重力负异常呈北北东向展布。火山碎屑岩与碳酸盐岩岩石密度有差异，可引起重力负异常，与相广中生代断陷盆地吻合	次要
遥感		羟基、铁染异常与矿床吻合较好	次要
自然重砂异常		锰矿重砂2级异常，银矿物自然重砂异常	重要

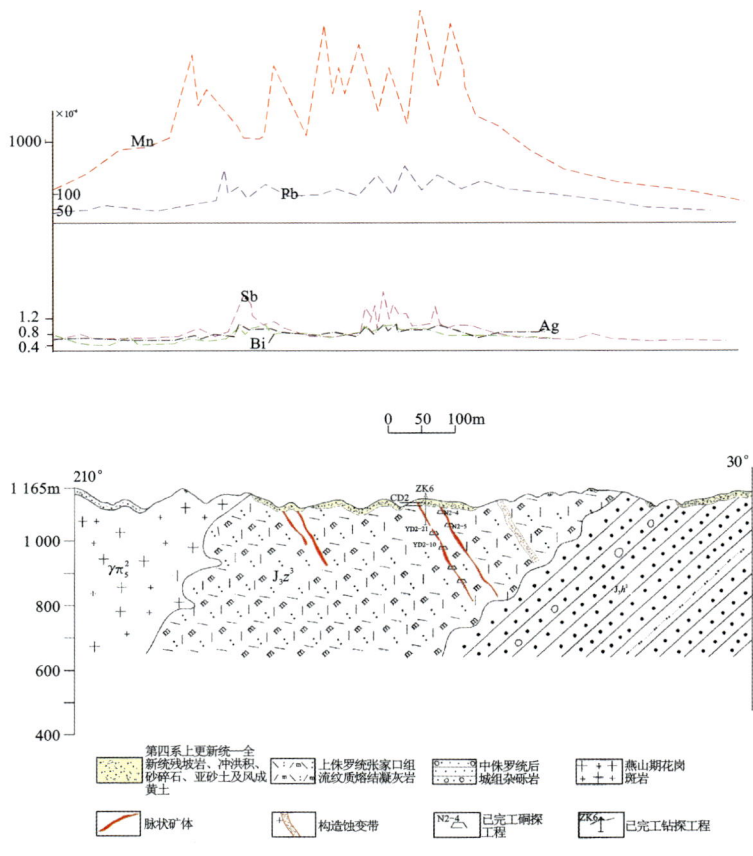

图 5-24　相广式次火山热液型锰矿典型矿床预测模型图

(二) 区域预测模型

相广式次火山热液型锰矿区域预测模型见表 5-17 及图 5-25。

表 5-17　相广式次火山热液型锰矿区域预测模型表

区域预测要素		描述内容	要素分类
特征描述		相广式锰银矿床	
区域成矿地质环境	大地构造单元	燕山台褶带	必要
	主要控矿构造	紫荆关-上黄旗北北东向构造岩浆岩带	必要
	主要赋矿地层	中元古界蓟县系雾迷山组、长城系高于庄组碳酸盐系、下白垩统张家口组火山-次火山岩系、上侏罗统土城子组砂砾岩等	必要
	成矿时代	中生代燕山期	必要
	控矿侵入岩建造	花岗斑岩	必要
	区域成矿类型及成矿期	与燕山期花岗斑岩有关的锰银矿点	必要

续表 5-17

区域预测要素		描述内容	要素分类
区域成矿地质特征	控矿侵入岩	中生代燕山期中酸性杂岩体；花岗斑岩、钾长花岗岩、石英花岗斑岩、石英斑岩	重要
	控矿构造	大河南-大海坨构造岩浆岩带及次级北西向断裂，火山-次火山岩，区域北东向断裂及其次级构造控制	次要
	围岩蚀变	硅化、锰矿化、高岭土化、褐铁矿化、黄钾铁矾化、绢云母化及碳酸盐化	重要
	矿床式	相广式	重要
区域地球化学特征	1:20万水系沉积物	Mn、Ag、Bi、Pb、Sb 组合异常，单元素具三级浓度分带	重要
	1:5万水系沉积物	锰元素高背景-异常带呈北西向沿测区头百户—齐家庄一带以南大面积分布，其次在相广-黑山寺锰矿区大面积分布。太平庄—武家沟一带背景分布，向北缘过渡为低背景。武家沟—大堡及测区东部东小庄—矾山—孙庄子一带及黑山寺—卧佛寺以东一带分布负异常带	重要
区域地球物理特征	磁异常	航磁圈定侵入岩体16处，其中超基性岩体1处，中酸性岩体15处；属于隐伏岩体8处，半隐伏岩体8处。早白垩世酸性岩与成矿热液型锰矿关系密切	次要
	重力异常	1:20万重力负异常区	重要
遥感		遥感解译与隐伏岩体有关的环形构造分布在怀安县山旺庄、宣化县深井镇、涿鹿县黑山寺等地，围岩为长城系、蓟县系白云岩夹砂岩组合。环形构造与锰矿相关	次要
自然重砂异常		锰组合矿物的异常下限值为≥31。确定锰矿物异常16个，1级异常2个，2级异常4个，3级异常10个。本区锰矿物可能来自两个方面，一是中—新元古代海相沉积含锰地层；二是由火山热液充填形成的锰矿床。后者在样品矿物含量分布中，表现为中等含量。根据预测矿种、预测类型，火山热液充填作用形成的锰矿物富集，是重点关注对象	重要

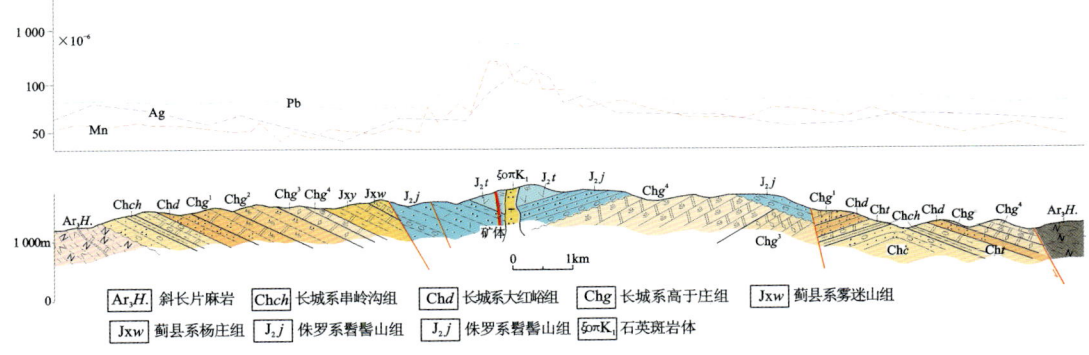

图 5-25 相广式次火山热液型锰矿区域预测模型图

九、秦家峪式沉积型锰矿预测评价模型

（一）典型矿床预测模型

秦家峪式沉积型锰矿典型矿床预测模型见表 5-18 及图 5-26。

表 5-18 秦家峪式沉积型锰矿典型矿床预测模型表

预测要素		描述内容	预测要素分类
	特征描述	浅海-滨海沉积锰矿	
地质环境	成矿地层	中元古界长城系高于庄组三段	必要
	岩石类型	地层：一段为燧石条带白云岩,砂、泥质白云岩夹粉砂质页岩。二段为含砂屑白云岩夹粉砂质页岩。三段为含锰粉砂岩、页岩,微晶白云岩,为含锰矿层。四段为厚层隐晶、燧石团块白云岩。五段为中厚层白云岩	必要
	控矿背景	壁障性局限海湾盆地	必要
	成矿时代	中元古代长城纪高于庄期	必要
	成矿环境	滨海-浅海相	必要
矿床特征	矿体形态	层状	重要
	矿石组分	金属矿物为硬锰矿、褐锰矿、菱锰矿、褐铁矿、赤铁矿等。非金属矿物主要为白云石、石英等	次要
	矿石结构	细粒结构、隐晶结构等	重要
	矿石构造	似层状构造	重要
	蚀变特征	近矿围岩无蚀变	重要
	控矿条件	中元古界长城系高于庄组含锰砂岩、页岩、白云岩地层	重要
地球化学特征	1:5万水系沉积物	矿床位于 Mn 元素地球化学异常 818.9×10^{-6} 等值线的拐点处	重要
地球物理特征	磁异常	1:5万航磁 ΔT 等值线平面图上,矿床范围内为正磁异常,正磁异常由变质岩引起,异常轴向为北东向,梯度变化中等	次要
	重力异常	1:5万布格重力异常图上,矿床处于重力梯度变化带上。布格重力异常在结晶基底隆起区异常值较高,在中生代、新生代火山盆地区异常值较低。剩余重力异常与上述情况相吻合	次要
遥感		羟基、铁染异常无显示	次要
自然重砂异常		锰矿自然重砂 1 级异常	重要

第五章 张家口-承德成矿区预测成果

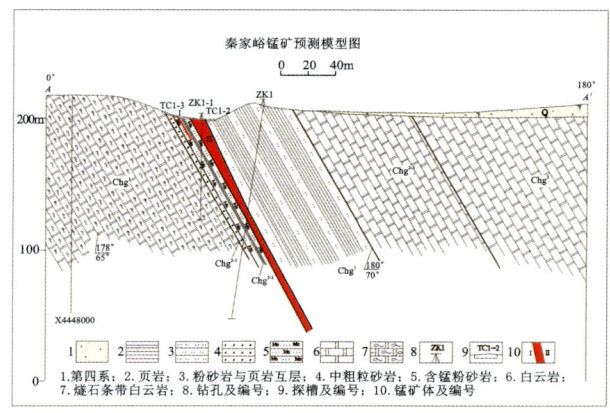
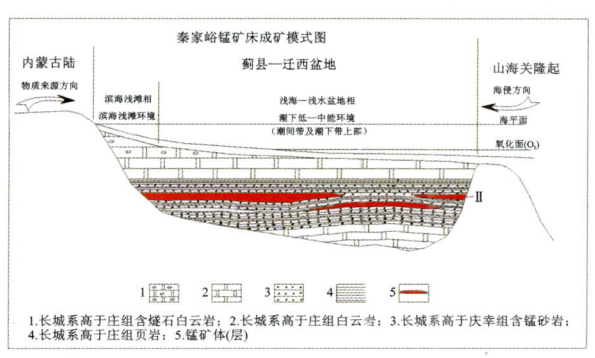

图 5-26 秦家峪式沉积型锰矿典型矿床预测模型图

(二) 区域预测模型

秦家峪式沉积型锰矿区域预测模型见表 5-19 及图 5-27。

表 5-19 秦家峪式沉积型锰矿区域预测模型表

区域预测要素		描述内容	要素分类
特征描述		浅海-滨海沉积锰矿	
区域成矿地质环境	大地构造单元	Ⅱ$_1^{11-10}$ 蓟县夭折裂谷（Pt$_2^{1-2}$）	必要
	成矿环境	晋冀陆块宣化伸展盆地	必要
	主要赋矿地层	中元古界长城系高于庄组碳酸碎屑岩系	必要
	成矿时代	中元古代长城纪高于庄期	必要

续表 5-19

区域预测要素		描述内容	要素分类
区域成矿地质环境	古地理	壁障性局限海湾盆地	必要
	区域成矿类型及成矿期	与中元古界长城系高于庄组有关沉积型矿产	必要
	成矿带	四级：Ⅲ-57-② 燕辽（坳陷、拉张）Cu-Mo-Pb-Zn-Ag-Au-Fe-Mn-煤成矿亚带	必要
区域成矿地质特征	沉积建造	碳酸碎屑岩建造	重要
	控矿条件	中元古界长城系高于庄组含锰砂岩、页岩、白云岩地层	次要
	矿石建造	褐锰矿-菱锰矿-褐铁矿-赤铁矿建造	重要
	围岩蚀变	近矿围岩无蚀变	重要
	矿床式	秦家峪式	重要
区域地球化学特征	1:20万水系沉积物	外生型锰矿元素组合为 Mn-As-B。圈定综合异常 46 个。大部分锰矿与异常对应较好	重要
	1:5万水系沉积物	锰元素高背景-异常区分布于炮梁—段家堡一线以西，浓集中心位于该区的北部，其中贾家营一带为负异常区。其他区域为背景-负异常区	重要
区域地球物理特征	磁异常	航磁圈定侵入岩体 7 处，其中超基性岩体 1 处，中基性岩体 1 处，中酸性岩体 5 处；属于半隐伏岩体 5 处，出露岩体 2 处	次要
	重力异常	1:5万布格重力异常图上，矿床处于重力梯度变化带上。布格重力异常在结晶基底隆起区异常值较高，在中生代、新生代火山盆地区异常值较低。剩余重力异常与上述情况相吻合	重要
遥感		羟基、铁染异常，解译区域构造	次要
自然重砂异常		锰组合矿物的异常下限值为≥19。本区重砂样品中锰矿物出现率不高，尤其与中—新元古代含锰地层相关的相关性表现不佳。多数样品中锰的含量很低，在出现锰矿物的样品中，有 77.92% 的含量在 5 粒以下。共确定锰矿物异常 6 个，2 级异常 1 个，3 级异常 5 个	重要

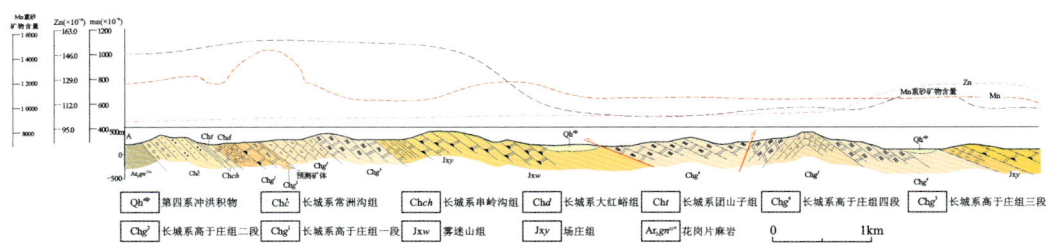

图 5-27 秦家峪式沉积型锰矿区域预测模型图

十、贾家营式斑岩型钼矿预测评价模型

（一）典型矿床预测模型

贾家营式斑岩型钼矿典型矿床预测模型见表 5-20 及图 5-28。

第五章 张家口-承德成矿区预测成果

表 5-20 贾家营式斑岩型钼矿典型矿床预测模型表

预测要素		描述内容	预测要素分类
特征描述		斑岩型钼矿床	
地质环境	成矿围岩	中生界侏罗系南大岭组、下花园组	必要
	成矿岩体	燕山早期中酸性-酸性浅成-超浅成小型复式斑岩体	必要
	岩石类型	地层：安山岩、凝灰质砂岩和凝灰质角砾岩	必要
		岩体：石英斑岩和花岗斑岩复式斑岩体	必要
	控矿构造	深断裂张家口-北票深断裂次级构造	必要
	成矿时代	燕山期	必要
	成矿环境	陆内岩浆岩活动带	必要
矿床特征	矿体形态	透镜状、脉状、不规则状	重要
	矿石组分	主要有辉钼矿、磁铁矿、黄铁矿、磁黄铁矿、黄铜矿，其次为白铁矿、辉铜矿、铜蓝、褐铁矿、方铅矿、闪锌矿、金、银等	次要
	矿石结构	矿石结构以自形、半自形晶鳞片状、叶片状结构为主，另有少量他形粒状结构	重要
	矿石构造	以细脉-网脉状构造为主，其次为浸染状、条带状、块状、晶洞状及角砾状构造	重要
	蚀变特征	矿床围岩蚀变种类复杂，与斑岩型矿床有关的显著蚀变仅有硅化、钾长石化、黑云母化、绿泥石化、绢云母化、高岭土化等，而又以前三者与成矿作用关系密切。依据蚀变矿物种属、含量、组合及蚀变围岩类型及其在空间的连续性，可将矿区蚀变围岩分为钾化、石英绢云母化、泥化、青磐岩化4个蚀变带。由蚀变中心向外，从钾化带→石英绢云母化带→泥化带→青磐岩化带，矿化分别为（钼）、铜→钼、（铜）→钼→钼、锌，铅。其中以钼最为重要	重要
	控矿条件	深断裂带控制	重要
地球化学特征	1:5万水系沉积物	MoCuCdBiW组合异常乙级。其中，Mo 元素具三级浓度分带，异常值 $1.69\times10^{-6}\sim3.51\times10^{-6}$，与矿床吻合较好。Bi 元素具二级浓度分带，异常值 $0.271\times10^{-6}\sim1.183\times10^{-6}$，与矿床吻合较好。W 元素具一级浓度分带，异常值 $1.55\times10^{-6}\sim5.95\times10^{-6}$	重要
地球物理特征	磁异常	航磁异常梯度带上，异常值 0~10nT。化极等值线异常值 -20~-40nT	次要
	重力异常	位于布格重力负异常区，异常值 -90毫伽。剩余重力异常0值区内	次要
遥感		无羟基、铁染异常	次要
自然重砂异常		铜钼铅矿重砂3级异常，辉钼矿3级异常	重要

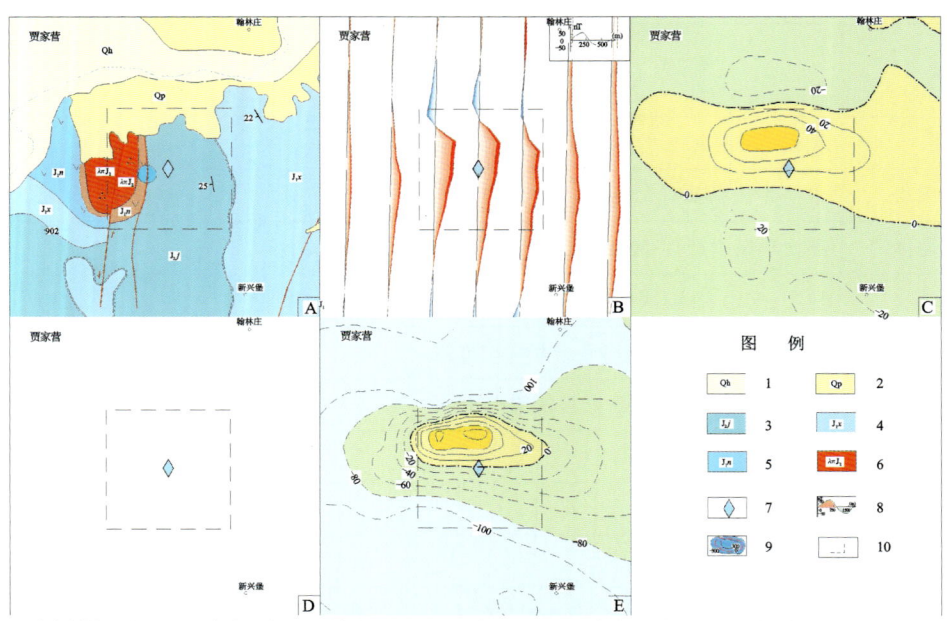

A.地质矿产图(比例尺1:5万), B.航磁ΔT剖面平面图(航磁比例尺1:5万,纵坐标:1cm=250nT), C.航磁ΔT化极垂向一阶段导数等值线平面图(航磁比例尺1:5万,等值线单位:nT/km), D.航磁推断地质构造图(比例尺1:5万), E.航磁ΔT化极等值线平面图(航磁比例尺1:5万,等值线单位: nT).
1.全新世冲洪积松堆积物. 2.更新世亚黏土—亚黏土—沙土堆积物. 3.侏罗系九龙山组. 4.侏罗系下花园组. 5.侏罗系南大岭组. 6.侏罗系石英斑岩. 7.典型矿床所在位置. 8.航磁ΔT剖面图. 9.航磁ΔT等值线. 10.典型矿床所在位置图

贾家营钼矿物化探剖析图

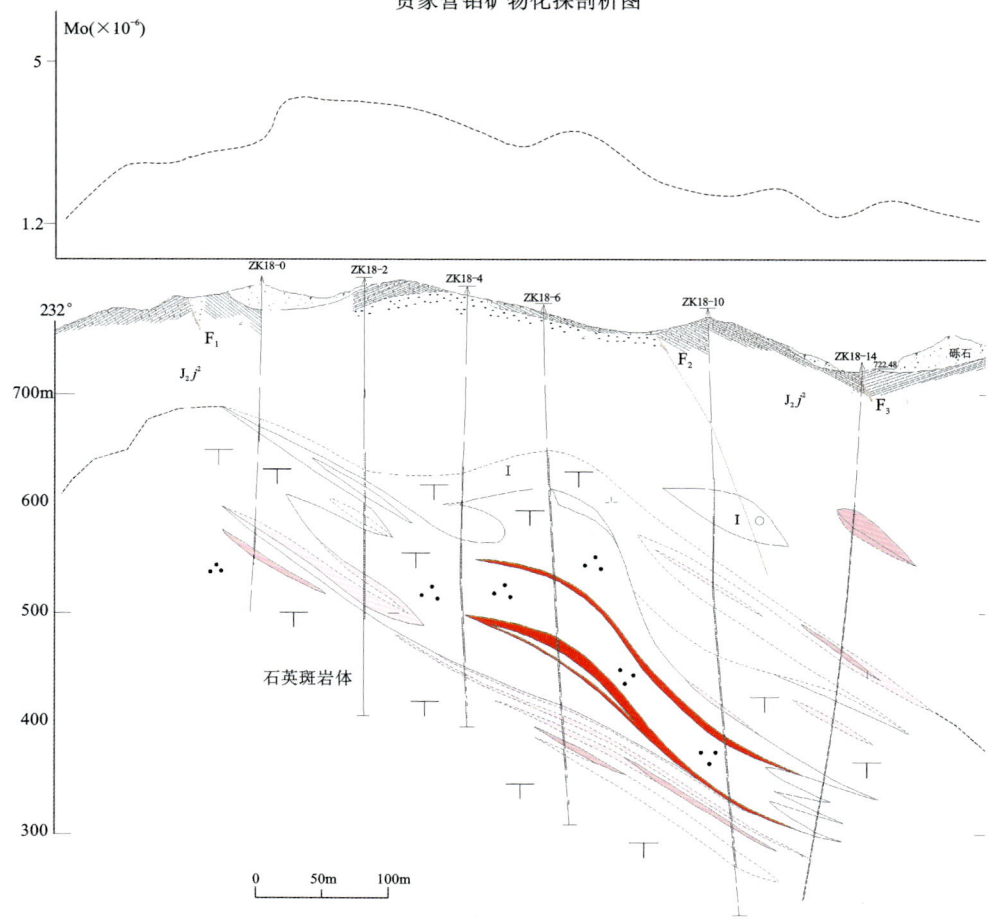

图 5-28 贾家营式斑岩型钼矿典型矿床预测模型图

(二) 区域预测模型

贾家营式斑岩型钼矿区域预测模型见表 5-21 及图 5-29。

表 5-21　贾家营式斑岩型钼矿矿区域预测模型表

区域预测要素		描述内容	要素分类
特征描述		斑岩型钼矿床	
区域成矿地质环境	大地构造单元	多伦-固源火山盆地	必要
	主要控矿构造	北东向构造	必要
	成矿围岩	石英斑岩	必要
	成矿时代	燕山期	必要
	控矿侵入岩建造	石英斑岩和花岗斑岩建造	必要
	区域成矿类型及成矿期	与燕山期中酸性岩体有关的钼多金属矿点	必要
	成矿带	四级：Ⅲ-57-② 燕辽（坳陷、拉张）Cu-Mo-Pb-Zn-Ag-Au-Fe-Mn-煤成矿亚带	必要
区域成矿地质特征	控矿侵入岩	燕山早期中酸性-酸性浅成-超浅成小型复式斑岩体	重要
	控矿构造	深断裂张家口-北票深断裂次级构造	次要
	矿石建造	辉钼矿-磁铁矿-黄铁矿-磁黄铁矿-黄铜矿	重要
	围岩蚀变	矿床围岩蚀变种类复杂,与斑岩型矿床有关的显著蚀变仅有硅化、钾长石化、黑云母化、绿泥石化、绢云母化、高岭土化等,而又以前三者与成矿作用关系密切。依据蚀变矿物种属、含量、组合及蚀变围岩类型及其在空间的连续性,可将矿区蚀变围岩分为钾化、石英绢云母化、泥化、青磐岩化 4 个蚀变带。由蚀变中心向外,从钾化带→石英绢云母化带→泥化带→青磐岩化带,矿化分别为(钼)、铜→钼、(铜)→钼→钼、锌、铅。其中以钼最为重要	重要
	矿床式	贾家营式	重要
区域地球化学特征	1:5万水系沉积物	MoCuCdBiW 组合异常乙级。其中,Mo 元素具三级浓度分带,异常值 $1.69 \times 10^{-6} \sim 3.51 \times 10^{-6}$,与矿床吻合较好。Bi 元素具二级浓度分带,异常值 $0.271 \times 10^{-6} \sim 1.183 \times 10^{-6}$,与矿床吻合较好。W 元素具一级浓度分带,异常值 $1.55 \times 10^{-6} \sim 5.95 \times 10^{-6}$	重要
区域地球物理特征	磁异常	航磁异常梯度带上,异常值 0～10nT。化极等值线异常值 −40～−20nT	次要
	重力异常	位于布格重力负异常区,异常值 −90 毫伽。剩余重力异常 0 值区内	次要
遥感		无羟基、铁染异常	次要
自然重砂异常		铜钼铅矿重砂 3 级异常,辉钼矿 3 级异常	重要

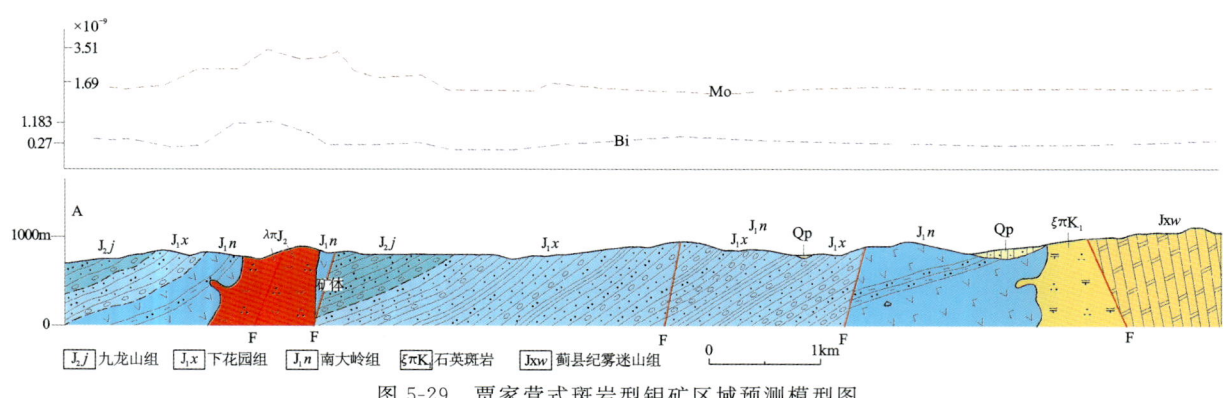

图 5-29 贾家营式斑岩型钼矿区域预测模型图

十一、寿王坟式矽卡-斑岩型铜钼铁矿预测评价模型

(一) 典型矿床预测模型

寿王坟式矽卡-斑岩型铜钼铁矿典型矿床预测模型见表 5-22 及图 5-30。

表 5-22 寿王坟式矽卡-斑岩型铜钼铁矿典型矿床预测模型表

预测要素		描述内容	预测要素分类
特征描述		斑岩-接触交代复合成因铜钼矿	
地质环境	成矿围岩	蓟县系雾迷山组白云岩-白云质灰岩	必要
	成矿岩体	寿王坟石英二长岩	必要
	岩石类型	石英二长岩	必要
		白云岩-白云质灰岩	必要
	控矿构造	尚义-赤城-平泉深断裂及其次级北西向断裂	必要
	成矿时代	燕山晚期	必要
	成矿环境	陆壳深断裂岩浆活动带	必要
矿床特征	矿体形态	铜矿体形态比较规则,通常呈似层状、狭长带状,与接触带产状一致。在接触带内侧由捕虏体构成的铜矿体,其形态为透镜状、脉状、扁豆状。钼矿体呈厚大的透镜状,两端急剧收缩变薄并有分支。另有小钼矿体,形态、规模变化较大,多呈脉状、扁豆状产出	重要
	矿石组分	铜矿石主要由黄铁矿、黄铜矿组成,铁铜矿石主要由黄铁矿、黄铜矿组成,钼铜矿石主要由辉钼矿及黄铜矿组成	次要
	矿石结构	他形粒状结构、交代结构,偶见熔离结构及压碎结构	重要
	矿石构造	浸染状构造、脉状构造和块状构造。铜矿石常呈细脉浸染状构造	重要
	蚀变特征	矿区的围岩蚀变发育,主要蚀变有钾化(钾长石化、黑云母化)、黄铁绢英岩化、黏土岩化及矽卡岩化(含蛇纹石化)。蚀变岩在空间上呈有规律的带状排列。由岩体向外依次为花岗闪长斑岩—钾长石、黑云母蚀变带—黄铁矿、石英、绢云母蚀变带—(黏土岩化带)钙矽卡岩带—镁矽卡岩、变镁矽卡岩带—蛇纹石化白云岩带—白云岩。其中主要含蚀变岩石是含钼黄铁绢英岩、石榴石钙矽卡岩、含铜变镁矽卡岩和蛇纹石化白云岩	重要
	控矿条件	矿化和矿体的分布都受岩体接触带和蚀变带的控制	重要
地球化学特征	1:5万水系沉积物	异常由 Au、Ag、Cu、Pb、Zn、Cd、Mo、W、Bi、Cr、Ni、Co、As、Sb、F、Sr 组成,面积大,衬度高,Au、Ag、Cu、Pb、Cd、Mo、W、Bi 具强内带,Zn、As、Sb 具有内带,异常浓集中心空间上吻合很好。以 Cu、Mo 成矿元素为主的异常密切共生,围绕中酸性岩体呈环状分布	重要

续表 5-22

预测要素		描述内容	预测要素分类
地球物理特征	磁异常	1:5万航磁 ΔT 化极等值线平面图和化极垂向一阶导数图上，矿床均处在大范围低缓负磁场中。大范围负磁场区与中新元古界碳酸盐岩相吻合，西北部的相对升高磁场区为中酸性岩体的反映。1:1万地磁 ΔZ 剖面平面图和等值线平面图上，矿床区以东为低缓平稳的正磁背景场，以西有局部升高磁异常出现，平稳低缓正磁场与出露的碳酸盐岩地层吻合；西部变化升高磁场区是中酸性侵入岩体的反映	次要
	重力异常	1:20万布格重力异常图上，矿床位于北西向重力梯级带转向北东向并变宽缓的转折部位，剩余重力异常图上，矿床处在两个重力低与两个重力高的交汇部位。1:20万航磁 ΔT 化极等值线平面图和化极垂向一阶导数图上，矿床坨处于低缓的负磁场中。推断北东部相对重力高、磁力高是太古宙变质岩地层分布区，北西部的重力低、磁力高是中酸性岩体的反映，中部北东向的重力高、磁力低与出露的中新元古界碳酸盐岩对应，东南部的重力低、磁力低是中生代火山沉积盆地的反映	次要
遥感		羟基、铁染异常与矿床套合较好，为一种找矿的标志	次要
自然重砂异常		辉钼矿自然重砂 1 级异常，黄铜矿自然重砂 2 级异常，银矿物自然重砂 2 级异常	重要

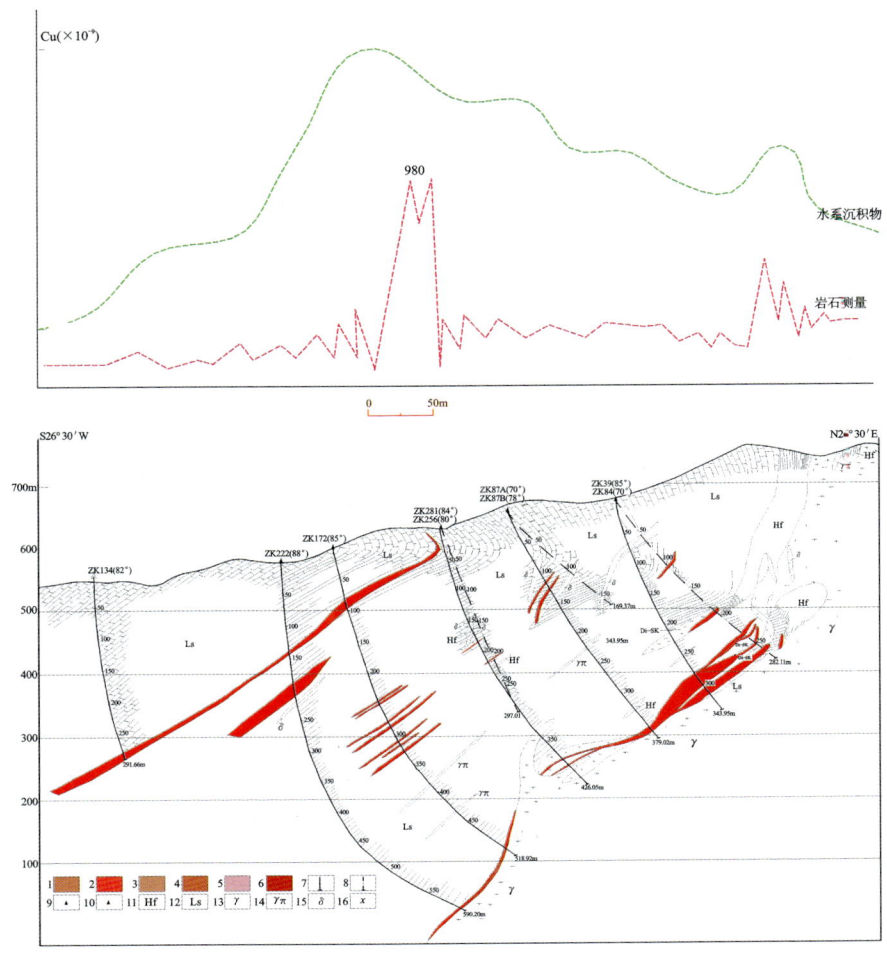

图 5-30　寿王坟式矽卡-斑岩型铜钼铁矿典型矿床预测模型图

1.平衡表内铜矿体；2.平衡表外铜矿体；3.工业铁矿体；4.平衡表内钼矿体；5.平衡表外钼矿体；6.非工业矿体；7.实际工程；8.投影工程；9.未见矿钻孔；10.见矿钻孔；11.角页岩；12.灰岩；13.花岗岩；14.酸性岩林；15.中性岩脉；16.基性岩脉

（二）区域预测模型

寿王坟式矽卡-斑岩型铜钼铁矿区域预测模型见表5-23及图5-31。

表5-23 寿王坟式矽卡-斑岩型铜钼铁矿区域预测模型表

区域预测要素		描述内容	要素分类
特征描述		寿王坟式矽卡-斑岩型铜钼铁矿	
区域成矿地质环境	大地构造单元	燕山台褶带兴隆坳陷	必要
	主要控矿构造	区域性东西向断裂	必要
	主要赋矿地层	中元古界雾迷山组	必要
	成矿时代	燕山期	必要
	控矿侵入岩建造	石英二长岩、石英斑岩、石英闪长岩	必要
	区域成矿类型及成矿期	与燕山期石英二长岩体有关的铜钼矿点	必要
	成矿带	四级：Ⅲ-57-② 燕辽（坳陷、拉张）Cu-Mo-Pb-Zn-Ag-Au-Fe-Mn-煤成矿亚带	必要
区域成矿地质特征	控矿侵入岩	石英二长岩体	重要
	控矿构造	以陡倾斜的正断层为主	次要
	矿石建造	金属矿物有黄铜矿、黄铁矿、磁黄铁矿及辉铜矿、方铅矿、闪锌矿、磁铁矿、赤铁矿、蓝铜矿等，脉石有硅灰石、透辉石、方柱石、绿帘石、绿泥石、方解石、云母	重要
	围岩蚀变	接触交代和热液蚀变两种，以镁矽卡岩为主，也有钙矽卡岩化；热液蚀变有硅化、绢云母化、蛇纹石化、绿泥石化、碳酸盐化及青磐岩化	重要
	矿床式	寿王坟式	重要
区域地球化学特征	1:5万水系沉积物	Mo-Cu-Ag-Pb组合甲级异常。Mo、Cu元素异常具三级浓度分带，与矿床吻合。Mo异常值$0.93\times10^{-6}\sim2.79\times10^{-6}$，Cu异常值$30.8\times10^{-6}\sim92\times10^{-6}$，Ag异常值$79\times10^{-6}\sim287\times10^{-6}$	重要
区域地球物理特征	磁异常	1:5万航磁ΔT化极等值线平面图和化极垂向一阶导数图上，矿床均处在大范围低缓负磁场中。大范围负磁场区与中新元古界碳酸盐岩相吻合，西北部的相对升高磁场区为中酸性岩体的反映。1:1万地磁ΔZ剖面平面图和等值线平面图上，矿床区以东为低缓平稳的正磁背景场，以西有局部升高磁异常出现，平稳低缓正磁与出露的碳酸盐地层吻合；西部变化升高磁场区是中酸性侵入岩体的反映	次要
	重力异常	1:20万布格重力异常图上，矿床位于北西向重力梯级带转向北东向并变宽缓的转折部位，剩余重力异常图上，矿床处在两个重力低与两个重力高的交汇部位。1:20万航磁ΔT化极等值线平面图和化极垂向一阶导数图上，矿床均处于低缓的负磁场中。推断北东部相对重力高、磁力高是太古宙变质岩地层分布区，北西部的重力低、磁力高是中酸性岩体的反映，中部北东向的重力高、磁力低与出露的中新元古界碳酸盐岩对应，东南部的重力低、磁力低是中生代火山沉积盆地的反映	次要
遥感		羟基、铁染异常与矿床套合较好，为一种找矿的标志	次要
自然重砂异常		辉钼矿自然重砂1级异常，黄铜矿自然重砂2级异常，银矿物自然重砂2级异常	重要

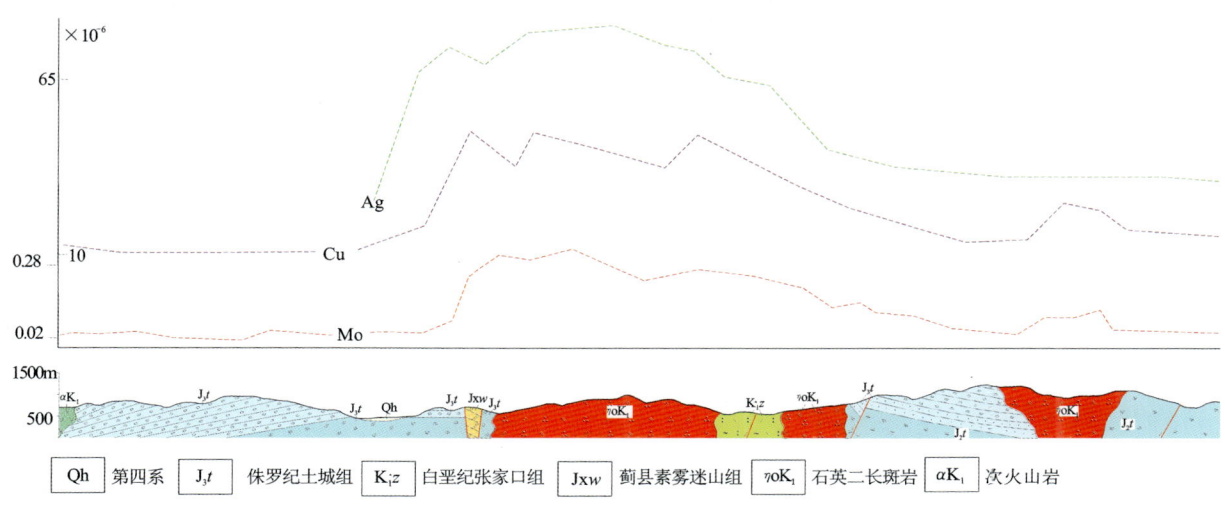

图 5-31 寿王坟式矽卡-斑岩型铜钼铁矿区域预测模型图

十二、小寺沟式矽卡-斑岩型铜钼铁矿预测评价模型

（一）典型矿床预测模型

小寺沟式矽卡-斑岩型铜钼矿典型矿床预测模型见表 5-24 及图 5-32。

表 5-24 小寺沟式矽卡-斑岩型铜钼矿典型矿床预测模型表

预测要素		描述内容	预测要素分类
特征描述		小寺沟式矽卡-斑岩型铜钼矿	
地质环境	成矿围岩	蓟县纪雾迷山组和上侏罗统	必要
	成矿岩体	小寺沟花岗闪长斑岩	必要
	岩石类型	雾迷山组白云岩	必要
		花岗闪长斑岩	必要
	控矿构造	东西向及北西向构造	必要
	成矿时代	燕山期	必要
	成矿环境	壳源活动带	必要
矿床特征	矿体形态	矿体形态比较规则,呈似层状、狭长带状	重要
	矿石组分	黄铁矿、黄铜矿闪锌矿、方铅矿,脉石矿物有蛇纹石、白云石、方解石、硅镁石	次要
	矿石结构	他形粒状结构、交代结构、压碎结构	重要
	矿石构造	浸染状构造、脉状构造	重要
	蚀变特征	黄铁绢英岩化、黏土岩化、矽卡岩化、硅化、绢云母化、碳酸盐化、青磐岩化等	重要
	控矿条件	矿化和矿体的分布都受岩体接触带和蚀变带的控制	重要
地球化学特征	1:5万水系沉积物	异常由 Au、Ag、Cu、Pb、Zn、Cd、Mo、W、Bi、Cr、Ni、Co、As、Sb、F、Sr 组成,面积大,衬度高,Au、Ag、Cu、Pb、Cd、Mo、W、Bi 具强内带,Zn、As、Sb 具有内带,异常浓集中心空间上吻合很好。以 Cu、Mo 成矿元素为主的异常密切共生,围绕中酸性岩体呈环状分布	重要

续表 5-24

预测要素		描述内容	预测要素分类
地球物理特征	磁异常	1:5万航磁 ΔT 化极等值线平面图和化极垂向一阶导数图上,矿床均处在大范围低缓负磁场中。大范围负磁场区与中新元古界碳酸盐岩相吻合,西北部的相对升高磁场区为中酸性岩体的反映。 1:1万地磁 ΔZ 剖面平面图和等值线平面图上,矿床区以东为低缓平稳的正磁背景场,以西有局部升高磁异常出现,平稳低缓正磁场与出露的碳酸盐岩地层吻合;西部变化升高磁场区是中酸性侵入岩体的反映。 1:20万重磁场对寻找该类型铜钼矿有间接指示作用,重力低、磁力相对高为成矿岩体——小寺沟中酸性岩体的反映,重力高、磁力低缓的为碳酸盐岩的反映。1:5万航磁、1:1万地磁对找矿没有明显指示作用,但根据磁场的相对强弱变化可以划分岩体与碳酸盐岩地层的边界	次要
	重力异常	1:20万布格重力异常图上,矿床位于北西向重力梯级带转向北东向并变宽缓的转折部位,剩余重力异常图上,矿床处在两个重力低与两个重力高的交汇部位。 1:20万航磁 ΔT 化极等值线平面图和化极垂向一阶导数图上,矿床均处于低缓的负磁场中。推断北东部相对重力高、磁力高是太古宙变质岩地层分布区,北西部的重力低、磁力高是中酸性岩体的反映,中部北东向的重力高、磁力低与出露的中新元古界碳酸盐岩对应,东南部的重力低、磁力低是中生代火山沉积盆地的反映	次要
遥感		羟基、铁染异常与矿床吻合较好	次要
自然重砂异常		辉钼矿自然重砂1级异常,黄铜矿、方铅矿自然重砂2级异常	重要

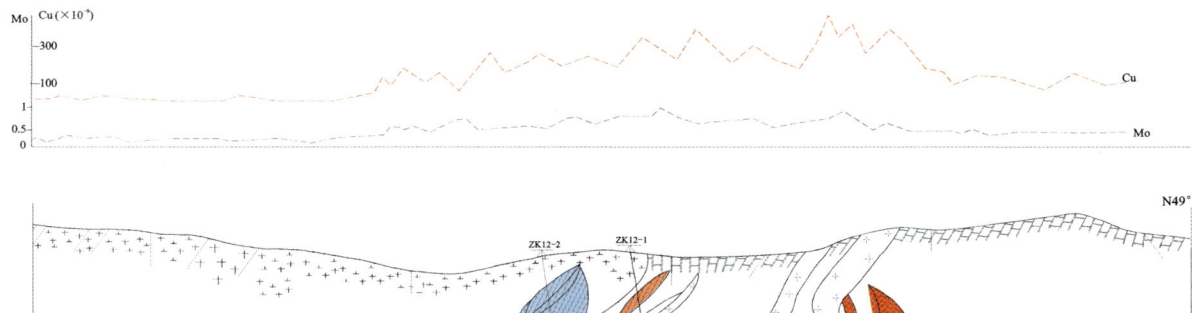

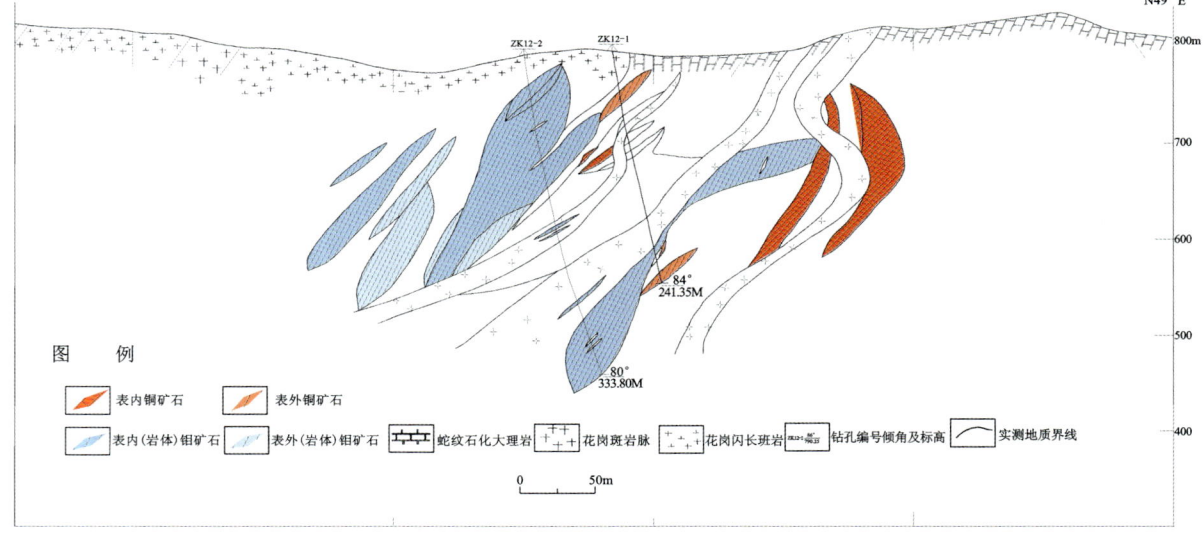

图 5-32　小寺沟钼矿床预测模型图

（二）区域预测模型

小寺沟式矽卡-斑岩型铜钼铁矿区域预测模型见表 5-25 及图 5-33。

表 5-25 小寺沟式矽卡-斑岩型铜钼铁矿区域预测模型表

区域预测要素		描述内容	要素分类
特征描述		小寺沟式斑岩型铜钼矿床	
区域成矿地质环境	大地构造单元	滦平-承德火山沉积盆地	必要
	主要控矿构造	尚义-赤城-平泉深断裂及其次级北西向断裂	必要
	主要赋矿地层	中元古界蓟县系雾迷山组碳酸岩系、侏罗系土城子组-张家口组火山-次火山岩系	必要
	成矿时代	中生代燕山期	必要
	控矿侵入岩建造	中酸性杂岩建造	必要
	区域成矿类型及成矿期	与燕山期中酸性杂岩体有关的铜钼矿点	必要
	成矿带	四级：Ⅲ-57-② 燕辽（坳陷、拉张）Cu-Mo-Pb-Zn-Ag-Au-Fe-Mn-煤成矿亚带	必要
区域成矿地质特征	控矿侵入岩	中生代燕山期中酸性杂岩体：花岗闪长斑岩、花岗斑岩、石英斑杂岩体；二长花岗岩、石英二长岩、石英闪长岩、花岗闪长斑杂岩体	重要
	控矿构造	区域东西向、北东向深断裂及其次级构造控制	次要
	矿石组分	辉钼矿、黄铜矿、方铅矿、磁黄铁矿	重要
	围岩蚀变	钾化、黄铁绢英岩化、黏土岩化、矽卡岩化、硅化、绢云母化、碳酸盐化、青磐岩化等	重要
	矿床式	小寺沟式、寿王坟式	重要
区域地球化学特征	1:5万水系沉积物	异常由 Au、Ag、Cu、Pb、Zn、Cd、Mo、W、Bi、Cr、Ni、Co、As、Sb、F、Sr 组成，面积大，衬度高，Au、Ag、Cu、Pb、Cd、Mo、W、Bi 具强内带，Zn、As、Sb 具有内带，异常浓集中心空间上吻合很好。以 Cu、Mo 成矿元素为主的异常密切共生，围绕中酸性岩体呈环状分布	重要
区域地球物理特征	磁异常	1:5万航磁 ΔT 化极等值线平面图和化极垂向一阶导数图上，矿床均处在大范围低缓负磁场中。大范围负磁场区与中新元古界碳酸盐岩相吻合，西北部的相对升高磁场区为中酸性岩体的反映。 1:1万地磁 ΔZ 剖面平面图和等值线平面图上，矿床区以东为低缓平稳的正磁背景场，以西有局部升高磁异常出现，平稳低缓正磁场与出露的碳酸盐岩地层吻合；西部变化升高磁场区是中酸性侵入岩体的反映。 1:20万重磁场对寻找该类型铜钼矿有间接指示作用，重力低、磁力相对高为成矿岩体——小寺沟中酸性岩体的反映，重力高、磁力低缓的为碳酸盐岩的反映。1:5万航磁、1:1万地磁对找矿没有明显指示作用，但根据磁场的相对强弱变化可以划分岩体与碳酸盐岩地层的边界	次要
	重力异常	1:20 万布格重力异常图上，矿床位于北西向重力梯级带转向北东向并变宽缓的转折部位，剩余重力异常图上，矿床处在两个重力低与两个重力高的交汇部位。1:20万航磁 ΔT 化极等值线平面图和化极垂向一阶导数图上，矿床均处于低缓的负磁场中。推断北东部相对重力高、磁力高是太古宙变质岩地层分布区，北西部的重力低、磁力高是中酸性岩体的反映，中部北东向的重力高、磁力低与出露的中新元古界碳酸盐岩对应，东南部的重力低、磁力低是中生代火山沉积盆地的反映	次要
遥感		羟基、铁染异常可作为一种蚀变标志	次要
自然重砂异常		辉钼矿自然重砂 1 级异常，黄铜矿、方铅矿自然重砂 2 级异常	重要

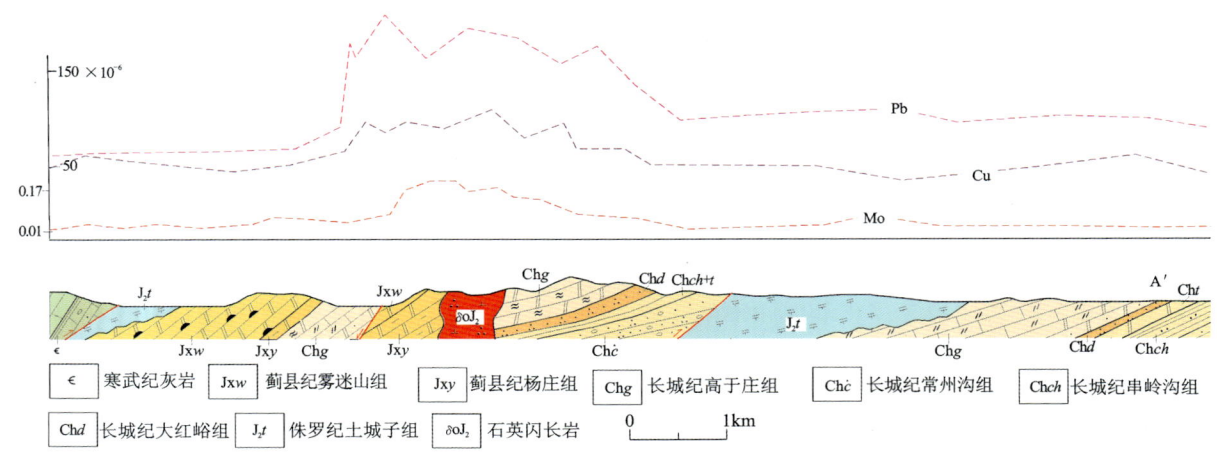

图 5-33 小寺沟式矽卡-斑岩型铜钼铁矿区域预测模型图

十三、镰巴岭式热液型铅锌矿预测评价模型

（一）典型矿床预测模型

镰巴岭式热液型铅锌矿典型矿床预测模型见表 5-26 及图 5-34。

表 5-26 镰巴岭式热液型铅锌矿典型矿床预测模型表

预测要素		描述内容	预测要素分类
	特征描述	热液脉型铅锌矿	
地质环境	成矿围岩	中元古界蓟县系雾迷山组白云岩	必要
	成矿岩体	燕山期花岗岩	必要
	岩石类型	地层:条带状白云岩	必要
		岩体:花岗斑岩	必要
	控矿构造	乌龙沟-上黄旗深断裂带两侧的近南北向次级断裂	必要
	成矿时代	燕山期	必要
	成矿环境	陆壳深断裂岩浆活动带	必要
矿床特征	矿体形态	矿体的形态较复杂,膨胀、收缩相间出现,呈连续或断续透镜状体,局部地段则呈囊状或瘤状体,但整体呈较规则的脉状体产出	重要
	矿石组分	原生金属矿物主要为黄铁矿、闪锌矿、方铅矿、黄铜矿、磁黄铁矿、毒砂、辉银矿和自然金等;次生金属矿物为褐铁矿、孔雀石、铜蓝、铅矾、白铅矿、菱锌矿、赤铁矿和辉铜矿等。脉石矿物主要为石英、方解石、白云石、重晶石、绿泥石和滑石等	次要
	矿石结构	自形—半自形粒状结构	重要
	矿石构造	块状和浸染状	重要
	蚀变特征	硅化、滑石化、重晶石化、绿泥石和绢云母化与矿化的关系最为密切	重要
地球化学特征	1:5万水系沉积物	异常由 W、Pb、Mo、Cd、Au、Bi、Ag、Zn、Cu、Hg、Co、F、Hg、Cr、Ni、Ba 组成,主要金属异常强度高,Pb、Cd、Au、Bi 具三到四级浓度分带,浓集中心基本一致,有高强度的铅、铜、金、银重砂异常,矿化标志明显	重要

续表 5-26

预测要素		描述内容	预测要素分类
地球物理特征	磁异常	1:20万航磁 ΔT 三种图上，矿床均处于低缓正磁场中或正负磁场交界处，结合地质情况认为：南部变化正磁场区是出露燕山期中酸性岩体不同岩相的反映，相对高值磁场区反映岩体岩性偏中性，相对低值磁场区反映岩性偏酸性。1:5万航磁与1:20万航磁特征基本相同。由于受北东向和近东西向断裂构造的控制及影响，异常呈明显北东走向及扭曲变化。航磁 ΔT 化极和化极垂向一阶导数等值线平面图在中间部位圈出北东走向的正磁异常带，反映岩体中间向北倾伏。1:5万地磁 ΔZ 剖面平面图、等值线平面图和 ΔZ 垂向一阶导数图上，矿床均处于低缓负磁背景场中，西南部出现相对高值磁异常区，与出露的中酸性岩体相吻合；东部及北部的负磁场背景区对应的为中新元古界碳酸盐岩	重要
	重力异常	1:20万布格重力异常图上，矿床位于重力场形成的局部近等轴状低值区的边部，剩余重力异常图上，矿床处在局部重力低异常的边部。南部重力低异常由王安镇中酸性岩体引起，北部的相对重力高与出露的中新元古界碳酸盐岩吻合	次要
遥感		羟基、铁染异常与矿床吻合较差，仅为参考	次要
自然重砂异常		方铅矿闪锌矿自然重砂1级异常，毒砂矿物、黄铁矿物自然重砂2级异常	重要

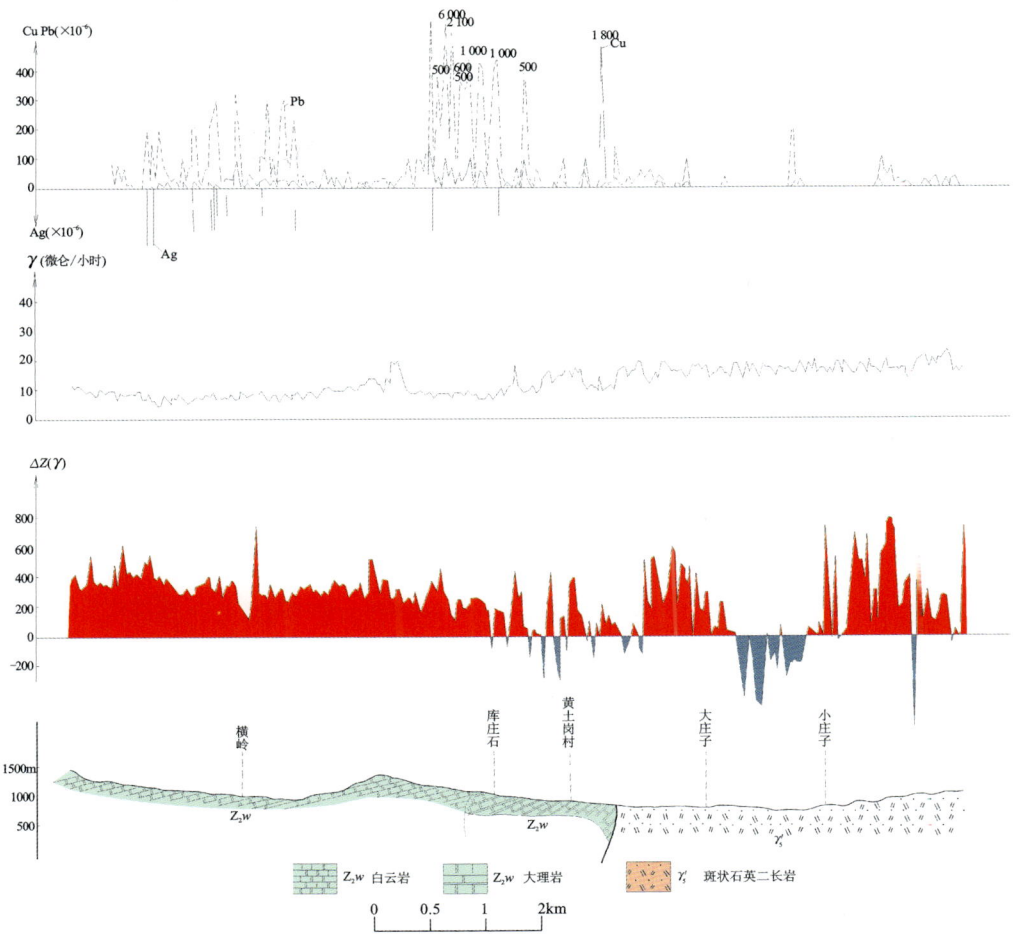

图 5-34 镰巴岭式热液型铅锌矿典型矿床预测模型图

（二）区域预测模型

镰巴岭式热液型铅锌矿区域预测模型见表 5-27 及图 5-35。

表 5-27　镰巴岭式热液型铅锌矿区域预测模型表

区域预测要素		描述内容	要素分类
	特征描述	镰巴岭式热液型铜铅锌银多金属矿	
区域成矿地质环境	大地构造单元	D_1^{2-6} 王安镇-军都山同造山侵入杂岩（K_1^1）	必要
	主要控矿构造	乌龙沟-上黄旗深断裂带及其次级断裂构造	必要
	主要赋矿地层	新太古界变质岩系、中新元古界、寒武系—奥陶系碳酸盐岩地层	必要
	成矿时代	燕山期	必要
	控矿侵入岩建造	燕山期酸性杂岩体	必要
	区域成矿类型及成矿期	与燕山期王安镇杂岩体有关的铅锌多金属矿点	必要
	成矿带	四级：Ⅲ-57-② 燕辽（坳陷、拉张）Cu-Mo-Pb-Zn-Ag-Au-Fe-Mn-煤成矿亚带	必要
区域成矿地质特征	控矿侵入岩	燕山期壳幔源中酸性杂岩体（涞源-大河南杂岩体）；花岗闪长斑岩、流纹斑岩；中酸性脉岩及隐伏小岩体、花岗闪长岩、黑云母花岗岩、二长花岗岩等	重要
	控矿构造	深断裂带次级断裂（裂隙）构造控制	次要
	矿石组分	原生金属矿物主要为黄铁矿、闪锌矿、方铅矿、黄铜矿、磁黄铁矿、毒砂、辉银矿和自然金等；次生金属矿物为褐铁矿、孔雀石、铜蓝、铅矾、白铅矿、菱锌矿、赤铁矿和辉铜矿等。脉石矿物主要为石英、方解石、白云石、重晶石、绿泥石和滑石等	重要
	围岩蚀变	大理岩化、蛇纹石化、绿帘石化、矽卡岩化、滑石化、绿泥石化、绢云母化、硅化、碳酸盐化、高岭土化、重晶石化、黄铁矿化、褐铁矿化等	重要
	矿床式	镰巴岭式	重要
区域地球化学特征	1:5万水系沉积物	常由 W、Pb、Mo、Cd、Au、Bi、Ag、Zn、Cu、Hg、Co、F、Hg、Cr、Ni、Ba 组成，主要金属异常强度高，Pb、Cd、Au、Bi 具三级到四级浓度分带，浓集中心基本一致，有高强度的铅、铜、金、银重砂异常，矿化标志明显	重要
区域地球物理特征	磁异常	1:20万航磁 ΔT 三种图上，矿床均处于低缓正磁场中或正负磁场交界处，结合地质情况认为：南部变化正磁场区是出露燕山期中酸性岩体不同岩相的反映，相对高值磁场区反映岩体岩性偏中性，相对低值磁场区反映岩性偏酸性。1:5万航磁与 1:20万航磁特征基本相同。由于受北东向和近东西向断裂构造的控制和影响，异常呈明显北东走向及扭曲变化。航磁 ΔT 化极和化极垂向一阶导数等值线平面图在中间部位圈出北东走向的正磁异常带，反映岩体中间向北倾伏。1:5万地磁 ΔZ 剖面平面图、等值线平面图和 ΔZ 垂向一阶导数图上，矿床均处于低缓负磁背景场中，西南部出现相对高值磁异常区，与出露的中酸性岩体相吻合；东部及北部的负磁场背景区对应的为中新元古界碳酸盐岩	次要
	重力异常	1:20万布格重力异常图上，矿床位于重力场形成的局部近等轴状低值区的边部，剩余重力异常图上，矿床处在局部重力低异常的边部。南部重力低异常由王安镇中酸性岩体引起，北部的相对重力高与出露的中新元古界碳酸盐岩吻合	次要
遥感		羟基、铁染异常与矿床吻合较差，仅为参考	次要
自然重砂异常		方铅矿闪锌矿自然重砂 1 级异常，毒砂矿物、黄铁矿物自然重砂 2 级异常	重要

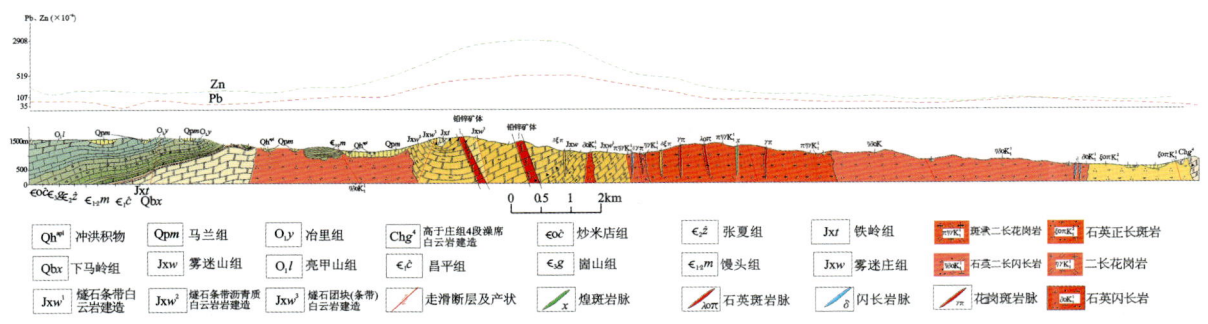

图 5-35 镰巴岭式热液型铅锌矿区域预测模型图

十四、南赵庄式矽卡-热液型铅锌矿预测评价模型

(一) 典型矿床预测模型

南赵庄式矽卡-热液型铅锌矿典型矿床预测模型见表 5-28 及图 5-36。

表 5-28 南赵庄式矽卡-热液型铅锌矿典型矿床预测模型表

预测要素		描述内容	预测要素分类
特征描述		矽卡岩型热液脉型铅锌矿	
地质环境	成矿围岩	寒武系凤山组、奥陶系冶里组白云岩	必要
	成矿岩体	燕山期石英二长斑岩	必要
	岩石类型	地层:薄层白云岩	必要
		岩体:石英二长斑岩	必要
	控矿构造	乌龙沟-上黄旗深断裂带两侧的近南北向次级断裂	必要
	成矿时代	燕山晚期	必要
	成矿环境	陆壳深断裂岩浆活动带	必要
矿床特征	矿体形态	脉状-透镜状	重要
	矿石组分	金属矿物:闪锌矿、镜铁矿、方铅矿;脉石矿物:石榴子石、透辉石、方解石、石英、白云石、绿帘石、绿泥石	次要
	矿石结构	他形—半自形中细粒结构	重要
	矿石构造	浸染状构造、块状构造	重要
	蚀变特征	镁矽卡岩化和钙矽卡岩化	重要
	控矿条件	石英二长斑岩与薄层白云岩接触带	重要
地球化学特征	1:5万水系沉积物	化探异常 Au、Ag 强度较高,规模较大,伴生 Hg、U、Cd 等元素,组合面积 45km², NAP 值排序为 Au—Cs—Ag—Hg—Ba—Rb—Ga—U—Ga	重要

续表 5-28

预测要素		描述内容	预测要素分类
地球物理特征	磁异常	1:20万航磁 ΔT 三种图上,矿床均处于低缓负或正磁背景场中。推断北东向的重力低、磁力低是王安镇中酸性岩体的反映,西北、东南的重力高、磁力高为太古宙变质岩基底隆起所致。1:5万航磁 ΔT 剖面平面图上,矿床位于大范围负磁背景场中,航磁 ΔT 化极等值线平面图和化极垂向一阶导数等值线平面图上,矿床均处在低缓正磁场中。区内出露主要为王安镇中酸性岩体,磁场变化较大,反映岩体磁性不均匀。1:2万地磁 ΔZ 与1:5万航磁 ΔT 特征基本相似,地磁场跳跃变化明显,区内出露主要为燕山早期花岗闪长岩,地磁场对出露地质情况反映不清楚	次要
	重力异常	1:20万布格重力异常图上,矿床位于北东向重力梯级带边部与局部出现重力低值区边部的结合部位,剩余重力异常图上,矿床处在北东走向重力低异常带中	次要
遥感		羟基、铁染异常与矿床套合较差,解译区域构造仅为参考	次要
自然重砂异常		方铅矿重砂1级异常,黄铁矿物自然重砂异常	重要

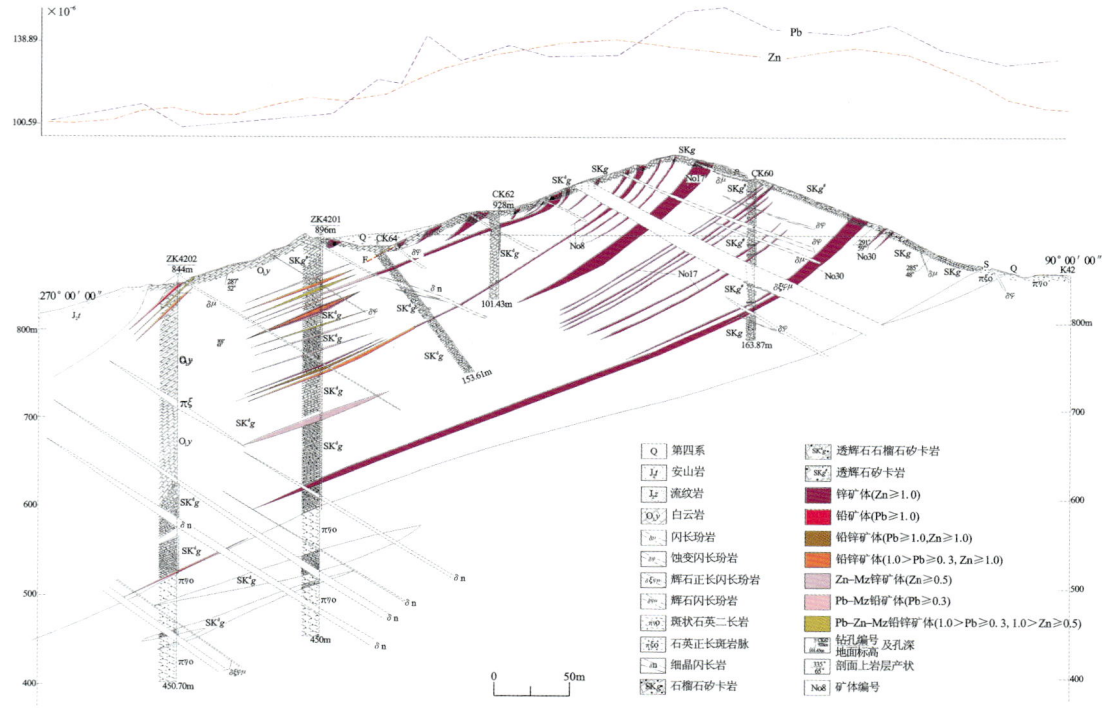

图 5-36 南赵庄式矽卡-热液型铅锌矿典型矿床预测模型图

（二）区域预测模型

南赵庄式矽卡-热液型铅锌矿区域预测模型见表 5-29。

表 5-29　南赵庄式矽卡-热液型铅锌矿区域预测模型表

区域预测要素		描述内容	要素分类
	特征描述	矽卡岩型热液脉型铅锌矿	
区域成矿地质环境	大地构造单元	阜平-赞皇岩浆岩带	必要
	主要控矿构造	乌龙沟-上黄旗深断裂带两侧的近南北向次级断裂	必要
	主要赋矿地层	寒武系凤山组、奥陶系冶里组白云岩	必要
	成矿时代	燕山晚期	必要
	控矿侵入岩建造	燕山期中酸性岩建造	必要
	区域成矿类型及成矿期	与燕山期石英二长斑岩体有关铅锌矿点	必要
	成矿带	四级：Ⅲ-57-② 燕辽（坳陷、拉张）Cu-Mo-Pb-Zn-Ag-Au-Fe-Mn-煤成矿亚带	必要
	控矿侵入岩	燕山期石英二长斑岩	重要
	控矿构造	乌龙沟-上黄旗深断裂带两侧的近南北向次级断裂	次要
	矿石建造	闪锌矿-镜铁矿-方铅矿	重要
	围岩蚀变	镁矽卡岩化和钙矽卡岩化	重要
	矿床式	南赵庄式	重要
区域地球化学特征	1:5万水系沉积物	化探异常 Au、Ag 强度较高，规模较大，伴生 Hg、U、Cd 等元素，组合面积 45km²，NAP 值排序为 Au—Cs—Ag—Hg—Ba—Rb—Ga—U—Ga	重要
区域地球物理特征	磁异常	1:20万航磁 ΔT 三种图上，矿床均处于低缓负或正磁背景场中。推断北东向的重力低、磁力低是王安镇中酸性岩体的反映，西北、东南的重力高、磁力高为太古宙变质岩基底隆起所致。1:5万航磁 ΔT 剖面平面图上，矿床位于大范围负磁背景场中，航磁 ΔT 化极等值线平面图和化极垂向一阶导数等值线平面图上，矿床均处在低缓正磁场中。区内出露主要为王安镇中酸性岩体，磁场变化较大，反映岩体磁性不均匀。1:2万地磁 ΔZ 与 1:5万航磁 ΔT 特征基本相似，地磁场跳跃变化明显，区内出露主要为燕山早期花岗闪长岩，地磁场对出露地质情况反映不清楚	次要
	重力异常	1:20万布格重力异常图上，矿床位于北东向重力梯级带边部与局部出现重力低值区边部的结合部位，剩余重力异常图上，矿床处在北东走向重力低异常带中	次要
遥感		羟基、铁染异常与矿床套合较差，解译区域构造仅为参考	次要
自然重砂异常		方铅矿重砂 1 级异常，黄铁矿物自然重砂异常	重要

十五、轿顶山式斑岩型铅锌矿预测评价模型

（一）典型矿床预测模型

轿顶山式斑岩型铅锌矿典型矿床预测模型见表 5-30 及图 5-37。

表 5-30　轿顶山式斑岩型铅锌矿典型矿床预测模型表

预测要素		描述内容	预测要素分类
特征描述		斑岩型铅锌矿	
成矿环境	成矿岩体	蚀变石英斑岩	必要
	岩石类型	岩体:蚀变石英斑岩	必要
	控矿构造	乌龙沟-上黄旗深断裂带两侧的近南北向次级断裂	必要
	成矿时代	燕山晚期	必要
	成矿环境	陆壳深断裂岩浆活动带	必要
矿床特征	矿体形态	筒状,单个矿体呈似层状、扁豆状	重要
	矿石组分	金属矿物以方铅矿、闪锌矿、黄铜矿、黄铁矿为主,白铅矿、辉钼矿、磁铁矿、毒砂、锰铁矿、褐铁矿微量	次要
	矿石结构	自形粒状结构、半自形—他形粒状结构	重要
	矿石构造	浸染状矿石及稀疏细脉浸染状矿石,块状矿石少见	重要
	蚀变特征	含矿石英斑岩体面型蚀变较强,蚀变分带不清,见有碳酸盐化、绢云母化、硅化、萤石化等,地表见有铁锰矿化,少见土化。与铅、锌、铜矿化最密切的是碳酸盐化,次为硅化、绢云母化,再者为萤石化	重要
	成矿流体类型及特征	硫同位素分析结果接近陨石硫。矿物硫来源于同一岩浆源,本矿区硫、矿液和岩浆物质来源于地壳深处花岗岩浆	重要
	控矿条件	矿体均生成在石英斑岩体内,严格受岩体控制,岩体中心部位矿体厚大且品位较富,边缘及顶部仅见铅锌矿化	重要
地球化学特征	1:5万水系沉积物	地球化学异常图上,W元素出现三级浓度分带异常;全省地球化学图上,在低背景上,于矿区周围出现 Pb $26\times10^{-6}\sim30\times10^{-6}$、Zn $83\times10^{-6}\sim91\times10^{-6}$、Ag $0.102\times10^{-6}\sim0.150\times10^{-6}$、Bi $0.224\times10^{-6}\sim0.267\times10^{-6}$、W $1.67\times10^{-6}\sim2.99\times10^{-6}$、Mo $0.88\times10^{-6}\sim1.08\times10^{-6}$、Th$>13.1\times10^{-6}$等元素局部高背景及低缓异常分布,反映此类低缓化探异常的找矿远景	重要
地球物理特征	磁异常	1:20万航磁 ΔT 三种图上,矿床均处于低缓正或负磁背景场中。推断北东向的重力低是火山沉积盆地的反映,西北角、东南侧的重力高、磁力低与出露的中新元古代碳酸盐岩地层吻合。1:5万航磁 ΔT 化极等值线平面图和化极垂向一阶导数等值线平面图上,矿床均处在低缓负磁背景场中。推断大范围负磁场区为侏罗系火山岩的反映,低缓正磁场区为酸性岩体	次要
	重力异常	1:20万布格重力异常图上,矿床位于北东东向与北西向重力梯级带的交会部位,剩余重力异常图上,矿床处在北东走向重力低异常带中	次要
遥感		羟基、铁染异常与矿床吻合较好,具有一定的指示作用	次要
自然重砂异常		方铅矿闪锌矿自然重砂1级异常,萤石矿物自然重砂异常	重要

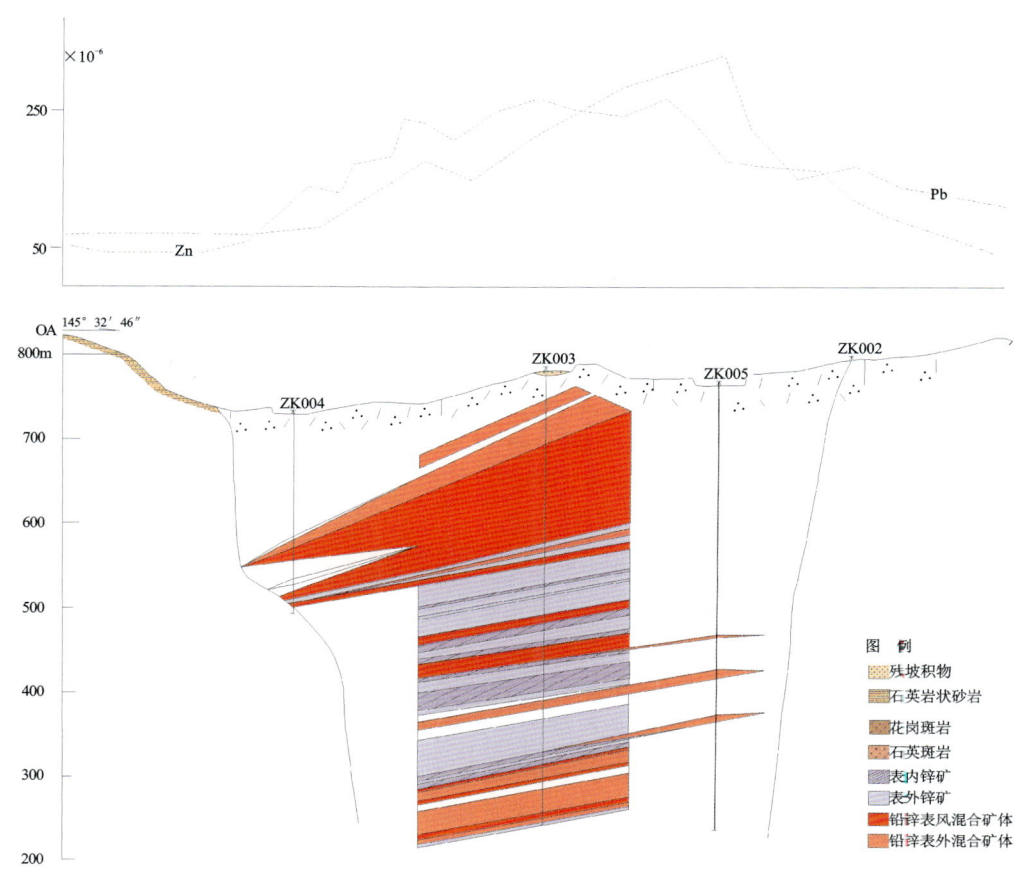

图 5-37 轿顶山式斑岩型铅锌矿典型矿床预测模型图

（二）区域预测模型

轿顶山式斑岩型铅锌矿区域预测模型见表 5-31 及图 5-38。

表 5-31 轿顶山式斑岩型铅锌矿区域预测模型表

区域预测要素		描述内容	要素分类
特征描述		轿顶山式斑岩型铅锌矿	
区域成矿地质环境	大地构造单元	燕山台褶带	必要
	主要控矿构造	火山构造	必要
	主要围岩	长城系灰岩	必要
	成矿时代	燕山期	必要
	控矿侵入岩建造	石英斑岩杂岩体建造	必要
	区域成矿类型及成矿期	与燕山期石英斑岩有关的铅锌矿点	必要
	成矿带	四级：Ⅲ-57-② 燕辽（坳陷、拉张）Cu-Mo-Pb-Zn-Ag-Au-Fe-Mn-煤成矿亚带	必要

续表 5-31

区域预测要素		描述内容	要素分类
区域成矿地质特征	控矿侵入岩	蚀变石英斑岩体	重要
	控矿构造	火山机构	次要
	矿石建造	方铅矿-闪锌矿-黄铜矿-磁铁矿-毒砂	重要
	围岩蚀变	硅化、绢云母化、萤石化、碳酸盐化	重要
	矿床式	轿顶山式	重要
区域地球化学特征	1:5万水系沉积物	地球化学异常图上,W 元素出现三级浓度分带异常;全省地球化学图上,在低背景上,于矿区周围出现 Pb $26×10^{-6} \sim 30×10^{-6}$、Zn $83×10^{-6} \sim 91×10^{-6}$、Ag $0.102×10^{-6} \sim 0.150×10^{-6}$、Bi $0.224×10^{-6} \sim 0.267×10^{-6}$、W $1.67×10^{-6} \sim 2.99×10^{-6}$、Mo $0.88×10^{-6} \sim 1.08×10^{-6}$、Th$>13.1×10^{-6}$ 等元素局部高背景及低缓异常分布,反映此类低缓化探异常的找矿远景	重要
区域地球物理特征	磁异常	1:20万航磁 ΔT 三种图上,矿床均处于低缓正或负磁背景场中。推断北东向的重力低是火山沉积盆地的反映,西北角、东南侧的重力高、磁力低与出露的中新元古代碳酸盐岩地层吻合。1:5万航磁 ΔT 化极等值线平面图和化极垂向一阶导数等值线平面图上,矿床均处在低缓负磁背景场中。推断大范围负磁场区为侏罗系火山岩的反映,低缓正磁场区为酸性岩体	次要
	重力异常	1:20万布格重力异常图上,矿床位于北东东向与北西向重力梯级带的交会部位,剩余重力异常图上,矿床处在北东走向重力低异常带中	次要
遥感		羟基、铁染异常与矿床吻合较好,具有一定指示的作用	次要
自然重砂异常		方铅矿、闪锌矿重砂1级异常,萤石自然重砂异常,黄铜矿自然重砂2级异常	重要

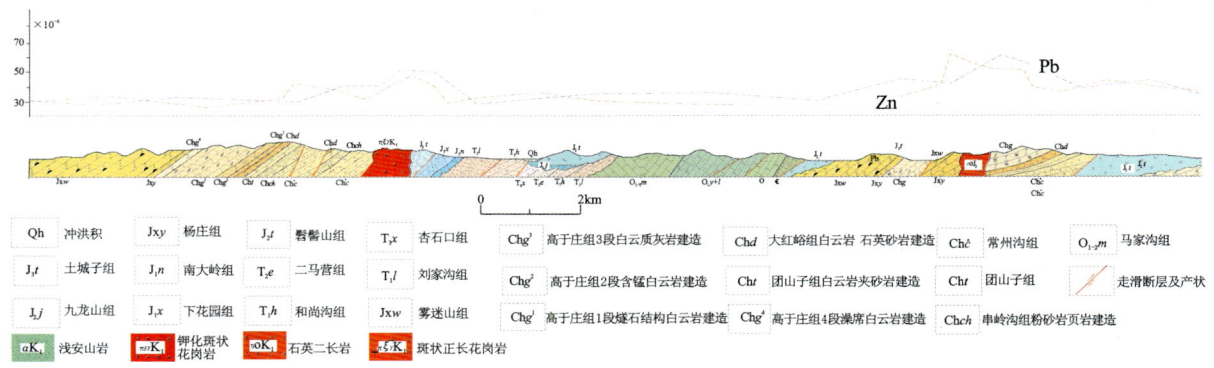

图 5-38 轿顶山式斑岩型铅锌矿区域预测模型图

十六、宣龙式沉积型铁矿预测评价模型

(一) 典型矿床预测模型

宣龙式沉积型铁矿典型矿床预测模型见表 5-32。

表 5-32 宣龙式沉积型铁矿典型矿床预测模型表

预测要素		描述内容	预测要素分类
	特征描述	宣龙式海相沉积型铁矿床	
地质环境	成矿地层	中元古界长城系串岭沟组近底部	必要
	古地理	障壁性局限海湾盆地	必要
	沉积相	滨海-浅海相	
	沉积建造	碳酸碎屑岩建造	
	含矿岩系特征	白色石英岩、黑色页岩及灰色含铁砂岩。矿层分为3层,第一层主要为菱铁矿,第二层主要为鲕状赤铁矿与菱铁矿互层,第三层主要为肾状赤铁矿及鲕状赤铁矿间或有菱铁矿	必要
	成矿时代	长城纪串岭沟期	必要
	成矿环境	不对称的半封闭式海湾状盆地	必要
矿床特征	矿体形态	矿层呈层状产出,产状随区域地层改变而变化,倾向一般为120°~140°,倾角一般为30°~40°,部分区域可达60°	重要
	矿石组分	赤铁矿及菱铁矿,其次为褐铁矿、鲕状绿泥石、石英、黄铁矿等	次要
	矿石结构	具鲕状结构、肾状结构、粒状结构、块状及层状结构	重要
	矿石构造	鲕状、肾状、块状、角砾状构造	重要
	蚀变特征	无近矿围岩蚀变	重要
	控矿条件	边界受元古宙形成不同方向的深、大断裂控制	重要
地球化学特征	1:5万水系沉积物	化探元素异常对该类矿床无效	次要
地球物理特征	磁异常	1:20万、1:5万航磁 ΔT 等值线平面图、航磁 ΔT 化极等值线平面图上,均无明显磁异常,矿床处于大范围低缓平稳的正磁场中。矿床的西南侧虽然出现强度200~400 nT 的低缓磁异常,但异常与赤铁矿并无关系,推断可能是基底隆起所致。1:5万航磁为平稳的高背景场区,附近有局部低缓磁异常。1:20万的重力高间接反映了成矿地层的存在,航磁的相对高背景场及局部低缓异常是成矿地质环境的反映,与铁矿无关	次要
	重力异常	1:20万布格重力异常图上,矿床位于四周重力场多变转折形成的平稳宽缓场部位,剩余重力异常图上,矿床处在两个局部重力高与两个局部重力低的边部,也是一个重力场相对平稳的部位,推断北东、南西两个局部重力高是基底隆起的反映,北西的重力低是火山沉积盆地的反映,南东的重力低是半隐伏酸性岩体的反映。重力异常的分布可以分析宣龙地区的基底断裂构造,而基底断裂构造控制了岩相古地理环境,从而间接控制宣龙式铁矿的形成	次要
遥感		羟基、铁染异常与成矿地层吻合,为找矿标志	次要
自然重砂异常		无重砂异常	次要

（二）区域预测模型

宣龙式沉积型铁矿区域预测模型见表 5-33 及图 5-39。

表 5-33 宣龙式沉积型铁矿区域预测模型表

区域预测要素		描述内容	要素分类
特征描述		宣龙式海相沉积型铁矿床	
区域成矿地质环境	主要控矿构造	中朝准地台北部燕山褶皱带的西北端，属宣龙复向斜的中部，具体为宣化向斜构造	必要
	主要赋矿地层	长城系串岭沟组	必要
	成矿时代	长城系串岭沟期	必要
	古地理	障壁性局限海湾盆地	必要
	区域成矿类型及成矿期	与长城系串岭沟组有关沉积矿点	必要
	沉积相	滨海-浅海相	必要
区域成矿地质特征	含矿岩系	含矿岩系由薄层细砂岩、白云质粉砂岩、含碳泥质白云岩、含铁石英砂岩、石英岩、泥质铁质粉砂岩、含铁细砂岩、粉砂质页岩及三到五层赤铁矿组成	重要
	沉积建造	稳定型单陆屑式建造	次要
	围岩蚀变	近矿围岩无蚀变	重要
	矿床式	宣龙式	重要
区域地球化学特征	1:5万水系沉积物	化探元素异常对该类矿床无指示意义	次要
区域地球物理特征	重力异常	重力异常的分布可以表现宣龙地区的基底断裂构造，而基底断裂构造控制了岩相古地理环境，从而间接地控制了宣龙式铁矿的形成	重要
遥感		羟基、铁染异常，解译区域构造	次要
自然重砂异常		无重砂异常	次要

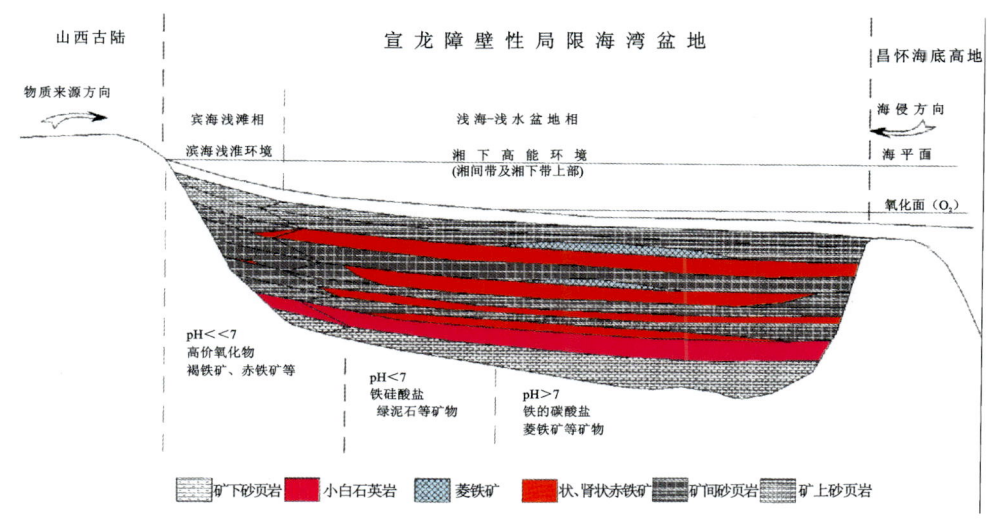

图 5-39 宣龙式沉积型铁矿区域预测模型图

十七、涞源式接触交代型铁矿预测评价模型

（一）典型矿床预测模型

涞源式接触交代型铁矿典型矿床预测模型见表 5-34 及图 5-40。

表 5-34 涞源式接触交代型铁矿典型矿床预测模型表

预测要素		描述内容	预测要素分类
特征描述		接触交代型铁多金属矿	
地质环境	成矿围岩	中元古界长城系高于庄白云岩、蓟县系雾迷山组白云岩	必要
	成矿岩体	燕山期中酸性花岗岩系列	必要
	岩石类型	成矿地层:高于庄组三、四段厚层、薄层白云岩成矿岩体;斑状石英二长岩、斑状花岗岩、黑云母花岗岩	必要
	控矿构造	中酸性岩浆岩与中元古界碳酸盐岩接触带	必要
	成矿时代	燕山中晚期	必要
	成矿环境	陆内深断裂岩浆活动带	必要
矿床特征	矿体形态	脉状、不规则状	重要
	矿石组分	磁铁矿、闪锌矿、孔雀石、黄铜矿、黄铁矿、蛇纹石、方解石	次要
	矿石结构	条纹、条带状结构,浸染状结构	重要
	矿石构造	致密块状构造、角砾状构造	重要
	蚀变特征	透闪石-阳起石化—透辉石化—石榴石化—蛇纹石化—镁橄榄石化—绿帘石化	重要
	控矿条件	矿体主要产于镁矽卡岩带或镁矽卡岩与大理岩围岩之间或离接触带较远的大理岩中。有的矿体直接产于岩体与白云岩接触带上	重要

续表 5-34

预测要素		描述内容	预测要素分类
地球化学特征	1:5万水系沉积物	Cu元素弱异常。该类型矿床多为隐伏,化探异常指示效果不显著	重要
地球物理特征	磁异常	1:5万航磁异常处在正负磁场的交接部位,极大值600nT,西北侧伴有负异常,极小值-300nT	重要
	重力异常	布格重力异常负值区,异常值-90～-60毫伽	次要
遥感		无羟基、铁染异常	次要
自然重砂异常		铜重砂2级异常	重要

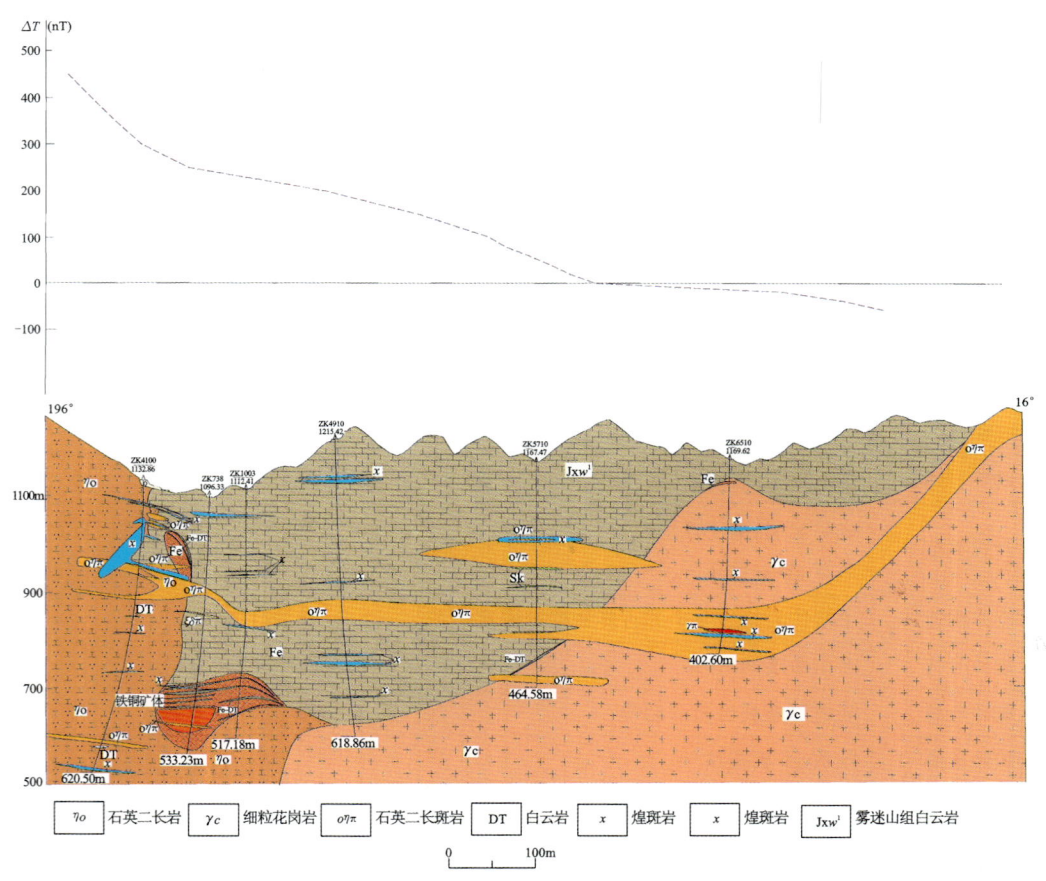

图 5-40 涞源式接触交代型铁矿典型矿床预测模型图

(二) 区域预测模型

涞源式接触交代型铁矿区域预测模型见表 5-35 及图 5-41。

表 5-35 涞源式接触交代型铁矿区域预测模型表

区域预测要素		描述内容	要素分类
特征描述		涞源式接触交代型铁矿	
区域成矿地质环境	大地构造单元	II$_1^{11-10}$蓟县夭折裂谷（Pt$_2^{1-2}$）	必要
	主要控矿构造		必要
	主要赋矿地层	中元古界长城系高于庄组三、四段厚层、薄层白云岩，蓟县系雾迷山组一、二段燧石条带白云岩为主。古生代灰岩次之	必要
	成矿时代	燕山期	必要
	控矿侵入岩建造	燕山期中酸性花岗岩系列	必要
	区域成矿类型及成矿期	燕山期中酸性花岗岩有关的接触交代型铁矿点	必要
	成矿带	四级：Ⅲ-57-② 燕辽（坳陷、拉张）Cu-Mo-Pb-Zn-Ag-Au-Fe-Mn-煤成矿亚带	必要
区域成矿地质特征	控矿侵入岩	大河南杂岩体	重要
	控矿构造	中酸性岩浆岩与中元古界碳酸盐岩接触带	次要
	矿石建造	磁铁矿、黄铜矿、闪锌矿、黄铁矿、辉钼矿、方铅矿、辉银矿	重要
	围岩蚀变	钾长石化、镁橄榄石矽卡岩化、透辉石蛇纹石矽卡岩化、透辉石粒硅镁石矽卡岩化	重要
	矿床式	涞源式	重要
区域地球化学特征	1:5万水系沉积物	Cu元素弱异常。该类型矿床多为隐伏，化探异常指示效果不显著	重要
区域地球物理特征	磁异常	1:5万航磁异常处在正负磁场的交接部位，极大值600nT，西北侧伴有负异常，极小值－300nT	次要
	重力异常	布格重力异常负值区，异常值－90～－60毫伽	次要
遥感		无羟基、铁染异常	次要
自然重砂异常		铜重砂2级异常	重要

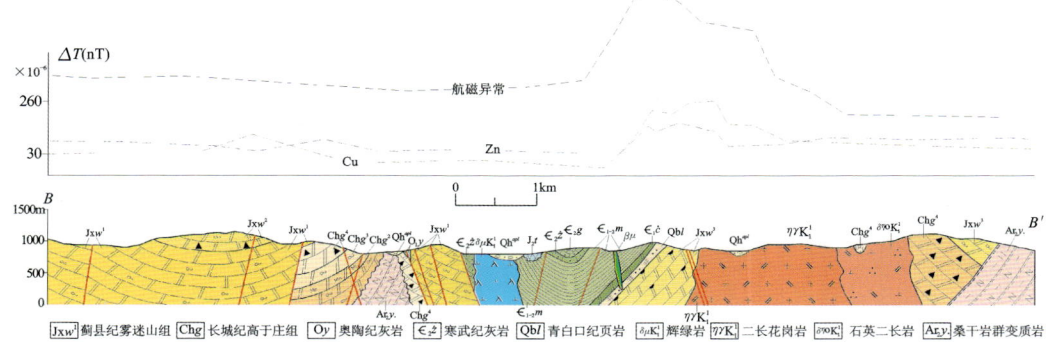

图 5-41 涞源式接触交代型铁矿区域预测模型图

十八、大庙式岩浆岩型钒钛磁铁矿预测评价模型

(一) 典型矿床预测模型

大庙式岩浆岩型钒钛磁铁矿典型矿床预测模型见表 5-36 及图 5-42。

表 5-36 大庙式岩浆岩型钒钛磁铁矿典型矿床预测模型表

预测要素		描述内容	预测要素分类
特征描述		岩浆型铁矿床	
地质环境	成矿岩体	大庙黑山斜长岩-苏长岩-钒钛磁铁矿-二长岩体	必要
	岩石类型	斜长岩-苏长岩-钒钛磁铁矿-二长岩依次侵入。苏长岩为成矿母岩,灰黑色,风化面显灰褐色	必要
	控矿构造	尚义-承德-平泉深断裂北侧的大庙-乌龙素沟和龙潭沟-压青地两个剪切带中	必要
	成矿时代	新元古代	必要
	成矿环境	燕山台褶带与内蒙地轴的交接地带,台褶带边缘的大庙穹断束内斜长岩体中	必要
矿床特征	矿石组分	主要有钒钛磁铁矿、钛磁铁矿、钛铁矿、含钒磁铁矿、磷灰石,其次为少量含钴黄铁矿、微量黄铜矿;脉石矿物主要为斜长石、绿泥石、纤闪石及紫苏辉石等	次要
	矿石结构	自形—半自形晶结构	重要
	矿石构造	以块状为主,次为浸染状构造	重要
	蚀变特征	矿体周围有明显的绿色蚀变带,厚度一般为 5~15m。白色围岩、绿色蚀变、黑色矿体是明显的找矿标志。铁矿体围岩蚀变主要为绿泥石化、绿帘石化,其次有绿泥石化-阳起石化及碳酸盐化、硅化。靠近接触带的矿体中钛铁矿多蚀变为金红石。蚀变岩石多数具有显著的片理构造。铁磷矿体围岩蚀变主要为纤闪石化、绿泥石化,其次有绿泥石化-纤闪石化,绿泥石部分属钛绿泥石	重要
	控矿条件	矿带的分布严格受岩体内两组剪切配套断裂构造带控制,矿床或矿体则主要出现在配套断裂的次一级断裂内	重要
地球化学特征	1:5万水系沉积物	V、Ti 元素化学异常,其中,V 异常值 $112.4×10^{-6}$~$193.7×10^{-6}$。P 元素异常较弱,与矿床套合不好	重要
地球物理特征	磁异常	磁异常特征,1:10万航磁 ΔT 场反映为有规律的东西向特别尖锐的异常,强度在 1800nT 左右。1:5万航磁异常叠加在正磁场背景上,范围较大,形态为椭圆状、透镜状或不规则状,走向近东西向或北东向为主,强度很大,ΔT 极大值达 2850nT 以上,梯度陡,西北部伴生明显的负值,极小值-450nT。地磁 ΔZ 异常是由数十个小异常组成的庞大异常群,异常群整体为北西向展布,单个异常走向则多为东西向。异常群的东南段,单个异常强度高,一般为 5000~7000nT,极大值达万余纳特,高值异常大致排列成北东方向,西北段强度较东南段为低,一般为 1000~3000nT,极大值达 5000nT 左右。1:20万的重力高是成矿岩体的反映,具间接找矿作用;航磁、地磁形成的局部磁异常或异常群则是钒钛磁铁矿体的反映,磁测资料对矿体有直接的指示作用	重要
	重力异常	1:20万布格重力异常图上,矿床位于梯级带转折形成的局部升高重力场中,呈舌状向北西突出,剩余重力异常图上,矿床处在局部重力高的边部,推断重力场抬升及形成的局部重力高异常是规模巨大基性杂岩体的反映	次要

续表 5-36

预测要素	描述内容	预测要素分类
遥感	羟基、铁染异常与矿床吻合较好	次要
自然重砂异常	磁铁矿重砂 2 级异常，钛铁矿物重砂 1 级异常	重要

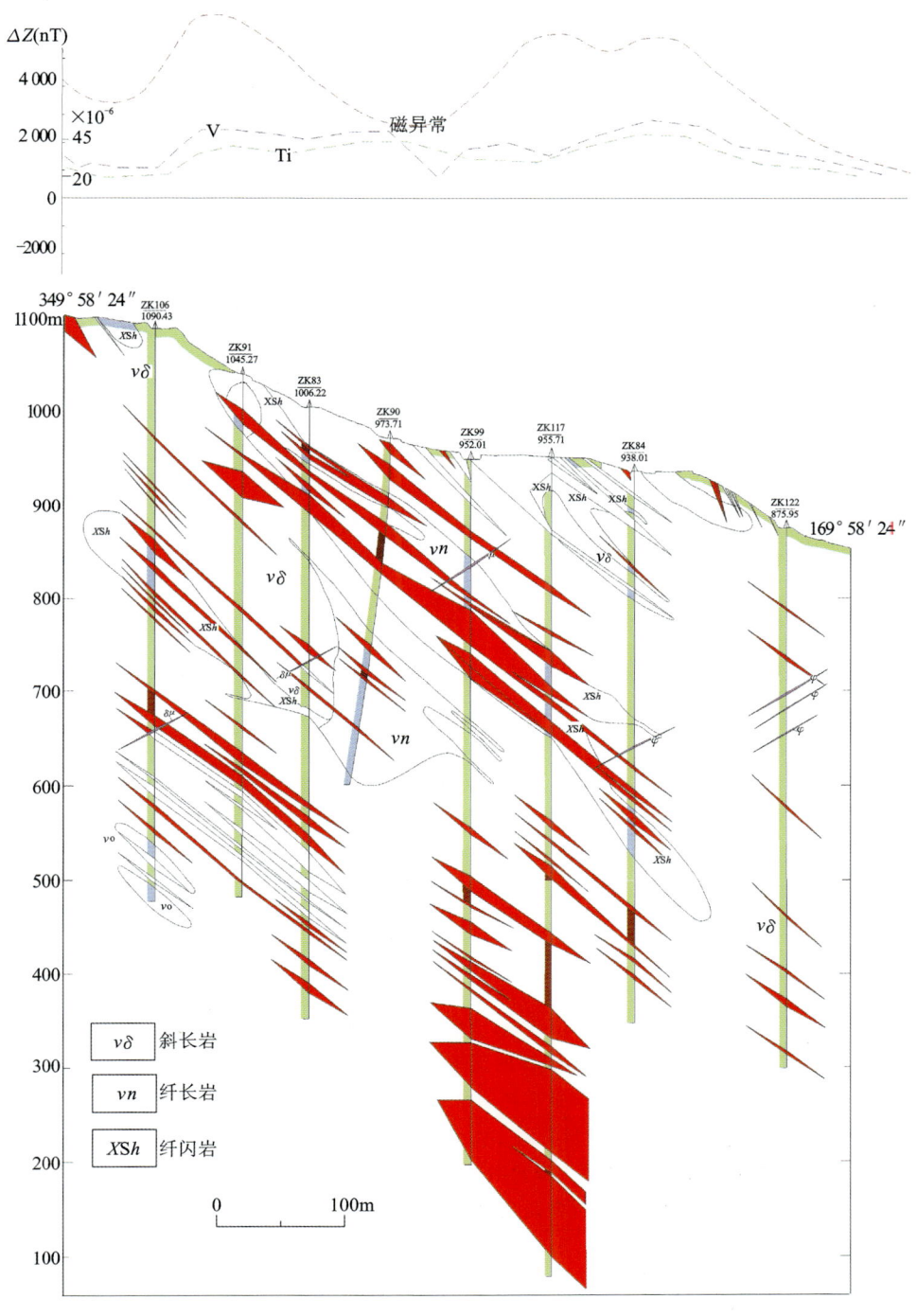

图 5-42　大庙式岩浆岩型钒钛磁铁矿典型矿床预测模型图

(二) 区域预测模型

大庙式岩浆岩型钒钛磁铁矿区域预测模型见表 5-37 及图 5-43。

表 5-37 大庙式岩浆岩型钒钛磁铁矿区域预测模型表

区域预测要素		描述内容	要素分类
特征描述		岩浆岩型钒钛磁铁矿	
区域成矿地质环境	大地构造单元	燕山台褶带	必要
	主要控矿构造	承德大庙断裂带	必要
	成矿环境	燕山台褶带与内蒙地轴的交接地带,台褶带边缘的大庙弯断束内斜长岩体中	必要
	成矿时代	中元古代	必要
	控矿侵入岩建造	斜长岩-苏长岩-纤闪岩-纤长岩	必要
	区域成矿类型及成矿期	与苏长岩、斜长岩有关的磁铁矿点	必要
	成矿带	四级:Ⅲ-57-② 燕辽(坳陷、拉张)Cu-Mo-Pb-Zn-Ag-Au-Fe-Mn-煤成矿亚带	必要
区域成矿地质特征	控矿侵入岩	斜长岩、辉长岩体	重要
	控矿构造	尚义-承德-平泉深断裂北侧的大庙-乌龙素沟和龙潭沟-压青地两个剪切带中	次要
	矿石建造	斜长岩-苏长岩-钒钛磁铁矿-二长岩依次侵入。苏长岩为成矿母岩	重要
	围岩蚀变	矿体周围有明显的绿色蚀变带,厚度一般为 5~15m。白色围岩、绿色蚀变、黑色矿体,是明显的找矿标志。铁矿体围岩蚀变主要为绿泥石化、绿帘石化,其次有绿泥石化-阳起石化及碳酸盐化、硅化。靠近接触带的矿体中钛铁矿多蚀变为金红石。蚀变岩多数具有显著的片理构造。铁磷矿体围岩蚀变主要为纤闪石化、绿泥石化,其次有绿泥石化-纤闪石化,绿泥石部分属钛绿泥石	重要
	矿床式	大庙式	重要
区域地球化学特征	1:5万水系沉积物	V、Ti 元素化学异常,其中,V 异常值 112.4×10⁻⁶~193.7×10⁻⁶。P 元素异常较弱,与矿床套合不好	重要
区域地球物理特征	磁异常	磁异常特征,1:10 万航磁 ΔT 场反映为有规律的东西向特别尖锐的异常,强度在 1800nT 左右。1:5万航磁异常叠加在正磁场背景上,范围较大,形态为椭圆状、透镜状或不规则状,走向近东西向或北东向为主,强度很大,ΔT 极大值达 2850nT 以上,梯度陡,西北部伴生明显的负值,极小值为－450nT。地磁 ΔZ 异常是由数十个小异常组成的庞大异常群,异常群整体为北西向展布,单个异常走向则多为东西向。异常群的东南段,单个异常强度高,一般为 5000~7000nT,极大值达万余纳特,高值异常大致排列成北东方向,西北段强度较东南段为低,一般为 1000~3000nT,极大值达 5000nT 左右。1:20 万的重力高是成矿岩体的反映,具间接找矿作用;航磁、地磁形成的局部磁异常或异常群则是钒钛磁铁矿体的反映,磁测资料对矿体有直接的指示作用	重要
	重力异常	1:20 万布格重力异常图上,矿床位于梯级带转折形成的局部升高重力场中,呈舌状向北西突出,剩余重力异常图上,矿床处在局部重力高的边部,推断重力场抬升及形成的局部重力高异常是规模巨大基性杂岩体的反映	次要
遥感		羟基、铁染异常与矿床吻合较好	次要
自然重砂异常		磁铁矿重砂 2 级异常,钛铁矿物重砂 1 级异常	重要

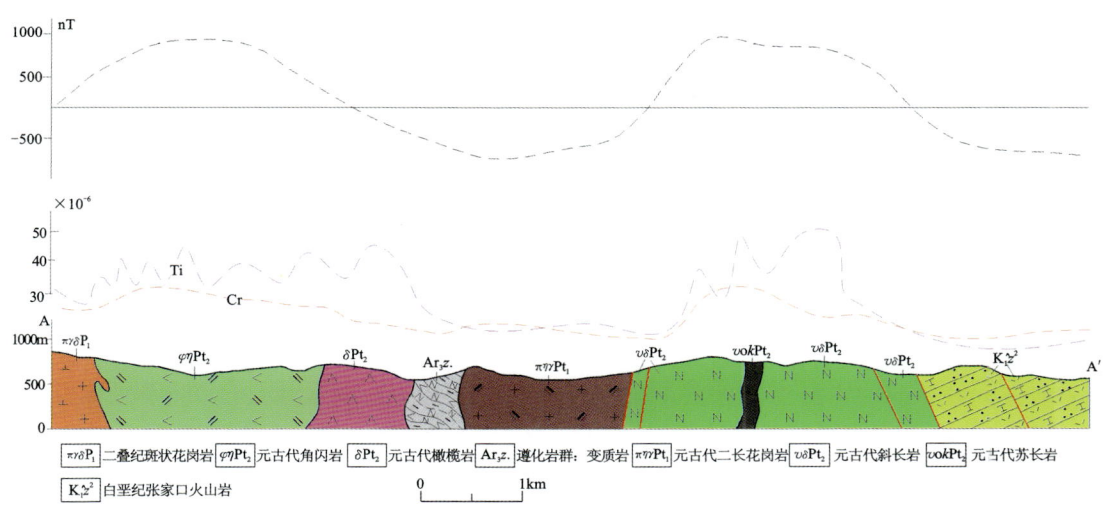

图 5-43 大庙式岩浆岩型钒钛磁铁矿区域预测模型图

十九、木吉村式斑岩型-矽卡岩型铜钼矿预测评价模型

（一）典型矿床预测模型

木吉村式斑岩型-矽卡岩型铜钼矿典型矿床预测模型见表 5-38 及图 5-44。

表 5-38　木吉村式斑岩型-矽卡岩型铜钼矿典型矿床预测模型表

预测要素		描述内容	预测要素分类
	特征描述	斑岩型-矽卡岩型铜钼矿床	
地质环境	成矿围岩	长城系高于庄组白云岩、蓟县系雾迷山组燧石条带白云岩	必要
	成矿岩体	涞源杂岩体的一部分，岩性主要为闪长玢岩	必要
	岩石类型	白云岩	必要
		闪长玢岩	必要
	控矿构造	乌龙沟-上黄旗深断裂带	必要
	成矿时代	燕山早期	必要
	成矿环境	深断裂带和中生代火山断陷盆地控制	必要
矿床特征	矿体形态	透镜体状、脉状、似层状、瘤状、囊状、不规则状	重要
	矿石组分	斑岩型：黄铜矿、黄铁矿、辉钼矿、硫钴矿、自然金、白钨矿，石英、绢云母、水云母、钾长石、少量斜长石、黑云母、绿泥石、方解石、金红石、榍石，绢云母；矽卡岩型：黄铜矿、磁铁矿、黄铁矿、硫钴矿、白钨矿、闪锌矿、方铅矿、镜铁矿、自然金、自然银，透辉石、蛇纹石、透闪石、绿帘石、绿泥石、石英、方解石、白云母	次要
	矿石结构	斑岩型：细粒结构；矽卡岩型：晶粒状、乳滴状、束状、交代状结构	重要
	矿石构造	斑岩型：浸染状构造；矽卡岩型：似层状、脉状、瘤状、条带状、块状、细脉浸染状构造	重要
	蚀变特征	闪长玢岩蚀变体系可区别为斑岩型热液蚀变与接触交代变质两个子体系，自岩体到围岩，由深而浅，其蚀变分带为：内蚀变带—典型斑岩型热液蚀变带，发育钾化、硅化、青磐岩化及泥化等面型蚀变，钾化、硅化与斑岩型铜钼矿关系密切；外蚀变带闪长玢岩与寒武系—奥陶系灰质白云岩接触交代，沿 F_4 断裂带形成一套钙质矽卡岩；与中元古界白云岩接触交代形成一套镁质矽卡岩，以渗滤交代钙（镁）质矽卡岩为主，内矽卡岩不发育	重要

续表 5-38

预测要素		描述内容	预测要素分类
地球化学特征	1:5万水系沉积物	化探异常 Cd、Zn、Cu、Ag、Bi、Pb、Mn、Hg、W、Sn、Au、Be、Co、Mo、Fe 组成,强度高,大多具四级浓度分带,组分分带明显,为很好的多金属成矿异常。有4个浓集中心:茅儿峪 Cu 浓集中心,为已知中型铜矿床;乔达沟 Cd、Ag、Cu、Zn、Bi、Pb、Mn 浓集中心,有望找到多金属矿床;木吉村东 Au 浓集中心,Au 浓集程度很高;木吉村西南 Sn 异常,强度很高,均有很好的找矿希望	重要
地球物理特征	磁异常	1:5万航磁 ΔT 剖面平面图和化极等值线平面图上,木吉村铜矿床处在大范围低缓负磁场边部,大范围以负磁场为主的变化磁区是王安镇中酸性岩体的反映,西北部的相对升高磁场区为结晶基底隆起所致。浮图峪铜矿床则处在大范围正磁异常外围的正背景场中,正磁场反映的是王安镇中酸性岩体,西北及南东的降低磁场区或负磁场区为中新元古界、古生界碳酸盐岩的反映	次要
	重力异常	1:20万布格重力异常图上,两矿床位于北东向重力梯级带边部形成的北东、南西两处重力低值区与西侧的一处相对重力高值区的交会部位,剩余重力异常图上,两矿床处在北东向重力低异常带与局部重力高异常的边部。1:20万航磁 ΔT 三种图上,矿床均处于低缓的正磁场中。北西部的重力高、磁力低是中新元古代碳酸盐岩地层分布区,中部的北东向重力低、相对磁力高是王安镇中酸性岩体的反映,东南角的重力高、磁力高是太古宙变质基底隆起所致	次要
遥感		羟基、铁染异常与矿床吻合较好,是一种找矿的标志	次要
自然重砂异常		黄铜矿重砂1级异常,金矿、钨矿物2级异常	重要

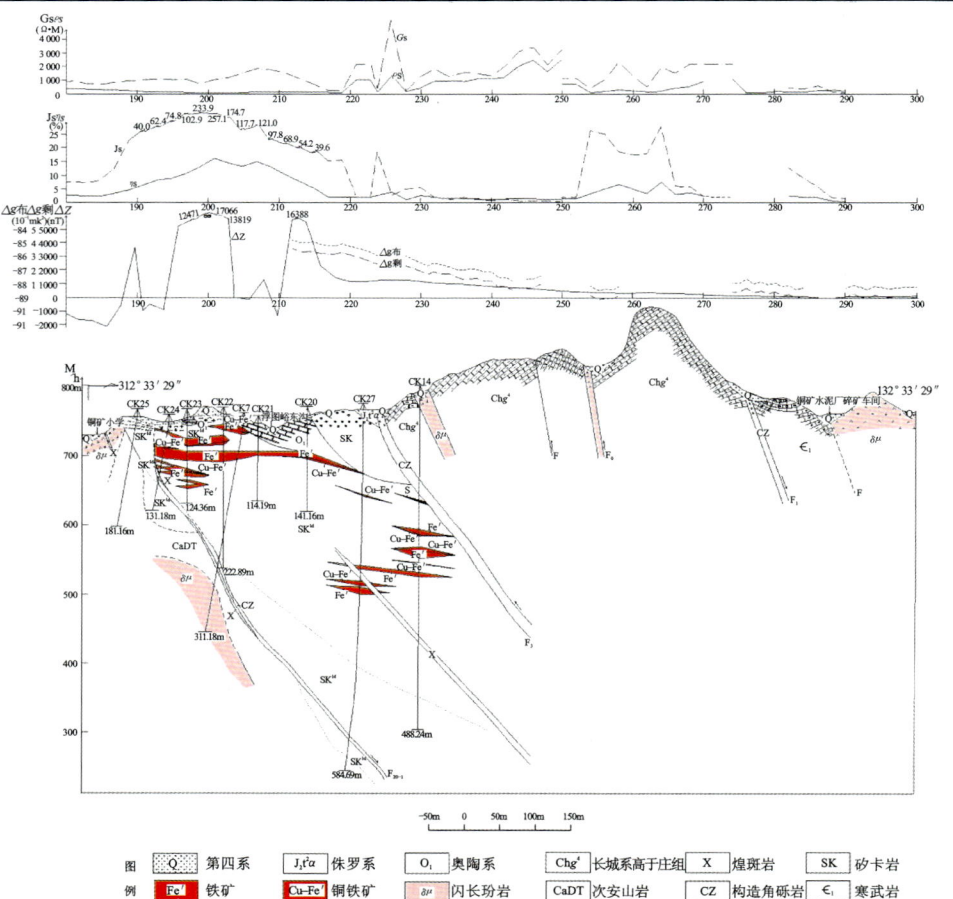

图 5-44　木吉村式斑岩型-矽卡岩型铜钼矿典型矿床预测模型图

（二）区域预测模型

木吉村式斑岩型-矽卡岩型铜钼矿区域预测模型见表 5-39 及图 5-45。

表 5-39　木吉村式斑岩型-矽卡岩型铜钼矿区域预测模型表

区域预测要素		描述内容	要素分类
特征描述		木吉村（浮图峪）式斑岩型-矽卡岩型铜矿床	
区域成矿地质环境	大地构造单元	山西断隆与燕山台褶带接合部位	必要
	主要控矿构造	乌龙沟-上黄旗深断裂带	必要
	主要赋矿地层	中新元古界、下古生界碳酸盐岩、碎屑岩	必要
	成矿时代	中侏罗世，燕山早期	必要
	控矿侵入岩建造	中酸性花岗岩	必要
	区域成矿类型及成矿期	与燕山期中酸性岩有关铜多金属矿	必要
	成矿带	四级：Ⅲ-57-② 燕辽（坳陷、拉张）Cu-Mo-Pb-Zn-Ag-Au-Fe-Mn-煤成矿亚带	必要
区域成矿地质特征	控矿侵入岩	燕山期壳幔源中酸性岩：火山-次火山岩类、中酸性花岗岩类	重要
	控矿构造	深断裂带和中生代火山断陷盆地控制	次要
	矿石建造	斑岩型：黄铜矿、黄铁矿、辉钼矿、硫钴矿、自然金、白钨矿、石英、绢云母、水云母、钾长石，少量斜长石、黑云母、绿泥石、方解石、金红石、榍石、绢云母；矽卡岩型：黄铜矿、磁铁矿、黄铁矿、硫钴矿、白钨矿、闪锌矿、方铅矿、镜铁矿、自然金、自然银，透辉石、蛇纹石、透闪石、绿帘石、绿泥石、石英、方解石、白云母	重要
	围岩蚀变	闪长玢岩蚀变体系可区别为斑岩型热液蚀变与接触交代变质两个子体系，自岩体到围岩，由深而浅，其蚀变分带为：内蚀变带—典型斑岩型热液蚀变带，发育钾化、硅化、青磐岩化及泥化等面型蚀变，钾化、硅化与斑岩型铜钼矿关系密切；外蚀变带闪长玢岩与寒武系—奥陶系灰质白云岩接触交代，沿 F_4 断裂带形成一套钙质矽卡岩；与中元古界白云岩接触交代形成一套镁质矽卡岩，以渗滤交代钙（镁）质矽卡岩为主，内矽卡岩不发育	重要
	矿床式	木吉村式	重要
区域地球化学特征	1:5万水系沉积物	化探异常 Cd、Zn、Cu、Ag、Bi、Pb、Mn、Hg、W、Sn、Au、Be、Co、Mo、Fe 组成，强度高，大多具四级浓度分带，组分分带明显，为很好的多金属成矿异常。有 4 个浓集中心：茅儿峪 Cu 浓集中心，为已知中型铜矿床；乔达沟 Cd、Ag、Cu、Zn、Bi、Pb、Mn 浓集中心，有望找到多金属矿床；木吉村东 Au 浓集中心，Au 浓集程度很高；木吉村西南 Sn 异常，强度很高，均有很好的找矿希望	重要
区域地球物理特征	磁异常	1:5万航磁 ΔT 剖面平面图和化极等值线平面图上，木吉村铜矿床处在大范围低缓负磁场边部，大范围以负磁场为主的变化磁场区是王安镇中酸性岩体的反映，西北部的相对升高磁场区为结晶基底隆起所致。浮图峪铜矿床则处在大范围正磁异常外围的正背景场中，正磁场反映的是王安镇中酸性岩体，西北及南东的降低磁场区或负磁场区为中新元古界、古生界碳酸盐岩的反映	次要
	重力异常	1:20万布格重力异常图上，两矿床位于北东向重力梯级带边部形成的北东、南西两处重力低值区与西侧的一处相对重力高值区的交汇部位，剩余重力异常图上，两矿床处在北东向重力低异常带与局部重力高异常的边部。1:20万航磁 ΔT 三种图上，矿床均处于低缓的正磁场中。北西部的重力高、磁力低是中新元古代碳酸盐岩地层分布区，中部的北东向重力低、相对磁力高是王安镇中酸性岩体的反映，东南角的重力高、磁力高是太古宙变质基底隆起所致	次要

续表 5-39

区域预测要素	描述内容	要素分类
遥感	羟基、铁染异常与矿床吻合较好,是一种找矿的标志	次要
自然重砂异常	黄铜矿重砂1级异常,金矿、钨矿物2级异常	重要

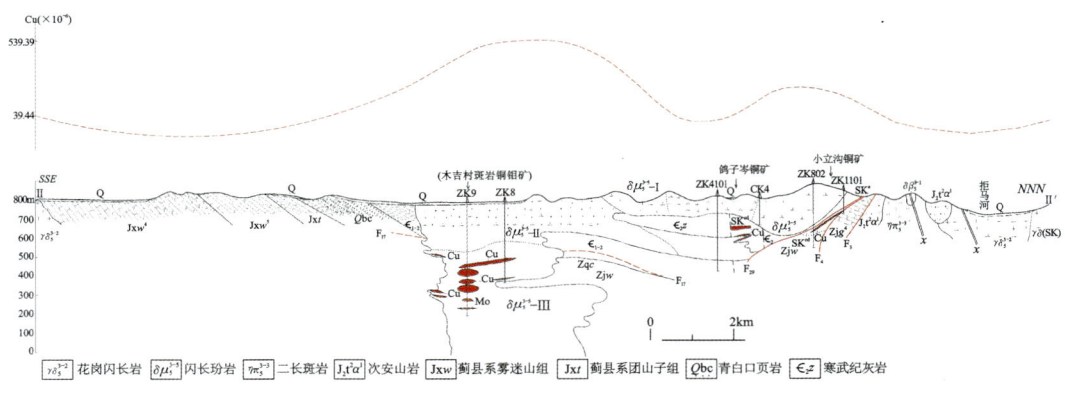

图 5-45　木吉村式斑岩型-矽卡岩型铜钼矿区域预测模型图

二十、沙麦村式热液型钨矿预测评价模型

(一) 典型矿床预测模型

沙麦村式热液型钨矿典型矿床预测模型见表 5-40 及图 5-46。

表 5-40　沙麦村式热液型钨矿典型矿床预测模型表

预测要素		描述内容	预测要素分类
特征描述		高温热液含钨石英脉型矿床	
地质环境	成矿围岩	近矿围岩为硅化片麻岩	必要
	成矿岩体	燕山期酸性岩体	必要
	岩石类型	片麻岩	必要
	控矿构造	六道河-黄酒馆挤压带派生的次级细微节理裂隙	必要
	成矿时代	燕山期	必要
	成矿环境	燕山台褶带内马兰峪隆起区	必要
矿床特征	矿体形态	脉状、扁豆状	重要
	矿石组分	金属矿物为黑钨矿次为斑铜矿、方铅矿并见有浸染状分布的黄铁矿,另外有极少量的磁铁矿、钛铁矿、褐铁矿。脉石矿物主要为石英、长石、白云石、方解石、绢云母等	次要
	矿石结构	板条状、他形粒状、半自形—自形晶细小颗粒状结构	重要
	矿石构造	细脉状、稠密浸染状、斑状构造	重要
	蚀变特征	岩石遭受了不同程度的动力蚀变及热液蚀变作用,蚀变作用顺序:硅化→绢云母化→碳酸盐化→高岭土化	重要
	控矿条件	六道河-黄酒馆挤压带派生的次一级细微节理裂隙	重要

续表 5-40

预测要素		描述内容	预测要素分类
地球化学特征	1:5万水系沉积物	钨、银元素异常,其中钨元素异常具三级浓度分带,异常值 $1.94\times10^{-6}\sim6.15\times10^{-6}$,银异常值 $0.134\times10^{-6}\sim0.35\times10^{-6}$	重要
地球物理特征	磁异常	1:20万航磁 ΔT 三种异常图上,矿床位于正负磁异常的交接部位,正磁异常由太古宙变质岩引起,负磁异常由元古宙地层引起,这也反映了矿床位于隆起的边缘。1:5万航磁 ΔT 化极等值线图和化极垂向一导等值线图上,矿床位于正负磁异常的交接部位,与1:20万异常情况相似	次要
	重力异常	1:20万布格重力异常图上,矿床位于东西向密云-喜峰口梯级带的北侧,矿床所处位置为一重力高值区的南侧。剩余重力异常图上,矿床位于东西向重力高的边缘,重力高反映太古宙结晶基底隆起,矿床位于隆起的边缘	次要
遥感		无羟基、铁染异常	次要
自然重砂异常		黑钨矿重砂1级异常,银矿物、铜矿物2级异常	重要

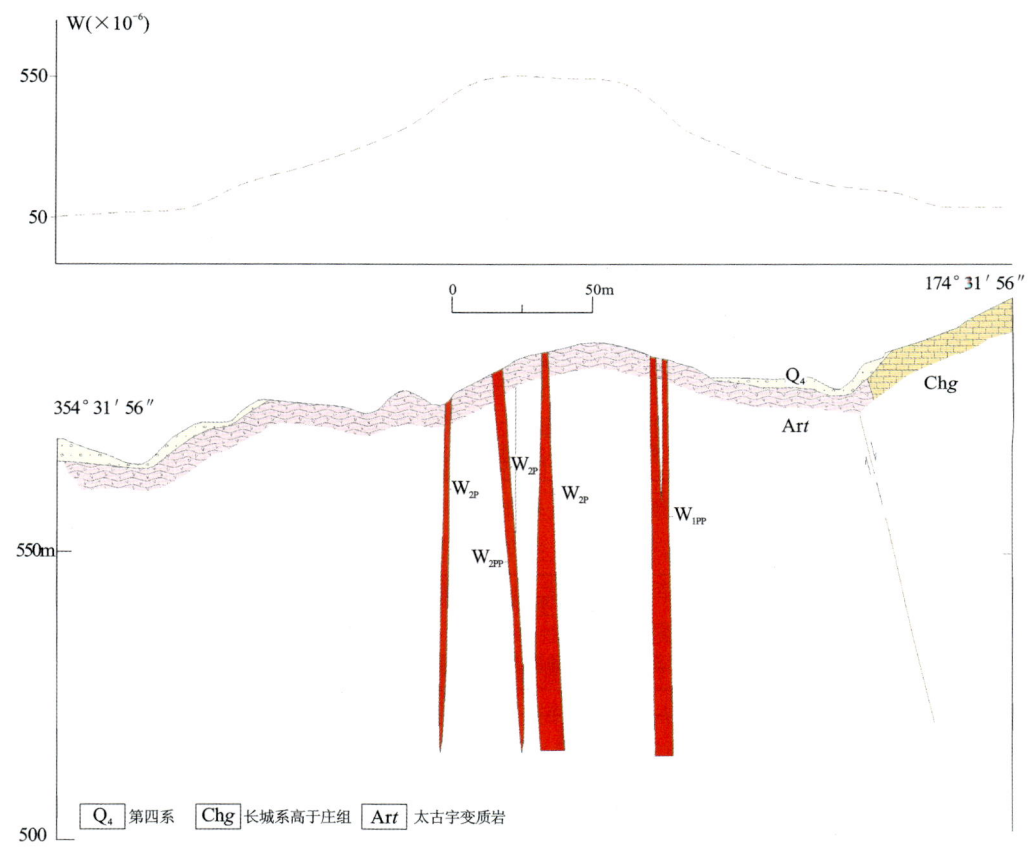

图 5-46 沙麦村式热液型钨矿典型矿床预测模型图

(二) 区域预测模型

沙麦村式热液型钨矿区域预测模型见表 5-41 及图 5-47。

表 5-41　沙麦村式热液型钨矿区域预测模型表

区域预测要素		描述内容	要素分类
	特征描述	侵入岩浆热液型钨矿（沙麦式钨矿）	
区域成矿地质环境	大地构造单元	Ⅱ$_{11-10}$ 蓟县夭折裂谷（Pt_2^{1-2}）	必要
	成矿环境	陆壳深断裂岩浆活动带	必要
	主要赋矿地层	新太古代迁西群变质岩系	必要
	成矿时代	燕山期	必要
	区域成矿类型及成矿期	燕山期热液型钨矿点	必要
	成矿带		必要
区域成矿地质特征	控矿侵入岩	燕山期中酸性岩体、岩脉	重要
	控矿构造	密云-喜峰口大断裂及其次级构造，区域性构造裂隙及岩体原生节理控制	次要
	矿石建造		重要
	围岩蚀变	硅化（石英化）、云英岩化、绿泥石化、高岭土化、萤石化、绢云母化、碳酸岩化	重要
	矿床式	沙麦村式	重要
区域地球化学特征	1∶5万水系沉积物	钨、银元素异常，其中钨元素异常具三级浓度分带，异常值 $1.94×10^{-6} \sim 6.15×10^{-6}$，银异常值 $0.134×10^{-6} \sim 0.351×10^{-6}$	重要
区域地球物理特征	磁异常	1∶20万航磁 ΔT 三种异常图上，矿床位于正负磁异常的交接部位，正磁异常由太古宙变质岩引起，负磁异常由元古宙地层引起，这也反映了矿床位于隆起的边缘。1∶5万航磁 ΔT 化极等值线图和化极垂向一导等值线图上，矿床位于正负磁异常的交接部位，与1∶20万异常情况相似	次要
	重力异常	1∶20万布格重力异常图上，矿床位于东西向密云-喜峰口梯级带的北侧，矿床所处位置为一重力高值区的南侧。剩余重力异常图上，矿床位于东西向重力高的边缘，重力高反映太古宙结晶基底隆起，矿床位于隆起的边缘	次要
遥感		无羟基、铁染异常	次要
自然重砂异常		黑钨矿重砂1级异常，银矿物、铜矿物2级异常	重要

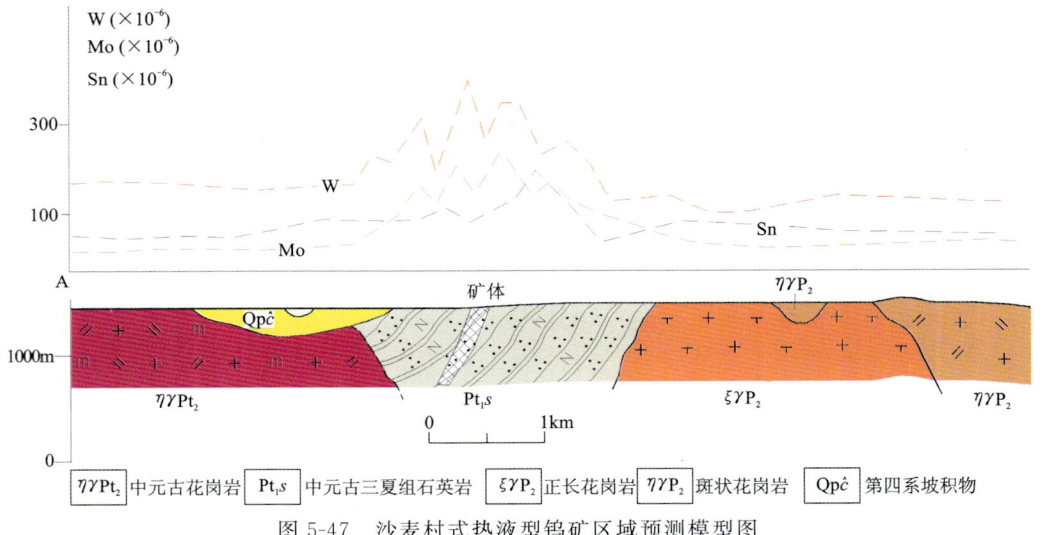

图 5-47　沙麦村式热液型钨矿区域预测模型图

二十一、莫古峪式接触交代型铜钼矿预测评价模型

（一）典型矿床预测模型

莫古峪式接触交代型铜钼矿典型矿床预测模型见表 5-42 及图 5-48。

表 5-42　莫古峪式接触交代型铜钼矿典型矿床预测模型表

预测要素		描述内容	预测要素分类
特征描述		接触交代型铜钼矿	
地质环境	成矿围岩	蓟县系雾迷山组	必要
	成矿岩体	燕山期莫古峪石英正长斑岩体	必要
	岩石类型	地层：泥质白云岩、燧石条带白云岩	必要
		岩体：硅化石英正长斑岩及晚期侵入的石英正长斑岩	必要
	控矿构造	密云-兴隆-青龙压扭性断裂的次级断裂	必要
	成矿时代	燕山期	必要
	成矿环境	陆内岩浆岩活动带	必要
矿床特征	矿体形态	细脉状、透镜体状、似层状	重要
	矿石组分	金属矿物主要有辉钼矿、磁铁矿、黄铜矿、磁黄铁矿、赤铁矿镜铁矿；脉石矿物主要为钙镁矽卡岩系列矿物组合，主要有方解石、白云石、透闪石、透辉石、石榴石、镁橄榄石、尖晶石、金云母、硅镁石、蛇纹石、绿帘石、绿泥石、角闪石、石英等	次要
	矿石结构	半自形—自形粒状结构，少量为他形粒状结构	重要
	矿石构造	浸染状或致密块状构造	重要
	蚀变特征	蚀变带由岩体内带向外依次划分为：硅化碳酸岩化石英斑岩带（内带）、钙镁矽卡岩蚀变带（侠义外带）、顺层钙镁矽卡岩大理岩带、大理岩化蚀变带	重要
	控矿条件	矿体受岩体裂隙、接触面、顺层矿体的围岩性质及构造破碎带的控制	重要
地球化学特征	1:5万水系沉积物	Mo-Cd-Cu-Bi-W 组合甲级异常，其中 Mo 元素异常具三级浓度分带，与矿床吻合，异常值 $1.07 \times 10^{-6} \sim 2.01 \times 10^{-6}$，其他元素与矿床吻合较差	重要
地球物理特征	磁异常	1:20万航磁 ΔT 化极等值线平面图上，矿床均处于平稳的北东向负磁场区，反映中新元古代弱磁地层特征。 1:5万航磁异常图上。矿床位于东西向负磁异常场上，反映地磁的中新元古代地磁特征，对矿床无明显指示作用	次要
	重力异常	1:20万布格重力异常图上，矿床位于北西向冀 F_{21} 推断断裂梯级带上，反映沟造对矿床的控制作用。剩余重力异常图上，矿床位于重力高的边缘，是中新元古代碳酸盐岩地层的反映；其西侧重力低反映中生代盆地。剩余重力异常指示了矿床位于盆地与隆起交接部位附近的隆起上	次要
遥感		羟基、铁染异常与矿床吻合较好，解译线性、环形构造有参考价值	次要
自然重砂异常		辉钼矿、磁铁矿、黄铜矿、磁黄铁矿重砂 1 级异常	重要

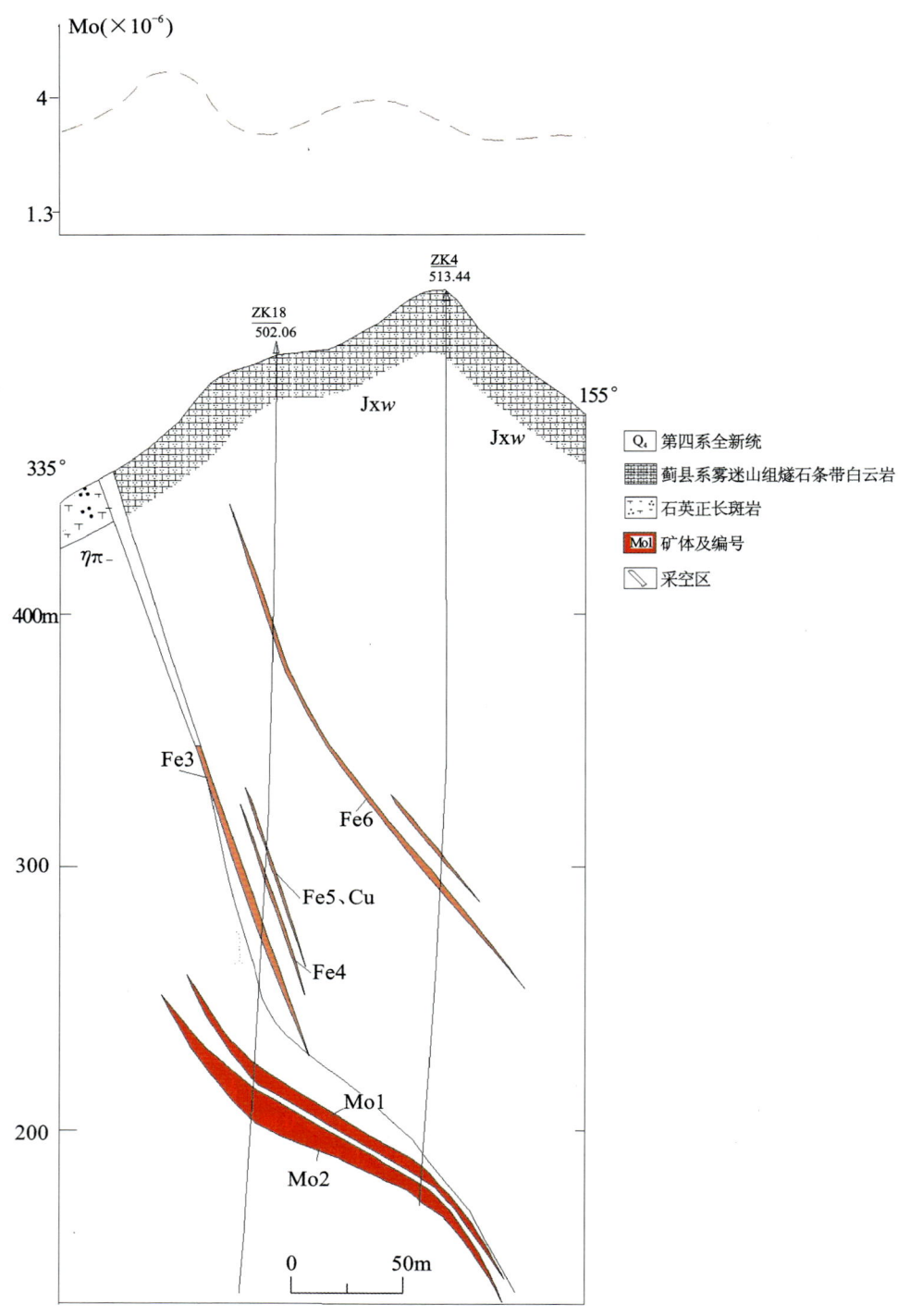

图 5-48 莫古峪式接触交代型铜钼矿典型矿床预测模型图

(二) 区域预测模型

莫古峪式接触交代型铜钼矿区域预测模型见表 5-43 及图 5-49。

表 5-43　莫古峪式接触交代型铜钼硫铁矿区域预测模型表

区域预测要素		描述内容	要素分类
特征描述		莫古峪式接触交代型铜钼硫铁矿	
区域成矿地质环境	大地构造单元	II_1^{11-11} 团山子-大红峪裂谷（Pt_2^2）	必要
	主要控矿构造	密云-兴隆-青龙压扭性断裂的次级断裂	必要
	主要赋矿地层	蓟县系雾迷山组白云岩	必要
	成矿时代	燕山期	必要
	控矿侵入岩建造	燕山期莫利山石英正长斑岩建造	必要
	区域成矿类型及成矿期	与燕山期莫利山石英正长斑岩有关的铜钼多金属矿点	必要
	成矿带	四级：III-57-② 燕辽（坳陷、拉张）Cu-Mo-Pb-Zn-Ag-Au-Fe-Mn-煤成矿亚带	必要
区域成矿地质特征	控矿侵入岩	燕山期莫利山石英正长斑岩体	重要
	控矿构造	岩体裂隙、接触面、围岩及构造破碎带	次要
	矿石建造		重要
	围岩蚀变	由内向外依次为硅化碳酸岩化石英斑岩带（内带）、钙镁矽卡岩蚀变带（狭义外带）、顺层钙镁矽卡岩大理岩带、大理岩化蚀变带	重要
	矿床式	莫古峪式	重要
区域地球化学特征	1:5万水系沉积物	Mo-Cd-Cu-Bi-W 组合甲级异常，其中 Mo 元素异常具三级浓度分带，与矿床吻合，异常值 $1.07\times10^{-6} \sim 2.01\times10^{-6}$，其他元素与矿床吻合较差	重要
区域地球物理特征	磁异常	1:20万航磁 ΔT 化极等值线平面图上，矿床均处于平稳的北东向负磁场区，反映中新元古代弱磁地层特征。1:5万航磁异常图上。矿床位于东西向负磁异常场上，反映地磁的中新元古代地磁特征，对矿床无明显指示作用	次要
	重力异常	1:20万布格重力异常图上，矿床位于北西向冀 F_{21} 推断断裂梯级带上，反映构造对矿床的控制作用。剩余重力异常图上，矿床位于重力高的边缘，是中新元古代碳酸盐岩地层的反映；其西侧重力低反映中生代盆地。剩余重力异常指示了矿床位于盆地与隆起交接部位附近的隆起上	次要
遥感		羟基、铁染异常与矿床吻合较好，解译线性、环形构造有参考价值	次要
自然重砂异常		辉钼矿、磁铁矿、黄铜矿、磁黄铁矿重砂 1 级异常	重要

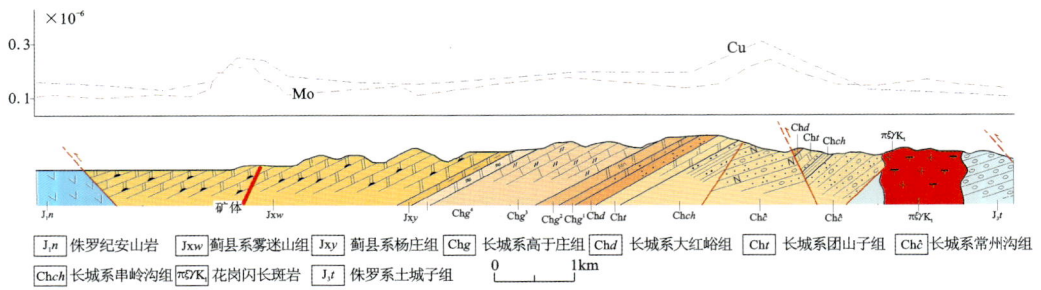

图 5-49 莫古峪式接触交代型铜钼硫铁矿区域预测模型图

二十二、双洞子式热液交代型普通萤石矿预测评价模型

(一) 典型矿床预测模型

双洞子式热液交代型普通萤石矿典型矿床预测模型见表 5-44 及图 5-50。

表 5-44 双洞子式热液交代型普通萤石矿典型矿床预测模型表

预测要素		描述内容	预测要素分类
特征描述		双洞子式热液交代型普通萤石矿	
地质环境	成矿围岩	蓟县系雾迷山组、洪水庄组及侏罗系后城组	必要
	成矿岩体	燕山期中酸性侵入岩体	必要
	岩石类型	含燧石条带白云质灰岩、白云岩、含锰白云岩、黑色板岩、页岩	必要
	控矿构造	区内的一条主要断裂及附属次级断裂,为正断层	必要
	成矿时代	燕山期	必要
	成矿环境	燕山期大规模火山喷发及次火山侵入	必要
矿床特征	矿体形态	脉状	重要
	矿石组分	萤石、玉髓、石英	次要
	矿石结构	他形—半自形粒状结构、不规则粒状镶嵌结构	重要
	矿石构造	致密块状构造、角砾状构造、晶簇状构造	重要
	蚀变特征	矿体围岩蚀变主要有硅化、碳酸盐化伴有重晶石化	重要
	控矿条件	北西向正断层	重要
地球化学特征	1:5万水系沉积物	F 元素化学异常显著,具三级浓度分带,异常值 $784\times10^{-6}\sim115\times10^{-6}$,异常与矿点套合较好	重要
地球物理特征	磁异常	航磁异常梯度带上,异常值 $0\sim-100$nT。航磁化极异常值 -150nT	次要
	重力异常	布格重力异常负值区,异常值 -30 毫伽。剩余重力异常 0 值区内	次要
遥感		无羟基、铁染异常	次要
自然重砂异常		萤石重砂 3 级异常,黄铁矿自然重砂异常,异常与矿床套合较差	重要

第五章　张家口-承德成矿区预测成果

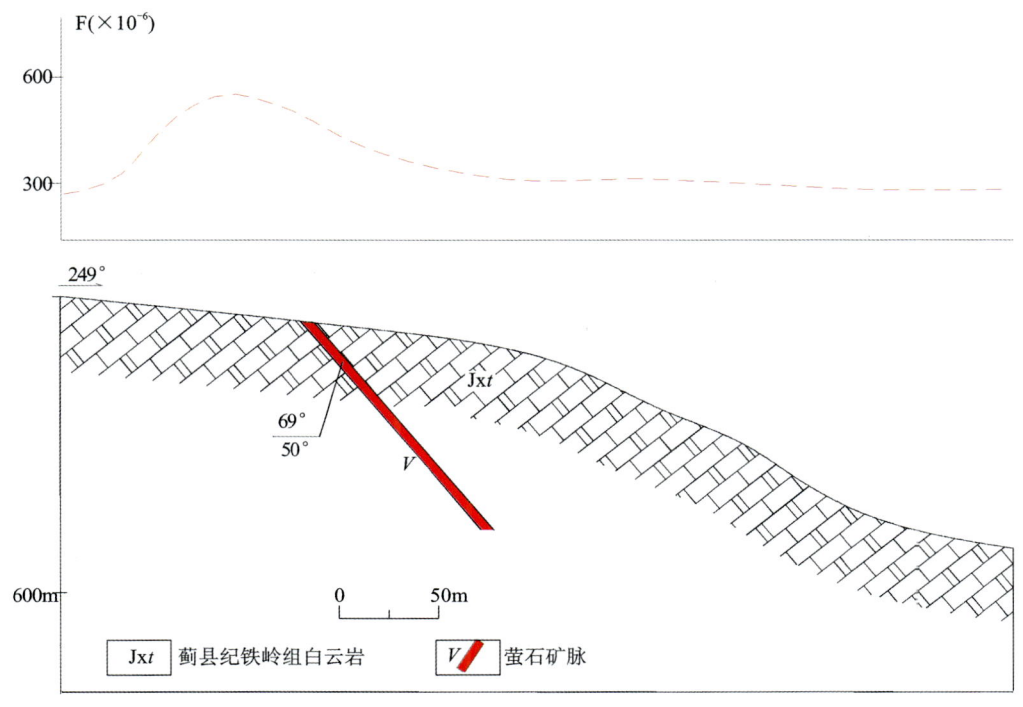

图 5-50　双洞子式热液交代型普通萤石矿典型矿床预测模型图

（二）区域预测模型

双洞子式热液交代型普通萤石矿区域预测模型见表 5-45 及图 5-51。

表 5-45　双洞子式热液交代型普通萤石矿区域预测模型表

区域预测要素		描述内容	要素分类
特征描述		双洞子式、柳扒店式热液型普通萤石矿	
区域成矿地质环境	大地构造单元	D_1^{1-7} 碱房同造山侵入杂岩(J_2)	必要
	主要控矿构造	大庙-娘娘庙断裂、平坊-桑园大断裂及形成于印支期—燕山期的一般断裂	必要
	主要赋矿地层	双洞子式主要为蓟县系雾迷山组、洪水庄组碳酸盐岩建造,柳扒店式主要为髫髻山组粗安岩-粗安角砾岩建造、张家口组流纹质火山碎屑岩及义县组粗安岩-玄武岩建造	必要
	成矿时代	燕山期	必要
	控矿侵入岩建造	燕山期大规模火山喷发及次火山侵入	必要
	区域成矿类型及成矿期	与燕山期火山活动、岩浆侵入有关的萤石矿点	必要
	成矿带	四级：Ⅲ-57-① 内蒙隆起东段 Fe-Au-Ag-Pb-Zn-Mo-U-磷-膨润土成矿亚带	必要

续表 5-45

区域预测要素		描述内容	要素分类
区域成矿地质特征	控矿侵入岩	燕山期酸性侵入岩	重要
	控矿构造	区内两组主要断裂及印支—燕山期的一般断裂	次要
	矿石建造	萤石、石英、方解石、绢云母、长石、黑云母、角闪石、辉石	重要
	围岩蚀变	绿泥石化、高岭土化、绢云母化、碳酸盐化、硅化、萤石矿化	重要
	矿床式	双洞子式	重要
	成矿期次划分	分为3个期次：早期以蚀变为主，生成石英-紫萤石，蜂窝状、角砾状及条带状构造；中期以渗滤交代为主，生成白色萤石-石英-重晶石，致密块状、晶簇状；后期以充填方式为主，生成石英-方解石-萤石细脉	
区域地球化学特征	1:5万水系沉积物	F元素化学异常显著，具三级浓度分带，异常值 $784\times10^{-6}\sim115\times10^{-6}$，异常与矿点套合较好	重要
区域地球物理特征	磁异常	航磁异常梯度带上，异常值为 $0\sim-100nT$。航磁化极异常值 $-150nT$ 区内	次要
	重力异常	布格重力异常负值区，异常值 -30 毫伽。剩余重力异常0值区内	次要
遥感		无羟基、铁染异常	次要
自然重砂异常		萤石重砂3级异常，黄铁矿自然重砂异常，异常与矿床套合较差	重要

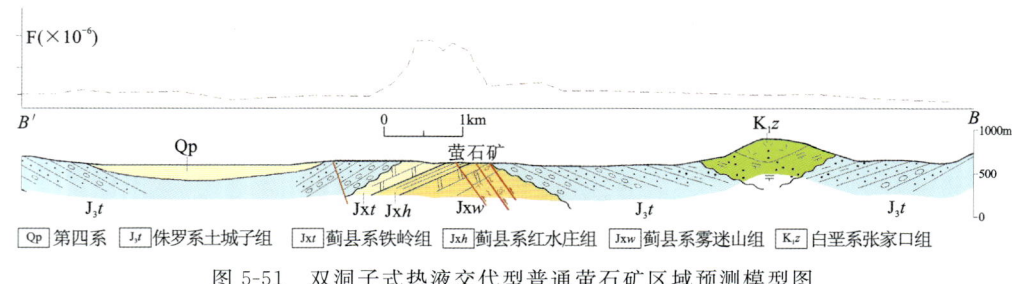

图 5-51 双洞子式热液交代型普通萤石矿区域预测模型图

二十三、九里山式沉积型灰岩矿预测评价模型

九里山式沉积型灰岩矿典型矿床预测模型见表 5-46。

表 5-46 九里山式沉积型灰岩矿典型矿床预测模型表

区域预测要素		描述内容	要素分类
	特征描述	九里山式、王官营式沉积型灰岩矿	
区域成矿地质环境	大地构造单元	Ⅱ-2-2 五台-太行岩浆弧（Ar_{2-3}）	必要
	成矿时代	张夏期，炒米店-冶里-亮甲山期	必要
	岩相古地理	张夏期处于潮下向潮间过渡的状态；炒米店期早期为潮下高能环境，晚期为潮下向潮间过渡的时期；冶里期为潮间-潮下的深水环境；亮甲山期为潮间向潮上过渡的状态	必要
	沉积建造	浅海生物化学沉积石灰岩建造	必要

续表 5-46

区域预测要素		描述内容	要素分类
区域成矿地质特征	含矿地层	张夏组以灰色中—厚层鲕粒灰岩为主,下部为厚层鲕粒灰岩,中间夹有褐色页岩,上部为板状灰岩和竹叶状砾屑灰岩,厚度为174.56m;炒米店期下部为砾屑鲕粒灰岩与页岩互层,上部为薄层砾屑灰岩;冶里期沉积物以含生屑泥晶灰岩为主,上部含少量燧石结核;亮甲山期下部沉积物为含燧石结核灰岩,上部为灰质白云岩。炒米店组+冶里组+亮甲山组厚度为271.95m	重要
	含矿系数	张夏组为0.671;炒米店组+冶里组+亮甲山组为0.188	次要
	矿体特征	矿体呈层状,与地层产状一致。张夏组含3层矿,炒米店-冶里-亮甲山组含3层矿。矿层内有较薄的夹石	重要
	矿石结构构造	鲕状结构,微晶—细晶结构、砂屑结构、砾屑泥晶结构、粉晶结构。块状、条带状构造,层理构造	重要
	矿石体重	2.68~2.69g/cm³	重要
	相似系数	A类预测区为0.9,B类预测区为0.7,C类预测区为0.5	重要
遥感地质特征	带要素	石灰岩含矿岩系分布区	重要
	色要素	石灰岩采矿场为找矿直接标志	次要
	线要素	断裂构造,主要对含矿地层及矿体起破坏作用	重要
	环要素	岩体,对含矿地层有侵蚀、破坏作用	

第五节 综合预测区特征

张家口-承德成矿区依据成矿地质条件、物化探条件、最小预测靶区共划分47个综合预测区,见图5-52,其中,A类15个,B类14个,C类18个,综合预测区的成矿地质特征详述如下。

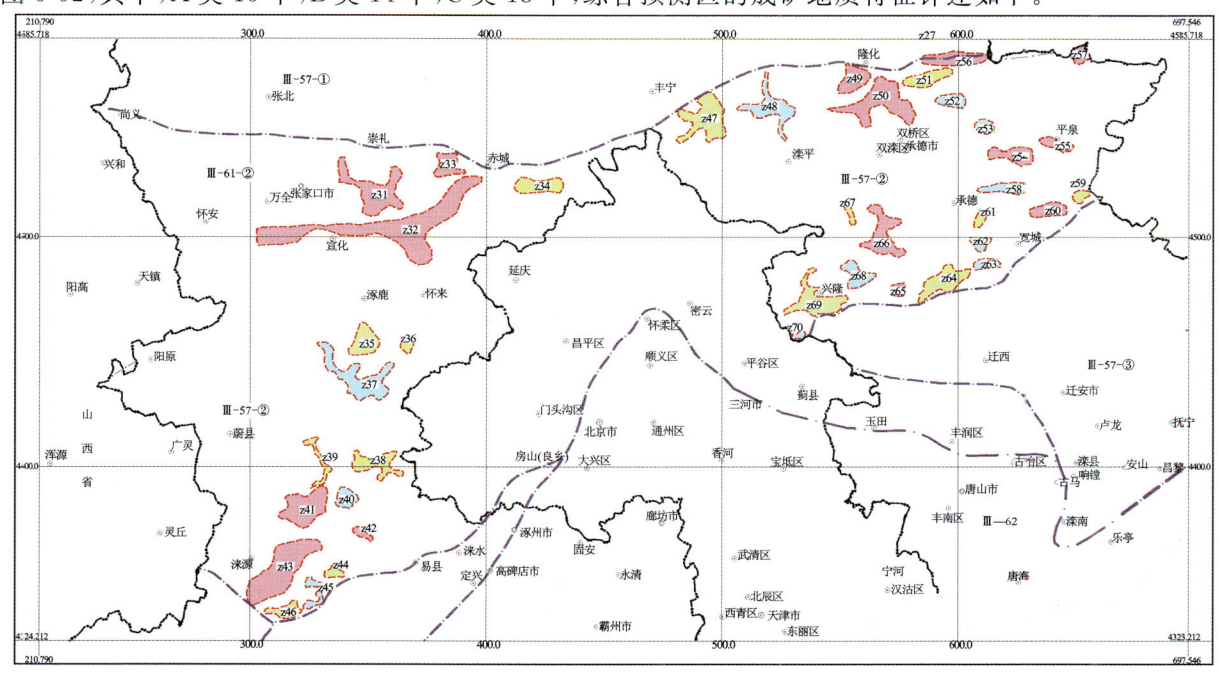

图 5-52 张家口-承德成矿区综合预测区分布图

1. 小营盘-东坪综合预测区 Z31

预测区面积 267.44km²,为 A 类预测区,区内有铁矿点 6 个、银矿点 2 个、金矿床及矿点 14 个、磷矿床 2 个,主要预测矿种有银矿、金矿和钼矿。位于地球化学综合异常区 Au33-乙伴生 Pb-Ag-Zn-Cu 内,重砂分析有 10 个异常区(19Cu-Pb-Ag、Au73、Au74、Au75、Au76、Au77、Au78、Au79、Au80、Mn-Ag18),1:20 万航磁正异常,重力梯度带为(−134,−98)。该区的成矿围岩为太古宙红旗营子群变粒岩类、侏罗系中-下统火山岩系地层和白垩系张家口组火山岩,银矿的成矿岩体为燕山期酸性-中酸性次火山岩、花岗岩、石英斑岩、闪长岩、闪长玢岩等;而金矿的成矿岩体为海西期壳源水泉沟-大南山碱性二长杂岩体;钼矿主要和燕山期早期(主要是晚侏罗世)中酸性-酸性浅成-超浅成火山颈相小斑岩体:石英斑岩及花岗斑岩等成矿关系密切。崇礼-沽源断块隆起与宣化坳陷的过渡带,受尚义-赤城深断裂及其次级断裂构造和主干深断裂张家口-北票深断裂及其次级断裂控制。

区内查明资源量:银矿 116.24t,金矿 65 080kg。

区内预测资源量:500m 以浅银矿 1296.50t,钼矿 55 078.00t;1000m 以浅银矿 1623.98t,金矿 74 068.98kg,钼矿 55 078.00t;2000m 以浅银矿 1623.98t,金矿 74 068.98kg,钼矿 55 078.00t。

2. 庞家堡-贾家营综合预测区 Z32

预测区面积 780.06km²,为 A 类预测区,区内有铁矿床 13 个、铜矿点 1 个、锰矿点 2 个和硫铁矿点 1 个,主要预测矿种有铁矿、银矿和锰矿。位于地球化学综合异常区 Ag43-乙伴生 Au-Cu-Zn 和 Au36-甲 Ag-Pb-Cu-Zn 内,重砂分析有 3 个异常区(Au82、Au121、Mn-Ag18),1:20 万航磁正异常,重力梯度带为(−100,−86)。银矿的成矿围岩为太古宙红旗营子群变粒岩类、白垩系张家口组火山岩,岩体为燕山期酸性-中酸性次火山岩、花岗岩、石英斑岩、闪长岩、闪长玢岩等,位于崇礼-沽源断块隆起与坳陷的过渡带,受古火山构造外围的断裂系统控制;而沉积型锰矿主要赋存于中元古界长城系高于庄组碳酸碎屑岩系,宣龙式铁矿主要赋存于长城系串岭沟组一段砂页岩层,该区位于晋冀陆块宣化伸展盆地壁障性局限海湾盆地内。

区内查明资源量:铁矿 402 619.49×10³t,锰矿 367.13t。

区内预测资源量:500m 以浅铁矿 920 938.20×10³t,银矿 85.91t,锰矿 5543.39t;1000m 以浅铁矿 1 929 736.28×10³t,银矿 85.91t,锰矿 5543.39t;2000m 以浅铁矿 2 230 845.91×10³t,银矿 85.91t,锰矿 5543.39t。

3. 黄土梁-小张家口综合预测区 Z33

预测区面积 84.43km²,为 A 类预测区,区内有金矿床 6 个、铁矿点 1 个、磷矿床 1 个,主要预测矿种有银矿、磷矿和金矿。位于重砂分析异常区 Au83 内,1:20 万航磁正异常,重力梯度带为(−124,−94)。该区的成矿围岩为太古宙双山子群变质岩系、中—下侏罗统火山岩系地层和白垩系张家口组火山岩,银矿的成矿岩体为燕山期酸性-中酸性次火山岩、花岗岩、石英斑岩、闪长岩、闪长玢岩等;而金矿的成矿岩体为海西期壳源水泉沟-大南山碱性二长杂岩体;磷矿主要和变质基性-超基性侵入岩成矿关系密切。位于崇礼-沽源断块隆起与宣化坳陷的过渡带,受尚义-赤城-隆化、大庙-娘娘庙深大断裂控制。

区内查明资源量:银矿 36.41t,磷矿 37 815×10³t,金矿 24 863kg。

区内预测资源量:500m 以浅银矿 192.73t,磷矿 145 337.67×10³t;1000m 以浅银矿 192.73t,金矿 28 878.68kg,磷矿 145 337.67×10³t;2000m 以浅银矿 192.73t,金矿 28 878.68kg,磷矿 145 337.67×10³t。

4. 火石沟-万泉寺综合预测区 Z34

预测区面积 112.53km²,为 B 类预测区,区内有金矿点 1 个、银矿点 1 个,主要预测矿种为银矿。位于地球化学综合异常区 Ag38-乙伴生 Au-Pb-Zn 内,重砂分析有 2 个异常区(20Cu-Pb-Ag、Au88),1:20 万航磁正异常,重力梯度带为(−98,−82)。该区成矿围岩主要为太古宙红旗营子群变粒岩类、白垩系张家口组火山岩,岩体为燕山期酸性-中酸性次火山岩、花岗岩、石英斑岩、闪长岩、闪长玢岩等,该区位于崇礼-沽源断块隆起与坳陷的过渡带,受古火山构造外围的断裂系统控制。

区内查明资源量:银矿484.55t。

区内预测资源量:500m以浅银矿1134.77t,1000m以浅1134.77t,2000m以浅1134.773t。

5. 相广-口前综合预测区 Z35

预测区面积118.02km^2,为B类预测区,区内有锰矿点5个、银矿床1个、铁矿点1个,主要预测矿种为银矿和锰矿。位于地球化学综合异常区Ag55-乙伴生Pb-Zn-Au-Cu内,重砂分析有4个异常区(25Pb-Mo-Ag、Au153、Au154、Mn-Ag23),1:20万航磁正异常,重力梯度带为(-106,-98)。银矿的成矿围岩主要在中新元古界碳酸盐岩地层,岩体为燕山期中酸性闪长岩-花岗岩岩石系列;而锰矿的成矿地层主要为下白垩统张家口组火山-次火山岩系、上侏罗统土城子组砂砾岩等,成矿岩体为中生代燕山期中酸性杂岩体:花岗斑岩、钾长花岗岩、石英花岗斑岩、石英斑岩。该区位于燕山台褶带的宣龙复式向斜南翼涿鹿褶皱束,受大河南-大海坨构造岩浆岩带及其次级北西向断裂控制。

区内查明资源量:银矿114.81t,锰矿662.35t。

区内预测资源量:500m以浅银矿4.91t,锰矿730.81t;1000m以浅银矿4.91t,锰矿950.84t;2000m以浅银矿4.91t,锰矿950.84t。

6. 矾山综合预测区 Z36

预测区面积25.35km^2,为B类预测区,区内有磷矿床1个、铁矿点1个,主要预测矿种有银矿和磷矿。位于地球化学综合异常区Ag55-乙伴生Pb-Zn-Au-Cu内,1:20万航磁正异常,重力梯度带为(-88,-72)。银矿的成矿围岩主要在中新元古界碳酸盐岩地层,岩体为燕山期中酸性闪长岩-花岗岩岩石系列;而磷矿主要和偏碱性超基性-碱性杂岩成矿关系密切。该区位于岩浆活动带,受上黄旗-乌龙沟北东向、姚家庄北西向断裂和东西向矾山-南口-密云-喜峰口深断裂及西延部分的共同控制。

区内查明资源量:磷矿276 331×10^{3}t。

区内预测资源量:500m以浅银矿2.50t,磷矿49 878×10^{3}t;1000m以浅银矿2.50t,磷矿49 878×10^{3}t;2000m以浅银矿2.50t,磷矿49 878×10^{3}t。

7. 荞麦川综合预测区 Z37

预测区面积258.58km^2,为C类预测区,区内有硫铁矿床2个、锰矿点1个,主要预测矿种为硫铁矿、铜矿、锰矿、铁矿、银矿和铅锌矿。位于地球化学综合异常区Ag55-乙伴生Pb-Zn-Au-Cu内,重砂分析有2个异常区(25Pb-Mo-Ag、Mn-Ag24),1:20万航磁正异常,重力梯度带为(-93,-80)。该区铁、铜、银、铅锌主要成矿为太古宇变质岩系,中、新元古界碳酸岩系地层;而锰矿的成矿地层主要为下白垩统张家口组火山-次火山岩系、上侏罗统土城子组砂砾岩等,但成矿均和燕山期壳幔源中酸性杂岩体(涞源-大河南杂岩体)密切相关。上述矿种成矿区主要位于隆坳过渡带火山-断陷盆地及隆坳过渡带杂岩体周围,受大河南-大海坨构造岩浆岩带及其次级北西向断裂控制。沉积型硫铁矿主要赋存于青白口系下马岭组底部页岩-泥灰岩-角砾岩建造中,其预测区主要位于东部的封闭海底凹陷盆地。

区内查明资源量:硫铁矿3799.77×10^{3}t,铜矿29 439.63t,锰矿167.37t,铁矿6363.16×10^{3}t,银矿31.73t,铅锌矿6668.05t。

区内预测资源量:1000m以浅硫铁矿3799.77×10^{3}t,铜矿29 439.63t,锰矿167.37t,铁矿6363.16×10^{3}t,银矿31.73t,铅锌矿6668.05t;2000m以浅硫铁矿3799.77×10^{3}t,铜矿29 439.63t,锰矿167.37t,铁矿6363.16×10^{3}t,银矿31.73t,铅锌矿6668.05t。

8. 大河南-龙门综合预测区 Z38

预测区面积123.69km^2,为B类预测区,区内有金矿床2个、铜矿点和钼矿床各1个,主要预测矿种为铁矿、金矿、铅锌矿、铜矿和钼矿。位于地球化学综合异常区 Pb61-乙伴生 Ag-Zn-Au 内,重砂分析有 3 个异常区(38Pb-Ag、Au182、Au183),1∶20 万航磁正异常,重力梯度带为(−92,−44)。该区成矿围岩主要为太古宇变质岩系,中新元古界碳酸盐系地层,成矿岩体为燕山期壳幔源中酸性杂岩体(涞源-大河南杂岩体):花岗闪长斑岩、流纹斑岩;次火山岩类、闪长玢岩、花岗闪长岩、黑云母花岗岩、二长花岗岩等。位于隆坳过渡带杂岩体周围,受大河南-大海坨构造岩浆岩带及次级北西、北东向断裂控制。

区内查明资源量:银矿 61.84t,金矿 3869kg,铅锌矿 57 644t。

区内预测资源量:500m 以浅铁矿 4231.59×10^3t,铅锌矿 37 440.07t,铜矿 31 840.13t,钼矿 105.31t;1000m 以浅铁矿 4231.59×10^3t,铅锌矿 37 440.07t,铜矿 31 840.13t,钼矿 21 105.31t;2000m 以浅铁矿 4231.59×10^3t,金矿 19 806.50kg,铅锌矿 37 440.07t,铜矿 31 840.13t,钼矿 21 105.31t。

9. 郑黄庄综合预测区 Z39

预测区面积 $51.24km^2$,为 B 类预测区,区内有硫铁矿床 4 个,主要预测矿种有硫铁矿。位于重砂异常区 Au187 内,1∶20 万航磁正异常,重力梯度带为(−92,−78)。硫铁矿主要赋存于青白口系下马岭组底部页岩-泥灰岩-角砾岩建造中,位于东部的封闭海底凹陷盆地。

区内查明资源量:硫铁矿 145.46×10^3t。

区内预测资源量:硫铁矿 500m 以浅 4978.61×10^3t,1000m 以浅 4978.61×10^3t,2000m 以浅 4978.61×10^3t。

10. 上港-石碑口综合预测区 Z40

预测区面积 $61.09km^2$,为 C 类预测区,区内有银金矿点 1 个、有钼矿点 1 个,主要预测矿种为银矿和钼矿。位于重力梯度带(−80,−72)内,1∶20 万航磁正异常中。该区成矿围岩为新太古界变质岩系、中新元古界、寒武系—奥陶系碳酸盐岩地层,岩体主要为燕山期壳幔源中酸性杂岩体(万安镇、司格庄等杂岩体):花岗闪长斑岩、流纹斑岩;次火山岩类、闪长玢岩、花岗闪长岩、黑云母花岗岩、二长花岗岩等。位于隆坳过渡带杂岩体周围,受乌龙沟-上黄旗深断裂带及其两侧次级断裂构造控制。

区内查明资源量:银矿 5.58t,钼矿 531.93t。

区内预测资源量:500m 以浅银矿 102.25t,钼矿 16 045.29t;1000m 以浅银矿 102.25t,钼矿 16 045.29t;2000m 以浅银矿 102.25t,钼矿 16 045.29t。

11. 镰巴岭综合预测区 Z41

预测区面积 $220.67km^2$,为 A 类预测区,区内有铜矿床 1 个、铅锌银矿床 3 个和银金矿点 1 个,主要预测矿种为银矿、铜矿、金矿、铁矿、铅锌矿和钼矿。位于地球化学综合异常区 Zn62-甲伴生 Pb-Cu-Ag-Au 内,重砂分析有 2 个异常区(39Cu-Pb、Au187),1∶20 万航磁正异常,重力梯度带为(−102,−78)。该区成矿围岩为新太古界变质岩系、中新元古界、寒武系—奥陶系碳酸盐岩地层,岩体主要为燕山期壳幔源中酸性杂岩体(万安镇、司格庄等杂岩体):花岗闪长斑岩、流纹斑岩;次火山岩类、闪长玢岩、花岗闪长岩、黑云母花岗岩、二长花岗岩等。位于隆坳过渡带杂岩体周围,受深大断裂带及其两侧次级断裂构造控制。

区内查明资源量:银矿 61.84t,金矿 3869kg,铅锌矿 57 644t。

区内预测资源量:500m 以浅铁矿 $51 569.99 \times 10^3$t,银矿 921.55t,铅锌矿 11 308.15t,铜矿 36 054.05t,钼矿 55 339.05t;1000m 以浅铁矿 $51 569.99 \times 10^3$t,银矿 921.55t,金矿 8586.32kg,铅锌矿 28 822t,铜矿 36 054.05t,钼矿 55 339.05t;2000m 以浅铁矿 $51 569.99 \times 10^3$t,银矿 921.55t,金矿 8586.32kg,铅锌矿 28 822t,铜矿 36 054.05t,钼矿 55 339.05t。

12. 孔各庄综合预测区 Z42

预测区面积 $28.32km^2$,为 A 类预测区,区内有 3 个金矿床和 1 个银矿点,主要预测矿种银矿和金矿。位于重砂分析异常区（Au190、Au191）内，1∶20万航磁正异常，重力梯度带为（－74，－48）。该区成矿围岩为新太古界变质岩系、中新元古界、寒武—奥陶系碳酸盐岩地层，成矿和燕山期壳幔源中酸性杂岩体有关，位于隆坳过渡带杂岩体周围，受深大断裂带及其两侧次级断裂构造控制。

区内查明资源量：银矿 8.74t，金矿 2955kg。

区内预测资源量：500m 以浅银矿 47.50t；1000m 以浅银矿 47.50t，金矿 1022.46kg；2000m 以浅银矿 47.50t，金矿 1022.46kg。

13. 大湾-于城-南赵庄综合预测区 Z43

预测区面积 403.04km^2，为 A 类预测区，区内矿点较多，有铜矿床 13 个、铅锌矿 10 个、铁矿 8 个、钼矿床 4 个和银矿床 2 个，主要预测矿种为银矿、铜矿、金矿、铁矿、铅锌矿和钼矿。位于地球化学综合异常区 Zn62-甲伴生 Pb-Cu-Ag-Au 内，重砂分析有 5 个异常区（40Cu-Pb-Ag、Au193、Au195、Au194、Mn-Ag32），1∶20 万航磁正异常，重力梯度带为（－102，－76）。该区成矿围岩为新太古界变质岩系、中新元古界、寒武系—奥陶系碳酸盐岩地层，岩体主要为燕山期壳幔源中酸性杂岩体（万安镇、司格庄等杂岩体）：花岗闪长斑岩、流纹斑岩；次火山岩类、闪长玢岩、花岗闪长岩、黑云母花岗岩、二长花岗岩等。位于隆坳过渡带杂岩体周围，受深大断裂带及其两侧次级断裂构造控制。

区内查明资源量：铁矿 76 914×10^{3}t，银矿 853.9t，铅锌矿 20 742t，铜矿 33 343t，钼矿 294 922.09t。

区内预测资源量：500m 以浅铁矿 44 319.70×10^{3}t，银矿 1408.81t，铅锌矿 6604.2t，铜矿 240 738.51t，钼矿 360 536.08t；1000m 以浅铁矿 92 853.57×10^{3}t，银矿 1533.73t，金矿 10 781.52kg，铅锌矿 13 306.21t，铜矿 240 738.51t，钼矿 360 536.08t；2000m 以浅铁矿 92 853.57×10^{3}t，银矿 1533.73t，金矿 10 781.52kg，铅锌矿 13 306.21t，铜矿 240 738.51t，钼矿 360 536.08t。

14. 龙门沟综合预测区 Z44

预测区面积 33.42km^2，为 B 类预测区，区内有金矿点 1 个、银金矿点 1 个，主要预测矿种有银矿、铜矿和金矿。位于地球化学综合异常区 Zn62-甲伴生 Pb-Cu-Ag-Au 内，重砂分析异常区 Mn-Ag34，1∶20 万航磁正异常，重力梯度带为（－62，－46）。该区成矿围岩为新太古界变质岩系、中新元古界、寒武系—奥陶系碳酸盐岩地层，岩体主要为燕山期壳幔源中酸性杂岩体（万安镇、司格庄等杂岩体）：花岗闪长斑岩、流纹斑岩；次火山岩类、闪长玢岩、花岗闪长岩、黑云母花岗岩、二长花岗岩等。位于隆坳过渡带火山-断陷盆地及隆坳过渡带杂岩体周围，受乌龙沟-上黄旗深断裂带控制。

区内查明资源量：银矿 1.17t。

区内预测资源量：500m 以浅银矿 18.21t，铜矿 18 910.23t；1000m 以浅银矿 18.21t，金矿 3890.07kg，铜矿 18 910.23t；2000m 以浅银矿 18.21t，金矿 3890.07kg，铜矿 18 910.23t。

15. 刘岗-大兰综合预测区 Z45

预测区面积 55.46km^2，为 C 类预测区，区内有金矿点和铁矿点各 1 个，主要预测矿种为铜矿和金矿。位于地球化学综合异常区 Zn62-甲伴生 Pb-Cu-Ag-Au 内，重砂分析异常区 Au186，1∶20 万航磁正异常，重力梯度带为（－68，－40）。成矿围岩为太古宇阜平变质岩群、中新元古界、下古生界碳酸盐岩、碎屑岩，成矿岩体为燕山期壳幔源中酸性岩：火山-次火山岩类、中酸性花岗岩类，位于隆坳过渡带火山-断陷盆地及隆坳过渡带杂岩体周围，受深大断裂带控制。

区内预测资源量：500m 以浅铜矿 91 095.71t；1000m 以浅金矿 3087.45kg，铜矿 91 095.71t；2000m 以浅金矿 3087.45kg，铜矿 91 095.71t。

16. 栾木厂-上铺综合预测区 Z46

预测区面积 62.11km^2，为 B 类预测区，区内有金矿点 6 个、铜矿点 1 个，主要预测矿种有银矿、金矿和铁矿。位于重砂分析异常区（Au194、Au204、Mn-Ag33）内，1∶20 万航磁正异常，重力梯度带为（－74，

—44)。该区成矿围岩为新太古界变质岩系、中新元古界、寒武—奥陶系碳酸盐岩地层,岩体主要为燕山期壳幔源中酸性杂岩体(万安镇、司格庄等杂岩体):花岗闪长斑岩、流纹斑岩;次火山岩类、闪长玢岩、花岗闪长岩、黑云母花岗岩、二长花岗岩等。位于隆坳过渡带杂岩体周围,受北北东向的大海坨-大河南-王安镇构造岩浆岩带构造控制。

区内查明资源量:金矿 8097kg。

区内预测资源量:500m 以浅铁矿 5534.08×10^3 t,银矿 2.87t;1000m 以浅铁矿 5534.08×10^3 t,银矿 2.87t,金矿 10 792.90kg;2000m 以浅铁矿 5534.08×10^3 t,银矿 2.87t,金矿 10 792.90kg。

17. 招兵沟-大营子综合预测区 Z47

预测区面积 246.77km²,为 B 类预测区,区内有磷矿 6 个、金矿 2 个和铁矿 1 个,主要预测矿种有磷矿、金矿、铅锌矿和钼矿。位于地球化学综合异常区 Au32-甲伴生 Ag-Zn-Cu-Pb 内,重砂分析有 5 个异常区(12Pb-Ag、Au92、Au93、Au45、Mn-Ag12),1:20 万航磁正异常,重力梯度带为(−93,−44)。该区成矿围岩为太古宇双山子群变质岩系、中元古界长城系碎石条带白云岩、中生界白垩系大北沟组凝灰岩,金矿的成矿岩体为五台期变闪长岩、海西晚期季栅子花岗岩岩体;而铅锌矿主要和燕山晚期火山-次火山岩:花岗斑岩、石英斑岩、流纹斑岩有关;钼矿和印支期壳源花岗岩类:斑状二长花岗岩、斑状石英二长岩、斑状碱性花岗岩等成矿关系密切;磷矿和基性侵入杂岩有关。该区位于内蒙台背斜与燕山台褶带间的构造岩浆岩带,受深大断裂的次级北东向断裂破碎带及东西向大庙-娘娘庙深大断裂控制。

区内查明资源量:磷矿 $95\ 078\times10^3$ t。

区内预测资源量:500m 以浅铅锌矿 22 111.81t,钼矿 36 411.77t,磷矿 $438\ 196.59\times10^3$ t;1000m 以浅金矿 7409.43kg,铅锌矿 22 111.81t,钼矿 8397.96t,磷矿 $178\ 948.92\times10^3$ t;2000m 以浅金矿 7409.43kg,铅锌矿 22 111.81t,钼矿 8397.96t,磷矿 $178\ 948.92\times10^3$ t。

18. 红石砬-大南沟综合预测区 Z48

预测区面积 178.27km²,为 C 类预测区,区内有磷矿点 1 个、银矿点 1 个,主要预测矿种有银矿、金矿、钼矿和磷矿。位于重砂分析异常区(Au46、Au47)内,1:20 万航磁正异常,重力梯度带为(−86,−40)。该区成矿围岩为太古宇双山子群变质岩系、中元古界长城系碎石条带白云岩、中生界白垩系大北沟组凝灰岩,金矿的成矿岩体为五台期变闪长岩、海西晚期季栅子花岗岩岩体;而银矿主要和燕山晚期火山-次火山岩:花岗斑岩、石英斑岩、流纹斑岩有关;钼矿和印支期壳源花岗岩类:斑状二长花岗岩、斑状石英二长岩、斑状碱性花岗岩等成矿关系密切;磷矿和基性侵入杂岩有关。该区位于内蒙台背斜与燕山台褶带间的构造岩浆岩带,受深大断裂的次级北东向断裂破碎带及东西向大庙-娘娘庙深大断裂控制。

区内查明资源量:银矿 16.82t。

区内预测资源量:500m 以浅银矿 63.81t,钼矿 36 411.77t,磷矿 $438\ 196.59\times10^3$ t;1000m 以浅银矿 63.81t,金矿 212.4kg,钼矿 36 411.77t,磷矿 $438\ 196.59\times10^3$ t;2000m 以浅银矿 63.81t,金矿 212.4kg,钼矿 36 411.77t,磷矿 $438\ 196.59\times10^3$ t。

19. 乌龙素沟综合预测区 Z49

预测区面积 106.32km²,为 A 类预测区,区内有铁矿点和银矿点各 1 个,主要预测矿种有钼矿、铅锌矿和银矿。位于地球化学综合异常区 Ag27-乙伴生 Pb-Zn 内,重砂分析有 3 个异常区(14Cu-Pb-Ag、Au50、Mn-Ag14),1:20 万航磁正异常,重力梯度带为(−74,−54)。该区成矿围岩为太古宇双山子群变质岩系、中元古界长城系碎石条带白云岩、中生界白垩系大北沟组凝灰岩,金矿的成矿岩体为五台期变闪长岩、海西晚期季栅子花岗岩岩体;而银矿主要和燕山晚期火山-次火山岩:花岗斑岩、石英斑岩、流纹斑岩有关;钼矿和印支期壳源花岗岩类:斑状二长花岗岩、斑状石英二长岩、斑状碱性花岗岩等成矿关系密切。该区位于内蒙台背斜与燕山台褶带间的构造岩浆岩带,受深大断裂的次级北东向断裂破碎带控制。

区内查明资源量：银矿 22.3t。

区内预测资源量：500m 以浅银矿 56.11t，铅锌矿 7221.53t，钼矿 17 175.378t；1000m 以浅银矿 56.11t，铅锌矿 7221.53t，钼矿 17 175.38t；2000m 以浅银矿 56.11t，铅锌矿 7221.53t，钼矿 17 175.38t。

20. 高寺台-黑山-罗锅子沟综合预测区 Z50

预测区面积 303.58km^2，为 A 类预测区，区内有铁矿床 6 个、磷矿点 5 个、金矿点 2 个、铬铁矿点和萤石矿点各 1 个，主要预测矿种有铁矿、铬铁矿、钼矿、磷矿和萤石矿。位于重砂分析异常区(15Cu-Pb、Au51、Au49、Au52、Au54)内，1:20 万航磁正异常，重力梯度带为(-56，-38)。该区钼矿和萤石矿的成矿围岩为新太古界变质岩系、古元古代变质侵入岩和白垩系张家口组火山岩建造，成矿岩体为印支期壳源花岗岩类：斑状二长花岗岩、斑状石英二长岩、斑状碱性花岗岩等；而大庙铁矿、铬铁矿和磷矿主要和该地区的基性-超基性岩有关。位于内蒙台背斜与燕山台褶带过渡地带的大庙隆起区，受东西向尚义-平泉、大庙-娘娘庙两条深断裂及次级断裂控制。

区内查明资源量：铁矿 252 633×10^3t，铬铁矿 396.09t，磷矿 299 930×10^3t，萤石矿 14 980×10^3t。

区内预测资源量：500m 以浅铁矿 172 239.91×10^3t，铬铁矿 990.45t，钼矿 10 083.58t，磷矿 614 654.48×10^3t，萤石矿 149 889×10^3t；1000m 以浅铁矿 388 761.73×10^3t，铬铁矿 990.45t，钼矿 10 083.58t，磷矿 923 400.24×10^3t，萤石矿 149 889×10^3t；2000m 以浅铁矿 760 918.54×10^3t，铬铁矿 990.45t，钼矿 10 083.58t，磷矿 1 414 549.02×10^3t，萤石矿 149 889×10^3t。

21. 岗子西沟综合预测区 Z51

预测区面积 96.63km^2，为 B 类预测区，区内有磷矿点 1 个，主要预测矿种为银矿、磷矿、萤石矿和铁矿。位于重砂分析异常区(Au55、Au49、Au56、Au57)内，1:20 万航磁正异常，重力梯度带为(-78，-54)。该区银矿和萤石矿的主要成矿围岩为新太古界红旗营子群变质岩系、中元古界长城系碎石条带白云岩、白垩系张家口组和大北沟组火山岩地层，其成矿岩体为燕山晚期火山-次火山岩和酸性侵入似斑状花岗岩体；而铁矿和磷矿与该地区的基性超基性岩关系密切。该区位于内蒙台背斜与燕山台褶带间的构造岩浆岩带，受丰宁-隆化深断裂及其次一级配套构造控制。

区内查明资源量：铁矿 67 465×10^3t。

区内预测资源量：500m 以浅铁矿 36 925.59×10^3t，银矿 42.85t，磷矿 22 943.89×10^3t，萤石矿 229 100.02×10^3t；1000m 以浅铁矿 81 716.18×10^3t，银矿 42.85t，磷矿 43 871.41×10^3t，萤石矿 229 100.02×10^3t；2000m 以浅铁矿 36 925.59×10^3t，银矿 42.85t，磷矿 22 943.89×10^3t，萤石矿 229 100.02×10^3t。

22. 头沟综合预测区 Z52

预测区面积 62.66km^2，为 C 类预测区，区内有 5 个磷矿点，主要预测矿种有铁矿、磷矿和钼矿。位于金重砂异常区 Au59 内，1:20 万航磁正异常，重力梯度带为(-68，-52)。该区钼矿成矿围岩为新太古界变质岩系、古元古代变质侵入岩，成矿岩体为印支期壳源花岗岩类：斑状二长花岗岩、斑状石英二长岩、斑状碱性花岗岩等；而磷矿和铁矿主要与该地区的基性超基性岩有关。该区位于内蒙台背斜与燕山台褶带间的构造岩浆岩带，受丰宁-隆化深断裂及其次一级配套构造控制。

区内查明资源量：铁矿 11 301×10^3t，磷矿 6101×10^3t。

区内预测资源量：500m 以浅铁矿 9458.33×10^3t，钼矿 32 498.44t，磷矿 47 031.89×10^3t；1000m 以浅铁矿 30 217.66×10^3t，钼矿 32 498.44t，磷矿 93 052.12×10^3t；2000m 以浅铁矿 50 976.99×10^3t，钼矿 32 498.44t，磷矿 103 366.11×10^3t。

23. 五道河综合预测区 Z53

预测区面积 41.39km^2，为 C 类预测区，区内有金矿点 1 个，主要预测矿种为银矿。位于地球化学综合异常区 Cu33-甲伴生 Ag-Pb-Zn-Au 内，金重砂异常区 Au63 内，1:20 万航磁显示为正异常，重力梯度带为(−54,−46)。主要成矿围岩为中元古界长城系常州沟组石英砂岩、砂砾岩，成矿岩体为燕山期中酸性岩浆岩：花岗岩类、正长岩类、闪长岩类等及隐伏岩体。位于燕山台褶带的兴隆-宽城坳陷成矿区，受区域性深大断裂及其次级断裂构造：密云-喜峰口东西走向深大断裂的次级构造控制。

区内预测资源量：银矿 500m 以浅 75.98t，1000m 以浅 75.98t，2000m 以浅 75.98t。

24．小寺沟-小石门综合预测区 Z54

预测区面积 100.95km²，为 A 类预测区，区内有银金矿点 1 个、金矿点 1 个、铜钼矿床 1 个，主要预测矿种为银矿、铜矿、硫铁矿、铅锌矿、钼矿。位于地球化学综合异常区 Cu35-甲伴生 Ag-Zn-Au-Pb 内，重砂分析有 1 个异常区(24Cu-Pb)，1:20 万航磁正异常，重力梯度带为(−48,−38)。该区成矿围岩主要为长城系—蓟县系、白垩系土城子组—张家口组火山-次火山岩地层，成矿岩体为燕山早期中酸性杂岩体：花岗闪长斑岩、花岗斑岩、石英斑杂岩体、石英正长斑岩体、花岗闪长斑岩杂岩体等。位于华北地台北缘中段成矿带兴隆-宽城坳陷成矿区，受密云-喜峰口、平泉-桑园区域性断裂及其次级构造控制。

区内查明资源量：银矿 89.02t，铅锌矿 80 238t，铜矿 141 716t，钼矿 65 983.17t。

区内预测资源量：500m 以浅银矿 51.80t，钼矿 31 920.34t，硫铁矿 83.48×10³t；1000m 以浅银矿 51.80t，铅锌矿 40 122.34t，铜矿 14 9671t，钼矿 39 612.19t，硫铁矿 83.48×10³t；2000m 以浅银矿 51.80t，铅锌矿 40 122.34t，铜矿 174 037.19t，钼矿 39 612.19t，硫铁矿 83.48×10³t。

25．红山咀-双洞子综合预测区 Z55

预测区面积 47.63km²，为 A 类预测区，区内有锰矿点 1 个、萤石矿点 1 个，主要预测矿种为磷、萤石。位于重砂异常 17 铜铅银、Au113 内。1:20 万航磁正异常，重力梯度带为(−32,−42)。萤石成矿围岩为双洞子式主要为蓟县系雾迷山组、洪水庄组碳酸盐岩建造，柳扒店式主要为髫髻山组粗安岩-粗安角砾岩建造、张家口组流纹质火山碎屑岩及义县组粗安岩-玄武建造，其成矿岩体为燕山期酸性侵入岩，而磷矿成矿岩体为基性侵入杂岩，该区位于燕山裂谷-迁西陆核，受大庙-娘娘庙断裂、平坊-桑园大断裂及形成于印支—燕山期的一般断裂控制。

区内查明资源量：磷矿 91 525.00×10³t，萤石矿 620 250.00×10³t。

区内预测资源量：500m 以浅磷矿 193 616.59×10³t，萤石矿 713 133.81×10³t；1000m 以浅磷矿 193 616.59×10³t，萤石矿 713 133.81×10³t；2000m 以浅磷矿 193 616.00×10³t，萤石矿 713 133.81×10³t。

26．姑子沟-庞家沟综合预测区 Z56

预测区面积 133.26km²，为 A 类预测区，区内有银矿床 2 个，金矿床 1 个，铅锌矿点 3 个，铜矿点 1 个。主要预测矿种为银矿、铅锌矿、钼矿、金矿。位于地球化学综合异常区 Ag25-甲伴生 Pb-Zn-Cu 内，位于重砂异常 16 铅银、Au40、Mn-Ag15 内。1:20 万航磁正异常，重力梯度带为(−72,−80)。该区成矿围岩为新太古界变质岩系、中元古界长城系碎石条带白云岩、中生界白垩系大北沟组凝灰岩，铅锌银矿的成矿岩体为燕山晚期火山-次火山岩：花岗斑岩、石英斑岩、流纹斑岩；钼矿成矿岩体为印支期壳源花岗岩类：斑状二长花岗岩、斑状石英二长岩、斑状碱性花岗岩等；金矿成矿岩体为中生代燕山旋回青山口岩体。该区位于内蒙台背斜与燕山台褶带间的构造岩浆岩带，受丰宁-隆化深断裂及其次一级配套构造、棋盘山-上黄旗深大断裂带、金厂峪韧性剪切带控制。

区内查明资源量：银矿 668.03t，铅锌矿 46 353.00t，钼矿 4601.03t。

区内预测资源量：500m 以浅银矿 206.04t，铅锌矿 28 286.67t，钼矿 54 381.44t；1000m 以浅银矿 224.78t，金矿 1485.42kg，铅锌矿 84 860.00t，钼矿 83 544.13t；2000m 以浅银矿 224.78t，金矿 1485.42kg，铅锌矿 84 860.00t，钼矿 83544.13t。

27．郝家楼综合预测区 Z57

预测区面积 44.21km²，为 A 类预测区，区内有萤石矿点 1 个，主要预测矿种为萤石。1:20 万航磁正异常,重力梯度带为(−58,−60)。萤石成矿围岩为双洞子式主要为蓟县系雾迷山组、洪水庄组碳酸盐岩建造,柳扒店式主要为髫髻山组粗安岩-粗安角砾岩建造、张家口组流纹质火山碎屑岩及义县组粗安岩-玄武岩建造,成矿岩体为燕山期酸性侵入岩,地处燕山裂谷-迁西陆核,受大庙-娘娘庙断裂、平坊-桑园大断裂及形成于印支—燕山期的一般断裂控制。

区内查明资源量:萤石 $1\ 034\ 170.00 \times 10^3$ t。

区内预测资源量:500m 以浅萤石 $571\ 364.63 \times 10^3$ t,1000m 以浅萤石 $571\ 364.63 \times 10^3$ t,2000m 以浅萤石 $571\ 364.63 \times 10^3$ t。

28. 轿顶山综合预测区 Z58

预测区面积 $72.07 km^2$,为 C 类预测区,区内有银矿点 1 个,主要预测矿种为银矿、钼矿。位于重砂异常(24Cu-Pb、Au109、Au110)内。1:20 万航磁正异常,重力梯度带为(−28,−36)。银矿位于中元古界长城系—蓟县系碎屑岩-碳酸盐岩地层及侏罗系土城子组—张家口组火山-火山碎屑岩地层,成矿岩体为燕山中晚期中酸性岩体,地处华北地台北缘中段成矿带兴隆-宽城坳陷成矿区,受密云-喜峰口、平泉-桑园区域性断裂及其次级构造控制。

区内查明资源量:银矿 259.87t。

区内预测资源量:500m 以浅银矿 43.73t,钼矿 2937.34t;1000m 以浅银矿 78.72t,钼矿 2937.34t;2000m 以浅银矿 78.72t,钼矿 2937.34t。

29. 毛家沟综合预测区 Z59

预测区面积 $28.77 km^2$,为 B 类预测区,区内有铅锌矿点 1 个,主要预测矿种为银矿、铅锌矿。位于地球化学综合异常区 Au41-乙伴生 Ag-Pb-Zn 内,位于重砂异常 Au115 内,1:20 万航磁正异常,重力梯度带为(−26,−28)。银矿位于中元古界长城系—蓟县系碎屑岩-碳酸盐岩地层,成矿岩体为燕山中晚期中酸性岩体,地处燕山台褶带的兴隆坳陷区,成矿于区域性东西向构造体系与北东—北北东向构造体系交汇部位:古北口-下板城深断裂及下营房-龙井关大断裂交会处。

区内查明资源量:银矿 62.25t,铅锌矿 13 554.00t。

区内预测资源量:500m 以浅银矿 17.29t,铅锌矿 25 016.22t;1000m 以浅银矿 31.13t,铅锌矿 25 016.22t;2000m 以浅银矿 31.13t,铅锌矿 25 016.22t。

30. 下营房-庞家沟综合预测区 Z60

预测区面积 $76.41 km^2$,为 A 类预测区,区内有金矿床 2 个,铅锌矿点 1 个,铜矿点 1 个,硫铁矿点 1 个,萤石矿点 1 个,主要预测矿种为银矿、铜矿、萤石、金矿、钼矿。位于地球化学综合异常区 Au41-乙伴生 Ag-Pb-Zn 内,位于重砂异常 Au111、Au112 内。1:20 万航磁正异常,重力梯度带为(−20,−28)。银矿位于中元古界长城系—蓟县系碎屑岩-碳酸盐岩系、侏罗系髫髻山组—土城子组粗安岩-粗安角砾岩和白垩系张家口组流纹质火山碎屑岩及义县组粗安岩-玄武岩建造,成矿岩体为燕山期中酸性杂岩体和破碎带角砾岩,该区位于燕山台褶带的兴隆坳陷区,成矿于区域性东西向构造体系与北东—北北东向构造体系交会部位:古北口-下板城深断裂及下营房-龙井关大断裂交会处。

区内查明资源量:银矿 0.70t,金矿 4444.00kg,铅锌矿 5472.00t,萤石矿 $150\ 210.00 \times 10^3$ t。

区内预测资源量:500m 以浅银矿 44.87t,铅锌矿 11 086.57t,钼矿 9825.45t,萤石矿 $167\ 144.26 \times 10^3$ t;1000m 以浅银矿 44.87t,金矿 15 123.03kg,铅锌矿 11 086.57t,铜矿 12 098.01t,钼矿 9825.45t,萤石矿 $167\ 144.36 \times 10^3$ t;2000m 以浅银矿 44.87t,金矿 15 123.03kg,铅锌矿 11 086.57t,铜矿 24 196.02t,钼矿 9825.45t,萤石矿 $167\ 144.36 \times 10^3$ t。

31. 国东-华创综合预测区 Z61

预测区面积 $33.55 km^2$,为 B 类预测区,区内有萤石矿床 3 个,主要预测矿种为萤石。1:20 万航磁正异常,重力梯度带为(−22,−26)。萤石成矿围岩为双洞子式主要为蓟县系雾迷山组、洪水庄组碳酸盐岩建造,柳扒店式主要为髫髻山组粗安岩-粗安角砾岩建造、张家口组流纹质火山碎屑岩及义县组粗安岩-玄武岩建造,成矿岩体为燕山期酸性侵入岩,地处燕山裂谷-迁西陆核,受大庙-娘娘庙断裂、平坊-桑园大断裂及形成于印支—燕山期的一般断裂控制。

区内查明资源量:萤石 $201\,730.00\times10^3$ t。

区内预测资源量:500m 以浅萤石矿 $812\,394.69\times10^3$ t,1000m 以浅萤石矿 $812\,394.69\times10^3$ t,2000m 以浅萤石矿 $812\,394.69\times10^3$ t。

32. 塌山综合预测区 Z62

预测区面积 $39.42\mathrm{km}^2$,为 C 类预测区,区内有萤石矿点 1 个,主要预测矿种为铜矿、萤石、铅锌矿。位于重砂异常 Au138 内,1:20 万航磁正异常,重力梯度带为(−18,−24)。该区成矿围岩为中元古界长城系—蓟县系碳酸岩系、侏罗系髫髻山组—土城子组和白垩系张家口组火山-次火山岩系。成矿岩体为中生代燕山期中酸性杂岩体,地处燕山台褶带的兴隆坳陷区,受尚义-赤城-平泉深断裂及其次级北西向断裂控制。

区内查明资源量:萤石 $87\,200.00\times10^3$ t。

区内预测资源量:500m 以浅铅锌矿 7638.53t,铜矿 16 644.07t,萤石矿 $96\,837.41\times10^3$ t;1000m 以浅铅锌矿 7638.53t,铜矿 16 644.07t,萤石矿 $96\,837.41\times10^3$ t;2000m 以浅铅锌矿 7638.53t,铜矿 16 644.07t,萤石矿 $96\,837.41\times10^3$ t。

33. 孟子岭综合预测区 Z63

预测区面积 $40.53\mathrm{km}^2$,为 C 类预测区,主要预测矿种为铜矿、铅锌矿。位于地球化学综合异常区 Ag49-乙伴生 Pb-Zn-Au-Cu 内,位于重砂异常 Au140 内。1:20 万航磁正异常,重力梯度带为(−18,−24)。铜矿成矿围岩为中元古界长城系—蓟县系雾迷山组碳酸岩系、侏罗系土城子组—张家口组火山-次火山岩系。成矿岩体为中生代燕山期中酸性杂岩体,地处燕山台褶带的兴隆坳陷区,受尚义-赤城-平泉深断裂及其次级北西向断裂控制;而沉积型锰矿赋存于中元古界长城系高于庄组碳酸碎屑岩系,地处壁障性局限海湾盆地。

区内预测资源量:500m 以浅铅锌矿 11 672.31t,铜矿 23 566.42t,锰矿 8604.51t;1000m 以浅铅锌矿 11 672.31t,铜矿 23 566.42t,锰矿 8604.51t;2000m 以浅铅锌矿 11 672.31t,铜矿 23 566.42t,锰矿 8604.51t。

34. 黄土梁-莫古峪综合预测区 Z64

预测区面积 $157.33\mathrm{km}^2$,为 B 类预测区,区内有 1 个铅锌矿点,1 个铜矿点,2 个硫铁矿点,主要预测矿种为锰矿、铁矿、硫铁矿、铅锌矿、钼矿。位于地球化学综合异常区 Ag49-乙伴生 Pb-Zn-Au-Cu 内,位于重砂异常 Au135、Au137、Mn-Ag29 内。1:20 万航磁正异常,重力梯度带为(−22,−38)。该区铁矿成矿围岩为新太古代遵化岩群:黑云角闪斜长片麻岩、黑云变粒岩、磁铁石英岩建造;铅锌矿成矿围岩为中元古界长城系碳酸盐岩地层,成矿岩体为蚀变石英斑岩;钼矿位于中元古界蓟县系碳酸盐岩地层及侏罗系土城子组—张家口组火山-火山碎屑岩地层,成矿岩体为燕山早期中酸性杂岩体;燕地处华北地台北缘中段成矿带兴隆-宽城坳陷成矿区,受密云-喜峰口、平泉-桑园区域性断裂及其次级构造控制。而锰矿和硫铁矿成矿围岩为中元古界长城系高于庄组碳酸碎屑岩系,地处燕辽裂陷带内,近滨盆地。

区内查明资源量:钼矿 12 549.07t,硫铁矿 3016.24×10^3 t。

区内预测资源量:500m 以浅铁矿 9803.56×10^3 t,铅锌矿 33 235.81t,钼矿 20 697.36t,锰矿 127 143.52t,硫铁矿 $76\,618.83\times10^3$ t;1000m 以浅铁矿 9803.56×10^3 t,铅锌矿 33 235.81t,钼矿 20 697.36t,锰矿 127 143.52t,硫铁矿 $76\,618.83\times10^3$ t;2000m 以浅铁矿 9803.56×10^3 t,铅锌矿 33 235.81t,钼矿 20 697.36t,锰矿 127 143.52t,硫铁矿 $76\,618.83\times10^3$ t。

35. 高板河综合预测区 Z65

预测区面积 31.89 km²，为 A 类预测区，区内有 2 个铅锌矿，主要预测矿种为锰矿、硫铁矿、铅锌矿、钼矿。位于地球化学综合异常区 Ag49-乙伴生 Pb-Zn-Au-Cu 内，1:20 万航磁正异常，重力梯度带为（－38，－40）。该区锰矿、硫铁矿和铅锌矿的成矿地层为中元古界长城系高于庄组碳酸碎屑岩系，地处堡障性局限海湾盆地。钼矿的成矿围岩为中元古界蓟县系碳酸盐岩地层及侏罗系土城子组—张家口组火山-火山碎屑岩地层，成矿岩体为燕山早期中酸性杂岩体，地处华北地台北缘中段成矿带兴隆-宽城坳陷成矿区，受密云-喜峰口、平泉-桑园区域性断裂及其次级构造控制。

区内查明资源量：铅锌矿 23 500.00 t，硫铁矿 28 027.93×10³ t。

区内预测资源量：500 m 以浅铅锌矿 11 401.38 t，钼矿 1682.64 t，锰矿 34 544.60 t，硫铁矿 21 799.50×10³ t；1000 m 以浅铅锌矿 11 401.38 t，钼矿 1682.64 t，锰矿 34 544.60 t，硫铁矿 21 799.50×10³ t；2000 m 以浅铅锌矿 11 401.38 t，钼矿 1682.64 t，锰矿 34 544.60 t，硫铁矿 21 799.50×10³ t。

36. 寿王坟-罗圈沟综合预测区 Z66

预测区面积 188.04 km²，为 A 类预测区，区内有 2 个铜矿点，1 个钼矿点，2 个萤石矿点，主要预测矿种为铜矿、萤石、铁矿、硫铁矿、钼矿。位于地球化学综合异常区 Cu47-甲伴生 Ag-Au 内，位于重砂异常 23Cu、22Cu-Mo-Zn-Ag、Au132、Au131、Au130、Au133、Mn-Ag21 内。1:20 万航磁正异常，重力梯度带为（－26，－40）。铜钼矿和萤石矿成矿围岩为中元古界蓟县系雾迷山组—洪水庄组碳酸岩系、侏罗系—白垩系的髫髻山组—土城子组—张家口组火山-次火山岩系。成矿岩体为中生代燕山期中酸性岩体；铁矿成矿围岩为新太古代遵化岩群：黑云角闪斜长片麻岩、黑云变粒岩、磁铁石英岩建造；而沉积型硫铁主要赋存于长城系高于庄组地层中。该区地处华北地台北缘中段成矿带兴隆-宽城坳陷成矿区，受密云-喜峰口、平泉-桑园区域性断裂及其次级构造控制。

区内查明资源量：铜矿 160 123.00 t，钼矿 6231.09 t，萤石矿 12 460.00×10³ t。

区内预测资源量：500 m 以浅铁矿 20 974.51×10³ t，铜矿 9385.58 t，钼矿 2446.64 t，萤石矿 207 930.29×10³ t；1000 m 以浅铁矿 20 974.51×10³ t，铜矿 199 524.99 t，钼矿 74 406.72 t，硫铁矿 44.57×10³ t，萤石矿 207 930.29×10³ t；2000 m 以浅铁矿 20 974.51×10³ t，铜矿 250 436.03 t，钼矿 74 406.72 t，硫铁矿 44.57×10³ t，萤石矿 207 930.29×10³ t。

37. 红旗后沟-东升综合预测区 Z67

预测区面积 20.19 km²，为 B 类预测区，区内有 2 个萤石矿点，主要预测矿种为萤石。1:20 万航磁正异常，重力梯度带为（－46，－52）。萤石成矿围岩为双洞子式主要为蓟县系雾迷山组、洪水庄组碳酸盐岩建造；柳扒店式主要为髫髻山组粗安岩-粗安角砾岩建造、张家口组流纹质火山碎屑岩及义县组粗安岩-玄武岩建造，成矿岩体为燕山期酸性侵入岩，地处燕山裂谷-迁西陆核，受大庙-娘娘庙断裂、平坊-桑园大断裂及形成于印支—燕山期的一般断裂控制。

区内查明资源量：萤石矿 164 990.00×10³ t。

区内预测资源量：500 m 以浅萤石矿 204 239.69×10³ t，1000 m 以浅 204 239.69×10³ t，2000 m 以浅萤石矿 204 239.69×10³ t。

38. 鹰手营综合预测区 Z68

预测区面积 88.50 km²，为 C 类预测区，主要预测矿种为铜矿、萤石、钨矿、硫铁矿、钼矿。位于重砂异常 Au128 内。1:20 万航磁正异常，重力梯度带为（－34，－38）。钨、铜钼矿和萤石矿成矿围岩为新太古代迁西变质岩群、中元古界蓟县系雾迷山组—洪水庄组碳酸岩系、侏罗系—白垩系的髫髻山组—土城子组—张家口组火山-次火山岩系。成矿岩体为中生代燕山期中酸性岩体；地处华北地台北缘中段成矿带兴隆-宽城坳陷成矿区，受密云-喜峰口、平泉-桑园区域性断裂及其次级构造控制。而硫铁矿成矿地层位于高于庄组二段的三、四亚段的含锰白云岩-含锰白云质页岩系列岩石,地处燕辽裂陷带内近滨盆地。

区内预测资源量:500m 以浅钨矿 114.41t,铜矿 20 250.78t,钼矿 11 135.72t,硫铁矿 10 829.72×10^3t,萤石矿 202 422.77×10^3t;1000m 以浅钨矿 114.41t,铜矿 20 250.78t,钼矿 11 135.72t,硫铁矿 10 829.72×10^3t,萤石矿 202 422.77×10^3t;2000m 以浅钨矿 114.40t,铜矿 20 250.78t,钼矿 11 135.72t,硫铁矿 10 829.72×10^3t,萤石矿 202 422.77×10^3t。

39. 大苇塘-天宝-南双洞综合预测区 Z69

预测区面积 198.87km², 为 B 类预测区, 区内有 1 个银矿点, 1 个钨矿床, 2 个锰矿点, 1 个硫铁矿点, 主要预测矿种为银矿、铜矿、锰矿、萤石、铁矿、硫铁矿、钼矿。位于地球化学综合异常区 Au51-甲伴生 Cu-Ag-Pb-Zn 内, 位于重砂异常 Au127 内。1:20 万航磁正异常, 重力梯度带为(-34,-50)。该区铜钼银矿和萤石矿成矿围岩为中元古界长城系常州沟组石英砂岩-砂砾岩建造、蓟县系雾迷山组—洪水庄组碳酸岩系、侏罗系—白垩系的髫髻山组—土城子组—张家口组火山-次火山岩系。成矿岩体为中生代燕山期中酸性岩体; 钨矿成矿围岩为新太古代迁西群变质岩系, 上述几个矿种成矿岩体均与燕山期中酸性岩体有关; 铁矿成矿围岩为新太古代遵化岩群: 黑云角闪斜长片麻岩、黑云变粒岩、磁铁石英岩建造, 主要受变质岩地层控制; 而磷矿主要和超基性杂岩体关系密切。该区地处燕山台褶带的兴隆-宽城坳陷成矿区, 受区域性深大断裂及其次级断裂构造:密云-喜峰口东西走向深大断裂的次级构造控制。沉积型锰矿和硫铁矿成矿围岩为中元古界长城系高于庄组碳酸碎屑岩系, 地处壁障性局限海湾盆地。

区内查明资源量:银矿 208.21t,钨矿 816.50t。

区内预测资源量:500m 以浅银矿 674.39t,硫铁矿 30 885.69t,萤石矿 96 253.41×10^3t;1000m 以浅铁矿 68 037.82×10^3t,银矿 674.39t,钨矿 1124.91t,铜矿 2371.25t,钼矿 2704.45t,锰矿 69 736.16t,硫铁矿 30 885.69t,萤石矿 96 253.41×10^3t;2000m 以浅铁矿 68 037.83×10^3t,银矿 674.39t,钨矿 1124.91t,铜矿 2371.25t,钼矿 2704.45t,锰矿 69 736.16t,硫铁矿 30 885.69t,萤石矿 96 253.41×10^3t。

40. 茅山南综合预测区 Z70

预测区面积 14.59km², 为 C 类预测区, 主要预测矿种为锰矿。位于地球化学综合异常区 Au50-甲内, 位于重砂异常 Au158 内。1:20 万航磁正异常, 重力梯度带为(-24,-32)。该区锰矿成矿于中元古界长城系高于庄组碳酸碎屑岩系, 地处壁障性局限海湾盆地。

区内预测资源量:500m 以浅锰矿 30 190.31t,1000m 以浅锰矿 30 190.31t,2000m 以浅锰矿 30 190.31t。

41. 周台子一带铁矿综合预测区 Z108(Ⅳ-57-2)

预测区面积 18.26 km², 为 C 类预测区, 区内有 2 个铁矿矿床, 主要预测矿种为铁矿。1:20 万航磁正异常, 重力梯度带为(-50,-30)。成矿地层为新太古代遵化岩群白庙子组、凤凰咀组。岩石组合为黑云角闪斜长片麻岩、黑云变粒岩、磁铁石英岩。

区内查明资源量:25 150×10^3t。

区内预测资源量:500m 以浅 5803.37 ×10^3t,1000m 以浅 39 345.35×10^3t,2000m 以浅 39 345.35 ×10^3t。

42. 滦平-北李营一带铁矿综合预测区 Z109(Ⅳ-57-2)

预测区面积 37.89km², 为 C 类预测区, 主要预测矿种为铁矿。1:20 万航磁正异常, 重力梯度带为(-50,-30)。成矿地层为新太古代遵化岩群白庙子组、凤凰咀组。岩石组合为黑云角闪斜长片麻岩、黑云变粒岩、磁铁石英岩。

区内预测资源量:500m 以浅 19 700.32×10^3t,1000m 以浅 37 927.92×10^3t,2000m 以浅 87 927.92×10^3t。

43. 付家店满族乡一带铁矿综合预测区 Z110（Ⅳ-57-2）

预测区面积 16.13 km², 为 C 类预测区，主要预测矿种为铁矿。1∶20 万航磁正异常-重力梯度带为（−40，−30）。成矿地层为新太古代遵化岩群白庙子组、凤凰咀组。岩石组合为黑云角闪斜长片麻岩、黑云变粒岩、磁铁石英岩。

区内预测资源量：500m 以浅 40 936.65×10³t，1000m 以浅 66 105.18×10³t，2000m 以浅 66 405.18×10³t。

44. 太平庄-高家峪一带铁矿综合预测区 Z127（Ⅳ-57-2）

预测区面积为 15.00 km²，为 A 类预测区，区内有 1 个铁矿矿床，主要预测矿种为铁矿。1∶20 万航磁正异常，重力梯度带为（0，20）。成矿地层为太古宙迁西岩群水厂岩组。岩石组合为黑云角闪斜长片麻岩、黑云变粒岩、磁铁石英岩。

区内查明资源量：15 023.00×10³t。

区内预测资源量：500m 以浅 70 314.21×10³t，1000m 以浅 139 154.79×10³t，2000m 以浅 247 756.87×10³t。

45. 大河南一带铁矿综合预测区 Z131（Ⅳ-57-2）

预测区面积为 25.27 km²，为 C 类预测区，区内主要预测矿种为铁矿。1∶20 万航磁正异常，重力异常为负值区，其值为−100 伽～−80 伽之间。成矿围岩为中元古界长城系高于庄组三、四段厚层、薄层白云岩，蓟县系雾迷山组一、二段燧石条带白云岩，成矿岩体为燕山期中酸性花岗岩系列。

区内查明资源量：39 221.17×10³t。

区内预测资源量：500m 以浅 39 221.17×10³t，1000m 以浅 39 221.17×10³t，2000m 以浅 247 756.87×10³t。

46. 蟒石口一带铁矿综合预测区 Z132（Ⅳ-57-2）

预测区面积为 69.24 km²，为 C 类预测区，区内主要预测矿种为铁矿。1∶20 万航磁正异常，重力梯度带为（−90，−60）。成矿围岩为中元古界长城系高于庄组三、四段厚层、薄层白云岩，蓟县系雾迷山组一、二段燧石条带白云岩。成矿岩体组合为燕山期中酸性花岗岩系列。

47. 紫金关一带铁矿综合预测区 Z135（Ⅳ-57-2）

预测区面积为 28.26 km²，为 C 类预测区，区内主要预测矿种为铁矿。1∶20 万航磁正异常，重力梯度带为（−90，−60）。成矿围岩中元古界长城系高于庄组三、四段厚层、薄层白云岩，蓟县系雾迷山组一、二段燧石条带白云岩。成矿岩体为燕山期中酸性花岗岩系列。

区内预测资源量：500m 以浅 5349.07×10³t，1000m 以浅 5349.07×10³t，2000m 以浅 5349.07×10³t。

第六节 综合预测区部署建议

根据张家口-承德成矿区内综合预测区的成矿地质条件及经济技术情况、勘查工作程度，确定了 4 个可供进一步工作的部署建议区及工作建议，简述如下。

一、隆化小营一带部署区

主攻矿床类型：岩浆型铁矿、岩浆型磷矿。
部署区地质条件：内蒙地轴与燕山裂陷带过渡带内。大庙-娘娘庙深断裂北侧。地层为太古宇红旗营子群变质岩。岩体为黑山-头沟基性杂岩体。航磁、地磁异常高,磷、钒、钛化探异常浓度分带明显。

部署区工作程度:工作程度高,大部分地区进行过详查、勘探或普查工作。

找矿工作部署建议:钻探6000m、高精度磁法扫面200km²。

预期成果:中型铁矿4处,中型磷矿3处。

二、姑子沟—登上一带部署区

主攻矿床类型:次火山热液型铅锌银矿。

部署区地质条件:内蒙台背斜与燕山台褶带衔接处,丰宁-隆化-烟筒山东西向深断裂带之中。岩浆及火山活动强烈。地层为中元古界长城系碳酸岩及中生界侏罗系火山岩。侵入岩体以燕山期中-酸性岩为主。金、铅、银化探异常浓度分带明显。

部署区工作程度:工作程度较高,大部分地区进行过普查及勘探。

找矿工作部署建议:1:5万水系沉积物扫面500km²,重点地段进行电法扫面200km²、硐探1500m。

预期成果:中型铅锌矿1处,小型铅锌矿3处,小型银矿1处。

三、宣化一带部署区

主攻矿床类型:沉积型铁矿、绿岩建造型金矿。

部署区地质条件:燕山台褶带西北端。基底地层为太古宇桑干群变质岩,盖层为中元古界长城系砂页岩—中生界侏罗系火山岩。岩体为水泉沟-大南山碱性二长杂岩体。金矿成矿同杂岩体有关,沉积型铁矿则赋存于中元古界长城系串岭沟组砂页岩中。金化探异常浓度分带明显。

部署区工作程度:工作程度高,大部分地区进行过详查、勘探或普查工作。

找矿工作部署建议:硐探1500m、钻探4500m。

预期成果:铁矿$47×10^8$t,金矿103 932.38kg。

四、寿王坟一带部署区

主攻矿床类型:矽卡岩型铜矿。

部署区地质条件:区内火山活动复杂且呈多期次特征。地层为中元古界碳酸盐岩系—中生界沉积-火山岩系。岩体为寿王坟杂岩体,岩性以石英二长岩、石英闪长岩及花岗岩为主。矿体成矿位于杂岩体与沉积地层接触带中。铜、金化探异常浓度分带明显。深部找矿有一定潜力。

部署区工作程度:工作程度高,大部分地区进行过详查、勘探或普查工作。

找矿工作部署建议:硐探2500m、钻探5500m。

预期成果:中型铜矿1处,小型铜矿2处。

第六章 遵化-山海关成矿区预测成果

本章以河北省遵化-山海关Ⅳ级成矿带为单元,综合分析区域成矿地质背景、物化探、重砂、遥感特征,总结出成矿带内各矿种预测模型表及预测模型图,圈定本成矿带综合预测区。

第一节 区域地质背景

该亚带主要由太古宙基底组成,是中国最古老的地块,属高级变质区,包括晋冀古陆块和鲁西古陆块。陆核中心由古太古代曹庄岩组和中太古代迁西岩群构成陆核。

曹庄岩组零星见于迁安曹庄、黄柏峪一带,呈大小不等的包体形态出现于中、新太古代的变质深成岩中。岩石组合以斜长角闪岩、斜长片麻岩(常含不等量的矽线石、堇青石或含钡冰长石及石榴石等)为主,夹有含铬云母石英岩、不纯大理岩及磁铁石英岩等。变质作用的温度为620~700℃,压力为0.5~0.8GPa,变质程度为高角闪岩相,属中压变质类型。同位素测年资料为3500~3700Ma。

迁西岩群分布于迁安水厂—平林镇—娄子山一带以及北京市密云水库周边,为一套麻粒岩相含铁矿层的表壳岩系,是河北省及北京市的重要含铁层位之一。其产出状态主要有两种形式,一种是呈面状产出,另一种是呈大小不等的似层状、透镜状、扁豆状、不规则状及浑圆状零星分布于三屯营片麻岩、太平寨紫苏花岗岩和龙新庄片麻岩之中,它们主要呈包体形式出现。其岩石类型主要有:超镁铁质岩类、镁铁质岩类、长英质岩类和硅铁质岩类。主要岩石组合以暗色基性麻粒岩及含紫苏辉石黑云斜长变粒岩(常含矽线石、堇青石、石榴石)为主,夹透辉斜长角闪岩及含辉石磁铁石英岩。划分为水厂紫苏黑云斜长变粒岩-二辉麻粒岩次透辉石岩组合、水厂紫苏黑云斜长变粒岩-二辉麻粒岩-磁铁石英岩组合(Ar_2)和平林镇石榴紫苏黑云变粒岩夹浅粒岩-斜长角闪岩组合(Ar_2),前者是区内主要的含铁组合。

迁西片麻岩套系指经历过麻粒岩相变质作用和变形改造,其形成时代相近,具有成生联系的一套深成岩体,是区内高级变质区的主体岩石,出露面积占冀东高级变质区岩石的60%~65%左右,与迁西岩群为交代侵入关系。迁西片麻岩套由三屯营片麻岩、太平寨紫苏花岗岩和龙新庄片麻岩组成。它们的主要岩石类型相当于英云闪长质、花岗闪长质和奥长花岗质岩石。虽然它们的总体化学成分变化较大,这可能与岩石经历多次混合岩化作用有关,但总的趋势是以富钠贫钾为特色。归并为三屯营TTG组合(Ar_2)。

迁西岩群及迁西片麻岩套中普遍含有紫苏辉石,说明其变质作用已达麻粒岩相。其形成的温度在750~950℃之间,压力在0.5~1GPa之间,属中高压变质相系。同位素年龄为3047~3280Ma。

陆核周围形成新的沉积中心,西北为遵化-青龙古岛弧,堆积了遵化岩群,是一套主要由斜长角闪岩及斜长变粒岩夹硅铁质岩所组成的、变质程度达高角闪岩相的变质岩系。在遵化、青龙一带,呈规模不等的包体形态产于新太古代各类变质深成岩之中,虽然较大的露头面积可达数百乃至数千平方米,但亦难观察到较完整的连续剖面。粗略地分析,其下部以斜长角闪岩类岩石为主,夹有少量斜长变粒岩,而上部则主要为黑云斜长变粒岩夹有少量斜长角闪岩。

遵化岩群岩石偶见紫苏辉石。下部马兰峪组以斜长角闪岩类为主,夹少量斜长变粒岩,划分为马兰峪斜长角闪岩-角闪斜长变粒岩组合(Ar_3^2);上部滦阳岩组主要为黑云斜长变粒岩夹硅铁质岩及少量斜长角闪岩,划分为滦阳黑云变粒岩-斜长角闪岩组合和黑云变粒岩-斜长角闪岩-磁铁石英岩组合(Ar_3^1),是重要的含铁层位。

汉儿庄片麻岩套主要分布于遵化—迁西下营一带和密云半城子—滦平八道河—周台子一带。该岩套包括小关庄片麻岩、秋花峪片麻岩、柳河峪片麻岩、八道河片麻岩和青杨树片麻岩,主要由一套富钠贫钾的花岗岩系组成,变质程度为角闪岩相。小关庄片麻岩(角闪斜长片麻岩)空间上呈椭圆形、扁豆状或不规则状产出,它侵入于迁安岩群、三屯营片麻岩和遵化岩群中。岩石风化面为浅灰色,新鲜面为灰黑色,中粗粒花岗变晶结构,可见变余花岗结构,块状或弱片麻状构造。

秋花峪片麻岩(奥长片麻岩或奥长角闪片麻岩)是一种非常明显的浅色花岗质片麻岩,在太古宙变质地体中集中分布,与小关庄片麻岩密切伴生。一般以岩枝、岩株及不规则形态产出,多呈北东向展布,侵入于前述所有单位中,可见到前述填图单位岩石包体。包体形态主要有棱角状、团块状、不规则状,在变形强烈地带多为长条带或似层状。包体岩石成分较杂,但以斜长角闪岩为主。岩石灰白色,中粗粒花岗变晶结构,块状或弱片麻状构造,变形较强地段为条带状构造或条纹状构造。以上两种片麻岩共同组成小关庄 TTG 组合。

柳河峪片麻岩(黑云二长片麻岩)和八道河片麻岩(角闪二长片麻岩)主要分布在青龙、迁安和密云等地,片麻状构造相对较弱,镜下常见变余半自形结构,侵入岩外貌较明显。

青杨树片麻岩(角闪二辉斜长片麻岩)仅见于迁西青杨树附近,北京划分的苇子峪辉长闪长质片麻岩可能与之相当。主要由块状-弱片麻状角闪二辉斜长片麻岩组成,呈小岩株状侵入小关庄片麻岩和秋花峪片麻岩,称之为青杨树辉长质片麻岩组合。

鲁西古陆块位于秦皇岛、山海关、抚宁、卢龙、滦县和青龙东部一带,其北、西、南三侧均以断裂为界,向东延入辽宁。西界的青龙-滦县大断裂,其西侧(晋冀古陆块)中元古代大幅度坳陷的同时,东侧的本单元基本属于正性状态,仅在西部边缘见有厚度不大的长城纪沉积,单元主体直到新元古代长龙山期才遭受到海侵超覆。

最老的表壳岩为新太古代早期的滦县岩群,以碎屑岩建造、基性火山岩建造为主,夹磁铁石英岩,是重要的铁矿层位,被安子岭片麻岩套(原岩为英云闪长岩、闪长岩、花岗闪长岩、奥长花岗岩)侵入,构成秦皇岛古岛弧。新太古代晚期的朱杖子岩群分布在西部大断裂附近,岩性为变质砾岩、片岩、变粒岩夹镁铁闪石磁铁石英岩,被变质石英闪长岩和花岗岩、花岗闪长岩等变质花岗岩系列侵入,构成朱杖子古裂谷。古生代曾几度形成陆表海,沉积了碳酸盐岩建造和碎屑岩-含煤建造。中生代在局部凹陷地带沉积了陆相碎屑岩-含煤建造和火山岩建造。燕山期酸性侵入岩十分发育。

沿该亚带东西向轴部,呈串珠状分布的酸性侵入岩,侵入时代为早-中侏罗世末,与陆核褶皱隆起的时代相同。

值得提及的是,该亚带东部太古宇分布区内,有一个平面呈楔形的北西向断块,长 30~40km,宽 10~20km,主要由中元古代至寒武纪地层组成,地层走向同主断裂方向一致,均为北西走向。据断块内中-新元古代地层剖面资料,总厚不足 2500m,且下部缺失大红峪组以下层位,上部则以长龙山组直接超覆于雾迷山组之上。该断块在区域构造格局中极不协调,而且中-新元古代的沉积带有东邻青龙河花岗-绿岩带同期沉积的色彩。因此,极有可能是来自东南方向的推覆嵌入块体,推覆时代为中侏罗世末。

第二节 区域矿产特征

本成矿带主要矿产为铁矿、金矿、铬铁矿、萤石矿,见图6-1。

沉积变质型铁矿,查明储量 $6\ 835\ 367\times10^3$ t,矿床及矿点 163 个,其中超大型矿床 3 个,大型 10 个,中型 49 个,小型 43 个,矿点 58 个。

变质脉型金矿,查明储量 87 244kg,矿床 6 个,其中大型矿床 1 个,中型 2 个,小型 3 个;热液型金矿,查明储量 18 475.3kg,矿床及矿点 56 个,其中大型矿床 1 个,小型 13 个,矿点 42 个。

岩浆型铬铁矿,查明储量 400×10^3 t,矿床及矿点 3 个,其中小型矿床 1 个,矿点 2 个。

热液充填型萤石矿,查明储量 154×10^3 t,矿床及矿点 3 个,其中小型矿床 2 个,矿点 1 个。

本成矿带是河北省鞍山式沉积变质铁矿的主要成矿区域,沉积变质铁矿赋存于区内太古宙变质岩系中,含铁矿层位分 5 个时代的 5 个岩组:古太古代曹庄岩组为斜长角闪岩、含矽线石斜长片麻岩夹石英岩、不纯大理岩及磁铁石英岩组合;中太古代迁西岩群的水厂岩组,底部为紫苏辉石、次透辉石、石榴子石、磁

第六章 遵化-山海关成矿区预测成果

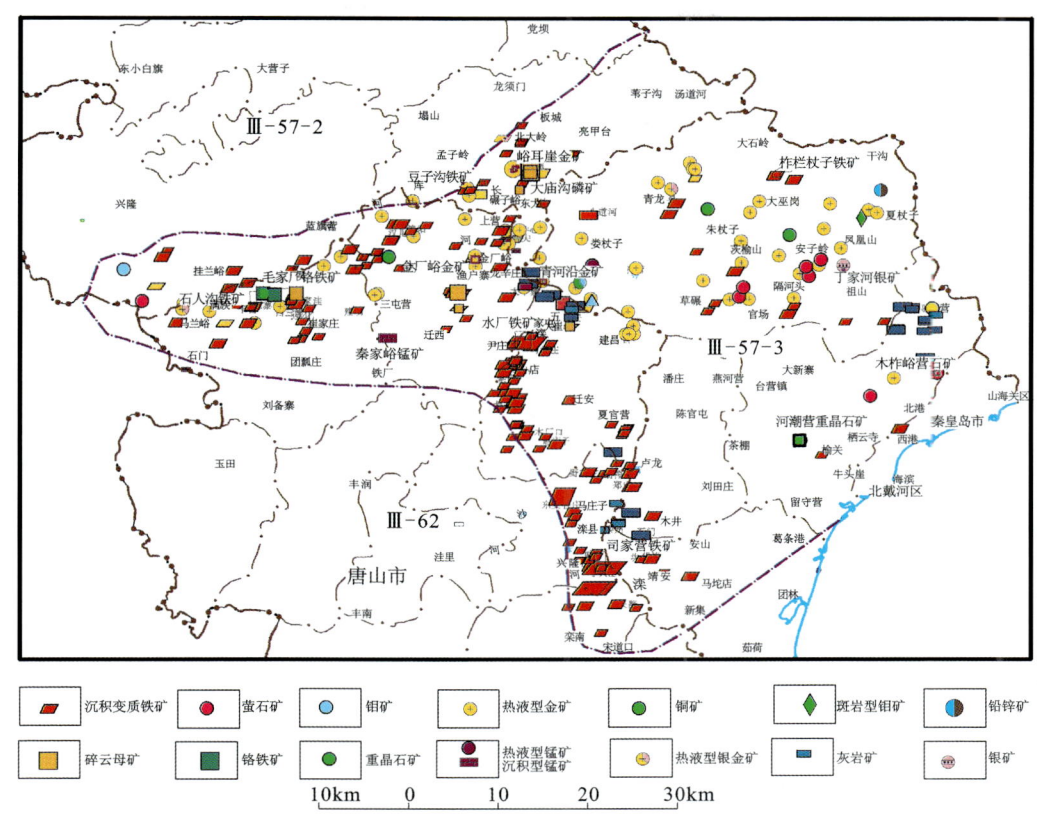

图6-1 遵化-山海关成矿区矿产地分布图

铁矿石英岩,上部为二辉麻粒岩、次透辉石岩、辉石斜长角闪岩夹变粒岩、浅粒岩和磁铁石英岩组合;新太古代早期遵化岩群的滦阳岩组,底部为黑云斜长变粒岩、黑云角闪斜长变粒岩、透辉斜长角闪岩、磁铁石英岩组合,上部为黑云斜长变粒岩、斜长角闪岩、大量磁铁石英岩组合;新太古代晚期滦县岩群阳山岩组,底部为铁闪石-阳起石磁铁石英岩建造,中部为含磁铁石英岩的黑云变粒岩夹片岩(大理岩)建造;上部为含磁铁石英岩的黑云变粒岩夹斜长角闪岩建造;新太古代晚期朱杖子岩群的椅罗台岩组,下部为黑云变粒岩夹二云石英片岩、磁铁石英岩建造,上部为镁铁闪石-阳起石-绿泥石磁铁石英岩建造。

区内褶皱构造是控制矿带分布和矿体形态的重要因素。区域性复式向斜构造控制着矿带的空间分布,如滦县一带的司家营-马城-长凝复式向斜,控制着司家营式铁矿带;迁安西部的复式向斜,控制着水厂-宫店子-二马铁矿带;石人沟式铁矿受遵化西复式向斜控制。区域性复式背斜的铁矿,大多被剥蚀掉了,仅存一些零星小矿。全区普遍是向斜部位矿体保存,背斜部位矿体被剥蚀,褶皱枢纽总体向南倾伏,向北抬起,褶皱转折端和同斜紧密褶皱使矿体加厚,如石人沟、水厂、孟家沟、司家营、马城等。

本成矿带内的金矿按成因分为变质脉型和热液型两种,变质脉型金矿矿床少、储量大,以大中型矿床为主,热液型金矿矿点多、分布广泛。金矿成矿作用同燕山期岩浆-火山活动有关。赋矿地层主要为遵化岩群—朱杖子群变质岩系、长城系—蓟县系碎屑岩-碳酸盐岩地层。岩浆活动主要为燕山早期的多次侵入,成矿作用主要发生在燕山早期的第二、第三阶段。与金成矿有关的岩浆岩主要为壳幔源型岩体,主要或最终成矿时代为燕山早期。这种混源型花岗岩的演化规律大体是:早期阶段以花岗岩-花岗闪长岩为主,到晚期阶段以花岗岩-偏碱性花岗岩为主;早期阶段以中深-浅成侵入岩为主,晚期阶段则以浅-超浅成为主。区内成矿是两组具有不同地质成矿作用和不同成矿元素组合的矿化与矿床,形成时间上有一定的演化规律。从总体上均与中酸性岩有关,从矿化组合上看,铜铅锌矿床类型以 Mo、Cu、Fe、Pb、Zn、(Au)矿化与矿床为主;金矿类型则以金-多金属矿化为主。

萤石矿主要赋矿地层为太古宇变质岩系,与成矿有关的岩浆岩主要为火山及次火山岩浆侵入,成矿类型以热液充填为主,成矿时代为燕山晚期。

本成矿带是河北省主要铬铁矿成矿区,已知的 4 处矿产地有 3 处位于本成矿带范围内,铬铁矿主要赋存于太古宙基性-超基性岩组合中,该类岩体广泛分布于马兰峪隆起区,严格受层位控制,岩体数量多,成群成带分布于迁西岩群中,绝大多数规模都很小,长几米、数十米到数百米,宽不足一米到数十米。铬铁矿床为岩体中富铬成分经岩浆分异成矿。

第三节　区域地、物、化、遥、重砂特征及推断解释成果

一、区域重力特征

本区布格重力异常主体为一近东西向梯级带,反映密云-喜峰口断裂。梯级带在与青龙-滦县大断裂交汇处强烈扭曲,并出现一北北东向分支。区内重力场自南向北较低,变化范围自 $30\times10^{-5}\mathrm{m/s^2}$ 至 $-50\times10^{-5}\mathrm{m/s^2}$(图 6-2)。

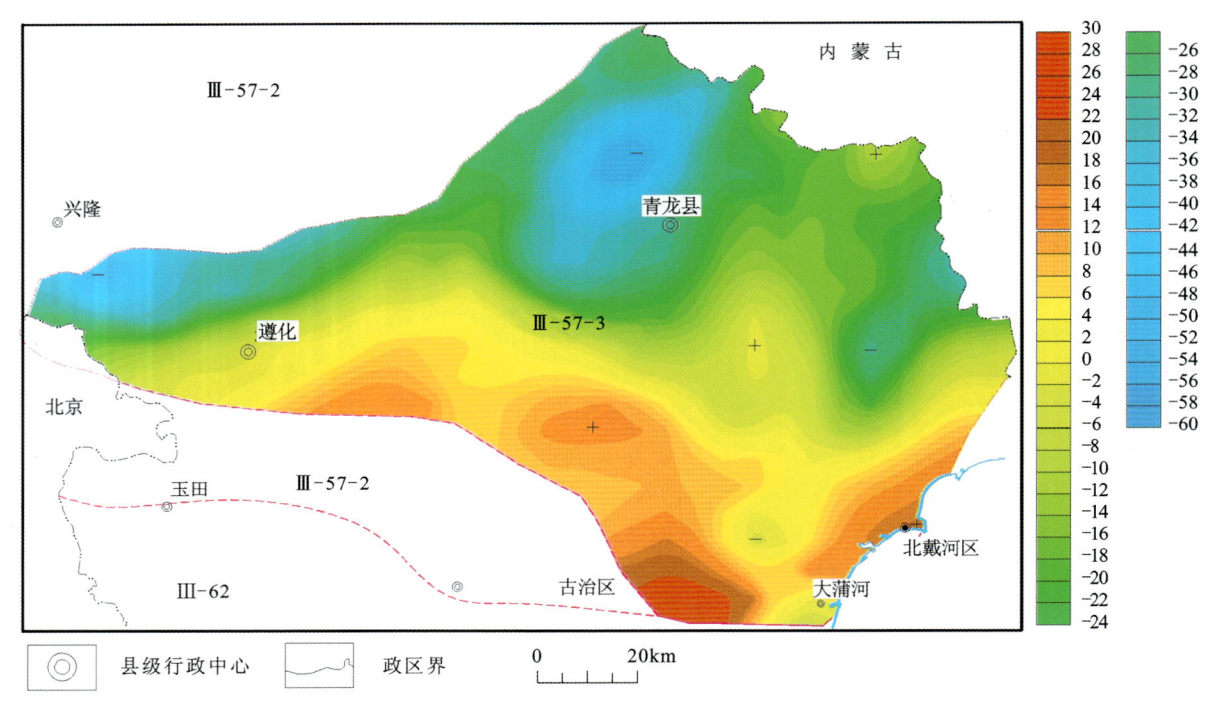

图 6-2　重力异常分布图

从剩余重力异常图上看,青龙-滦县大断裂西侧的迁西陆核区剩余异常以东西向为主,异常幅值自 $-13\times10^{-5}\mathrm{m/s^2}$ 至 $7\times10^{-5}\mathrm{m/s^2}$。断裂东侧鞍山-泰山岩浆弧区异常主要呈北北东向。区内重力低主要由侏罗纪中酸性至酸性岩浆岩侵入体引起,重力高主要由太古宙变质岩引起。

区内岩浆岩与金成矿关系密切,如遵化茅山岩体、青龙青山口岩体、青龙肖营子岩体等,特征如下。

(1) 茅山岩体:位于遵化县茅山,岩性为二长花岗岩,岩体北半部围岩为长城纪地层,南半部主要为太古界迁西群。岩体四周 1~9km 范围内分布着 4 处小岩体,岩性有花岗岩和二长花岗岩。剩余重力异常近圆状,长约 25km,宽约 25km,最低值 $-20\times10^{-5}\mathrm{m/s^2}$;梯度变化东部小,其余方向略大。重力异常异常范围比茅山主岩体大出很多,并包罗四周的 4 个小岩体。垂向二次导数异常为导数低异常,其零值线将主岩体及四周 4 个小岩体均圈在一起,由上推断茅山岩体向下呈隐伏状,在地下与其他 4 个小岩体呈勾连状,岩体规模较大。根据重力异常进行正演模拟计算,岩体主体埋深约 5km。在南北向剖面

上岩体在迁西群下向南侧延伸近7km,并在南侧0～5km间又有一膨大部位,其顶面埋深约1km,底面埋深约5km;岩体向北也向长城纪地层中隐伏状延伸近2km。在东西方向剖面上,岩体同样向两侧均呈隐伏状,向西延伸约6km,向东至二长花岗岩露头处,在迁西群地层下岩体均连续呈隐伏状。结合重力异常及二次导数不难推测,茅山岩体在迁西群、长城系下呈大范围的隐伏状,大规模的岩浆侵入为迁西群中金的迁移与富集成矿提供了丰富的热源,是金成矿不可缺少的前提条件。

（2）青山口岩体:岩体位于金厂峪西,为一酸性杂岩体,岩性有碱性花岗岩、花岗闪长岩和石英闪长岩。岩体长10km,宽约5km,走向近东西,其围岩均为迁西群变质岩。岩体东侧有多处金矿,其中有著名的金厂峪大型金矿。剩余重力异常为重力低,最低值为-2×10^{-5}m/s^2,异常范围,走向与岩体吻合。重向二次导数在岩体上也为一负异常,异常形态与岩体一致,范围比岩体出露部分要大;上延2km后二次导数零值线范围扩大,上延5km范围迅速变小,上延10km后二次导数零值线消失。根据重力异常进行正演模拟计算,南北方向岩体自地表向两侧均有约1.5km的延伸,岩体主体位于南侧,最大埋深1.6km。在东西方向上随着埋深的增加呈缩小状,最大埋深处位于东侧,约为1.3km。

（3）肖营子岩体:位于青龙县肖营子,其岩性为花岗岩,岩体东南侧有次流纹岩出露,围岩为长城系地层和太古代迁西群。在西侧长城系地层中有多处小的花岗岩体出露,肖营子岩体地表呈三角状,面积295km^2。其中次流纹岩面积76km^2,肖营子岩体周围有多处金矿,如华尖金矿、青河沿金矿等。在岩体西侧的长城纪地层中也分布着多处Au、Ag等多金属异常。肖营子岩体与一重力低相吻合,重力低走向近东西,长约40km,宽10～20km。重力低中心位于岩体西侧的长城系及迁西群地层中,最低值为-12×10^{-5}m/s^2。肖营子岩体的出露部分重力值变化平缓,幅值变化为$-4\times10^{-5}\sim-6\times10^{-5}$m/s^2,比重力低中心处高出许多。由于长城系及迁西群地层密度较高,据上推测岩体的主体部位位于长城系、太古界地层区,呈隐伏状态;地表出露部分由于重力值变化较小,认为岩体呈薄层状垂向二次导数为一负导数异常,零值线范围与重力低大体吻合。根据重力正演模拟计算,除地表露头外,岩体在东西方向上向西呈隐伏延伸进长城系及迁西群地层覆盖区,延伸距离达20余千米,长城系地层下均有隐伏岩体存在;向东超浅成次流纹岩也延伸达2km,并被隐伏在长城系之下;岩体主体最大埋深3.4km。南北向正演模拟计算剖面岩体最大埋深为3.4km;除很少露头外,在长城系及迁西群地层下基本呈隐伏状态。计算结果显示,岩体厚度小于1km,北侧厚度渐薄。综上所述,肖营子岩体大部分呈隐伏状,在西侧的迁西群及长城系地层区均有大面积隐伏状岩体,是本区金及多金属成矿的重要热动力及物质（热源）基础。

二、区域航磁特征

本区以青龙-滦县大断裂为界,西侧为迁西陆核,东侧为鞍山-泰山岩浆弧,东西两侧磁场差异明显。西侧以正磁异常为主,异常轴向东西,磁异常变化自-500nT至1500nT。东侧磁异常以负异常为主,轴向北东,磁场变化自-550nT至600nT（图6-3）。

迁西陆核区正磁异常主要呈带状,连续性好,梯度大,幅值高,达1000nT,由太古宙变质岩引起。该区地层是河北省重要的铁矿赋矿层位,也是金矿矿源层。在正异常区嵌布着多个东西向排列的负磁异常,其强度在-60nT至-500nT之间,是由侏罗纪中酸性至酸性岩浆岩侵入体引起,这些侵入体为金矿形成提供了热源。

鞍山-泰山岩浆弧异常区呈北东走向的中生代酸性岩浆岩为正磁异常,异常幅值自100nT至250nT。区内负磁异常主要有太古宙变质岩、变质深成岩及元古宙、古生代沉积岩引起,异常幅值自-60nT至-350nT。

前已述及,区内岩浆岩与金成矿关系密切,如遵化茅山岩体、青龙青山口岩体、青龙肖营子岩体等,特征如下。

（1）茅山岩体:位于遵化县茅山,岩性为二长花岗岩,岩体北半部围岩为长城纪地层,南半部主要为太古界迁西群地层。岩体四周1～9km范围内分布着4处小岩体,岩性有花岗岩和二长花岗岩。航磁

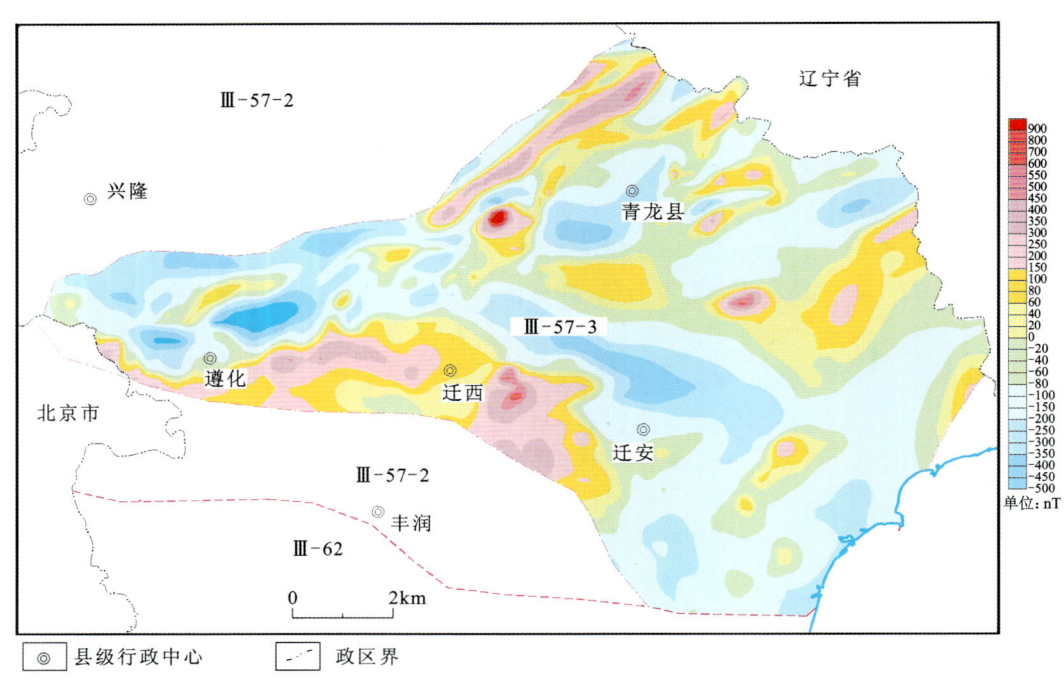

图 6-3 航磁等值线图

异常图上,岩体范围内主要为负磁异常,其西南部为正磁异常,异常值变化范围自 -150nT 至 -250nT,磁异常形态范围与岩体不吻合。根据重力异常进行正演模拟计算,岩体主体埋深约 5km。在南北向剖面上岩体在迁西群下向南侧延伸近 7km,并在南侧 0~5km 间又有一膨大部位,其顶面埋深约 1km,底面埋深约 5km;岩体向北也向长城纪地层中隐伏状延伸近 2km。在东西方向剖面上,岩体同样向两侧均呈隐伏状,向西延伸约 6km,向东至二长花岗岩露头处,在迁西群地层下岩体均连续呈隐伏状。结合重力异常及二次导数不难推测,茅山岩体在迁西群、长城系下呈大范围的隐伏状,大规模的岩浆侵入为迁西群中金的迁移与富集成矿提供了丰富的热源,是金成矿不可缺少的前提条件。

(2) 青山口岩体:岩体位于金厂峪西,为一酸性杂岩体,岩性有碱性花岗岩、花岗闪长岩和石英闪长岩。岩体长 10km,宽约 5km,走向近东西,其围岩均为迁西群变质岩。岩体东侧有多处金矿,其中有著名的金厂峪大型金矿。航磁异常图上,岩体为一负磁异常,其形态、范围与岩体大致吻合,最低值为 -250nT。航磁重向二次导数也呈负异常,零值线范围与岩体一致。根据重力异常进行正演模拟计算,南北方向岩体自地表向两侧均有约 1.5km 的延伸,岩体主体位于南侧,最大埋深 1.6km。在东西方向上随着埋深增加呈缩小状,最大埋深处于东侧,约为 1.3km。

(3) 肖营子岩体:位于青龙县肖营子,其岩性为花岗岩,岩体东南侧有次流纹岩出露,围岩为长城纪地层和太古宙迁西群。在西侧长城纪地层中有多处小的花岗岩体出露,肖营子岩体地表呈三角状,面积 295km²。其中次流纹岩面积 76km²,肖营子岩体周围有多处金矿,如华尖金矿、青河沿金矿等。在岩体西侧的长城纪地层中也分布着多处 Au、Ag 等多金属异常。航磁图上,岩体北半部为一正磁异常,最高值达 150nT;异常形态与岩体大致吻合,分布范围比岩体要大,西侧、东北侧均延入迁西群及长城系地层区;正磁异常上延至 10km 后消失。岩体南部为负磁异常区,异常中心与岩体不吻合,最低值为 -400nT。根据重力正演模拟计算,除地表露头外,岩体在东西方向上向西呈隐伏延伸进长城系及迁西群地层覆盖区,延伸距离达 20 余千米,长城系地层下均有隐伏岩体存在;向东超浅成次流纹岩也延伸达 2km,并被隐伏在长城系之下;岩体主体最大埋深 3.4km。南北向正演模拟计算剖面岩体最大埋深为 3.4km;除很少露头外,在长城系及迁西群地层下基本呈隐伏状态。计算结果显示,岩体厚度小于 1km,北侧厚度渐薄。综上所述,肖营子岩体大部分呈隐伏状,在西侧的迁西群及长城系地层区均有大面积隐伏状岩体,是本区金及多金属成矿的重要热动力及物质(热源)基础。

三、区域地球化学特征

该区对应于冀东金矿床密集区,是我国重要的金矿密集区和黄金生产基地。区内金矿床主要有三类,绿岩带型金矿床(迁西金厂峪)、中生代花岗岩侵入体内外接触带型金矿床(宽城峪耳崖)和中新元古界层控型金矿床(军屯、唐杖子金矿、洞子沟银铜金矿床)。近年来发现的青龙三拨子钼矿有望成为大型规模,其前景良好。在空间上,金银矿化、铅锌铜矿化、铜钼矿化、金铜矿化、铅锌银矿化常紧密伴生。

地球化学分区为Ⅲ兴隆-秦皇岛区,相当于迁西阜平岩浆弧北部(燕山台褶带),北以尚义-丰宁-隆化断裂为界,南以燕山南麓为界。以迁西群、遵化群、滦县群、双山子群和朱杖子群中-深变质岩为核心,向四周发育中-新元古界沉积盖层,并有燕山期花岗岩侵入。总体上以富集 Ca、Mg、Fe、V、Ti、Cr、Ni、Co、Mn、Ba、Cu、Au、Ag、Cd 为特征,可进一步划分为Ⅲ-2 延庆亚区(军都山岩浆岩带)、Ⅲ-3 承德亚区(承德拱断束)、Ⅲ-4 遵化亚区(马兰峪复式背斜)和Ⅲ-5 山海关亚区(安子岭岩浆岩带)。该区以铁、金、铜、钒钛、磷、石灰岩、白云岩为已知优势矿种。

矿源层主要为太古宙—早元古代中深变质岩,其中金、银、铜、铅、锌、钼等元素含量较高,为成矿作用提供了部分物质来源,表现为矿石混合铅属古老异常铅;部分矿床矿石硫同位素呈多峰分布特点,与矿源层硫同位素统计分布特征相似;多数金矿成矿热液中的氢、氧同位素样品点落入变质岩分布区。冀东金矿大多分布于斜长角闪岩中,二者空间上密切伴生。

该区矿产以金、铜、铅锌矿为主,为以金为主的预测区。全区元素含量变异系数依次排列为 Au、Hg、Bi、Ag、Pb、W、Mo,反映主要成矿元素及伴生前缘和尾晕元素(表 6-1)。

表 6-1　Ⅲ-57-③区域地球化学统计参数表

参数	Ag	Au	Bi	Cr	Cu	F	Hg	Mn
max	3.50	1550	32.8	627	171	7825	4380	6512
min	0.0016	0.10	0.02	1.04	3.0	100	6.0	126
Xp	0.0955	5.49	0.222	85.1	32.9	624	39.7	713
Xm	0.07	1.10	0.16	61.6	29.0	585	24.0	660
Sx	0.168	41.1	0.719	59.9	15.8	276	137	364
Cv	1.759	7.493	3.232	0.704	0.479	0.443	3.442	0.511

参数	Mo	Ni	Pb	Sb	Sn	W	Zn
max	18.8	146	1577	4.27	27.9	95	485
min	0.07	3.75	3.0	0.11	0.24	0.10	3.0
Xp	0.645	30.5	23.3	0.44	2.01	1.56	83.6
Xm	0.50	24.0	20.0	0.39	1.89	1.40	78.0
Sx	0.724	17.4	35.5	0.23	1.42	2.18	35.1
Cv	1.123	0.569	1.526	0.522	0.706	1.399	0.420

注:Au、Hg 含量单位为 $\times 10^{-9}$,其余元素为 $\times 10^{-6}$。

Au 均值 5.49×10^{-9},变异系数 7.493,变化范围 $0.10 \times 10^{-9} \sim 1550 \times 10^{-9}$。低背景和负异常 $0.13 \times$

$10^{-9} \sim 1.24 \times 10^{-9}$；高背景和正异常 $9.97 \times 10^{-9} \sim 799.24 \times 10^{-9}$，异常分布于兴隆陡子峪—迁西金厂峪—青龙三星口一带，该区金矿密布，大中型金矿有马兰峪、金厂峪、牛心山、三家等，东南部为背景-负异常区。

Ag 均值 95.5×10^{-9}，变异系数 1.759。高背景和正异常 $171.1 \times 10^{-9} \sim 3596.9 \times 10^{-9}$，异常主要分布在挂兰峪—铧尖—娄杖子、肖营子、三星口—安子岭一带，其余为背景-负异常区。

Cu 均值 32.9×10^{-6}，变异系数 0.4798。低背景和负异常 $10.5 \times 10^{-6} \sim 30.8 \times 10^{-6}$，高背景和正异常 $51.5 \times 10^{-6} \sim 327.1 \times 10^{-6}$，主要分布在马兰峪复背斜核部的变质岩出露区，其次为安子岭地区，发现多个铜矿（矿点），其余为背景-负异常区。

Pb 均值 23.3×10^{-6}，变异系数 1.5255。低背景和负异常多与东南部变质岩分布相关，西北部火山-沉积岩区多为背景分布，燕山期花岗岩和多金属矿床上多为高背景及正异常。

Zn 均值 83.6×10^{-6}，变异系数 0.4203。低背景和负异常 $36.9 \times 10^{-6} \sim 81.8 \times 10^{-6}$，高背景和正异常 $111.2 \times 10^{-6} \sim 1368.5 \times 10^{-6}$，异常主要分布在茅山、挂兰峪、汉儿庄—铧尖—八道河、凉水河、太平寨、东荒峪一带。

Mo 均值 0.645×10^{-6}，变异系数 1.1231。低背景和负异常 $0.15 \times 10^{-6} \sim 0.76 \times 10^{-6}$，分布在东南部变质岩出露区；高背景和正异常 $1.29 \times 10^{-6} \sim 45.5 \times 10^{-6}$，主要分布在西北部。

综合异常主要分布于兴隆陡子峪—迁西金厂峪—青龙三星口一带，其次为青龙老岭—驻操营。主成矿元素为 Au、Ag、Cu、Pb、Zn、Mo、Mn、W、Cr、Ni、Sn 等，伴生元素为 As、B、Bi、Cd、Co、Hg、U、Sb、F 等。

全区共圈定综合异常 6 处（图 6-4）。

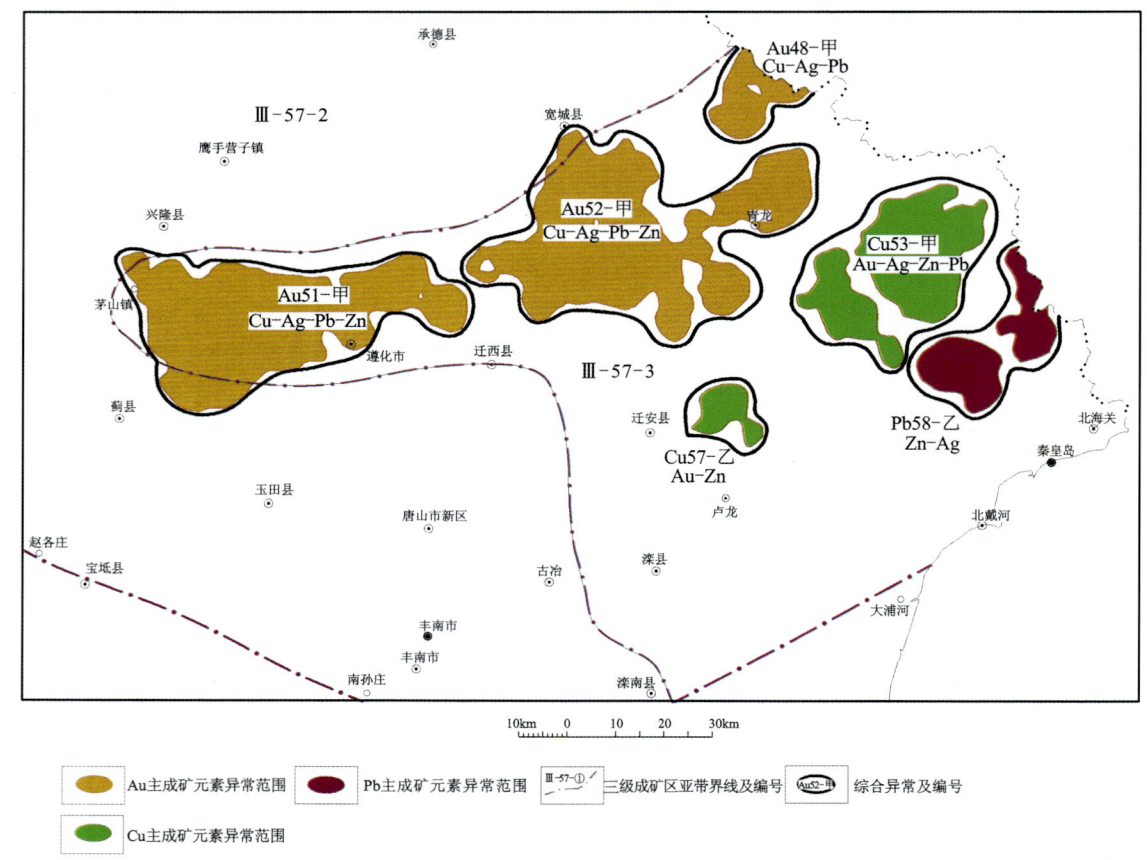

图 6-4 综合地球化学异常图

（1）Au51-甲 Cu-Pb-Ag-Zn。

（2）Au51-甲 Cu-Ag-Pb-Zn。

(3) Au48-甲 Cu-Ag-Pb。
(4) Cu53-甲 Au-Ag-Pb-Zn。
(5) Cu57-乙 Au-Ag。
(6) Pb58-乙 Zn-Ag。

四、区域自然重砂特征

该成矿区金自然重砂异常分布集中,共圈出自然金单异常 29 个(图 6-5),其中 1 级异常 5 个,2 级异常 5 个,3 级异常 19 个。主要分布于太古宙变质岩石出露且后期受热液活动影响强烈的金成矿区域(马兰峪、金厂峪等地),形成连成一片的金异常区。钼、铜、铅、锌、银矿物主要出现在岩浆活动相对强烈,有已知矿床、矿化点周边。充分显示出两者的紧密关系。

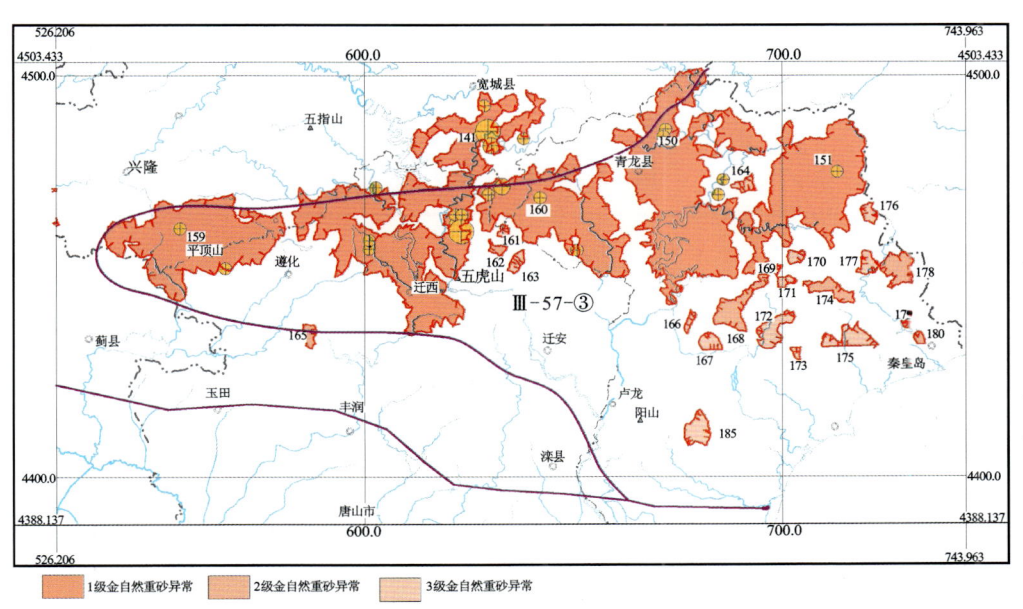

图 6-5 金自然重砂异常图

区内锰银综合异常仅 2 处(图 6-6),其中 1 处 1 级异常,1 处 3 级异常,与金重砂异常有重叠关系,由金矿床中共伴生银、锰引起,对矿床有一定的指示作用。

区内铅锌银铜综合异常 9 处(图 6-7),其中 1 级异常 5 处,2 级异常 4 处,与金重砂异常有重叠关系,由金矿床中共伴生银、铅锌铜引起,对矿床有一定的指示作用。

五、区域遥感特征

该成矿区处于燕山裂陷带东南缘和迁西陆核区域内。主要地层有迁西岩群、遵化岩群、滦县岩群、朱杖子岩群。主要构造线方向为东西向,其次为北东—北北东向和北西向。以冀东水厂式-司家营式沉积变质铁矿、金厂峪式-峪耳崖式大型金矿为特征,是铁、金矿的重要产区。

遥感影像解译出构造格局以东西、北北东向及北西断裂为主,主要断裂有兴隆断裂、青龙断裂、冷口断裂、青龙河断裂等。解译出 3 个环形构造,其中有 2 个与矿化关系密切。

(1) 罗文裕环形构造:椭圆形,轴向北北东,环形沟谷,由侏罗纪二长花岗岩形成,岩体围岩以太古宙冀东变质杂岩奥长花岗质片麻岩、英云闪长质片麻岩、角闪斜长片麻岩、紫苏黑云斜长变粒岩、基性麻粒岩为主夹磁铁石英岩等。主要以金矿化为主,有多处金矿点。

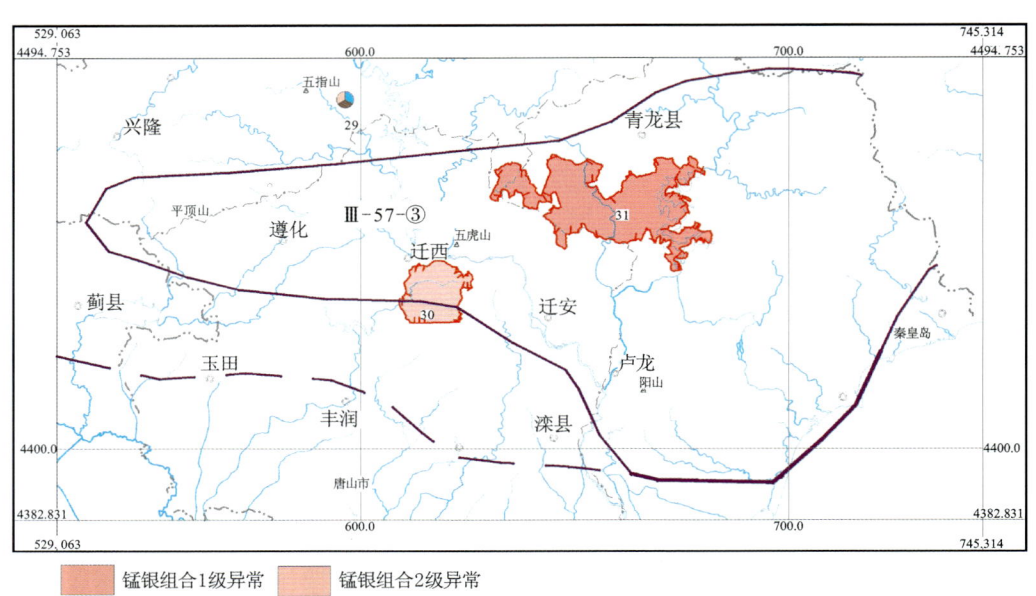

图 6-6　锰银自然重砂异常图

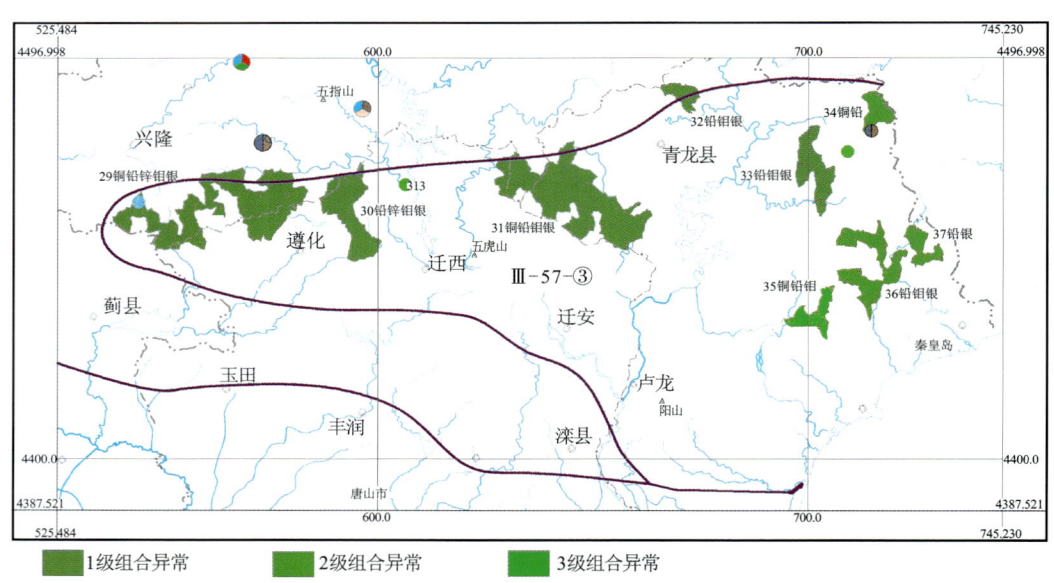

图 6-7　铅锌银铜组合异常图

（2）双山子环形构造：位于青龙县东南双山子，地貌上形成洼地，椭圆，轴向北东，环缘为环形脊，围岩主要为长城系高于庄组白云质灰岩及太古宙黑云斜长变粒岩、斜长角闪岩夹片岩、变质石英闪长岩等，北侧有花岗岩出露。主要以金矿化为主，有多处金矿点。

该成矿带羟基异常呈离散态分布在遵化、迁西、青龙、卢龙、抚宁等地，形成马兰峪、东旧寨、朱仗子、张家峪、许家峪、重峪口、董各庄、八岭沟、河潮营等多个异常，其他地区异常出现极少，分布零星（图6-8）。

成矿带铁染异常呈离散态分布在迁安、青龙、木头凳、抚宁驻操营镇等地，形成多个异常中心，空间上构成半环形异常带，此外，遵化、迁西新集镇也有分布（图6-9）。

该成矿带羟基异常、铁染异常与解译线性构造套合性较好，与矿产地套合较好。异常沿北西向、近东西向断裂分布。

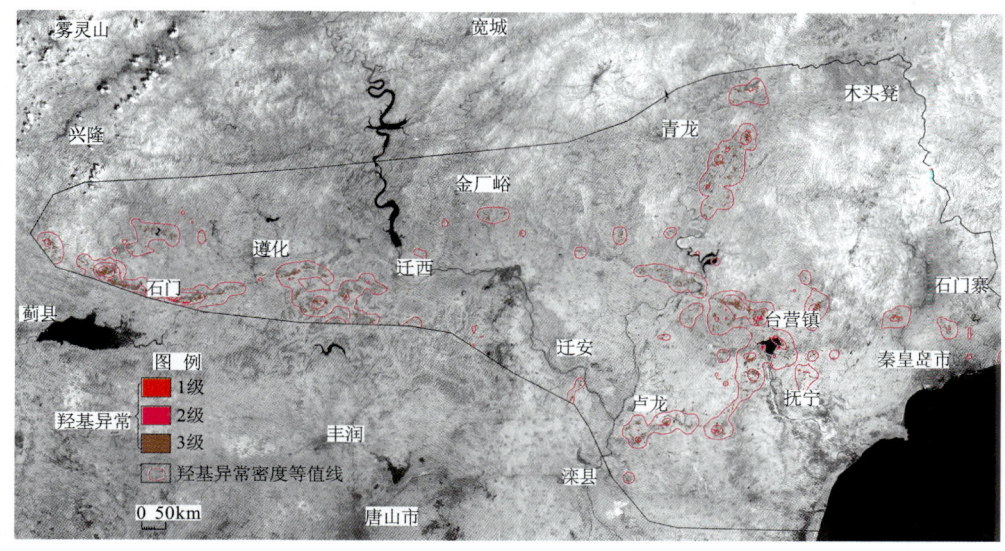

图 6-8 遵化-山海关成矿带羟基异常图

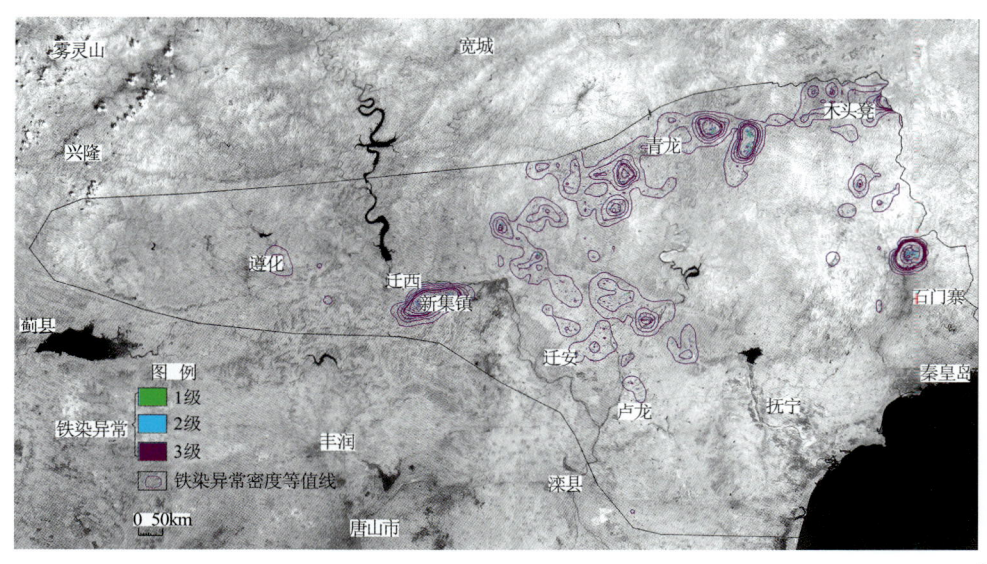

图 6-9 遵化-山海关成矿带铁染异常图

第四节 重要矿种预测评价模型

该成矿带参与本次预测的矿种为铁矿、金矿、银矿、磷矿、锰矿、萤石矿、重晶石矿、铬铁矿 8 个矿种。预测类型为侵入岩体型、变质型、沉积型、复合内生型 4 种类型，涉及 4 个预测工作区。

简述如下。

一、金厂峪式金矿床预测评价模型

（一）典型矿床预测模型

金厂峪式金矿典型矿床预测模型见表 6-2 及图 6-10。

表 6-2　金厂峪式金矿典型矿床预测模型表

预测要素		描述内容	预测要素分类
特征描述		变质改造型金矿床	
地质环境	成矿围岩	太古宇变质岩系	必要
	成矿岩体	中生代燕山旋回青山口岩体	必要
	岩石类型	地层:变辉长岩	必要
	控矿构造	金厂峪韧性剪切带	必要
	成矿时代	中生代燕山晚期	必要
	成矿环境	陆壳深断裂岩浆活动带	必要
矿床特征	矿体形态	矿区共有含金石英脉 25 条,为同一矿脉带,严格受舒缓波状的压性构造带控制,总体延长 3000m,倾斜延深 4000m	重要
	矿石组分	金属矿物:黄铁矿(8%±)、黄铜矿、方铅矿、闪锌矿、辉钼矿、自然金、含银自然金;脉石矿物:绢云母、绿泥石、石英、铁白云石(方解石)、钠长石	次要
	矿石结构	中粗粒结构、细粒粉末状结构、碎裂结构、交代结构、固溶体分解结构和包含结构	重要
	矿石构造	块状构造、脉状构造、网脉状构造、浸染状构造、角砾状构造、团块状构造及蜂窝状构造	重要
	蚀变特征	有钾长石化、碳酸盐化、绢云母化、绿泥石化、硅化。横向上略具分带性,由矿体向外依次为含金石英脉、钾长石化蚀变带、碳酸盐化蚀变带、绢云母-绿泥石化蚀变带	重要
	控矿条件	受区域东西向、北东向深断裂控制	重要
地球化学特征	岩石测量	矿床岩石地球化学异常特征是,Au 以矿体为中心向外浓度逐渐降低,Ag、Mo、Pb 异常与 Au 异常正相关。Hg、As、Sb 异常在矿体前缘和上部发育,矿体下部异常范围小,强度低。Ti、Mn、Co 在矿体上为低值负异常,而在外围形成断续分布的正异常	重要
地球化学特征	1:5万水系沉积物	金矿田具有 Au、Ag、Sn、Mo、Bi、Ag、Pb、Cu、W、As、Sb、Hg 等元素异常,其中 Bi、Mo、Pb、W、Cu、Ag 等元素异常的浓集中心基本上与南侧金异常浓集中心一致,而 Hg、Sb、As 异常中心偏于金异常中心外围	重要
地球物理特征	磁异常	1:20万航磁 ΔT 等值线平面图上,矿床处于低缓的负磁场中,航磁 ΔT 化极等值线平面图和化极垂向一阶导数等值线平面图上,矿床位于低缓的正磁场中,为基底隆起的反映。1:5万航磁 ΔT 剖面平面图上,矿床处在低缓正磁异常的边部,航磁 ΔT 化极等值线平面图上,矿床位于等值线弯曲变化的低缓正磁场中,化极垂向一阶导数等值线平面图上,矿床及周围显示为负磁场。磁场的变化反映了片麻岩磁性的不均匀。1:2.5万地磁 ΔZ 剖面平面图和等值线平面图上,矿床均处在负磁背景场中,地磁 ΔZ 垂向一阶导数图上,矿床出现在正负磁场交界的正磁场一侧。磁场的强弱变化反映了出露老地层磁性的不均匀性	重要
	重力异常	1:20万布格重力异常图上,矿床位于重力梯级带发生转弯的部位,剩余重力异常图上,矿床处在重力高与重力低的过渡带上,西部重力低对应的为青山口酸性岩体、东部重力低为肖营子花岗岩体的反映,重力高背景或重力高异常均反映片麻岩地层	次要
遥感		解译环形构造及线性构造对区域研究有参考价值。提取的羟基与铁染异常及矿床吻合较好,有一定的指导意义	次要
自然重砂异常		金矿物自然重砂1级异常,方铅矿、黄铜矿、银矿物自然重砂异常,其套合性较好	重要

第六章　遵化-山海关成矿区预测成果

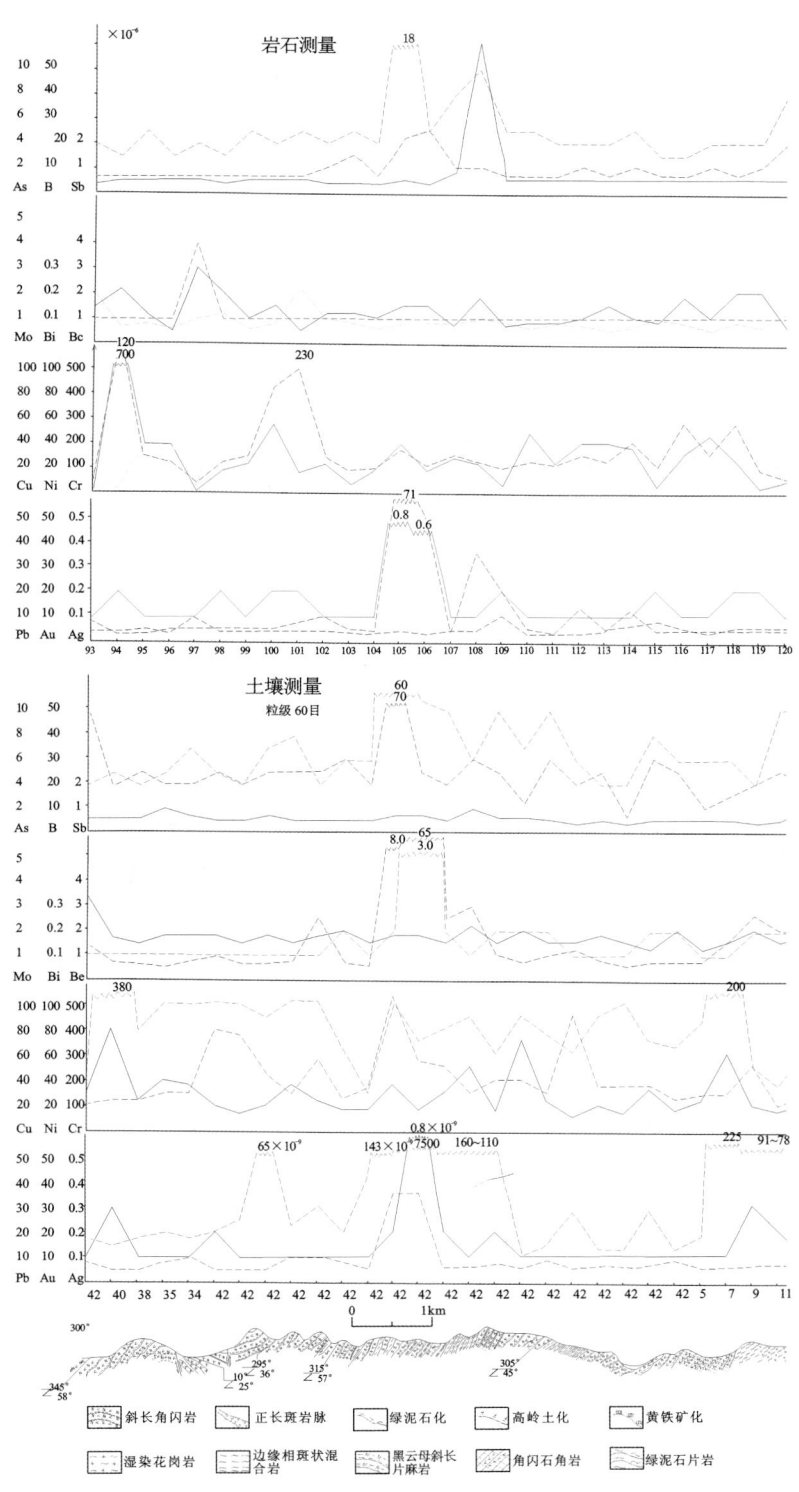

图 6-10　金厂峪式变质改造型典型金矿预测模型图

(二) 区域预测模型

金厂峪式金矿区域预测模型见表 6-3 及图 6-11。

表 6-3 金厂峪式金矿区域预测模型表

区域预测要素		描述内容	要素分类
特征描述		变质改造型金矿床	
区域成矿地质环境	大地构造单元	Ⅱ$_1^{5-2}$迁西-密云陆核（Ar$^{1-2}$）	必要
	主要控矿构造	受区域东西向、北东向深断裂控制	必要
	主要赋矿围岩	太古宇变质岩系	必要
	成矿时代	中生代燕山晚期	必要
	控矿侵入岩建造	中性-中酸性-酸性岩体建造	必要
	区域成矿类型及成矿期	与燕山期中酸性岩体有关的金矿点	必要
	成矿带	四级：Ⅲ-57-③马兰峪-绥中（次级隆起）Fe-Au-Pb-Zn 成矿亚带	必要
	控矿侵入岩	闪长岩-二长岩-花岗闪长岩-花岗岩	重要
	控矿构造	受区域东西向、北东向深断裂控制	次要
	矿石组成	黄铁矿-闪锌矿-方铅矿-黄铜矿-金矿	重要
	围岩蚀变	钾化、钠化、碳酸盐化和硅化、绢云母化、钠长石化、碳酸盐化和黄铁矿化	重要
	矿床式	金厂峪式	重要
	1:5万水系沉积物	具有 Au、Ag、Sn、Mo、Bi、Ag、Pb、Cu、W、As、Sb、Hg 等元素异常，其中 Bi、Mo、Pb、W、Cu、Ag 等元素异常的浓集中心基本上与南侧金异常浓集中心一致，而 Hg、Sb、As 异常中心偏于金异常中心外围	重要
区域地球物理特征	磁异常	1:20 万航磁 ΔT 等值线平面图上，矿床处于低缓的负磁场中，航磁 ΔT 化极等值线平面图和化极垂向一阶导数等值线平面图上，矿床位于低缓的正磁场中，为基底隆起的反映。1:5万航磁 ΔT 剖面平面图上，矿床处在低缓正磁异常的边部，航磁 ΔT 化极等值线平面图上，矿床位于等值线弯曲变化的低缓正磁场中，化极垂向一阶导数等值线平面图上，矿床及周围显示为负磁场。磁场的变化反映了片麻岩磁性的不均匀。1:2.5 万地磁 ΔZ 剖面平面图和等值线平面图上，矿床均处在负磁背景场中，地磁 ΔZ 垂向一阶导数图上，矿床出现在正负磁场交界的正磁场一侧。磁场的强弱变化反映了出露老地层磁性的不均匀性	重要
	重力异常	1:20 万布格重力异常图上，矿床位于重力梯级带发生转弯的部位，剩余重力异常图上，矿床处在重力高与重力低的过渡带上，西部重力低对应的为青山口酸性岩体、东部重力低为肖营子花岗岩体的反映，重力高背景或重力高异常均反映为片麻岩地层	次要
遥感		解译环形构造及线性构造对区域研究有参考价值。提取的羟基与铁染异常及矿床吻合较好，有一定的指导意义	次要
自然重砂异常		金矿物自然重砂1级异常，方铅矿、黄铜矿、银矿物自然重砂异常，其套合性较好	重要

第六章 遵化-山海关成矿区预测成果

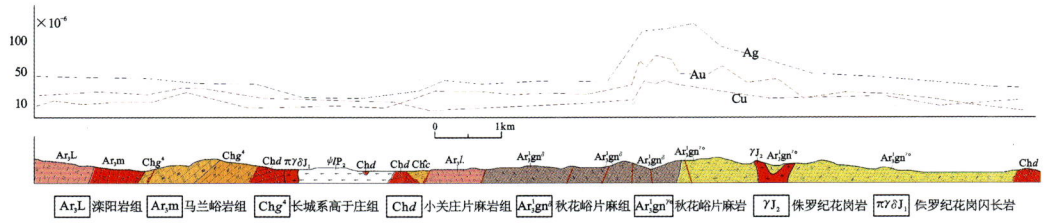

图 6-11 金厂峪式金矿区域预测模型图

二、鞍山式沉积变质型铁矿预测评价模型

(一) 典型矿床预测模型

鞍山式沉积变质型铁矿典型矿床预测模型见表 6-4 及图 6-12。

表 6-4 鞍山式沉积变质型铁矿典型矿床预测模型表

预测要素		描 述 内 容	预测要素分类
特征描述		沉积变质型铁矿床	
地质环境	成矿围岩	斜长角闪岩、磁铁石英岩	必要
	岩石类型	云斜长变粒岩、斜长角闪岩、大量磁铁石英岩;黑云斜长变粒岩、黑云角闪斜长变粒岩、透辉斜长角闪岩、磁铁石英岩	必要
	含铁变质建造	黑云斜长变粒岩-斜长角闪岩-磁铁石英岩建造,黑云(角闪)斜长变粒岩-斜长角闪岩建造	必要
	成矿时代	新太古代早期(Ar_3)	必要
	原岩建造及成矿环境	火山岩—硅铁质岩建造,中酸性火山沉积岩—硅铁质岩建造。含沉积岩的火山岩系沉积盆地	必要
矿床特征	矿体形态	层状、条带状	重要
	岩石组合	二辉黑云变粒岩、浅粒岩,少量磁铁石英岩;二辉麻粒岩、次透辉石岩、辉石斜长角闪岩夹变粒岩、浅粒岩和磁铁石英岩。紫苏辉石、次透辉石、石榴子石、石英、磁铁矿	次要
	矿石结构	中粗粒结构	重要
	矿石构造	条带状构造	重要
	蚀变特征	近矿围岩无蚀变	重要
	控矿条件	变质岩系复式向斜	重要
地球化学特征	1:5万水系沉积物	水系沉积物测量元素异常,对铁矿无效果	次要

续表 6-5

预测要素		描 述 内 容	预测要素分类
地球物理特征	磁异常	1:20万航磁研究区为在低缓正磁场背景上有局部强磁异常出现,异常强度较高、范围较大,磁异常是出露的沉积变质型铁矿的反映。磁异常特征,1:5万航磁 ΔT 等值线表现为极为密集的北东向带状异常,规模较大,极大值达 4000nT 以上,正异常与出露的铁矿带相吻合。梯度东南缓、西北陡,负异常呈弧状围绕正异常分布在其西北及东北方,范围较大,极小值在 -3000 nT 以下 地磁 ΔZ 异常是一个北东向的宽大磁异常带,呈正负跳动的锯齿状曲线或较大的负磁场,极大值达 90 000nT,极小值在 $-10\,000$ nT 以内。无论航磁还是地磁对寻找该类型铁矿床,均具明显的直接找矿作用	重要
	重力异常	1:20万布格重力异常图上,矿床位于重力场高、低变化的梯级带交界处,偏向重力高一侧向南西突出并有下降趋势的重力场中,剩余重力异常图上,矿床处在局部重力低的缓变带上,推断重力场降低及局部重力低异常是基底坳陷的反映	次要
遥感		遥感解译构造及羟基、铁染异常仅为参考	次要
自然重砂异常		磁铁矿自然重砂 1 级异常	重要

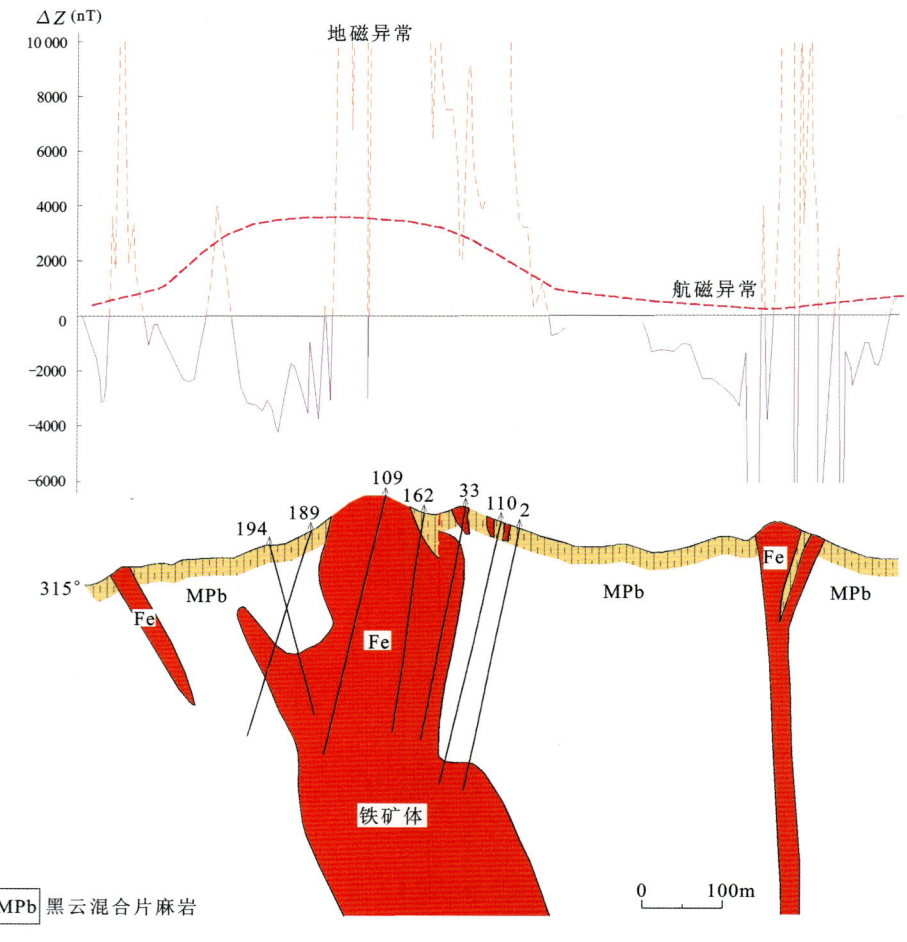

图 6-12 鞍山式沉积变质型铁矿典型矿床预测模型图

（二）区域预测模型

鞍山式沉积变质型铁矿区域预测模型见表 6-5 及图 6-13。

表 6-5　鞍山式沉积变质型铁矿区域预测模型表

区域预测要素		描　述　内　容	要素分类
特征描述		鞍山式沉积变质型铁矿床	
区域成矿地质环境	大地构造单元	II$_1^{5-2}$迁西-密云陆核（Ar$^{1-2}$）	必要
	含铁变质建造	含磁铁石英岩的二辉麻粒岩-次透辉石岩建造，紫苏辉石-次透辉石磁铁石英岩建造（迁西岩群水厂组）	必要
	原岩建造及成矿环境	中酸性夹基性火山岩-硅铁质岩建造，含沉积岩的中酸性夹基性火山岩建造。火山-沉积盆地	必要
	成矿时代	中太古代（Ar$_2$）	必要
	构造背景	迁安早-中太古代陆核	必要
	区域成矿类型及成矿期	与中太古代地层有关的沉变质型铁矿床	必要
	成矿带	四级：III-57-③马兰峪-绥中（次级隆起）Fe-Au-Pb-Zn 成矿亚带	必要
	岩石组合	二辉麻粒岩、紫苏黑云麻粒岩、大量磁铁石英岩，紫苏黑云斜长变粒岩夹二辉麻粒岩、次透辉石岩、浅粒岩、磁铁石英岩	重要
区域成矿地质特征	控矿构造	变质地层及复式向斜	次要
	矿石建造	磁铁矿	重要
	围岩蚀变	近矿围岩无蚀变	重要
	矿床式	鞍山式	重要
区域地球化学特征	1:5万水系沉积物	水系沉积物测量元素异常，对铁矿无效果	重要
区域地球物理特征	磁异常	1:20万航磁研究区为在低缓正磁场背景上有局部强磁异常出现，异常强度较高、范围较大，磁异常是出露的沉积变质型铁矿的反映。磁异常特征，1:5万航磁 ΔT 等值线表现为极为密集的北东向带状异常，规模较大，极大值达 4000nT 以上，正异常与出露的铁矿带相吻合。梯度东南缓、西北陡，负异常呈弧状围绕正异常分布在其西北及东北方，范围较大，极小值在－3000nT 以下。地磁 ΔZ 异常是一个北东向的宽大磁异常带，呈正负跳动的锯齿状曲线或较大的负磁场，极大值达 90 000nT，极小值在－10 000nT 以内。无论航磁还是地磁对寻找该类型铁矿床，均具明显的直接找矿作用	重要
	重力异常	1:20万布格重力异常图上，矿床位于重力场高、低变化的梯级带交界处，偏向重力高一侧向南西突出并有下降趋势的重力场中，剩余重力异常图上，矿床处在局部重力低的缓变带上，推断重力场降低及局部重力低异常是基底坳陷的反映	次要
遥感		遥感解译构造及羟基、铁染异常仅为参考	次要
自然重砂异常		磁铁矿自然重砂 1 级异常	重要

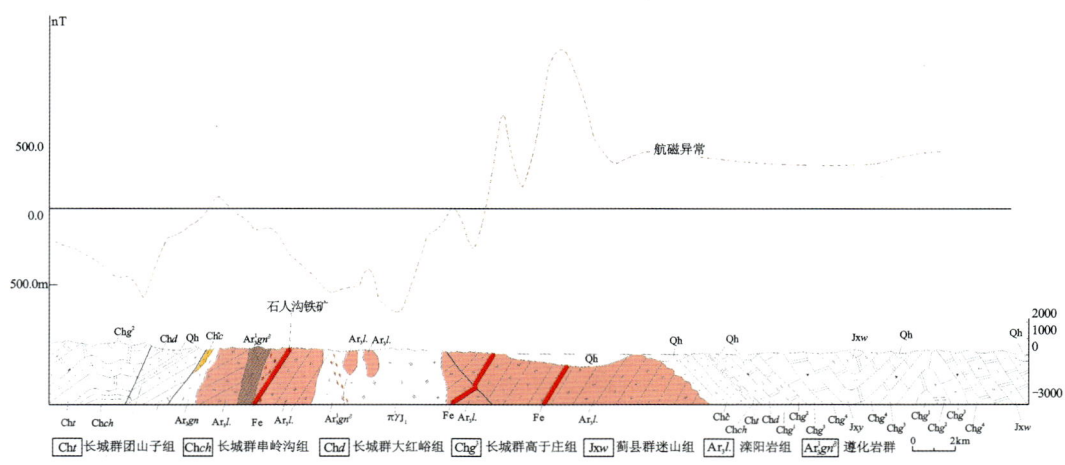

图 6-13 鞍山式沉积变质型铁矿区域预测模型图

三、柳扒店式热液充填型普通萤石矿预测评价模型

（一）典型矿床预测模型

柳扒店式热液充填型普通萤石矿典型矿床预测模型见表 6-6 及图 6-14。

表 6-6 柳扒店式热液充填型普通萤石矿典型矿床预测模型表

预测要素		描 述 内 容	预测要素分类
特征描述		柳扒店式热液充填型普通萤石矿	
地质环境	成矿围岩	新太古代变质花岗岩	必要
	成矿岩体	燕山期中酸性侵入岩	必要
	岩石类型	变质花岗岩	必要
		花岗斑岩	必要
	控矿构造	北西向断裂	必要
	成矿时代	燕山期	必要
	成矿环境	燕山期岩浆侵入活动	必要
矿床特征	矿体形态	脉状。全区 1 条矿脉，分为 3 个矿段	重要
	矿石组分	萤石、石英、方解石、绢云母、重晶石	次要
	矿石结构	他形—半自形粒状结构、自形—半自形粒状结构	重要
	矿石构造	以块状构造为主，皮壳状构造、梳状构造少见	重要
	蚀变特征	矿体围岩蚀变主要有硅化、绢云母化和重晶石化	重要
	控矿条件	北西向断裂	重要
地球化学特征	1:5万水系沉积物	CaO 异常具三级浓度分带，异常值范围 2.74%～3.64%，F 元素异常具三级浓度分带，异常值范围 $700×10^{-6}$～$966×10^{-6}$。F 元素异常与萤石矿床吻合较好	重要

续表 6-6

预测要素		描 述 内 容	预测要素分类
地球物理特征	磁异常	航磁正异常区，异常值 60～100nT	次要
	重力异常	布格重力异常梯度带上，重力异常值 0～－20 毫伽	次要
遥感		羟基、铁染异常不明显	次要
自然重砂异常		萤石矿自然重砂 3 级异常	重要

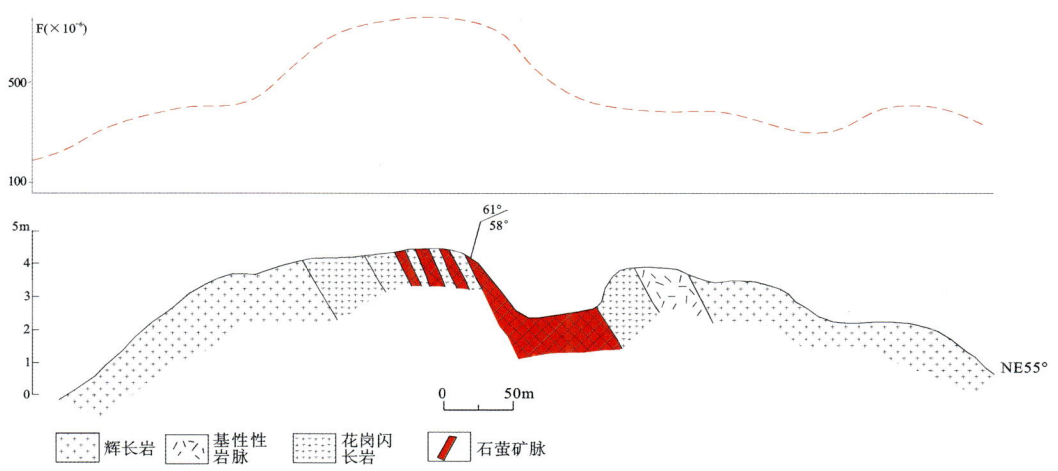

图 6-14　抚宁木柞峪普通萤石矿典型矿床预测模型图

（二）区域预测模型

柳扒店式热液充填型普通萤石矿区域预测模型见表 6-7 及图 6-15。

表 6-7　柳扒店式热液充填型普通萤石矿区域预测模型表

区域预测要素		描 述 内 容	要素分类
特征描述		柳扒店式热液充填型普通萤石矿	
区域成矿地质环境	大地构造单元	Ⅱ$_2^{2-1}$ 滦县古弧后盆地（Ar$_3^1$）	必要
	主要控矿构造	花岗岩内构造裂隙	必要
	主要赋矿地层	新太古代变质花岗岩、变质石英闪长岩	必要
	成矿时代	燕山期	必要
	控矿侵入岩建造	燕山期酸性岩体	必要
	区域成矿类型及成矿期	燕山期岩浆侵入活动有关的萤石矿点	必要
	成矿带	四级：Ⅲ-57-③马兰峪-绥中（次级隆起）Fe-Au-Pb-Zn 成矿亚带	必要

续表 6-7

区域预测要素		描述内容	要素分类
区域成矿地质特征	控矿侵入岩	燕山期斑状花岗岩体	重要
	控矿构造	花岗岩内构造裂隙	次要
	矿石建造	萤石-石英-重晶石	重要
	围岩蚀变	硅化、绢云母化和重晶石化	重要
	矿床式	柳扒店式	重要
区域地球化学特征	1:5万水系沉积物	CaO异常具三级浓度分带,异常值范围2.74%～3.64%,F元素异常具三级浓度分带,异常值范围$700×10^{-6}$～$966×10^{-6}$。F元素异常与萤石矿床吻合较好	重要
区域地球物理特征	磁异常	航磁正异常区,异常值60～100nT。化极一阶导数等线值0区内	次要
	重力异常	布格重力异常梯度带上,重力异常值0～-20毫伽	重要
遥感		羟基、铁染异常不明显	次要
自然重砂异常		萤石矿自然重砂3级异常	重要

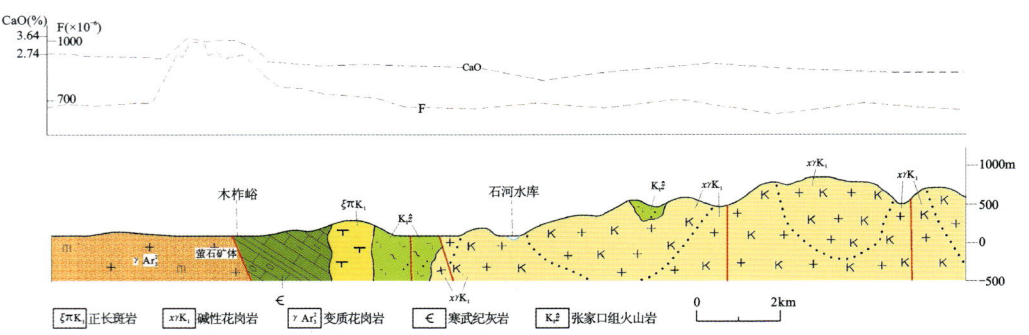

图 6-15 柳扒店式热液充填型普通萤石矿区域预测模型图

四、李家庄式热液型重晶石矿预测评价模型

(一)典型矿床预测模型

李家庄式热液型重晶石矿典型矿床预测模型见表 6-8 及图 6-16。

表 6-8　李家庄式热液型重晶石矿典型矿床预测模型表

预测要素		描　述　内　容	预测要素分类
特征描述		热液型重晶石矿床	
地质环境	成矿围岩	太古宙花岗片麻岩	必要
	成矿岩体	燕山期中酸性岩体	必要
	岩石类型		必要
			必要
	控矿构造	密云-兴隆-青龙压扭性断裂的次级断裂	必要
	成矿时代	燕山期	必要
	成矿环境	陆内岩浆岩活动带	必要
矿床特征	矿体形态	细脉状、透镜体状、似层状	重要
	矿石组分	金属矿物主要有方铅矿、闪锌矿；脉石矿物主要为石英、萤石、绿色高岭土、绿泥石	次要
	矿石结构	半自形—自形粒状结构,少量为他形粒状结构	重要
	矿石构造	致密块状构造	重要
	蚀变特征	蚀变带由岩体内带向外依次划分为：硅化、铅锌矿化带蚀变	重要
	控矿条件	矿体受裂隙及构造破碎带的控制	重要
地球化学特征	1:5万水系沉积物	Ba-Bi-Mn-Li 组合乙级异常,其中 Mn 元素异常与矿床较吻合,其他元素吻合度较差	重要
地球物理特征	磁异常	航磁正异常区,异常值为 250～300nT	次要
	重力异常	布格重力异常梯度带上,异常值 0～10 毫伽。剩余重力异常值 0 值区为	重要
遥感		羟基、铁染异常,解译区域构造	次要
自然重砂异常		重晶石重砂 1 级异常、2 级异常	重要

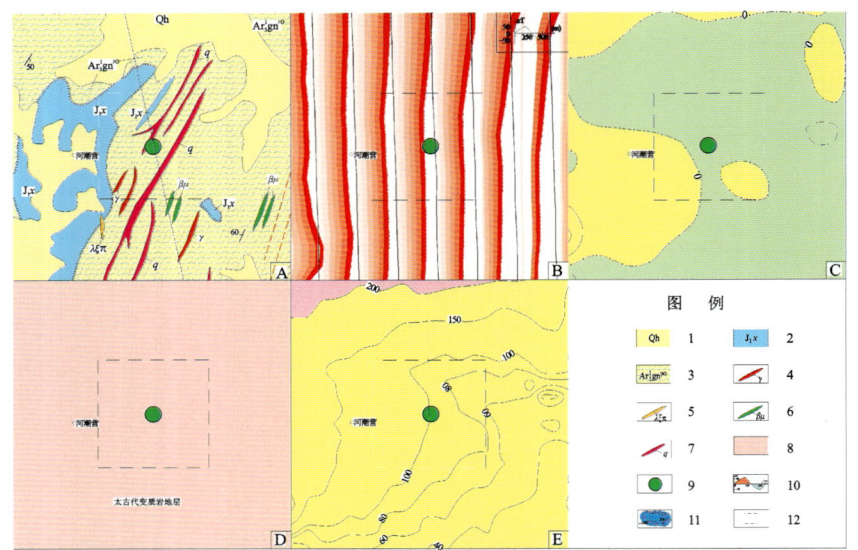

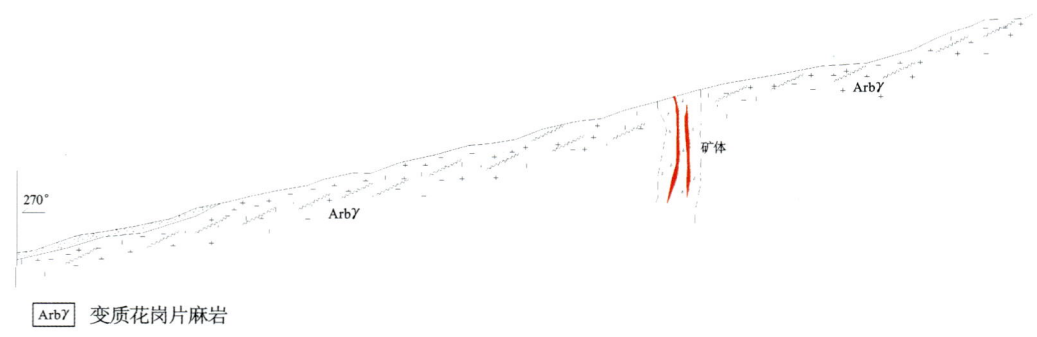

图 6-16 重晶石矿典型矿床预测模型图

（二）区域预测模型

李家庄式热液型重晶石矿区域预测模型见表 6-9 及图 6-17。

表 6-9 李家庄式热液型重晶石矿区域预测模型表

区域预测要素		描 述 内 容	要素分类
特征描述		李家庄式低温热液型重晶石矿	
区域成矿地质环境	大地构造单元	Ⅱ$_2^{2-2}$山海关古岩浆弧（Ar$_3^2$）	必要
	主要控矿构造	青龙-滦县大断裂及其次级断裂构造	必要
	主要赋矿地层	太古宇花岗片麻岩	必要
	成矿时代	燕山期	必要
	控矿侵入岩建造	主体为斑状二长花岗岩，其次为偏碱性的花岗岩、正长花岗岩组成	必要
	区域成矿类型及成矿期	与燕山期酸性岩有关重晶石矿点	必要
	成矿带	四级：Ⅲ-57-③马兰峪-绥中（次级隆起）Fe-Au-Pb-Zn 成矿亚带	必要
区域成矿地质特征	控矿侵入岩	燕山期昌黎复式深成杂岩体和响山复式深成杂岩体的南缘部分	重要
	控矿构造	断裂构造、构造破碎带	次要
	矿石建造	重晶石，含微量闪锌矿、方铅矿、黄铜矿、孔雀石；脉石矿物为石英、萤石、高岭土、绿泥石等	重要
	围岩蚀变	围岩蚀变较简单，有硅化、高岭土化	重要
	矿床式	李家庄式	重要
区域地球化学特征	1:5万水系沉积物	Ba-Bi-Mn-Li 组合乙级异常，其中 Mn 元素异常与矿床较吻合，其他元素吻合度较差	重要
区域地球物理特征	磁异常	航磁正异常区，异常值为 250～300nT	次要
	重力异常	布格重力异常梯度带上，异常值 0～10 毫伽。剩余重力异常值 0 值区内	次要
遥感		无羟基、铁染异常	次要
自然重砂异常		重晶石重砂 1 级异常、2 级异常	重要

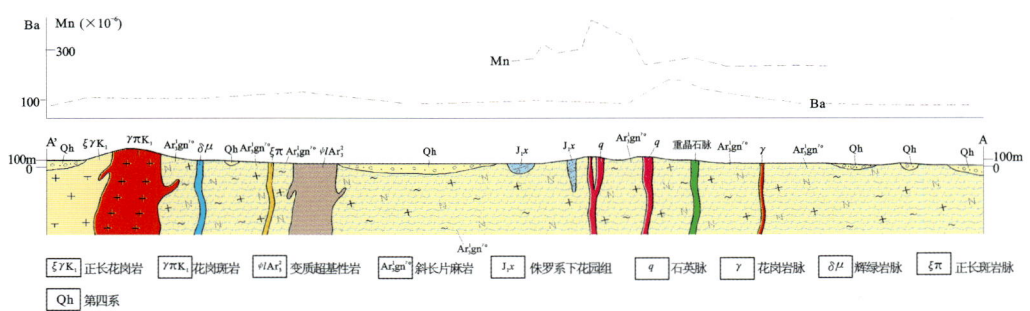

图 6-17 李家庄式热液型重晶石矿区域预测模型图

第五节 综合预测区特征

遵化-山海关成矿区依据成矿地质条件、物化探条件、单矿种最小预测靶区情况共划分38个综合预测区(图6-18),其中,A类多金属预测区19个,B类14个,C类5个,综合预测区的成矿地质特征详述如下。

1. 茅山花市-挂兰峪综合预测区 Z71

预测区面积219.74km²,为B类预测区,区内有1个钨矿点,3个金矿床,1个钼矿点,主要预测矿种为银矿、铜矿、钨矿、铁矿、金矿、硫铁矿、铅锌矿、钼矿。位于地球化学综合异常区Au51-甲伴生Cu-Ag-Pb-Zn内,位于重砂异常29铜铅锌钼银、Au159内。1:20万航磁正异常,重力梯度带为(−18,−48)。铅锌银矿成矿围岩为中元古代长城纪地层;铜钼矿成矿围岩为中元古界蓟县系雾迷山组碳酸岩系、侏罗系土城子组—张家口组火山-次火山岩系;钨矿成矿围岩为新太古代迁西群变质岩系;上述几个矿种成矿岩体为燕山期中酸性岩浆岩。铁矿成矿围岩为新太古代遵化岩群:黑云角闪斜长片麻岩、黑云变粒岩、磁铁石英岩建造,其主要受变质岩地层控制。而金矿地层位于太古宇变质岩系,成矿岩体为中生代燕山旋回青山口岩体。该区地处燕山台褶带的兴隆-宽城坳陷成矿区,受区域性深大断裂及其次级断裂构造:密云-喜峰口东西走向深大断裂的次级构造控制。

区内查明资源量:金矿4237.00kg,钼矿1150.54t。

区内预测资源量:500m以浅铁矿266 937.78×10³t,银矿221.45t,钨矿1741.46t,金矿4745.89kg,铅锌矿35 788.23t,铜矿6009.97t,钼矿36 459.75t,硫铁矿116.83×10³t;1000m以浅铁矿741 683.36×10³t,银矿221.45t,钨矿1741.46t,金矿4745.89kg,铅锌矿35 788.23t,铜矿6009.97t,钼矿43 578.01t,硫铁矿116.83×10³t;2000m以浅铁矿35 788.23×10³t,铜矿6009.97t,钼矿43 578.01t,硫铁矿116.83×10³t。

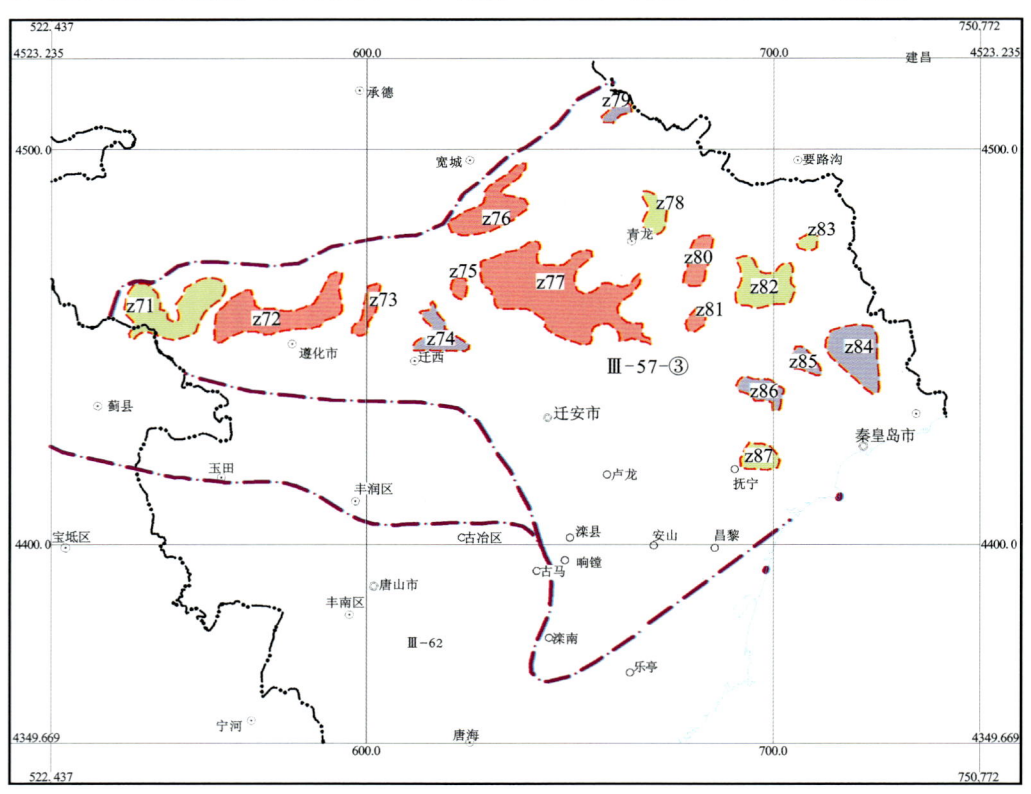

图6-18 遵化-山海关成矿区综合预测区分布图

2. 石人沟-毛家厂 Z72

预测区面积 233.90km², 为 A 类预测区, 区内有 10 个铁矿床, 3 个铬铁矿点, 4 个金矿床, 主要预测矿种为铬铁矿、铜矿、钨矿、铁矿、金矿、铅锌矿、钼矿。位于地球化学综合异常区 Au51-甲伴生 Cu-Ag-Pb-Zn 内, 位于重砂异常 29 铜铅锌钼银、30 铅锌钼银、Au141 内。1:20 万航磁正异常, 重力梯度带为 (-6, -34)。铅锌矿位于中元古界长城系碳酸盐岩地层; 铜钼矿成矿围岩为中元古界蓟县系雾迷山组碳酸岩系、侏罗系土城子组—张家口组火山-次火山岩系; 钨矿成矿围岩为新太古代迁西群变质岩系, 成矿岩体为中生代燕山期中酸性杂岩体; 铁矿成矿围岩为新太古代遵化岩群: 黑云角闪斜长片麻岩、黑云变粒岩、磁铁石英岩建造, 主要受变质岩地层控制。而金矿地层位于太古宇变质岩系, 成矿岩体为中生代燕山旋回青山口岩体。铬铁矿成矿围岩为太古宇迁西群变质岩系, 成矿岩体为闫家沟-赵庄子超基性岩带。该区地处燕山台褶带的兴隆坳陷区-马兰峪隆起区, 受怀柔-遵化-迁西区域断裂带控制。

区内查明资源量: 铁矿 405 004.00×10³t, 铬铁矿 400.30t。

区内预测资源量: 500m 以浅铁矿 303 440.96×10³t, 铬铁矿 842.74t, 钨矿 242.34t, 铅锌矿 12 720.99t, 铜矿 11195.65t, 钼矿 2704.44t; 1000m 以浅铁矿 719 659.68×10³t, 铬铁矿 842.74t, 钨矿 242.34t, 金矿 5210.24kg, 铅锌矿 12 720.99t, 铜矿 11 195.65t, 钼矿 2704.44t; 2000m 以浅铁矿 1 000 260.40×10³t, 铬铁矿 842.74t, 钨矿 242.34t, 金矿 5210.24kg, 铅锌矿 12 720.99t, 铜矿 11 195.65t, 钼矿 2704.45t。

3. 毛家店-赵庄子综合预测区 Z73

预测区面积 38.11km², 为 A 类预测区, 区内有 2 个铁矿点, 2 个金矿点, 1 个铜矿点, 主要预测矿种为铬铁矿、铜矿、铁矿、金矿。位于地球化学综合异常区 Au51-甲伴生 Cu-Ag-Pb-Zn 内, 位于重砂异常 30 铅锌钼银、Au141 内。1:20 万航磁正异常, 重力梯度带为 (-18,2)。铜矿成矿围岩为中元古界蓟县系雾迷山组碳酸岩系、侏罗系土城子组—张家口组火山-次火山岩系; 钨矿成矿围岩为新太古代迁西群变质岩系, 成矿岩体为中生代燕山期中酸性杂岩体; 铁矿成矿围岩为新太古代遵化岩群-黑云角闪斜长片麻岩、黑云变粒岩、磁铁石英岩建造, 主要受变质岩地层控制。而金矿地层位于太古宇变质岩系, 成矿岩体为中生代燕山旋回青山口岩体。铬铁矿成矿围岩为太古宇迁西群变质岩系, 成矿岩体为闫家沟-赵庄子超基性岩带。该区地处燕山台褶带的兴隆坳陷区-马兰峪隆起区, 受怀柔-遵化-迁西区域断裂带控制。

区内查明资源量: 铁矿 120 846.00×10³t, 金矿 1895.00kg, 铜矿 6042.00t。

区内预测资源量: 500m 以浅铁矿 127 796.57×10³t, 铬铁矿 57.24t, 金矿 1331.08kg, 铜矿 3278.13t; 1000m 以浅铁矿 300 190.69×10³t, 铬铁矿 57.24t, 金矿 1331.08kg, 铜矿 9014.84t; 2000m 以浅铁矿 410 840.73×10³t, 铬铁矿 57.24t, 铜矿 9014.84t。

4. 燕子峪-河北庄综合预测区 Z74

预测区面积 72.57km², 为 C 类预测区, 区内有 5 个铁矿床, 2 个磷矿床, 主要预测矿种为磷矿、铁矿、铅锌矿。位于地球化学综合异常区 Au52-甲伴生 Cu-Ag-Pb-Zn 内, 位于重砂异常 Au141 内。1:20 万航磁正异常, 重力异常值范围为 -6 毫伽至 8 毫伽。磷矿成矿岩体为超基性杂岩, 铁矿成矿围岩为新太古代遵化岩群: 黑云角闪斜长片麻岩、黑云变粒岩、磁铁石英岩建造。铅锌矿位于中元古界长城系碳酸盐岩地层, 成矿岩体为蚀变石英斑岩。地处迁西太古宙古陆核; 燕山裂隙带, 凌源坳陷的东部边缘。受密云-喜峰口东西向深断裂及北东向喜峰口-凌源大断裂控制。

区内查明资源量: 铁矿 6199.00×10³t, 磷矿 1770.00×10³t。

区内预测资源量: 500m 以浅铁矿 93 706.84×10³t, 磷矿 684.20×10³t, 铅锌矿 20 254.14t; 1000m 以浅铁矿 133 828.48×10³t, 磷矿 153 870.80×10³t, 铅锌矿 20 254.14t; 2000m 以浅铁矿 133 828.48×10³t, 磷矿 24 647.00×10³t, 铅锌矿 20 254.14t。

5. 金厂峪综合预测区 Z75

预测区面积 17.22km², 为 A 类预测区, 区内有 5 个金矿床, 主要预测矿种为铁矿、金矿、钼矿。位于地球化学综合异常区 Au52-甲伴生 Cu-Ag-Pb-Zn 内,位于重砂异常 Au141 内。1:20 万航磁正异常,重力梯度带为(-10,0)。该区铁矿成矿围岩为新太古代遵化岩群:黑云角闪斜长片麻岩、黑云变粒岩、磁铁石英岩建造;金矿地层位于太古宇变质岩系,成矿岩体为中生代燕山旋回青山口岩体;而钼矿位于中元古界蓟县系碳酸盐岩地层及侏罗系土城子组—张家口组火山-火山碎屑岩地层,成矿岩体为燕山早期中酸性杂岩体。该区地处华北地台北缘中段成矿带兴隆-宽城坳陷成矿区,受密云-喜峰口、平泉-桑园区域性断裂及其次级构造控制。

区内查明资源量:金矿 19 434.82kg。

区内预测资源量:500m 以浅钼矿 1574.06t,铁矿 10 021.01×10^3t;1000m 以浅钼矿 1574.06t,铁矿 12 228.02×10^3t;2000m 以浅金矿 32 358.07kg,钼矿 1574.06t,铁矿 12 228.02×10^3t。

6. 峪耳崖-孤子山综合预测区 Z76

预测区面积 152.18km^2,为 A 类预测区,区内有 7 个铁矿床,3 个金矿床,1 个硫铁矿点,主要预测矿种为铜矿、锰矿、磷矿、铁矿、金矿、硫铁矿、钼矿。位于地球化学综合异常区 Au52-甲伴生 Cu-Ag-Pb-Zn 内,位于重砂异常 Au141 内。1:20 万航磁正异常,重力梯度带为(-24,-32)。铜钼矿成矿围岩为中元古界蓟县系雾迷山组碳酸岩系、侏罗系土城子组—张家口组火山-次火山岩系。成矿岩体为中生代燕山期中酸性杂岩体;铁矿成矿围岩为新太古代遵化岩群:黑云角闪斜长片麻岩、黑云变粒岩、磁铁石英岩建造;磷矿成矿岩体为超基性杂岩。地处燕山台褶带的兴隆坳陷区-凌源坳陷的东部边缘,受尚义-赤城-平泉深断裂及其次级北西向断裂控制。长城式金矿位于长城系高于庄组三、四段地层中,成矿岩体为破碎带角砾岩,受碳酸岩内构造破碎带、北东向断裂构造控矿。沉积型硫铁和锰矿主要赋存于长城系高于庄组地层中,地处燕辽裂陷带内近滨盆地。

区内查明资源量:铁矿 65 413.00×10^3t,金矿 1022.00kg,硫铁矿 368.30×10^3t。

区内预测资源量:500m 以浅铁矿 160 048.54×10^3t,铜矿 40 151.18t,钼矿 10 148.47t,锰矿 24 043.64t,硫铁矿 12 981.52×10^3t;1000m 以浅铁矿 552 104.46×10^3t,金矿 41 822.85kg,铜矿 40 151.18t,钼矿 10 148.47t,锰矿 24 043.63t,硫铁矿 12 981.52×10^3t;2000m 以浅铁矿 552 104.46×10^3t,金矿 55 855.11kg,铜矿 40 151.18t,钼矿 10 148.47t,锰矿 24 043.63t,硫铁矿 12 981.52×10^3t。

7. 七拨子-采桑峪综合预测区 Z77

预测区面积 524.14km^2,为 A 类预测区,区内有 2 个铁矿床,15 个金矿床,1 个铜矿点,1 个钼矿点,3 个锰矿点,主要预测矿种为铜矿、锰矿、铁矿、金矿、铅锌矿、钼矿。位于地球化学综合异常区 Au52-甲伴生 Cu-Ag-Pb-Zn 内,位于重砂异常 31 铜铅钼银、Au160、Au161、Mn-Ag31 内,1:20 万航磁正异常,重力梯度带为(-4,-36)。铜钼矿成矿围岩为中元古界蓟县系雾迷山组碳酸岩系、侏罗系土城子组—张家口组火山-次火山岩系,成矿岩体为中生代燕山期中酸性杂岩体;铅锌矿位于中元古界长城系碳酸盐岩地层中,成矿岩体为蚀变石英斑岩。该区地处燕山台褶带的兴隆坳陷区,受尚义-赤城-平泉深断裂及其次级北西向断裂控制。铁矿位于新太古代朱杖子群桲罗台组、褚杖子岩组地层。位于冀东东西向复杂构造之燕山沉降带与北北东向构造反接的典型构造部位,受变质岩地层控制。沉积型锰矿成矿围岩为中元古界长城系高于庄组碳酸碎屑岩系,地处壁障性局限海湾盆地。金厂峪金成矿地层为太古宇变质岩系,成矿岩体为中生代燕山旋回青山口岩体,受陆壳深断裂岩浆活动带、金厂峪韧性剪切带控矿。而长城式金矿位于长城系高于庄组三、四段地层,成矿岩体为破碎带角砾岩,受碳酸岩内构造破碎带北东向断裂构造控矿。

区内查明资源量:铁矿 32 353.00×10^3t,金矿 13 068.00kg,钼矿 2114.20t。

区内预测资源量:500m 以浅铁矿 83 649.16×10^3t,铅锌矿 31 297.10t,铜矿 17 345.47t,钼矿 27 901.66t,锰矿 144 063.46t;1000m 以浅铁矿 154 226.64×10^3t,金矿 6613.75kg,铅锌矿 31 597.10t,铜矿 17 345.47t,钼矿 27 901.66t,锰矿 144 063.46t;2000m 以浅铁矿 259 353.25×10^3t,金矿 66 131.75kg,铅锌矿 31 597.10t,铜矿 17 345.47t,钼矿 27 901.66t,锰矿 144 063.46t。

8. 三家综合预测区 Z78

预测区面积 48.41 km²，区内有 4 个金矿点，主要预测矿种为铁矿、金矿、钼矿。位于地球化学综合异常区 Au52-甲伴生 Cu-Ag-Pb-Zn 内，位于重砂异常 32 铅钼铜、Au150 内。1:20 万航磁正异常，重力梯度带为 (-22, -36)。铁矿成矿围岩为新太古代遵化岩群：黑云角闪斜长片麻岩、黑云变粒岩、磁铁石英岩建造；长城式金矿位于长城系高于庄组三、四段地层中，成矿岩体为破碎带角砾岩，受碳酸岩内构造破碎带、北东向断裂构造控矿；钼矿位于中元古界蓟县系碳酸盐岩地层及侏罗系土城子组—张家口组火山-火山碎屑岩地层中，成矿岩体为燕山早期中酸性杂岩体，地处华北地台北缘中段成矿带兴隆-宽城坳陷成矿区，受密云-喜峰口、平泉-桑园区域性断裂及其次级构造控制。

区内查明资源量：金矿 6241.00 kg。

区内预测资源量：500 m 以浅钼矿 1388.38 t；1000 m 以浅金矿 6241.00 kg，钼矿 1388.38 t；2000 m 以浅金矿 6241.00 kg，钼矿 1388.38 t。

9. 苇子沟北综合预测区 Z79

预测区面积 20.73 km²，主要预测矿种为银矿、铜矿、铁矿、金矿。位于地球化学综合异常区 Au48-甲伴生 Cu-Ag-Pb 内，1:20 万航磁正异常，重力梯度带为 (-26, -28)。银矿位于中元古界长城系—蓟县系碎屑岩-碳酸盐地层中；铜矿成矿围岩为中元古界蓟县系雾迷山组碳酸岩系、侏罗系土城子组—张家口组火山-次火山岩系，成矿岩体为燕山中晚期中酸性岩体。铁矿成矿围岩为新太古代遵化岩群：黑云角闪斜长片麻岩、黑云变粒岩、磁铁石英岩建造。地处燕山台褶带的兴隆坳陷区，区域性东西向构造体系与北东—北北东向构造体系交汇部位；古北口-下板城深断裂及下营房-龙井关大断裂交会处。长城式金矿位于长城系高于庄组三、四段地层中，成矿岩体为破碎带角砾岩，受碳酸岩内构造破碎带北东向断裂构造控矿。

区内预测资源量：500 m 以浅铁矿 47 922.69×10³ t，铜矿 40 151.18 t，银矿 2.03 t；1000 m 以浅铁矿 47 922.69×10³ t，铜矿 40 151.18 t，银矿 2.03 t，金矿 1930.02 kg；2000 m 以浅铁矿 47 922.69×10³ t，铜矿 40 151.18 t，银矿 2.03 t，金矿 1930.02 kg。

10. 半壁山综合预测区 Z80

预测区面积 61.88 km²，为 A 类预测区，区内有 5 个金矿床，主要预测矿种为铜矿、钨矿、铁矿、金矿。位于地球化学综合异常区 Cu53-甲伴生 Au-Ag 内，位于重砂异常 Au150、Mn-Ag31 内。1:20 万航磁正异常，重力梯度带为 (-10, -18)。铁矿产于新太古代朱杖子群椴罗台组、褚杖子岩组地层。位于冀东东西向复杂构造之燕山沉降带与北北东向构造反接的典型构造部位，受变质岩地层控制。长城式金矿位于长城系高于庄组三四段地层中，成矿岩体为破碎带角砾岩，受碳酸岩内构造破碎带北东向断裂构造控矿。铜矿成矿围岩为中元古界蓟县系雾迷山组碳酸岩系、侏罗系土城子组—张家口组火山-次火山岩系；钨矿成矿围岩为新太古代变质岩系。成矿岩体为中生代燕山期中酸性杂岩体，位于燕山台褶带内的兴隆-山海关成矿区，受密云-喜峰口大断裂及其次级构造控制。

区内查明资源量：金矿 4011.00 kg。

区内预测资源量：500 m 以浅钨矿 399.19 t，铜矿 7305.12 t；1000 m 以浅钨矿 399.19 t，金矿 4909.95 kg，铜矿 7305.12 t；2000 m 以浅钨矿 399.19 t，金矿 4909.95 kg，铜矿 7305.11 t。

11. 好汉沟-八拔子综合预测区 Z81

预测区面积 21.31 km²，为 A 类预测区，区内有 2 个钨矿点，2 个金矿床，主要预测矿种为钨矿、铁矿。位于地球化学综合异常区 Cu53-甲伴生 Au-Ag 内，位于重砂异常 Au150 内。1:20 万航磁正异常，重力梯度带为 (-8, -2)。钨矿成矿围岩为新太古代迁西群变质岩系，成矿岩体为燕山期中酸性岩体、岩脉。铁矿位于新太古代朱杖子群椴罗台组、褚杖子岩组地层中。位于冀东东西向复杂构造之燕山沉降带与北北东向构造反接的典型构造部位，受变质岩地层控制。

区内预测资源量：500m 以浅铁矿 8777.34×10³t，钨矿 200.90t；1000m 以浅铁矿 14 043.73×10³t，钨矿 200.90t；2000m 以浅铁矿 14 043.73×10³t，钨矿 200.90t。

12. 安子岭-丁家河综合预测区 Z82

预测区面积 133.37km²，为 B 类预测区，区内有 1 个银矿床，3 个钨矿点，3 个金矿床，1 个铜矿点，主要预测矿种为银矿、铜矿、萤石、钨矿、铁矿、金矿、铅锌矿。位于地球化学综合异常区 Cu53-甲伴生 Au-Ag 内，位于重砂异常 33 铅钼银、Au151 内。1:20 万航磁正异常，重力梯度带为（－12,18）。银矿、萤石和钨矿成矿围岩为新太古代变质岩系，铅锌、铜矿地层位于中元古界长城系—蓟县系雾迷山组碳酸岩系、侏罗系土城子组—张家口组火山-次火山岩系中。成矿岩体为燕山期中酸性岩体：碱性花岗岩、正长花岗岩、花岗岩等及隐伏岩体，地处构造燕山台褶带的兴隆-山海关成矿区，受区域性深大断裂及其次级断裂构造：密云-喜峰口深断裂和青龙-滦县大断裂及其次级构造控制。而萤石构造柳江盆地，花岗岩内构造裂隙，成矿构造一般为北东或北西向。铁矿位于新太古代朱杖子群桲罗台组、褚杖子岩组地层中。位于冀东东西向复杂构造之燕山沉降带与北北东向构造反接的典型构造部位，受变质岩地层控制。金厂峪金成矿地层为太古宇变质岩系，成矿岩体为中生代燕山旋回青山口岩体，受陆壳深断裂岩浆活动带、金厂峪韧性剪切带控矿。而长城式金矿位于长城系高于庄组三四段地层中，成矿岩体为破碎带角砾岩，受碳酸岩内构造破碎带、北东向断裂构造控矿。

区内查明资源量：银矿 2.35t。

区内预测资源量：500m 以浅铁矿 27 257.94×10³t，钼矿 4.48t，钨矿 497.02t，铅锌矿 1835.04t，铜矿 7845.29t，萤石矿 128 350.52×10³t；1000m 以浅铁矿 41 977.43×10³t，银矿 4.48t，钨矿 497.02t，金矿 5479.06kg，铅锌矿 1835.04t，铜矿 14 907.25t，萤石矿 128 350.52×10³t；2000m 以浅铁矿 41 977.25×10³t，银矿 4.48t，钨矿 497.02t，金矿 5479.06kg，铅锌矿 1835.04t，铜矿 14 907.25t，萤石矿 12 8350.52×10³t。

13. 夏杖子-卧龙岗综合预测区 Z83

预测区面积 19.26km²，为 B 类预测区，区内有 2 个金矿床，1 个铜矿点，主要预测矿种为铜矿、萤石。位于地球化学综合异常区 Cu53-甲伴生 Au-Ag 内，位于重砂异常 Au151 内。1:20 万航磁正异常，重力梯度带为（－22,18）。萤石成矿围岩为新太古代变质花岗岩、变质石英闪长岩，成矿岩体为燕山期斑状花岗岩体。地处柳江盆地，花岗岩内构造裂隙，成矿构造一般为北东或北西向。铜矿位于中元古界蓟县系雾迷山组碳酸岩系、侏罗系土城子组—张家口组火山-次火山岩系中。成矿岩体为中生代燕山期中酸性杂岩体，受燕山台褶带的兴隆坳陷区、尚义-赤城-平泉深断裂及其次级北西向断裂控矿。

区内预测资源量：500m 以浅铜矿 9209.28t，萤石矿 38 737.36×10³t；1000m 以浅铜矿 9209.28t，萤石矿 38 737.36×10³t；2000m 以浅铜矿 9209.28t，萤石矿 38 737.36×10³t。

14. 东王庄-木作峪综合预测区 Z84

预测区面积 19.26km²，为 C 类预测区，区内有 1 个铁矿点，1 个硫铁矿点，1 个萤石矿床，主要预测矿种为萤石。位于地球化学综合异常区 Pb58-乙伴生 Zn-Ag 内，位于重砂异常 37 铅银、Au177、Au178 内。1:20 万航磁正异常，重力梯度带为（－24,4）。

区内查明资源量：萤石 1740.00×10³t。

区内预测资源量：500m 以浅萤石矿 5800.00×10³t，1000m 以浅萤石矿 5800.00×10³t，2000m 以浅萤石矿 5800.00×10³t。

15. 老岭综合预测区 Z85

预测区面积 32.19km²，为 C 类预测区，主要预测矿种为银矿、萤石矿、钨矿。位于地球化学综合异常区 Pb58-乙伴生 Zn-Ag 内，位于重砂异常 36 铅钼银、Au174 内。1:20 万航磁正异常，重力梯度带为（－16,－28）。成矿围岩为新太古代变质岩系，成矿岩体为燕山期中酸性岩体，属燕山台褶带内的兴隆-

山海关成矿区,受密云-喜峰口大断裂及其次级构造控矿。地处柳江盆地,花岗岩内构造裂隙,成矿构造一般为北东或北西向。

区内预测资源量:500m 以浅银矿 3.74t,钨矿 62.15t,萤石矿 16 909.88×10^{3}t;1000m 以浅银矿 3.74t,钨矿 62.15t,萤石矿 16 909.88×10^{3}t;2000m 以浅银矿 3.74t,钨矿 62.15t,萤石矿 16 909.88×10^{3}t。

16. 大新寨综合预测区 Z86

预测区面积 55.35km^2,为 C 类预测区,主要预测矿种为重晶石矿、铁矿。位于地球化学综合异常区 Pb58-乙伴生 Zn-Ag 内,位于重砂异常 35 铜铅钼、Au172 内。1:20 万航磁正异常,重力梯度带为(−2,−18)。重晶石矿成矿围岩为太古宙花岗片麻岩,成矿岩体为燕山期昌黎复式深成杂岩体和响山复式深成杂岩体的南缘部分,地处燕山台褶带内的马兰峪-山海关成矿区青龙-滦县大断裂及其次级断裂构造。铁矿位于新太古代朱杖子群梓罗台组、褚杖子岩组地层中。位于冀东东西向复杂构造之燕山沉降带与北北东向构造反接的典型构造部位,受变质岩地层控制。

区内预测资源量:500m 以浅铁矿 1279.36×10^{3}t,重晶石矿 0.15×10^{3}t;1000m 以浅铁矿 2456.38×10^{3}t,重晶石矿 0.15×10^{3}t;2000m 以浅铁矿 2456.38×10^{3}t,重晶石矿 0.15×10^{3}t。

17. 河潮营-榆关综合预测区 Z87

预测区面积 51.91km^2,为 B 类预测区,区内有 1 个铁矿点,1 个重晶石矿点,主要预测矿种为重晶石矿、铁矿。1:20 万航磁正异常,重力梯度带为(−0,10)。重晶石矿成矿围岩为太古宙花岗片麻岩,成矿岩体为燕山期昌黎复式深成杂岩体和响山复式深成杂岩体的南缘部分,地处燕山台褶带内的马兰峪-山海关成矿区青龙-滦县大断裂及其次级断裂构造。铁矿位于新太古代朱杖子群梓罗台组、褚杖子岩组地层中。位于冀东东西向复杂构造之燕山沉降带与北北东向构造反接的典型构造部位,受变质岩地层控制。

区内查明资源量:重晶石矿 1.14×10^{3}t。

区内预测资源量:500m 以浅铁矿 1279.36×10^{3}t,重晶石矿 1.14×10^{3}t;1000m 以浅铁矿 331 633.02×10^{3}t,重晶石矿 1.14×10^{3}t;2000m 以浅铁矿 436 845.68×10^{3}t,重晶石矿 1.14×10^{3}t。

18. 梓罗台—板城一带铁矿综合预测区 Z112(Ⅳ-57-3)

预测区面积 145.65km^2,为 A 类预测区,区内有 6 个铁矿矿床,主要预测矿种为铁矿。1:20 万航磁正异常,重力梯度带为(−30,−20)。成矿地层为新太古代遵化岩群:黑云角闪斜长片麻岩、黑云变粒岩、磁铁石英岩建造。地处燕山台褶带的兴隆坳陷区,区域性东西向构造体系与北东—北北东向构造体系交会部位:古北口-下板城深断裂及下营房-龙井关大断裂交会处。

区内查明资源量:65 413×10^{3}t。

区内预测资源量:500m 以浅 390 971.54×10^{3}t,1000m 以浅 855 620.34×10^{3}t,2000m 以浅 908 664.09×10^{3}t。

19. 碾子峪—亮甲台一带铁矿综合预测区 Z113(Ⅳ-57-3)

预测区面积为 78.80km^2,为 B 类预测区,区内有 2 个铁矿矿床,主要预测矿种为铁矿。成矿地层为新太古代遵化岩群:黑云角闪斜长片麻岩、黑云变粒岩、磁铁石英岩建造。1:20 万航磁正异常,重力梯度带为(−40,−20)。

区内预测资源量:500m 以浅 211 109.80×10^{3}t,1000m 以浅 418 547.47×10^{3}t,2000m 以浅 418 547.47×10^{3}t。

20. 马圈子—大石岭一带铁矿综合预测区 Z114(Ⅳ-57-3)

预测区面积为 82.44km^2,为 B 类预测区,区内有 2 个铁矿矿床,主要预测矿种为铁矿。1:20 万航磁正异常,重力梯度带为(−40,−20)。成矿地层为朱杖子群、上白城子组变质岩系:黑云角闪斜长片麻岩、黑云变粒岩、磁铁石英岩建造。

区内查明资源量：18 602.00×10³t。

区内预测资源量：500m 以浅 209 507.34×10³t，1000m 以浅 324 666.41×10³t，2000m 以浅 324 666.41×10³t。

21. 挂兰峪一带铁矿综合预测区 Z115（Ⅳ-57-3）

预测区面积为 170.49km²，为 B 类预测区，区内有 2 个铁矿矿床，主要预测矿种为铁矿。1∶20 万航磁正异常，重力梯度带为（-50，-30）。成矿地层为新太古代遵化岩群：黑云角闪斜长片麻岩、黑云变粒岩、磁铁石英岩建造，其主要受变质岩地层控制。

区内查明资源量：7517.00×10³t。

区内预测资源量：500m 以浅 263 676.50×10³t，1000m 以浅 756 336.80×10³t，2000m 以浅 920 390.95×10³t。

22. 迁西—上营一带铁矿综合预测区 Z116（Ⅳ-57-3）

预测区面积为 23.91km²，为 B 类预测区，区内有 2 个铁矿矿床，主要预测矿种为铁矿。1∶20 万航磁正异常，重力梯度带为（-20，-10）。成矿地层为新太古代遵化岩群：黑云角闪斜长片麻岩、黑云变粒岩、磁铁石英岩建造。

区内预测资源量：500m 以浅 52 350.61×10³t，1000m 以浅 93 559.93×10³t，2000m 以浅 93 559.93×10³t。

23. 汉儿庄—滦阳一带铁矿综合预测区 Z117（Ⅳ-57-3）

预测区面积为 237.68km²，为 A 类预测区，区内有 11 个铁矿矿床，主要预测矿种为铁矿。1∶20 万航磁正异常，重力梯度带为（-30，-10）。成矿地层为新太古代遵化岩群白庙子组、凤凰咀组。岩石组合为黑云角闪斜长片麻岩、黑云变粒岩、磁铁石英岩。

区内查明资源量：186 389.00×10³t。

区内预测资源量：500m 以浅 606 525.10×10³t，1000m 以浅 1 192 301.34×10³t，2000m 以浅 1 816 717.75×10³t。

24. 迁西—三屯营一带铁矿综合预测区 Z118（Ⅳ-57-3）

预测区面积为 67.93km²，为 A 类预测区，主要预测矿种为铁矿。1∶20 万航磁正异常，重力梯度带为（-10，10）。成矿地层为新太古代遵化岩群白庙子组、凤凰咀组。岩石组合为黑云角闪斜长片麻岩、黑云变粒岩、磁铁石英岩。

区内预测资源量：500m 以浅 170 631.99×10³t，1000m 以浅 290 025.21×10³t，2000m 以浅 338 441.05×10³t。

25. 毛家厂—建明一带铁矿综合预测区 Z119（Ⅳ-57-3）

预测区面积为 279.14km²，为 A 类预测区，区内有 13 个铁矿矿床，主要预测矿种为铁矿。1∶20 万航磁正异常，重力梯度带为（-30，-10）。成矿地层为新太古代遵化岩群白庙子组、凤凰咀组。岩石组合为黑云角闪斜长片麻岩、黑云变粒岩、磁铁石英岩。

区内查明资源量：473 253.00×10³t。

区内预测资源量：500m 以浅 559 514.57×10³t，1000m 以浅 1 165 685.69×10³t，2000m 以浅 1 691 746.36×10³t。

26. 太平寨—金厂峪一带铁矿综合预测区 Z120（Ⅳ-57-3）

预测区面积为 104.62km²，为 B 类预测区，区内有 4 个铁矿矿床，主要预测矿种为铁矿。1∶20 万航磁正异常,重力梯度带为(−10,10)。成矿地层为太古宙迁西岩群水厂岩组。岩石组合为黑云角闪斜长片麻岩、黑云变粒岩、磁铁石英岩。

区内查明资源量:$18\ 487.00\times 10^3 t$。

区内预测资源量:500m 以浅 $200\ 511.33\times 10^3 t$,1000m 以浅 $406\ 855.35\times 10^3 t$,2000m 以浅 $534\ 268.03\times 10^3 t$。

27. 马兰峪一带铁矿综合预测区 Z121（Ⅳ-57-3）

预测区面积为 $179.65 km^2$,为 B 类预测区,区内有 2 个铁矿矿床,主要预测矿种为铁矿。1:20 万航磁正异常,重力梯度带为(−40,0)。成矿地层为新太古代滦县岩群、阳山岩组。

区内查明资源量:$11\ 201.00\times 10^3 t$。

区内预测资源量:500m 以浅 $194\ 191.64\times 10^3 t$,1000m 以浅 $372\ 623.80\times 10^3 t$,2000m 以浅 $372\ 623.80\times 10^3 t$。

28. 迁安—五重安一带铁矿综合预测区 Z122（Ⅳ-57-3）

预测区面积为 $140.67 km^2$,为 A 类预测区,区内有 1 个铁矿矿床,主要预测矿种为铁矿。1:20 万航磁正异常,重力梯度带为(−10,20)。成矿地层为新太古代朱杖子群梓罗台组、褚杖子岩组。位于冀东东西向复杂构造之燕山沉降带与北北东向构造反接的典型构造部位,受变质岩地层控制。

区内预测资源量:500m 以浅 $250\ 256.57\times 10^3 t$,1000m 以浅 $607\ 650.48\times 10^3 t$,2000m 以浅 $913\ 604.38\times 10^3 t$。

29. 草碾—官场一带铁矿综合预测区 Z123（Ⅳ-57-3）

预测区面积为 $15.59 km^2$,为 B 类预测区,区内有 1 个铁矿矿床,主要预测矿种为铁矿。1:20 万航磁正异常,重力梯度带为(−20,0)。成矿地层为朱杖子群、上白城子组变质岩系。

区内查明资源量:$11\ 966.00\times 10^3 t$。

区内预测资源量:500m 以浅 $28\ 408.63\times 10^3 t$,1000m 以浅 $44\ 945.56\times 10^3 t$,2000m 以浅 $44\ 945.56\times 10^3 t$。

30. 马兰庄—杨店子一带铁矿综合预测区 Z124（Ⅳ-57-3）

预测区面积为 $204.63 km^2$,为 A 类预测区,区内有 36 个铁矿矿床,主要预测矿种为铁矿。1:20 万航磁正异常,重力梯度带为(0,10)。成矿地层为新太古代滦县岩群、阳山岩组。

区内查明资源量:$2\ 232\ 371.00\times 10^3 t$。

区内预测资源量:500m 以浅 $180\ 018.68\times 10^3 t$,1000m 以浅 $1\ 447\ 201.57\times 10^3 t$,2000m 以浅 $1\ 614\ 352.12\times 10^3 t$。

31. 潘庄一带铁矿综合预测区 Z125（Ⅳ-57-3）

预测区面积为 $47.10 km^2$,为 B 类预测区,主要预测矿种为铁矿。1:20 万航磁正异常,重力梯度带为(0,20)。成矿地层为太古宙迁西岩群水厂岩组。岩石组合为黑云角闪斜长片麻岩、黑云变粒岩、磁铁石英岩。

区内预测资源量:500m 以浅 $128\ 652.11\times 10^3 t$,1000m 以浅 $257\ 304.22\times 10^3 t$,2000m 以浅 $470\ 837.28\times 10^3 t$。

32. 卢龙—彭店子一带铁矿综合预测区 Z126（Ⅳ-57-3）

预测区面积为 $73.71 km^2$,为 A 类预测区,区内有 6 个铁矿矿床,主要预测矿种为铁矿。1:20 万航磁正异常,重力梯度带为(0,10)。成矿地层为新太古代滦县岩群、阳山岩组。

区内查明资源量：246 882.00×10³t。

区内预测资源量：500m 以浅 62 497.63×10³t，1000m 以浅 208 464.53×10³t，2000m 以浅 294 942.06×10³t。

33. 刘田庄—茶棚一带铁矿综合预测区 Z128（Ⅳ-57-3）

预测区面积为 143.78km²，为 C 类预测区，区内主要预测矿种为铁矿。1:20 万航磁正异常，重力梯度带为（-10,10）。成矿地层为新太古代滦县岩群、阳山岩组。

区内预测资源量：500m 以浅 363 858.12×10³t，1000m 以浅 703 231.96×10³t，2000m 以浅 1 019 238.50×10³t。

34. 马庄子—沙河驿一带铁矿综合预测区 Z129（Ⅳ-57-3）

预测区面积为 20.56km²，为 A 类预测区，区内有 1 个铁矿矿床，主要预测矿种为铁矿。1:20 万航磁正异常，重力梯度带为（-10,10）。成矿地层为新太古代滦县岩群、阳山岩组。

区内查明资源量：18 374.00×10³t。

区内预测资源量：500m 以浅 63 792.89×10³t，1000m 以浅 126 839.80×10³t，2000m 以浅 227 180.14×10³t。

35. 留守营一带铁矿综合预测区 Z130（Ⅳ-57-3）

预测区面积为 13.69km²，为 B 类预测区，区内主要预测矿种为铁矿。1:20 万航磁正异常，重力梯度带为（0,10）。成矿地层为新太古代朱杖子群柠罗台组、褚杖子岩组。位于冀东东西向复杂构造之燕山沉降带与北北东向构造反接的典型构造部位，受变质岩地层控制。

区内预测资源量：500m 以浅 28 957.66×10³t，1000m 以浅 57 915.33×10³t，2000m 以浅 79 923.15×10³t。

36. 滦县—滦南一带铁矿综合预测区 Z133（Ⅳ-57-3）

预测区面积为 264.82 km²，为 A 类预测区，区内有 13 个铁矿矿床，主要预测矿种为铁矿。1:20 万航磁正异常，重力梯度带为（0,30）。成矿地层为新太古代滦县岩群、阳山岩组。

区内查明资源量：2 989 112.00×10³t。

区内预测资源量：500m 以浅 71 506.08×10³t，1000m 以浅 965 156.05×10³t，2000m 以浅 1 550 264.17×10³t。

37. 滦南—司各庄一带铁矿综合预测区 Z134（Ⅳ-57-3）

预测区面积为 47.32 km²，为 A 类预测区，区内主要预测矿种为铁矿。1:20 万航磁正异常，重力梯度带为（10,20）。成矿地层为新太古代滦县岩群、阳山岩组。

38. 土门子一带铁矿综合预测区 Z111（Ⅳ-57-3）

预测区面积为 26.94 km²，为 A 类预测区，区内有 1 个铁矿矿床，主要预测矿种为铁矿。1:20 万航磁正异常，重力梯度带为（-20,-10）。成矿地层为朱杖子群，上白城子组变质岩系成矿地层为柠罗台岩组。岩石组合为黑云角闪斜长片麻岩、黑云变粒岩、磁铁石英岩。成矿环境：含沉积岩的火山岩系-硅铁建造。控矿条件：新太古代变质岩区硅铁建造，向斜构造。

区内查明资源量：162 300×10³t。

区内预测资源量：500m 以浅 17 496.07×10³t，1000m 以浅 173 220.71×10³t，2000m 以浅 140 518.53×10³t。

第六节 综合预测区部署建议

综合分析本成矿带 38 个综合预测区的成矿条件及技术经济情况,确定了 6 个可供进一步工作的部署建议区,详述如下。

一、遵化一带部署区

主攻矿床类型:沉积变质型铁矿、绿岩建造型金矿。
部署区地质条件:燕山台褶带中部的遵化穹褶束内。基底为中太古代遵化岩群,浅粒岩-黑云变粒岩建造;角闪石-次透辉石-石榴子石磁铁石英岩建造;含磁铁石英岩的斜长角闪岩-黑云变粒岩建造。侵入岩体主要为燕山期中-酸性岩株。航磁、地磁异常高,金化探异常浓度分带明显。
部署区工作程度:工作程度高,大部分地区进行过详查、勘探或普查工作。
找矿工作部署建议:硐探 1500m、钻探 3000m。
预期成果:大型铁矿 1 处,中型铁矿 8 处,小型金矿 3 处。

二、峪耳崖—郭仗子一带部署区

主攻矿床类型:热液型金矿、岩浆型磷矿、沉积变质铁矿。
部署区地质条件:马兰峪-山海关隆起北部,宽城凹褶束与遵化穹褶束的交接部位。处于喜峰口-下板城构造岩浆岩活动带中。该构造带由数条北东东—北东向区域性大断裂和沿断裂带的岩浆侵入体组成。侵入岩体主要为燕山早期超基性-基性二长岩及晚期闪长岩-花岗岩,侵入体呈岩株状产出。地层基底为太古宇迁西岩群变质岩,盖层为中元古界长城系、蓟县系陆海相沉积岩。航磁异常值高,金、磷化探异常浓度分带明显。
部署区工作程度:工作程度高,大部分地区进行过详查、勘探或普查工作。
找矿工作部署建议:1:5 万水系沉积物扫面 500km²、硐探 1000m、钻探 3000m。
预期成果:大型金矿 1 处,大型磷矿 2 处,中型铁矿 3 处。

三、桦尖-双山子部署区

主攻矿床类型:热液型金矿、沉积变质铁矿。
部署区地质条件:燕山台褶带马兰峪复背斜与山海关隆起衔接部位,冷口-擦崖子北西向断裂带中。地层基底为太古宇变质岩系,盖层为中元古界长城系、蓟县系碳酸盐岩及中生界火山岩。侵入岩体以燕山期中-酸性中深成侵入岩体为主。航磁异常值较高,金化探异常浓度分带明显。
部署区工作程度:工作程度一般,部分地区进行过普查工作。
找矿工作部署建议:1:5 万水系沉积物扫面 500km²,高精度磁法扫面 600km²,重点地段进行槽硐探、钻探 4000m。
预期成果:中型金矿 1 处,小型金矿 3 处,中型铁矿 1 处。

四、迁安水厂部署区

主攻矿床类型:沉积变质型铁矿。
部署区地质条件:古中太古代遵化-迁安陆核。地层为中太古代迁西岩群水厂岩组;含磁铁石英岩的二辉麻粒岩-次透辉石岩建造;下部为紫苏辉石-次透辉石磁铁石英岩建造。岩石组合:二辉黑云变粒岩、浅粒岩,少量磁铁石英岩;二辉麻粒岩、次透辉石岩、辉石斜长角闪岩夹变粒岩、浅粒岩和磁铁石英岩。紫苏辉石、次透辉石、石榴子石、石英、磁铁矿。航磁异常值高。

部署区工作程度:工作程度高,大部分地区进行过详查、勘探工作。

找矿工作部署建议:钻探5000m。

预期成果:铁矿10×10^8t。

五、夏官营部署区

主攻矿床类型:沉积变质型铁矿。

部署区地质条件:古中太古代遵化-迁安陆核。地层为中太古代迁西岩群变质岩,岩性为含磁铁石英岩的二辉麻粒岩-次透辉石岩建造。航磁异常值高。

部署区工作程度:工作程度较高,部分地区进行过详查或普查工作。

找矿工作部署建议:高精度磁法扫面400km²,硐探1000m、钻探5000m。

预期成果:铁矿3×10^8t。

六、滦南部署区

主攻矿床类型:沉积变质铁矿。

部署区地质条件:朱杖子-卢龙新太古代岛弧带—卢龙新太古代早期裂陷带。地层为新太古界滦县岩群变质岩:含磁铁石英岩的黑云变粒岩夹斜长角闪岩建造;含磁铁石英岩的黑云变粒岩夹片岩(大理岩)建造。下部为铁闪石—阳起石磁铁石英岩建造。航磁异常值高。

部署区工作程度:工作程度较高,部分地区进行过详查、勘探工作。

找矿工作部署建议:高精度磁法扫面450km²,钻探6000m。

预期成果:铁矿20×10^8t。

第七章　涞源-阜平成矿区预测成果

本章以河北省涞源-阜平Ⅳ级成矿带为单元，综合分析区域成矿地质背景、物化探、重砂、遥感特征，总结出成矿带内各矿种预测模型表及预测模型图，圈定本成矿带综合预测区。

第一节　区域地质背景

位于太行山中北部阜平、五台一带，主要为变质岩系，发育陈庄岩群、五台岩群、湾子岩群。构造单元分别对应于阜平古岛弧、五台大陆边缘古裂谷和湾子古陆缘拗拉槽。

阜平古岛弧为晋冀古陆块上一个相对稳定的构造单元，双层结构明显，自古元古代末结晶基底形成以来，主要呈现相对上隆态势。中元古代早期，受燕辽裂陷带波及，并一度在东侧形成北北东向狭长的古海湾，长城纪末该海湾由南向北逐渐封闭。早古生代和晚古生代也曾被陆表海和滨浅海淹没。伴随燕山运动的岩浆侵入和褶皱、隆升，始呈如今面貌。

最古老地体为新太古代陈庄岩群，主体出露于阜平大柳树、猴石顶、叠卜安及陈庄—下口广大地区，花盆、神北、玉斗、良岗等地有部分出露。由于被后期重熔型变质深成岩体的吞蚀和交代，而显得支离分散。下部元坊岩组以黑云斜长变粒岩（片麻岩）、黑云角闪斜长变粒岩为主，夹二辉麻粒岩、斜长角闪岩及磁铁石英岩，可划分为黑云变粒岩-二辉麻粒岩-磁铁石英岩组合（Ar_3^1）；中部城子沟岩组为黑云变粒岩-钾长浅粒岩-大理岩组合（Ar_3^2），主要由变粒岩、浅粒岩、大理岩及不纯大理岩组成；上部麻河清岩组为角闪黑云变粒岩-斜长角闪岩组合（Ar_3^3），主要为角闪黑云斜长变粒岩，夹多层斜长角闪岩和少量浅粒岩及磁铁石英岩。黑云变粒岩-二辉变粒岩-磁铁石英岩组合是主要含铁层位，但铁矿规模不大。

深成侵入岩称阜平片麻岩套，其形成于陈庄岩群之后，两者为侵入或交代侵入接触关系。包括大石峪片麻岩、坊里片麻岩、平阳片麻岩。大石峪片麻岩为本区形成时代最早的片麻岩单位，岩石类型为稀疏条带状、条纹状含黑云角闪斜长片麻岩、角闪斜长片麻岩及黑云角闪斜长片麻岩。坊里片麻岩为阜平地区规模最大的变质深成岩，广泛分布于阜平变质核杂岩区。

阜平片麻岩套为一TTG型花岗质岩石组合，岩石以富钠为特征。主要岩石类型为角闪斜长片麻岩、黑云钾长片麻岩、含黑云斜长片麻岩等，原岩分别相当于石英闪长岩、英云闪长岩、奥长花岗岩。从早到晚构成一由中性向酸性演化的正向演化序列。

五台大陆边缘古裂谷见于阜平西北部板峪口—女儿沟—下关—黄花滩和涞源独山城一带，主体位于山西境内，与阜平古岛弧断层接触，本区Ⅳ级构造单元称独山城-板峪口古裂谷。变质地层仅出露石咀岩群下部层位，包括下部板峪口岩组和上部金刚库岩组。板峪口岩组为浅粒岩-变粒岩-片岩-大理岩组合（A_3^2），主要岩性下部为浅粒岩夹石英岩、斜长角闪岩、变粒岩，上部主要为黑云斜长变粒岩、石榴黑云片岩夹角闪片岩及大理岩。金刚库岩组为变粒岩-浅粒岩夹斜长角闪岩、磁铁石英岩组合（Ar_3^2），主要岩性为浅粒岩、变粒岩夹斜长角闪岩、片岩和磁铁石英岩。后者组合是主要含铁层位，但铁矿规模不大。

五台旋回变质侵入岩主体出露于石咀岩群变质地层及石咀岩群与阜平岩群不整合界线两侧附近，在阜平期杂岩区有少量分布，具较清晰的岩体外貌和岩浆演化特点，与围岩具明显的侵入关系并保留有良好的变余岩浆结构。

基性-超基性岩在区域上属五台山超基性岩带的东延部分，成群集中分布于板峪口、小川、黑印台、青羊口及下关等地，多呈小岩株状或岩床状侵入于金刚库岩组之中，总体呈北东向展布。岩体常具明显的分带性，其中心部位（亦是主体部分）主要由橄榄岩、橄榄辉石岩、辉石岩所组成，但大都蚀变为蛇纹岩，边部则为次闪石岩，岩石主要由透闪石、镁铁闪石组成，有时具少量金云母，原生残晶为橄榄石、古铜辉石。划分为青羊口基性-超基性岩组合（Ar_3^2）。

中酸性侵入岩主要有片麻状石英闪长岩、变质斑状花岗岩、变质二长花岗岩、变质正长花岗岩4个岩石单位，划分为沙果园后碰撞钾质侵入岩组合（Ar_3^2）。主要为部分熔融趋势，结晶分异不明显。

拗拉槽主要出露于阜平古陆核之中南部及西南部地区，即孟家庄—陈庄—口头一线以南至岗南水库—慈峪以北，赤瓦屋—南营—孟家庄一线以西的范围内，未作进一步划分。由湾子岩群和涞源（混合）片麻岩套组成。南部出露层位全，于向斜核中保存完好；北部主要分布了下部层位。变质程度属高角闪岩相-麻粒岩相。这是一套下部由碎屑岩、上部由碳酸盐岩所组成的，具典型沉积建造特征的表壳岩系。根据其与下伏陈庄岩群之间在原岩建造、变质、变形作用特征的明显差异以及其在区域上与下伏陈庄岩群及阜平片麻岩套中的不同岩石单位相接触等，推测二者之间应存在一个被改造的不整合界面。

下部岩组以碎屑岩为主，包括含矽线石英球钾长浅粒岩、含矽线石英球白云母钾长浅粒岩、钾长浅粒岩、含磁铁钾长或二长浅粒岩等；上部岩组以碳酸盐岩为主，由变质钙硅酸盐岩及各种大理岩所组成。其原岩应属富钙的碎屑岩、泥灰岩、白云质灰岩和石灰岩等。与下伏陈庄岩群及阜平片麻岩套推测应存在一个被改造的不整合界面。划分为2个岩石构造组合，下部为湾子含石英球矽线钾长浅粒岩组合（Pt_1^1），上部为湾子钙硅酸盐岩-大理岩组合（Pt_1^1）。

第二节　区域矿产特征

本成矿带主要矿产为铁矿、金矿、银矿、硫铁矿、铜矿、铅锌矿、钼矿，见图7-1。

沉积变质铁矿，查明资源量 $129\ 870\times10^3$ t，矿床及矿点13个，其中中型矿床3个，小型1个，矿点9个；海相沉积型铁矿，查明资源量 1522×10^3 t，矿床仅1个，为小型；矽卡岩型铁矿，查明资源量 3320×10^3 t，矿床仅1个，为小型。

变质脉型金矿，查明资源量13 469kg，矿床及矿点3个，其中中型矿床1个，矿点2个；热液型金矿，查明资源量1582kg，矿床及矿点24个，其中小型矿床2个，矿点22个。

热液脉型银矿，查明资源量111.32t，矿床及矿点6个，其中小型矿床1个，矿点5个。

沉积变质型硫铁矿仅1个，为中型矿床，查明资源量 2367×10^3 t。

斑岩型钼矿仅1个，为小型矿床，查明储量4557.49t。

铜矿、铅锌矿全部为矿点。

本成矿带内铁矿主要为沉积变质型，产于中太古代陈庄岩群变质岩及新太古代石咀岩群中。中太古代陈庄岩群元坊岩组、城子沟岩组、麻河清岩组，是僧贯、下口式铁矿的赋矿层位。新太古代石咀岩群的金刚库岩组，是独山城式铁矿的赋矿层位。元坊岩组、城子沟岩组、麻河清岩组由一套经受混合岩化作用的各种片麻岩，少量浅粒岩、大理岩、斜长角闪岩和磁铁角闪岩等组成。岩石以普遍含角闪石，局部含少量紫苏辉石或透辉石，具有清晰的层状构造为特征。变质程度高。金刚库岩组岩石组合主要为黑云变粒岩和各种角闪质岩夹大理岩及含铁硅质岩。矿体分布受褶皱作用控制，矿体一般保存于区域性复式向斜中，而复式背斜中的矿体一般被剥蚀。本成矿区带内的沉积变质铁矿也受到混合岩化作用的影响。

本成矿带内金银矿成矿作用同涞源地区金、铅锌、铜、钼矿成矿类似，受阜平-官厅变质核杂岩体影响。区内金、银、铅锌、铜矿床成矿受涞源、麻棚、大石峪杂岩体影响，矿床主要产出于上述杂岩体周边的变质核单元内。成矿与燕山早期中酸性-酸性中小型杂岩体关系密切，成矿元素以金为主。矿化以多期多阶段、成矿物质多来源（深源为主）为特点。主要成矿元素为钼、锌、银、镉、碲及铁、铅、金等，成矿演化趋势为 Te、Mo、Zn、Cd、Te→Mo、Zn、Ag、Cd、Te(Au)→Pb、Zn、Ag、Au、Cd、Te。矿化产出形式与木吉村式相似，由斑岩体到围岩，多呈现斑岩型-矽卡岩型-热液脉型矿床的三位一体组合：斑岩中的细脉浸染型钼矿，以大湾、三义庄、贾家营矿床为代表；斑岩体外接触带附近的矽卡岩型铁、钼、锌、银、（镉）（碲）矿床，以大湾、三义庄等矿床为代表；远离接触带及破碎裂隙带的银、铅、锌、（金）矿床，以大湾矿床为代表。

第七章 涞源-阜平成矿区预测成果

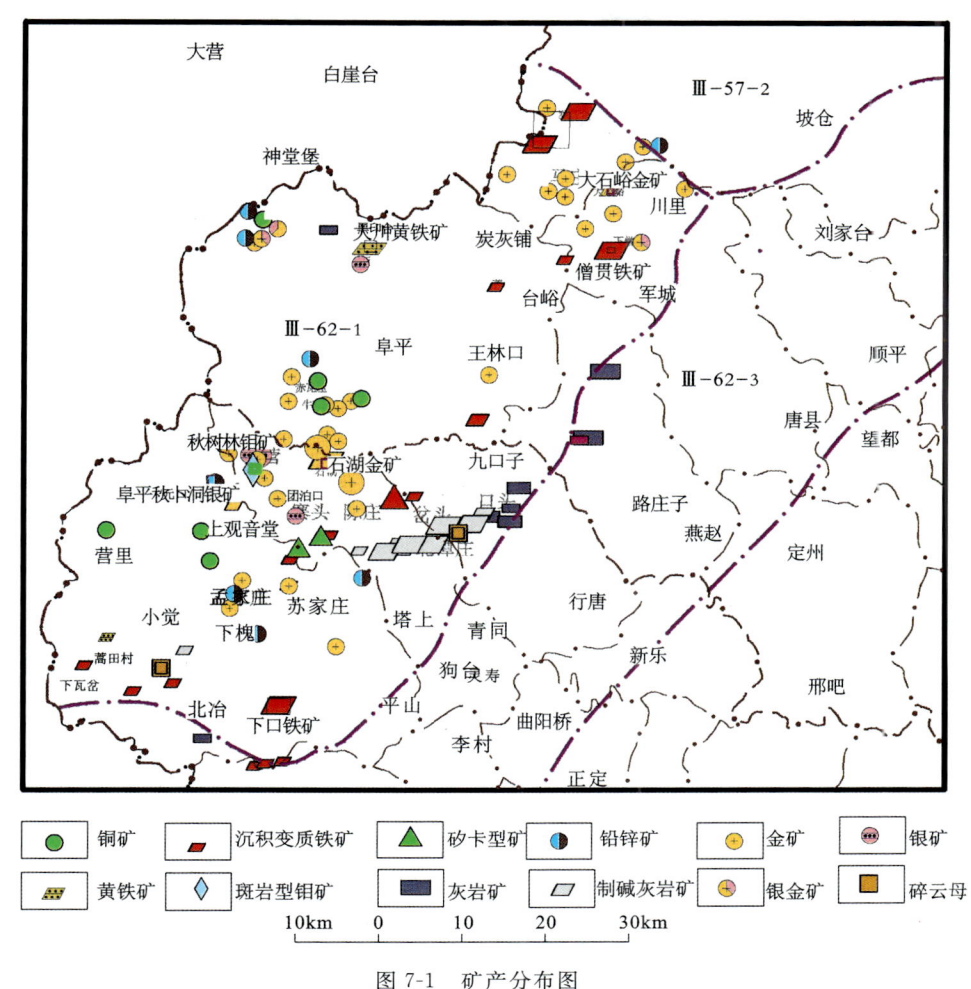

图 7-1 矿产分布图

第三节 区域地、物、化、遥、重砂特征及推断解释成果

一、区域重力特征

布格重力异常为一北东向梯级带,异常值东高西低自 $-26\times10^{-5}\mathrm{m/s^2}$ 至 $-122\times10^{-5}\mathrm{m/s^2}$。由于岩浆岩的侵入造成梯级带局部发生扭曲。剩余重力异常图上,剩余重力异常以北东向为主,幅值自 $-13\times10^{-5}\mathrm{m/s^2}$ 至 $7\times10^{-5}\mathrm{m/s^2}$。重力高由变质基性岩及阜平变质杂岩局部增厚引起,重力低由中酸性、酸性岩引起。

区内岩浆岩与成矿关系密切,赤瓦屋岩体是最主要的岩体,位于阜平县赤瓦屋,岩体地表由南北两个小岩体组成,岩性为二长花岗岩、石英闪长岩。两岩体总体长 24km,宽约 10m,呈北东向展布,其围岩为阜平群地层,岩体与石湖金矿关系密切。重力剩余异常图上为一重力低,呈椭圆形,长 25km,宽 10km,走向北东东,异常幅值 $-19\times10^{-5}\mathrm{m/s^2}$,异常中心位于南侧岩体上,并偏向岩体的北部边界。垂直异常走向方向上,其梯度变化东陡西缓,综合以上特征初步判断两岩体应由一个较大的岩体组成,并向西倾伏。根据重力正演计算,南北方向上赤瓦屋两个小岩体在下部连为一体,上覆阜平群地层最厚约 400m。岩体底面北浅、南深,最深达 6.5km。该整体向北西西方向倾伏,岩体与阜平群的东接触面较陡,西接触面较缓。

二、区域航磁特征

区内航磁异常轴向呈东西、南北及北西向,异常梯度缓至中等。正磁异常分布面积明显大于负磁异常,异常值变化自-150nT至500nT。

本区负磁异常主要由酸性岩体引起,这些负磁异常多属低缓异常,异常幅值变化自-40nT至-150nT。正磁异常主要由中酸性岩体引起,正磁异常梯度变化明显,幅值自150nT至500nT。阜平变质杂岩为变化的正或负磁异常。

区内岩浆岩与成矿关系密切,赤瓦屋岩体为最主要岩体,位于阜平县赤瓦屋,岩体地表由南北两个小岩体组成,岩性为二长花岗岩、石英闪长岩。两岩体总体长24km,宽约10m,呈北东向展布,其围岩为阜平群地层,岩体与石湖金矿关系密切。航磁异常为一正磁异常,位置大体与异常吻合,长17km,宽7km,走向北东,最高值300nT。根据重力正演计算,南北方向上赤瓦屋两个小岩体在下部连为一体,上覆阜平群地层最厚约400m。岩体底面北浅、南深,最深达6.5km。该整体向北西西方向倾伏,岩体与阜平群的东接触面较陡,西接触面较缓。

三、区域地球化学特征

本区位于太行山地区北部,近一半位于山西境内,其中河北省部分为阜平太古宙结晶基底分布区,出露岩性主要为变质岩,其次为少量沉积岩和岩浆岩体。区内构造以近南北向、北西向为主,北东向次之。基性脉岩成群出露,走向以北西向为主。

本区相当于太行山北段金(银)矿床密集区,金矿点(床)遍布全区,有3种类型:①阜平岩群中绿岩带型脉状、细脉浸染状金矿,如石湖、土岭等大中型金矿床;②燕山期花岗岩内外接触带的脉状、细脉状金矿,如大石峪、上明峪、赤瓦屋等金矿床;③燕山期脉岩中的细脉状、浸染状金矿床,如虎峪、上明峪等。有望发展成为一个以金为主伴生银、铜、铅、锌矿床密集区。

该区矿产以金矿为主,为以金银为主的预测区。全区元素含量变异系数依次排列为Sn、Au、Ag、Hg、Bi,反映主要成矿元素及伴生前缘和尾晕元素(表7-1)。

表 7-1 区域地球化学统计参数表($n=1770$)

参数	Ag	Au	Bi	Cr	Cu	F	Hg	Mn
max	1.385	17.2	2.037	288	116	1640	500	1262
min	0.024	0.20	0.044	27.3	15.6	100	6.0	434
Xp	0.072	0.991	0.142	60.0	33.0	796	23.6	706
Xm	0.06	0.80	0.126	56.7	32.4	780	20.0	701
Sx	0.068	1.056	0.094	18.0	8.94	194	22.1	99.3
Cv	0.947	1.056	0.661	0.300	0.271	0.244	0.938	0.141

参数	Mo	Ni	Pb	Sb	Sn	W	Zn
max	10.4	107	131	0.96	124	24.6	164
min	0.08	11.2	12	0.049	0.49	0.34	44
Xp	0.620	27.9	22.1	0.374	1.96	1.32	86.4
Xm	0.600	26.6	21.7	0.360	1.75	1.20	86.4
Sx	0.449	9.18	4.40	0.127	3.186	0.815	17.5
Cv	0.724	0.329	0.199	0.339	1.624	0.616	0.202

注:含量单位:Au、Hg为$\times 10^{-9}$,其余元素为$\times 10^{-6}$。

Au 均值 0.991×10^{-9},变异系数 1.0562,变化范围 $0.20\times10^{-9}\sim17.2\times10^{-9}$。高背景和正异常 $1.52\times10^{-9}\sim3.81\times10^{-9}$,主要分布在中部台峪、王林口、南营—城南庄(石湖金矿)等地,略呈北东向。

Ag 均值 72.0×10^{-9},变异系数 0.9471,高背景和正异常主要分布在中北部龙泉关—吴王口、南马庄、台峪一带,略呈北西展布。

Cu 均值 33.0×10^{-6},变异系数 0.2710,变化范围 $18.3\times10^{-6}\sim53.6\times10^{-6}$。高背景和正异常 $42.9\times10^{-6}\sim53.6\times10^{-6}$,集中在中部石门、台峪、史家寨、城南庄、南营、小觉一带,呈北东向展布。

Pb 均值 22.1×10^{-6},变异系数 0.1991,变化范围 $12.0\times10^{-6}\sim131\times10^{-6}$,高背景和正异常 $26\times10^{-6}\sim37.9\times10^{-6}$,分布在中北部走马驿、台峪、城南庄一带。

Zn 均值 86.4×10^{-6},变异系数 0.2024,变化范围 $44\times10^{-6}\sim164\times10^{-6}$。高背景和正异常 $104.8\times10^{-6}\sim128.5\times10^{-6}$,集中分布在史家寨、南营—城南庄一带,呈北东和北西两组方向展布。

Mo 均值 0.620×10^{-6},变异系数 0.7238,变化范围 $0.08\times10^{-6}\sim10.4\times10^{-6}$。高背景和正异常 $0.86\times10^{-6}\sim2.62\times10^{-6}$,主要分布在北部南马庄—走马驿、南营—城南庄一带。

综合异常主要分布于阜平台峪—百石台、唐县水峪口—阎家庄、平山刘家坪、阜平南庄旺等地,成矿元素为 Au、Ag、Pb、Zn、Mo、W、Cr、Ni 等,伴生元素为 Bi、Hg、Co、Cd 等。

全区共圈定综合异常 5 处(图 7-2)。

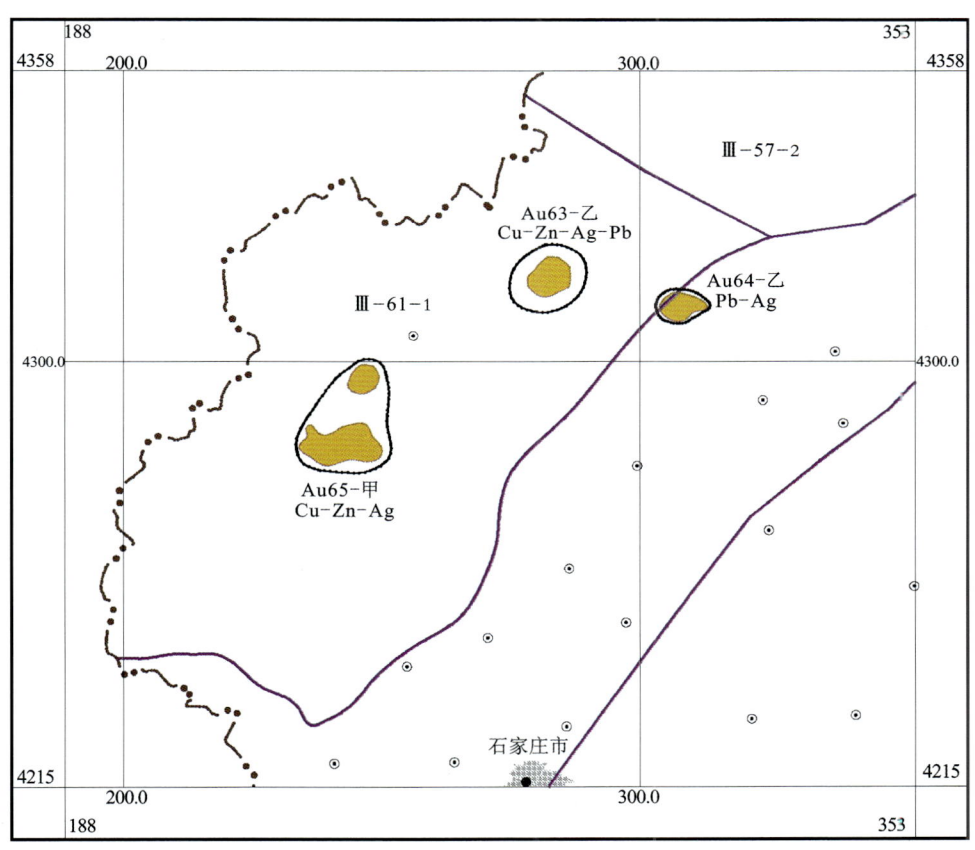

图 7-2 涞源-阜平成矿区综合异常分布图

(1) 涿鹿卧佛寺 AS1-乙 Pb-Zn-Ag-Mo-Cu。
(2) 涞水柏林城 AS2-乙 Au-Ag-Zn-Mo-Pb。
(3) 涿鹿蟒石口-黄金坎(大河南)AS3-乙 Au-Ag-Pb-Zn-Mo-Cu。
(4) 涞源其中口 AS4-乙 Ag-Zn-Mo-Cu。
(5) 涞源东团堡-唐县倒马关 AS65-甲 Mo-Cu-Pb-Zn-Au-Ag,Cu-Mo-Zn-Pb-Ag-Au。

四、区域自然重砂特征

本区与预测矿种关系密切的自然重砂矿物有金、铜、铅、锌。区内圈定金矿物异常11处,见图7-3,其中1级异常2处,2级异常2处,3级异常16处,集中分布于太古宙变质岩石出露且后期受热液活动影响强烈的金成矿区域(大石峪等地);与区内已知矿化关系密切。

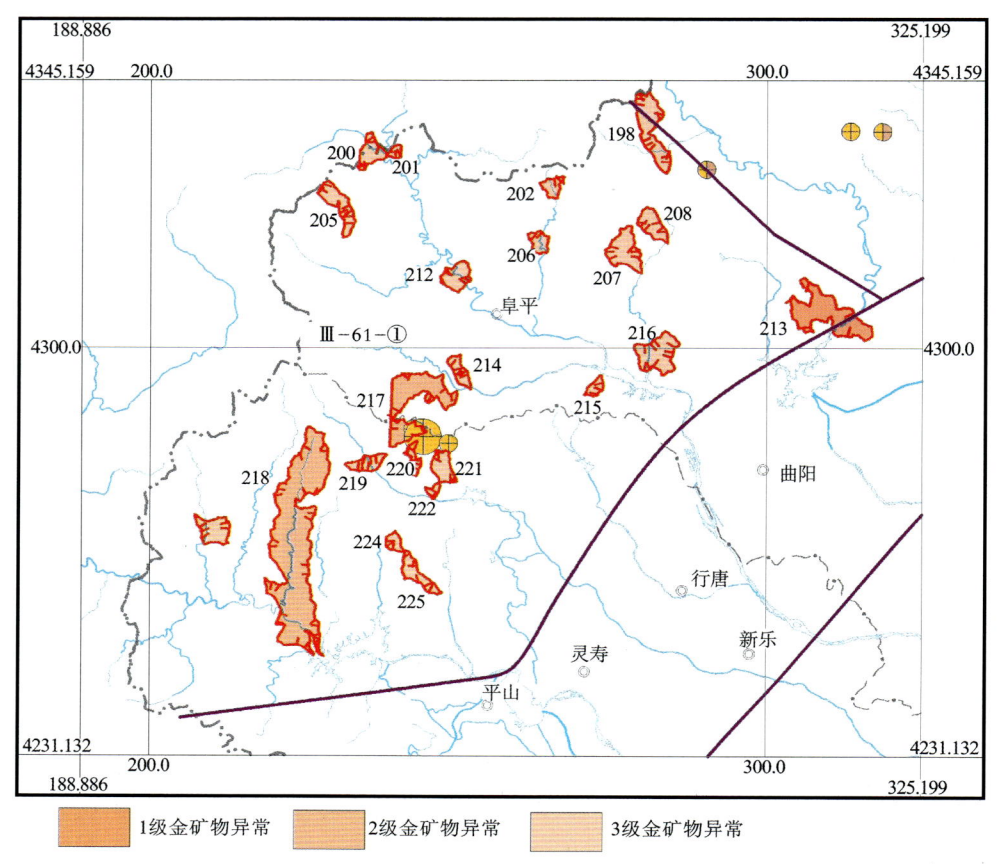

图7-3 金自然重砂异常图

铅锌铜综合异常4处,见图7-4,其中1级异常1处,2级异常3处。分布于中太古代、新太古代地层中,与侵入岩体蚀变有关。分布主要受区内变质岩石、岩浆火山活动影响控制。其中,铅、锌、铜矿等矿物对已知矿床、矿化点有较好的响应,可以作为寻找相应矿产资源的重要提示。

五、区域遥感特征

本区北临燕辽成矿亚带,南与太行成矿亚带为邻,包括阜平隆起和灵山坳陷二个单元。阜平隆起主要出露前寒武纪结晶基底变质地层,主要由变质深成岩和变质表壳岩两套岩系组成,变质表壳岩由中太古代陈庄岩群、晚太古代湾子岩群和五台岩群组成。变质深成岩主要为石英闪长质片麻岩、英云闪长质片麻岩、奥长花岗质片麻岩组成的阜平片麻岩套,二长花岗质片麻岩、正长花岗质片麻岩组成的涞源花岗质片麻岩套及片麻状花岗岩类岩石。灵山坳陷位于东端,出露长城—蓟县系白云岩、寒武—奥陶系灰岩等。断裂发育,主要断裂为上黄旗-乌龙沟、紫荆关-灵山断裂,沿断裂发育中生代侵入岩,有赤瓦屋、麻棚、观音堂等中酸性花岗岩体,本亚带是铁、铜、钼、铅、锌、金成矿区。

遥感影像解译线性断裂构造有北东、北西两组,次要构造有北东东、东西和近南北3组断裂。

第七章 涞源-阜平成矿区预测成果

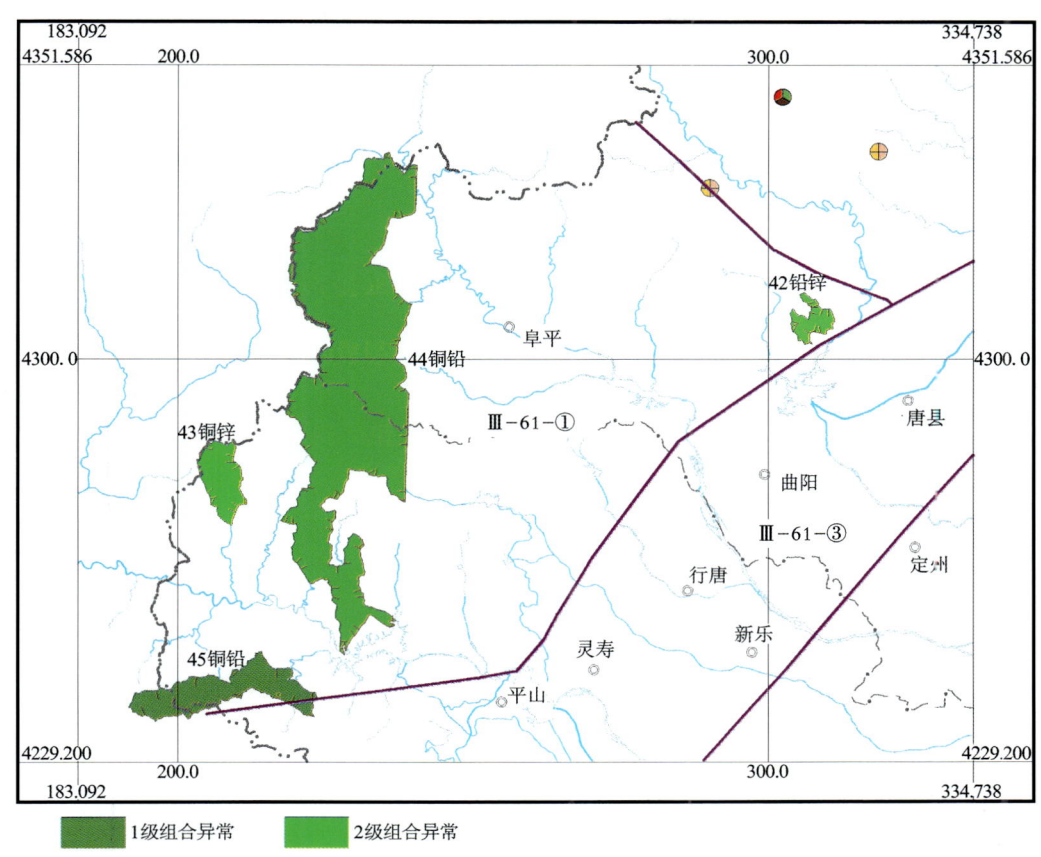

图 7-4 铅锌铜组合异常图

环形构造主要有：

(1) 东下关环形构造：位于阜平县东下关附近，中型，多重环，外环近圆形，内环椭圆，轴向北东东。围岩为太古宙阜平变质杂岩，西南发育赤瓦屋花岗侵入岩，环边缘有金的矿化。

(2) 中生代花岗岩类引起的环形构造：分布于唐县大黄峪、黑崖沟、阜平县赤瓦屋、麻棚、灵寿县宅北等地。环形构造清晰，围岩为中生代花岗岩类，岩性为二长花岗岩、石英二长闪长岩、花岗闪长岩、角闪闪长岩等，主要矿种有金矿、钼矿等。

(3) 火山机构或通道有关的环形构造：分布于阜平县黄柏寺，与中生代火山岩密切相关，围岩为侏罗纪髫髻山组粗安质、安山质熔岩。影像清晰，近圆形，环缘为沟谷，环内凹地，西南开口。环形构造处在一个断块上，断块内依次出露长城系、蓟县系、青白口系、寒武—奥陶系，断块外为太古宙阜平变质杂岩。良好的构造环境有利于成矿物质的生成。

(4) 成因不明环形构造：位于阜平县龙泉关、南湾、曲阳灵山、平山县宅北、蒿田村等地，围岩为阜平变质杂岩。影像清晰，近圆形，形成原因不明。

该成矿带羟基异常呈离散态分布在平山县西柏坡、灵寿县岔头、曲阳县灵山等地，形成多处异常，其他地区异常出现极少，分布零星(图7-5)。

铁染异常呈离散态分布在炭灰铺、南坨、下口等地，形成多个异常，其他地区异常出现极少，分布零星(图7-6)。

该成矿带遥感解译线性构造与羟基异常、铁染异常分布套合不好，异常分布零星，可信度低。总体来说，对本次矿产预测指导意义不大。

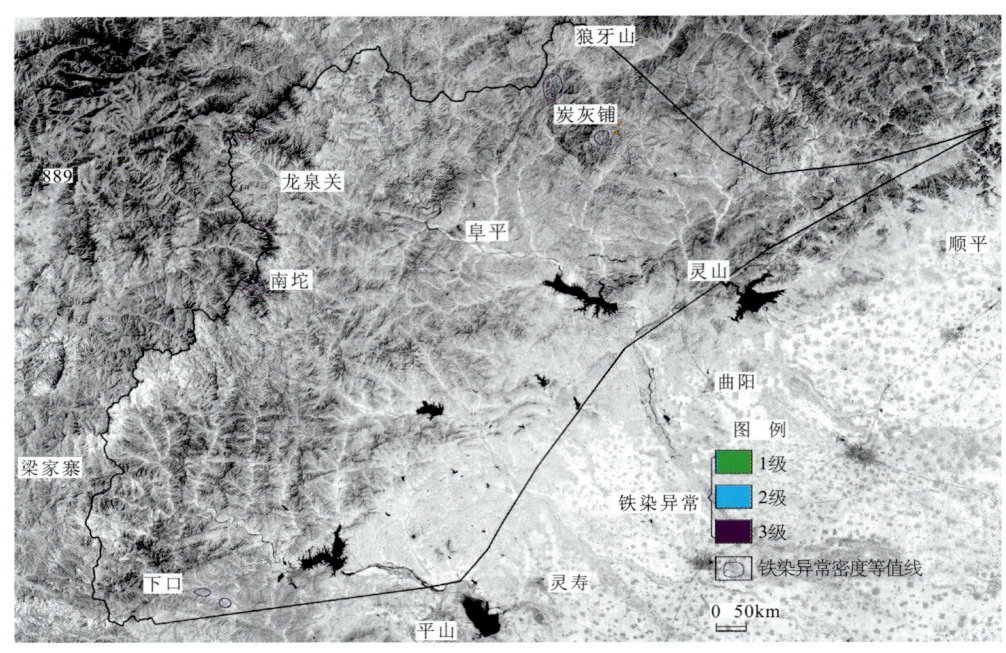

图 7-5 恒山-五台山 Fe-金红石成矿亚带羟基异常图

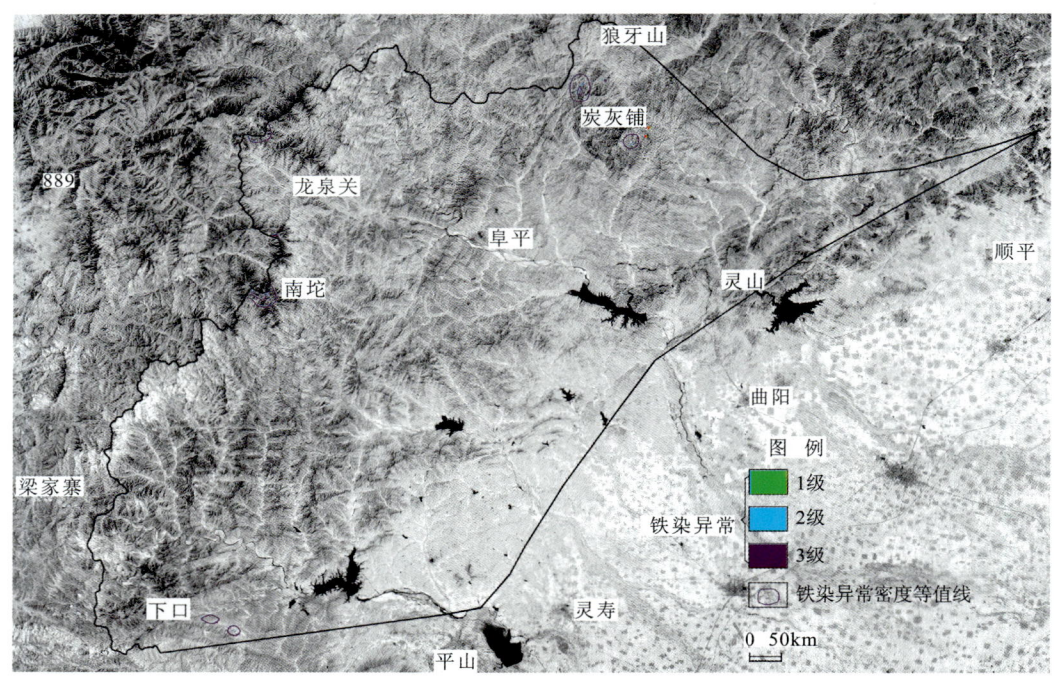

图 7-6 恒山-五台山 Fe-金红石成矿亚带铁染异常图

第四节 重要矿种预测评价模型

涞源-阜平成矿区参与本次预测有金矿、硫铁矿、钼矿、铁矿、银矿 5 个矿种,涉及预测工作区 6 个,总结了预测模型,简述如下。

一、大石峪式岩浆热液型金矿床预测评价模型

(一) 典型矿床预测模型

大石峪式岩浆热液型金矿典型矿床预测模型见表 7-2 及图 7-7。

表 7-2 大石峪式岩浆热液型金矿典型矿床预测模型表

预测要素		描述内容	预测要素分类
	特征描述	花岗岩期后岩浆热液成因类型金矿	
地质环境	成矿围岩	阜平群团泊口组	必要
	成矿岩体	燕山期大石峪杂岩体	必要
	岩石类型	地层:条带状角闪黑云斜长片麻岩、黑云斜长片麻岩、角闪斜长片麻岩及斜长角闪岩等	必要
		岩体:斑状花岗闪长岩体	
	控矿构造	乌龙沟-上黄旗深断裂带西侧之走马驿-白石口断裂	必要
	成矿时代	晚侏罗世	必要
	成矿环境	陆壳深断裂岩浆活动带(王安镇-大河南岩浆岩带)	必要
矿床特征	矿体形态	脉状、透镜体状	重要
	矿石组分	主要有黄铁矿、银金矿、金银矿、辉银矿、自然金、自然银、黄铜矿、褐铁矿,少见方铅矿、铜蓝、镜铁矿,偶见闪锌矿、硅孔雀石,斑铜矿,白铅矿等;脉石矿物以石英为主,次为斜长石、钾长石、钠长石、绢云母、高岭石、黑云母、白云母、绿泥石、重晶石、白云石等	次要
	矿石结构	自形、半自形、他形晶粒状结构,其次为碎裂结构、胶状结构、乳浊结构、交代结构及交代残余结构	重要
	矿石构造	主要为浸染状、云雾状、团块状构造,其次为条带状、网脉状、蜂窝状构造等	重要
	蚀变特征	大理岩化、蛇纹石化、绿帘石化、矽卡岩化、滑石化、绿泥石化、绢云母化、硅化、碳酸盐化、高岭土化、重晶石化、黄铁矿化、褐铁矿化等,分为面型和线型两种	重要
	控矿条件	深断裂带	重要
地球化学特征	1:5万水系沉积物	矿区范围 W、Bi 元素分别出现三级和二级浓度异常,其余元素异常不明显,可能与采用因素有关。在全省地球化学图上,Ag($0.102 \times 10^{-6} \sim 0.133 \times 10^{-6}$)、Au($1.101 \times 10^{-9} \sim 1.436 \times 10^{-9}$)、Pb($25.8 \times 10^{-6} \sim 29.3 \times 10^{-6}$)、Zn($91 \times 10^{-9} \sim 101 \times 10^{-9}$)、U($2.2 \times 10^{-6} \sim 2.5 \times 10^{-6}$)、Th($13.1 \times 10^{-6} \sim 17.2 \times 10^{-6}$)等元素于低背景上出现局部高背景和低缓异常	重要
地球物理特征	磁异常	1:20万航磁 ΔT 三种图上,矿床均处于北东走向的低缓正磁异常带上,结合地质、重力场综合分析:推断正磁异常带是出露的太古宙变质岩系地层及中酸性岩体的综合反映,正磁背景场对应的为太古宙变质岩地层分布区。1:5万航磁 ΔT 剖面平面图上,矿床处在大范围正磁场中,航磁 ΔT 化极等值线平面图和化极垂向一阶导数等值线平面图上则为低缓负磁场区。西部出现的正磁场与出露的中酸性岩体相吻合,东部变化的负磁场是太古宙变质岩地层的反映	重要
	重力异常	1:20万布格重力异常图上,矿床位于重力梯级带上;剩余重力异常图上,矿床处在重力低异常的边部。推断重力低异常由走马驿半隐伏中酸性岩体引起	次要

续表 7-2

预测要素	描述内容	预测要素分类
遥感	通过遥感提取羟基、铁染异常与矿床不吻合，构造解译方面仅解译出区域性构造	次要
自然重砂异常	金矿物自然重砂 1 级异常，银矿物、黄铜矿自然重砂 2 级异常，上述异常与矿床吻合较好	重要

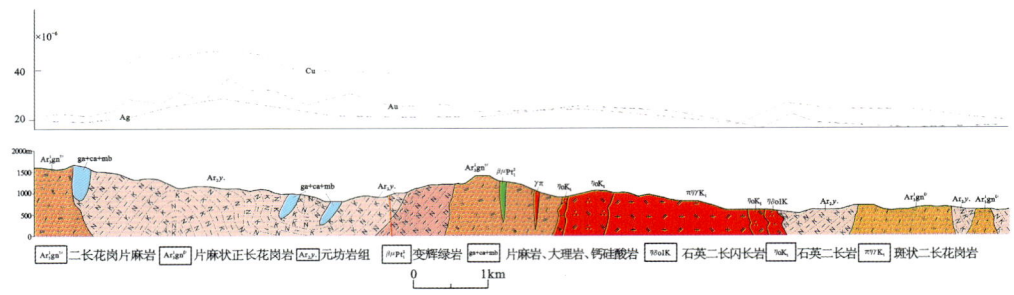

图 7-7　大石峪式岩浆热液型金矿典型矿床预测模型图

（二）区域预测模型

大石峪式岩浆热液型金矿区域预测模型见表 7-3 及图 7-8。

表 7-3　大石峪式岩浆热液型金矿区域预测模型表

区域预测要素		描述内容	要素分类
特征描述		大石峪式岩浆热液型金矿	
区域成矿地质环境	大地构造单元	山西断隆与燕山台褶带的接合处	必要
	主要控矿构造	乌龙沟-上黄旗深断裂带西侧之走马驿-白石口断裂	必要
	主要赋矿地层	阜平群团泊口组	必要
	成矿时代	燕山期	必要
	控矿侵入岩建造	燕山期中酸性岩体	必要
	区域成矿类型及成矿期	与燕山期中酸性岩体有关的金银矿点	必要
	成矿带	四级：Ⅲ-61-① 恒山-五台山 Fe-金红石成矿亚带	必要
	控矿侵入岩	斑状花岗闪长岩体	重要
	控矿构造	走马驿-白石口断裂	次要
	矿石建造	黄铁矿、银金矿、金银矿、辉银矿、自然金、自然银、黄铜矿，褐铁矿	重要
	围岩蚀变	近矿围岩硅化、绢云母化、绿泥石化、碳酸盐化	重要
	矿床式	大石峪式	重要

续表 7-3

区域预测要素		描述内容	要素分类
区域地球化学特征	1:20万水系沉积物	金、银、铅锌、铜元素组合乙级异常。金元素具三级浓度分带	重要
	1:5万水系沉积物	W、Bi 元素分别出现三级和二级浓度异常,其余元素异常不明显,可能与采用因素有关。在全省地球化学图上,Ag(0.102×10^{-6}～0.133×10^{-6})、Au(1.101×10^{-9}～1.436×10^{-6})、Pb(25.8×10^{-6}～29.3×10^{-6})、Zn(91×10^{-6}～101×10^{-6})、U(2.2×10^{-6}～2.5×10^{-6})、Th(13.1×10^{-6}～17.2×10^{-6})等元素于低背景上出现局部高背景和低缓异常	重要
区域地球物理特征	磁异常	1:20万航磁 ΔT 三种图上,矿床均处于北东走向的低缓正磁异常带上,结合地质、重力场综合分析:推断正磁异常带是出露的太古宙变质岩系地层及中酸性岩体的综合反映,正磁背景场对应的为太古宙变质岩地层分布区。1:5万航磁 ΔT 剖面平面图上,矿床处在大范围正磁场中,航磁 ΔT 化极等值线平面图和化极垂向一阶导数等值线平面图上则为低缓负磁场区。西部出现的正磁场与出露的中酸性岩体相吻合,东部变化的负磁场是太古宙变质岩地层的反映	次要
	重力异常	1:20万布格重力异常图上,矿床位于重力梯级带上;剩余重力异常图上,矿床处在重力低异常的边部。推断重力低异常由走马驿半隐伏中酸性岩体引起	重要
遥感		羟基、铁染异常,解译区域构造	次要
自然重砂异常		金矿物自然重砂 1 级异常,银矿物、黄铜矿自然重砂 2 级异常	重要

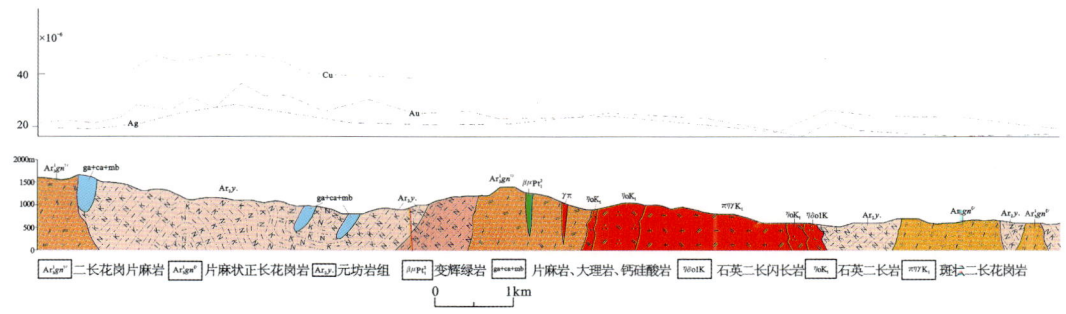

图 7-8 大石峪式岩浆热液型金矿区域预测模型图

二、石湖式岩浆热液-构造蚀变岩型金矿床预测评价模型

(一)典型矿床预测模型

石湖式岩浆热液-构造蚀变岩型金矿典型矿床预测模型见表 7-4 及图 7-9。

表 7-4 石湖式岩浆热液-构造蚀变岩型金矿典型矿床预测模型表

预测要素		描述内容	预测要素分类
特征描述		岩浆期后热液石英脉-构造蚀变岩型矿床	
地质环境	成矿围岩	阜平群团泊口组	必要
	成矿岩体	麻棚杂岩体	必要
	岩石类型	地层:条带状角闪黑云斜长片麻岩、黑云斜长片麻岩、角闪斜长片麻岩及斜长角闪岩等	必要
		岩体:斑状花岗闪长岩体	必要
	控矿构造	山西断隆、阜平变质核杂岩核部	必要
	成矿时代	燕山期中晚侏罗世	必要
	成矿环境	陆壳深断裂岩浆活动带	必要
矿床特征	矿体形态	脉状、薄板状、透镜状,具分支复合、尖灭再现的特点	重要
	矿石组分	主要有黄铁矿、银金矿、金银矿、辉银矿、自然金、自然银、黄铜矿、褐铁矿,少见方铅矿、铜蓝、镜铁矿、偶见闪锌矿,硅孔雀石,斑铜矿,白铅矿等。脉石矿物以石英为主,次为斜长石、钾长石、钠长石、绢云母、高岭石、黑云母、白云母、绿泥石、重晶石、白云石等	次要
	矿石结构	他形—半自形—自形晶粒状结构,其次为交代残余结构、鳞片-粒状变晶结构	重要
	矿石构造	浸染状-块状构造、脉-网脉状构造、浸染状-碎裂状-团块状构造、束状构造	重要
	蚀变特征	近矿围岩蚀变主要有硅化、绢云母化、黄铁绢英岩化、碳酸盐化、绿泥石化等。蚀变带长数十米至三千余米,宽 0.5～30m,一般厚 0.5～2m。从矿脉向围岩,可分为硅化带(矿脉)—绢英岩化带—钾化带—碳酸盐化带—绿泥石化带,分带并不对称	重要
	控矿条件	麻棚杂岩体	重要
地球化学特征	1:20 万水系沉积物	1:20 万水系沉积物地球化学异常由 29 种元素组成,其中 Au、Ag 为强异常,其余为弱异常。主要成矿元素为 Au、Ag,伴生元素为 Pb、Zn、Cd、W、Bi、Mo、Sr、Ba 等。以 Au、Ag、Cd 三元素组合最佳,浓集中心一致	重要
	1:5 万水系沉积物	金矿床即位于其浓集中心,其次为 Pb、Zn,与 Au 异常基本吻合;W、Bi、Sr 分布于金矿床北西,靠近麻棚岩体;Ba 异常分布于矿产外围。由岩体向矿体即由北西至南东,组合元素从高温到低温呈现明显组分分带,基本序列为 W、Bi、Sr、Au、Ag、Cd、Pb、Zn、Ba,其中 Au、Ag 分带显著	重要
地球物理特征	磁异常	1:20 万航磁 ΔT 三种图上无磁异常显示,均为低缓的正或负磁场背景,反映燕山期中酸性杂岩体与围岩——中新太古代片麻岩地层无磁性差异。1:5 万航磁 ΔT 剖面平面图、航磁 ΔT 化极等值线平面图和化极垂向一阶导数等值线平面图上,均以矿床处为中心出现明显北东走向的低缓正磁异常带。北西部的正负磁场变化反映了赤瓦屋侵入体的岩相变化,东南侧的正负磁场变化可能反映的是老地层中岩性的差异或东南角的正异常带由中酸性侵入岩株引起	次要
	重力异常	1:20 万布格重力异常图上,矿床处在重力梯级带发生弯转的边部,剩余重力异常图上,矿床位于重力低异常中心略偏南东一侧,推断重力低异常由赤瓦屋中酸性岩体引起	次要

续表 7-4

预测要素	描述内容	预测要素分类
遥感	羟基、铁染异常,解译区域构造	次要
自然重砂异常	黄铁矿、银金矿、金银矿、辉银矿自然重砂1级异常,黄铜矿物自然重砂2级异常	重要

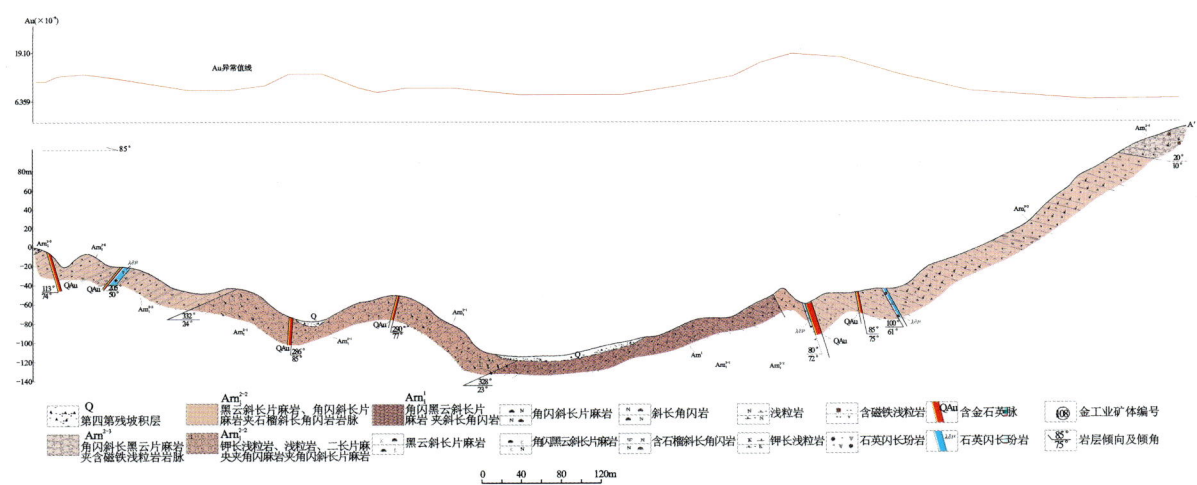

图 7-9 石湖式岩浆热液-构造蚀变岩型金矿典型矿床预测模型图

（二）区域预测模型

石湖式岩浆热液-构造蚀变岩型金矿区域预测模型见表 7-5 及图 7-10。

表 7-5 石湖式岩浆热液-构造蚀变岩型金矿区域预测模型表

区域预测要素		描述内容	要素分类
特征描述		岩浆热液-构造蚀变岩型金矿	
区域成矿地质环境	大地构造单元	山西断隆	必要
	主要控矿构造	深大断裂及其次级构造	必要
	主要赋矿地层	太古宇阜平群变质岩系	必要
	成矿时代	燕山期中晚侏罗世	必要
	控矿侵入岩建造	麻棚杂岩体（石英闪长岩、花岗闪长岩、二长花岗岩）	必要
	区域成矿类型及成矿期	与燕山期中酸性-酸性中小型杂岩体有关的金矿	必要
	成矿带	四级：Ⅲ-61-① 恒山-五台山 Fe-金红石成矿亚带	必要
区域成矿地质特征	控矿侵入岩	阜平隆起区中酸性-酸性中小型杂岩体（涞源、麻棚、大石峪等）	重要
	控矿构造	杂岩体周围脆-韧性剪切带和韧脆性-脆性断裂带	次要
	矿石建造	金属矿物：黄铁矿（主）、黄铜矿、方铅矿、闪锌矿、银金矿、自然金；脉石矿物：石英、绢云母、绿泥石、高岭土、斜长石、黝帘石等	重要
	围岩蚀变	硅化、绢云母化、黄铁绢英岩化、碳酸盐化、绿泥石化等	重要
	矿床式	石湖式	重要

续表 7-5

区域预测要素		描述内容	要素分类
区域地球化学特征	1:20万水系沉积物	1:20万水系沉积物地球化学异常由29种元素组成，其中Au、Ag为强异常，其余为弱异常。主要成矿元素为Au、Ag，伴生元素为Pb、Zn、Cd、W、Bi、Mo、Sr、Ba等。以Au、Ag、Cd三元素组合最佳，浓集中心一致	重要
	1:5万水系沉积物	金矿床即位于其浓集中心，其次为Pb、Zn，与Au异常基本吻合；W、Bi、Sr分布于金矿床北西，靠近麻棚岩体；Ba异常分布于矿产外围。由岩体向矿体即由北西至南东，组合元素从高温到低温呈现明显组分分带，基本序列为W、Bi、Sr、Au、Ag、Cd、Pb、Zn、Ba，其中Au、Ag分带显著	重要
区域地球物理特征	磁异常	1:20万航磁ΔT三种图上无磁异常显示，均为低缓的正或负磁场背景，反映燕山期中酸性杂岩体与围岩——中新太古代片麻岩地层无磁性差异。1:5万航磁ΔT剖面平面图、航磁ΔT化极等值线平面图和化极垂向一阶导数等值线平面图上，均以矿床处为中心出现明显北东走向的低缓正磁异常带。北西部的正负磁场变化反映了赤瓦屋侵入体的岩相变化，东南侧的正负磁场变化可能反映的是老地层中岩性的差异或东南角的正异常带由中酸性侵入岩株引起	次要
	重力异常	1:20万布格重力异常图上，矿床处在重力梯级带发生弯转的边部，剩余重力异常图上，矿床位于重力低异常中心略偏南东一侧，推断重力低异常由赤瓦屋中酸性岩体引起	次要
遥感		羟基、铁染异常与矿床吻合较好，解译线性构造仅作参考	次要
自然重砂异常		黄铁矿、黄铜矿、方铅矿、闪锌矿、银金矿、金矿重砂1级异常	重要

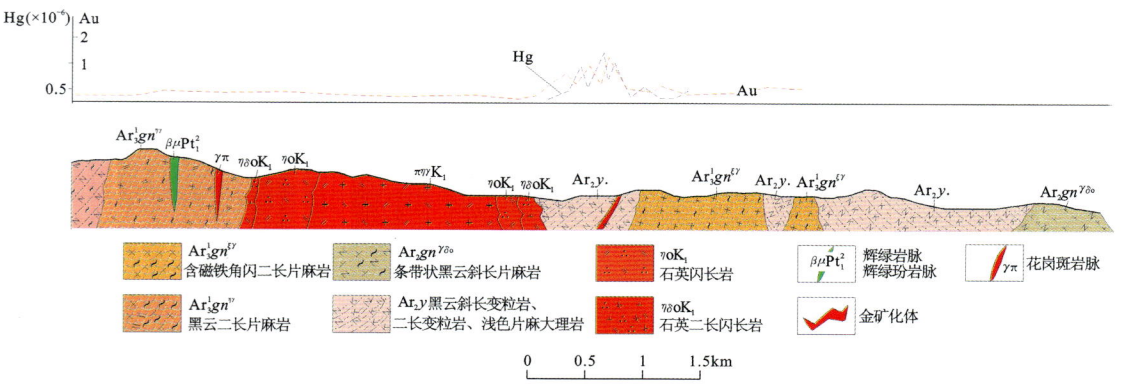

图7-10 石湖式岩浆热液-构造蚀变岩型金矿区域预测模型图

三、杏树台式沉积变质型硫铁矿预测评价模型

（一）典型矿床预测模型

杏树台式沉积变质型硫铁矿典型矿床预测模型见表7-6及图7-11。

表 7-6 杏树台式沉积变质型硫铁矿典型矿床预测模型表

预测要素		描述内容	预测要素分类
特征描述		杏树台式沉积变质型硫铁矿	
地质环境	赋矿地层岩	太古宇五台群	必要
	岩石类型	地层:黑云斜长片麻岩、黑云角闪斜长片麻岩、石英片岩、斜长角闪片岩、浅粒岩、磁铁透闪石英岩等	必要
	控矿构造	山西断隆五台台拱之阜平穹褶束	必要
	成矿时代	太古界	必要
	成矿环境	陆壳岩浆活动带	必要
矿床特征	矿体形态	似层状、透镜状,膨缩现象明显	重要
	矿石组分	磁黄铁矿-黄铁矿-磁铁矿组合物主要为石英,其次为透闪石-阳起石、石榴石、黑云母、斜长石等	次要
	矿石结构	以半自形—他形粒状结构为主,半自形—自形粒状结构次之	重要
	矿石构造	主要为致密块状构造、浸染状构造	重要
	蚀变特征	围岩蚀变较弱,为后期热液引起,主要是硅化,其次有透闪-阳起石化、绿泥石化、普通角闪石化等	重要
	控矿条件	以深构造相褶皱构造和韧性剪切为主,次为北东向断裂与北西向的燕山期断裂	重要
地球化学特征	1:5万水系沉积物	化探异常对该类矿床无指导作用	次要
地球物理特征	磁异常	矿床位于航磁负异常区,异常值在 $-80\sim90$nT 之间,航磁化极等值线 0 值区附近	次要
	重力异常	布格剩余重力异常 0 值区内	次要
遥感		羟基、铁染异常不明显,解译线性构造对矿床无指示作用	次要
自然重砂异常		磁黄铁矿-黄铁矿重砂 1 级异常	重要

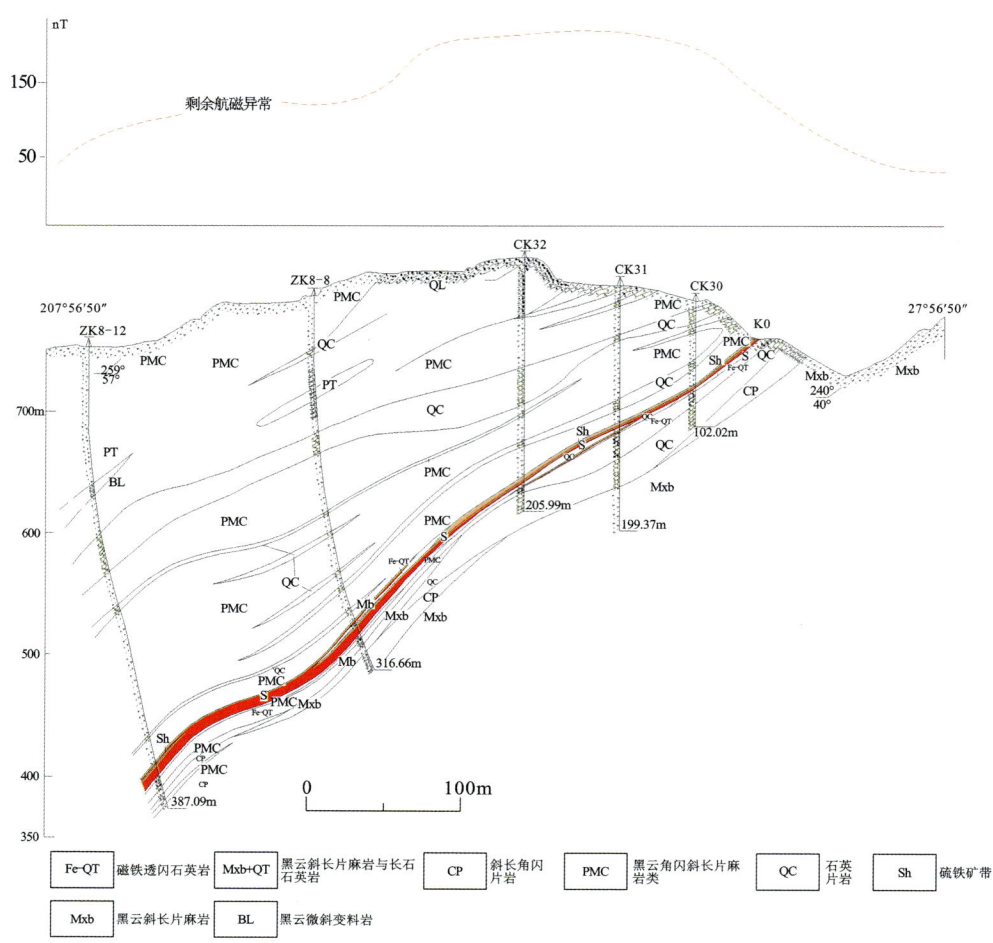

图 7-11 杏树台式沉积变质型硫铁矿典型矿床预测模型图

（二）区域预测模型

杏树台式沉积变质型硫铁矿区域预测模型见表 7-7 及图 7-12。

表 7-7 杏树台式沉积变质型硫铁矿区域预测模型表

区域预测要素		描述内容	要素分类
特征描述		杏树台式沉积变质型硫铁矿床	
区域成矿地质环境	大地构造单元	阜平隆起成矿区	必要
	主要控矿构造	区域性复式向斜构造	必要
	主要赋矿地层	五台群板峪口岩组浅粒岩-片岩-大理岩建造和金刚库岩组黑云（角闪）斜长变粒岩-斜长角闪岩-磁铁石英岩建造	必要
	成矿时代	新太古代	必要
	区域成矿类型及成矿期	赋存于五台群板峪口岩组沉积变质型硫铁矿中	必要
	成矿带	陆内岩浆活动带	必要

续表 7-7

区域预测要素		描述内容	要素分类
区域成矿地质环境	控矿构造	构造以深构造相褶皱构造和韧性剪切为主	次要
	矿石组合	黄铁矿、黄铜矿、辉砷镍矿、紫硫镍矿、红锑镍矿、水镍钴矾和金红石、皂气石、白钛石	重要
	围岩蚀变	围岩蚀变较弱,为后期热液蚀变,主要是硅化,其次有透闪-阳起石化、绿泥石化、普通角闪石化等	重要
	矿床式	杏树台式	重要
区域地球化学特征	1:5万水系沉积物	化探异常对该类矿床无指导作用	次要
区域地球物理特征	磁异常	矿床位于航磁负异常区,异常值在－80~90nT之间,航磁化极等值线 0 值区附近	次要
	重力异常	布格剩余重力异常 0 值区内	次要
遥感		羟基、铁染异常不明显,解译线性构造对矿床无指示作用	次要
自然重砂异常		磁黄铁矿-黄铁矿重砂 1 级异常	重要

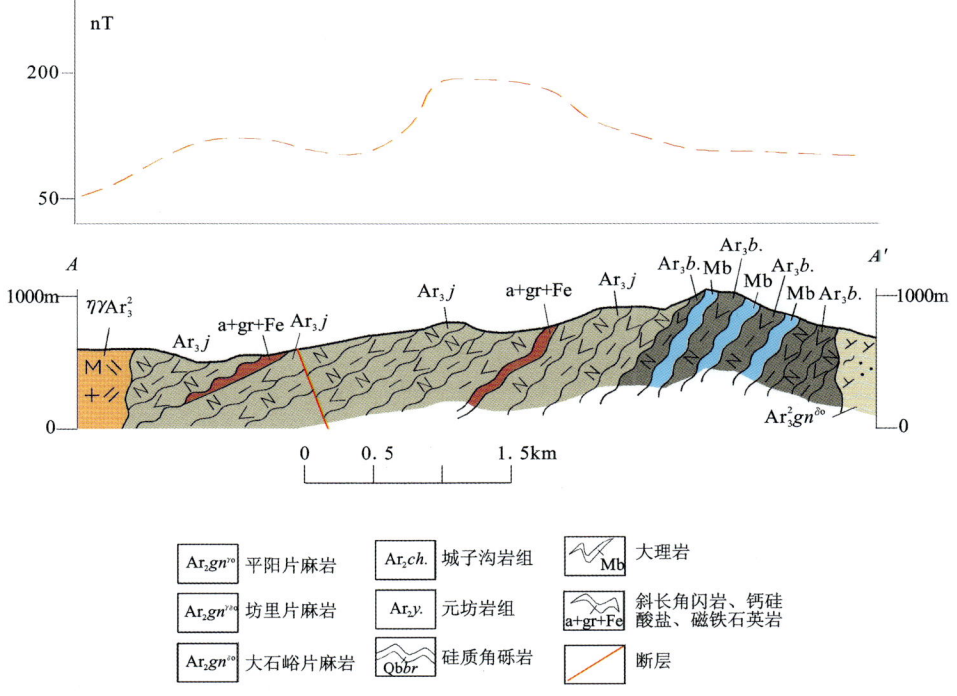

图 7-12 杏树台式沉积变质型硫铁矿区域预测模型图

四、斑岩型钼矿预测评价模型

(一)典型矿床预测模型

斑岩型钼矿典型矿床预测模型见表 7-8 及图 7-13。

表 7-8 斑岩型钼矿典型矿床预测模型表

预测要素		描述内容	预测要素分类
特征描述		斑岩型钼矿床	
地质环境	成矿围岩	太古界阜平群南营组一、二段上部和三段下部	必要
	成矿岩体	蚀变花岗闪长岩	必要
	岩石类型	地层：黑云斜长片麻岩、斜长角闪岩黑云变粒岩	必要
		岩体：斑状花岗闪长岩	必要
	控矿构造	大海坨-麻棚深断裂	必要
	成矿时代	燕山期	必要
	成矿环境	陆壳深断裂岩浆活动带	必要
矿床特征	矿体形态	细脉状、透镜状	重要
	矿石组分	金属矿物有黄铁矿、辉钼矿，少量黄铜矿、方铅矿及磁铁矿等	次要
	矿石结构	细脉状或细粒状结构	重要
	矿石构造	浸染状、块状构造	重要
	蚀变特征	内蚀变带约占岩体的1/3，岩石颗粒较细，呈半自形粒状，交代残余（溶蚀）结构，环带构造。其矿物成分奥长石、中长石占45%～50%、钾长石占25%～30%，石英占15%～20%，黑云母占5%～10%。岩石蚀变以石英、钾长石化、黄铁矿化为主，其次为绢云母化、黑云母化。蚀变常以细脉状、粒状、镶边状、云雾状交代斜长石，致使斜长石边部被溶蚀后呈不规则形状。外蚀变带为石英、绢云母、钾长石化黑云斜长片麻岩夹斜长角闪岩透镜体，与岩体界线清楚，与未蚀变围岩界线不明显，呈渐变关系。蚀变较强部位岩性难以区分。岩石呈粒状变晶及交代残余结构，主要蚀变有黄铁矿化、硅化、绢云母化和钾长石化。由于黄铁矿化强烈，地表风化后呈褐黄色，形成所谓的"火烧皮"现象	重要
	控矿条件	钼矿（化）体受蚀变带的控制，多分布于内、外蚀变带的节理裂隙中	重要
地球化学特征	1:5万水系沉积物	Mo-W-Bi-Be组合乙级异常，以钼元素异常面积最大，W-Bi浓集中心重叠。钼元素异常具三级浓度分带，其异常值为0.753×10^{-6}～1.263×10^{-6}。钨元素异常具三级浓度分带，其异常值为1.56×10^{-6}～2.71×10^{-6}	重要
地球物理特征	磁异常	航磁异常值为0～60nT，在磁异常梯度带上。化极一阶导数异常值在0值区内	次要
	重力异常	布格重力异常值为-60～80毫伽，位于负异常区。剩余重力值为0，在重力异常梯度带上	重要
遥感		无羟基、铁染异常	次要
自然重砂异常		钼铅铜矿物综合自然重砂3级异常，辉钼矿重砂3级异常围绕岩体分布。但与矿床套合性较差	重要

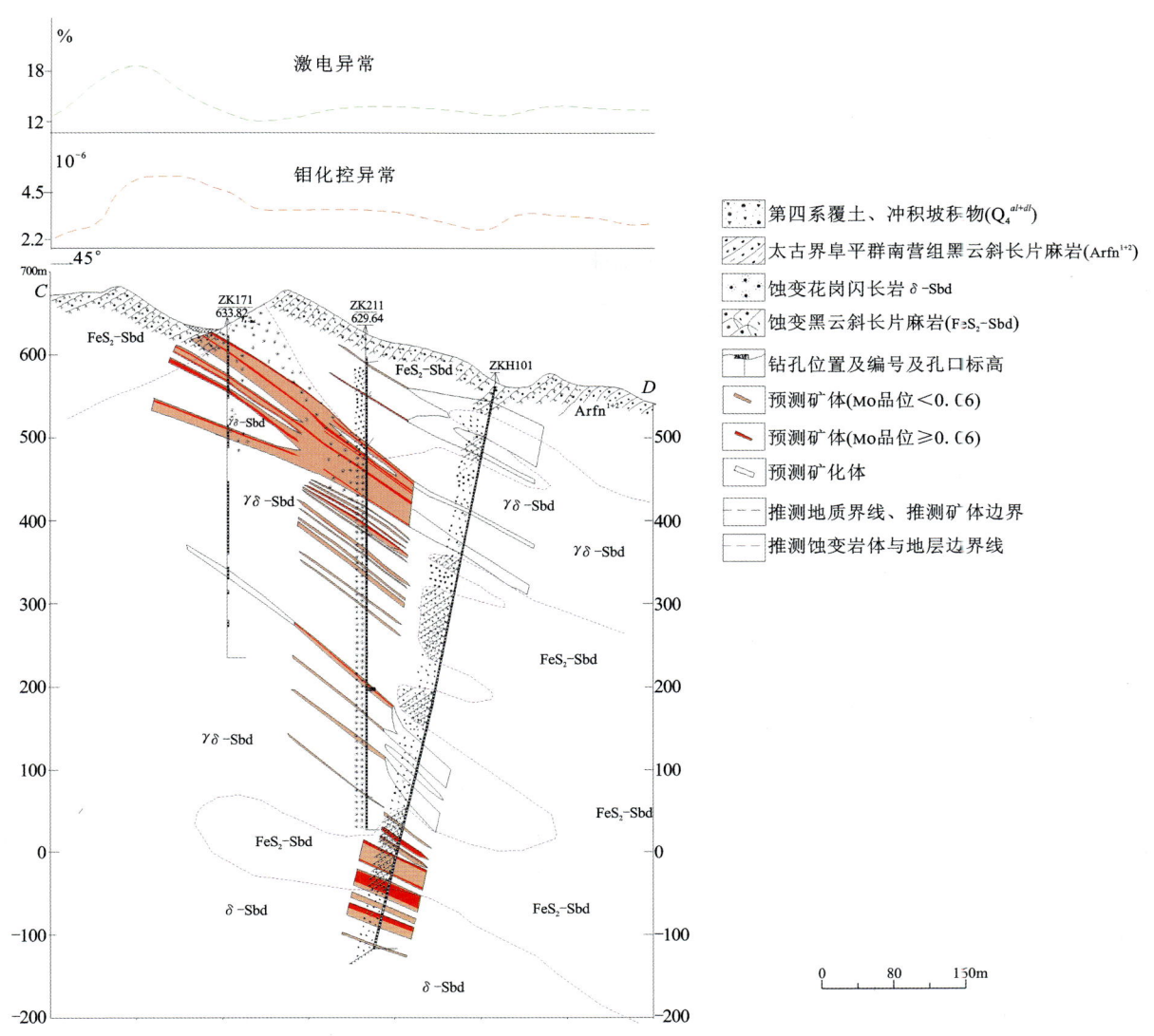

图 7-13 斑岩型钼矿典型矿床预测模型图

（二）区域预测模型

斑岩型钼矿区域预测模型见表 7-9 及图 7-14。

表 7-9 斑岩型钼矿区域预测模型表

区域预测要素		描述内容	要素分类
特征描述		秋树林式斑岩型钼矿	
区域成矿地质环境	大地构造单元	II$_1^{6-1}$ 阜平古岛弧（Ar$_3^1$）	必要
	主要控矿构造	紫荆关-灵山深大断裂及其次级断裂构造（大海坨-麻棚深断裂）	必要
	主要赋矿地层	太古宇陈庄岩群（元坊岩组）和阜平片麻岩套中深度变质岩系	必要
	成矿时代	燕山期	必要

续表 7-9

区域预测要素		描述内容	要素分类
区域成矿地质环境	控矿侵入岩建造	燕山期中酸性岩体、小岩株：石英二长闪长岩、石英二长岩、斑状二长花岗岩建造	必要
	区域成矿类型及成矿期	与燕山期中酸性岩体、小岩株有关的钼矿点	必要
	成矿带	四级：Ⅲ-61-① 恒山-五台山 Fe-金红石成矿亚带	必要
区域成矿地质特征	控矿侵入岩	燕山期中酸性岩体、小岩株：石英二长闪长岩、石英二长岩、斑状二长花岗岩建造	重要
	控矿构造	成矿岩体内、外蚀变带的节理裂隙	次要
	围岩蚀变	内蚀变带以石英、钾长石化、黄铁矿化为主，其次为绢云母化、黑云母化。蚀变常以细脉状、粒状、镶边状、云雾状交代斜长石，致使斜长石边部被溶蚀后呈不规则形状。外蚀变带为主要蚀变有黄铁矿化、硅化、绢云母化和钾长石化	重要
	矿床式	秋树林式	重要
区域地球化学特征	1:5万水系沉积物	Mo-W-Bi-Be 组合乙级异常，以钼元素异常面积最大，W-Bi 浓集中心重叠。钼元素异常具三级浓度分带，其异常值为 $0.753×10^{-6}$～$1.263×10^{-6}$。钨元素异常具三级浓度分带，其异常值为 $1.56×10^{-6}$～$2.71×10^{-6}$	重要
区域地球物理特征	磁异常	航磁异常值为 0～60nT，在磁异常梯度带上。化极一阶导数异常值在 0 值区内	次要
	重力异常	布格重力异常值为 -60～80 毫伽，位于负异常区。剩余重力值为 0，在重力异常梯度带上	次要
遥感		无羟基、铁染异常	次要
自然重砂异常		钼铅铜矿物综合自然重砂 3 级异常，辉钼矿重砂 3 级异常围绕岩体分布	重要

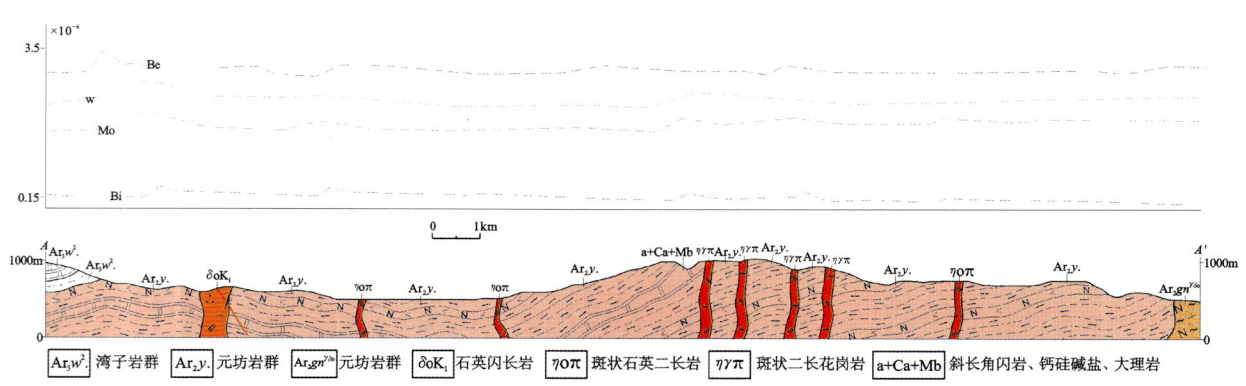

图 7-14 斑岩型钼矿区域预测模型图

五、热液型银矿预测评价模型

（一）典型矿床预测模型

热液型银矿典型矿床预测模型见表 7-10 及图 7-15。

表 7-10 热液型银矿典型矿床预测模型表

预测要素		描述内容	预测要素分类
特征描述		中-低温热液矿床	
地质环境	成矿围岩	新太古代阜平群南营组上段和漫山组中下段变质岩系	必要
	成矿岩体	老爷庙酸性杂岩体：霏细岩脉、石英斑岩脉、角砾状霏细岩脉	必要
	控矿构造	燕山期脆性断裂构造	必要
	成矿时代	燕山期	必要
	成矿环境	陆内岩浆岩活动带	必要
矿床特征	矿体形态	呈串珠状、囊状和透镜状	重要
	矿石组分	矿石中金属矿物以黄铁矿、闪锌矿、方铅矿为主，少量黄铜矿，次生矿物褐铁矿、孔雀石等。贵金属矿物有自然银、辉银矿，局部可见自然金；脉石矿物主要有石英、长石、绢云母、绿泥石等	次要
	矿石结构	致密粒状结构，微细粒交代结构，残余结构，压碎、填隙结构	重要
	矿石构造	团块状、脉状、网状、角砾状构造	重要
	蚀变特征	围岩蚀变较强，主要有绢云母化、硅化、钾长石化、绿泥石化和碳酸盐化，其中绢云母化、硅化与成矿关系密切	重要
	控矿条件	受北西向断裂控制	重要
地球化学特征	1:5万水系沉积物	Ag-As-Sb-Mo 组合甲级异常，Ag-Au-Mo-Zn-Pb-As 组合甲级异常，Ag-Pb-Au-Mo-Zn-Bi-Sb 组合乙级异常，银元素异常具三级浓度异常分带，异常值为 $0.0078 \times 10^{-6} \sim 0.13 \times 10^{-6}$，与矿床吻合	重要
地球物理特征	磁异常	航磁 ΔT 等值线负值区，异常值在 $-20 \sim 40nT$ 之间。ΔT 化极一阶导数等值线 0 值区	次要
	重力异常	布格重力负异常区，值为 $-60 \sim 90$ 毫伽。剩余重力 0 值区	次要
遥感		羟基、铁染异常与矿床吻合较差，解译构造仅为参考	次要
自然重砂异常		银矿物重砂 2 级异常，金矿物、铜矿物自然重砂 2 级异常	重要

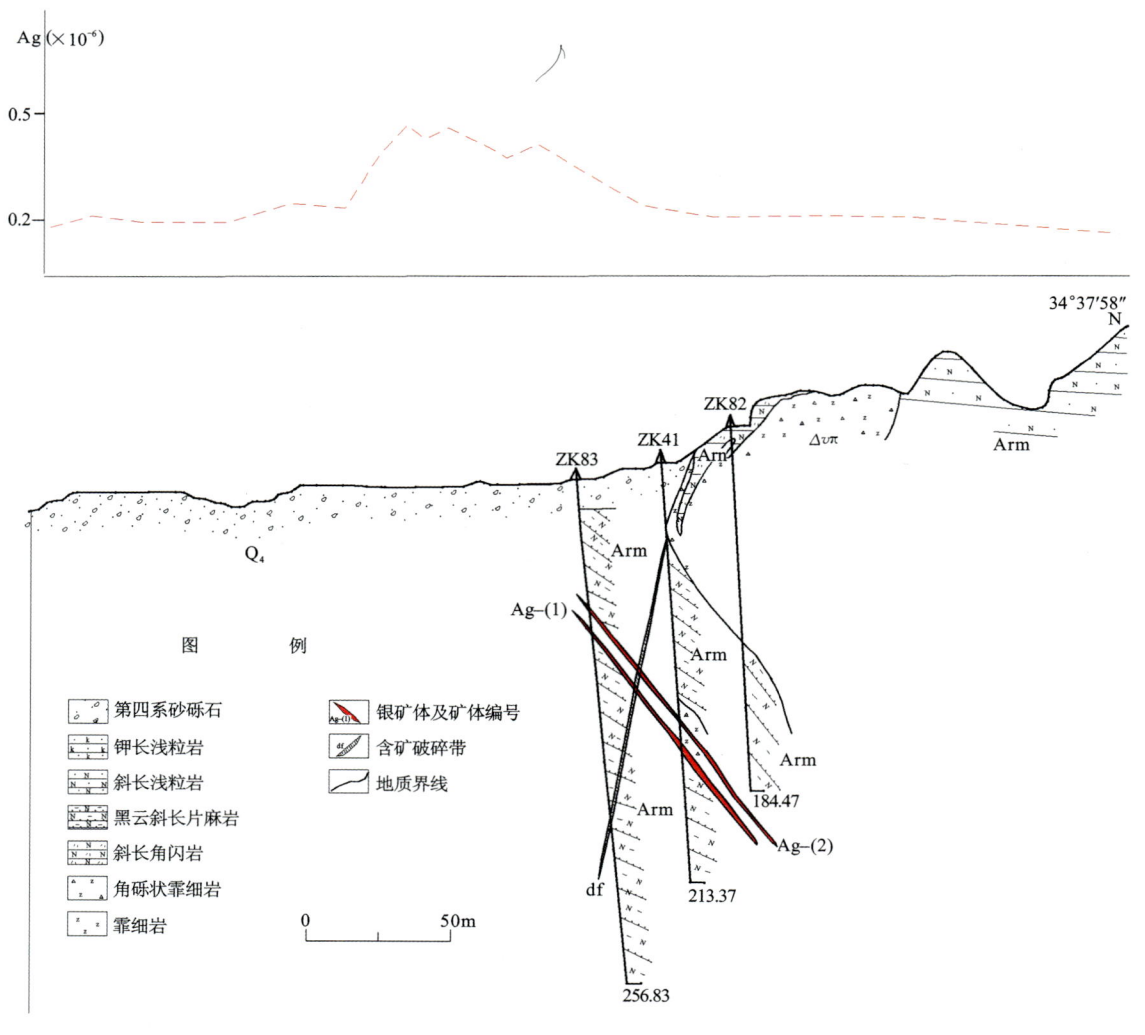

图 7-15　热液型银矿典型矿床预测模型图

（二）区域预测模型

热液型银矿区域预测模型见表 7-11 及图 7-16。

表 7-11　热液型银矿区域预测模型表

区域预测要素		描述内容	要素分类
特征描述		秋卜洞式热液型银矿	
区域成矿地质环境	大地构造单元	Ⅱ$_1^{6-1}$ 阜平古岛弧（Ar$_3^1$）	必要
	主要控矿构造	紫荆关-灵山深大断裂及其次级断裂构造	必要
	主要赋矿地层	太古宙变质表壳岩、变质深成岩：陈庄岩群、阜平片麻岩套、湾子岩群、涞源片麻岩套	必要
	成矿时代	燕山期	必要
	控矿侵入岩建造	中酸性-超酸性中小型杂岩体	必要
	区域成矿类型及成矿期	与燕山期中酸性-超酸性中小型杂岩体有关的金矿点	必要
	成矿带	四级：Ⅲ-61-① 恒山-五台山 Fe-金红石成矿亚带	必要

续表 7-11

区域预测要素		描述内容	要素分类
区域成矿地质特征	控矿侵入岩	燕山期中酸性-超酸性中小型杂岩体（涞源、麻棚、大石峪等），岩脉：石英二长闪长岩、石英二长岩、斑状二长花岗岩建造	重要
	控矿构造	受北北东向、近南北向、北西向燕山期压扭性断裂构造控制	次要
	围岩蚀变	黄铁矿化、绢云母化、硅化、钾长石化、绿泥石化和碳酸盐化，其中黄铁矿化、绢云母化、硅化与成矿关系密切	重要
	矿床式	秋卜洞式	重要
区域地球化学特征	1:5万水系沉积物	Ag-As-Sb-Mo 组合甲级异常，Ag-Au-Mo-Zn-Pb-As 组合甲级异常，Ag-Pb-Au-Mo-Zn-Bi-Sb 组合乙级异常，银元素异常具三级浓度异常分带，异常值为 $0.0078 \times 10^{-6} \sim 0.13 \times 10^{-6}$，与矿床吻合	重要
区域地球物理特征	磁异常	航磁 ΔT 等值线负值区，异常值在 $-20 \sim 40$ nT 之间。ΔT 化极一阶导数等值线 0 值区	次要
	重力异常	布格重力负异常区，值为 $-60 \sim 90$ 毫伽。剩余重力 0 值区	次要
遥感		羟基、铁染异常与矿床吻合较差，解译构造仅为参考	次要
自然重砂异常		银矿物重砂 2 级异常，金矿物、铜矿物自然重砂 2 级异常	重要

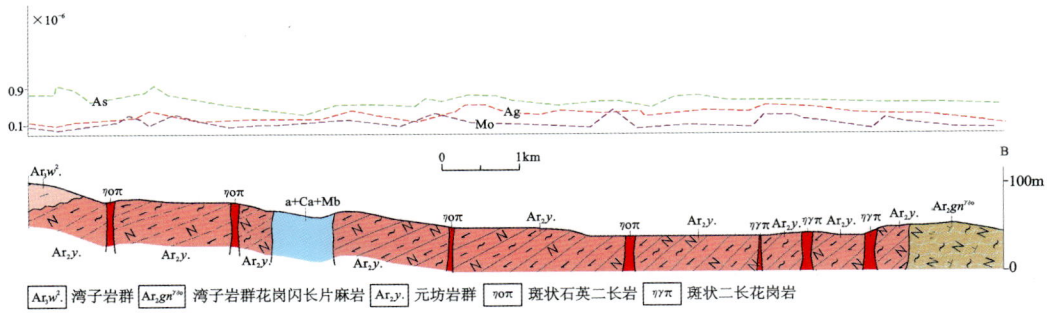

图 7-16 热液型银矿区域预测模型图

六、山门口式沉积变质型碎白云母矿预测评价模型

山门口式沉积变质型碎白云母矿预测模型见表 7-12 及图 7-17。

表 7-12 山门口式沉积变质型碎白云母矿区域预测模型表

区域预测要素		描述内容	要素分类
特征描述		沉积变质型碎白云母矿床	
区域成矿地质环境	构造背景	新太古代阜平陆核增生带	必要
	成矿时代	新太古代早期	必要
	含矿地层	新太古界湾子岩组一段	必要

续表 7-12

区域预测要素		描述内容	要素分类
区域成矿地质环境	岩石组合	以肉红色中层—中厚层中粗粒白云母钾长片麻岩为主，局部相变为钾长浅粒岩、二长浅粒岩、白云母二长片麻岩，中间夹有白云母石英片岩和斜长角闪岩等	必要
	岩石类型	白云母钾长片麻岩为含矿岩系，岩石呈肉红色，鳞片粒状变晶结构，片麻状构造，主要矿物为钾长石、石英和白云母，次要矿物有斜长石、黑云母、磁铁矿、锆石、独居石	必要
	结构构造	鳞片粒状变晶结构，片麻状、片状构造。变余沉积构造较发育	必要
	变质作用	低角闪岩相，中高温区域变质作用，$T=550\sim630℃$，$P=0.3\sim0.5GPa$	重要
	沉积建造	陆源碎屑-碳酸盐岩建造	次要
	地层厚度	湾子岩组厚度为 292～988m，一段为 100～750m	重要
	控矿条件	矿体受弯子组一段地层控制	重要
区域成矿地质特征	矿带规模产状	成矿带呈北东东向分布，含矿岩系长 80km 左右，宽度约 7km。岩层倾向南东，倾角 30°～80°。东部含矿岩层走向北西，出露分散，北西向长约 6km	重要
	矿床及矿点	区内分布大型矿床 4 处，中型矿床 4 处，小型矿床 1 处，矿点 3 个，累计查明碎白云母矿物量 1607.55×10^4 t	重要
	矿物组合	白云母-钾长石-石英-(斜长石)-磁铁矿-锆石-独居石	次要
	矿石结构	鳞片变晶结构为主，其次是鳞片粒状变晶结构，局部伟晶结构	次要
	矿石构造	主要是片状构造和片麻状构造	次要
	矿体特征	矿体呈层状、似层状、透镜状	次要
	化学成分	高硅高钾、低钙镁、Na_2O/K_2O 低	重要
	化探特征	矿石的化学特征高硅高钾低钙镁，在 1:20 万地球化学图上含矿岩系与非含矿岩系没有明显区别，Th、Zr 与含矿岩系有关，Th 异常与含矿岩系较吻合	重要
	遥感特征	遥感羟基异常与含矿岩系吻合较好	重要
		遥感矿产地质特征，采矿遗迹为找矿标志	次要

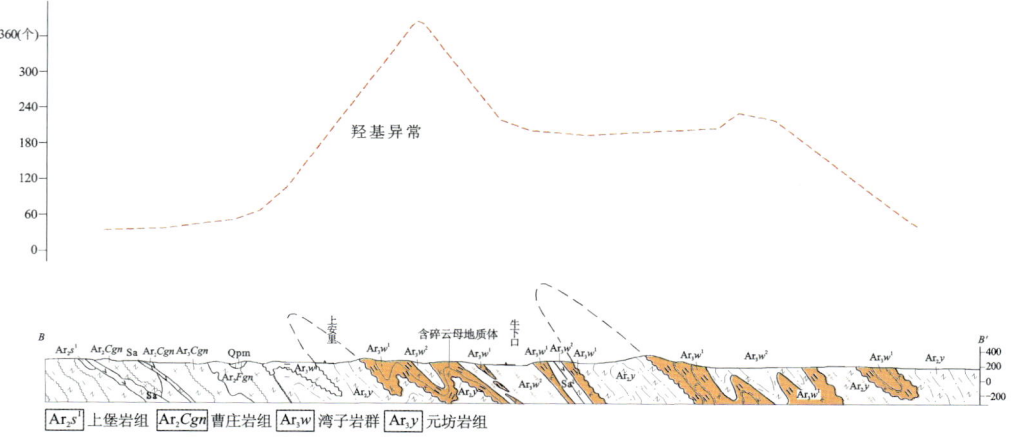

图 7-17 山门口式沉积变质型碎白云母矿区域预测模型图

第五节 综合预测区特征

涞源-阜平成矿区依据成矿地质条件、物化探条件、单矿种最小预测靶区情况,共划分15个综合预测区见图7-18,其中A类2个,B类9个,C类4个,综合预测区的成矿地质特征详述如下。

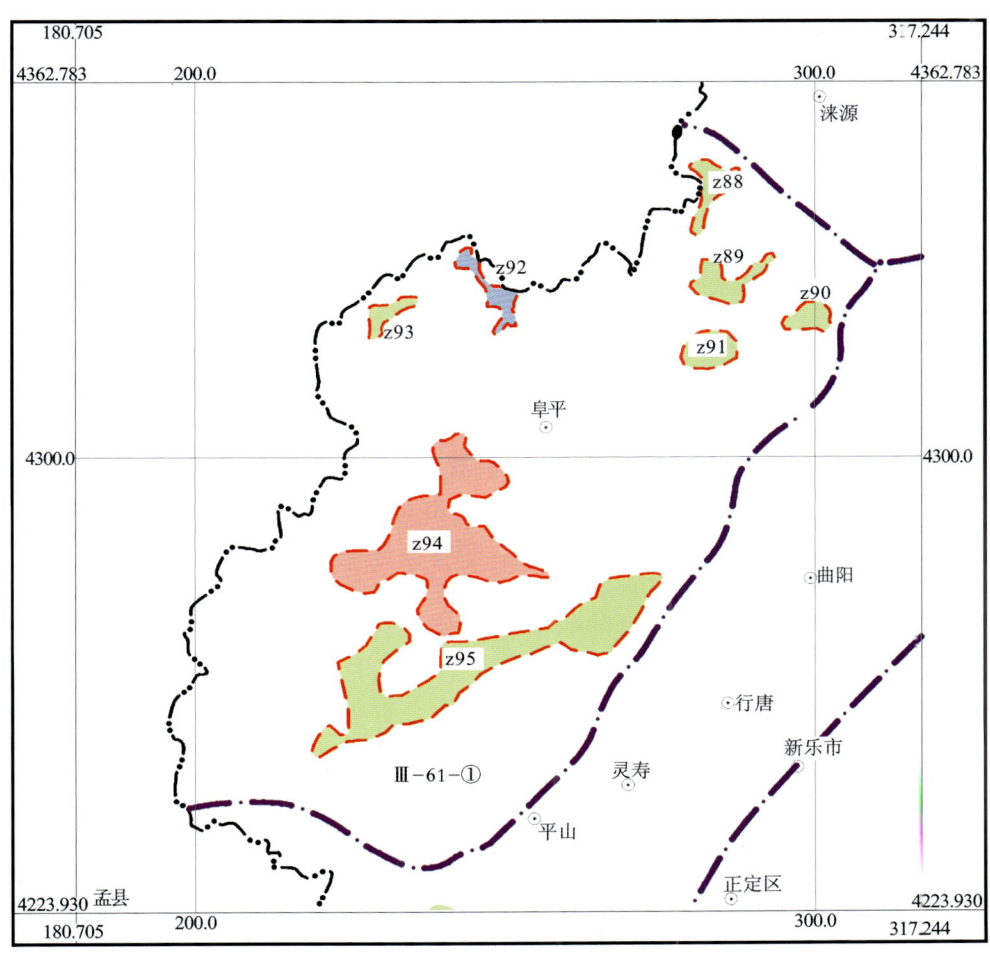

图7-18 涞源-阜平成矿区综合预测区分布图

1. 独山城综合预测区 Z88

预测区面积40.674 231km², 为B类预测区,区内有2个铁矿点,1个金矿点,主要预测矿种为铁矿、金矿、硫铁矿。位于重砂异常Au192、Au198内。1:20万航磁正异常,重力梯度带为(−90,−96)。独山城式铁矿成矿地层为新太古代石咀岩群金刚库岩组,地处华北古陆核间边缘增生带,受新太古代变质地层控制。金成矿围岩为太古宇阜平群变质岩系、中元古界白云岩,成矿岩体为中生代燕山早期的中性、中酸性、酸性杂岩体,地处隆起区、隆坳过渡带,受北东向区域性深大断裂及其次级构造控制。硫铁矿成矿围岩为五台群板峪口岩组浅粒岩-片岩-大理岩建造和金刚库岩组黑云(角闪)斜长变粒岩-斜长角闪岩-磁铁石英岩建造,成矿岩体为阜平期、五台期、吕梁期岩浆岩,地处阜平隆起成矿区,为区域性复式向斜构造。

区内查明资源量:铁矿93 342.00×10³t。

区内预测资源量:500m以浅铁矿28 580.13×10³t,硫铁矿4752.36×10³t;1000m以浅铁矿

191 895.13×10³t，金矿 2572.70kg，硫铁矿 4752.36×10³t；2000m 以浅铁矿 191 895.13×10³t，金矿 2572.70kg，硫铁矿 4752.36×10³t。

2. 大石峪-吴家铺综合预测区 Z89

预测区面积 49.18km²，为 B 类预测区，区内有 4 个金矿床，主要预测矿种为银矿、铁矿、金矿。位于重砂异常 Au198 内。1∶20 万航磁正异常，重力梯度带为（−72，−90）。铁矿成矿地层为中太古代陈庄岩群元坊岩组、城子沟岩组，位于华北古陆核间边缘增生带，受中太古代变质地层控制。银金矿位于新太古界变质岩系、中新元古界、寒武—奥陶系碳酸盐岩地层中，成矿岩体为燕山期壳幔源中酸性杂岩体（万安镇、司格庄等杂岩体），地处军都山岩浆岩成矿区隆坳过渡带，受乌龙沟-上黄旗深断裂带及其次级断裂构造控制。

区内查明资源量：金矿 1106.00kg，银矿 27.27t。

区内预测资源量：500m 以浅铁矿 8192.63×10³t，银矿 6.58t；1000m 以浅铁矿 8192.63×10³t，银矿 7.90t，金矿 5401.15kg；2000m 以浅铁矿 8192.63×10³t，银矿 7.90t，金矿 5401.15kg。

3. 僧贯综合预测区 Z90

预测区面积 27.68km²，为 B 类预测区，区内有 1 个金矿床，主要预测矿种为铁矿、金矿、钼矿、银矿。1∶20 万航磁正异常，重力梯度带为（−50，−62）。铁矿成矿地层为中太古代陈庄岩群元坊岩组、城子沟岩组，位于华北古陆核间边缘增生带，受中太古代变质地层控制。银金矿和钼矿成矿围岩为太古宇阜平群变质岩系、中元古界白云岩，成矿岩体为燕山期壳幔源中酸性杂岩体（涞源-大河南杂岩体），地处隆坳过渡带杂岩体周围，受乌龙沟-上黄旗深断裂带两侧的近南北向次级断裂控制。

区内查明资源量：铁矿 14 249.00×10³t，银矿 2.45t。

区内预测资源量：500m 以浅铁矿 8120.30×10³t，银矿 1.67t，钼矿 3240.10t；1000m 以浅铁矿 8102.31×10³t，银矿 1.67t，金矿 1731.60kg，钼矿 3240.10t；2000m 以浅铁矿 8102.30×10³t，银矿 1.67t，金矿 1731.60kg，钼矿 3240.10t。

4. 下柳树沟综合预测区 Z91

预测区面积 46.07km²，为 B 类预测区，区内有 1 个铁矿床，2 个铅锌矿点，主要预测矿种为金矿、钼矿。位于地球化学综合异常区 Au63-乙伴生 Cu-Zn-Ag-Pb 内，位于重砂异常 Au208、Au207 内。1∶20 万航磁正异常，重力梯度带为（−60，−72）。该区钼矿和金矿位于新太古界变质岩系、中新元古界长城系高于庄组、蓟县系雾迷山组、寒武系—奥陶系碳酸盐岩地层，成矿岩体为燕山期壳幔源中酸性杂岩体，地处隆坳过渡带杂岩体周围，受乌龙沟-上黄旗深断裂带两侧的近南北向次级断裂控制。

区内预测资源量：500m 以浅钼矿 5026.55t，金矿 3293.48kg；1000m 以浅钼矿 5026.55t，金矿 3293.48kg；2000m 以浅钼矿 5026.55t，金矿 3293.48kg。

5. 大川-白石台综合预测区 Z92

预测区面积 37.09km²，为 C 类预测区，主要预测矿种为硫铁矿。1∶20 万航磁正异常，重力梯度带为（−82，−106）。成矿围岩为五台群板峪口岩组浅粒岩-片岩-大理岩建造和金刚库岩组黑云（角闪）斜长变粒岩-斜长角闪岩-磁铁石英岩建造，成矿岩体为阜平期、五台期、吕梁期岩浆岩，地处阜平隆起成矿区，为区域性复式向斜构造。

区内查明资源量：硫铁矿 2367.40×10³t。

区内预测资源量：500m 以浅硫铁矿 4710.91×10³t，1000m 以浅硫铁矿 4710.91×10³t，2000m 以浅硫铁矿 4710.91×10³t。

6. 岭东-银河村综合预测区 Z93

预测区面积 23.67km²，为 B 类预测区，区内有 1 个银矿床，2 个金矿点，1 个铅锌矿点，1 个铜矿点，主要预测矿种为金矿。位于重砂异常 44 铜铅 Au205 内。1:20 万航磁正异常,重力梯度带为(-106,-116)。金矿成矿地层位于太古宇阜平群变质岩系,成矿岩体为阜平隆起区中酸性-酸性中小型杂岩体(涞源、麻棚、大石峪等),地处阜平隆起区深大断裂及其次级构造。

区内预测资源量:1000m 以浅金矿 3925.11kg,2000m 以浅金矿 3925.11kg。

7. 秋树林-土石综合预测区 Z94

预测区面积 399.11km^2,为 A 类预测区,区内有 4 个银矿点,13 个金矿床及矿点,4 个铜矿点,1 个钼矿床,主要预测矿种为银矿、铁矿、金矿、钼矿。位于地球化学综合异常区 Au65-甲伴生 Cu-Zn-Ag 内,位于重砂异常 44 铜铅 Au214、Au217、Au219、Au220、Au221、Au218 内。1:20 万航磁正异常,重力梯度带为(-94,-48)。铁矿地层为中太古代陈庄岩群元坊岩组、城子沟岩组,位于华北古陆核间边缘增生带,受中太古代变质地层控制。而钼矿成矿围岩为太古宇陈庄岩群(元坊岩组)和阜平片麻岩套中深度变质岩系,银金矿成矿围岩为太古宙变质表壳岩、变质深成岩,钼矿与银矿成矿岩体为燕山期中酸性岩体、小岩株:石英二长闪长岩、石英二长岩、斑状二长花岗岩建造。地处兴安-太行南段成矿带阜平隆起成矿区,受紫荆关-灵山深大断裂及其次级断裂构造(大海坨-麻棚深断裂)控制。

区内查明资源量:铁矿 22 538.00×10^{3}t,银矿 96.37t,金矿 28 519.00kg,钼矿 4557.41t。

区内预测资源量:500m 以浅铁矿 31 210.82×10^{3}t,银矿 72.44t,钼矿 9128.61t;1000m 以浅铁矿 52 128.40×10^{3}t,银矿 72.44t,金矿 34 156.00kg,钼矿 9128.61t;2000m 以浅铁矿 52 128.40×10^{3}t,银矿 72.44t,金矿 39 572.12kg,钼矿 9128.44t。

8. 下口-柳树沟综合预测区 Z95

预测区面积 423.37km^2,为 B 类预测区,区内有 4 个金矿床,2 个铅锌矿点,2 个铜矿点,10 个碎云母矿点,主要预测矿种为银矿、碎云母、铁矿、金矿。位于重砂异常 44 铜铅 Au224、225、218 内。1:20 万航磁正异常,重力梯度带为(-28,-80)。铁矿地层为中太古代陈庄岩群元坊岩组、城子沟岩组,位于华北古陆核间边缘增生带,受中太古代变质地层控制。碎云母成矿地层为新太古界湾子岩组一段。矿体受湾子组一段地层控制。银金矿成矿围岩为太古宙变质表壳岩、变质深成岩,成矿岩体为燕山期中酸性-超酸性中小型杂岩体(涞源、麻棚、大石峪等)、岩脉:石英二长闪长岩、石英二长岩、斑状二长花岗岩建造。地处兴安-太行南段成矿带阜平隆起成矿区,受紫荆关-灵山深大断裂及其次级断裂构造控制。

区内查明资源量:碎云母 15 754.60×10^{3}t,铁矿 4123.00×10^{3}t。

区内预测资源量:500m 以浅银矿 17.57t,碎云母 63 456.21×10^{3}t,铁矿 1484.24×10^{3}t;1000m 以浅银矿 17.57t,金矿 4883.62kg,碎云母 63 456.21×10^{3}t,铁矿 4848.60×10^{3}t;2000m 以浅银矿 17.57t,金矿 4883.62kg,碎云母 63 456.21×10^{3}t,铁矿 4848.60×10^{3}t。

9. 大石峪—银坊一带铁矿综合预测区 Z136(Ⅳ-61-1)

预测区面积 57.37 km^2,为 C 类预测区,区内主要预测矿种为铁矿。1:20 万航磁正异常,重力梯度带为(-90,-50)。成矿地层为中太古代陈庄岩群元坊岩组。

区内预测资源量:500m 以浅 0×10^{3}t,1000m 以浅 8102.37×10^{3}t,2000m 以浅 8102.37×10^{3}t。

10. 僧贯—石门一带铁矿综合预测区 Z137(Ⅳ-61-1)

预测区面积为 15.00km^2,为 A 类预测区,区内有 1 个铁矿矿床,主要预测矿种为铁矿。1:20 万航磁正异常,重力梯度带为(-70,-40)。成矿地层为中太古代陈庄岩群,索家庄组、团泊口组及南营组。

区内查明资源量:14 249.00×10^{3}t。

区内预测资源量:500m 以浅 70 314.21×10^{3}t,1000m 以浅 139 154.79×10^{3}t,2000m 以浅 247 756.87×10^{3}t。

11. 阜平—东下关一带铁矿综合预测区 Z138（Ⅳ-61-1）

预测区面积为 73.86 km², 为 C 类预测区，区内主要预测矿种为铁矿。1:20 万航磁正异常，重力梯度带为（−90，−70）。成矿地层为中太古代陈庄岩群。

区内预测资源量：500m 以浅 4733.40×10³t，1000m 以浅 13 092.78×10³t，2000m 以浅 13 092.78×10³t。

12. 齐村—九口子一带铁矿综合预测区 Z139（Ⅳ-61-1）

预测区面积为 106.40 km², 为 B 类预测区，区内主要预测矿种为铁矿。区内位于 1:20 万航磁正异常，重力梯度带为（−50，−30）。成矿地层为中太古代陈庄岩群。

区内查明资源量：1209.00×10³t。

区内预测资源量：500m 以浅 13 335.32×10³t，1000m 以浅 16 244.18×10³t，2000m 以浅 16 244.18×10³t。

13. 牛荆背—城南庄一带铁矿综合预测区 Z140（Ⅳ-61-1）

预测区面积为 203.17 km², 为 B 类预测区，区内有 2 个铁矿矿床，主要预测矿种为铁矿。1:20 万航磁正异常，重力梯度带为（−100，−40）。成矿地层为中太古代陈庄岩群。

区内查明资源量：3692.00×10³t。

区内预测资源量：500m 以浅 10 793.91×10³t，1000m 以浅 15 756.24×10³t，2000m 以浅 15 756.24×10³t。

14. 蛟潭庄—南寺一带铁矿综合预测区 Z141（Ⅳ-61-1）

预测区面积为 216.30 km², 为 C 类预测区，区内主要预测矿种为铁矿。1:20 万航磁正异常，重力梯度带为（−100，−60）。成矿地层为中太古代陈庄岩群。

区内查明资源量：4123.00×10³t。

区内预测资源量：500m 以浅 14 411.62×10³t，1000m 以浅 19 349.61×10³t，2000m 以浅 19 349.61×10³t。

15. 下口—温塘一带铁矿综合预测区 Z142（Ⅳ-61-1）

预测区面积为 314.03 km², 为 B 类预测区，区内有 6 个铁矿矿床，主要预测矿种为铁矿。1:20 万航磁正异常，重力梯度带为（−80，−50）。成矿地层为中太古代陈庄岩群。

区内查明资源量：14 219.00×10³t。

区内预测资源量：500m 以浅 11 908.42×10³t，1000m 以浅 26 075.13×10³t，2000m 以浅 26 075.13×10³t。

第六节 综合预测区部署建议

按照河北省地质勘查"358"项目的统一规划、统一部署、分片实施、整装勘查的要求，以河北省矿产资源潜力评价为基本部署依据，结合已有勘查成果，以综合预测区为单元，实施区域展开，重点突破，强化物探、化探、遥感等多方法组合，并加强带钻查证异常和矿点检查的力度，以发现新的更多的重要线索、重要矿点或可供进一步工作的矿产地，确定新的重要矿集区。

一、涞源一带部署区

主攻矿床类型：矽卡岩型铁矿、斑岩-矽卡岩型铜矿、斑岩-矽卡岩型钼矿、热液型铅锌矿、热液型银矿。
部署区地质条件：山西断隆与燕山台褶带的结合部位，阜平-官厅变质核杂岩区。地层基底为太古宇阜平群变质岩系,盖层为中元古界长城系碳酸盐岩及中生界火山岩。矿床成矿与燕山期张家口火山旋回酸偏碱性次火山流纹斑岩有关,岩体为涞源花岗杂岩体。铅、锌、银、铜、钼、金化探异常浓度分带明显。航磁异常值较高。

部署区工作程度:工作程度较高,部分地区进行过详查、勘探工作。

找矿工作部署建议:电法扫面 150km²、土壤测量 200 150km²、硐探 1000m、钻探 5000m。

预期成果:中型铁矿 2 处,大型铜钼矿 1 处,大型锌钼矿 1 处,中型铅锌矿 2 处,中型银矿 2 处。

二、石湖一带部署区

主攻矿床类型:绿岩建造型金矿、热液型银矿、斑岩型钼矿。

部署区地质条件:五台台拱阜平穹断束南部,地层为太古宇阜平群变质岩系,由基性-中基性火山岩-碎屑岩-镁质碳酸盐岩等变质表壳岩和基性-酸性变质深成岩类组成。岩体为阜平变质核杂岩麻棚杂岩体。金、锌、银、钼化探异常浓度分带明显。

部署区工作程度:工作程度一般,部分地区进行过普查工作。

找矿工作部署建议:1:5 万水系沉积物扫面 350km²,重点地段进行电法扫面 250km²、硐探 2000m。

预期成果:中型金矿 1 处,小型金矿 1 处,小型银矿 1 处,小型钼矿 1 处。

第八章 邯郸-邢台成矿区预测成果

本章以河北省邯郸-邢台Ⅳ级成矿带为单元，综合分析区域成矿地质背景、物化探、重砂、遥感特征，总结出成矿带内各矿种预测模型表及预测模型图，圈定本成矿带综合预测区。

第一节 区域地质背景

该亚带分布于太行山南部，其底界不整合在太古宇及古元古代变质岩之上，包括赞皇古岛弧、晋东南碳酸盐岩台地。

赞皇古岛弧分布于赞皇、内丘、邢台的西部。赞皇岩群主期变质为角闪岩相，后经历了绿片岩相多期区域变质作用与变形作用的改造。下部大和庄岩组为斜长角闪岩-变粒岩-磁铁石英岩组合，岩石类型以含蓝晶石、石榴石、石墨的黑云变粒岩为主，夹斜长角闪岩及磁铁石英岩；中部立羊河岩组为石英岩-变粒岩-大理岩组合，岩性以石英岩、大理岩为主，夹斜长角闪岩、变粒岩；上部宁家庄岩组为黑云变粒岩-斜长角闪岩组合，岩性以斜长角闪岩为主，夹变粒岩。前者是主要含铁层位，但铁矿规模不大。

赞皇岩群下部主要由中酸性凝灰岩、凝灰质粉砂岩及富铝的泥质粉砂岩，间夹基性火山岩组成；中部全部由沉积碎屑岩（砂岩、粉砂岩、泥等）及碳酸盐岩组成；上部以中酸性凝灰岩、凝灰质粉砂岩、粉砂岩为主，并夹有多层基性火山岩。总体亦属火山-沉积建造。

伴随的侵入岩称邢台片麻岩套，包括北潘片麻岩（辉长质片麻岩）、王家崇片麻岩（英云闪长质片麻岩）、丰来峪片麻岩（花岗闪长质片麻岩），原岩为基性-中性-酸性侵入岩类，与赞皇岩群为侵入或交代侵入关系。划分为赞皇辉长质-花岗闪长质片麻岩组合。

晋东南碳酸岩台地包括赞皇-涉县夭折裂谷（Pt_2）、西达陆源碎屑-碳酸盐岩陆表海盆地（$\in_{1-2}$）、涉县陆表海碳酸盐岩台地（$\in_2—O_2$）、峰峰海陆交互陆表海盆地（$C_2—P_1$）和大椒村陆内盆地（$P_1—T_2$）。区内地层产状平缓，褶皱构造简单，断裂构造发育。主断裂北北东向，平面弯曲波状，多属压扭性质。断裂在空间上东密西疏，东强西弱。北西向的张性或张扭性断裂亦较发育。岩层支离破碎，为燕山期岩浆侵入提供了空间，是河北省接触交代型铁矿的主要成矿区。本区中新元古代仅有高于庄组及以下地层，赵家庄组仅在本区存在，其上被常州沟组砾岩或含砾砂岩平行不整合覆盖。

1. 赵家庄-串岭沟初始裂谷

该裂谷仅发育高于庄组以下层位，最早的赵家庄组出露于本区，除赵家庄组外，沉积特征与燕辽裂谷基本相同。赵家庄期是本区发生的第一次海侵，仅限于井陉-武安地层分区，是结晶基底上的低凹地区。向西延入山西，向南延入河南。沉积物为一套局限海相紫红色岩系，厚度不稳定，常于近距离内尖灭。

2. 赞皇-涉县团山子-高于庄裂谷

团山子期太行山区强烈坳陷，自下而上发育了团山子潮坪碳酸盐岩-碎屑岩组合、大红峪滨浅海石英砂岩-白云岩组合、高于庄潮坪燧石白云岩-含锰白云岩组合。与燕山地区相比，虽然地层单位相同，但沉积厚度明显变薄。大红峪期末，"青龙上升"使本区发生海退，致使大红峪组顶部遭受风化剥蚀。高于庄期本区地壳下降，海域范围较大红峪期更为扩大。初期以一套砂砾岩层平行不整合于大红峪组之上，随后为潮坪相碳酸盐岩沉积。

高于庄期末时，"滦县上升"使本区发生海退，高于庄组顶部遭受风化剥蚀。

3. 西达陆源碎屑-碳酸盐岩陆表海盆地

西达陆源碎屑-碳酸盐岩陆表海与昌平-驻操营陆源碎屑岩-碳酸盐岩陆表海有基本相同的发展历史，昌平期海水由东向西侵入本区，沉积了属局限海相的碎屑岩-碳酸盐岩建造。馒头期海侵扩大，沉积中心在武安市一带，沉积了一套潟湖-浅海相的钙泥质岩-碳酸盐岩建造，超覆在不同的层位之上。

4. 涉县陆表海碳酸盐岩台地

涉县陆表海碳酸盐岩台地是在西达陆源碎屑-碳酸盐岩陆表海盆地基础上发育起来的代表碳酸盐台地的成熟阶段（深水型碳酸盐岩），其中张夏组代表平顶型台地发展阶段。与平泉-涞源碳酸盐岩陆表海的最大差别在于本区三山子白云岩替代了后者中冶里-亮甲山组。

奥陶纪，是中国地史上最大的海侵期，冶里期海陆分布范围与晚寒武世基本相同。

三山子期为潮间潟湖相镁质碳酸盐岩夹膏盐建造，代表清水型碳酸盐岩台地。马家沟期总体属浅海陆棚-潟湖相环境，为镁质碳酸盐岩夹膏盐建造。

马家沟期末时，本区地壳上升，普遍遭受风化剥蚀，燕辽地区抬升较快，剥蚀深度较大，缺失马家沟组上部三段（即原峰峰组）。

5. 峰峰海陆交互障壁陆表海盆地

中石炭世本溪早期，形成古生代以来，华北地区第二次大海侵，形成本溪滨浅海铁铝质岩-泥砂岩组合、太原海陆交互含煤砂页岩-灰岩组合、山西沼泽含煤泥砂岩组合。

初始沉积铝土、铁质岩系即本溪滨浅海铁铝质岩-泥砂岩组合，风化壳物质中铁、铝质较多，首先形成一套铁铝质岩，局部富集为"山西式"铁矿和铝土矿，为滨浅海相沉积环境；随后，海水变浅，甚至成陆，沉积一套以泥砂质岩及碳质页岩为主体的海陆交互相沉积物。

中晚石炭世到早二叠世，海侵范围扩大，分布在辽西、冀东和太行山东麓。太原期与本溪期为连续沉积，形成了一套海陆交互相含煤页岩-灰岩沉积。早期海侵过程达到最高峰，普遍在底部沉积了一层较厚的灰岩层。之后，沉积环境由浅海转入潮坪-潮汐三角洲环境，泥岩、粉砂岩夹几层薄层灰岩是其主要沉积物。由于当时气候湿润，植被发育，大部分地区有煤层形成。太原期最后一次海侵之后，山西期进入浅水三角洲沉积环境，沉积物主要为陆相砂页岩夹煤层。

到晚二叠世，本区完全脱离海洋环境，进入陆相河、湖沉积，发育一套灰色粉砂质页岩-黄绿色（含砾）石英砂岩-页岩-含砾粗砂岩，夹煤层。在石家庄及其以南地区，形成一套河流相、沼泽相含煤碎屑岩建造。是河北省主要的煤矿基地之一。

6. 大椒村陆内盆地

在早二叠世后，本区结束了海侵历史，形成于曲流河-辫状河的沉积环境，集中分布在邯邢地区太行山东麓，全为以河流相为主的红色碎屑岩建造，包括石盒子河湖相泥岩-砂岩-铝土质岩组合（P_2s）、孙家沟河湖相粉砂岩-泥岩组合、刘家沟曲流河砂岩-细砂岩组合、和尚沟河湖相粉砂岩-泥岩组合、二马营河湖相砂岩-泥岩组合。古气候干旱炎热，植物繁盛，形成了 *Cladophlebis-Pleuromeia* 植物组合。

分布于太行山南部，岩浆活动较弱。火山岩仅武安—永年交界一带出露，为娄里同造山粗面质凝灰岩-粗面质含角砾凝灰熔岩组合。侵入岩分布零散，从侏罗纪到白垩纪都有产出。有叩天井角闪辉橄岩-辉长岩组合、东鹿头同造山高钾（斑状）角闪闪长岩组合、郭二庄-西石门同造山高钾闪长岩-二长岩组合（K_1^1）、洪山后造山高钾辉石正长岩-正长岩组合（K_1^2），均为幔源侵入岩。中侏罗世、早白垩世早期侵入岩与铁、钴等黑色金属矿产关系密切，是邯邢铁矿的成矿母岩；早白垩世晚期侵入岩与金矿关系密切。

第二节 区域矿产特征

本成矿带主要矿产为铁矿、铝土矿、硫铁矿、重晶石矿、菱镁矿、钴镍矿,见图8-1。

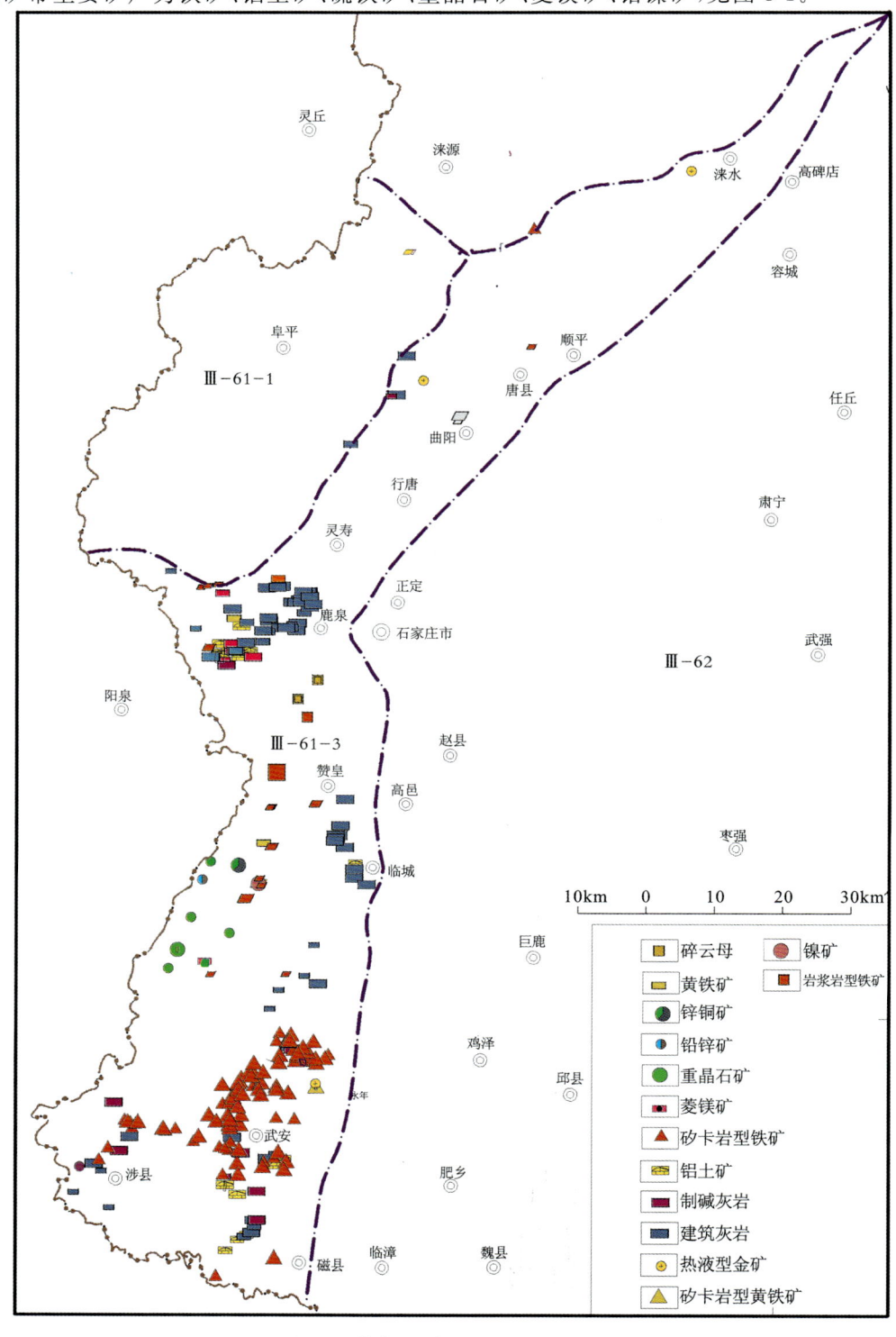

图8-1 邯郸-邢台成矿区矿产分布图

矽卡岩型铁矿,查明储量 803 373×10³ t,矿床及矿点 104 个,其中中型矿床 21 个,小型矿床 37 个,矿点

46个;沉积变质铁矿,查明储量48 472×10³t,矿床及矿点14个,其中中型矿床2个,小型矿床3个,矿点9个。

沉积型铝土矿,查明资源量29 141×10³t,矿床及矿点14个,其中小型矿床9个,矿点5个。

沉积型硫铁矿,查明储量5280×10³t,矿床4个,均为小型;沉积变质硫铁矿,查明储量7079×10³t,中型矿床1个,矿点1个;矽卡岩型硫铁矿,查明储量9691×10³t,中型矿床1个,小型矿床1个。

热液型重晶石矿,查明储量541×10³t,矿床及矿点4个,其中小型矿床1个,矿点3个。

沉积变质型菱镁矿,仅1个,查明储量33 997×10³t,为中型矿床。

钴镍矿为杏树台沉积变质型磁铁-硫铁矿的伴生矿,查明储量2987t。

本成矿带内矿床集中分布在3个构造区——井陉凹陷、赞皇隆起、武安凹陷内。

井陉凹陷区内主要矿产为沉积型铝土矿和硫铁矿,其赋矿层位相近,都位于中石炭统本溪组地层底部,中奥陶统马家沟组灰岩古侵蚀面之上,硫铁矿层位于铝土矿矿层下方。硫铁矿成因为生物化学沉积成矿,铝土矿为搬运富集成矿。

赞皇隆起区内主要矿产为沉积变质型铁矿、沉积变质硫铁矿、沉积变质菱镁矿、热液型重晶石矿、热液型钴镍矿。本区总体为一变质核杂岩构造,以赞皇隆起为主体,其变质杂岩核单元由阜平群、五台群等基底构造层组成;盖层拆离滑脱单元由元古宇、古生界盖层构造层和中、新生界地洼构造层组成,环绕赞皇隆起依次分布。其拆离滑脱构造与各构造层间界面、不整合面、含膏盐层位较软弱带协调一致或呈"犁式"截切。前中生代岩浆岩呈岩基(株)、岩床侵位于基底构造层。本区与太古宙基性、超基性岩有关的钴、硫及砷铋银等矿床呈脉状,矿化类型为受变质岩浆热液型,类"五元素建造",以杏树台式矿床为代表。本阶段受前寒武成矿域控制,从早到晚成矿环境由地槽(Ar)→裂谷(Pt_1),矿化类型由受变质岩浆热液型(Ar)→火山热液型(Pt_2),成矿元素由Co、Ni、S(As、Bi、Ag)为主→Cu(Zn)为主,规律性较强,本期矿化强度较弱,矿床以中小型为主。本成矿区矿床系列主要形成于太古宙—古元古代,即形成于基底形成期,成矿环境为地槽、裂谷(Ar—Pt_1),矿化类型为受变质岩浆热液型,成矿元素为Fe、Co、Ni、As、Bi、S、Ag、Cu、Zn(前寒武成矿域)。矿床分布受变质核杂岩构造控制,前中元古代活动期矿床(第Ⅱ、Ⅻ系列)分布于变质杂岩核单元,较集中产于赞皇隆起区,分布规律清晰。

武安凹陷区内主要矿产为矽卡岩型铁矿、矽卡岩型硫铁矿。矽卡岩型铁矿即著名的"邯邢式"铁矿。燕山期侵入的中性岩浆岩是邯邢式铁矿成矿的主要条件,是成矿铁质的主要来源。岩浆岩多次活动,铁矿是在岩浆岩活动的大规模侵入阶段形成的。邯邢地区燕山期岩浆岩分3个阶段侵入,与成矿关系密切的主要是第二阶段侵入的闪长岩类,次为第一阶段侵入的角闪闪长岩及闪长岩。铁矿主要产于燕山期中性杂岩体与中奥陶统碳酸盐岩接触带中。矿体的产状、规模和形态严格受接触带控制,矿床中很少为单一矿体组成,多数以一个矿体为主、上下重叠的一组矿体组成。矿体规模以中小型为主,成矿时代为燕山期。

矽卡岩型硫铁矿赋存于奥陶纪—早二叠世石盒子组地层中,以石炭系本溪组、太原组及山西组含煤地层为主要赋矿层位。硫铁矿床成矿与燕山期中性杂岩体有关,成矿过程相当复杂且具有多阶段性,从气成热液到高、中温热液阶段均有硫化物生成。成矿作用的时间较长。矿体产出形式主要有顺层交代煤层和层间交代两种。矿体围岩蚀变强烈,主要为矽卡岩化及钠长石化。区内除煤层被交代为矽卡岩型黄铁矿之外,亦见灰岩交代成石榴石、透辉石、磁铁矿、黄铁矿等,长石石英砂岩仅见蚀变成钠长石化砂岩及钠长岩。

第三节 区域地、物、化、遥、重砂特征及推断解释成果

一、区域重力特征

区内布格重力异常主要为一近南北向梯级带,是武夷山-太行山-大兴安岭北东向重力梯级带的一部分。

从剩余重力异常图上看,区内重力低异常主要由太古宙变质花岗岩、变质中酸性岩及新生代沉积盆地引起,该类异常一般较宽缓,幅值自$-3\times10^{-5}m/s^2$至$-9\times10^{-5}m/s^2$。重力高异常由隐伏中性岩、太古宙变质岩及碳酸盐岩引起,该类异常面积不大,呈圆状、椭圆状沿成矿带东侧串珠状分布。重力高异常梯度一般较大,剩余异常幅值自$5\times10^{-5}m/s^2$至$12\times10^{-5}m/s^2$。

二、区域航磁特征

航磁异常轴向为南北和北北东,正磁异常在成矿带内断续分布,梯度较缓,幅值自150nT至400nT。正磁异常主要由基性-中基性岩体及太古宙英云闪长质片麻岩和中酸性岩引起。区内分布于邯郸武安附近的中酸性岩浆岩侵入体与铁矿关系密切。本区负磁异常主要与古生代沉积岩及阜平群表壳变质岩有关,异常呈面状,幅值低缓。

三、区域地球化学特征

地球化学分区属于易县-阜平-武安区,相当于阜平赞皇岩浆弧＋晋东南台地(山西台隆),由赞皇群、阜平群、五台群、滹沱群变质岩、中-新元古界和古生代沉积盖层及少量燕山期花岗岩组成,以富集Ca、Mg、P、B,铁组元素含量中等为特征,有大中型金、铜、铁等矿床产出。包括阜平赞皇岩浆弧南部及井陉、武安碳酸盐岩台地。

从地层元素含量变异系数看主要成矿元素组合。赞皇群Au 0.579、Ag 0.516、Sn 0.496、B 0.475;寒武系Mo 6.087、Ag 0.631、Hg 0.628、Sn 0.457;奥陶系Sn 2.839、Au 0.663、Ag 0.552、Hg 0.498;符山超单元(J_2F)Au 0.531、Sn 0.523、W 0.520、B 0.466;矿山村超单元(J_3K)Mo 0.549、W 0.947;洪山组合(K_1Hs)Au 0.702、Cu 0.427、Mo 0.398。

全区元素含量变异系数依次排列为Mo、Sb、Hg、Au、Ag等,反映主要成矿元素及伴生前缘和尾晕元素表(表8-1)。

表8-1 Ⅲ-61-③成矿带区域地球化学统计参数表($n=2788$)

参数	Ag	Au	Bi	Cr	Cu	F	Hg	Mn
max	0.53	11.2	0.679	189	113	2000	562	1454
min	0.021	0.10	0.014	15.4	7.2	226	6.0	158
Xp	0.063	0.96	0.168	50.7	27.0	598	28.3	630
Xm	0.061	0.90	0.168	49.1	25.6	580	25.0	638
Sx	0.024	0.586	0.061	11.9	7.99	129	19.7	104
Cv	0.381	0.612	0.364	0.236	0.296	0.215	0.695	0.164
参数	Mo	Ni	Pb	Sb	Sn	W	Zn	
max	153	126	206	39.2	16.1	9.14	578	
min	0.10	6.79	9.8	0.04	0.28	0.20	24.8	
Xp	0.596	22.7	21.2	0.52	1.62	1.42	70.9	
Xm	0.52	21.1	21.0	0.52	1.53	1.50	67.4	
Sx	2.895	6.869	4.836	0.768	0.723	0.471	19.1	
Cv	4.855	0.303	0.228	1.466	0.446	0.332	0.270	

注:含量单位:Au、Hg为$\times 10^{-9}$,其余元素为$\times 10^{-6}$。

全区地球化学特征为CaO、MgO、B、Bi、Cd、Co、Cu、Hg、Ni等以高背景为主,其余元素以低背景为主。Au在变质岩区和侵入岩区为高背景分布,在永年洪山一带出现小面积异常沉积地层分布区为低背景分布。Ag以低背景分布为主,在井陉南障城、武安阳邑、永年洪山沟及峰峰矿区一带出现高背景和异常区;Pb以低背景为主,Cu、Fe_2O_3在内丘白鹿角—邢台城计头一带为高背景和正异常分布,其余地区为低背景分布。

区内圈定银铅矿综合地球化学异常1处,位于邯郸峰峰矿区,元素组合为Ag、Pb、Cd、Bi、Sb。铜矿地球化学综合异常3处:赞皇虎寨口Cu-Cd乙异常、内丘桃园Cu-Cd甲异常、邢台新城Cu-Au-Mo甲异常。另圈定2个Cr、Ni丙类异常。

主要综合地球化学异常有 5 处(图 8-2)。

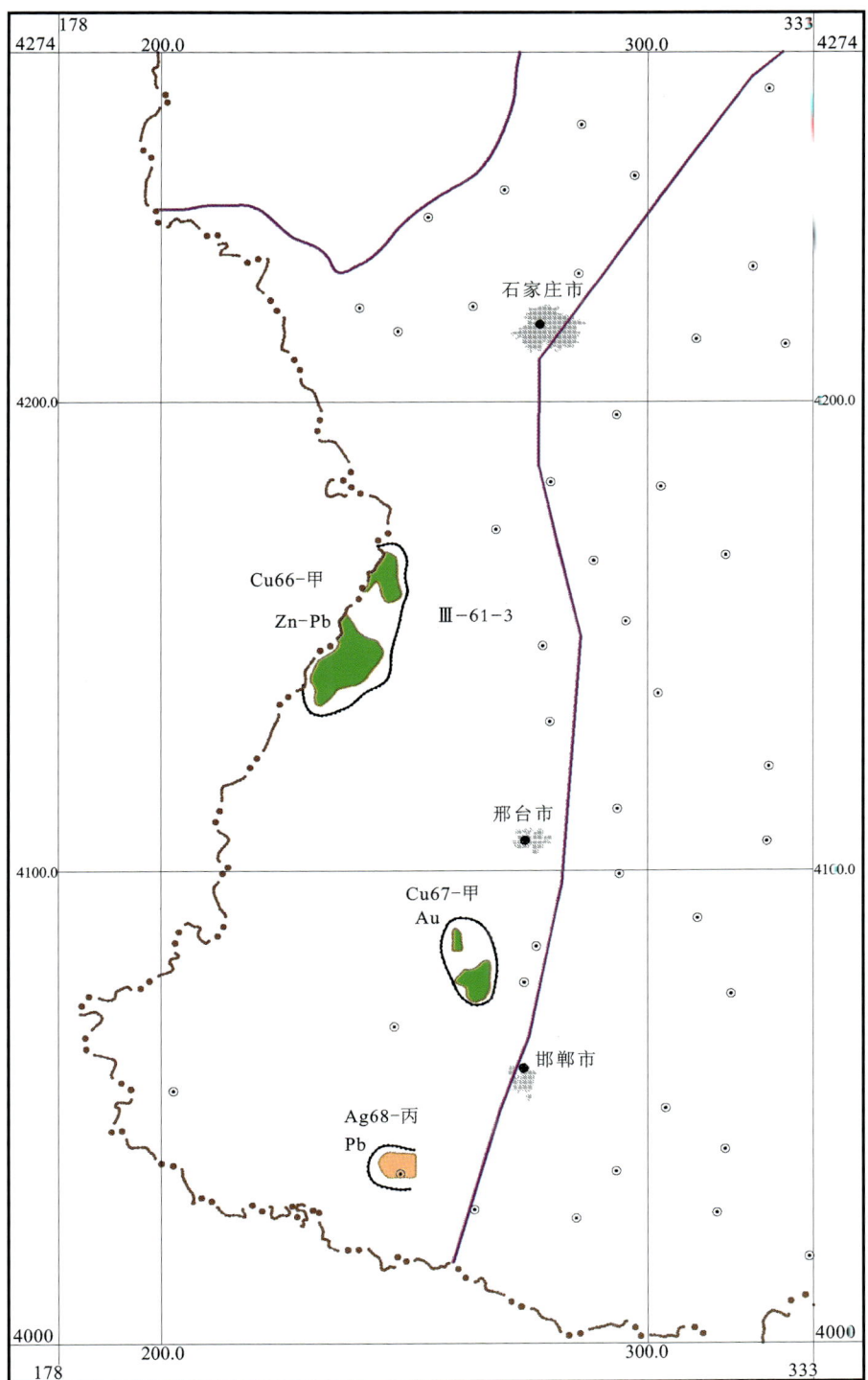

图 8-2 地球化学综合异常图

(1) 1331-乙井陉障石岩-内丘白鹿角 FeCrNiCo 综合异常。
(2) 1338-甲井陉障石岩-内丘白鹿角 CuAuAgBiW 综合异常。
(3) 1337-乙永年洪山 AuAgBiHgSb 综合异常。
(4) 1339-甲永年洪山 CuAuAgBiW 综合异常。
(5) 1363-丙峰峰矿区 AgPbZnCd 综合异常。

四、区域自然重砂特征

该成矿区金自然重砂异常分布较集中,共圈出 6 处,其中 1 级异常 1 处,2 级异常 3 处,3 级异常 2 处。主要分布在临城-内丘县山区,见图 8-3。银铅锌铜组合异常分布与金矿物异常分布位置重叠或附近。共有 3 处银综合异常,其中 1 级异常 1 处,2 级异常 2 处,见图 8-4。

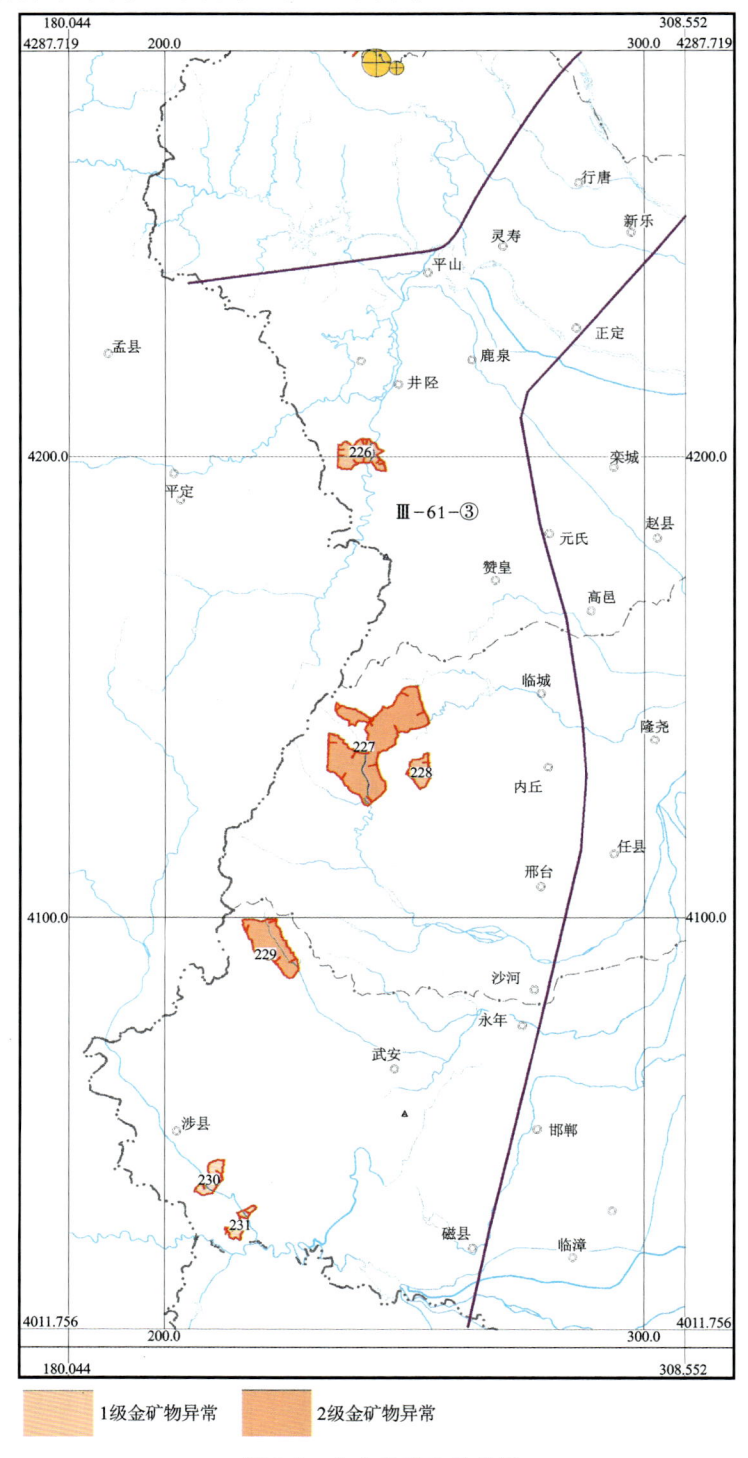

图 8-3 金自然重砂异常图

铜、铅锌与古元古代绿片岩相变质岩石(原岩为基性-超基性火山岩)中的矿化关系密切,在赞皇地区较大面积的出露。铜、铅锌与古元古代浅变质(绿岩带)岩石中的已知矿床、矿点有较好的对应关系。可以作为进一步找矿工作的线索。

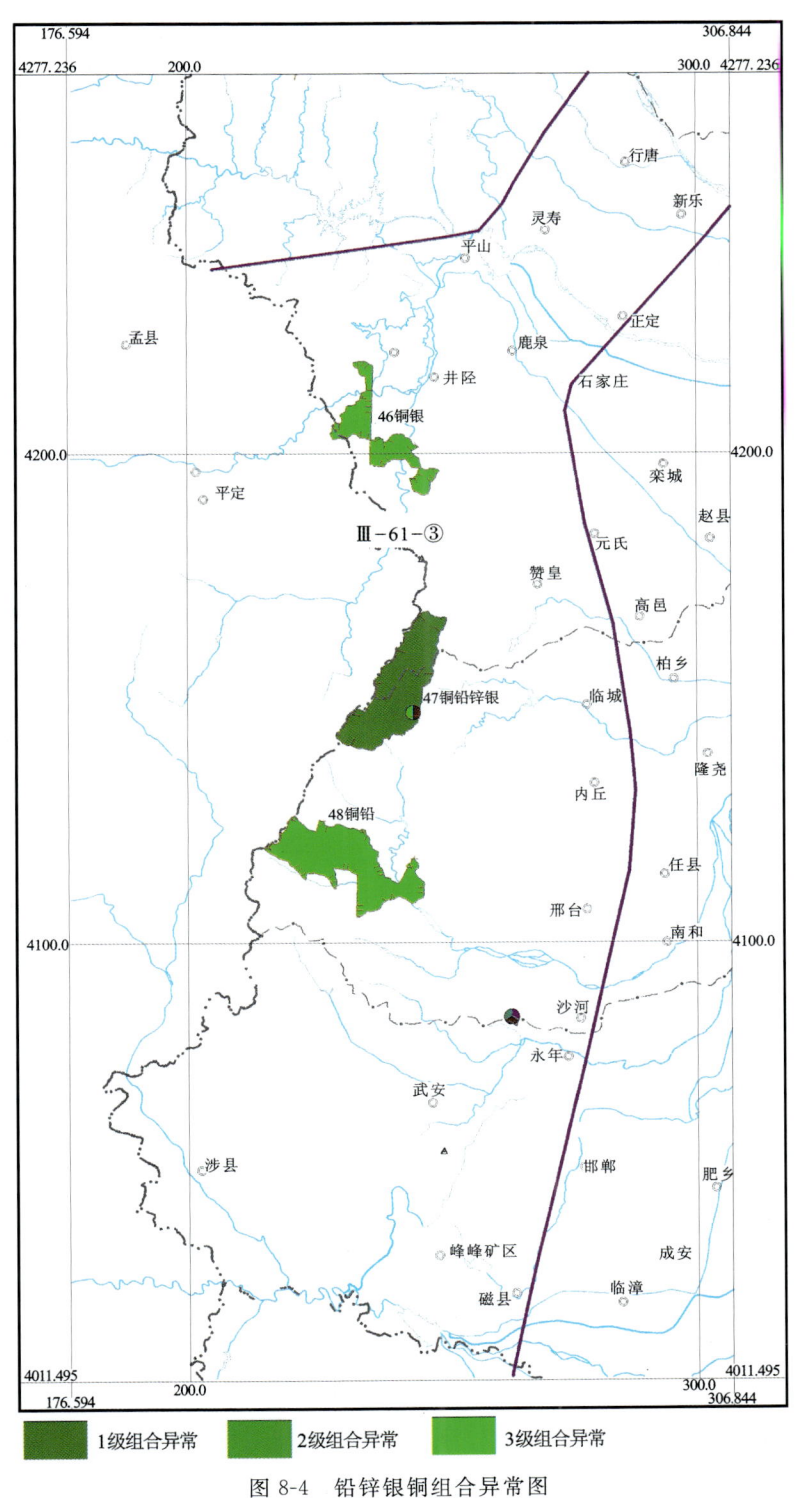

图 8-4 铅锌银铜组合异常图

五、区域遥感特征

该成矿区位于石家庄-井陉以南,由赞皇隆起、武安坳陷、井陉坳陷 3 个Ⅴ级成矿单元组成。总体构造线北北东向。赞皇隆起区主要为区域变质型石墨、铁、硫、岩浆型钒钛铁矿、火山热液型铜、锌等；武安坳陷主要以邯邢式矽卡岩型铁矿、峰峰式煤矿为特征,是铁、煤、石膏、铝土及水泥灰岩、电石灰岩、耐火黏土、黄铁矿、水泥灰岩、电石灰岩成矿区。可圈定1个Ⅴ级成矿区：武安-沙河 Fe、铝土矿、煤成矿区。

遥感解译断裂构造：北东—北北东断裂；次要构造方向：北西、北东东断裂。

解译环形构造：

(1)闪长岩类引起的环形构造分布于沙河市綦村、武安市西寺庄、矿山镇、峰峰等地。圆—椭圆形，影像清晰,多为环形影像,或为环形色块。

(2)西石门环形构造：环形色块,椭圆,环内影纹紊乱,出露闪长岩类岩体,岩体围岩为奥陶系灰岩,侵入接触,形成矽卡岩接触带。与矿关系密切,矿床类型为矽卡岩型铁矿。

(3)中生代花岗岩类引起的环形构造：位于永年县附近,中型多重环,椭圆,轴向北西西,环缘为沟谷或凹地,环内不平坦,环内出露白垩系黑云辉石正长岩、二叠—三叠系含砾钙质砂岩、砖红色砂质泥岩、砂岩等。赋矿性不好。

(4)与隐伏岩体有关的环形构造：分布涉县、阳邑、坦岭、午汲等地。

(5)西河下村环形构造：椭圆,轴向北东东,环缘为沟谷,环内出露奥陶系灰岩。有采矿迹象,推测存在闪长岩类侵入岩,矿产为矽卡岩型铁矿。

(6)成因不明环形构造：分布于井陉凤山、内丘獐獏、武安市贺进村北等地。

(7)贺进环形构造：影像清晰,环形沟,两环相交,中型圆—椭圆形。轴向北北西。围岩为长城系常州沟组粉砂质页岩、寒武系鲕状灰岩、薄板状灰岩、砾屑灰岩、页岩等。

该成矿带羟基异常分布在井陉县南陉、鹿泉市黄岩、岭底、元氏县楮家庄等地,位于井陉向斜两翼及转折端的位置,向斜轴部异常出现不多,围岩为中太古代片麻岩套、古元古代官都群、甘淘河群、斑状变质花岗岩、寒武—奥陶系灰岩等。异常受岩性控制,同时石灰岩矿、滑石矿开采也与羟基异常有关。石灰岩开矿引起的异常分布在鹿泉市黄岩、井陉县上安等地,构造上位于向斜转折端。滑石矿开矿引起的异常分布在鹿泉市岭底附近,构造上位于井陉向斜南翼。

铁染异常分布在井陉县南障城、沙河市紫关及涉县等地。形成多个浓集中心,异常受岩性控制,有些异常与采矿有关,见图8-5、图8-6。

羟基异常、铁染异常与解译环境构造及已知矿产地套合较好,对本次矿产预测有一定指导意义。

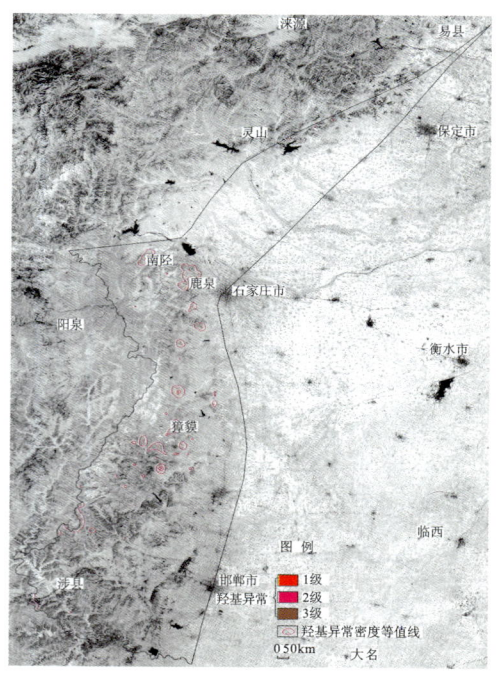

图 8-5 羟基异常分布图

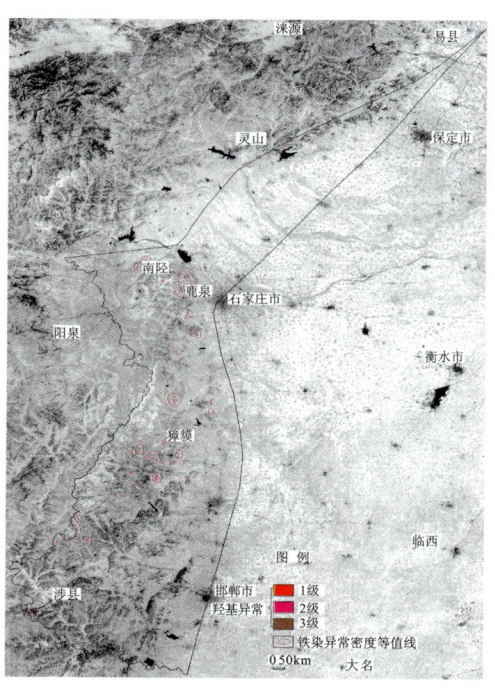

图 8-6 铁染异常分布图

第四节 重要矿种预测评价模型

邯郸-邢台成矿区参与本次预测矿种有铁矿、硫铁矿、菱镁矿、铝土矿、镍矿、重晶石。涉及预测区工作区 12 个，简述如下。

一、大河式沉积变质型菱镁矿预测评价模型

（一）典型矿床预测模型

大河式沉积变质型菱镁矿典型矿床预测模型见表 8-2 及图 8-7。

表 8-2 大河式沉积变质型菱镁矿典型矿床预测模型表

预测要素		描述内容	预测要素分类
特征描述		沉积变质型菱镁矿床	
地质环境	成矿围岩	太古界红鹤组下段白云岩	必要
	构造背景	太行隆起中段赞皇隆起	必要
	岩石类型	白云岩	必要
	成矿时代	新太古代	必要
	成矿环境	袋状浅水盆地	必要
矿床特征	矿体形态	似层状、透镜状，局部呈不规则团块状	重要
	矿石组分	矿石矿物成分以菱镁矿为主，脉石主要为白云石，少量石英、长石，偶见黄铜矿、黄铁矿、赤铁矿、孔雀石等矿物	次要
	矿石结构	叶片状或粒状镶嵌结构，他形粒状结构	重要
	矿石构造	块状构造	重要
	成矿期次划分	①沉积（生物）成矿作用阶段；②区域变质成矿作用阶段；③变质热液作用阶段	重要
	蚀变特征	斜长石方柱石化、绢云母化、帘石化、暗色矿物的闪石化、绿泥石化、方解石化等	重要
	控矿条件	变质岩系地层	重要
地球化学特征	1:5万水系沉积物	氧化镁异常具三级浓度分带	重要
地球物理特征	磁异常	1:20 万航磁 ΔT 三种图上，矿床位于低缓的北北东向、北东向正磁场上，反映变质地层及中酸性岩浆岩的磁场特征	次要
	重力异常	1:20 万布格重力异常图上，矿床位于近南北向梯级带上。剩余重力异常图上，矿床位于重力高上，该重力高由太古宙变质岩引起，反映成矿位于变质地层区，该菱镁矿床成矿受太古宇红鹤组控制	次要
遥感		解译线性构造，对矿体起破坏作用，可作为参考	次要
自然重砂异常		无自然重砂矿物异常	次要

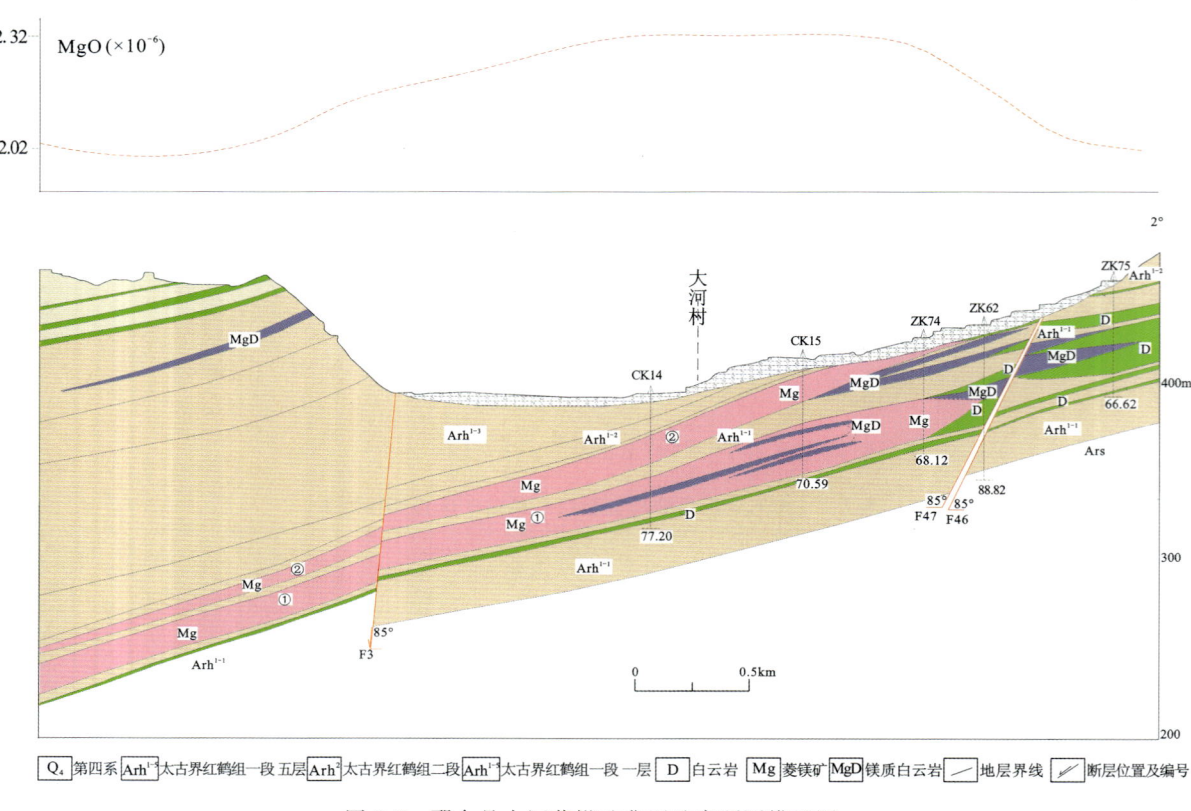

图 8-7　邢台县大河菱镁矿典型矿床预测模型图

(二) 区域预测模型

大河式沉积变质型菱镁矿区域预测模型见表 8-3 及图 8-8。

表 8-3　大河式沉积变质型菱镁矿区域预测模型表

区域预测要素		描述内容	要素分类
特征描述		大河式沉积变质型菱镁矿	
区域成矿地质环境	大地构造单元	II_1^{6-2} 赞皇古岛弧（Ar_3^1）	必要
	主要控矿构造	发育多期背向形（斜）构造，以虎寨口-双石铺向斜为主	必要
	主要赋矿地层	赞皇岩群立羊河岩组黑云变粒岩-钾长浅粒岩-大理岩建造	必要
	成矿时代	新太古代	必要
	区域成矿类型及成矿期	与新太古界立羊河岩组有关的沉积变质型菱镁矿点	必要
	成矿带	四级：Ⅲ-61-③ 太行 Fe-Mn-铝土矿-石膏-煤-煤层气成矿亚带	必要
	控矿构造	复式向斜	次要
	矿石建造	菱镁矿-黄铜矿-黄铁矿-赤铁矿-孔雀石	重要
	围岩蚀变	无近矿围岩蚀变	重要
	矿床式	大河式	重要
区域地球化学特征	1:5万水系沉积物	氧化镁异常具三级浓度分带	重要

续表 8-3

区域预测要素		描述内容	要素分类
区域地球物理特征	磁异常	1:20万航磁 ΔT 三种图上,矿床位于低缓的北北东向、北东向正磁场上,反映变质地层及中酸性岩浆岩的磁场特征	次要
	重力异常	1:20万布格重力异常图上,矿床位于近南北向梯级带上。剩余重力异常图上,矿床位于重力高上,该重力高由太古宙变质岩引起,反映成矿位于变质地层区,该菱镁矿床成矿受太古宇红鹤组控制	次要
遥感		解译线性构造,对矿体起破坏作用,可作为参考	次要
自然重砂异常		无自然重砂矿物异常	次要

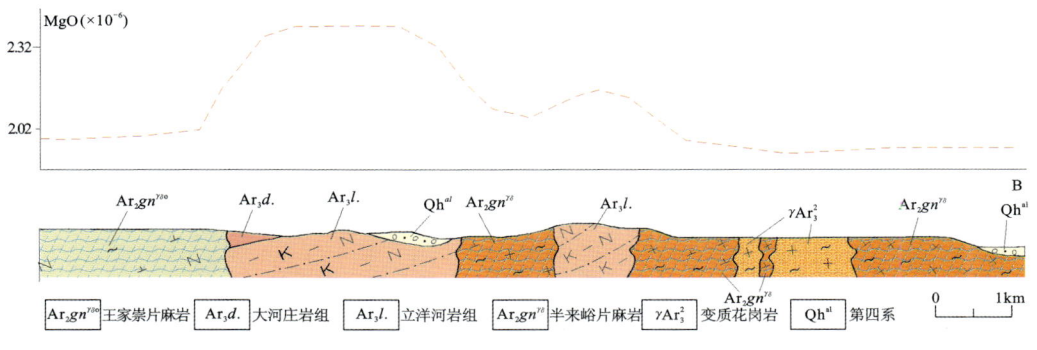

图 8-8 大河式沉积变质型菱镁矿区域预测模型图

二、杏树台式钴镍矿硫铁矿预测评价模型

(一) 典型矿床预测模型

杏树台式钴镍矿硫铁矿典型矿床预测模型见表 8-4 及图 8-9。

表 8-4 杏树台式钴镍矿硫铁矿典型矿床预测模型表

预测要素		描述内容	预测要素分类
	特征描述	受变质火山-岩浆热液型钴镍硫铁矿	
地质环境	成矿围岩	五台群石家栏组第二段上部和第三段下部变质岩系:斜长角闪岩、黑云角闪斜长片麻岩、角闪黑云斜长片麻岩。原岩为基性、超基性岩体	必要
	成矿岩体	隐伏基性、超基性岩体	必要
	岩石类型	五台群石家栏组斜长角闪岩、黑云角闪斜长片麻岩、角闪黑云斜长片麻岩	必要
		超基性岩体	必要
	控矿构造	片理化构造破碎带	必要
	成矿时代	太古宙	必要
	成矿环境	山西断隆、太行拱断束的赞皇穹断束即"赞皇隆起"的西部	必要

续表 8-4

预测要素		描述内容	预测要素分类
矿床特征	矿体形态	透镜状、似层状斜列或平行状排列	重要
	矿石组分	常见的有辉砷镍矿、紫硫镍矿、红锑镍矿、水镍钴矾和金红石、电气石、白钛石以及黄铁矿、黄铜矿	次要
	矿石结构	自形细粒结构、鳞片粒状变晶结构，偶见陨铁结构	重要
	矿石构造	块状构造、变余片状构造、斑杂状构造以及变余片麻状构造	重要
	蚀变特征	绿泥石化、碳酸盐化、硅化	重要
	控矿条件	片理化构造破碎带	重要
地球化学特征	1:5万水系沉积物	Ni-Co-Cr-V 组合异常乙级与矿床吻合，Ni 异常值为 $32.9\times10^{-6}\sim40.4\times10^{-6}$，Co 异常值为 $21.8\times10^{-6}\sim31.2\times10^{-6}$，Cr 异常值为 $60\times10^{-6}\sim76\times10^{-6}$，V 异常值为 $118.8\times10^{-6}\sim148.7\times10^{-6}$	重要
地球物理特征	磁异常	航磁异常梯度带上，异常值在 $-20\sim80$ nT 之间，航磁一阶导数异常值为 0 nT	次要
	重力异常	布格重力异常负值区，异常值为 $-40\sim60$ 毫伽。剩余重力异常值为正值区，$0\sim10$ 毫伽	次要
遥感		羟基、铁染异常局部与矿床吻合，可以作为参考，解译环形构造可推测隐伏岩体存在	次要
自然重砂异常		辉砷镍矿、红锑镍矿和金红石、电气石、黄铁矿、黄铜矿自然重砂 1 级异常	重要

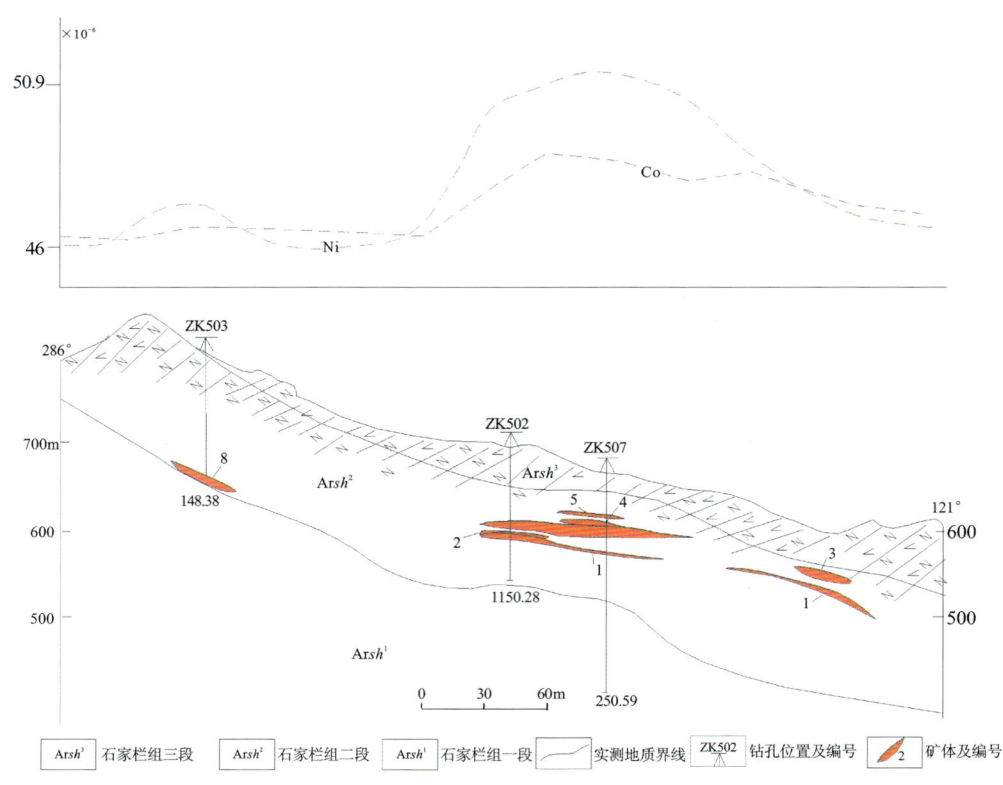

图 8-9 杏树台式钴镍矿硫铁矿典型矿床预测模型图

（二）区域预测模型

杏树台式钴镍矿硫铁矿区域预测模型见表 8-5 及图 8-10。

表 8-5　杏树台式钴镍矿硫铁矿区域预测模型表

区域预测要素		描述内容	要素分类
特征描述		内丘县杏树台钴镍硫铁矿	
区域成矿地质环境	大地构造单元	II_1^{9-1} 甘陶河陆缘裂谷（Pt_1^2）	必要
	主要控矿构造	发育多期背向形（斜）构造，以虎寨口-双石铺向斜为主	必要
	主要赋矿地层	赞皇岩群大和庄组变质岩系（五台群石家栏组变质岩系）	必要
	成矿时代	太古宙	必要
	区域成矿类型及成矿期	与变质岩系有关的变质火山-岩浆热液型多金属矿	必要
	成矿带	四级：Ⅲ-61-③ 太行 Fe-Mn-铝土矿-石膏-煤-煤层气成矿亚带	必要
区域成矿地质特征	控矿侵入岩	太古宙基性、超基性岩	重要
	控矿构造	剪应力片理化带控制	次要
	矿石建造	辉砷镍矿、紫硫镍矿、红锑镍矿、水镍钴矾和金红石、电气石、白钛石以及黄铁矿、黄铜矿	重要
	围岩蚀变	绿泥石化	重要
	矿床式	杏树台式	重要
区域地球化学特征	1:5万水系沉积物	Ni-Co-Cr-V 组合异常乙级 3 处，Ni 异常值为 $32.9\times10^{-6}\sim40.4\times10^{-6}$，Co 异常值为 $21.8\times10^{-6}\sim31.2\times10^{-6}$，Cr 为异常值 $60\times10^{-6}\sim76\times10^{-6}$，V 异常值为 $118.8\times10^{-6}\sim148.7\times10^{-6}$，上述异常三级浓度分带明显	重要
区域地球物理特征	磁异常	航磁异常梯度带上，异常值在 $-20\sim80$ nT 之间，航磁一阶导数异常值为 0 nT	次要
	重力异常	布格重力异常负值区，异常值为 $-40\sim60$ 毫伽。剩余重力异常值为正值区，$0\sim10$ 毫伽	次要
遥感		羟基、铁染异常局部与矿床吻合，可以作为参考，解译环形构造可推测隐伏岩体存在	次要
自然重砂异常		辉砷镍矿、红锑镍矿和金红石、电气石、黄铁矿、黄铜矿自然重砂 1 级异常	重要

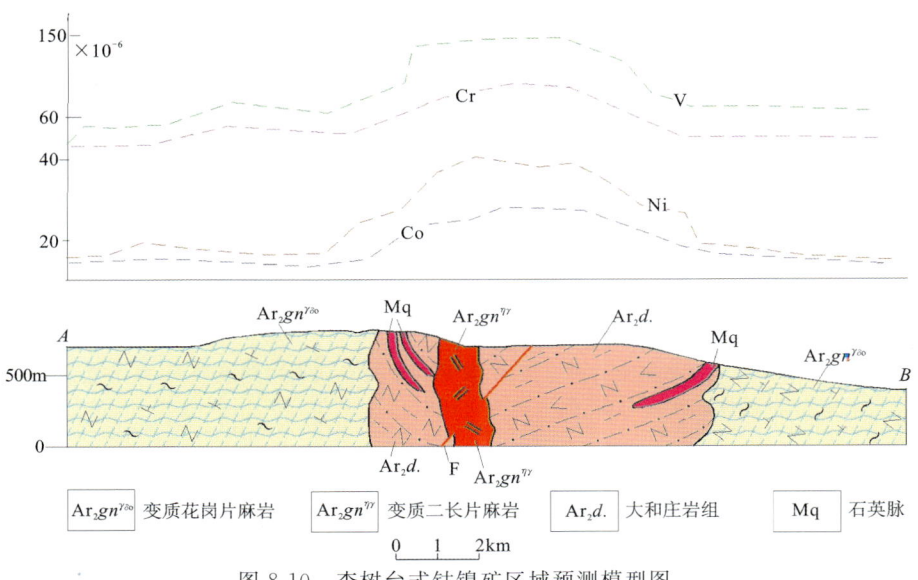

图 8-10　杏树台式钴镍矿区域预测模型图

三、邯邢式铁矿预测评价模型

(一) 典型矿床预测模型

邯邢式铁矿典型矿床预测模型见表 8-6 及图 8-11。

表 8-6 邯邢式铁矿、硫铁矿典型矿床预测模型表

预测要素		描述内容	预测要素分类
	特征描述	接触交代型铁矿、硫铁矿	
地质环境	成矿围岩	古生界中奥陶统上马家沟组灰岩	必要
	成矿岩体	似斑状闪长岩、石英二长岩	必要
	岩石类型		必要
			必要
	控矿构造	中性岩浆岩与古生界碳酸盐岩地层	必要
	成矿时代	燕山晚期	必要
	成矿环境	陆内深断裂岩浆岩带	必要
矿床特征	矿体形态	矿体呈似层状、囊状、不规则状	重要
	矿石组分	金属矿物以磁铁矿为主，黄铁矿、假象赤铁矿次之，黄铜矿少量；非金属矿物有透辉石、金云母、蛇纹石，次为绿泥石、方解石、白云石、含铁白云石、透闪石及石榴石	次要
	矿石结构	自形—半自形晶粒状结构、他形晶粒状结构、交代结构、纤状鳞片状花岗变晶结构、碎裂结构、包含结构	重要
	矿石构造	以致密块状、浸染状为主，零星斑杂状构造、环带构造、细脉构造、胶状构造、筛眼状构造	重要
	蚀变特征	蚀变标志明显、分带性强，主要特征是碳酸盐岩蚀变带宽，无明显矽卡岩矿物存在。由上部灰岩到下部闪长岩分为 4 个带：结晶碳酸盐岩（大理岩）带、磁铁矿带、矽卡岩带、钠长石化闪长岩带	重要
	控矿条件	主要受接触面构造形态及层间构造所控制	重要
地球化学特征	1:5万水系沉积物	化学异常不明显，对该类型铁矿无指示意义	次要
地球物理特征	磁异常	1:20 万航磁 ΔT 等值线平面图、航磁 ΔT 化极等值线平面图、航磁 ΔT 化极垂向一阶导数等值线平面图上，矿床均处于大范围的低缓正磁场中。 磁异常特征，1:10 万航磁反映在 4 条线上，极大值为 1700nT。 1:2.5 万航磁异常反映为由多个正负异常相间排列的复杂异常带，主要为 3 个正异常，最南一个为 72-214$_8$ 号异常，走向北北西，极大值为 400nT。中间为 72-215$_3$ 号异常，为 3 个正异常中范围最大和强度最高者，走向为北东向，极大值为 1000nT。最北是 72-215$_5$ 号异常，走向北东，极大值达 400 余纳特。3 个正异常之间为负异常或降低磁场分开，极小值在 -1000nT 以下。 地磁 ΔZ 异常平面形态也不规则，和航磁异常一样也是一个高值异常、负异常和低值异常相间的复杂异常带，强度一般只有 500～1000nT，极大为 4000nT	重要
	重力异常	1:20 万布格重力异常图上，矿床位于北东向重力梯级带上；剩余重力异常图上，矿床处在重力高、低平稳变化场中	次要
遥感		羟基、铁染异常与矿床吻合不好	次要
自然重砂异常		无重砂异常	次要

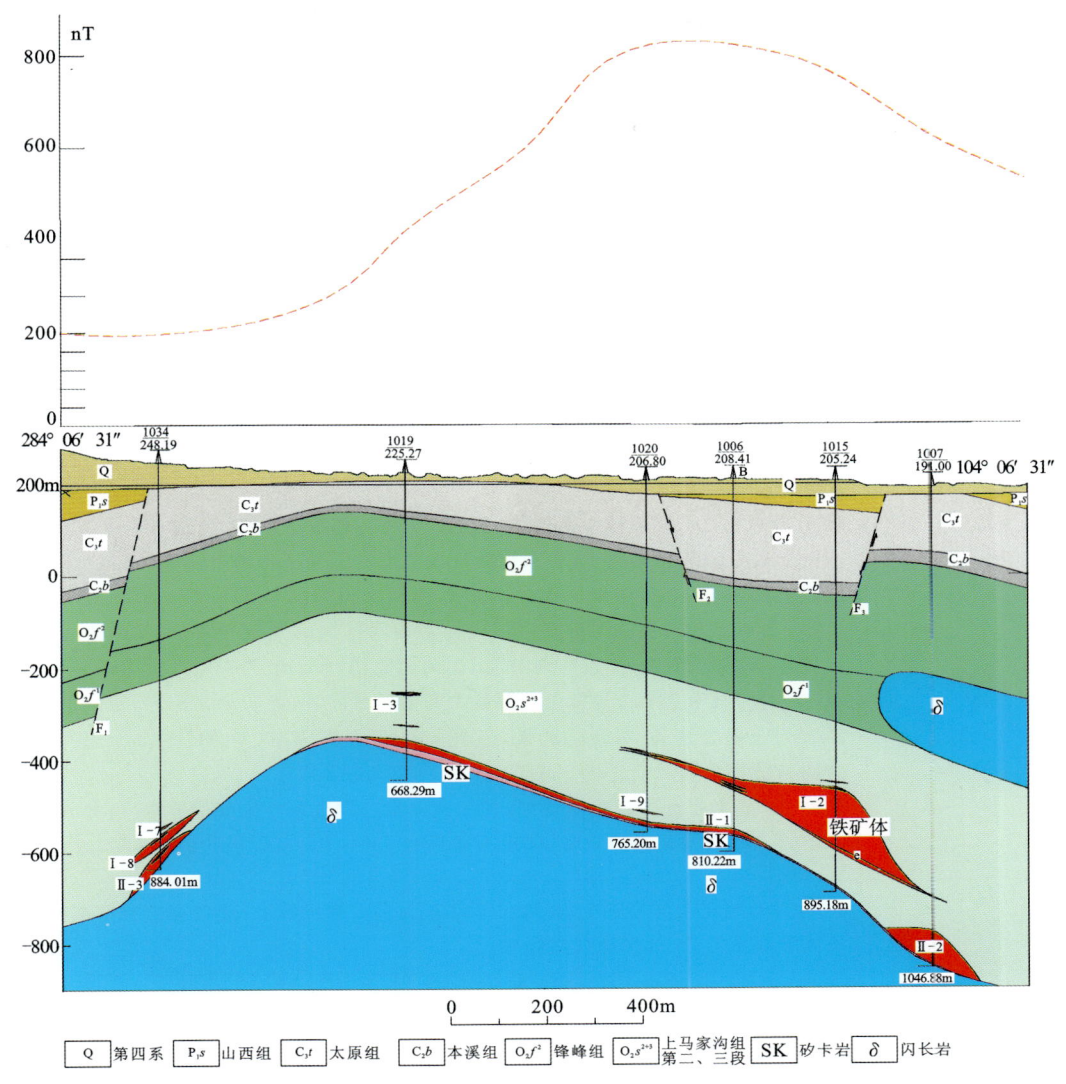

图 8-11　邯邢式铁矿、硫铁矿典型矿床预测模型图

（二）区域预测模型

邯邢式铁矿区域预测模型见表 8-7 及图 8-12。

表 8-7　邯邢式铁矿、硫铁矿区域预测模型表

区域预测要素		描述内容	要素分类
特征描述		邯邢式铁矿、硫铁矿	
区域成矿地质环境	大地构造单元	Ⅱ$_1^{12-3}$ 涉县陆表海碳酸盐岩台地（∈$_2$—O$_2$）	必要
	主要控矿构造	中性岩浆岩侵入体与古生界碳酸盐岩接触带及膏盐角砾岩层间薄弱带	必要
	成矿围岩	中奥陶马家沟组、磁县组	必要
	成矿时代	燕山期	必要
	控矿侵入岩建造	燕山期幔源中性闪长岩系列	必要
	区域成矿类型及成矿期	与燕山期幔源中性闪长岩有关的磁铁矿、硫铁矿矿点	必要
	成矿带	四级：Ⅲ-61-③ 太行 Fe-Mn-铝土矿-石膏-煤-煤层气成矿亚带	必要

续表 8-7

区域预测要素		描述内容	要素分类
区域成矿地质特征	控矿侵入岩	燕山期中性闪长岩、花岗岩	重要
	控矿构造	北北东向石家庄-河南安阳深断裂带	次要
	矿石建造	磁铁矿-黄铁矿	重要
	围岩蚀变	钠化、透闪石矽卡岩化、金云母透闪石矽卡岩化、石榴石矽卡岩化	重要
	矿床式	邯邢式	重要
区域地球化学特征	1:5万水系沉积物	化学异常不明显,对该类型铁矿无指示意义	次要
区域地球物理特征	磁异常	1:20万航磁 ΔT 等值线平面图、航磁 ΔT 化极等值线平面图、航磁 ΔT 化极垂向一阶导数等值线平面图上,矿床均处于大范围的低缓正磁场中。 磁异常特征,1:10万航磁反映在4条线上,极大值为1700nT。 1:2.5万航磁异常反映为由多个正负异常相间排列的复杂异常带,主要为3个正异常,最南一个为72-214$_8$号异常,走向北北西,极大值为400nT。中间为72-215$_3$号异常,为3个正异常中范围最大和强度最高者,走向为北东向,极大值为1000nT。最北是72-215$_5$号异常,走向北东,极大值达400余纳特。3个正异常之间为负异常或降低磁场分开,极小值在-1000nT以下。 地磁 ΔZ 异常平面形态也不规则,和航磁异常一样也是一个高值异常、负异常和低值异常相间的复杂异常带,强度一般只有500~1000nT,极大值为4000nT	重要
	重力异常	1:20万布格重力异常图上,矿床位于北东向重力梯级带上;剩余重力异常图上,矿床处在重力高、低平稳变化场中	次要
遥感	羟基、铁染异常与铁矿床吻合较差		次要
自然重砂异常	无重砂异常		次要

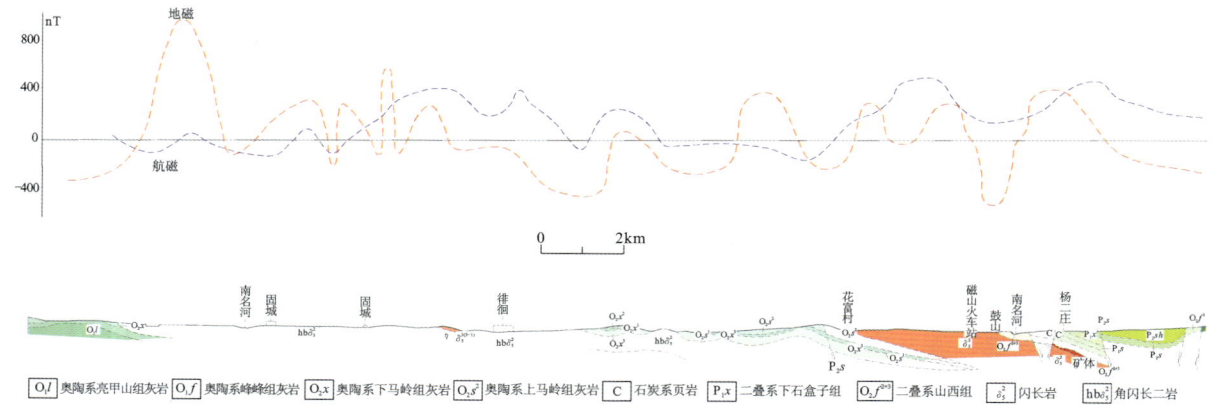

图 8-12 邯邢式铁矿、硫铁矿区域预测模型图

四、阳泉式沉积型硫铁矿预测评价模型

（一）典型矿床预测模型

阳泉式沉积型硫铁典型矿床预测模型见表8-8及图8-13。

表8-8　阳泉式沉积型硫铁矿典型矿床预测模型表

预测要素		描述内容	预测要素分类
	特征描述	生物化学沉积型硫铁矿	
地质环境	赋矿地层	中奥陶统马家沟组和中石炭统本溪组	必要
	成矿流体类型及特征	在还原条件下，由生物作用分解水中的硫酸铁和生物遗体腐烂时所产生的硫化氢	必要
	控矿构造	井陉凹陷盆地	必要
	成矿时代	石炭系	必要
	成矿环境	潮下潟湖环境	必要
矿床特征	矿体形态	层状、似层状。产于中石炭统本溪组地层的最底部，中奥陶统马家沟组灰岩之古侵蚀面上，且随古侵蚀面之起伏而变化	重要
	矿石组分	主要金属矿物为硫铁矿、白铁矿。脉石矿物有高岭石、埃洛石、水铝石、硅灰石、方解石等，硫铁矿-铝土矿-耐火黏土矿组合	次要
	矿石结构	粒状自形—半自形晶结构、压碎结构、环带结构、放射状结构	重要
	矿石构造	裹状结构团块状构造、浸染状构造、条带（纹）状构造、结核状构造	重要
	蚀变特征	无围岩蚀变	重要
	控矿条件	受中奥陶统马家沟组灰岩顶板控制	重要
地球化学特征	1:5万水系沉积物	化探异常对此类矿床无指示作用	次要
地球物理特征	磁异常	矿区航磁异常值在80～150nT之间，航磁化极等值线在0～50nT之间	次要
	重力异常	矿区位于布格重力负异常区：-30～60毫伽。剩余重力值在0值区内	次要
遥感		无羟基、铁染异常，解译构造仅为参考	次要
自然重砂异常		黄铁矿重砂2级异常	次要

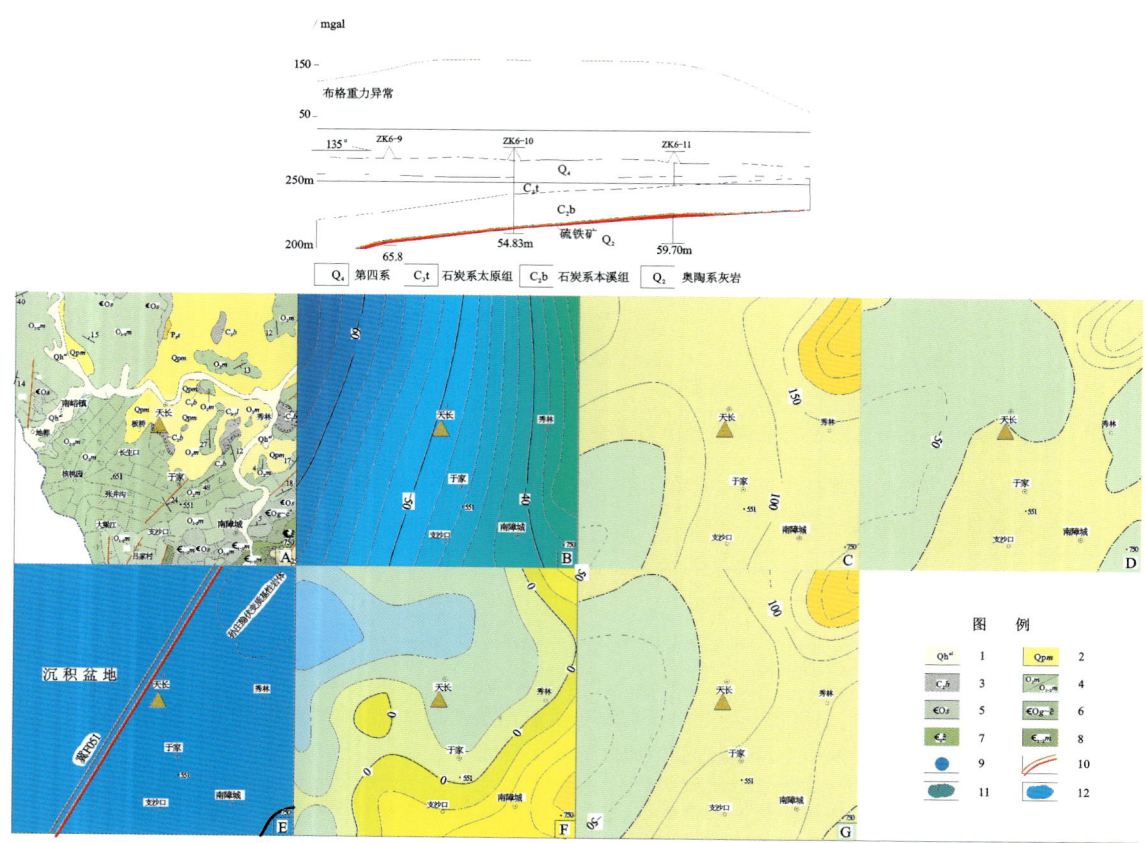

图 8-13 阳泉式沉积型硫铁矿典型矿床预测模型图

（二）区域预测模型

阳泉式沉积型硫铁矿区域预测模型见表 8-9 及图 8-14。

表 8-9 阳泉式沉积型硫铁矿区域预测模型表

区域预测要素		描述内容	要素分类
特征描述		阳泉式沉积型矿床	
区域成矿地质环境	大地构造单元	Ⅱ$_1^{12-3}$ 涉县陆表海碳酸盐岩台地（$\in_2$—O_2）	必要
	构造背景	井陉坳陷盆地	必要
	主要赋矿地层	中石炭统本溪组地层的最底部	必要
	成矿时代	石炭系	必要
	地层建造	细粉砂岩、中粒砂岩、中粗粒砂岩	必要
	区域成矿类型及成矿期	与中石炭统本溪组地层有关的硫铁矿点	必要
	成矿带	四级：Ⅲ-61-③ 太行 Fe-Mn-铝土矿-石膏-煤-煤层气成矿亚带	必要

续表 9-1

区域预测要素		描述内容	要素分类
区域成矿地质特征	古地理环境	潮下潟湖	重要
	控矿条件	井陉坳陷盆地	次要
	矿石建造	硫铁矿-铝土矿-耐火黏土矿	重要
	围岩蚀变	无近矿围岩蚀变	重要
	矿床式	阳泉式	重要
区域地球化学特征	1:5万水系沉积物	化探异常对此类矿床无指示作用	次要
区域地球物理特征	磁异常	航磁异常值在80～150nT之间，航磁化极等值线在0～50nT之间	次要
	重力异常	布格重力负异常区：－30～－60毫伽。剩余重力值在0值区内	次要
遥感		无羟基、铁染异常，解译构造仅为参考	次要
自然重砂异常		黄铁矿重砂2级异常	重要

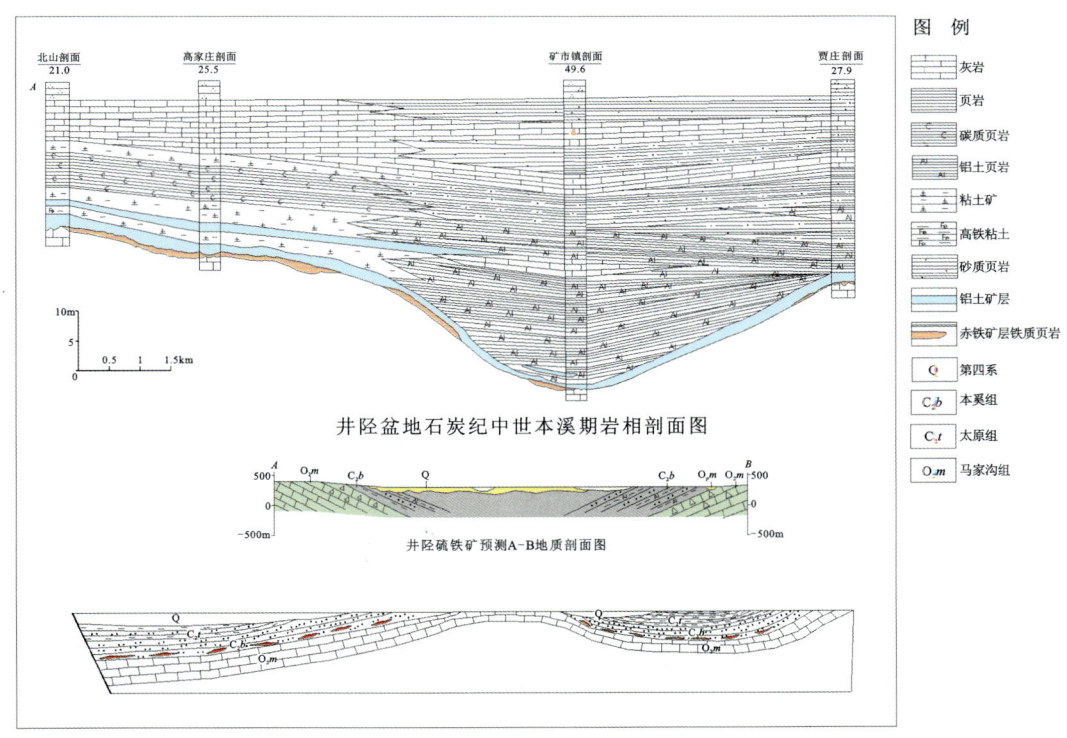

井陉工作区硫铁矿预测模型图

图 8-14 阳泉式沉积型硫铁矿区域预测模型图

五、沉积型灰岩矿预测评价模型

沉积型灰岩矿预测模型见表8-10。

表8-10 沉积型灰岩矿预测模型表

预测要素		描述内容	预测要素分类
特征描述		九里山式、王官营式、峰峰式沉积型灰岩矿	
地质环境	大地构造位置	Ⅱ-2-3 燕山裂谷（Pt_2）	必要
	成矿时代	寒武纪张夏期、炒米店期，奥陶纪冶里期—亮甲山、马家沟期	必要
	岩相古地理	张夏期为潮下高能环境，晚期为潮下向潮间过渡的状态；炒米店期为局限海间水下浅滩相，冶里期—亮甲山期为陆表海沉积环境，属于潮坪沉积相，马家沟早期为潮下向潮间浅海环境过渡，中晚期由潮间环境又过渡到了潮下高能环境	必要
	沉积建造	浅海生物化学沉积石灰岩建造	必要
	沉积建造分布范围	灵山盆地	必要
区内成矿特征	含矿地层	张夏组下部为厚层鲕粒灰岩与黄绿色叶片状页岩互层，上部为薄层含白云泥质灰岩，夹有少量竹叶状砾屑灰岩，厚度为152.00m；炒米店组为泥质灰岩、白云质灰岩等，冶里组为厚层白云质灰岩、致密灰岩夹灰质白云岩、竹叶状灰岩；亮甲山组为燧石结核灰岩、厚层致密灰岩、条带状灰岩、花斑灰岩。炒米店组+冶里组+亮甲山组厚度为116.30~163.67m；马家沟组下部为厚层灰岩，夹少量页岩，底部含燧石团块及泥质条带，中部为厚层致密灰岩，底部含少量角砾状灰岩，向上为含砾屑灰岩，含大量燧石结核，厚度为283.44m	必要
	含矿系数	张夏组：0.207；炒米店组+冶里组：0.549；马家沟组一二段：0.602	必要
	矿体特征	矿体呈层状，与地层产状一致。张夏组含1层矿，炒米店组-冶里组-亮甲山组含1~4层矿，马家沟组一段含1~5层矿。矿层内有较薄的夹石	重要
	矿石结构构造	泥晶质结构、泥晶—细晶结构、泥晶—微晶结构、碎屑结构，生物碎屑结构，块状构造、花斑状构造、厚层状构造、条带状构造、条纹状构造及结核状构造	次要
区内成矿特征	矿石体重	2.70g/cm³	重要
	矿化特征	区内有大型矿床1个，中型矿床6个，小型矿床3个，矿点1个；累计查明资源量341 144×10³t	重要
	相似系数	A类预测区0.9，B类预测区0.7，C类预测区0.5	次要
遥感地质特征	带要素	石灰岩含矿岩系分布区	重要
	色要素	石灰岩采矿场为找矿直接标志	重要
	线要素	断裂构造，主要对含矿地层及矿体起破坏作用	次要
	环要素	岩体，对含矿地层有侵蚀、破坏作用	重要

第五节 综合预测区特征

邯郸-邢台成矿区依据成矿地质条件、物化探条件、单矿种最小预测靶区分布情况，共划分13个综合预测区，见图8-15，其中，A类6个，B类5个，C类2个，综合预测区成矿地质特征详述如下。

第八章 邯郸-邢台成矿区预测成果

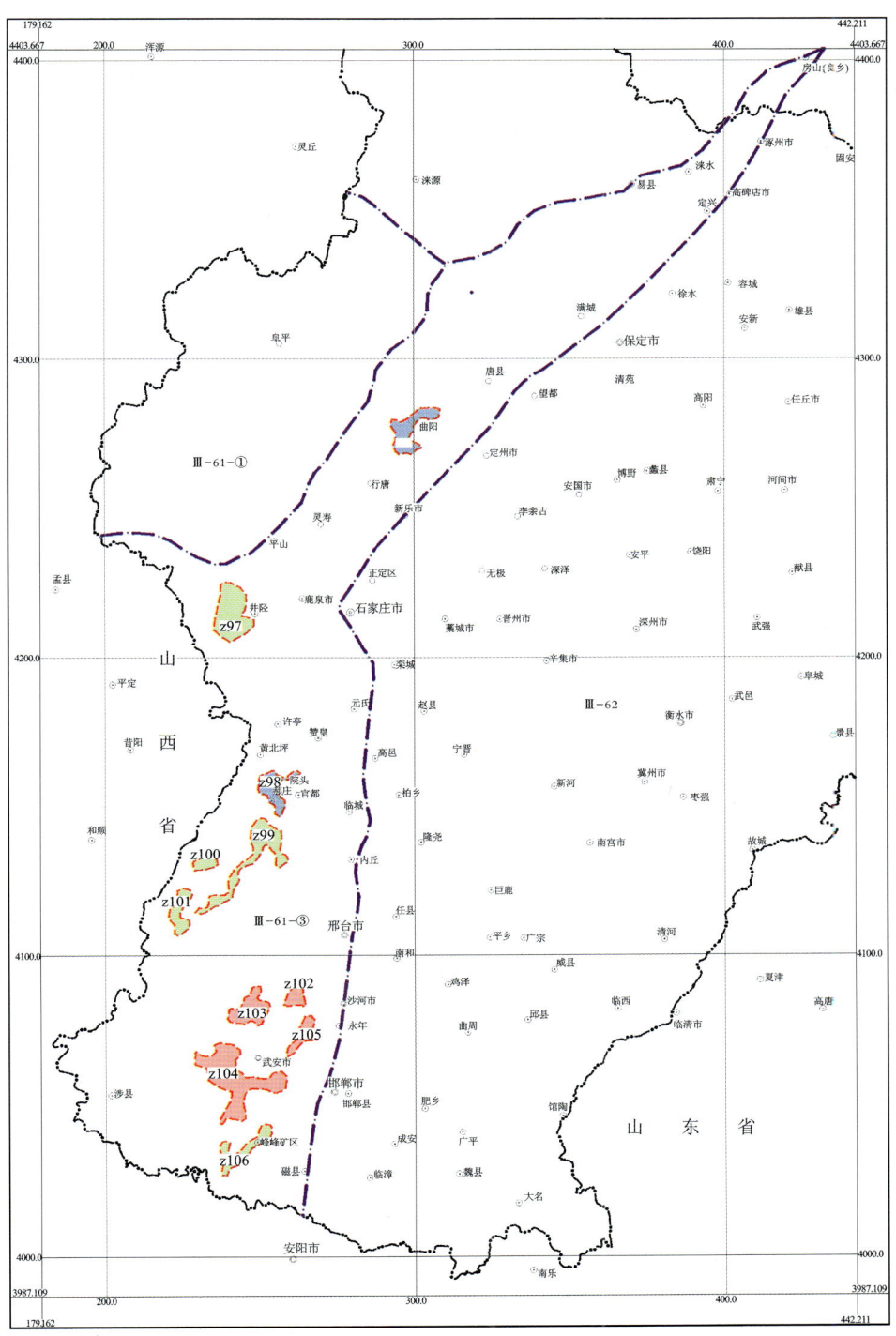

图 8-15 邯郸-邢台成矿区综合预测区分布图

1. 西口底-南伏城综合预测区 Z96

预测区面积 $105.01 km^2$,为 C 类预测区,区内有 2 个碎云母矿点,主要预测矿种为碎云母。1:20 万航磁正异常,重力异常为负值区,其值范围在 -22 伽~0 伽之间。碎云母成矿地层为新太古界湾子岩组一段,矿体受地层控制。

区内查明资源量:$320.94×10^3 t$。

区内预测资源量:500m 以浅碎云母 $29\ 716.61×10^3 t$,1000m 以浅碎云母 $29\ 716.61×10^3 t$,2000m 以浅碎云母 $29\ 716.61×10^3 t$。

2. 南关综合预测区 Z97

预测区面积 170.62km²，为 B 类预测区，区内有 1 个铁矿床，主要预测矿种为铝土矿、硫铁矿。位于重砂异常 46 铜银内，1∶20 万航磁负异常，重力异常为负值区，其值在 −30 伽～−54 伽之间。铝土矿成矿围岩为奥陶系马家沟组上部古风化壳，下部的灰岩为成矿来源。而硫铁矿成矿围岩为中石炭统本溪组地层的最底部，中奥陶统马家沟组灰岩为矿层底板。构造都为山西断隆之沁源台陷三级构造单元东部井陉坳陷盆地。

区内查明资源量：铝土矿 6.00×10^3 t，硫铁矿 $504\,067.00 \times 10^3$ t。

区内预测资源量：500m 以浅硫铁矿 9808.53×10^3 t，1000m 以浅硫铁矿 9808.53×10^3 t，2000m 以浅硫铁矿 9808.53×10^3 t。

3. 闫家庄-郝石楼综合预测区 Z98

预测区面积 77.04km²，区内有 1 个铁矿点，主要预测矿种为镍矿、硫铁矿。位于地球化学综合异常区 Cu66-甲伴生 Zn-Pb 内，1∶20 万航磁负异常，重力异常为负值区，其值在伽−50 伽～−30 伽之间。镍矿与硫铁矿的成矿围岩为赞皇岩群大和庄岩组黑云变粒岩-斜长角闪岩-磁铁石英岩建造，成矿岩体为太古宙基性、超基性岩。地处赞皇隆起成矿区发育多期背向形（斜）构造，以虎寨口-双石铺向斜为代表。

区内预测资源量：500m 以浅镍矿 636.06t，硫铁矿 3089.42×10^3 t；1000m 以浅镍矿 636.06t，硫铁矿 3089.42×10^3 t；2000m 以浅镍矿 636.06t，硫铁矿 3089.42×10^3 t。

4. 杏树台-大河综合预测区 Z99

预测区面积 165.20km²，为 C 类预测区，区内有 2 个铁矿点，1 个菱镁矿点，1 个镍矿点，1 个重晶石矿点，主要预测矿种为菱镁矿、镍矿、重晶石、硫铁矿。位于重砂异常 48 铜铅 Au227、Au228 内。1∶20 万航磁负异常，重力异常负值区，其值为 −72 伽～−50 伽。菱镁矿成矿围岩为赞皇岩群立羊河岩组黑云变粒岩-钾长浅粒岩-大理岩建造。而镍矿与硫铁矿的成矿围岩为赞皇岩群大和庄岩组黑云变粒岩-斜长角闪岩-磁铁石英岩建造。重晶石成矿岩体为太古宙基性、超基性岩。而重晶石位于太古宙—古元古代地层中，成矿岩体为隐伏的燕山期中酸性岩体，地处兴安-太行南段成矿带赞皇隆起成矿区，受多期背向形（斜）构造及近南北向、北西向断裂构造控制。

区内查明资源量：菱镁矿 $33\,997.14 \times 10^3$ t，镍矿 2987.58t，硫铁矿 7016.84×10^3 t，重晶石矿 26.70×10^3 t。

区内预测资源量：500m 以浅菱镁矿 $61\,197.82 \times 10^3$ t，镍矿 3138.62t，重晶石矿 48.07×10^3 t，硫铁矿 4680.13×10^3 t；1000m 以浅菱镁矿 $61\,198.82 \times 10^3$ t，镍矿 3138.63t，重晶石矿 48.07×10^3 t，硫铁矿 4680.13×10^3 t；2000m 以浅菱镁矿 $61\,197.82 \times 10^3$ t，镍矿 3138.63t，重晶石矿 48.07×10^3 t，硫铁矿 4680.13×10^3 t。

5. 冀家村综合预测区 Z100

预测区面积 32.88km²，为 B 类预测区，区内有 1 个重晶石矿点，主要预测矿种为镍矿、重晶石矿。位于地球化学综合异常区 Cu66-甲伴生 Zn-Pb 内，位于重砂异常 Au227 内。1∶20 万航磁负异常，重力异常为负值区，其值为 −70 伽～−64 伽。重晶石矿位于太古宙—古元古代地层中，成矿岩体为隐伏的燕山期中酸性岩体。镍矿围岩为赞皇岩群大和庄岩组黑云变粒岩-斜长角闪岩-磁铁石英岩建造，成矿岩体为太古宙基性、超基性岩。地处兴安-太行南段成矿带赞皇隆起成矿区，受多期背向形（斜）构造及近南北向、北西向断裂构造控制。

区内查明资源量：重晶石矿 80.80×10^3 t。

区内预测资源量：500m 以浅重晶石矿 26.78×10^3 t，镍矿 328.68t；1000m 以浅重晶石矿 26.78×10^3 t，镍矿 328.68t；2000m 以浅重晶石矿 26.78×10^3 t，镍矿 328.68t。

6. 李家庄综合预测区 Z101

预测区面积 61.22km², 为 B 类预测区, 区内有 2 个重晶石矿点, 主要预测矿种为重晶石。位于重砂异常 48 铜铅内。1:20 万航磁负异常, 重力异常为负值区, 其值为 -72 伽～-68 伽。重晶石成矿于太古宙—古元古代地层中, 成矿岩体为隐伏的燕山期中酸性岩体, 地处兴安-太行南段成矿带赞皇隆起成矿区, 受近南北向、北西向断裂构造控制。

区内查明资源量: 重晶石矿 433.80×10^3 t。

区内预测资源量: 500m 以浅重晶石矿 392.33×10^3 t, 1000m 以浅 392.33×10^3 t, 2000m 以浅 392.33×10^3 t。

7. 白涧-三王村综合预测区 Z102

预测区面积 34.59km², 为 A 类预测区, 区内有 20 个铁矿床, 主要预测矿种为铝土矿、铁矿、硫铁矿。位于地球化学综合异常区 Cu67-甲伴生 Au 内, 1:20 万航磁负异常, 重力异常为负值区, 其值为 -34 伽～-28 伽。铝土矿成矿地层为石炭系本溪组底部紫色页岩上部 G 层含铝岩系; 而硫铁矿在中奥陶统—二叠系石盒子组均有分布, 以石炭系本溪组、太原组、山西组含煤地层为主要赋矿层位。其成矿岩体为闪长岩-二长岩; 邯邢式铁矿成矿围岩为中奥陶统马家沟组和峰峰组, 成矿岩体为燕山期幔源中性闪长岩系列。该综合预测区位于山西断隆太行山拱断束武安凹断束内, 其基本构造现象包括褶皱及断裂构造, 均为燕山期的产物。在矿田内, 控制矿床与矿体的构造是各种类型的接触带构造以及接触带附近的层间裂隙和构造裂隙。

区内查明资源量: 铁矿 $54\,388.00\times 10^3$ t, 硫铁矿 8327.12×10^3 t。

区内预测资源量: 500m 以浅铁矿 $54\,388.00\times 10^3$ t, 铝土矿 2916.84×10^3 t, 硫铁矿 3933.20×10^3 t; 1000m 以浅铁矿 $172\,123.02\times 10^3$ t, 铝土矿 2913.84×10^3 t, 硫铁矿 3933.20×10^3 t; 2000m 以浅铁矿 $1\,742\,123.02\times 10^3$ t, 铝土矿 2913.84×10^3 t, 硫铁矿 3393.20×10^3 t。

8. 西石门综合预测区 Z103

预测区面积 99.00km², 为 A 类预测区, 区内有 19 个铁矿床, 主要预测矿种为铝土矿、铁矿、硫铁矿。1:20 万航磁负异常, 重力异常为负值区, 其值为 -36 伽～-50 伽。铝土矿成矿地层为石炭系本溪组底部紫色页岩上部 G 层含铝岩系; 而硫铁矿在中奥陶统—二叠系石盒子组均有分布, 以石炭系本溪组、太原组、山西组含煤地层为主要赋矿层位。其成矿岩体为闪长岩-二长岩; 邯邢式铁矿成矿围岩为中奥陶统马家沟组和峰峰组, 成矿岩体为燕山期幔源中性闪长岩系列。该综合预测区位于山西断隆太行山拱断束武安凹断束内, 其基本构造现象包括褶皱及断裂构造, 均为燕山期的产物。在矿田内, 控制矿床与矿体的构造是各种类型的接触带构造以及接触带附近的层间裂隙及构造裂隙。

区内查明资源量: 铁矿 $271\,860.00\times 10^3$ t。

区内预测资源量: 500m 以浅铁矿 $580\,204.31\times 10^3$ t, 铝土矿 2313.61×10^3 t, 硫铁矿 7706.70×10^3 t; 1000m 以浅铁矿 $714\,097.31\times 10^3$ t, 铝土矿 $714\,097.31\times 10^3$ t, 硫铁矿 7706.70×10^3 t。

9. 符山-和村综合预测区 Z104

预测区面积 276.54km², 为 A 类预测区, 区内有 22 个铁矿床, 主要预测矿种为铝土矿、铁矿、硫铁矿。1:20 万航磁负异常, 重力异常为负值区, 其值为 -54 伽～-24 伽。铝土矿成矿地层为石炭系本溪组底部紫色页岩上部 G 层含铝岩系; 而硫铁矿在中奥陶统—二叠系石盒子组均有分布, 以石炭系本溪组、太原组、山西组含煤地层为主要赋矿层位。其成矿岩体为闪长岩-二长岩; 邯邢式铁矿成矿围岩为中奥陶统马家沟组, 成矿岩体为燕山期幔源中性闪长岩系列。该综合预测区位于山西断隆太行山拱断束武安凹断束内, 其基本构造现象包括褶皱及断裂构造, 均为燕山期的产物。在矿田内, 控制矿床与矿体的构造是各种类型的接触带构造以及接触带附近的层间裂隙及构造裂隙。

区内查明资源量: 铁矿 $152\,648.00\times 10^3$ t, 铝土矿 9489.00×10^3 t, 硫铁矿 594.10×10^3 t。

区内预测资源量:500m 以浅铁矿 486 626.23×10³t,铝土矿 7743.00×10³t,硫铁矿 33 761.45×10³t;1000m 以浅铁矿 536 404.82×10³t,铝土矿 7743.00×10³t,硫铁矿 33 761.45×10³t;2000m 以浅铁矿 544 185.92×10³t,铝土矿 5632.99×10³t,硫铁矿 33 761.45×10³t。

10. 台口综合预测区 Z105

预测区面积 52.13km²,为 A 类预测区,区内有 1 个铁矿床,主要预测矿种为铝土矿、铁矿、硫铁矿。位于地球化学综合异常区 Cu67-甲伴生 Au 内,1:20 万航磁负异常,重力异常为负值区,其值为-32 伽~-22 伽。铝土矿成矿地层为石炭系本溪组底部紫色页岩上部 G 层含铝岩系;而硫铁矿在中奥陶统—二叠系石盒子组均有分布,以石炭系本溪组、太原组、山西组含煤地层为主要赋矿层位。其成矿岩体为闪长岩-二长岩;邯邢式铁矿成矿围岩为中奥陶统马家沟组和峰峰组,成矿岩体为燕山期幔源中性闪长岩系列。该综合预测区位于山西断隆太行山拱断束武安凹断束内,其基本构造现象包括褶皱及断裂构造,均为燕山期的产物。在矿田内,控制矿床与矿体的构造是各种类型的接触带构造以及接触带附近的层间裂隙和构造裂隙。

区内查明资源量:硫铁矿 1545.00×10³t。

区内预测资源量:500m 以浅铝土矿 742.18×10³t,硫铁矿 5050.83×10³t;1000m 以浅铁矿 4241.93×10³t,硫铁矿 5050.83×10³t;2000m 以浅铁矿 4241.93×10³t,硫铁矿 5050.83×10³t。

11. 彭城-暴庄综合预测区 Z106

预测区面积 86.62km²,为 B 类预测区,主要预测矿种为铝土矿。位于地球化学综合异常区 Ag68-丙伴生 Pb 内,1:20 万航磁负异常,重力异常为负值区,其值为-36 伽~-24 伽,铝土矿成矿地层为石炭系本溪组底部紫色页岩上部 G 层含铝岩系,地处华北地台山西断隆武安凹陷带构造中。

区内查明资源量:铝土矿 835×10³t。

区内预测资源量:500m 以浅铝土矿 11 739.2697×10³t,1000m 以浅 11 739.2697×10³t,2000m 以浅 11 739.2697×10³t。

12. 北安乐一带铁矿综合预测区 Z143(Ⅳ-61-3)

预测区面积 9.88 km²,为 A 类预测区,区内主要预测矿种为铁矿。1:20 万航磁正异常,重力异常为负值区,其值为-40 伽~-30 伽。成矿围岩为中奥陶统马家沟组灰岩。成矿岩体为燕山期石英二长岩、闪长岩。

区内预测资源量:500m 以浅 0×10³t,1000m 以浅 17 797.84×10³t,2000m 以浅 17 797.84×10³t。

13. 台村—西戎一带铁矿综合预测区 Z144(Ⅳ-61-3)

预测区面积为 58.57 km²,为 A 类预测区,区内有 6 个铁矿矿床,主要预测矿种为铁矿。1:20 万航磁正异常,重力异常为负值区,其值为-80 伽~-60 伽。成矿围岩为中奥陶统马家沟组灰岩。成矿岩体为燕山期石英二长岩、闪长岩。

区内查明资源量:47 442.00×10³t。

区内预测资源量:500m 以浅 47 442.00×10³t,1000m 以浅 281 245.66×10³t,2000m 以浅 281 245.66×10³t。

第六节 综合预测区部署建议

该成矿带主要以矽卡岩型铁矿、硫铁矿为主,含少量钴镍矿。根据综合预测区成矿地质条件,确定了 2 个工作部署区,详述如下。

一、将军幕一带部署区

主攻矿床类型：沉积变质型硫铁矿、受变质火山-岩浆热液型钴镍矿。

部署区地质条件：山西断隆、太行拱断束的赞皇穹断束即"赞皇隆起"的西部，区内褶皱发育。地层为太古宇赞皇岩群变质岩，主要由磁铁白云石英片岩、斜长角闪岩、黑云角闪斜长片麻岩和黑云斜长片麻岩组成。航磁异常值高。

部署区工作程度：工作程度一般，部分地区进行过详查工作。

找矿工作部署建议：1:5万水系沉积物扫面，重点地段进行电法扫面、槽硐探。

预期成果：中型硫铁矿1处，小型钴镍矿2处。

二、西石门-磁山部署区

主攻矿床类型：矽卡岩型铁矿、矽卡岩型硫铁矿。

部署区地质条件：太行山隆起带武安凹陷区内，地层基底为新太古界赞皇岩群变质岩，盖层为中元古界长城系砂页岩建造，古生界寒武系海相沉积灰岩建造，下、中奥陶统海相白云岩-灰岩建造，中、上石炭统海陆相页岩-灰岩建造，二叠系陆相沉积砂岩建造，中生界三叠系及新生界第四系。区内燕山期中酸性岩浆杂岩体广泛分布。航磁异常值高。

部署区工作程度：工作程度较高，部分地区进行过详查、勘探工作。

找矿工作部署建议：槽探 5000 m^3、硐探 2000m、钻探 4500m。

预期成果：铁矿为 $16 \times 10^8 t$，硫铁矿为 $0.5 \times 10^8 t$。

第九章 河北平原成矿区预测成果

本章以河北省平原Ⅳ级成矿带为单元,综合分析区域成矿地质背景、物化探、重砂、遥感特征,总结出成矿带内各矿种预测模型表及预测模型图,圈定本成矿带综合预测区。

第一节 区域地质背景

河北平原断陷盆地指河北省东南部的平原区,为冀鲁豫皖大型新生代断裂坳陷的北部,四周被断裂围限。根据物探和钻孔资料,该区前新生代的发展历史,同邻近构造单元相似,即在太古宙—早元古代结晶基底之上,发育有中-新元古代及早古生代碳酸盐岩建造,晚古生代滨浅海相转陆相含煤建造,三叠纪早—中期红色陆屑建造和晚期的复陆屑建造,局部发育侏罗纪—白垩纪陆相火山岩建造及类磨拉石建造。进入古近纪以来,断裂活动加剧,差异升降明显,太行山山前断裂带以西急剧上升,以东急剧下降,在众多小型断陷盆地中,始新世—渐新世堆积物最厚可达 5000m 以上,并伴有拉斑玄武岩的喷溢,显示大陆裂谷盆地性质。新近纪至第四纪,在边界断裂制约下,持续平稳下降,岩浆活动减弱,前期小盆地连成一体,湖泊-河流相堆积物厚达 1200～2600m。

物探资料反映,该区的基岩地质构造较燕山或太行山地区简单。其区域重力异常外形开阔,场值较高,由东南向西北逐渐下降;剩余异常外形呈长条状、等轴状或扁椭圆状。排列疏散,边缘梯度较大。区域航磁为平缓的低值磁场区,强度低,梯度缓,正、负场范围较大。此外,根据对地温场特征的研究资料:区内地热背景值较高,具有相对均一的特点。在平面展布上,具有明显的分带现象,地温带的主体走向为北北东及北东向;在与其垂直方向上,地温高、低相间,呈波浪状起伏;总的变化趋势应由西向东——即从太行山往渤海湾逐渐升高。

该构造单元蕴藏着丰富的石油、天然气、石膏、岩盐资源。

第二节 区域矿产特征

该区为平原区,矿产以沉积型矿为主,有铝土矿、灰岩矿、煤、石油、天然气、石膏、岩盐资源等。其中油气田 61 处,煤田 12 处,大型石盐矿 1 处,石膏矿 3 处,灰岩矿 18 处。

第三节 区域地、物、化、遥特征及推断解释成果

一、航磁异常特征

区内航磁异常轴向主要为北东向,西北侧以负磁异常为主,东南侧以正磁异常为主。本区地表为巨厚层第四系沉积覆盖,厚度自 200m 至千余米,自北向南变厚。负磁异常变化较为平稳,幅值自 −60nT 至 300nT,主要由隐伏元古宙至古生代沉积岩引起。正磁异常梯度变化较为明显,异常强度较高,异常变化自 200nT 至 1000nT,主要由太古宙变质岩引起,该区变质岩是本区铁矿的赋矿层位,其中的局部

异常往往与变质铁矿有关。

二、重力异常特征

布格重力异常主要为重力高异常，轴向近南北向和近东西向，异常值自 $12\times 10^{-5}\,\mathrm{m/s^2}$ 至 $23\times 10^{-5}\,\mathrm{m/s^2}$。

本区剩余重力异常以重力低为主，轴向以北东向为主，其次为近东西向。重力低异常主要由新生代沉积盆地、凹陷等引起，如南堡凹陷、乐亭沉积盆地、泥井沉积盆地、孙唐庄沉积盆地、鸦鸿桥新生代沉积盆地等。重力高异常由太古宙变质岩及元古宙、古生代碳酸盐岩等引起，如滨海-唐海-王滩太古宙变质岩基底隆起、滦南太古宙变质岩基底隆起、唐山古生代—中新元古代碳酸盐岩地层隆起等。该区变质岩是本区铁矿的赋矿层位，由变质岩引起的剩余重力高分布区是沉积变质铁矿的重要找矿区。

三、区域地球化学特征

与全国土壤背景值相比，河北平原表层土壤 CaO、MgO、Cd、Na_2O、Sn、Sr、Ba、F、K_2O、Cr、Fe_2O_3、Ni、Ti 等元素背景值高于全国，尤其是 CaO、MgO、Cd、Na_2O、F 等元素含量显著偏高。相比之下，Mo、orgC、Ag、I、Hg、W、Sb、U、Se、Ge、Th、Br、Bi、Al_2O_3、Tl、Nb、La、Pb、Ga、Zn、Ce、V、Co、Li 等元素背景值低于全国，特别是 Mo、orgC、Ag、I、Hg 等元素背景值显著偏低。

表层土壤各元素含量变化幅度明显不同，部分元素含量分布的离散性很大，变异系数（Cv）大于 0.3，包括 Ag、Au、Ba、Br、Cl、Hg、I、S、As、Bi、orgC、CaO、Cd、Pb、Sb、Se、Cu、Zn，其中 Ag、Au、Ba、Br、Cl、Hg、I、S 等元素分布非常不均匀，变异系数大于 0.6，而 Br、Cl、Hg、S 等元素的变异系数大于 1，如 Cl 的变异系数高达 5.42。有 3 种原因导致这些元素的不均匀性分布，一是不同的成土母质，特别是海、陆源母质的共存，使卤族元素（Br、Cl、I 等）以及在海积物中较富集的元素（Ca、Ba、S 等）出现明显的分异性特征；二是元素自身的地球化学性质，如 Au 多以自然矿物形态存在，在水系沉积物、土壤等矿质介质中，均有较大的离散性；三是存在除自然源以外的人为源叠加，如 Hg、Bi、orgC、Cd、Pb、Sb、Se、Cu、Zn、Ag 等均属受人类活动影响较大的元素，因此，表层土壤中的分布也极不均匀，尤其是 Hg 变异系数高达 2.16。

相比之下，大量元素（Si、Al、Fe、Mg、K、Na、Ti）和多数微量元素（B、Ce、Cr、F、Ga、Ge、La、Li、Mn、N、Nb、Ni、P、Sc、Sn、Sr、Th、Tl、U、V、Y、Zr）的分布较为均匀，变异系数均小于 0.3。

在元素地球化学图上，Ca、K、Na、I、Br、S、Cl 等元素在山前冲积扇平原—中部泛滥平原—东部冲积海积平原土壤中的含量渐次升高；而 N、P、Se、orgC 则正好相反。元素区域分带性分布特征以及元素含量渐变规律是河北平原土壤元素地球化学的重要特征之一。

四、区域遥感特征

该成矿带北界为昌黎断裂，地表为第四系覆盖，深部发育中-新元古代及早古生代碳酸盐岩建造、晚古生代滨浅海相转陆相含煤建造、三叠纪早-中期红色陆屑建造和晚期的复陆屑建造。

断裂构造：

主要构造方向为东西、北东、北西。主要断裂有昌黎断裂、唐海断裂，次要断裂有青龙河断裂、唐山断裂、大成断裂、沧州断裂（图 9-1）。

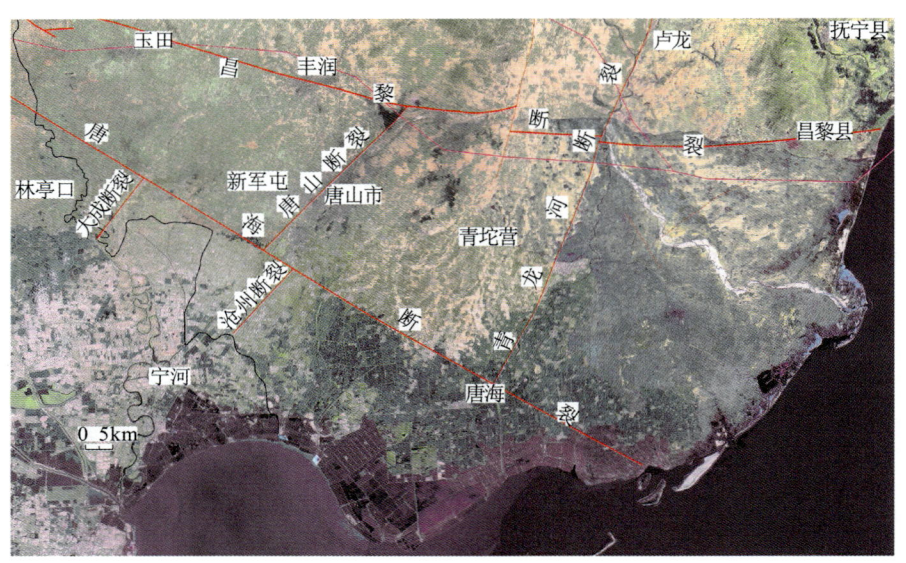

图 9-1　断裂构造解译

第四节　重要矿种预测评价模型

该成矿带参与本次预测的矿种为铝土矿、煤（见第十章）。预测类型为沉积型，涉及 1 个预测工作区。其中典型矿床为赵各庄铝土矿，简述如下。

滨海潟湖相沉积型铝土矿床预测评价模型

（一）典型矿床预测模型

赵各庄式铝土矿预测模型见表 9-1。

表 9-1　赵各庄式铝土矿典型矿床预测模型表

预测要素		描述内容	预测要素分类
特征描述		滨海潟湖相沉积型铝土矿床	
成矿地质环境	岩石类型	上部为灰色半软质黏土，下部为硬质及高铝黏土，时夹有铝土矿、铁矾土等	必要
	古地貌	奥陶系碳酸盐岩古风化壳	必要
	构造背景	燕山沉降带边缘部分与古陆交界地带	必要
	成矿时代	中石炭世	必要
	岩相古地理	滨海沿岸或滨海潟湖相	必要
	基底	奥陶纪石灰岩	必要
		古老风化壳杂岩系中的铝析出成为铝土矿的物质来源	必要

续表 9-1

预测要素		描述内容	预测要素分类
矿床特征	矿体形态	层状、透镜状	重要
	矿石组分	高铝黏土，铝土矿、铁钒土	次要
	矿石结构	豆鲕状、致密状	重要
	矿石构造	块状构造	重要
	控矿条件	滨海沿岸或滨海潟湖相，弱还原、碱性	重要
地球化学特征	1:5万水系沉积物	化探异常对该类矿床无指导意义	次要
地球物理特征	磁异常	航磁异常为负值区，$-80\sim-200\mathrm{nT}$，对圈定沉积盆地具有重要作用	次要
	重力异常	布格重力正值区，异常20毫伽	次要
遥感		羟基、铁染异常，解译区域构造	次要
自然重砂异常		无重砂异常	次要

（二）区域预测模型

赵各庄式铝土矿区域预测模型见表 9-2 及图 9-2。

表 9-2　赵各庄式铝土矿区域预测模型表

区域预测要素		描述内容	要素分类
特征描述		滨海潟湖相沉积型铝土矿床	
区域成矿地质环境	大地构造单元	$\mathrm{II}_1^{11\text{-}10}$ 蓟县夭折裂谷（$\mathrm{Pt}_2^{1\text{-}2}$）	必要
	岩相古地理	滨海沿岸或滨海潟湖相	必要
	构造背景	燕山沉降带边缘部分与古陆交界地带	必要
	成矿时代	中石炭世	必要
	基底	奥陶纪石灰岩	必要
		古老风化壳杂岩系中的铝析出成为铝土矿的物质来源	重要
	区域成矿类型及成矿期	中石炭世滨海潟湖相沉积型矿点	必要
	成矿带	四级：Ⅲ-57-② 燕辽（坳陷、拉张）Cu-Mo-Pb-Zn-Ag-Au-Fe-Mn-煤成矿亚带	必要
区域成矿地质特征	古地理	古风化壳	重要
	控矿构造	奥陶纪断陷盆地	次要
	矿石建造	高铝黏土，铝土矿、铁钒土	重要
	矿床式	赵各庄式	重要
区域地球化学特征	1:5万水系沉积物	化探异常对该类矿床无指导意义	次要

续表 9-2

区域预测要素		描述内容	要素分类
区域地球物理特征	磁异常	航磁异常为负值区，－80～－200nT，对圈定沉积盆地具有重要作用	次要
	重力异常	布格重力正值区，异常 20 毫伽	次要
遥感		无羟基、铁染异常	次要
自然重砂异常		无矿物异常	次要

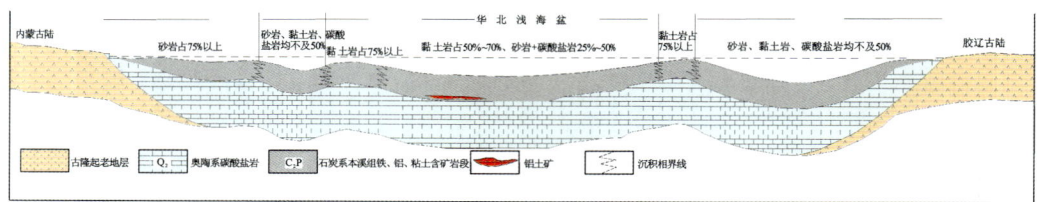

图 9-2　赵各庄式铝土矿区域预测模型示意图

说明：①氧化环境（包括氧化物相和硅酸盐相）海侵后，在酸性介质作用下铁、铝等呈悬浮和胶体物质搬运、迁移，在该环境沉积铁的高价氧化物和过渡相的硅酸盐类矿物。
②弱还原环境（碳酸盐相）进入该环境，水体较深，由于基底碳酸盐岩影响，介质变为弱碱性，在弱还原环境中使铁、铝悬浮物、胶体物发生沉积，形成菱铁矿、铝土矿。

第十章 河北省煤炭预测成果

本章主要介绍河北省煤炭资源概况、煤炭资源预测概况及本次预测成果。

第一节 煤炭资源概况

河北省的煤炭资源蕴藏丰富,煤炭品种齐全,品质优良。是我国重要的煤产地之一。

截至 2007 年底,河北省累计探获资源储量 $3\ 742\ 157.5\times10^4$ t,保有资源储量 $3\ 456\ 495.7\times10^4$ t,已利用资源储量 $1\ 451\ 733.1\times10^4$ t,尚未利用资源储量 $2\ 290\ 424.4\times10^4$ t,尚未利用的资源储量中勘探资源储量 $85\ 110.2\times10^4$ t,详查资源储量 $93\ 749.8\times10^4$ t,普查资源储量 $1\ 336\ 236.3\times10^4$ t,预查资源量 $775\ 328.1\times10^4$ t。

一、煤炭资源储量地理分布

河北省煤炭资源分布广泛,按赋煤带统计,河北省煤炭资源储量大部分赋存于太行山东麓赋煤带、冀中平原赋煤带、燕山南麓赋煤带和燕山山区赋煤带内,冀北赋煤带赋存量较小且煤质较差,冀中平原赋煤带赋存量巨大,但埋藏较深。各赋煤带煤炭资源储量赋存量如下:太行山东麓赋煤带累计探获资源储量 $1\ 237\ 603.2\times10^4$ t,保有资源储量 $1\ 096\ 801.5\times10^4$ t,已利用资源储量 $724\ 555.8\times10^4$ t,尚未利用资源储量 $513\ 047.4\times10^4$ t;太行山山区赋煤带累计探获资源储量 $181\ 986.2\times10^4$ t,保有资源储量 $171\ 306.8\times10^4$ t,已利用资源储量 $120\ 453.2\times10^4$ t,尚未利用资源储量 $61\ 533\times10^4$ t。燕山山区赋煤带累计探获资源储量 $137\ 818.2\times10^4$ t,保有资源储量 $114\ 618.7\times10^4$ t,已利用资源储量 $75\ 997.8\times10^4$ t,尚未利用资源储量 $61\ 820.4\times10^4$ t;燕山南麓赋煤带累计探获资源储量 $704\ 487.0\times10^4$ t,保有资源储量 $594\ 770\times10^4$ t,已利用资源储量 $512\ 481.8\times10^4$ t,尚未利用资源储量 $192\ 005.2\times10^4$ t;冀北赋煤带累计探获资源储量 $57\ 028.9\times10^4$ t,保有资源储量 $55\ 874.7\times10^4$ t,已利用资源储量 7336.6×10^4 t,尚未利用资源储量 $49\ 692.3\times10^4$ t;冀中平原赋煤带累计探获资源储量 $1\ 423\ 234.0\times10^4$ t,保有资源储量 $1\ 423\ 124.0\times10^4$ t,已利用资源储量 $10\ 907.9\times10^4$ t,尚未利用资源储量 $1\ 412\ 326.1\times10^4$ t。详见表 10-1 及图 10-1。

二、煤炭资源储量地质特征

河北省主要聚煤期为古生代石炭纪—二叠纪聚煤期,累计探获煤炭资源储量 $3\ 403\ 221.3\times10^4$ t、保有资源储量 $3\ 138\ 465.2\times10^4$ t,分别占探获资源储量的 91%、保有资源储量的 90.8%;中侏罗世聚煤期累计探获煤炭资源储量 $226\ 632.8\times10^4$ t、保有资源储量 $206\ 030.7\times10^4$ t,分别占资源总储量的 6%、保有资源储量的 6%;早白垩世聚煤期累计探获煤炭资源储量 $97\ 213.2\times10^4$ t、保有煤炭资源储量 $97\ 109.5\times10^4$ t,分别占资源总储量的 2.6%、保有资源储量的 2.8%;古近纪聚煤期累计煤炭资源储量 $15\ 090.2\times10^4$ t、保有煤炭资源储量 $14\ 890.3\times10^4$ t,分别占资源总储量的 0.4%、保有资源储量的 0.4%。

三、全省已利用煤炭资源储量状况

截至 2007 年底,河北省共有生产矿井 166 处,在建矿井 9 处,停采矿井 30 处,闭坑矿井 23 处,总面积 $1538.65\ km^2$,已利用煤炭资源储量 $1\ 451\ 733.1\times10^4$ t,保有资源储量 $1\ 166\ 071.2\times10^4$ t,储量 $189\ 653.1\times10^4$ t,基础储量 $542\ 600\times10^4$ t,资源量 $623\ 471.3\times10^4$ t。

表 10-1 河北省煤炭资源勘查开发现状表

单位：万 t

赋煤带	煤田(煤产地)	累计探获资源储量	保有资源储量	已利用资源储量			尚未利用资源储量			
				勘探	非勘探	勘探资源储量	详查资源储量	普查资源储量	预查资源量
太行山东麓赋煤带	峰峰	479 142.7	397 437.0	308 716.2	6094.5	3657.0		160 675.0	
	邯郸	305 862.4	287 309.0	108 107.2	29 735.2			135 808.0	32 212.0
	邢台	355 199.9	329 627.1	190 012.6	18 168.9		1143.0	88 060.5	57 814.9
	临城	45 075.8	43 080.5	41 411.3	380.5		3284.0	11 028.0	
	元氏	37 948.1	37 483.3	7258.6	296.5		19 365.0		
	井陉	14 374.3	1864.6	12 791.8	1582.5				
	小计	1 237 603.2	1 096 801.5	668 297.7	56 258.1	3657	23 792	395 571.5	90 026.9
太行山山区赋煤带	蔚县	177 709.4	167 305.4	100 661.8	15 514.6	57 307.0	3573.0		653.0
	涞源	3814.7	3614.8	3814.7					
	阜平	462.1	386.6		462.1				
	小计	181 986.2	171 306.8	104 476.5	15 976.7	57 307	3573	113 734.0	653
燕山南麓赋煤带	柳江	12 865.2	10 082.0	5898.8	3552.6		3413.8		
	开平	487 509.4	383 823.3	369 177.3	4598.1				
	蓟玉一车轴山	152 115.6	149 051.8	93 772.4		7632.0		50 711.2	
	三河	51 996.8	51 812.9	35 482.6		16 514.2			
	小计	704 487	594 770	504 331.1	8150.7	24 146.2	3413.8	164 445.2	0
燕山山区赋煤带	涞水	3804.3	3555.4		3804.3				
	灵山	10 988.9	10 988.9						
	宣下	12 269.1		12 269.1					
	宣下	36 518.6	28 701.6	12 191.4	16 816.6		1121.0	2719.7	3669.9
	兴平	23 540.3	9947.9	16 028.3	6954.9	0.0	0.0	557.1	0.0
	滦平	276.5	77.9		276.5				

续表 10-1

赋煤带	煤田(煤产地)	累计探获资源储量	保有资源储量	已利用资源储量 勘探	已利用资源储量 非勘探	尚未利用资源储量 勘探资源储量	尚未利用资源储量 详查资源储量	尚未利用资源储量 普查资源储量	尚未利用资源储量 预查资源储量
燕山山区赋煤带	万全	61 273.5	61 270.4		7520.8		27 106.7	26 646.0	
	赤城	135.9	76.6		135.9				
	小计	137 818.2	114 618.7	28 219.7	47 778.1	0	28 227.7	29 922.8	3669.9
	张北	5985.5	5985.5					5985.5	
	康保	12 198.9	11 827.5		1052.3		5592.3	765.0	4789.3
	沽源	35 469.8	35 453.8	3395.8			29 151.0	129.0	2794.0
	隆化	124.2	23.9		124.2				
冀北赋煤带	尚义	2462.9	2097.8	2462.9					
	丰宁	132.4			132.4				
	围场	655.2	486.2	0.0	169.0	0.0	0.0	486.2	0.0
	小计	57 028.9	55 874.7	5858.7	1477.9	0	34 743.3	7365.7	7583.3
	千户营	62 722.00	62 722.00	0.0		0.0	0.0		62 722
	隆尧	27 364.0	27 254.0	0.0	10 907.9			16 456.1	
冀中平原赋煤带	邢家湾	126 373.0	126 373.0						126 373.0
	大城	722 475.0	722 475.0					722 475.0	
	泊头	482 500.0	482 500.0						482 500.0
	海兴	1800.0	1800.0						1800.0
	小计	1 423 234	1 423 124	0	10 907.9	0	0	738 931.1	673 395
全省合计		3 742 157.5	3 456 495.7	1 311 183.7	140 549.4	85 110.2	93 749.8	1 336 236.3	775 328.1

注：数据来自于2007年河北省矿产资源储量表及本次煤炭资源潜力预测收集到的资料。

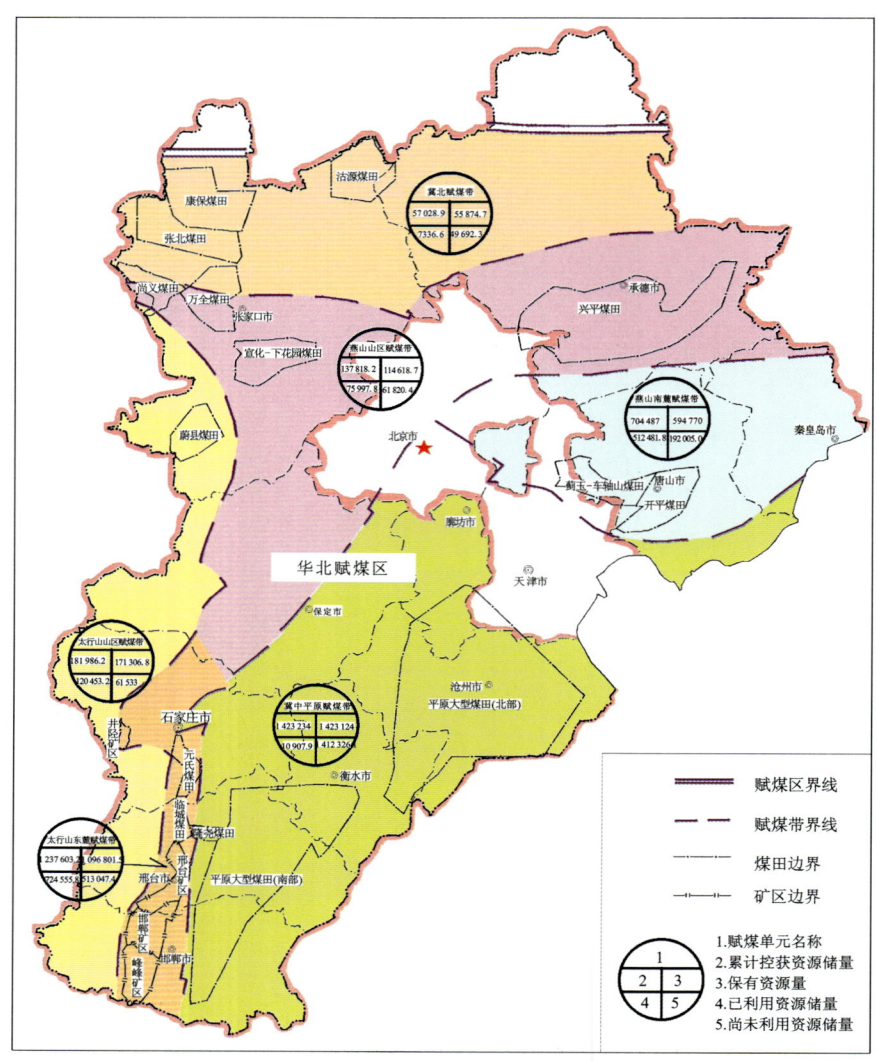

图 10-1　河北省煤炭资源现状分布示意图

其中：太行山东麓赋煤带有生产矿井 59 处，在建矿井 5 处，停采矿井 15 处，闭坑矿井 9 处，总占用面积 735.08km²，已利用煤炭资源储量 724 555.8×10⁴t，保有资源储量 58 3754.1×10⁴t，储量 61 158.4×10⁴t，基础储量 201 084.1×10⁴t，资源量 382 670×10⁴t。

太行山山区赋煤带有生产矿井 19 处，在建矿井 1 处，总占用面积 206.42km²，已利用煤炭资源储量 120 453.2×10⁴t，保有资源储量 109 773.7×10⁴t，储量 43 294.1×10⁴t，基础储量 93 471.3×10⁴t，资源量 16 302.5×10⁴t。

燕山南麓赋煤带有生产矿井 44 处，在建矿井 2 处，停采矿井 2 处，闭坑矿井 1 处，总占用面积 408.77km²，已利用煤炭资源储量 512 481.8×10⁴t，保有资源储量 402 764.8×10⁴t，储量 77 978.3×10⁴t，基础储量 212 016.7×10⁴t，资源量 190 748.1×10⁴t。

燕山山区赋煤带有生产矿井 37 处，停采矿井 13 处，闭坑矿井 7 处，总占用面积 125.15km²，已利用煤炭资源储量 75 997.8×10⁴t，保有资源储量 52 798.3×10⁴t，储量 4520.2×10⁴t，基础储量 27 997.4×10⁴t，资源量 24 800.9×10⁴t。

冀北赋煤带有生产矿井 6 处，闭坑矿井 6 处，总占用面积 27.57km²，累计已利用煤炭资源储量 7336.6×10⁴t，保有资源储量 6182.4×10⁴t，储量 1826.9×10⁴t，基础储量 5515.2×10⁴t，资源量 667.2×10⁴t。

冀中平原赋煤带有生产矿井 1 处，在建矿井 1 处，总占用面积 17.7km²，累计已利用煤炭资源储量 10 907.9×10⁴t，保有资源储量 10 797.9×10⁴t，储量 875.2×10⁴t，基础储量 2515.3×10⁴t，资源量 8282.6×10⁴t。已利用资源储量构成情况见表 10-2 及图 10-2，已利用资源储量中保有资源储量构成见图 10-3。

第十章 河北省煤炭预测成果

表 10-2 河北省已利用煤炭资源储量汇总表

单位：万 t

赋煤带	煤田(煤产地)	矿井现状 生产	矿井现状 在建	矿井现状 停采	矿井现状 闭坑	面积(km²)	累计资源储量	保有资源储量	储量	基础储量	资源量	核定生产能力 生产井	2007产量
太行山东麓赋煤带	峰峰	16	1	6	4	285.81	314 810.7	233 105.0	22 735.0	78 030.9	155 074.1	2011.0	1366.6
	邯郸	11	0	6	1	164.39	137 842.4	119 289.0	5767.2	39 048.9	80 240.1	601.0	517.9
	邢台	18	3	0	1	217.05	208 181.5	182 608.7	18 579.7	45 090.2	137 518.5	863.0	932.1
	临城	7	1	1	0	52.27	41 791.8	39 796.5	9667.1	30 835.9	8960.6	100.0	26.4
	井陉	5	0	2	3	20.76	14 374.3	1864.6	210.2	1286.9	577.7	76.0	5.6
	元氏	2	0	0	0	12.8	7555.1	7090.3	4199.2	6791.3	299.0	70.0	27.0
	小计	59	5	15	9	753.08	724 555.8	583 754.1	61 158.4	201 084.1	382 670	3721	2875.6
太行山山区赋煤带	涞源	1	0	0	0	3.0	3814.7	3614.7	1295.5	2756.1	858.7	1.0	0.0
	蔚县	17	1	0	0	203.23	116 176.4	105 772.4	41 866.2	90 384.4	15 388.0	545.0	363.8
	阜平	1	0	0	0	0.19	462.1	386.6	132.4	330.8	55.8	2.0	4.5
	小计	19	1	0	0	206.42	120 453.2	109 773.7	43 294.1	93 471.3	16 302.5	548	368.3
燕山南麓赋煤带	开平	32	2	2	1	287.93	373 775.4	270 089.3	60 304.2	156 320.0	113 769.3	2009.1	1537.6
	蓟工车轴山	2	0	0	0	66.5	93 772.4	90 708.6	7087.8	23 783.9	66 921.7	220.0	209.6
	三河	1	0	0	0	34.0	35 482.6	35 298.7	9174.5	28 871.9	6426.8	60.0	0.0
	柳江	9	0	0	0	20.34	9451.4	6668.2	1411.8	3040.9	3627.3	87.0	61.0
	小计	44	2	2	1	408.77	512 481.8	402 764.8	77 978.3	212 016.7	190 748.1	2376.1	1808.2

续表 10-2

赋煤带	煤田（煤产地）	矿井现状			面积 (km²)	累计资源储量	保有资源储量	储量	基础储量	资源量	核定生产能力		
		生产	在建	停采	闭坑							生产井	2007产量
燕山山区赋煤带	灵山	7	0	2	1	39.93	12 269.1	10 988.9	205.1	2755.6	8233.3	85.5	0.0
	涞水	1	0	2	0	4.03	3804.3	3555.4	0.0	667.8	2887.6	15.0	0.0
	宣下	13	0	3	2	41.28	29 008.0	21 191.0	3424.2	11 136.6	10 054.4	295.0	166.0
	万全	1	0	0	0	10.7	7520.8	7517.7		7517.7		10.0	
	赤城	1	0	0	0	0.5	135.9	76.6	26.7	41.3	35.3	4.0	0.0
	兴平煤田	13	0	6	4	28.5	22 983.2	9390.8	864.2	5844.7	3546.1	57.0	85.3
	滦平	1	0	0	0	0.3	276.5	77.9		33.7	44.2	3.0	
	小计	37	0	13	7	125.15	75 997.8	52 798.3	4520.2	27 997.4	24 800.9	469.5	251.3
冀北赋煤带	尚义	3	0	0	0	6.39	2462.9	2097.8	986.4	1453.4	644.4	24.0	20.4
	康保	2	0	0	1	14.74	1052.3	680.9	148.4	680.9	0.0	15.0	31.7
	沽源	1	0	0	0	0.92	3395.8	3379.8	691.7	3379.8		15.0	1.8
	隆化		0	0	1	1.5	124.2	23.9	0.4	1.1	22.8	3.0	
	围场	0	0	0	3	3.02	169.0	0.0	0.0	0.0	0.0		0.0
	丰宁		0	0	1	1.0	132.4	0.0				8.0	
	小计	6	0	0	6	27.57	7336.6	6182.4	1826.9	5515.2	667.2	65	53.9
冀中平原赋煤带	隆尧	1	1	0	0	17.66	10 907.9	10 797.9	875.2	2515.3	8282.6	15.0	3.5
	小计	1	1	0	0	17.7	10 907.9	10 797.9	875.2	2515.3	8282.6	15.0	3.5
全省合计		166	9	30	23	1538.65	1 451 733.1	1 166 071.2	189 653.1	542 600	623 471.3	7194.6	5360.8

注：资料来源河北省矿产资源储量表（2007年）。

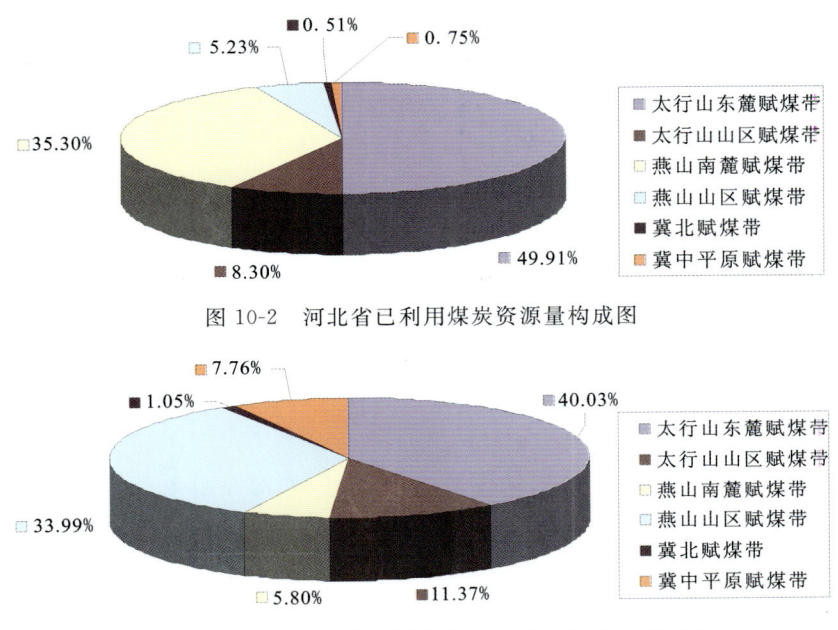

图 10-2　河北省已利用煤炭资源量构成图

图 10-3　河北省已利用煤炭资源量中保有资源量构成图

第二节　煤炭资源预测概况

一、预测方法

以第三次煤田预测成果为基础,充分收集近年来勘查成果及相关部门取得的新资料,利用近年来煤田地质新理论,采用多种地学信息集成研究方法,深入开展河北省煤炭聚煤规律研究,主要运用层序地层学和构造控煤理论开展研究工作。以矿区为基本预测单元,对分布零星的区块视情况合并,保证预测的整体性,对河北省煤炭资源潜力重新进行预测和评价。

所收集的河北省范围内煤田、地矿、石油等部门的钻探、物探、遥感等资料,为本次工作提供了丰富的参考资料。

预测区圈定及资源量估算采用的图件比例尺除平原区工作图件比例尺为1:10万外,其余的基本上是在比例尺为1:5万的主采煤层底板等高线上进行的,保证了预测的精度。

二、预测等级划分原则

(一) 潜在的资源量分级

预测可信度反映预测依据的充分程度,根据预测可信度将潜在的煤炭资源量分为预测可靠的(334-1)、预测可能的(334-2)和预测推测的(334-3)三级,界定如下。

(1) 预测可靠的(334-1)。位于控煤构造的有利区块,浅部有一定的山地工程或矿点揭露以及少量钻孔控制;或有有效的地面物探工程控制;或位于生产矿区、已发现资源勘查区的周边;或进行了1:25 000及以上大比例尺煤田地质填图的地区,结合地质规律分析,确定有含煤地层和煤层赋存。资源量主要估算参数可直接取得,煤类、煤质可以基本确定。

(2) 预测可能的(334-2)。位于控煤构造的比较有利区块,进行过小于1:25 000煤田地质填图;或少量山地工程、矿点揭露和个别钻孔控制；或有较有效的地面物探工作了解；或可靠级预测区的有限外推地段，结合地质规律分析，确有含煤地层存在，可能有煤层赋存，地质构造格架基本清楚。估算参数与煤类、煤质是推定的。

（3）预测推断的（334-3）。按照区域地质调查或物探、遥感资料，或可能级预测区的有限外推地段，结合聚煤规律推断有含煤地层、可采煤层赋存。估算参数和煤类、煤质等均为推测的。

（二）预测远景区的分类

根据资源的地质条件、开采技术条件、外部条件和生态环境容量，将预测远景区分为三类：有利的（Ⅰ类）、次有利的（Ⅱ类）和不利的（Ⅲ类）。

（1）有利的（Ⅰ类）：地质条件和开采技术条件好，外部条件和生态环境优越，煤层埋藏在1000m以浅，煤质优良。

（2）次有利的（Ⅱ类）：地质条件和开采技术条件较好，外部条件和生态环境较优越，煤层埋藏1500m以浅，煤质较优良。

（3）不利的（Ⅲ类）：资源量小，地质及开采技术条件复杂，外部开发条件差，或生态环境脆弱，或煤质差，或煤层埋藏在1500m以深。

（三）潜在资源量开发利用优度的划分

在上述分级分类的基础上，从潜在资源量的数量、质量、开采条件和生态环境等方面，进行潜在资源开发利用优度的综合评价，将预测资源的勘查开发利用前景划分为三等：优（A）等、良（B）等、差（C）等（表10-3）。

通过预测区综合优度的排序，提出煤炭资源勘查近期及中长期工作部署方案建议。

表10-3　潜在资源量勘查开发利用前景等级划分表

预测区类别 \ 资源量级别	可靠级（334-1）	可能级（334-2）	推断级（334-3）
有利的（Ⅰ类）	优（A）等	优（A）等	良（B）等
次有利的（Ⅱ类）	良（B）等	良（B）等	差（C）等
不利的（Ⅲ类）	差（C）等	差（C）等	差（C）等

三、预测要素

（一）预测深度

本次煤炭资源潜力预测深度范围为埋深2000m以浅，起算深度为当地侵蚀基准面。为便于利用和统计，进一步划分为0～600m，600～1000m，1000～1500m，1500～2000m四个深度等级。

（二）评价层系

本次资源潜力预测评价的层系为晚古生代、中生代和新生代含煤地层。

四、潜在资源量估算

（一）估算方法

河北省煤炭资源勘查程度较高，基本能够根据预测区或邻区资料确定潜在资源量估算参数，本次资源量估算采用地质块段法。计算公式为：

$$Qk = SMd$$

式中：Qk——资源量（$\times 10^4$ t）；

　　　S——块段面积（$\times 10^4$ m²）；

　　　M——块段煤层平均厚度（m）；

　　　d——煤视密度（t/m³）。

（二）资源量原始估算值的校正

根据预测区地质构造复杂程度和煤层稳定程度，采用校正系数 β 对原始估算量进行校正。校正公式为：

$$预测资源量\ Q = \beta Qk$$

校正系数 β 取值按《全国煤炭资源潜力预测评价技术要求》的规定（表 10-4），预测区地质构造复杂程度和煤层稳定程度的确定以《煤、泥炭地质勘查规范》（DZ/T 0215—2002）附录 D 为依据，当地质构造复杂程度和煤层稳定程度等级不一致时，取二者中 β 值较小者。

表 10-4　预测区校正系数 β 取值表

地质条件	β 取值
简单构造、稳定煤层	0.8～1.0
中等构造、较稳定煤层	0.6～0.8
复杂和极复杂构造、不稳定和极不稳定煤层	0.4～0.6

（三）估算指标要求

原则上采用《煤、泥炭地质勘查规范》确定的资源量估算指标要求。鉴于实际开发利用状况，在预测资源量估算时，硫分和发热量不作为限制条件。

五、河北省预测区情况

（一）预测区分布

本次圈定的预测区在全省范围内均有分布，从预测资源量的大小和预测资源量的勘探开发优度来看，主要的预测区还是集中在邯郸、邢台矿区的深部、平原区以及开滦矿区的深部等老矿区外围。各赋煤带内预测区分布情况见表 10-5。

表 10-5　河北省预测资源量分布情况统计表

赋煤单元		预测区（个）	预测资源量（$\times 10^4$ t）	预测资源量所占比例（%）
赋煤带	赋煤带			
冀北赋煤带		6	80 308	1.7
燕山赋煤带	燕山山区赋煤带	17	243 638	5.2
	燕山南麓赋煤带	7	599 918	12.8
太行山赋煤带	太行山东麓赋煤带	6	337 363	7.2
	太行山山区赋煤带	4	22 432	0.5
冀中平原赋煤带		12	3 393 542	72.6
合计		52	4 677 201	

(二) 预测区面积

本次共圈定预测区 52 个,面积 5581.45km²,其中开发优度达到优(A)等的 61.46km²,良(B)等的 1116.74km²,差(C)等的 4403.25km²。

(三) 预测区煤类

预测区煤类是根据其邻区资料推测所得,从所推测预测区内的煤类来看,煤类从褐煤到无烟煤均有,如张北煤田主要为褐煤或低变质的烟煤,而平原区和老矿区的深部主要为烟煤,在邯郸、峰峰矿区周围有少量的无烟煤。

(四) 预测区资源量

本次圈定的 52 个预测区,总计潜在资源量为 4 677 201×10⁴t,其中开发优度达到优(A)等的 44 284×10⁴t,良(B)等的 1 046 013×10⁴t,差(C)等的 3 586 904×10⁴t。河北省潜在资源量分级、分类、分等情况见表 10-6。

表 10-6　河北省潜在资源量汇总表　　　　　　　　　　　　　　单位:×10⁴t

成煤时代	潜在资源量	潜在资源量级别			潜在资源量类别			潜在资源量等别		
		334-1	334-2	334-3	Ⅰ类	Ⅱ类	Ⅲ类	优	良	差
CP	4 454 414	2 174 224	1 285 634	994 556	55 844	1 309 945	3 088 625	38 570	983 520	3 432 324
J	117 716	18 530	11 308	87 878	5714	68 322	43 680	5714	18 104	91 562
K	94 525	68 404	0	26 121	0	62 965	31 560	0	44 389	52 472
E	10 546	0	5042	5504	0	0	10 546	0	0	10 546
全省合计	4 677 201	2 261 158	1 301 984	1 114 059	61 558	1 441 232	3 174 411	44 284	1 046 013	3 586 904

第三节　本次潜力评价成果与第三次煤田预测成果比较

一、第三次煤田预测成果分析

河北省煤田地质局 1994 年完成的河北省煤炭资源预测与评价项目(第三次煤田预测),在河北省和天津市内共确定预测区 77 个,其中太行山东麓 27 个,燕山南麓 10 个,平原区 9 个,承德地区 16 个,张家口地区 15 个。在这 77 个预测区中,燕山南麓的东棘坨预测区、蓟玉煤田的王玉石庄预测区、平原区的天津南预测区大部分位于天津市范围内,本次未予以考虑,这样河北省内的预测区实际为 74 个。

在这 74 个预测区中,已变更为勘查区的 20 个,见表 10-7。

表 10-7　原预测区变更为勘查区情况表

序号	煤田或矿区	预测区名称	勘查区名称	备注
1	峰峰矿区	岳城深部	岳城普查区	
2	邯郸矿区	赵店-武安东	武东预查区	预测区南部
3		武安西	武西预查区	

续表 10-7

序号	煤田或矿区	预测区名称	勘查区名称	备注
4	邢台矿区	羊范	小窑开采占用	
5		沙河机场	在小窑破坏区内	
6		东汪	东汪预查区	
7		庞马店	邢北深部普查区	
8	元氏煤田	铁屯	万城预查区	
9	开平煤田	爽坨	爽坨预查区	
10	蓟玉、车轴山	车轴山向斜深部	丰润县新军屯普查区	预测区西南部
11	兴平煤田	庙梁-滑皮溜子	庙梁勘探区、暖儿河矿、小东山-沟门子普查区	
12	宣-下煤田	武家沟西部	武西预查区	
13		宣西	宣西预查区	
14	柳江煤田	柳江向斜深部	柳条庄-山羊寨普查区	预测区西南部
15	沽源煤田	大二号	沽源县南岗子-头号匦子煤炭预查区	
16		长梁	李家店煤炭预查区	
17	蔚县煤田	蔚县矿区北部	月山、榆林关预查区	
18	平原区(北)	大城	大城普查区	
19		泊头	泊头预查区	
20	平原区(南)	千户营	千户营预查区	

本次未采用的原预测区13个,见表10-8。

表 10-8 本次未采用的原预测区情况表

序号	煤田或矿区	预测区名称	面积(km²)	资源量(×10⁴t)	备注
1	元氏煤田	万年聊村深部	10	6615	并入聊村勘查区
2		高迁	10	43 659	据最新地震及钻探资料分析2000m以浅无煤层存在
3	开平煤田	塔坨	106	2800	据最新地质钻探资料分析2000m以浅无煤层存在
4		于庄东部	0.1	200	根据地质资料分析,无煤层赋存
5		柏各庄西南	144	231 300	据最新地震及钻探资料分析2000m以浅无煤层存在
6		马家庄	2	1944	根据勘探资料分析,无煤层赋存
7	兴平煤田	两间房子-王营子	267	21 672	据最新地质及钻探资料分析2000m以浅无煤层存在
8		涝洼矿深部	2	1080	据最新地质及钻探资料分析2000m以浅无煤层存在
9		凤山	41	1968	根据勘查资料分析,无煤层赋存
10		武厂-雅土沟	33	7126	根据勘查资料分析,无煤层赋存

续表 10-8

序号	煤田或矿区	预测区名称	面积(km²)	资源量(×10⁴t)	备注
11	围场煤产地	朝阳湾	37	4736	根据勘查资料分析,无煤层赋存
12	平原区(南)	大柏舍	10	5670	东部并入勘查区西部有相邻两断层影响
13		双碑	21	13 892	根据地质勘探资料分析,断层破坏严重
	合计		683.1	342 662	

二、两次预测成果比较

根据以上分析,第三次煤田预测确定的 74 个预测区中,除去变更为勘查区的 20 个预测区及未用的 13 个预测区外,第三次煤田预测确定的预测区与本次资源潜力评价中预测区比较仅有 41 个,具体情况见表 10-9、表 10-10。

表 10-9 新预测区与原预测区情况对照表

序号	煤田或矿区	新预测区名称	面积(km²)	资源量(×10⁴t)	原预测区名称	面积(km²)	资源量(×10⁴t)	备注
1	峰峰矿区	磁西南	103.01	80 264	磁西	218	188 325	
2		南城	51.3	64 045	磁西			原磁西预测区北部
3	邯郸矿区	赵店	25.93	20 997	赵店-武安东	135	120 960	原预测区北部、南部为武东预查区
4		西阳城	122.48	112 577	西阳城	78	89 856	依据新地震资料圈定
5	邢台矿区	北良屯	7.36	8174	北良屯	11	15 593	
6	临城煤田	丰盈-高望	66.8	51 306	丰盈、高望、山下	123	81 365	原三个区合为一个区
7	灵山煤田	下店	12.79	3572	下店	10	4050	
8	涞水煤产地	庄里	22.75	1936	庄里	31	20 832	
9		镇厂	38.68	6188	镇厂	39	22 464	
10		永阳深部	6.14	1897	永阳深部	6	10 368	
11	柳江煤田	柳江盆地西翼	7.42	3935	柳江向斜深部	16.8	9400	部分为柳条庄-山羊寨普查区

表 10-10 有关联性的新预测区与原预测区情况对照表

序号	煤田或矿区	新预测区名称	面积(km²)	资源量(×10⁴t)	原预测区名称	面积(km²)	资源量(×10⁴t)	备注
12	开平煤田	杨家庄	12.3	17 719	开平向斜深部	329.3	604 500	吕家坨矿深部普查区
13		朱庄子	33.98	47 620				宋家营普查区
14		稻地镇-马家庄	242.3	339 559				
15		柳树泉	38.4	55 083				

续表 10-10

序号	煤田或矿区	新预测区名称	面积（km²）	资源量（×10⁴t）	原预测区名称	面积（km²）	资源量（×10⁴t）	备注
16	蓟玉、车轴山煤田	车轴山向斜深部	28.2	39 227	车轴山向斜深部	61.9	120 300	新军屯资源普查区在内
17		窝洛沽	69.57	96 775	窝洛沽	68	132 200	
18	兴平煤田东部	大吉口-小寺沟	23.6	5734	大吉口-小寺沟	21	5103	
19		东水泉	54.5	22 073	黑山口-杨树岭	53	21 465	
20		老爷庙	9.7	3143	老爷庙	13	4212	
21		松树台深部	10.1	3273	松树台深部	20	2268	
22	兴平煤田西部	兴隆矿深部	48.42	39 220	土城头-白马川	46	22 356	
23		宽城	139	28 148	宽城	90	18 224	依据新地质资料圈定
24		西大庙	125.53	20 336	西大庙	112	9072	
25	围场煤产地	红泉	129	18 576	红泉	65	4680	依据新地质资料圈定
26		草沟堡	179.39	12 051	草沟堡	100	7560	
27	宣-下煤田	宣东深部	26.97	11 734	李家庄	78	15 479	依据新地质资料圈定
28		八宝山北部	21.54	11 308	八宝山北部	21	5400	
29		卧佛寺	54.61	2447	红卫桥	45	12 150	
30	赤城煤产地	万泉寺	127.18	7122	万泉寺	141	10 695	
31	万全煤田	五十家子深部	175.45	59 478	五十家子深部	158	25 027	
32	尚义煤田	东沟	21.56	6796	尚义	55	10 318	依据新地质资料圈定
33		小蒜沟深部	122.43	33 423	小蒜沟深部	135	12 663	
34	沽源煤田	小城子	28.58	7545	小城子	30	7560	
35	平原区（北）	大城深部	505.7	694 698	大城	652	800 982	依据新地质资料圈定
36		海兴北	106.7	112 035	海兴	260	245 700	南半部为海兴县煤炭资源预查区
37		寨子	141.5	148 575	寨子	288	272 160	依据新地震钻探地质资料圈定
38		阜城	424	415 181	阜城	340	385 380	依据新地质资料圈定

续表 10-10

序号	煤田或矿区	新预测区名称	面积（km²）	资源量（×10⁴t）	原预测区名称	面积（km²）	资源量（×10⁴t）	备注
39	平原区（南）	新河-冀州	519.7	352 340	新河-冀州	355	503 213	依据新地质资料圈定
40		广宗	361.7	417 546	广宗	304	287 280	依据新地质资料圈定
41		南宫西	89.38	79 370	南宫西	275	389 813	依据新地质资料圈定
	合计		4335.65	3 463 026		4784	4 498 973	

三、本次资源潜力评价新增预测区

本次资源潜力评价新划定预测区 11 个，新增预测面积 1245.8 km²，新增预测资源量 1 214 175×10⁴ t，详见表 10-11。

表 10-11 新增预测区情况表

序号	煤田（煤产地）	预测区名称	面积（km²）	资源量（×10⁴t）	备注
1	涞源煤产地	涞源北	14.89	4816	
2		东团堡	3.6	688	
3	阜平煤产地	神仙山	13.64	4877	
4	宣-下煤田	涿鹿城西	118.18	16 029	
5	张北煤田	张北公会	10	8926	
6	康保煤田	王牛滩北部	28.52	5042	
7	平原区（北）	青县	181.9	200 545	
8	平原区（南）	大曹庄	140.67	95 370	
9		大营镇	312.2	379 323	
10		浮图店	361.7	417 547	
11		柏鹤集	60.5	81 012	
	合计		1245.8	1 214 175	

第十一章 结 论

一、主要预测成果

河北省矿产预测工作主要涉及煤炭、铁、金、铜、银、铝、铅、锌、锰、镍、钨、铬、钼、磷、硫、萤石、菱镁矿、重晶石、石灰岩、碎云母20个矿种(碎云母、灰岩矿为省内自增),其中煤炭由河北省煤田地质局承担。

(一) 19个矿种资源潜力评价预测成果

本次矿产预测共涉及铁、铜、铝土矿、铅、锌、锰、镍、钨、金、铬、钼、银、磷、硫、萤石、菱镁矿、重晶石等19个矿种73个预测工作区,110个典型矿床(不含煤炭)。其中铁矿预测工作区6个,铝土矿3个,铜矿2个,铅锌矿4个,金矿5个,钨矿3个,磷矿4个,锰矿4个,铬铁矿2个,银矿10个,镍矿1个,钼矿5个,硫铁矿7个,萤石矿5个,重晶石2个,菱镁矿1个,碎云母1个,灰岩矿8个。

在充分分析全区基础地质与铁铜等19个矿种地质勘查、开发和研究成果资料的基础上,圈定了19个单矿种V级成矿远景区,确定全省19个单矿种预测类型,并划分了相应的矿床式;选取110个典型矿床,开展了19个单矿种典型矿床成矿要素研究,总结了19个单矿种控矿地质因素及特征,编制了典型矿床成矿要素图、成矿模式图。

在分析重力、磁测、化探、重砂、遥感等资料的基础上,总结了典型矿床的地、物、化特征,编制了典型矿床预测要素图和预测模型图等,为资源潜力预测奠定了很好的基础,根据19个单矿种的预测方法类型,编制了各预测工作区的建造构造专题底图,在综合利用区域重力、磁法、化探等资料的基础上,编制了预测工作区的区域预测要素图和预测模型图。

在上述基础上,开展了19个单矿种最小预测区圈定和资源量定量估算,共圈定了1225个最小预测区,并根据资源潜力和找矿前景,划分优选为A类437处,B类299处,C类489处。

采用地质体积法初步估算2000m以浅预测资源量:铝土矿1.95×10^8t,铁矿210.4×10^8t,铜矿132.1999×10^4t,铅矿763.433×10^3t,锌矿4461.821×10^3t,金矿481.38t,钨矿4509.84t,磷矿30.65×10^8t,锰矿1.2895×10^8t,铬矿1890.43×10^3t,银矿11 223.558t,镍矿4103.37t,钼矿145.2559×10^4t,硫矿$2.507\,81\times10^8$t,萤石$157.688\,50\times10^4$t,重晶石71.45×10^3t,菱镁矿$62\,207.09\times10^3$t,碎云母$93\,172.8\times10^3$t,灰岩矿7628.24×10^8t,煤炭426.74×10^8t,并按深度、精度、可利用性等进行了划分。预测资源量可信度较高,在19个单矿种预测评价的基础上,对河北省19个单矿种进行了勘查部署研究,编制完成了部署建议图和未来开发基地预测建议图,编写了说明书。勘查工作部署划分了重点与一般工作区,部署建议具体,可操作性强。

对河北省不同预测类型工作区内的地、物、化、遥等各类综合信息进行了分析,在MRAS、MapGIS系统的支持下,结合地质异常理论,采用综合信息网格单元法、综合信息地质单元法及单项信息法圈定铁铜等19个矿种1225个最小预测区,其中A类437处,B类299处,C类489处。并采用证据要素法、特征分析法、要素类比趋同法对预测区进行了优选和排序。

在单矿种最小预测区的基础上,根据其所处的构造位置、成矿特征及集中分布区,重新圈定重要矿种综合预测区,并依据其预测矿种、成矿类型、是否有已知成型矿床及预测资源量,对综合预测区级别进行划分,初步圈定综合预测区144个,其中A类45个,B类56个,C类39个。

通过综合预测区成矿条件及工作程度,圈定了21个可供下一步工作的部署区,并提出了工作建议。

(二) 煤炭资源潜力评价预测成果

本次资源潜力评价是以河北省第三次煤田预测为基础,广泛收集近年来的地质勘查资料和各种研究成果,在摸清河北省煤炭资源现状的基础上,充分应用现代矿产资源预测评价的理论方法和以 GIS 评价为核心的多种技术手段、多种地学信息集成研究方法,以聚煤规律和构造控煤作用研究为切入点,开展科学预测,提出新的预测区,对其勘查开发前景进行综合评价,提出煤炭资源开发的近期及中长期部署建议和方案,建立全省煤炭资源潜力预测信息系统。

(1) 按照 2000 年《中国地层指南及中国地层指南说明书》《中国地层典》以及全国地层多重划分对比的研究成果,对河北省各时代地层进行了归纳整理,编制了《河北省年代地层、岩石地层划分简表》,石炭系二分,二叠系三分。

将本溪组和太原组下段划归上石炭统,太原组上段和山西组划归下二叠统,下石盒子组划归中二叠统,上石盒子组和石千峰组划归上二叠统。

将杏石口组划归下侏罗统,下花园组划归中侏罗统。将青石砬组划归白垩系下段。将灵山组划归古近系始新统。

(2) 在归纳整理以往地质资料的基础上,对河北省的地质演化史、煤系地层的赋存情况、构造控煤等主要地质情况进行了认真研究,划分了赋煤单元和赋煤构造单元。

将全省含煤地层划分为 6 个二级赋煤单元,即冀北赋煤带、燕山山区赋煤带、燕山南麓赋煤带、太行山山区赋煤带、太行山东麓赋煤带、冀中平原赋煤带。

将全省划分为 4 个赋煤构造单元,即冀北较稳定地块赋煤构造带、燕山活动构造赋煤构造带、太行山隆升地块赋煤构造带、冀中平原活动软块赋煤构造带。

(3) 运用层序地层学理论,建立了河北省主要含煤岩系的层序地层格架,开展了层序地层格架下的岩相古地理研究和聚煤规律研究,恢复了主要聚煤期古构造。

将河北省古生代石炭系—二叠系含煤岩系划分为 3 个三级复合层序,将中侏罗统下花园组含煤地层划分为 2 个三级复合层序,将下白垩统青石砬组含煤地层划分为 2~3 个三级复合层序。

(4) 对河北省煤层的煤质特征、煤类分布情况等进行了分析研究,对其规律性进行了概括总结,简要叙述了各煤类的物化性质。编制了河北省煤类分布图。

(5) 在广泛收集近几年来大量地质资料的基础上,修编了河北省煤田地质图,编制了河北省煤田构造纲要图;在收集、整理并仔细分析研究各种地质资料,统计大量生产资料的基础上,编制了河北省勘查开发现状图、河北省煤炭资源潜力评价图。

(6) 分析了河北省煤炭资源勘查开发利用现状。

根据 2007 年河北省矿产储量平衡表以及河北省近年来勘探工作成果,对河北省已探获的煤炭资源储量进行了统计。

截至 2007 年 12 月,全省累计探获的资源储量为 $3\,742\,157.5\times10^4$ t,已利用资源储量 $1\,451\,733.1\times10^4$ t,保有资源储量 $3\,456\,495.7\times10^4$ t(基础储量 $641\,798.5\times10^4$ t,资源量 $2\,814\,697.2\times10^4$ t)。

截至 2007 年 12 月,河北省已有勘查区 87 个,提交报告 87 件,其中预查 29 件,普查 39 件,详查 13 件,勘探 6 件。勘查区面积达 $5062.88 km^2$,其中预查区面积 $3222.86 km^2$,普查区面积 $1565.86 km^2$,详查区面积 $162.61 km^2$,勘探区面积 $111.55 km^2$。总资源量达 $2\,290\,424.4\times10^4$ t,其中预查煤炭资源量为 $775\,328.1\times10^4$ t,普查煤炭资源量为 $1\,336\,236.3\times10^4$ t,详查煤炭资源量为 $93\,749.8\times10^4$ t,勘探煤炭资源量为 $85\,110.2\times10^4$ t。预查、普查、详查、勘探阶段的煤炭资源量占勘查区总的资源量的比例分别为 34%、58%、4%、4%。从各阶段资源量比例分析,河北省详查和勘探资源量所占比例很低,需要进一步提高地质勘查程度,提高煤炭资源储量的可靠程度。

截至 2007 年底,生产矿井占用资源储量 $1\,451\,733.1\times10^4$ t,保有资源量 $1\,166\,071.2\times10^4$ t。

(7) 对河北省煤炭资源潜力进行了预测评价。

本次报告共预测 52 个预测区,预测面积 5581.45km²,预测资源量 4 677 201×10⁴t。

按预测可靠级别分:预测可靠的资源量(334-1)2 261 158×10⁴t,预测可能的资源量(334-2)1 301 984×10⁴t,预测推断的资源量(334-3)1 114 059×10⁴t。

按埋深分:1000m 以浅资源量 276 519×10⁴t,1000~1500m 资源量 1 379 152×10⁴t,1500~2000m 资源量 3 021 530×10⁴t。

按预测远景区的类别分:有利的(Ⅰ类)61 558×10⁴t,次有利的(Ⅱ类)1 441 232×10⁴t,不利的(Ⅲ类)3 174 411×10⁴t。

按开发优度分:优等(A)44 284×10⁴t,良等(B)1 046 013×10⁴t,差等(C)3 586 904×10⁴t。

按煤类统计:褐煤 105 071×10⁴t,长焰煤 6585×10⁴t,不粘煤 30 210×10⁴t,弱黏煤 271 918×10⁴t,气煤 2 696 134×10⁴t,气肥煤 423 013×10⁴t,1/3 焦煤 7122×10⁴t,肥煤 99 903×10⁴t,焦煤 695 990×10⁴t,瘦煤 40 219×10⁴t,贫煤 145 057×10⁴t,无烟煤 155 979×10⁴t。

按灰分统计:低灰分煤(Ad 5.01%~10.00%)11 734×10⁴t,低中灰煤(Ad 10.01%~20.00%)1 953 327×10⁴t,中灰分煤(Ad 20.01%~30.00%)2 162 090×10⁴t,中高灰分煤(Ad 30.01%~40.00%)550 050×10⁴t。

按全硫含量统计:特低硫分煤(St,d≤0.5%)871 298×10⁴t,低硫分煤(St,d 0.51%~1.00%)768 827×10⁴t,低中硫煤(St,d 1.01%~1.50%)160 879×10⁴t,中硫煤(St,d 1.51%~2.00%)1 084 281×10⁴t,中高硫煤(St,d 2.01%~3.00%)974 958×10⁴t,高硫分煤(St,d>3.00%)816 958×10⁴t。

(8) 对预测区的勘查开发工作进行了研究和布置,编制了河北省煤炭资源勘查工作部署图。确定近期勘查预测区 5 个,中期勘查预测区 25 个,长期勘查预测区 22 个。

(9) 建立了河北省煤炭资源潜力预测评价数据库。按照项目办的要求建立了项目数据库。

利用地理信息系统(GIS)技术、数据库技术等先进技术手段,在统一的煤炭资源信息标准与规范下,收集、整理煤炭资源预测潜力评价的基础数据,统一属性和图形数据格式,运用 MapGIS 系统平台,建立了河北省煤炭勘查开发现状及煤炭资源预测评价数据库,为实现煤炭资源数据的有序、实时管理打下了基础。

(10) 对河北省第三次煤田预测成果进行了分析和整理,新划定预测区 11 个,新增预测面积 1245.8km²,新增预测区的资源量 1 214 175×10⁴t。

二、存在问题

(1) 本次在收集近几年地勘资料的基础上,结合已有资料进行了分析研究。但由于河北省地质工作 50 多年来形成地质资料庞杂,有一些资料难以收集到,所以资料不够全面。

(2) 本报告资源储量数据以 2007—2009 年底的储量平衡表数据和部分储量利用调查数据,可能与目前的情况有一定的差距,使用时应引起注意。

(3) 本次资源潜力评价利用资料原则截止日期为 2010 年底,由于河北省近几年来矿产资源勘查力度较大,因此,本报告统计的各种勘查成果数据,可能与目前的勘查程度有所不同,使用时应以最新成果为准。

(4) 本次潜力评价工作,时间紧迫,任务繁重,工作量巨大,报告中可能还存在一些问题,敬请专家指正。

(5) 特别说明:河北省沉积变质铁矿与该区花岗绿岩型金矿、热液型多金属矿不属于一个成矿系列,但空间上有重叠,如果划为同一个综合预测区面积过大,因此对沉积变质铁矿进行单独划分预测区,形成单独图层。

综合预测区 108—144 为沉积变质铁矿预测区,河北省是铁矿大省,其沉积变质型铁矿是河北省铁矿的主要类型,其分布空间与花岗绿岩型金矿重叠,如果与其一起划分综合预测也有不妥之处。因此对沉积变质型铁矿预测区进行单独划分。划分 37 个铁矿预测区,13 个 A 类区,10 个 B 类区,14 个 C 类区。

三、结束语

本项目是在河北省国土资源厅领导下进行的,省厅领导、尤其是地勘处领导给予了大力支持。项目实施过程中,石家庄综合地质大队、河北省地质矿产勘查开发局第三地质大队、河北省地质矿产勘查开发局区域地质调查研究所、河北省地质矿产勘查开发局地球物理勘查院、河北省煤田地质局所属第二地质队、水文地质队、第四地质队、物测地质队提供了大量地质资料,给予了多方关注和指导。在此,对以上各单位及领导给予的大力支持一并表示感谢!

主要参考文献

陈晋镳,武铁山.华北区区域地层[M].武汉:中国地质大学出版社,1997.

陈世悦等,华北晚古生代层序地层与聚煤规律[M].东营:中国石油大学出版社,2000.

陈毓川,等.中国成矿体系与区域成矿评价[M].北京:地质出版社,2007.

陈毓川,王登红,等.重要矿产和区域成矿规律研究技术要求[M].北京:地质出版社,2010.

陈毓川,王登红,等.重要矿产预测类型划分方案[M].北京:地质出版社,2010.

陈毓川,朱裕生,等.中国矿床成矿模式[M].北京:地质出版社,1993.

地矿部保定地质工程勘查院.河北省易县孔各庄金矿南矿段(2-1线)普查地质报告[R].地矿部保定地质工程勘查院,1997.

高光明,薛运清.冀东燕山地区伸展构造与控矿作用[C]//中国地质学会.《"九五"全国地质科技重要成果论文集.北京:地质出版社,2000.

郭华,李明,李守林,等.板内造山带主要构造特征研究[M].北京:地质出版社,2002.

韩德馨.中国煤岩学[M].徐州:中国矿业大学出版社,1995.

河北地矿局第五地质队.河北省平泉县郝家楼萤石矿区详细普查地质报告[R].河北地矿局第五地质队,1986.

河北煤田地质局物测地质队、河北省蔚县矿区建设管理委员会、中国矿业大学(北京).河北省蔚县矿区断裂构造发育规律及对煤层开采的影响研究报告[R].河北煤田地质局物测地质队、河北省蔚县矿区建设管理委员会、中国矿业大学(北京),1998.

河北山东山西江苏安徽河南地质矿产局.华北地台中南部邯邢式铁矿成矿区成矿远景区划[R].河北山东山西江苏安徽河南地质矿产局,1983.

河北省地勘局.冀东地区各大、中型铁矿勘探报告、详查报告、补充勘探报告[R].河北省地勘局,1970—2008.

河北省地勘局第三地质大队.河北省康保县黄花洼萤石矿区详细普查地质报告[R].河北省地勘局第三地质大队,1981.

河北省地矿局第三地质大队.河北省锰矿资源综合地质调查评价工作报告[R].河北省地矿局第三地质大队,2004.

河北省地矿局第三地质大队.河北省涿鹿县口前银金矿区普查地质报告[R].河北省地矿局第三地质大队,1996.

河北省地矿局第十三地质大队.河北省易县甘河净乡栾木厂金矿区勘探地质报告[R].河北省地矿局第十三地质大队,1990.

河北省地矿局第十一地质大队.河北省永年县大油村乡台口硫铁矿普查报告[R].河北省地矿局第十一地质大队,1989.

河北省地矿局石家庄综合地质大队.河北省灵寿县秋树林钼矿普查地质报告[R].河北省地矿局石家庄综合地质大队,2011.

河北省地矿四队.河北省围场县广发永矿区详细普查地质报告[R].河北省地矿四队,1982.

河北省地质调查院.河北省承德县高寺台铬铁矿资源利用现状核查报告[R].河北省地质调查院,2010.

河北省地质调查院.河北省承德县轿顶山铅锌矿资源利用现状核查报告[R].河北省地质调查院,2010.

河北省地质调查院.河北省赤城县后沟金矿资源利用现状核查报告[R].河北省地质调查院,2010.

河北省地质调查院.河北省赤城县青羊沟铅锌矿资源利用现状核查报告[R].河北省地质调查院,2010.

河北省地质调查院.河北省崇礼县水晶屯金矿资源利用现状核查报告[R].河北省地质调查院,2010.

河北省地质调查院.河北省崇礼县张家口金矿南冷沟金矿头道沟矿段资源利用现状核查报告[R].河北省地质调查院,2010.

河北省地质调查院.河北省崇礼县中山沟金矿资源利用现状核查报告[R].河北省地质调查院,2010.

河北省地质调查院.河北省阜平县白石台银矿资源利用现状核查报告[R].河北省地质调查院,2010.

河北省地质调查院.河北省阜平县大川硫铁矿资源利用现状核查报告[R].河北省地质调查院,2010.

河北省地质调查院.河北省井陉县城关绵河滩硫铁矿资源利用现状核查报告[R].河北省地质调查院,2010.

河北省地质调查院.河北省涞水县上港金银矿资源利用现状核查报告[R].河北省地质调查院,2011.

河北省地质调查院.河北省涞水县东团堡金多金属矿资源利用现状核查报告[R].河北省地质调查院,2011.

河北省地质调查院.河北省涞水县镰巴岭铅锌矿资源利用现状核查报告[R].河北省地质调查院,2010.

河北省地质调查院.河北省涞源县营儿岭—湖海岭一带铜多金属矿资源利用现状核查报告[R].河北省地质调查院,2011.

河北省地质调查院.河北省灵寿县北营西沟银铅锌多金属矿资源利用现状核查报告[R].河北省地质调查院,2011.
河北省地质调查院.河北省灵寿县北营银矿资源利用现状核查报告[R].河北省地质调查院,2010.
河北省地质调查院.河北省灵寿县杨树沟银矿资源利用现状核查报告[R].河北省地质调查院,2010.
河北省地质调查院.河北省内邱县杏树台硫铁矿资源利用现状核查报告[R].河北省地质调查院,2010.
河北省地质调查院.河北省平泉县下营坊金矿资源利用现状核查报告[R].河北省地质调查院,2010.
河北省地质调查院.河北省平泉县小石门金银矿区资源利用现状核查报告[R].河北省地质调查院,2010.
河北省地质调查院.河北省青龙满族自治县二道沟-苇子沟金矿资源利用现状核查报告[R].河北省地质调查院,2011.
河北省地质调查院.河北省青龙满族自治县四拨子-六拨子铜多金属矿资源利用现状核查报告[R].河北省地质调查院,2011.
河北省地质调查院.河北省沙河市含钴铜黄铁矿资源利用现状核查报告[R].河北省地质调查院,2010.
河北省地质调查院.河北省兴隆高板河铅锌黄铁矿资源利用现状核查报告[R].河北省地质调查院,2010.
河北省地质调查院.河北省兴隆县莫古峪钼锌铜矿资源利用现状核查报告[R].河北省地质调查院,2010.
河北省地质调查院.河北省兴隆县天宝矿业有限公司洞子沟银矿资源利用现状核查报告[R].河北省地质调查院,2010.
河北省地质调查院.河北省宣化县韩家沟金矿资源利用现状核查报告[R].河北省地质调查院,2010.
河北省地质调查院.河北省宣化县小营盘金矿资源利用现状核查报告[R].河北省地质调查院,2010.
河北省地质调查院.河北省易县矿管局京源建材公司芒庄选厂老刮站银矿资源利用现状核查报告[R].河北省地质调查院,2010.
河北省地质调查院.河北省永年县台口硫铁矿资源利用现状核查报告[R].河北省地质调查院,2010.
河北省地质调查院.河北省张北县石头囫囵磁黄铁矿闪锌矿资源利用现状核查报告[R].河北省地质调查院,2010.
河北省地质调查院.河北省涿鹿县荞麦川黄铁矿资源利用现状核查报告[R].河北省地质调查院,2010.
河北省地质调查院院.河北省承德市承德县姑子沟银铅锌矿区8-41线资源利用现状核查报告[R].河北省地质调查院,2010.
河北省地质调查院院.河北省承德市承德县庞家沟银多金属矿资源利用现状核查报告[R].河北省地质调查院,2010.
河北省地质调查院院.河北省承德市平泉县毛家沟锌多金属矿资源利用现状核查报告[R].河北省地质调查院,2010.
河北省地质调查院院.河北省承德县姑子沟铅锌银矿东山矿段资源利用现状核查报告[R].河北省地质调查院,2010.
河北省地质调查院院.河北省赤城县长沟门萤石矿资源利用现状核查报告[R].河北省地质调查院,2010.
河北省地质调查院院.河北省赤城县田家窑镇蔡庄子锰矿资源储量利用现状核查报告[R].河北省地质调查院,2010.
河北省地质调查院院.河北省赤城县万全寺银(金)矿资源利用现状核查报告[R].河北省地质调查院,2010.
河北省地质调查院院.河北省丰宁满族自治县撒岱沟门钼矿资源利用现状核查报告[R].河北省地质调查院,2010.
河北省地质调查院院.河北省丰宁县牛圈子银金矿资源利用现状核查报告[R].河北省地质调查院,2010.
河北省地质调查院院.河北省丰宁县万胜永开源萤石矿资源利用现状核查报告[R].河北省地质调查院,2010.
河北省地质调查院院.河北省丰宁县营房银铅锌矿资源利用现状核查报告[R].河北省地质调查院,2010.
河北省地质调查院院.河北省抚宁县河潮营重晶石矿资源利用现状核查报告[R].河北省地质调查院,2010.
河北省地质调查院院.河北省抚宁县木柞峪萤石矿资源利用现状核查报告[R].河北省地质调查院,2010.
河北省地质调查院院.河北省阜平县大川硫铁矿资源利用现状核查报告[R].河北省地质调查院,2010.
河北省地质调查院院.河北省铬镍钨矿资源利用现状调查成果汇总报告[R].河北省地质调查院,2010.
河北省地质调查院院.河北省铬镍钨矿资源利用现状调查成果汇总报告[R].河北省地质调查院,2011.
河北省地质调查院院.河北省井陉县城关绵河滩硫铁矿资源利用现状核查报告[R].河北省地质调查院,2010.
河北省地质调查院院.河北省康保县黄花洼萤石矿资源利用现状核查报告[R].河北省地质调查院,2010.
河北省地质调查院院.河北省康保县炭头钨矿资源利用现状核查报告[R].河北省地质调查院,2010.
河北省地质调查院院.河北省涞源县大湾锌钼矿资源利用现状核查报告[R].河北省地质调查院,2010.
河北省地质调查院院.河北省菱镁矿矿资源利用现状调查成果汇总报告[R].河北省地质调查院,2010.
河北省地质调查院院.河北省钼矿资源利用现状调查成果汇总报告[R].河北省地质调查院,2011.
河北省地质调查院院.河北省内邱县杏树台硫铁矿资源利用现状核查报告[R].河北省地质调查院,2010.
河北省地质调查院院.河北省平泉县郝家楼萤石矿资源利用现状核查报告[R].河北省地质调查院,2010.
河北省地质调查院院.河北省平泉县杨树岭萤石矿资源利用现状核查报告[R].河北省地质调查院,2010.
河北省地质调查院院.河北省平山县秋卜洞银矿资源利用现状核查报告[R].河北省地质调查院,2010.
河北省地质调查院院.河北省迁安县铜硐子铜镍硫化矿资源利用现状核查报告[R].河北省地质调查院,2010.

河北省地质调查院院.河北省迁西县秦家峪锰矿资源利用现状核查报告[R].河北省地质调查院,2010.
河北省地质调查院院.河北省青龙满族自治县丁家河银矿资源利用现状核查报告[R].河北省地质调查院,2010.
河北省地质调查院院.河北省沙河市含钴铜黄铁矿资源利用现状核查报告[R].河北省地质调查院,2010.
河北省地质调查院院.河北省围场县广发永萤石资源利用现状核查报告[R].河北省地质调查院,2010.
河北省地质调查院院.河北省围场县满汉土银矿资源利用现状核查报告[R].河北省地质调查院,2010.
河北省地质调查院院.河北省围场县小扣花营银矿资源利用现状核查报告[R].河北省地质调查院,2010.
河北省地质调查院院.河北省兴隆高板河铅锌黄铁矿资源利用现状核查报告[R].河北省地质调查院,2010.
河北省地质调查院院.河北省兴隆县大苇塘钨矿矿资源利用现状核查报告[R].河北省地质调查院,2010.
河北省地质调查院院.河北省兴隆县寿王坟钼、锌、铜矿资源利用现状核查报告[R].河北省地质调查院,2010.
河北省地质调查院院.河北省兴隆县寿王坟钼锌铜矿资源利用现状核查报告[R].河北省地质调查院,2010.
河北省地质调查院院.河北省邢台县大河菱镁矿资源利用现状核查报告[R].河北省地质调查院,2010.
河北省地质调查院院.河北省邢台县李家庄资源利用现状核查报告[R].河北省地质调查院,2010.
河北省地质调查院院.河北省宣化县贾家营钼资源利用现状核查报告[R].河北省地质调查院,2010.
河北省地质调查院院.河北省宣化县西梁山铁锰矿普查地质报告[R].河北省地质调查院,2009.
河北省地质调查院院.河北省阳原县小南口锰资源利用现状核查报告[R].河北省地质调查院,2010.
河北省地质调查院院.河北省易县栾木厂金矿资源利用现状核查报告[R].河北省地质调查院,2010.
河北省地质调查院院.河北省银矿资源利用现状调查成果汇总报告[R].河北省地质调查院,2010.
河北省地质调查院院.河北省永年县台口硫铁资源利用现状核查报告[R].河北省地质调查院,2010.
河北省地质调查院院.河北省张北县蔡家营铅锌银矿资源利用现状核查报告[R].河北省地质调查院,2010.
河北省地质调查院院.河北省张北县石头囫囵磁黄铁矿闪锌矿资源利用现状核查报告[R].河北省地质调查院,2010.
河北省地质调查院院.河北省重晶石矿资源利用现状调查成果汇总报告[R].河北省地质调查院,2010.
河北省地质调查院院.河北省涿鹿县口前银金矿资源利用现状核查报告[R].河北省地质调查院,2010.
河北省地质调查院院.河北省涿鹿县荞麦川黄铁矿资源利用现状核查报告[R].河北省地质调查院,2010.
河北省地质调查院院.河北省涿鹿县相广锰矿资源利用现状核查报告[R].河北省地质调查院,2010.
河北省地质调查院院.河北省遵化市毛家厂铬铁矿资源利用现状核查报告[R].河北省地质调查院,2010.
河北省地质局.中华人民共和国区域地质调查报告唐山幅[R].河北省地质局,1977.
河北省地质局保定综合地质大队.河北省涞源县镰巴岭铅锌矿初步勘探报告[R].河北省地质局保定综合地质大队,1962.
河北省地质局保定综合地质大队三中队.涞源县南赵庄铅锌矿初步勘探报告[R].河北省地质局保定综合地质大队三中队,1963.
河北省地质局第八地质大队.河北省承德县轿顶山铅锌矿普查地质报告[R].河北省地质局第八地质大队,1988.
河北省地质局第八地质大队.河北省兴隆县大苇塘钨矿地质详查报告[R].河北省地质局第八地质队,1977.
河北省地质局第三地质大队.河北省涿鹿县荞麦川黄铁矿区普查勘探报告[R].河北省地质局第三地质大队,1974.
河北省地质局第三地质大队六分队.河北省宣化县小营盘金矿区详细勘探地质报告[R].河北省地质局第三地质大队六分队,1986.
河北省地质局第三地质大队三分队.河北省张北县三号乡蔡家营铅锌银矿Ⅲ矿带详查地质报告[R].河北省地质局第三地质大队三分队,1991.
河北省地质局第十地质大队.河北省承德县高寺台铬铁矿地质勘探总结报告[R].河北省地质局第十地质大队,1976.
河北省地质局第十三地质大队.河北省唐县大石峪金矿区详细普查地质报告[R].河北省地质局第十三地质大队,1980.
河北省地质局第十四地质队.河北省邢台县大河菱镁矿地质勘探报告[R].河北省地质局第十四地质队,1977.
河北省地质局第十一地质大队.河北省邯邢地区邯邢式铁矿成矿地质特征及找矿方向[R].河北省地质局第十一地质大队,1986.
河北省地质局第十一地质大队.河北省接触交代—热液型铁矿资源总量预测报告[R].河北省地质局第十一地质大队,1987.
河北省地质局第十一地质大队.河北省内邱县杏树台矿区钴镍矿普查报告[R].河北省地质局第十一地质大队,1993.
河北省地质局第四地质大队革命委员会.河北省兴隆县寿王坟钼多金属矿区初步地质勘探报告[R].河北省地质局第四地质大队革命委员会,1974.
河北省地质局第四地质大队四分队.河北省承德县磴上乡姑子沟银铅锌矿8-41线勘探地质报告[R].河北省地质局第四

地质大队四分队,1991.

河北省地质局第五地质大队.河北省峰峰、武安北部铝土矿区域普查报告[R].河北省地质局第五地质大队,1958.

河北省地质局第五地质大队.河北省迁西县金厂峪金矿区最终勘探报告[R].河北省地质局第五地质大队,1968.

河北省地质局第五地质大队.河北省青龙满族自治县小马坪乡清河沿金矿普查地质报告[R].河北省地质局第五地质大队,1997.

河北省地质局第五地质大队.河北省兴隆县高板河黄铁、锌矿区详细勘探地质报告[R].河北省地质局第五地质大队,1982.

河北省地质局第五地质队.河北省兴隆县高板河黄铁、锌矿区详细勘探地质报告[R].河北省地质局第五地质队,1982.

河北省地质局第一地质队.河北省沙河县三王村含钴铜黄铁矿地质勘探报告[R].河北省地质局第一地质队,1973.

河北省地质局邯郸综合地质大队.河北省武安县暴庄铝土矿60年度地质勘探年终报告[R].河北省地质局邯郸综合地质大队,1960.

河北省地质局邯郸综合地质大队.邢台大河菱镁矿区1961年度初步勘探报告[R].河北省地质局邯郸综合地质大队,1961.

河北省地质局唐山综合地质大队.河北省秦皇岛市河潮营重晶石矿地质评价报告及今后工作设计[R].河北省地质局唐山综合地质大队,1962.

河北省地质局唐山综合地质大队.河北省秦皇岛市抚宁县木柞峪萤石矿普查报告[R].河北省地质局唐山综合地质队,1959.

河北省地质局邢台综合地质大队.河北省峰峰矿区彭城孙庄磁县都党铝土粘土矿地质普查报告[R].河北省地质局邢台综合地质大队,1962.

河北省地质局邢台综合地质大队.邢台县李家庄、冀家村、尚家庄、后南峪重晶石矿普查报告[R].河北省地质局邢台综合地质大队,1962.

河北省地质局张家口综合地质大队.河北省张北县炭头山钨矿五九年普查勘探报告[R].河北省地质局张家口综合地质大队,1960.

河北省地质勘查院.河北省涿鹿县相广锰银矿田大比例尺成矿预测报告[R].河北省地质勘查院,1994.

河北省地质矿产局.河北省北京市天津市区域地质志[M].北京:地质出版社,1989.

河北省地质矿产局.河北省岩石地层[M].武汉:中国地质大学出版社,1996.

河北省地质矿产局第八地质大队.河北省受变质沉积铁矿资源总量预测总结报告[R].河北省地质矿产局第八地质大队,1986.

河北省地质矿产局第六地质大队.河北省涞源县浮图峪铜矿地质勘探报告[R].河北省地质矿产局第六地质大队,1978.

河北省地质矿产局第六地质大队.河北省涞源县木吉村铜钼矿普查评价地质报告[R].河北省地质矿产局第六地质大队,1987.

河北省地质矿产局第六地质大队.河北省涞源县南屯乡大湾锌钼矿详查地质报告[R].河北省地质矿产局第六地质大队,1990.

河北省地质矿产局第三地质大队.河北省沉积铁矿(宣龙式)资源总量预测报告[R].河北省地质矿产局第三地质大队,1987.

河北省地质矿产局第四地质大队.河北省承德县高寺台镇黑山铁矿东大洼矿段普查地质报告[R].河北省地质矿产局第四地质大队,1976.

河北省地质矿产局第四地质大队.河北省承德县三家乡姑子沟铅锌银矿东山矿段普查地质报告[R].河北省地质矿产局第四地质大队,1989.

河北省地质矿产局第四地质大队.河北省围场县满汉土银矿区详细普查地质报告[R].河北省地质矿产局第四地质大队,1987.

河北省地质矿产局第四地质大队.河北省围场县小扣花营矿区银矿详细普查地质报告[R].河北省地质矿产局第四地质大队,1986.

河北省地质矿产局第四地质大队.河北省岩浆型钒钛磁铁矿资源总量预测报告[R].河北省地质矿产局第四地质大队,1986.

河北省地质矿产局第五地质大队.河北省平泉县毛家沟锌多金属矿区地质详查报告[R].河北省地质矿产局第五地质大队,1987.

河北省地质矿产局区域地质调查大队.河北省北京市天津市地质矿产总结[R].河北省地质矿产局,1986.

河北省地质矿产勘查开发局.河北省地质矿产环境[M].北京:地质出版社,2006.

河北省第二地质大队.河北省迁西县秦家峪矿区及外围锰矿普查报告[R].河北省第二地质大队,2004.

河北省革委会地质局第十一队.河北省遵化县毛家厂铬铁矿床地质勘探报告[R].河北省革委会地质局第十一队,1971.

河北省化工地质勘探队.河北省井陉县城关绵河滩硫铁矿区初步勘探地质报告[R].河北省化工地质勘探队,1980.

河北省化工地质勘探队.河北省井陉县南关矿区硫铁矿补充勘探地质报告[R].河北省化工地质勘探队,1979.

河北省煤田地质局.河北省(含北京、天津市)煤炭资源预测与评价(第三次煤田预测)[R].河北省煤田地质局,1994.

河北省煤田地质局.华北晚古生代聚煤规律研究与找煤(河北省部分)[R].河北省煤田地质局,1991.

河北省煤田地质局、中国矿业大学(北京).河北省邯郸峰峰矿区深部构造特征与找煤研究[R].河北省煤田地质局、中国矿业大学(北京),2005.

河北省煤田地质局第四地质队.河北省张家口地区中生代含煤盆地沉积环境研究报告[R].河北省煤田地质局第四地质队,1992.

河北省煤田地质勘查院、中国矿业大学.河北省平原区找煤研究[R].河北省煤田地质勘查院、中国矿业大学,2006.

河北省冶金厅地质勘探公司五一八队.河北省武安县野河铝土矿储量核实说明书[R].河北省冶金厅地质勘探公司五一八队,1963.

河北省冶金厅地质勘探公司五一七队.河北省井陉县高家庄矿区铝土矿及耐火粘土矿初步勘探报告[R].河北省冶金厅地质勘探公司五一七队,1964e.

河北省冶金厅地质勘探公司五一七队.河北省井陉县马峪矿区铝土矿及耐火粘土矿初步勘探报告[R].河北省冶金厅地质勘探公司五一七队,1964c.

河北省冶金厅地质勘探公司五一七队.河北省井陉县南关矿区铝土矿及耐火粘土矿初步勘探报告[R].河北省冶金厅地质勘探公司五一七队,1964a.

河北省冶金厅地质勘探公司五一七队.河北省井陉县南关矿区铝土矿及耐火粘土矿初步勘探报告[R].河北省冶金厅地质勘探公司五一七队,1964f.

河北省冶金厅地质勘探公司五一七队.河北省井陉县山北矿区铝土矿及耐火粘土矿初步勘探报告[R].河北省冶金厅地质勘探公司五一七队,1964b.

河北省冶金厅地质勘探公司五一七队.河北省井陉县赵村铺矿区铝土矿及耐火粘土矿初步勘探报告[R].河北省冶金厅地质勘探公司五一七队,1964d.

河北省冶金厅地质勘探公司五一四队二中队.寿王坟矿区1962年地质勘探总结报告[R].河北省冶金厅地质勘探公司五一四队二中队,1963.

华北冶金地质勘探公司五一五、五一七队.河北省开平盆地耐火粘土矿赵各庄矿区地质勘探报告[R].华北冶金地质勘探公司五一五、五一七队,1964.

华北有色地质勘查局514地质大队.河北省丰宁县四岔口乡牛圈子银金矿床勘探地质报告[R].华北有色地质勘查局514地质大队,1990.

华北有色地质勘查局519大队.河北省易县甘河净乡栾木厂金矿2号矿脉深部及外围普查地质报告[R].华北有色地质勘查局519大队,1997.

华北有色地质勘查局五一九大队.河北省赤城县东卯镇万全寺银(金)矿区Ⅴ、Ⅷ、Ⅹ号矿体详查地质报告[R].华北有色地质勘查局五一九大队,1996.

华北有色地质勘查局五一九大队.河北省赤城县万全寺银矿普查报告[R].华北有色地质勘查局五一九大队,2002.

华北有色地质勘查局五一四地质大队.河北省赤城县青羊沟乡铅锌矿详查地质报告[R].华北有色地质勘查局五一四地质大队,1989.

华北有色地质勘查局五一四地质大队.河北省丰宁满族自治县四岔口乡营房银铅锌矿床勘探地质报告[R].华北有色地质勘查局五一四地质大队,1993.

华北有色地质勘查局五一四地质大队.河北省丰宁县牛圈银金矿外围找矿报告[R].华北有色地质勘查局五一四地质大队,2000.

华北有色地质勘查局五一四地质大队.河北省平泉县小寺沟铜钼矿区17-22线675米水平标高以下补充地质工作及储量计算说明书[R].华北有色地质勘查局五一四地质大队,1981.

华北有色地质勘查局综合普查大队.河北省承德县两家乡庞家沟银多金属矿勘探地质报告[R].华北有色地质勘查局综合普查大队,1994.

华北有色地质勘查局综合普查大队.河北省丰宁满族自治县黑山咀镇大营子金矿勘探地质报告[R].华北有色地质勘查

局综合普查大队,1993.

华北有色地质勘查局综合普查大队.河北省兴隆县洞子沟矿区银铜矿普查报告[R].华北有色地质勘查局综合普查大队,1998.

华北有色地质勘探公司514地质大队.河北省丰宁县撒袋沟门钼矿地质评价报告[R].华北有色地质勘探公司514地质大队,1985.

李声之.河北省岩石地层[M].武汉:中国地质大学出版社,1996.

李越,季建清,涂继耀,等.燕山东部柳江地区构造属性新解与郯庐断裂系活动[J].岩石学报,2009(3).

刘鹤峰,葛之艺,马友谊,等.河北省地质、矿产、环境[M].北京:地质出版社,2006.

牛树银,陈路,许传诗,等.太行山区地壳演化及成矿规律[M].北京:地质出版社,1994.

牛树银,孙爱群,白文吉.造山带与相邻盆地间物质的横向迁移[J].地学前缘,1995(1):85-93.

牛树银,孙爱群,邵振国,等.地幔热柱多级演化及其成矿作用[M].北京:地震出版社,2001.

裴荣富.中国矿床模式[M].北京:地质出版社,1995.

彭传圣,林会喜,刘华,等.渤海湾盆地构造演化与古生界原生油气成藏[J].高校地质学报,2008,14(2).

漆家福,杨池银.黄骅盆地南部前第三系基底中的逆冲构造[J].地球科学——中国地质大学学报,2003,28(1):54-60.

漆家福,于福生,陆克政,等.渤海湾地区的中生代盆地构造概论[J].地学前缘,2003,10(特刊):199-207.

钱祥麟,等.冀东前寒武纪铁矿地质[M].天津:河北科学技术出版社,1985.

钱祥麟,等.冀东前寒武纪铁矿地质[M].石家庄:河北科学技术出版社,1985.

全国地层委员会.中国地层指南及中国地层指南说明书[M].北京:地质出版社,2004.

尚冠雄.华北地台晚古生代煤地质学研究[M].太原:山西科学技术出版社,1997.

邵龙义等,环渤海湾西部石炭系—二叠系层序地层及聚煤规律研究[M].北京:地质出版社,2008.

沈保丰,等.中国前寒武纪成矿作用[M].北京:地质出版社,2006.

沈保丰.冀东朱杖子岩群定年新证据[J].地层学杂志,2005,29(增刊).

沈保丰,等.中国前寒武纪成矿作用[M].北京:地质出版社,2006.

孙大中,等.冀东早前寒武纪地质[M].天津:天津科学技术出版社,1984.

孙冬胜,刘池阳,杨明慧,等.冀中坳陷中区中生代中晚期大型拆离滑覆构造的确定[J].大地构造与成矿学,2004(2):126-133.

陶维屏,高锡芬,等.中国非金属矿床成矿系列[M].北京:地质出版社,1994.

万天丰.中国大地构造纲要学[M].北京:地质出版社,2004.

王宝德,牛树银,孙爱群,等.深部矿源与幔枝构造成矿[M].北京:地震出版社,2010.

王文学,常宝巨,王拴庄,等.河北省非金属矿产资源[M].北京:地质出版社,2006.

武汉地质学院,等.构造地质学[M].北京:地质出版社,1979.

姚培慧,等.中国铬矿志[M].北京:冶金工业出版社,1996.

冶金工业部第一冶金地质勘探公司第六分公司.河北省灵寿县土石金矿区土岭矿段勘探地质报告[R].冶金工业部第一冶金地质勘探公司第六分公司,1988.

冶金工业部华北冶金地质勘探公司五一八队.河北省邯郸市峰峰矿区和村铝土矿详细地质勘探总结报告[R].冶金工业部华北冶金地质勘探公司五一八队,1960.

冶金工业部华北冶金地质勘探公司五一八队.河北省邯郸市峰峰矿区太安村铝土矿、耐火粘土矿、南山村耐火黏土矿矿点普查评价报告[R].冶金工业部华北冶金地质勘探公司五一八队,1963.

冶金工业部华北冶金地质勘探公司五一八队.河北省邯郸市峰峰矿区下拔剑铝土矿、耐火黏土矿、矿点评价报告[R].冶金工业部华北冶金地质勘探公司五一八队,1963.

冶金工业部华北冶金地质勘探公司五一八队.河北省邯郸市和村铝土矿姚庄一矿体1972年补充勘探总结报告[R].冶金工业部华北冶金地质勘探公司五一八队,1972.

冶金工业部华北冶金地质勘探公司五一七队.河北省井陉县高家庄矿区铝土矿及耐火粘土矿补充勘探总结报告[R].冶金工业部华北冶金地质勘探公司五一七队,1964.

冶金工业部华北冶金地质勘探公司五一四队.河北省宽城县峪耳崖金矿区地质勘探工作总结报告[R].冶金工业部华北冶金地质勘探公司五一四队,1967.

于耀先,等.河北省宣化县贾家营斑岩型钼矿地质特征及矿床成因[J].河北地质学院学报,1983(4).

于耀先,等.燕山西段宣化贾家营地区小斑岩体地质特征及含矿性[J].河北地质学院学报,1982(3).

张军,等. 河北省煤层气资源及其开发潜力评价[M]. 徐州:中国矿业大学出版社,2009.
张军,等. 河北省煤炭资源安全保障战略研究[M]. 北京:煤炭工业出版社,2007.
张路锁,河北省煤田构造格局与构造控煤作用研究[D]. 北京:中国矿业大学,2010.
张贻侠,等. 冀东太古代地质及变质铁矿[M]. 北京:地质出版社,1986.
张勇. 北京西北部延庆—怀来盆地周缘中生代逆冲构造变形及其意义[D]. 北京:中国地质大学,2006.
章百明,等. 河北省主要成矿区带矿床成矿系列及成矿模式[M]. 北京:石油工业出版社 1996.
章百明,赵国良,马国玺,等. 河北省主要成矿区带矿床成矿系列及成矿模式[M]. 北京:石油工业出版社,1996.
中国地层典编委会. 中国地层典[M]. 北京:地质出版社,2000.
中国矿床发现史·河北卷编委会. 中国矿床发现史·河北卷[M]. 北京:地质出版社,1996.
中国煤田地质总局. 中国东部煤田推覆、滑脱构造与找煤研究[M]. 徐州:中国矿业大学出版社,1993.
中国人民武装警察部队黄金八支队. 河北省崇礼县马丈子乡东坪金矿区1、2、22号脉勘探地质报告[R]. 中国人民武装警察部队黄金八支队,1992.
Glennie K W,Boegner P. Sole pit inversion tectonics[M] // L V,Hobson G D eds. Petroleum geology of the continental shelf of Northwest Europe. London:Heyden & Son,1981.
Mitra S. Geometry and kinematic evolution of inversion structures[J]. American Assoc Petroleum Geol Bull,1993(77).
Williams G D,Powell C M,Cooper M A. Geometry and kinematics of inversion tectonics[M] // ooper M A,Williams G D eds. Inversion tectonics. Gelogical society special publilcation,1989.